# הַיְסוֹד

## HA-YESOD

# HA-YESOD

סֵפֶר לִמּוּד לְהוֹרָאַת יְסוֹדוֹת הַלָּשׁוֹן הָעִבְרִית

FUNDAMENTALS OF HEBREW


מאת
נחום מ. ברונזניק
ולובה יובילר

by
**LUBA UVEELER**
and **NORMAN M. BRONZNICK**

*Department of Hebraic Studies*
Rutgers / The State University
New Brunswick, New Jersey


*Seventh edition*

הוצאת ספרים פלדהיים
ירושלים ○ ניו יורק

FELDHEIM PUBLISHERS
Jerusalem ○ New York

First published 1972
Newly revised and typeset 1980
New edition 1988
ISBN 0-87306-214-0
Library of Congress Card Number 72-86818



*Phototypeset at the Feldheim Press*

Philipp Feldheim Inc. 200 Airport Executive Park, Spring Valley, NY 10977

Feldheim Publishers Ltd. POB 6525 / Jerusalem, Israel

*Printed in Israel*

# דבר למורה

ספר זה מיועד בעיקרו לצורכי הוראת השפה העברית למתחילים במיסגרת מיכללה ובית ספר תיכון. הספר מתאים גם להוראת העברית למבוגרים במסגרת אולפן וכיוצא בו.

נקטנו בשיטה הבדוקה והמנוסה של הוראת העברית באמצעות לימוד יסודות הדיקדוק. בשיטה זו הכנסנו חידושים מחידושים שונים בהתחשב עם הבעיות של תלמיד דובר אנגלית, שמושגי הדיקדוק העברי זרים ומוזרים לו מכול וכול.

ברצוננו להצביע על כמה מן החידושים האלה.

מתוך הנסיון למדנו שקשה לתלמיד למצוא את ידיו ורגליו בדיקדוק העברי אם בראשית צעדיו הוא נתקל בבנייניו השונים של הפועל. משום כך, הקדשנו שיעורים רבים להקניית הפועל על כל גזרותיו בבניין קל (פעל) בלבד, בלי שהתלמיד ייפגש בקריאתו בשום בניין אחר. גם את נטיית הפועל בבניין קל הוא לומד בהדרגה איטית: תחילה הוא לומד את ההווה של הקל בכל הגזרות, לאחר מיכן הוא עובר לעָבר, לשם הפועל ובסוף, לעתיד ולציווי. בהגיעו לבניינים האחרים כבר קלט התלמיד היטב את המושגים של שורש, גיזרה ונטייה, ובעת ובעונה אחת הוא רכש אוצר מילולי די הגון. בהיותו מזויין בידיעה מקיפה ובהבנה יסודית של בניין קל, המעבר לבניינים אחרים אינו גורם לתלמיד שום קשיים וסיבוכים מיוחדים.

בכדי שלא להפסיק את הרציפות של למידת בניין קל, דחינו את לימוד נטיית השם, שבא מיד לאחר בניין קל ולפני בנין פיעל.

המספרים מהווים בעייה די קשה בפני עצמה, ולכן הקדשנו להם ארבעה שיעורים רצופים והכנסנו אותם אחרי בניין פיעל.

מושגי הדיקדוק מנוסחים באנגלית לא רק בצורה של כללים, אלא גם מוסברים, עד כמה שניתן להסבירם בספר לימוד למתחילים, והם מודגמים על ידי שיבוצם ושילובם בתוך חומר קריאה מתאים המצורף לכל שיעור ושיעור.

חומר הקריאה הוא בחלקו מקורי, בעיקר בשיעורים הראשונים, אבל ברובו הוא לקוח מאוצר התרבות היהודית על כל שיכבותיה . כמובן, החומר נוסח מחדש והותאם לצרכי הדגמתן של הצורות הדיקדוקיות של אותו שיעור.

אוצר המילים שבקריאה מכיל בקירבו את המילים היסודיות והחיוניות של השפה. כל מילה ומילה חוזרת ונישנית פעמים אחדות בתוך חומר הקריאה ובתוך התרגילים השונים.

ברצוננו להדגיש, שלאחר שהתלמיד למד את הדיקדוק ואת המילים של השיעור החדש, הוא מסוגל לקרוא בלי כל קושי את הסיפור המצורף לשיעור הזה, כי לא ייתקל בשום צורה דיקדוקית או מילה שלא למד עד כה.

החל משיעור עשרים והלאה הוספנו לכל שיעור אימרה או פתגם הלקוח מן המקורות: מקרא, סיפרות תלמודית ומדרשית וסיפרות ימי הביניים. הפתגם של כל שיעור מכיל רק אותן המילים שהתלמיד כבר הספיק לקולטן עד כה.

התרגילים שבספר מכוונים להדריך את התלמיד לכתיבת משפט עברי שלם. נמנענו במיתכוון מתרגילים הדורשים שיבוצים, מילואים והשלמות ההופכים לעיתים קרובות לפעולה מכנית או לניחושים גרידא מצד התלמיד.

בניקוד לא הקפדנו על רפייתן של אותיות בג״ד כפ״ת הבאות לאחר מילה המסתיימת באחת מאותיות אהו״י, היות וכלל זה אינו נהוג בדיבור פרט לביטויים מסויימים.

הספר הזה במהדורתו הראשונה הוכיח את יעילותו באוניברסיטאות שונות, ומורים רבים שהשתמשו בו מצאו בו סיפוק מלא. אנו בטוחים שכל מורה שיכניס ספר זה לכיתה יראה ברכה רבה בעמלו. אך זאת לדעת, שישנם כמה חוקים בדיקדוק שהוכנסו לספר, בעיקר בניקוד, שלגביהם לא כדאי לדרוש מן התלמיד אלא הכרות וידיעה סבילה בלבד, וכל מורה יקבע מה אלה לפי ראות עיניו וסולם עדיפויותיו, ולפי התנאים המיוחדים של הכיתה.

המחברים

# CONTENTS תוכן הענינים

# הָאָלֶף־בֵּית

## The Alphabet

| Numerical Value | Transcription | Name | | Written Form | Printed Form |
|---|---|---|---|---|---|
| 1 | ’ | ’Aleph | אָלֶף | א | א |
| 2 | B | Bet | בֵּית | בּ | בּ |
| | V | Vet | בֵית | ב | ב |
| 3 | G(Get) | Gimmel | גִּמֶל | ג | ג |
| 4 | D | Dalet | דָּלֶת | ד | ד |
| 5 | Ḥ | Ḥe | הֵא | ה | ה |
| 6 | V | Vav | וָו | ו | ו |
| 7 | Z | Zayin | זַיִן | ז | ז |
| 8 | Ḥ | Ḥet | חֵית | ח | ח |
| 9 | T | Tet | טֵית | ט | ט |
| 10 | Y(You) | Yod | יוֹד | י | י |
| 20 | K | Kaph | כַּף | כּ | כּ |
| | Kh | Khaph | כַף | כ,ך | כ,ך |
| 30 | L | Lamed | לָמֶד | ל | ל |
| 40 | M | Mem | מֵם | מ,ם | מ,ם |
| 50 | N | Nun | נוּן | נ,ן | נ,ן |
| 60 | S | Samekh | סָמֶךְ | ס | ס |
| 70 | ‘ | ‘Ayin | עַיִן | ע | ע |
| 80 | P | Pe | פֵּא | פּ | פּ |
| | F | Phe | פֵא | פ,ף | פ,ף |
| 90 | Ts | Tsadi | צָדִי | צ,ץ | צ,ץ |
| 100 | Q | Qof | קוֹף | ק | ק |
| 200 | R | Resh | רֵישׁ | ר | ר |
| 300 | Sh | Shin | שִׁין | שׁ | שׁ |
| | S | Sin | שִׂין | שׂ | שׂ |
| 400 | T | Tav | תָּו | ת | ת |

## I. The Consonants.

1. The following five consonants,

צ פ נ מ כ

have a modified form when they come at the end of a word:

כ — ך, מ — ם, נ — ן, פ — ף, צ — ץ

2. Each of the following pairs of consonants,

א — ע, ב — ו, ח — כ, ט — ת, כּ — ק, ס — שׂ

is nowadays pronounced identically by most Hebrew speakers. However, originally each of these consonants had its own distinct pronunciation which is still preserved by some non-Ashkenazic Jews.

## II. The Vowels.

| *** | o͞o-food | ô - more | ē-eve ** | ĕ - end | ai- rain | â-air * | ä - car |
|---|---|---|---|---|---|---|---|
| ×ְ | ×ֻ ×וּ | ×ֳ ×ֹ ×וֹ | ×ִ ×ִי | ×ֱ ×ֶ | ×ֵי | ×ֵ | ×ֲ ×ַ ×ָ |

* Some pronounce this vowel similar to "ā" as in "ape."

** Pronounced more like the French "i" as in "dit."

*** At the end of a syllable it is silent, but pronounced like a semi "ĕ" at the beginning of a syllable.

All the vowel signs, except for two ( ×וֹ , ×וּ ) , are placed below the consonants.

## III. The Names of the Vowels.

×ָ — קָמָץ (kamatz); ×ַ — פַּתָּח (pataḥ); ×ֵ — צֵירֶה (tsere)

×ֶ — סֶגּוֹל (seggol); ×וֹ, ×ֹ — חוֹלָם (ḥolam); ×ֻ — קֻבּוּץ (kubbutz)

×וּ — שׁוּרֻק (shuruk); ×ִ — חִירִיק (ḥiriq)

## IV. The אִי , אוּ , אוֹ .

If there is a dot above or in the middle of the Vav ("ו"), following an unvocalized consonant, then the Vav ("ו") has no consonantal value. It serves as a vowel letter for the preceding consonant.

When a Yod ("י") has no vowel sign, and is preceded by the vowel אִי , it then has no consonantal value. It merely serves to lengthen the vowel אִ .

## V. Long and Short Vowels.

| SHORT | | LONG | |
|---|---|---|---|
| פַּתָּח | אַ | קָמָץ * | אָ |
| קֻבּוּץ | אֻ | שׁוּרֶק | אוּ |
| חִירִיק חָסֵר | אִ | חִירִיק מָלֵא | אִי |
| קָמָץ קָטָן * | אָ | חוֹלָם | אוֹ, אֹ |
| סֶגּוֹל | אֶ | צֵירֶה | אֵ |

At present, the division between long and short vowels does not represent a difference in pronunciation, except for the צֵירֶה (אֵ) and סֶגּוֹל (אֶ) which is distinguished in pronunciation by many Hebrew speakers. However, the knowledge of the division between long and short vowels will be of help in clarifying certain grammatical phenomena.

---

* In a limited number of instances, the קָמָץ is pronounced as אוֹ , in which case it is called קָמָץ קָטָן . During the course of the study of the grammar, these instances will be clarified.

## VI. The Sheva — שְׁוָא .

When the Sheva ( ְ ) comes at the beginning of a word, or a syllable, it is pronounced like a semi "ĕ". It is called Sheva Na (שְׁוָא נָע), a mobile Sheva. E.g., כְּמוֹ , קְ־רָאוּ .

When the Sheva comes at the end of a syllable, it represents the absence of a vowel sound, and it is called Sheva Naḥ (שְׁוָא נָח), quiescent Sheva. E.g., אַתְּ, בָּךְ

When there are two consecutive Shevas in a word, the first is quiescent and the second is mobile. תִּלְ|מְדוּ

A Sheva following one of the long vowels is mobile. כָּ|תְבָה

## VII. The Composite Sheva.

In order to facilitate the pronunciation of the mobile Sheva when it comes under the guttural consonants (א, ה, ח, ע), the Sheva is aided by an auxiliary vowel, either ֲ , ֱ or ֳ

אֲנִי, עֲבוֹדָה, אֱמֶת, חֲלוֹם, אֳנִיָּה

The composite Shevas are called:

G — חֲטַף - פַּתָּח　G — חֲטַף - סֶגוֹל　G — חֲטַף - קָמָץ

The "G" and "G" are pronounced practically like a regular "G" and "G". However, in case of "G", it is pronounced like קָמָץ קָטָן "Ô". Also note that any קָמָץ preceding a חֲטַף - קָמָץ is pronounced like a קָמָץ קָטָן : צָהֳרַיִם — Tsohorayim.

## VIII. The Dagesh - דָּגֵשׁ .

A dot placed in a consonant is called "**Dagesh**".

There are two types of dagesh :

1. דָּגֵשׁ קַל — light dagesh
2. דָּגֵשׁ חָזָק — strong dagesh

A. The דָּגֵשׁ קַל comes only in the consonants ב, ג, ד, כ, פ, ת

It changes the soft (spirant) sound of these consonants to a hard (stopped) one.

In modern Hebrew the דָּגֵשׁ קַל affects the pronunciation only of the consonants ב, כ, פ. The ג, ד, ת are pronounced identically with or without the דָּגֵשׁ קַל.

When the consonants ב, ג, ד, כ, פ, ת come at the beginning of a word or at the beginning of a syllable, a דָּגֵשׁ קַל is placed in them.*

B. The דָּגֵשׁ חָזָק may come in any consonant except in the gutturals א, ה, ח, ע and the ר.

The דָּגֵשׁ חָזָק denotes the doubling of the consonant in which it appears. E.g.,

| | |
|---|---|
| bikkur | בִּקּוּר — בִּק\|קוּר |
| hazzan | חַזָּן — חַז\|זָן |

The rules for the דָּגֵשׁ חָזָק will be taken up in the course of the study of the grammar.

---

* Note:

In classical Hebrew, no **dagesh** is placed in a word beginning with any one of these consonants when such a word follows closely a word ending in any one of the following consonants: א, ה, ו, י. This rule is observed today only in reading of the Bible and the recitation of the prayers and poetry.

## Reading Exercises

| | | | | | | | | | | | | | | | | |
|---|---|---|---|---|---|---|---|---|---|---|---|---|---|---|---|---|
| א | | אָ | אַ | אֲ | אֵ | אֵי | אֶ | אֱ | אִי | אִ | אוֹ | אֹ | אֳ | אוּ | אֻ | |
| בּ | B | בָּ | בַּ | | בֵּ | בֵּי | בֶּ | | בִּי | בִּ | בּוֹ | בֹּ | | בּוּ | בֻּ | בְּ |
| ב | V | בָ | בַ | | בֵ | בֵי | בֶ | | בִי | בִ | בוֹ | בֹ | | בוּ | בֻ | בְ |
| ג | G | גָ | גַ | | גֵ | גֵי | גֶ | | גִי | גִ | גוֹ | גֹ | | גוּ | גֻ | גְ |
| ד | D | דָ | דַ | | דֵ | דֵי | דֶ | | דִי | דִ | דוֹ | דֹ | | דוּ | דֻ | דְ |
| ה | H | הָ | הַ | הֲ | הֵ | הֵי | הֶ | הֱ | הִי | הִ | הוֹ | הֹ | הֳ | הוּ | הֻ | |
| ו | V | וָ | וַ | | וֵ | וֵי | וֶ | | וִי | וִ |ווֹ | וֹ | | ווּ | וֻ | וְ |
| ז | Z | זָ | זַ | | זֵ | זֵי | זֶ | | זִי | זִ | זוֹ | זֹ | | זוּ | זֻ | זְ |
| ח | Ḥ | חָ | חַ | חֲ | חֵ | חֵי | חֶ | חֱ | חִי | חִ | חוֹ | חֹ | חֳ | חוּ | חֻ | חְ |
| ט | T | טָ | טַ | | טֵ | טֵי | טֶ | | טִי | טִ | טוֹ | טֹ | | טוּ | טֻ | טְ |
| י | Y | יָ | יַ | | יֵ | יֵי | יֶ | | יִי | יִ | יוֹ | יֹ | | יוּ | יֻ | יְ |
| כּ | K | כָּ | כַּ | | כֵּ | כֵּי | כֶּ | | כִּי | כִּ | כּוֹ | כֹּ | | כּוּ | כֻּ | כְּ |
| כ | Kh | כָ | כַ | | כֵ | כֵי | כֶ | | כִי | כִ | כוֹ | כֹ | | כוּ | כֻ | כְ |
| ל | L | לָ | לַ | | לֵ | לֵי | לֶ | | לִי | לִ | לוֹ | לֹ | | לוּ | לֻ | לְ |
| מ | M | מָ | מַ | | מֵ | מֵי | מֶ | | מִי | מִ | מוֹ | מֹ | | מוּ | מֻ | מְ |
| נ | N | נָ | נַ | | נֵ | נֵי | נֶ | | נִי | נִ | נוֹ | נֹ | | נוּ | נֻ | נְ |
| ס | S | סָ | סַ | | סֵ | סֵי | סֶ | | סִי | טִ | סוֹ | סֹ | | סוּ | סֻ | סְ |
| ע | | עָ | עַ | עֲ | עֵ | עֵי | עֶ | עֱ | עִי | עִ | עוֹ | עֹ | עֳ | עוּ | עֻ | עְ |
| פּ | P | פָּ | פַּ | | פֵּ | פֵּי | פֶּ | | פִּי | פִּ | פּוֹ | פֹּ | | פּוּ | פֻּ | פְּ |
| פ | Ph | פָ | פַ | | פֵ | פֵי | פֶ | | פִי | פִ | פוֹ | פֹ | | פוּ | פֻ | פְ |
| צ | Ts | צָ | צַ | | צֵ | צֵי | צֶ | | צִי | צִ | צוֹ | צֹ | | צוּ | צֻ | צְ |
| ק | Q | קָ | קַ | | קֵ | קֵי | קֶ | | קִי | קִ | קוֹ | קֹ | | קוּ | קֻ | קְ |
| ר | R | רָ | רַ | | רֵ | רֵי | רֶ | | רִי | רִ | רוֹ | רֹ | | רוּ | רֻ | רְ |
| שׁ | Sh | שָׁ | שַׁ | | שֵׁ | שֵׁי | שֶׁ | | שִׁי | שִׁ | שׁוֹ | שֹׁ | | שׁוּ | שֻׁ | שְׁ |
| שׂ | S | שָׂ | שַׂ | | שֵׂ | שֵׂי | שֶׂ | | שִׂי | שִׂ | שׂוֹ | שֹׂ | | שׂוּ | שֻׂ | שְׂ |
| ת | T | תָ | תַ | | תֵ | תֵי | תֶ | | תִי | תִ | תוֹ | תֹ | | תוּ | תֻ | תְ |

**א בּ ב**

אָ אַ בָּ בַּ בָ בַ אָב בָּא אַבָּא בָּב בָּבָא אָבַב

אִי אִ בִּי בִּ בִי בִ בִּי בַּבִּי בִּיב בַּבִּיב אָבִי אָבִיב אָבִיא

אֵ אֶ בֵּ בֶּ בֵ אֵב אֶבָּב בֵּבָא אֵבִיא בֵּאָב אֵבָב אֶבֶּב

אוֹ אֹ בּוֹ בֹּ בוֹ בֹ אֹב בּוֹ אָבוֹא בּוֹאִי בּוֹאוֹ בּוֹא אוֹב

אוּ אֻ בּוּ בֻּ בוּ בֻ אוּב בֻּב אוּבָב אוּבָבוֹ אֻבָּב בּוּאוּ בּוּב

**ג ד ה**

גָ גַ דָ דַ הָ הַ גַג דָג גַב דָאַג הָבָה גָדָה גַבִּי גָאָה

גִי גִ דִי דִ הִי הִ גִיד הִגִיד הִיא דִידִי גִבֵּב הִגִידָה דָגִי גָדִי

גֵ גֶ דֵ דֶ הֵ הֶ גֵאֶה דֵהֶה הֵד בֶּגֶד אֶגֶד בּוֹדֵד הֵדִי גֵאָה

גוֹ גֹ דוֹ דֹ הוֹ הֹ גוֹג גֹב דוֹד דֹב הוֹדָה דוֹאֵב הוֹדוֹ דוֹדָה

גוּ גֻ דוּ דֻ הוּ הֻ גֻבַּב אִגוּד דוּג הוּא הוּבָא הֻגַד דוּגִי דוּגָה

**ו ז ח**

וָ וַ זָ זַ חָ חַ וָו זָב חַד חָגָו חָזָה זָהָב חַג אֶחָד

וִי וִ זִי זִ חִי חִ וִדֵא זִיו חִבָּה דָוִד חִידָה זִיג חִבֵּב חִדֵד

וֵ וֶ זֵ זֶ חֵ חֶ זֶה גֵז חָזֶה זֵהֶה אִחֵד חֶגֶג חַוֵה אַחֵד

ווֹ וֹ זוֹ זֹ חוֹ חֹ זוֹ חוֹב חוֹזֶה חֹד חוֹבָה חוֹגֵג זֹב וָווֹ

ווּ וֻ זוּ זֻ חוּ חֻ זוּז זוּג חֻדִי חוּגוּ אָחוּז חֻבַּב זֻבַּח וֻדָא

**ט י כּ כ**

טָ טַ יָ יַ כָּ כַּ כָ כַ טָח חָטָא יָד כַּד כָּבָה חַיָט טַיָח בָּבָה

טִי טִ יִי יִ כִּי כִּ כִי כִ בֶּכִי טִיב חִכִּי יִבֵּב כִּבֵּד כִּיב כִּבָּה יִבֵּא

טֵ טֶ יֵ יֶ כֵּ כֶּ כֵ כֶ בִּטֵא כֵּהֶה חוֹכֶה אוֹיֵב זוֹכֶה חוֹטֵא טִטֵא בּוֹכֶה

טוֹ טֹ יוֹ יֹ כּוֹ כֹּ כוֹ כֹ טוֹב כּוֹכָב יוֹד כֹּחוֹ אִיוֹב כֹּה וָכֹה כֹּחַ יוֹגֵב

טוּ טֻ יוּ יֻ כּוּ כֻּ כוּ כֻ טוּבִי חַכּוּ כֻּבָּה יוּבָא זֻכָּה יֻגַד טוּבוֹ כּוּכִי

**ל מ נ**

לָ לַ מָ מַ נָ נַ    לָה לָמָה מַה לָמַד נָבִיא מָנָה נָמָה

לִי לִ מִי מִ נִי נִ    לִי מִי מִילָה מִלָּה לִינָה נִיב מִזּוּג

לֵ לֶ מֵ מֶ נֵ נֶ    לֵאָה מִלֵא יֶלֶד נֵבֶל מֵאָז אֵלֶה מֵהַמִּלָּה

לוֹ לֹ מוֹ מֹ נוֹ נֹ    לוֹ לֹא לוֹט מוֹחֶה מוֹחֵל נוֹדֶה לוֹמֵד

לוּ לֻ מוּ מֻ נוּ נֻ    לוּ לוּל מוּלוּ לִמּוּד נוּחִי כֻּלָּנוּ לָנוּב

**ס ע פּ פ**

סָ סַ עָ עַ פָּ פַּ פָ פַ    סַפָּה נָסַע עָבַד נָפַל מַפָּלָה פָּסַע עַמֵּנוּ

סִי סִ עִי עִ פִּי פִּ פִי פִ    פִּיו יֹפִי אֹפִי עִמִּי פִּינוּ עִגּוּל עָסִיס

סֵ סֶ עֵ עֶ פֵּ פֶּ פֵ פֶ    סֵפֶל טִפֵּל יִסֵד יָפֶה עֵגֶל פֶּלֶא סֶלַע

סוֹ סֹ עוֹ עֹ פּוֹ פֹּ פוֹ פֹ    סוֹד עוֹדֵד פּוֹעֵל פּוֹחֵד פֹּה לָפֹּז עוֹלָמִי

סוּ סֻ עוּ עֻ פּוּ פֻּ פוּ פֻ    סוּס עֻזִּי עֻגָּה עוּפוּ טִפּוּס סֻכָּה סוּסֵנוּ

**צ ק ר**

צָ צַ קָ קַ רָ רַ    צַר צָרָה צַדִּיק קָצָר רָצָה צָעַק רָאָה

צִי צִ קִי קִ רִי רִ    צִיר קִיר רִיצָה צִפּוֹר רִבָּה צִוָּה רִפֵּד

צֵ צֶ קֵ קֶ רֵ רֶ    צֵל צֶדֶק קֶצֶר רֶגֶל רֶכֶב קֵרֵב בִּקֵּר

צוֹ צֹ קוֹ קֹ רוֹ רֹ    צוֹדֵק מָצוֹד קוֹלוֹ קוֹרֵא רוֹאֶה רוֹעֶה רֹב

צוּ צֻ קוּ קֻ רוּ רֻ    צוּרָה רוּצוּ יָקוּמוּ רֻבּוֹ צוּמִי לָצוּד יָצוּמוּ

**שׁ שׂ תּ ת**

שָׁ שַׁ שָׂ שַׂ תָּ תַּ    שָׁכַח שָׁשׂ תָּוִית שָׁתָה מַשָּׂא שָׂדֶה תָּפַר

שִׁי שִׁ שִׂי שִׂ תִּי תִּ    שִׁירָה שִׂימוּ שִׁסַע שִׂחֵק נָשִׂיא שִׁירוּ תִּיכוֹנִי

שֵׁ שֶׁ שֵׂ שֶׂ תֵּ תֶּ    שֶׁמֶשׁ תֵּבָה שֶׂה שֶׁבַע תֵּשַׁע שֵׁמוֹת שֵׁבֶט

שׁוֹ שֹׁ שׂוֹ שֹׂ תּוֹ תֹּ    שׁוֹטֵר שׁוֹאֵל שׂוֹנֵא תּוֹרָה תֹּאַר תּוֹדוֹת תּוֹלָדוֹת

שׁוּ שֻׁ שׂוּ שֻׂ תּוּ תֻּ    שׁוּבִי תָּשׁוּבוּ תּוּת כָּתוּב שֻׁבַּר שׁוּק שִׁישׁוּ

# THE FINAL LETTERS

ך ם ן ף ץ

The final "ך" is at times vocalized by a קָמָץ ( אָ ) "ךָ", whereas the other final letters are always unvocalized.

| | | | | | | | | | |
|---|---|---|---|---|---|---|---|---|---|
| ךָ, ךְ | אַךְ | לָךְ | עָלֶיךָ | עָלַיִךְ | אֵיךְ | בָּנַיִךְ | מוֹרֶיךָ | הוֹרֶיךָ | חֲנוֹךְ |
| ם | אֵם | שֵׁם | שָׁלוֹם | מָקוֹם | מָרוֹם | לָקוּם | חַלוֹנָם | שָׁמַיִם | מַיִם |
| ן | שֵׁן | כֵּן | רָצוֹן | לָלוּן | שָׁעוֹן | מִלוֹן | סִפּוּרָן | חַלוֹן | אֶבֶן |
| ף | סַף | כַּף | קוֹף | מָעוֹף | כָּפוּף | צָרוּף | מָנוֹף | כָּתֵף | תּוֹפֵף |
| ץ | עֵץ | קֵץ | חֵץ | קָפַץ | מוֹצֵץ | בַּחוּץ | עָקַץ | פּוֹצֵץ | צִיץ |

## The Mappiq — מַפִּיק

At times a dot may appear in an unvocalized "ה" when it comes at the end of a word. This dot is called מַפִּיק , and it indicates that the "ה" has consonantal force.

שֶׁלָּהּ גָּבֹהַּ

ה ח ע

When the consonants ע, ח, ה come at the end of a word and are vocalized by a פַּתָּח ( אַ ), the פַּתָּח is pronounced before the consonant, and the consonant is treated as being unvocalized.

גָּבֹהַּ = גָּבֹאַה כֹּחַ = כֹּאַח יוֹדֵעַ = יוֹדֵאַע

| | | | | | | | | | |
|---|---|---|---|---|---|---|---|---|---|
| תָּמֵהַּ | תָּמוּהַּ | לוּחַ | רוּחַ | פּוֹתֵחַ | וְכוֹחַ | לוֹקֵחַ | שׁוֹכֵחַ | פּוֹרֵחַ | מֹחַ |
| יוֹדֵעַ | שׁוֹמֵעַ | שָׁבוּעַ | נוֹגֵעַ | פּוֹגֵעַ | הִבִּיעַ | שָׁטִיחַ | שָׂבֵעַ | שָׂמֵחַ | מַדּוּעַ |

## The Sheva — שְׁוָא

לַיְלָה שִׂמְלָה מַלְכָּה רִצְפָּה מִצְוָה מִדְרָכָה מַחְבֶּרֶת הֲלָכָה פָּרְצוּ

סְפָר גְּמָר גְּאוּלָה שְׁאֵלָה תְּשׁוּבָה תְּרוּמָה שְׁמוּעָה תְּרוּעָה בְּלִי

יִלְמְדוּ תִּמְצְאוּ תִּפָּגְשׁוּ נִזְכְּרָה נִפְגְּשָׁה יִשְׁמְעוּ תִּמְכְּרוּ יִשְׂמְחוּ יְדַבְּרוּ

## The Composite Vowels — ×ֲ ×ֳ ×ֱ

×ֲ אֲנִי אֲנַחְנוּ אֲבָנִים חֲלוֹם חֲדָרִים צְעָקָה שְׁאֲלוּ הֲבָנָה

×ֳ אֳנִיָּה חֳדָשִׁים עֳנָשִׁים צָהֳרַיִם אֳסָפִים חֳמָרִים עֳמָרִים צִפֳּרִים

×ֱ אֱמֶת אֱמוּנָה אֱנוֹשׁ נֶהֱרַג הֶאֱכִיל הֶעֱבִירוּ נֶאֱמָן הֶאֱמִין

## Diphthongs

The Diphthongs — ×ַי ×ֵי ×וּי ×וֹי

×ַי דַּי חַי מָתַי עָלַי סוּסַי בָּנַי אוּלַי דּוֹדוֹתַי יָמַי

×ֵי בֵּין אֵיפֹה בַּיִת בָּתֵּי יָדֵינוּ עָלֵינוּ בֵּינֵינוּ דּוֹדֵי מוֹרֵינוּ

×וּי בִּלּוּי רִבּוּי צִוּוּי עִלּוּי רָצוּי שָׁתוּי כָּבוּי חִקּוּי פִּצּוּי

×וֹי אוֹי וַאֲבוֹי בְּלוֹי תְּלוֹי

## Exercises in Written Letters

א א     בּ בּ     ב ב

אָב בָּא אַבָּא בִּי בֶּב אוֹ בְּאוֹבוֹ בַּבָּא אִי
בִּיב אָבִיב אֲבִיבִי אוֹב אָבוֹא בּוֹ אָבִי
בּוֹא בּוֹאִי בּוֹאוּ אָבִיא אֵב בּוֹאוּ בַּבִּיב

ג ג     ד ד     ה ה

גַּג גָּד דָּג בַּד גִּיד אָבַד אַגָּדָה הִגִּידָה
דוֹג דָּאַג הוּא הִיא גִּבֵּב גִּבַּב הַגָּדָה גַּב
הֵד דֹּב דֶּהֶה גֵּאֶה דּוֹד דּוּד דָּוִד אֵד

ו ו     ז ז     ח ח

וָו זָב חַד חָגָו זָהָב חַג אָחִי זַגָּג חִידָה
אוֹחַ וַדַּאי בְּוַדַּאי וָדָאִי זִיו גָּזַז חֹד חוֹב
זוֹ זֶה זֶהֶה זָז זוּז זוּג גָּזוֹז גַּז זָבַח

ט ט     י י

טָח טַיָּח טִיחַ יָד חַיָּט טִיב חַי אוֹיבַי
חוּט טוֹבָה יוֹאָב יָבֵא יָבוֹא בִּטֵּא בְּחַיַּי
טְוַח בִּטּוּי חוֹטֵא חָטָא טוֹב טִיֵּא טַבָּח

כּ כּ     כ כ     ך ך

כָּךְ כָּכָה בָּכָה בֶּכִי חֵיךְ כֹּחַ אֵיךְ דִּכְּאוּ
בְּךָ כִּבָּה חִכִּי חַכּוּ כֹּה וְכֹה זַכָּה כָּזֶה
כּוֹכָב דִּכֵּא כֵּהֶה כַּד כָּאַב זָכָה כָּבֵד

ל ל　　מ מ　　ם ם

לִי לָה מָה מִי לְמִי לָמָּה אִם אִמָּא לֹא לוֹ לָךְ
לָמַד לוֹמֵד מִטָּה כַּמָּה כְּמוֹ לוֹט לֶבֶד לֶחֶם
חֹם מַיִם מֶטֶל לוּחַ מֹחַ מוּלוֹ מִזְבֵּחַ מִזּוּג

נ נ　　ן ן　　ס ס

נוּן נָם נִדָּם מָנָה דָּן בֵּן סִיר נִסָּיוֹן מָנוֹס
נֵס כִּסֵּא נֶגֶד נוּס נִסִּים סוֹד סוּס מָן
סַל סַנְדְּלָר סַם סֻלָּם מִסִּים סַכִּין סַכָּנָה

ע ע　　פ פ　　ף ף

עֶבֶד עָבַד עֲבָדִים עִבְדָּה עֲבוֹדָה עַל עַפְעַף
אוֹפִי יֹפִי סֵבֶל פָּעַל פּוֹעֵל פְּעֻלָּה פֶּה מַפָּל
סֵפֶל פִּיל פִּילִים יָדוּעַ יוֹדֵעַ עֻגָּה סַף סוֹף

צ צ　　ץ ץ　　ק ק

צָם צַיָּד נוֹצֵץ עֵץ קָפַץ צַעַד קִבּוּץ עָצִיץ
פְּצָצָה פֶּצֶץ צֶדֶק צַדִּיק צֶבַע צַוָּאָה צָץ
צַד צִפְצוּף פֶּצַע פָּצוּעַ פְּצִיעָה צִמְצוּם

ר ר　　שׂ שׂ　　שׁ שׁ

רַע רָשָׁע רַעַשׁ שַׁעַר שָׂשׂוֹן שָׂמֵחַ שַׁר שִׁשָּׁה
שִׂמְחָה שָׁעוֹן שֶׁמֶשׁ שַׁמָּשׁ שׁוֹטְרִים שָׂרָה שָׂרָה
שָׂדֶה שֶׁמֶץ נִשְׁאַר שֵׂעָר פּוֹשֵׁעַ שִׁיטָה שַׁגְרִיר

ת ת

תּוֹר תּוֹרָה תּוֹדָה תְּנוּ תַּפּוּחַ תֵּל תּוּת
רוּת מַחְבֶּרֶת כִּנֶּרֶת תִּפְאֶרֶת בַּיִת תָּמָר
כָּתַב מִכְתָּב תָּמוּהַּ תִּקּוּן תָּמִים תַּרְבּוּת

## רְשִׁימַת הַסִּפּוּרִים (לפי עמודים)

# שִׁעוּר א (1)

| | | | |
|---|---|---|---|
| and | וְ...* | I, *m.&f.* | אֲנִי |
| yes; so | כֵּן | you, *m.s.* | אַתָּה |
| no; not | לֹא | you, *f.s.* | אַתְּ |
| what | מַה (מָה, מֶה) | he | הוּא |
| teacher, *m.* | מוֹרֶה (מוֹרִים) | she | הִיא |
| teacher, *f.* | מוֹרָה (מוֹרוֹת) | we, *m.&f.* | אֲנַחְנוּ |
| who | מִי | you, *m.pl.* | אַתֶּם |
| peace; hello; goodbye | שָׁלוֹם | you, *f.pl.* | אַתֶּן |
| lesson | שִׁעוּר (שִׁעוּרִים) | they, *m.* | הֵם |
| student, *m.* | תַּלְמִיד (תַּלְמִידִים) | they, *f.* | הֵן |
| student, *f.* | תַּלְמִידָה (תַּלְמִידוֹת) | also | גַּם |
| | | the | הַ...* |

## GRAMMAR — דִּקְדּוּק

**I. The Copula.** There is no copula (the verb "to be" in the present tense) in Hebrew.

I am David. אֲנִי דָּוִד.

Who are you? מִי אַתָּה?

With the third persons, however, the personal pronoun is often added for emphasis.

---

*וְ... הַ... are attached to the word which follows:

the teacher — הַמּוֹרֶה    David and Ruth — דָּוִד וְרוּת

| | | |
|---|---|---|
| דָּוִד תַּלְמִיד. | = | דָּוִד הוּא תַּלְמִיד. |
| שָׂרָה תַּלְמִידָה. | = | שָׂרָה הִיא תַּלְמִידָה. |
| דָּוִד וְדָן תַּלְמִידִים. | = | דָּוִד וְדָן הֵם תַּלְמִידִים. |
| שָׂרָה וְרוּת תַּלְמִידוֹת. | = | שָׂרָה וְרוּת הֵן תַּלְמִידוֹת. |

**II. The Gender.** All nouns are divided into two genders, masculine (זָכָר) and feminine (נְקֵבָה). Singular nouns ending in ־ָה or ת are feminine. All other nouns are masculine.

There is a limited number of exceptions to this rule, which is given in Lesson 64. Each exception will be duly noted on its first appearance in the vocabulary.

a student, f.— תַּלְמִידָה    a student, m.— תַּלְמִיד

a teacher, f.— מוֹרָה    a teacher, m.— מוֹרֶה

**III. The Plural.** The plural (רבּוּי) is formed by adding ×ִים or ×וֹת to the noun. Generally, the masculine nouns take the ending ×ִים, while the feminine nouns take the ending ×וֹת.

תַּלְמִידָה — תַּלְמִידוֹת    תַּלְמִיד — תַּלְמִידִים

The exceptions to this rule, however, are numerous. All plurals will appear in the vocabulary alongside the singulars.

When a noun ending in ה is pluralized, the ה is dropped.

מוֹרָה — מוֹרוֹת    מוֹרֶה — מוֹרִים

**IV. The Article.** There is no indefinite article in Hebrew. It is implied in the noun itself.

a female student—תַּלְמִידָה    a male student—תַּלְמִיד

The definite article is expressed by the prefix הַ, which is attached to the noun. The initial consonant of the noun following the ...הַ takes a דָּגֵשׁ.

| | |
|---|---|
| the teacher, m. — הַמּוֹרֶה | the teachers, m. — הַמּוֹרִים |
| the teacher, f. — הַמּוֹרָה | the teachers, f. — הַמּוֹרוֹת |

V. **The Use of the Masculine Plural.** When a plural noun refers to both masculine and feminine members, the masculine plural is used.

David and Ruth are students. דָּוִד וְרוּת הֵם תַּלְמִידִים.

## שִׁעוּר "א"

הַמּוֹרֶה: שָׁלוֹם, תַּלְמִידִים. אֲנִי הַמּוֹרֶה.

הַתַּלְמִידִים: שָׁלוֹם, מוֹרֶה.

הַמּוֹרֶה: מִי אַתְּ?

שָׂרָה: אֲנִי שָׂרָה.

הַמּוֹרֶה: שָׂרָה, אַתְּ מוֹרָה?

שָׂרָה: אֲנִי לֹא מוֹרָה. אֲנִי תַּלְמִידָה.

הַמּוֹרֶה: שָׂרָה, מִי הִיא?

שָׂרָה: הִיא רוּת. גַּם הִיא תַּלְמִידָה.

הַמּוֹרֶה: מִי אַתָּה?

דָּן: אֲנִי דָּן. אֲנִי תַּלְמִיד.

הַמּוֹרֶה: דָּן, מִי הוּא?

דָּן: הוּא דָּוִד. גַּם הוּא תַּלְמִיד.

הַמּוֹרֶה: שָׂרָה וְרוּת, אַתֶּן תַּלְמִידוֹת?

הַתַּלְמִידוֹת: כֵּן, אֲנַחְנוּ תַּלְמִידוֹת.

הַמּוֹרֶה. דָּן וְדָוִד, אַתֶּם תַּלְמִידִים?

הַתַּלְמִידִים: כֵּן, אֲנַחְנוּ תַּלְמִידִים.

הַמּוֹרֶה: רוּת, מַה שָּׂרָה וְדָוִד?

רוּת: תַּלְמִידוֹת.

הַמּוֹרֶה: לֹא, רוּת. הֵם תַּלְמִידִים!

## Exercises — תַּרְגִּילִים

**Translate into Hebrew:**

1. Who is he? 2. What is he? 3. He is a student. 4. She is a student. 5. Ruth is a student and also Sarah is a student. 6. Yes, we are students (f.). 7. He is the teacher. 8. No, you are the teacher (m.). 9. David is a student and also Dan is a student. 10. Sarah and Dan are students. 11. Who is the teacher (m.)? 12. Who are the students (m.)? 13. She is the teacher and they (m.) are the students. 14. We are students (m.) and also they (m.) are students. 15. Goodbye, students (f.).

# שִׁעוּר ב (2)

| | |
|---|---|
| says | אוֹמֵר |
| where | אֵיפֹה |
| to | אֶל |
| in; with | ...בְּ |
| in the; with the | ...בַּ |
| chalk | גִּיר |
| thinks | חוֹשֵׁב |
| sits; sits down | יוֹשֵׁב |
| writes; writes down | כּוֹתֵב |
| because | כִּי |
| all; every; any | כָּל |
| classroom; class | כִּתָּה (כִּתּוֹת) |
| blackboard; calendar | לוּחַ (לוּחוֹת) |
| learns; studies | לוֹמֵד |
| before; in front of | לִפְנֵי |
| why | מַדּוּעַ |
| notebook | מַחְבֶּרֶת (מַחְבָּרוֹת) |
| book | סֵפֶר (סְפָרִים) |
| Hebrew (language) | עִבְרִית |
| stands; stands up | עוֹמֵד |
| pen | עֵט (עֵטִים) |
| on; about | עַל |
| on what; about what | עַל מַה |
| with what | בַּמֶּה |
| here | פֹּה |

<>

## GRAMMAR — דִּקְדּוּק

**I. The Verb.** Every verb consists of three radical letters to which, when conjugated, are added either prefixes, infixes or suffixes. The present tense ( הֹוֶה ) consists of four forms:

1. Masculine singular — לוֹמֵד (אֲנִי, אַתָּה, הוּא)
2. Feminine singular — לוֹמֶדֶת (אֲנִי, אַתְּ, הִיא)
3. Masculine plural — לוֹמְדִים (אֲנַחְנוּ, אַתֶּם, הֵם)
4. Feminine plural — לוֹמְדוֹת (אֲנַחְנוּ, אַתֶּן, הֵן)

Using × to represent each radical of the verb, the arrangement of the vowels in each form of the present tense appears as follows:

1. ×וֹ×ֵ×
2. ×וֹ×ֶ×ֶת
3. ×וֹ×ְ×ִים
4. ×וֹ×ְ×וֹת

The Hebrew present tense is essentially a participle. It therefore serves in a double capacity, **verb** and **noun**. Thus, אֲנִי לוֹמֵד may have any of the following meanings: **I learn, I do learn, I am learning** as well as **I am a learner**.

**II. The Plural of the Noun**. Certain nouns undergo inner vowel changes when pluralized. A two-syllable noun, whose second syllable is ×ֶ, will have the following form in the plural ×ְ ×ָ ×ִים.

E.g., סֵפֶר — סְפָרִים

Rules for pluralizing such nouns will be given in due course.

**III. The Preposition ...בְּ (in; with).**

1) ...בְּ is attached to the word which follows:

| | |
|---|---|
| in a book — בְּסֵפֶר | a book — סֵפֶר |
| with a pen — בְּעֵט | a pen — עֵט |

2) The preposition ...בְּ contracts with the definite article and takes on its vowel. E.g.,

in the class — בְּהַכִּתָּה = בַּכִּתָּה

## דָּוִד חוֹשֵׁב

כִּתָּה "ב" לוֹמֶדֶת עִבְרִית. כָּל הַתַּלְמִידִים בַּכִּתָּה. הַמּוֹרֶה אוֹמֵר אֶל הַתַּלְמִידִים:

— מִי לֹא פֹּה?

הַתַּלְמִידִים אוֹמְרִים:

— כָּל הַתַּלְמִידִים פֹּה.

הַמּוֹרֶה עוֹמֵד לִפְנֵי הַלּוּחַ. הוּא כּוֹתֵב עַל הַלּוּחַ. הוּא כּוֹתֵב בְּגִיר. הַתַּלְמִידִים יוֹשְׁבִים וְלוֹמְדִים עִבְרִית. לִפְנֵי כָּל תַּלְמִיד וְתַלְמִידָה סֵפֶר וְגַם מַחְבֶּרֶת. הַתַּלְמִידִים כּוֹתְבִים בַּמַּחְבָּרוֹת. הֵם כּוֹתְבִים בְּעֵטִים. דָּוִד יוֹשֵׁב וְלֹא כּוֹתֵב.

הַמּוֹרֶה אוֹמֵר אֶל דָּוִד:

— דָּוִד, מַדּוּעַ אַתָּה לֹא כּוֹתֵב ?

דָּוִד אוֹמֵר:

— אֲנִי לֹא כּוֹתֵב, כִּי אֲנִי חוֹשֵׁב.

הַמּוֹרֶה אוֹמֵר:

— עַל מָה אַתָּה חוֹשֵׁב?

דָּוִד אוֹמֵר:

— אֲנִי חוֹשֵׁב עַל הַסֵּפֶר וְעַל הַמַּחְבֶּרֶת, אֵיפֹה הֵם ?

## Exercises — תַּרְגִּילִים

**I. Answer in complete Hebrew sentences:**

1. מַה לוֹמֶדֶת כִּתָּה "ב"?
2. בַּמֶּה כּוֹתֵב הַמּוֹרֶה עַל הַלּוּחַ?
3. בַּמֶּה כּוֹתְבִים הַתַּלְמִידִים בַּמַּחְבָּרוֹת?
4. מַדּוּעַ דָּוִד לֹא כּוֹתֵב?
5. עַל מַה חוֹשֵׁב דָּוִד?

**II. Translate into Hebrew:**

1. Where are you (m.s.) sitting? 2. Why are you (f.s.) standing here? 3. What are you (m.pl.) writing in the notebooks? 4. We (f.) write with chalk on the blackboard. 5. They (m.) say "hello" to the teacher. 6. The students study Hebrew. 7. She does not write because she is thinking about the lesson. 8. What does the class learn? 9. Also Sarah studies Hebrew. 10. The students (f.) do not write in the books. 11. Every student writes in the notebook with a pen. 12. Students (f.), why don't you sit down? 13. David, why do you write in the book? 14. The class is studying lesson "1" in Hebrew. 15. All the students (m.) say "goodbye" to the teacher (f.).

# שִׁעוּר ג (3)

| | |
|---|---|
| Mr.; Sir; Gentleman | אָדוֹן (אֲדוֹנִים) |
| closet; ark | אָרוֹן (אֲרוֹנוֹת) |
| yesterday | אֶתְמוֹל |
| house; home, *n.m.* | בַּיִת (בָּתִּים) |
| school, *n.m.* | בֵּית סֵפֶר (בָּתֵּי סֵפֶר) |
| the school | בֵּית הַסֵּפֶר |
| Mrs.; Miss; Lady | גְּבֶרֶת (גְּבִירוֹת) |
| goes; walks | הוֹלֵךְ |
| today | הַיּוֹם |
| knows | יוֹדֵעַ |
| day | יוֹם (יָמִים) |
| whereto | לְאָן |
| takes | לוֹקֵחַ |
| coat | מְעִיל (מְעִילִים) |
| newspaper | עִתּוֹן (עִתּוֹנִים) |
| suddenly | פִּתְאֹם |
| laughs | צוֹחֵק |
| reads; calls | קוֹרֵא |
| asks | שׁוֹאֵל |
| of (possessive) | שֶׁל |
| in the house; at home | בַּבַּיִת |
| Sunday | יוֹם א׳ (אָלֶף) |
| Monday | יוֹם ב׳ (בֵּית) |
| Tuesday | יוֹם ג׳ (גִּימֶל) |

◇◇◇◇◇◇◇◇◇◇

## GRAMMAR — דִּקְדּוּק

**I. The Present Tense of the Verbs whose Middle Radical is a Guttural.** When the second radical is a guttural, it is vocalized in the plural by a חֲטַף פַּתָּח, instead of a שְׁוָא, to facilitate pronunciation.

שׁוֹאֵל  שׁוֹאֶלֶת  שׁוֹאֲלִים  שׁוֹאֲלוֹת

Using "G" to represent the guttural radical, the present tense will appear as follows:

×וֹGֵ×  ×וֹGֶ×ֶת  ×וֹGֲ×ִים  ×וֹGֲ×וֹת

**II. Verbs whose Third Radical is an "א".** The present tense of such verbs is formed as follows:

קוֹרֵא  קוֹרֵאת  קוֹרְאִים  קוֹרְאוֹת

×וֹ×ֵא  ×וֹ×ֵאת  ×וֹ×ְאִים  ×וֹ×ְאוֹת

Note that the only variation is in the feminine singular.

**III. The Present Tense of Verbs whose Third Radical is a "ח" or an "ע".** The "ח" or "ע" of such verbs is vocalized by a פַּתָּח (חַ, עַ) in the masculine singular. In the feminine singular, both the second and third radicals are vocalized by a פַּתָּח.

| | | | |
|---|---|---|---|
| לוֹקֵחַ | לוֹקַחַת | לוֹקְחִים | לוֹקְחוֹת |
| יוֹדֵעַ | יוֹדַעַת | יוֹדְעִים | יוֹדְעוֹת |

**IV. The Interrogatives אֵיפֹה? לְאָן?.** "Where" is rendered in Hebrew either by אֵיפֹה? or לְאָן?

לְאָן is used only with verbs of motion towards an object. In all other cases, אֵיפֹה is used.

Where is David's house? אֵיפֹה הַבַּיִת שֶׁל דָּוִד?

Where do you study? אֵיפֹה אַתָּה לוֹמֵד?

Where (to) are you going? לְאָן אַתָּה הוֹלֵךְ?

## עִתּוֹן שֶׁל אֶתְמוֹל

אָדוֹן כֹּהֵן יוֹשֵׁב בַּבַּיִת. גַּם גְּבֶרֶת כֹּהֵן יוֹשֶׁבֶת בַּבַּיִת. אָדוֹן כֹּהֵן קוֹרֵא עִתּוֹן. גְּבֶרֶת כֹּהֵן קוֹרֵאת סֵפֶר. פִּתְאֹם גְּבֶרֶת כֹּהֵן עוֹמֶדֶת וְהוֹלֶכֶת אֶל אָרוֹן. הִיא לוֹקַחַת מְעִיל.

אָדוֹן כֹּהֵן שׁוֹאֵל:

— מַדּוּעַ אַתְּ לוֹקַחַת מְעִיל? לְאָן אַתְּ הוֹלֶכֶת?

גְּבֶרֶת כֹּהֵן אוֹמֶרֶת:

— אַתָּה לֹא יוֹדֵעַ לְאָן אֲנִי הוֹלֶכֶת? אֲנִי הוֹלֶכֶת אֶל בֵּית הַסֵּפֶר.

אָדוֹן כֹּהֵן חוֹשֵׁב, וְאוֹמֵר:

— מַדּוּעַ אַתְּ הוֹלֶכֶת אֶל בֵּית הַסֵּפֶר הַיּוֹם? הַיּוֹם יוֹם ב׳, וְאַתְּ לוֹמֶדֶת עִבְרִית כָּל יוֹם ג׳.

— כֵּן, אוֹמֶרֶת גְּבֶרֶת כֹּהֵן, אֲנִי לוֹמֶדֶת עִבְרִית כָּל יוֹם ג׳, וְהַיּוֹם יוֹם ג׳.

— לֹא, אוֹמֵר אָדוֹן כֹּהֵן, הַיּוֹם יוֹם ב׳ וְלֹא יוֹם ג׳.

גְבֶרֶת כֹּהֵן צוֹחֶקֶת וְאוֹמֶרֶת:

— אַתָּה קוֹרֵא עִתּוֹן שֶׁל אֶתְמוֹל!

## Exercises — תַּרְגִילִים

**I. Answer in complete Hebrew sentences:**

1. אֵיפֹה יוֹשֵׁב אָדוֹן כֹּהֵן?
2. מַה קוֹרֵא אָדוֹן כֹּהֵן?
3. מַה לוֹקַחַת גְבֶרֶת כֹּהֵן?
4. לְאָן הוֹלֶכֶת גְבֶרֶת כֹּהֵן?
5. מַה לוֹמֶדֶת גְבֶרֶת כֹּהֵן כָּל יוֹם ג׳?

**II. Translate:**

1. Who is in the house today? 2. Every Sunday I (f.) sit at home because I study Hebrew. 3. She is reading a book and she is laughing. 4. Whereto are you (m.s.) going suddenly? 5. Mrs. Cohen takes a coat and goes to school. 6. What do the students (m.) ask? 7. The class is reading yesterday's newspaper (a newspaper of yesterday). 8. Who is reading Tuesday's newspaper? 9. I (f.) read and write Hebrew. 10. She knows where the house of Mr. Cohen is. 11. Who is standing in front of the blackboard? 12. Mrs. Cohen is standing in front of the house. 13. She is thinking about yesterday's lesson (the lesson of yesterday). 14. Where are all the notebooks? 15. I (m.) do not know why she is going to school today.

**III. Give the four forms of the present of the following verbs:**

1. חוֹשֵׁב 2. יוֹשֵׁב 3. הוֹלֵךְ 4. צוֹחֵק 5. עוֹמֵד

6. כּוֹתֵב 7. אוֹמֵר 8. קוֹרֵא 9. יוֹדֵעַ 10. שׁוֹאֵל

# שִׁעוּר ד (4)

| | | | |
|---|---|---|---|
| until | עַד | if | אִם |
| works | עוֹבֵד | if so | אִם כֵּן |
| now | עַכְשָׁו, עַכְשָׁיו | morning | בֹּקֶר (בְּקָרִים) |
| evening | עֶרֶב (עֲרָבִים) | lives; alive | חַי, חַיָּה, חַיִּים, חַיּוֹת |
| street | רְחוֹב (רְחוֹבוֹת) | life, *n.pl.* | חַיִּים |
| hears; listens | שׁוֹמֵעַ | when | כַּאֲשֶׁר |
| joy | שִׂמְחָה (שְׂמָחוֹת) | from | מִן |
| always | תָּמִיד | laboratory | מַעְבָּדָה (מַעְבָּדוֹת) |
| Wednesday | יוֹם ד׳ | when | מָתַי |
| the whole day; all day | כָּל הַיּוֹם | work, *n.* | עֲבוֹדָה (עֲבוֹדוֹת) |

## GRAMMAR — דִקְדוּק

**I. The Vocalization of the Definite Article.** You already know that the "ה" of the definite article is vocalized by a פַּתָּח and the initial consonant of the word to which it is attached receives a דָגֵשׁ. However, when the "ה" is attached to a word whose initial consonant is either א or ע or ר it is vocalized by a קָמָץ, to compensate for the inability of these consonants to take a דָגֵשׁ. E.g., הָאָרוֹן; הָעֶרֶב; הָרְחוֹב

**II. The Definite Article before "יְ".** When the definite article is attached to a word that begins with "יְ", it retains its regular vocalization although, as a rule, the "יְ" receives no דָגֵשׁ. E.g.,

the foundation — הַיְסוֹד

**III. The Preposition ...בְּ.** When the preposition ...בְּ contracts with the definite article ...הָ it becomes ...בָּ:

| | | | |
|---|---|---|---|
| in the closet | בְּהָאָרוֹן | = | בָּאָרוֹן |
| in the evening | בְּהָעֶרֶב | = | בָּעֶרֶב |
| in the street | בְּהָרְחוֹב | = | בָּרְחוֹב |

**IV. כַּאֲשֶׁר , מָתַי.** Both כַּאֲשֶׁר and מָתַי mean "when".

מָתַי is used interrogatively or as a pronoun (what or which time).

When does he work? מָתַי הוּא עוֹבֵד?

I do not know when he works. אֲנִי לֹא יוֹדֵעַ מָתַי הוּא עוֹבֵד.

כַּאֲשֶׁר is used as a conjunction (at the time that).

He lives when he works. הוּא חַי כַּאֲשֶׁר הוּא עוֹבֵד.

When he is at home, he reads a newspaper. כַּאֲשֶׁר הוּא בַּבַּיִת הוּא קוֹרֵא עִתּוֹן.

**V. A General Noun.** When referring to a noun in a general sense, unlike English, where no article is used, the definite article is required.

Work is life. הָעֲבוֹדָה הִיא חַיִּים.

He goes to school. הוּא הוֹלֵךְ אֶל בֵּית הַסֵּפֶר.

**VI. The present tense of חַי.** This verb is irregular in the present tense. Its four forms are as follows:

| | |
|---|---|
| אֲנִי, אַתָּה, הוּא חַי | אֲנַחְנוּ, אַתֶּם, הֵם חַיִּים |
| אֲנִי, אַתְּ, הִיא חַיָּה | אֲנַחְנוּ, אַתֶּן, הֵן חַיּוֹת |

## הָעֲבוֹדָה הִיא חַיִּים

עֶרֶב. אָדוֹן לֵוִי לוֹקֵחַ מְעִיל מִן הָאָרוֹן וְהוֹלֵךְ אֶל הַבַּיִת שֶׁל אָדוֹן כֹּהֵן. גְּבֶרֶת כֹּהֵן עוֹמֶדֶת בָּרְחוֹב לִפְנֵי הַבַּיִת.

— שָׁלוֹם גְּבֶרֶת כֹּהֵן. אָדוֹן כֹּהֵן בַּבַּיִת?

— לֹא. הוּא לֹא בַּבַּיִת.

— אַתְּ יוֹדַעַת אֵיפֹה הוּא?

— כֵּן. הוּא עוֹבֵד עַכְשָׁיו.

— אֵיפֹה הוּא עוֹבֵד עַכְשָׁיו?

— הוּא עוֹבֵד בַּמַּעְבָּדָה.

— עַכְשָׁו? בָּעֶרֶב?

— כֵּן, גַּם אֲנִי שׁוֹאֶלֶת תָּמִיד: ״מִי עוֹבֵד בָּעֶרֶב?״ אָדוֹן כֹּהֵן לֹא שׁוֹמֵעַ. אָדוֹן כֹּהֵן עוֹבֵד כָּל הַיּוֹם. הוּא עוֹבֵד מִן הַבֹּקֶר עַד הָעֶרֶב.

— אִם כֵּן, מָתַי הוּא חַי?

גְּבֶרֶת כֹּהֵן צוֹחֶקֶת וְאוֹמֶרֶת:

— הוּא חַי כַּאֲשֶׁר הוּא עוֹבֵד. הוּא עוֹבֵד תָּמִיד בְּשִׂמְחָה. אָדוֹן כֹּהֵן אוֹמֵר: ״הָעֲבוֹדָה הִיא חַיִּים!״

### Exercises — תַּרְגִּילִים

**I. Answer in complete sentences:**

1. לְאָן הוֹלֵךְ אָדוֹן לֵוִי?
2. אֵיפֹה עוֹמֶדֶת גְּבֶרֶת כֹּהֵן?
3. מַה שׁוֹאֵל אָדוֹן לֵוִי?
4. מָתַי עוֹבֵד אָדוֹן כֹּהֵן בַּמַּעְבָּדָה?
5. מָה אוֹמֵר אָדוֹן כֹּהֵן עַל הָעֲבוֹדָה?

**II. Translate:**

1. He is not at home now, he is in the street. 2. She is sitting here and is reading a newspaper. 3. Who is working in the laboratory today? 4. What do you (m.s.) hear from home? 5. They (m.) study from morning till evening. 6. When do you (m.s.) go to school? 7. When the student (m.) writes in the notebook, he writes with a pen. 8. She always says: "Work is joy!" 9. They live in peace. 10. I (f.) do not know if he is at home now. 11. If so, why don't you (m.pl.) study Hebrew? 12. What do you (m.s.) think about life? 13. He is in school all day. 14. She is sitting in class and is laughing. 15. The teacher (f.) takes chalk and writes on the blackboard.

**III. Vocalize the definite article:**

| | | | |
|---|---|---|---|
| 10. הרְחוֹב | 7. השִׂמְחָה | 4. העֲבוֹדָה | 1. הבֹּקֶר |
| 11. החַיִּים | 8. העֶרֶב | 5. האָדוֹן | 2. האָרוֹן |
| 12. השָׁלוֹם | 9. המַעְבָּדָה | 6. המְעִיל | 3. העִתּוֹן |

# שִׁעוּר ה (5)

| | | | |
|---|---|---|---|
| beautiful; nice | יָפֶה,יָפָה | but | אֲבָל |
| there is; there are | יֵשׁ | loves; likes | אוֹהֵב |
| like; as | כְּמוֹ | after | אַחֲרֵי, אַחַר |
| world | עוֹלָם (עוֹלָמוֹת) | there is not (no); there are not (no) | אֵין |
| noon, *n.m.pl.* | צָהֳרַיִם | | |
| physician | רוֹפֵא (רוֹפְאִים) | man | אִישׁ (אֲנָשִׁים) |
| name | שֵׁם (שֵׁמוֹת) | woman; wife | אִשָּׁה (נָשִׁים) |
| before noon, A.M. | לִפְנֵי הַצָּהֳרַיִם | big; large | גָּדוֹל, גְּדוֹלָה |
| | | much; many; a lot of | הַרְבֵּה |
| in the afternoon, P.M. | אַחֲרֵי הַצָּהֳרַיִם | sick | חוֹלֶה, חוֹלָה |
| Dr. (doctor) | ד"ר (דּוֹקְטוֹר) | wise; smart; intelligent; | חָכָם, חֲכָמָה |
| Thursday | יוֹם ה' | good | טוֹב, טוֹבָה |

## GRAMMAR — דִּקְדּוּק

**I. The Adjective — שֵׁם הַתֹּאַר.**

1. The adjective comes in four forms:

| | | | |
|---|---|---|---|
| good (m.pl.) | טוֹבִים | good (m.s.) | טוֹב |
| good (f.pl.) | טוֹבוֹת | good (f.s.) | טוֹבָה |

2. When an adjective, whose first syllable is vocalized by a קָמָץ, is made feminine or plural, the קָמָץ is changed to a שְׁוָא, and in gutturals to a חֲטַף-פַּתָּח.

| | | | |
|---|---|---|---|
| גְּדוֹלוֹת | גְּדוֹלִים | גְּדוֹלָה | גָּדוֹל |
| חֲכָמוֹת | חֲכָמִים | חֲכָמָה | חָכָם |

The loss of the קָמָץ is due to the shift of the accent. The קָמָץ, being a long vowel, must have the accent fall either on it or on the letter right next to it.

3. Adjectives ending in "ה" retain their initial קָמָץ since the accent is not shifted. The final "ה" is dropped when pluralized.

יָפֶה יָפָה יָפִים יָפוֹת

**II. Position of the Adjective.** The adjective always follows the noun it qualifies.

| | | | |
|---|---|---|---|
| good men | אֲנָשִׁים טוֹבִים | a good man | אִישׁ טוֹב |
| good women | נָשִׁים טוֹבוֹת | a good woman | אִשָּׁה טוֹבָה |

**III. Agreement of the Adjective.** The adjective must agree with the noun it qualifies in gender, in number and in definiteness.

| | |
|---|---|
| A good student (m.s.) | תַּלְמִיד טוֹב |
| A good student (f.s.) | תַּלְמִידָה טוֹבָה |
| Good students (m.pl.) | תַּלְמִידִים טוֹבִים |
| Good students (f.pl.) | תַּלְמִידוֹת טוֹבוֹת |
| The good student (m.s.) | הַתַּלְמִיד הַטּוֹב |
| The good student (f.s.) | הַתַּלְמִידָה הַטּוֹבָה |
| The good students (m.pl.) | הַתַּלְמִידִים הַטּוֹבִים |
| The good students (f.pl.) | הַתַּלְמִידוֹת הַטּוֹבוֹת |

**IV. The Plural of the Adjective.** It always ends in ×ִים when qualifying a masculine plural noun, and in ×וֹת when qualifying a feminine plural noun, regardless of the ending of the noun it qualifies.

large blackboards — לוּחוֹת גְּדוֹלִים

beautiful women — נָשִׁים יָפוֹת

**V. The Adjective as a Predicate.** An adjective may serve as a predicate. In this case, it does not take the definite article.

| | | |
|---|---|---|
| The student (m.) | is good. | הַתַּלְמִיד טוֹב. |
| The student (f.) | is good. | הַתַּלְמִידָה טוֹבָה. |
| The students (m.) | are good. | הַתַּלְמִידִים טוֹבִים. |
| The students (f.) | are good. | הַתַּלְמִידוֹת טוֹבוֹת. |

**VI. Plural Nouns.** There is a number of nouns which are plural in form but singular in meaning. E.g.,

life — חַיִּים

When such nouns are qualified by an adjective, the adjective must also be put in the plural.

| | |
|---|---|
| A beautiful life — חַיִּים יָפִים | A good life — חַיִּים טוֹבִים |
| Life is beautiful — הַחַיִּים יָפִים | Life is good — הַחַיִּים טוֹבִים |

**VII. The Position of the Adverb.** An adverb always follows the verb it qualifies, but there is no agreement with it in gender or in number.

| | |
|---|---|
| הוּא עוֹבֵד הַרְבֵּה | הֵם עוֹבְדִים הַרְבֵּה |
| הִיא עוֹבֶדֶת הַרְבֵּה | הֵן עוֹבְדוֹת הַרְבֵּה |

**VIII. The Adverb הַרְבֵּה.** This adverb may also be used adjectivally. In this case, it generally precedes the noun and does not require agreement in gender or number with the noun. It is similar to the English expression "a lot of."

There are many (a lot of) men (people) in the street. — יֵשׁ הַרְבֵּה אֲנָשִׁים בָּרְחוֹב.

There are many (a lot of) women in the street. — יֵשׁ הַרְבֵּה נָשִׁים בָּרְחוֹב.

**IX. Contractions and Abbreviations.**

1. When one word or more are contracted, two strokes are placed before the last letter of the contraction.

דוֹקְטוֹר = ד״ר      בֵּית הַסֵּפֶר = בֵּיהַ״ס

2. When a word is abbreviated, a single stroke is placed at the end of the abbreviation.

אָלֶף = א׳      גְּבֶרֶת = גב׳

## רוֹפֵא טוֹב

יוֹם יָפֶה. אִשָּׁה הוֹלֶכֶת בָּרְחוֹב. הָאִשָּׁה יָפָה. גַּם דָּוִד וְשָׂרָה הוֹלְכִים בָּרְחוֹב. הָאִשָּׁה אוֹמֶרֶת ״שָׁלוֹם״ אֶל שָׂרָה. דָּוִד שׁוֹאֵל:

— שָׂרָה, אַתְּ יוֹדַעַת מִי הָאִשָּׁה הַיָּפָה?

שָׂרָה אוֹמֶרֶת:

— כֵּן, אֲנִי יוֹדַעַת. הַשֵּׁם שֶׁל הָאִשָּׁה הַיָּפָה רוּת כֹּהֵן. הִיא הָאִשָּׁה שֶׁל ד״ר כֹּהֵן.

— מִי הוּא ד״ר כֹּהֵן? שׁוֹאֵל דָּוִד.

שָׂרָה אוֹמֶרֶת:

— ד״ר כֹּהֵן הוּא רוֹפֵא גָּדוֹל וְאִישׁ חָכָם. הוּא אִישׁ טוֹב וְעוֹבֵד הַרְבֵּה. לִפְנֵי הַצָּהֳרַיִם הוּא עוֹבֵד בַּבַּיִת וְגַם בַּמַּעְבָּדָה. אַחֲרֵי הַצָּהֳרַיִם הוּא הוֹלֵךְ מִן חוֹלֶה אֶל חוֹלֶה. הוּא עוֹבֵד כָּל הַיּוֹם מִן הַבֹּקֶר עַד הָעֶרֶב. ד״ר כֹּהֵן עוֹבֵד תָּמִיד, כִּי הוּא אוֹהֵב אֲנָשִׁים. יֵשׁ הַרְבֵּה רוֹפְאִים בָּעוֹלָם, אֲבָל אֵין הַרְבֵּה רוֹפְאִים כְּמוֹ ד״ר כֹּהֵן!

### Exercises — תַּרְגִּילִים

**I. Answer in complete sentences:**

1. מִי הוֹלֵךְ בָּרְחוֹב?
2. מִי הָאִשָּׁה הַיָּפָה?
3. מָתַי עוֹבֵד ד״ר כֹּהֵן בַּבַּיִת?

4. מָתַי הוֹלֵךְ ד״ר כֹּהֵן אֶל הַחוֹלִים?
5. מָתַי הוֹלְכִים הַחוֹלִים אֶל הַבַּיִת שֶׁל ד״ר כֹּהֵן?

**II. Translate:**

1. David is a smart student because he reads a lot. 2. The world is like a large laboratory. 3. In the morning there are a lot of people in the streets. 4. Now not many physicians go to the house of the sick. 5. She is an intelligent woman, but she is not beautiful. 6. She works here in the morning and in the afternoon she goes to school. 7. When I (m.) am sick, I call a physician. 8. There are no classes (lessons) today because the teacher (f.) is sick. 9. He lives like a wise man. 10. Teachers do not like large classes. 11. Where are you (f.s.) going after class (the lesson)? 12. They (m.) live a good life. 13. There are many closets in the house of Mrs. Cohen. 14. What does a student (m.) take when he goes to school? 15. Life is not always beautiful (nice). 16. What is the name of the sick man?

**III. Pluralize the following phrases:**

1. בַּיִת גָּדוֹל
2. אִשָּׁה יָפָה
3. מוֹרֶה טוֹב
4. רְחוֹב גָּדוֹל
5. אִישׁ חָכָם
6. כִּתָּה טוֹבָה
7. אִשָּׁה חֲכָמָה
8. אִישׁ חַי
9. לוּחַ גָּדוֹל
10. יוֹם יָפֶה
11. מוֹרֶה חוֹלֶה
12. שֵׁם יָפֶה

# שִׁעוּר ו (6)

| | | | |
|---|---|---|---|
| very, very much | מְאֹד | or | אוֹ |
| test | מִבְחָן (מִבְחָנִים) | then | אָז |
| dictionary | מִלּוֹן (מִלּוֹנִים) | afterwards | אַחֲרֵי־כֵן |
| gives | נוֹתֵן | which { *m.s.* | אֵיזֶה |
| correct | נָכוֹן, נְכוֹנָה | which { *f.s.* | אֵיזוֹ |
| Hebrew | עִבְרִי, עִבְרִית | these *m.&f.* | אֵלֶּה |
| question | שְׁאֵלָה (שְׁאֵלוֹת) | English | אַנְגְּלִי, אַנְגְּלִית |
| table | שֻׁלְחָן (שֻׁלְחָנוֹת) | thing; word | דָּבָר (דְּבָרִים) |
| answer | תְּשׁוּבָה (תְּשׁוּבוֹת) | this { *m.s.* | זֶה |
| Friday | יוֹם ו׳ | this { *f.s.* | זֹאת |
| good morning | בֹּקֶר טוֹב | chair | כִּסֵּא (כִּסְאוֹת) |

## GRAMMAR — דִּקְדּוּק

**I. The Demonstrative Adjectives —** זֶה, זֹאת, אֵלֶּה.

The demonstrative adjectives follow the rules governing the adjectives.

| | | | |
|---|---|---|---|
| This woman | אִשָּׁה זֹאת | This man | אִישׁ זֶה |
| These women | נָשִׁים אֵלֶּה | These men | אֲנָשִׁים אֵלֶּה |

For greater definiteness, the definite article is often added.

| | | | |
|---|---|---|---|
| This woman | הָאִשָּׁה הַזֹּאת | This man | הָאִישׁ הַזֶּה |
| These women | הַנָּשִׁים הָאֵלֶּה | These men | הָאֲנָשִׁים הָאֵלֶּה |

**II. The Position of the Demonstrative Adjectives.** When a noun is qualified both by an adjective and a demonstrative, the latter follows the adjective:

| | | |
|---|---|---|
| This good man | | הָאִישׁ הַטּוֹב הַזֶּה |
| These good men | | הָאֲנָשִׁים הַטּוֹבִים הָאֵלֶּה |
| This good woman | | הָאִשָּׁה הַטּוֹבָה הַזֹּאת |
| These good women | | הַנָּשִׁים הַטּוֹבוֹת הָאֵלֶּה |

**III. The Demonstrative Pronouns.** The demonstrative adjectives serve also as pronouns. In this case, they precede the noun and agree with it in gender and number, but not in definiteness.

| | | | |
|---|---|---|---|
| This is a man. | זֶה אִישׁ. | This is a woman. | זֹאת אִשָּׁה. |
| These are men. | אֵלֶּה אֲנָשִׁים. | These are women. | אֵלֶּה נָשִׁים. |
| This is the man. | זֶה הָאִישׁ. | This is the woman. | זֹאת הָאִשָּׁה. |

**IV. The Interrogatives** אֵיזֶה? אֵיזוֹ? . These interrogatives are commonly used for both the singular and the plural.

| | |
|---|---|
| Which book are you reading? | אֵיזֶה סֵפֶר אַתָּה קוֹרֵא? |
| Which books are you reading? | אֵיזֶה סְפָרִים אַתָּה קוֹרֵא? |
| Which notebook is this? | אֵיזוֹ מַחְבֶּרֶת הִיא? |
| Which notebooks are these? | אֵיזוֹ מַחְבָּרוֹת הֵן? |

There is, however, a special interrogative pronoun for the plural, masculine and feminine, which many grammarians prefer: אֵילוּ

| | |
|---|---|
| Which books are these? | אֵילוּ סְפָרִים הֵם? |
| Which notebooks are these? | אֵילוּ מַחְבָּרוֹת הֵן? |

**V.** אֵיזֶה (אֵיזוֹ) **and** מַה . When the English "what" is used in the sense of "which," it must be rendered in Hebrew by אֵיזֶה (אֵיזוֹ) , not by מַה .

What (which) book is he reading? אֵיזֶה סֵפֶר הוּא קוֹרֵא?

What is he reading? מַה הוּא קוֹרֵא?

**VI.** לֹא ... וְלֹא . This renders the English conjunction "neither ... nor." E.g.,

Neither today nor yesterday לֹא הַיּוֹם וְלֹא אֶתְמוֹל

Neither this nor that לֹא זֹאת וְלֹא זֹאת

## הַמִּבְחָן

כִּתָּה א׳. כָּל יוֹם ו׳ לִפְנֵי הַצָּהֳרַיִם הַמּוֹרֶה נוֹתֵן מִבְחָן בְּעִבְרִית. הַיּוֹם יוֹם ו׳. הַמּוֹרֶה וְכָל הַתַּלְמִידִים בַּכִּתָּה. הַמּוֹרֶה אוֹמֵר: ״בֹּקֶר טוֹב, תַּלְמִידִים״, וְיוֹשֵׁב עַל הַכִּסֵּא. עַל הַשֻּׁלְחָן לִפְנֵי הַמּוֹרֶה יֵשׁ הַרְבֵּה דְּבָרִים. הַמּוֹרֶה שׁוֹאֵל שְׁאֵלוֹת בְּעִבְרִית.

— דָּוִד, אוֹמֵר הַמּוֹרֶה, אֵיזֶה יוֹם הַיּוֹם?

—הַיּוֹם יוֹם ו׳, אוֹמֵר דָּוִד.

— בְּאֵיזֶה יוֹם יֵשׁ מִבְחָן בְּעִבְרִית? שׁוֹאֵל הַמּוֹרֶה.

— בְּכָל יוֹם ו׳ יֵשׁ מִבְחָן בְּעִבְרִית, אוֹמֵר דָּוִד.

אָז לוֹקֵחַ הַמּוֹרֶה מִלּוֹן גָּדוֹל מִן הַשֻּׁלְחָן וְשׁוֹאֵל:

— מֹשֶׁה, מַה זֶּה?

— זֶה מִלּוֹן, אוֹמֵר מֹשֶׁה.

— נָכוֹן, אֲבָל אֵיזֶה מִלּוֹן הוּא? שׁוֹאֵל הַמּוֹרֶה.

— הַמִּלּוֹן הַזֶּה הוּא מִלּוֹן עִבְרִי־אַנְגְּלִי, אוֹמֵר מֹשֶׁה.

אַחֲרֵי־כֵן לוֹקֵחַ הַמּוֹרֶה מַחְבֶּרֶת גְּדוֹלָה מִן הַשֻּׁלְחָן וְשׁוֹאֵל:

— דָּוִד, מַה הוּא הַדָּבָר הַזֶּה?

— זֹאת מַחְבֶּרֶת, אוֹמֵר דָּוִד.

— אֵיזוֹ מַחְבֶּרֶת הִיא? שׁוֹאֵל הַמּוֹרֶה.

— הַמַּחְבֶּרֶת הַזֹּאת הִיא מַחְבֶּרֶת אַנְגְּלִית, אוֹמֵר מֹשֶׁה.

— טוֹב מְאֹד, אוֹמֵר הַמּוֹרֶה.

אַחֲרֵי־כֵן, לוֹקֵחַ הַמּוֹרֶה עֵטִים מִן הַשֻּׁלְחָן, וְהוּא שׁוֹאֵל:

— מֹשֶׁה, אַתָּה יוֹדֵעַ מָה אֵלֶּה?

— אֵלֶּה עִתּוֹנִים, אוֹמֵר מֹשֶׁה.

— וְאַתָּה דָּוִד, מָה אַתָּה חוֹשֵׁב, הַתְּשׁוּבָה הַזֹּאת נְכוֹנָה?

— לֹא, אוֹמֵר דָּוִד. הַתְּשׁוּבָה הַזֹּאת לֹא נְכוֹנָה. הַדְּבָרִים הָאֵלֶּה הֵם מְעִילִים.

אָז אוֹמֵר הַמּוֹרֶה אֶל שָׂרָה:

— מָה אַתְּ חוֹשֶׁבֶת, שָׂרָה, אֵיזוֹ תְּשׁוּבָה נְכוֹנָה, הַתְּשׁוּבָה שֶׁל דָּוִד אוֹ הַתְּשׁוּבָה שֶׁל מֹשֶׁה?

— לֹא זֹאת וְלֹא זֹאת, צוֹחֶקֶת שָׂרָה. הַדְּבָרִים הָאֵלֶּה הֵם עֵטִים.

## Exercises — תַּרְגִּילִים

**I. Answer in complete sentences:**

1. בְּאֵיזֶה יוֹם נוֹתֵן הַמּוֹרֶה מִבְחָן בְּעִבְרִית?
2. מַה יֵּשׁ עַל הַשֻּׁלְחָן שֶׁל הַמּוֹרֶה?
3. אֵיזֶה סֵפֶר לוֹקֵחַ הַמּוֹרֶה?
4. אֵיזוֹ מַחְבֶּרֶת לוֹקֵחַ הַמּוֹרֶה?
5. מָה אוֹמֶרֶת שָׂרָה עַל הַתְּשׁוּבָה שֶׁל מֹשֶׁה וְעַל הַתְּשׁוּבָה שֶׁל דָּוִד?

**II. Translate:**

1. This is a very beautiful street. 2. What is today, Friday or Thursday? 3. He always gives correct answers. 4. This world is a beautiful world. 5. This is a very good answer. 6. What thing are you (f.s.) taking from the closet? 7. The English dictionary is on the table and not on the chair. 8. What is the name of this wise woman? 9. These are beautiful coats. 10. On (in) what day is the test in Hebrew? 11. The physician is at home until noon and afterwards he

goes to the laboratory. 12. He sits on a chair and reads an English newspaper. 13. The teachers (m.) do not laugh when a student gives an incorrect (not correct) answer. 14. Which lesson in this book don't you (f.s.) know? 15. I (f.) read a Hebrew newspaper every morning. 16. A good pupil (m.) says "good morning" to the teacher.

# שִׁעוּר ז (7)

| | | | |
|---|---|---|---|
| city; town, *n.f.* | עִיר (עָרִים) | garden; park | גַּן (גַּנִּים) |
| tree | עֵץ (עֵצִים) | an interrogative particle | הַאִם |
| opens | פּוֹתֵחַ | old | זָקֵן, זְקֵנָה |
| small; little | קָטָן, קְטַנָּה | hand, *n.f.* | יָד (יָדַיִם) |
| sees | רוֹאֶה | boy; child | יֶלֶד (יְלָדִים) |
| noise | רַעַשׁ | girl; child | יַלְדָּה (יְלָדוֹת) |
| under | תַּחַת | closes | סוֹגֵר |
| whom? | אֶת מִי? | bench | סַפְסָל (סַפְסָלִים) |
| There are no classes | אֵין שִׁעוּרִים | answers | עוֹנֶה |
| | | near; by the side of | עַל יַד; לְיַד |

## GRAMMAR — דִּקְדּוּק

**I. Verbs whose Third Radical is "ה".** The present tense (הֹוֶה) of such verbs is as follows:

| | | | |
|---|---|---|---|
| ×וֹ×וֹת | ×וֹ×ִים | ×וֹ×ָה | ×וֹ×ֶה |
| אֲנַחְנוּ, אַתֶּם, הֵם רוֹאִים | | אֲנִי, אַתָּה, הוּא רוֹאֶה | |
| אֲנַחְנוּ, אַתֶּן, הֵן רוֹאוֹת | | אֲנִי, אַתְּ, הִיא רוֹאָה | |

**II. The Definite Direct Object.** A direct, definite object of a verb is preceded by the particle אֶת.

David takes a book. דָּוִד לוֹקֵחַ סֵפֶר.

David takes the book. דָּוִד לוֹקֵחַ אֶת הַסֵּפֶר.

Whom do you love? אֶת מִי אַתָּה אוֹהֵב?

Proper nouns are considered definite. Thus, when they are used as direct objects of a verb, the particle אֶת is required.

I see David. אֲנִי רוֹאֶה אֶת דָּוִד.

**III. The Interrogative.** An interrogative sentence is usually introduced by the particle הַאִם or by ...הֲ .

Do you know Hebrew? הַאִם אַתָּה יוֹדֵעַ עִבְרִית? הֲיוֹדֵעַ אַתָּה עִבְרִית?

The interrogative ...הֲ may be attached to any critical word in the sentence. If the sentence contains a verb, it is preferable to attach it to the verb.

| | |
|---|---|
| Are you a physician? | הֲרוֹפֵא אַתָּה? |
| Are you the physician? | *הַאַתָּה הוּא הָרוֹפֵא? |
| Do you read Hebrew? | הֲקוֹרֵא אַתָּה עִבְרִית? |

## בַּגַּן שֶׁל הָעִיר

עַל יַד הַבַּיִת שֶׁל דָּוִד יֵשׁ גַּן גָּדוֹל וְיָפֶה. זֶה הַגַּן שֶׁל הָעִיר. בַּגַּן יֵשׁ הַרְבֵּה עֵצִים, עֵצִים גְּדוֹלִים וְעֵצִים קְטַנִּים. בַּגַּן שֶׁל הָעִיר יֵשׁ תָּמִיד הַרְבֵּה אֲנָשִׁים. בַּגַּן הַזֶּה יֵשׁ גַּם הַרְבֵּה יְלָדִים וְהַרְבֵּה יְלָדוֹת. בַּגַּן רַעַשׁ וְשִׂמְחָה.

יוֹם א׳. הַיּוֹם אֵין שִׁעוּרִים בְּבֵית הַסֵּפֶר.

דָּוִד הוּא יֶלֶד חָכָם וְתַלְמִיד טוֹב. הוּא לוֹקֵחַ סֵפֶר עִבְרִי בַּיָּד וְהוֹלֵךְ אֶל הַגַּן. דָּוִד רוֹאֶה סַפְסָל תַּחַת עֵץ גָּדוֹל. הוּא יוֹשֵׁב עַל הַסַּפְסָל תַּחַת הָעֵץ. אִישׁ זָקֵן יוֹשֵׁב לְיַד דָּוִד. הָאִישׁ קוֹרֵא עִתּוֹן אַנְגְּלִי. דָּוִד פּוֹתֵחַ אֶת הַסֵּפֶר וְקוֹרֵא. פִּתְאֹם סוֹגֵר דָּוִד אֶת הַסֵּפֶר.

הָאִישׁ הַזָּקֵן שׁוֹאֵל אֶת דָּוִד:

— מַדּוּעַ אַתָּה סוֹגֵר אֶת הַסֵּפֶר? הַאִם הַסֵּפֶר הַזֶּה לֹא טוֹב?

— לֹא, עוֹנֶה דָּוִד. זֶה סֵפֶר טוֹב מְאֹד. אֲנִי אוֹהֵב אֶת הַסֵּפֶר. אֲבָל פֹּה בַּגַּן רַעַשׁ גָּדוֹל. אֲנִי קוֹרֵא וְקוֹרֵא, אֲבָל אֲנִי לֹא לוֹמֵד דָּבָר.

---

* Before a שְׁוָא or a חֲטַף פַּתָּח, and before the guttural letters א, ה, ח, ע, the interrogative "ה" is vocalized by a פַּתָּח.

Are these books? { הַסְּפָרִים הֵם אֵלֶּה? / הַאֵלֶּה הֵם סְפָרִים?

## Exercises — תַּרְגִּילִים

**I. Answer in complete sentences:**

1. מַה יֵּשׁ בַּגַּן שֶׁל הָעִיר?
2. עַל מַה יוֹשֵׁב דָּוִד בַּגַּן?
3. מִי יוֹשֵׁב בַּגַּן עַל יַד דָּוִד?
4. מַה שׁוֹאֵל הָאִישׁ הַזָּקֵן אֶת דָּוִד?
5. מַדּוּעַ סוֹגֵר דָּוִד אֶת הַסֵּפֶר?

**II. Translate:**

1. Are there many children in the street in the afternoon? 2. I (m.) like wise people. 3. Is this old woman a good teacher? 4. She does not know a thing. 5. The woman opens the closet and takes the coat. 6. Is this a beautiful city? 7. Are there many beautiful houses in this city? 8. The little boy is under the bench. 9. I (f.) see many children here, but I do not hear noise. 10. The teacher asks in Hebrew, but not all the students answer in Hebrew. 11. When do you (m.s.) close the laboratory? 12. These women go to the park every Sunday. 13. When the teacher is good, the children study with joy. 14. There is a large bench near this tree. 15. The life of this man is in the hands of the physician.

**III. Give the four forms of the present tense of the following verbs:**

1. סוֹגֵר
2. עוֹנֶה
3. לוֹקֵחַ
4. רוֹאֶה
5. שׁוֹמֵעַ
6. שׁוֹאֵל
7. קוֹרֵא
8. פּוֹתֵחַ
9. יוֹדֵעַ

# שִׁעוּר ח (8)

| | |
|---|---|
| so | כָּךְ |
| almost | כִּמְעַט |
| immediately | מִיָּד |
| little, *adv.* | מְעַט |
| few, *adj.* | מְעַט, מְעַטָּה |
| miracle | נֵס (נִסִּים) |
| with | עִם |
| pencil | עִפָּרוֹן (עֶפְרוֹנוֹת) |
| only | רַק |
| mistake; error | שְׁגִיאָה (שְׁגִיאוֹת) |
| year | שָׁנָה (שָׁנִים) |
| a good year (Happy New Year) | שָׁנָה טוֹבָה |
| answers a question | עוֹנֶה עַל שְׁאֵלָה |

| | |
|---|---|
| university | אוּנִיבֶרְסִיטָה |
| how | אֵיךְ |
| America | אֲמֵרִיקָה |
| American | אֲמֵרִיקָנִי, אֲמֵרִיקָנִית |
| young person; lad; youth | בָּחוּר (בַּחוּרִים) |
| young person, *f.* | בַּחוּרָה (בַּחוּרוֹת) |
| without | בְּלִי |
| everything | הַכֹּל |
| friend, *m.* | חָבֵר (חֲבֵרִים) |
| friend, *f.* | חֲבֵרָה (חֲבֵרוֹת) |
| Israel | יִשְׂרָאֵל |
| Israeli | יִשְׂרְאֵלִי, יִשְׂרְאֵלִית |
| Jerusalem | יְרוּשָׁלַיִם |
| already | כְּבָר |

## GRAMMAR — דִּקְדּוּק

**I. The Vocalization of the Definite Article.** You already know that the definite article is vocalized either by a פַּתָּח ( הַ ) or by a קָמָץ ( הָ ). There is only one other possibility in which case the ...ה is vocalized by a סֶגּוֹל ( הֶ ) . This is when the ...ה is attached to a noun whose initial syllable is either הָ ,חָ or עָ*.

| | | | |
|---|---|---|---|
| the friend | הֶחָבֵר | a friend | חָבֵר |
| the cities | הֶעָרִים | cities | עָרִים |

*Note: This rule holds true only if these syllables are unaccented: הָהָ֫ר but הֶהָרִ֫ים

**II. The Passive Voice.** It is rendered in Hebrew by the masculine plural in the present tense. Since the present tense is used, in this case, as an impersonal verb, the personal pronoun הֵם is omitted.

How is it said in Hebrew?<br>How does one say it in Hebrew? } אֵיךְ אוֹמְרִים בְּעִבְרִית?

**III. The Prepositions ...בְּ and עִם.**

1. The preposition ...בְּ has a number of functions. We are already aware of its use in the sense "in." It is also used in the sense "with" or "by means of."

   He works with joy. — הוּא עוֹבֵד בְּשִׂמְחָה.

   He writes with (by means of) a pen. — הוּא כּוֹתֵב בְּעֵט.

2. The preposition עִם, which also means "with," is used only in the sense of accompaniment.

   David studies with Dan. — דָּוִד לוֹמֵד עִם דָּן.

   Dan always goes with a notebook in his hand. } דָּן הוֹלֵךְ תָּמִיד עִם מַחְבֶּרֶת בַּיָּד.

**IV. Adjectives as Adverbs.** Certain adjectives are used also as adverbs. E.g.,

Nicely, well — יָפֶה

When used as an adverb, no agreement with the subject is required.

He studies nicely (well). — הוּא לוֹמֵד יָפֶה.

She studies nicely (well). — הִיא לוֹמֶדֶת יָפֶה.

They (m.) study nicely (well). — הֵם לוֹמְדִים יָפֶה.

They (f.) study nicely (well). — הֵן לוֹמְדוֹת יָפֶה.

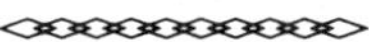

## זֶה לֹא נֵס

בָּאוּנִיבֶרְסִיטָה הָעִבְרִית בָּעִיר יְרוּשָׁלַיִם לוֹמְדִים הַרְבֵּה בַּחוּרִים וְהַרְבֵּה בַּחוּרוֹת. בָּאוּנִיבֶרְסִיטָה הַזֹּאת יֵשׁ תַּלְמִידִים כִּמְעַט מִן כָּל הָעוֹלָם. יֵשׁ גַּם תַּלְמִידִים לֹא מְעַטִּים מִן אֲמֶרִיקָה.

דָּן כְּבָר שָׁנָה בְּיִשְׂרָאֵל אֲבָל הוּא יוֹדֵעַ רַק מְעַט עִבְרִית. דָּוִד, הֶחָבֵר שֶׁל דָּן, גַּם הוּא בָּחוּר אֲמֶרִיקָנִי, וְגַם הוּא לוֹמֵד בָּאוּנִיבֶרְסִיטָה הָעִבְרִית. גַּם הוּא רַק שָׁנָה בְּיִשְׂרָאֵל, אֲבָל הוּא כְּבָר יוֹדֵעַ עִבְרִית יָפֶה מְאֹד. דָּוִד כְּבָר כּוֹתֵב עִבְרִית כִּמְעַט בְּלִי שְׁגִיאוֹת. הוּא שׁוֹאֵל אֶת הַכֹּל בְּעִבְרִית וְעוֹנֶה עַל הַכֹּל בְּעִבְרִית.

דָּוִד לוֹמֵד כָּל הַיּוֹם, מִן הַבֹּקֶר עַד הָעֶרֶב. הוּא לוֹמֵד וְלוֹמֵד. תָּמִיד רוֹאִים אֶת דָּוִד עִם מַחְבֶּרֶת קְטַנָּה וְעִפָּרוֹן בַּיָּד. תָּמִיד הוּא שׁוֹאֵל שְׁאֵלוֹת: אֵיךְ אוֹמְרִים בְּעִבְרִית ...? וְאֵיךְ אוֹמְרִים בְּעִבְרִית ...? מַה זֶּה? מַה זֹּאת? מִיָּד הוּא פּוֹתֵחַ אֶת הַמַּחְבֶּרֶת וְכוֹתֵב אֶת הַתְּשׁוּבוֹת הַנְּכוֹנוֹת. כָּךְ לוֹמֵד דָּוִד עִבְרִית.

כַּאֲשֶׁר אוֹמְרִים אֶל דָּוִד:

— אַתָּה פֹּה רַק שָׁנָה, וְאַתָּה כְּבָר יוֹדֵעַ עִבְרִית כִּמְעַט כְּמוֹ יִשְׂרְאֵלִי. זֶה נֵס גָּדוֹל!

דָּוִד צוֹחֵק וְעוֹנֶה:

— זֶה לֹא נֵס. אִם לוֹמְדִים הַרְבֵּה אָז יוֹדְעִים הַרְבֵּה!

### Exercises — תַּרְגִּילִים

**I. Answer in complete sentences:**

1. אֵיפֹה לוֹמְדִים הַחֲבֵרִים דָּן וְדָוִד?
2. מַה יֵּשׁ תָּמִיד בַּיָּד שֶׁל דָּוִד?
3. מַה שׁוֹאֵל דָּוִד תָּמִיד?
4. אֵיךְ כְּבָר כּוֹתֵב דָּוִד עִבְרִית?
5. מַדּוּעַ אוֹמְרִים הָאֲנָשִׁים אֶל דָּוִד: "זֶה נֵס גָּדוֹל"?

**II. Translate:**

1. David's friend (the friend of David) knows only Hebrew. 2. These people have been (are) only a year in Israel. 3. She asks many questions and so she learns well. 4. When does one say "shalom?" 5. "Shalom" is said in the morning, at noon and also in the evening. 6. He reads Hebrew almost like an Israeli. 7. She immediately takes a pencil and writes down the answers in the notebook. 8. This is a very good university. 9. The youth answers immediately all the questions. 10. She already reads Hebrew without a dictionary. 11. She already knows everything. 12. There is not a book without errors. 13. This woman goes with the child to the park. 14. There are few miracles (in) these days. 15. The lad says "Happy New Year" to the ladies. 16. There are only a few girls in this class.

# שִׁעוּר ט (9)

| | | | |
|---|---|---|---|
| father | אָב (אָבוֹת) | important | חָשׁוּב, חֲשׁוּבָה |
| daddy, father | אַבָּא | more | יוֹתֵר |
| brother | אָח (אַחִים) | to; for | לְ... |
| sister | אָחוֹת (אֲחָיוֹת) | why; what for | לָמָּה |
| food | אֹכֶל | example | מָשָׁל (מְשָׁלִים) |
| mother | אֵם (אִמּוֹת, אִמָּהוֹת) | cake | עוּגָה (עוּגוֹת) |
| mama, mother | אִמָּא | does; makes | עוֹשֶׂה |
| clothes; garment | בֶּגֶד (בְּגָדִים) | buys | קוֹנֶה |
| of course; certainly | בְּוַדַּאי | chocolate | שׁוֹקוֹלָדָה |
| ice cream | גְּלִידָה (גְּלִידוֹת) | on the way; on the road | בַּדֶּרֶךְ |
| kindergarten | גַּן יְלָדִים (גַּנֵּי יְלָדִים) | to whom? for whom? | לְמִי |
| road; way, *n.m.&f.* | דֶּרֶךְ (דְּרָכִים) | for instance; for example | לְמָשָׁל |
| behold; here | הִנֵּה | | |

## GRAMMAR — דִּקְדּוּק

**I. The Preposition ...לְ.** This preposition is similar in meaning to the preposition אֶל, but ...לְ is also used in many instances to render the English preposition "for."

He says to Ruth. { הוּא אוֹמֵר אֶל רוּת. / הוּא אוֹמֵר לְרוּת.

David is buying a newspaper for Ruth. דָּוִד קוֹנֶה עִתּוֹן לְרוּת.

For example — לְמָשָׁל

**II. The Vocalization of the Preposition ...לְ.** When ...לְ comes before the definite article it contracts with it (in the same manner as the preposition ...בְּ ).

| | | | | |
|---|---|---|---|---|
| To the teacher | — | לְהַמּוֹרֶה | = | לַמּוֹרֶה |
| To the man | — | לְהָאִישׁ | = | לָאִישׁ |
| To the friend | — | לְהֶחָבֵר | = | לֶחָבֵר |

**III. The Inflection of Prepositions.** All prepositions when used with a personal pronoun must be inflected. The inflection of the preposition ...לְ (to; for) follows:

| | | | |
|---|---|---|---|
| to us (m. & f.) | לָנוּ | to me (m. & f.) | לִי |
| to you (m.pl.) | לָכֶם | to you (m.s.) | לְךָ |
| to you (f.pl.) | לָכֶן | to you (f.s.) | לָךְ |
| to them (m.) | לָהֶם | to him | לוֹ |
| to them (f.) | לָהֶן | to her | לָהּ |

**IV. The Particle** **הִנֵּה**. This particle is used in a demonstrative sense, meaning "behold," "here is," "here are."

| | |
|---|---|
| Behold, he is going. | הִנֵּה הוּא הוֹלֵךְ. |
| Here is the teacher's house. | הִנֵּה הַבַּיִת שֶׁל הַמּוֹרֶה. |
| Here are the brother and the sister. | הִנֵּה הָאָח וְהָאָחוֹת. |

## מִי יוֹתֵר חָשׁוּב?

דָּן וְרוּת הֵם אָח וְאָחוֹת. דָּן הוֹלֵךְ לְגַן יְלָדִים. רוּת הִיא כְּבָר תַּלְמִידָה בְּכִתָּה א׳.

בֹּקֶר. רוּת וְדָן אוֹמְרִים "שָׁלוֹם" לָאֵם וְהוֹלְכִים לְבֵית הַסֵּפֶר. בַּדֶּרֶךְ לְבֵית הַסֵּפֶר שׁוֹאֵל דָּן אֶת רוּת:

— רוּת, מִי אַתְּ חוֹשֶׁבֶת יוֹתֵר חָשׁוּב, אַבָּא אוֹ אִמָּא?

— בְּוַדַּאי אִמָּא, עוֹנָה רוּת. אִמָּא עוֹשָׂה אֶת הַכֹּל. אִמָּא נוֹתֶנֶת לָנוּ אֹכֶל, וְהִיא קוֹנָה לָנוּ עוּגָה, גְּלִידָה וְשׁוֹקוֹלָדָה. אִמָּא גַּם קוֹנָה לְךָ וְלִי

בְּגָדִים יָפִים. אִמָּא קוֹנָה לִי סְפָרִים, מַחְבָּרוֹת, עֵטִים וְעֶפְרוֹנוֹת. אַתָּה רוֹאֶה, אִמָּא עוֹשָׂה אֶת הַכֹּל.

— נָכוֹן, אוֹמֵר דָּן, אִמָּא יוֹתֵר חֲשׁוּבָה. אֲבָל הַאִם אַתְּ לֹא אוֹהֶבֶת אֶת אַבָּא?

— אֲנִי אוֹהֶבֶת אֶת אַבָּא מְאֹד!

— מַדּוּעַ?

— אֲנִי לֹא יוֹדַעַת מַדּוּעַ. אֲנִי אוֹהֶבֶת אֶת אַבָּא, כִּי הוּא אַבָּא. אֲנִי עוֹשָׂה הַרְבֵּה דְּבָרִים, אֲבָל אֲנִי לֹא יוֹדַעַת לָמָּה.

— מָה, לְמָשָׁל?

— הִנֵּה, לְמָשָׁל, אֲנִי הוֹלֶכֶת לְבֵית הַסֵּפֶר, אֲבָל אֲנִי לֹא יוֹדַעַת לָמָּה!

### Exercises — תַּרְגִּילִים

**I. Answer in complete sentences:**

1. אֵיפֹה לוֹמֵד הָאָח וְאֵיפֹה לוֹמֶדֶת הָאָחוֹת?
2. מַה שׁוֹאֵל דָּן אֶת רוּת?
3. מַה קּוֹנָה אִמָּא לְרוּת?
4. מַדּוּעַ אִמָּא יוֹתֵר חֲשׁוּבָה?
5. מַדּוּעַ רוּת אוֹהֶבֶת אֶת אַבָּא?

**II. Translate:**

1. Dan's sister has been (is) studying a year in the university. 2. Where does one buy in this city good clothes? 3. The small boy knows already the way to the kindergarten. 4. He does not make many mistakes when he writes Hebrew. 5. The brother gives (to) her a good example. 6. Of course, the father gives (to) them (f.) everything. 7. Here is a good question, do you (m.s.) know the answer to this question? 8. Whom do you (f.pl.) love more, (the) father or (the) mother? 9. There is not much food in the house because mother is sick. 10. David's brother is a very important person (man). 11. I (f.) always buy a newspaper on the way from school. 12. Does one give you (m.pl.) food

in school? 13. To whom are you (m.s.) writing now? I am writing to father. 14. She always answers us immediately. 15. Why are you (f.s.) standing? There is a chair near the table. 16. Every child likes cake, ice cream and chocolate.

**III. Translate and vocalize the following phrases, using the prepositions ...בְּ and ...לְ:**

| | | |
|---|---|---|
| 1. In the city | 5. In the closet | 9. To the wife |
| 2. To the brother | 6. In the coat | 10. To the sick |
| 3. To the friends | 7. With a pencil | 11. In the book |
| 4. To the laboratory | 8. In the food | 12. To the lady |

# שִׁעוּר י (10)

| | |
|---|---|
| English (language) | אַנְגְּלִית |
| request; desire | בַּקָּשָׁה (בַּקָּשׁוֹת) |
| if you please; please | בְּבַקָּשָׁה |
| store | חֲנוּת (חֲנֻיּוֹת) |
| how much? how many? | כַּמָּה? |
| money; silver | כֶּסֶף (כְּסָפִים) |
| pound (money) | לִירָה (לִירוֹת) |
| luck | מַזָּל |
| good luck | מַזָּל טוֹב! |
| king | מֶלֶךְ (מְלָכִים) |
| library | סִפְרִיָּה (סִפְרִיּוֹת) |
| amounts; goes up; costs | עוֹלֶה |
| needs | צָרִיךְ, צְרִיכָה |
| wants | רוֹצֶה |
| week | שָׁבוּעַ (שָׁבוּעוֹת) |
| thanks | תּוֹדָה (תּוֹדוֹת) |
| translation | תַּרְגּוּם (תַּרְגּוּמִים) |
| Tel Aviv | תֵּל אָבִיב |
| who has ...? | לְמִי יֵשׁ...? |
| who does not have? | לְמִי אֵין...? |
| How much does it cost? | כַּמָּה זֶה עוֹלֶה? |
| see you again! | לְהִתְרָאוֹת! |

## GRAMMAR — דִּקְדּוּק

**I. The Negation of the Present Tense.** לֹא is used as a negation in all tenses. However, in the present tense the negation אֵין is preferred.

He does not know English. { הוּא לֹא יוֹדֵעַ אַנְגְּלִית. / אֵין הוּא יוֹדֵעַ אַנְגְּלִית.

Note that אֵין comes before the subject while לֹא comes before the verb.

**II. Possession.** There is no verb "to have" in Hebrew. To express possession in the present tense, the phrase ...יֵשׁ לְ (there is to ..., there are to ...,) is used.

| | |
|---|---|
| David has a book. | יֵשׁ לְדָוִד סֵפֶר. |
| The man has a book. | יֵשׁ לָאִישׁ סֵפֶר. |
| I have a book. | יֵשׁ לִי סֵפֶר. |
| You (m.s.) have books. | יֵשׁ לְךָ סְפָרִים. |

For negative possession, the phrase ...אֵין לְ (there is not to ..., there are not to ....,) is used.

| | |
|---|---|
| David does not have a book. | אֵין לְדָוִד סֵפֶר. |
| The man does not have a book. | אֵין לָאִישׁ סֵפֶר. |
| I don't have a book. | אֵין לִי סֵפֶר. |
| You (m.s.) do not have books. | אֵין לְךָ סְפָרִים. |

The order of the words is flexible. The same idea can be expressed in one of the three ways.

יֵשׁ לְדָוִד סֵפֶר = לְדָוִד יֵשׁ סֵפֶר = יֵשׁ סֵפֶר לְדָוִד

The choice of the particular order is determined by the desired emphasis. The same applies to the negative.

**III. The Cost of an Item.** To express the cost of an item in the present tense, עוֹלֶה, עוֹלָה, עוֹלִים, עוֹלוֹת, is used, depending on the gender and number of the item.

| | |
|---|---|
| This book costs a pound. | הַסֵּפֶר הַזֶּה עוֹלֶה לִירָה. |
| This notebook costs a pound. | הַמַּחְבֶּרֶת הַזֹּאת עוֹלָה לִירָה. |
| These books cost a pound. | הַסְּפָרִים הָאֵלֶּה עוֹלִים לִירָה. |
| These notebooks cost a pound. | הַמַּחְבָּרוֹת הָאֵלֶּה עוֹלוֹת לִירָה. |
| This book cost me (you...) a pound. | הַסֵּפֶר הַזֶּה עוֹלֶה לִי (לְךָ...) לִירָה. |

**IV. The Use of the Definite Article for "this".** Before words expressing time, the definite article also means: "this".

| | | | |
|---|---|---|---|
| the day; today | הַיּוֹם | a day | יוֹם |
| the week; this week | הַשָּׁבוּעַ | a week | שָׁבוּעַ |

## בַּחֲנוּת שֶׁל סְפָרִים בְּתֵל־אָבִיב

— בֹּקֶר טוֹב, אָדוֹן לֵוִי.

— בֹּקֶר טוֹב לְךָ, דָּוִד. מָה אַתָּה קוֹנֶה הַיּוֹם? אֵיזֶה סֵפֶר אַתָּה רוֹצֶה?

— יֵשׁ לִי בַּקָּשָׁה קְטַנָּה. הַאִם יֵשׁ לְךָ בַּחֲנוּת הַסֵּפֶר "הַמֶּלֶךְ לִיר" עִם תַּרְגּוּם עִבְרִי?

— יֵשׁ לִי הַסֵּפֶר "הַמֶּלֶךְ לִיר", אֲבָל בְּלִי תַּרְגּוּם עִבְרִי.

— הַאִם אַתָּה יוֹדֵעַ לְמִי יֵשׁ הַסֵּפֶר הַזֶּה? אֲנִי צָרִיךְ אֶת הַסֵּפֶר, כִּי יֵשׁ לִי מִבְחָן חָשׁוּב בְּאַנְגְּלִית הַשָּׁבוּעַ.

— לֹא, אֵין אֲנִי יוֹדֵעַ לְמִי יֵשׁ הַסֵּפֶר הַזֶּה. אֲבָל מַדּוּעַ אֵין אַתָּה לוֹקֵחַ אֶת הַסֵּפֶר הַזֶּה מִן הַסִּפְרִיָּה שֶׁל הָאוּנִיבֶרְסִיטָה?

— אֵין לִי מַזָּל! כָּל הַתַּלְמִידִים לוֹקְחִים אֶת הַסְּפָרִים מִן הַסִּפְרִיָּה לִפְנֵי הַמִּבְחָן. עַכְשָׁו כְּבָר אֵין הַסֵּפֶר בַּסִּפְרִיָּה.

— אִם כֵּן, הַאִם אַתָּה רוֹצֶה אֶת "הַמֶּלֶךְ לִיר" בְּלִי תַּרְגּוּם עִבְרִי? בְּוַדַּאי יֵשׁ לְךָ מִלּוֹן אַנְגְּלִי – עִבְרִי בַּבַּיִת.

— כֵּן, יֵשׁ לִי מִלּוֹן אַנְגְּלִי – עִבְרִי. כַּמָּה עוֹלֶה הַסֵּפֶר "הַמֶּלֶךְ לִיר" בְּלִי תַּרְגּוּם עִבְרִי?

— לֹא הַרְבֵּה. הַסֵּפֶר עוֹלֶה רַק לִירָה.

— בְּבַקָּשָׁה, הִנֵּה הַכֶּסֶף.

— תּוֹדָה.

— שָׁלוֹם.

— לְהִתְרָאוֹת!

◇◇◇◇◇◇◇◇◇◇◇◇

### Exercises — תַּרְגִּילִים

**I. Answer in complete sentences:**

1. אֵיזֶה סֵפֶר רוֹצֶה דָּוִד?
2. הַאִם יֵשׁ בַּחֲנוּת הַסֵּפֶר "הַמֶּלֶךְ לִיר"?
3. מַדּוּעַ רוֹצֶה דָּוִד אֶת "הַמֶּלֶךְ לִיר" עִם תַּרְגּוּם עִבְרִי?
4. מַדּוּעַ אוֹמֵר דָּוִד: "אֵין לִי מַזָּל"?
5. כַּמָּה עוֹלֶה הַסֵּפֶר "הַמֶּלֶךְ לִיר" בְּלִי תַּרְגּוּם עִבְרִי?

**II. Translate:**

1. How much do these books cost? 2. A king has a lot of money. 3. I (f.) have a lot of good friends. 4. They do not have luck. 5. Who does not have work today? 6. I (m.) am going now to the library because I need a book for the test. 7. After the lesson the teacher says to the class: "See you again!" 8. This is a good Hebrew translation. 9. When do you (m.pl.) have a test in English? 10. Ruth, how many pounds does this coat cost? 11. I (f.) have only a small request. 12. She always buys clothes in this store. 13. All men want a good life. 14. How many weeks have they (m.) been studying English? 15. When I (m.) want something (a thing), I say: "Please," and when one gives me the thing, I say: "Thanks."

# שִׁעוּר יא (11)

| | | | |
|---|---|---|---|
| still; yet; else; more | עוֹד | outside; outdoors | בַּחוּץ |
| goes up; rises | עוֹלֶה | mountain | הַר (הָרִים) |
| bird *n.f.* | צִפּוֹר (צִפֳּרִים) | window | חַלּוֹן (חַלּוֹנוֹת) |
| gets up | קָם | goes out | יוֹצֵא |
| runs | רָץ | sea | יָם (יַמִּים) |
| sets; sinks | שׁוֹקֵעַ | beauty | יֹפִי |
| song; poem | שִׁיר (שִׁירִים) | that (*conj.*) | כִּי |
| there | שָׁם | so! so much! (*adv.*) | כָּל כָּךְ! |
| sky, *n.pl.* | שָׁמַיִם | poet | מְשׁוֹרֵר (מְשׁוֹרְרִים) |
| sun, *n.m.&f.* | שֶׁמֶשׁ | poetess | מְשׁוֹרֶרֶת (מְשׁוֹרְרוֹת) |
| sings | שָׁר | falls | נוֹפֵל |
| | | passes; crosses | עוֹבֵר |

## GRAMMAR — דִּקְדּוּק

**I. The Present Tense of Verbs whose Middle Radical is a "ו" or a "י".** Verbs like קוּם , שִׁיר lose the second radical in the present tense. Thus the present tense appears as follows:

הֹוֶה:

get up — קוּם

| | |
|---|---|
| אֲנִי, אַתָּה, הוּא קָם | אֲנַחְנוּ, אַתֶּם, הֵם קָמִים |
| אֲנִי, אַתְּ, הִיא קָמָה | אֲנַחְנוּ, אַתֶּן, הֵן קָמוֹת |

sing — שִׁיר

| | |
|---|---|
| אֲנִי, אַתָּה, הוּא שָׁר | אֲנַחְנוּ, אַתֶּם, הֵם שָׁרִים |
| אֲנִי, אַתְּ, הִיא שָׁרָה | אֲנַחְנוּ, אַתֶּן, הֵן שָׁרוֹת |

**II. The Vocalization of מַה .** The rules for the vocalization of מַה are similar to those of the definite article ...הַ .

1. The basic vocalization of מַה is a פַּתָּח and a דָּגֵשׁ in the initial consonant of the word which follows:

   What is this? מַה זֶּה? מַה זֹּאת?

2. Before words beginning with א , ר , regardless of their vocalization, and before words beginning with ע , which is not vocalized by a קָמָץ , מַה is vocalized by a קָמָץ : מָה .

   מָה אוֹמֵר הָאִישׁ? מָה רוֹצֶה הַתַּלְמִיד?

   מָה עוֹשֶׂה הָאִישׁ?

   However, before words beginning with ה or ח which are not vocalized by a קָמָץ *, מַה is vocalized by a פַּתָּח.

   מַה הוּא אוֹמֵר? מַה חוֹשֵׁב הָרוֹפֵא?

**III. The Conjunction כִּי .** כִּי has two meanings:

1. because 2. that

1. I need a book because I have a test today.

   אֲנִי צָרִיךְ סֵפֶר, כִּי יֵשׁ לִי מִבְחָן הַיּוֹם.

2. I know that there is a test today.

   אֲנִי יוֹדֵעַ, כִּי יֵשׁ מִבְחָן הַיּוֹם.

**IV. The Adverbs כָּךְ and כָּל כָּךְ .** כָּךְ is used primarily with the meaning "in the manner of."

So (in this manner) he works. כָּךְ הוּא עוֹבֵד.

כָּל כָּךְ is used primarily with the meaning "to a very high degree."

---

* Before הָ, חָ, עָ, מה is vocalized by a סֶגוֹל - מֶה . However, before words beginning with the definite article הָ , it is vocalized by a קָמָץ - מָה . מָה הָרַעַשׁ?

These rules are not strictly observed in common speech.

| | |
|---|---|
| The sun is so beautiful in the morning! | הַשֶּׁמֶשׁ כָּל כָּךְ יָפָה בַּבֹּקֶר! |
| He sings so nicely! | הוּא שָׁר כָּל כָּךְ יָפֶה! |

## הַמְשׁוֹרֵר

בֹּקֶר. הַשֶּׁמֶשׁ עוֹלָה בַּשָּׁמַיִם. אוּרִי הַקָּטָן קָם וְיוֹשֵׁב עַל כִּסֵּא לְיַד הַחַלּוֹן.
— אוּרִי, מָה אַתָּה עוֹשֶׂה? שׁוֹאֶלֶת הָאֵם.
— אִמָּא, הַשֶּׁמֶשׁ כָּל כָּךְ יָפָה כַּאֲשֶׁר הִיא יוֹצֵאת מִן הֶהָרִים!
צָהֳרַיִם. אוּרִי הַקָּטָן רָץ מִן הַבַּיִת.
— אוּרִי, לְאָן אַתָּה רָץ?
— אִמָּא, שָׁם בַּגַּן עֵצִים יָפִים. עַל עֵץ יוֹשֶׁבֶת צִפּוֹר קְטַנָּה. הַצִּפּוֹר שָׁרָה כָּל כָּךְ יָפֶה!
עֶרֶב. הָאָח וְהָאֲחוֹת שֶׁל אוּרִי הֵם כְּבָר בַּבַּיִת.
— אֵיפֹה אוּרִי? מַה הוּא עוֹשֶׂה? שׁוֹאֵל הָאָב.
— הוּא עוֹד בַּחוּץ. עוֹנִים הָאָח וְהָאָחוֹת.
— אוּרִי, מָה אַתָּה עוֹשֶׂה בַּחוּץ?
— אַבָּא, הַשֶּׁמֶשׁ כָּל כָּךְ יָפָה כַּאֲשֶׁר הִיא נוֹפֶלֶת לַיָּם.

הַיָּמִים עוֹבְרִים. הַשָּׁנִים עוֹבְרוֹת. אוּרִי כְּבָר בָּחוּר גָּדוֹל.
עַכְשָׁיו הוּא יוֹדֵעַ, כִּי אֵין הַשֶּׁמֶשׁ יוֹצֵאת מִן הֶהָרִים.
עַכְשָׁיו הוּא יוֹדֵעַ, כִּי אֵין הַשֶּׁמֶשׁ נוֹפֶלֶת לַיָּם.
עַכְשָׁיו אוּרִי כּוֹתֵב שִׁירִים יָפִים.
הוּא כּוֹתֵב עַל הַיֹּפִי שֶׁל הַשֶּׁמֶשׁ כַּאֲשֶׁר הִיא עוֹלָה.
הוּא כּוֹתֵב עַל הַיֹּפִי שֶׁל הַשֶּׁמֶשׁ כַּאֲשֶׁר הִיא שׁוֹקַעַת.
הוּא כּוֹתֵב עַל הַיֹּפִי שֶׁל הַשָּׁמַיִם וְשֶׁל הַיָּם.
הוּא כּוֹתֵב עַל הָעֵצִים וְעַל הַצִּפֳּרִים.
אוּרִי הוּא עַכְשָׁיו מְשׁוֹרֵר.

## Exercises — תַּרְגִּילִים

**I. Answer in complete sentences:**

1. מָה עוֹשֶׂה אוּרִי בַּבֹּקֶר?
2. לְאָן רָץ אוּרִי בַּצָּהֳרַיִם?
3. אֵיפֹה אוּרִי בָּעֶרֶב?
4. מָה רוֹאֶה אוּרִי בַּגַּן?
5. מָה עוֹשֶׂה הַצִּפּוֹר בַּגַּן?

**II. Translate:**

1. This poet writes poems on the beauty of (the) life. 2. I (m.) go out to work when the sun rises. 3. The birds sing very beautifully. 4. I (f.) open the windows in the morning and I close the windows in the evening. 5. She is sitting outside when the sun is setting. 6. When we (m.) see an old man, we get up from the bench. 7. I (f.) think that they are still there. 8. Little girls do not go out from the house in the evening without (the) mother or (the) father. 9. The little boy thinks that the sun falls into the sea. 10. The man is going up on the mountain. 11. There are many big cities by (near) the sea. 12. So he works all the years. 13. The food is already on the table. 14. She is running to the library because she needs a book. 15. (The) beauty is passing; (the) life is passing. 16. The sky is so beautiful when the sun sets in the evening.

# שִׁעוּר יב (12)

| | | | |
|---|---|---|---|
| manna | מָן | eats | אוֹכֵל |
| restaurant | מִסְעָדָה (מִסְעָדוֹת) | comes | בָּא |
| place; seat | מָקוֹם (מְקוֹמוֹת) | meat; flesh | בָּשָׂר |
| Moses | מֹשֶׁה | fish | דָּג (דָּגִים) |
| Sinai | סִינַי | together | יַחַד |
| tired | עָיֵף, עֲיֵפָה | bread | לֶחֶם |
| meets | פּוֹגֵשׁ | desert | מִדְבָּר (מִדְבָּרִים) |
| thirsty | צָמֵא, צְמֵאָה | water, *n.m.pl.* | מַיִם |
| hungry | רָעֵב, רְעֵבָה | full of; filled with | מָלֵא, מְלֵאָה |
| puts; puts down | שָׂם | waiter | מֶלְצַר (מֶלְצָרִים) |

## GRAMMAR — דִּקְדּוּק

**I. Stative Verbs.** The verbs we have studied thus far have been actional verbs (verbs that express action):

הוֹלֵךְ, קוֹרֵא, לוֹמֵד, כּוֹתֵב

There is also a class of verbs called stative verbs (verbs describing a state), which serve also as adjectives:

thirsty — צָמֵא ; tired — עָיֵף ; hungry — רָעֵב

The present tense of the stative verbs is formed as follows:

אָ אֵ א ; אְ אֵ אָ ה ; אְ אֵ אִים ; אְ אֵ א וֹת

אֲנִי, אַתָּה, הוּא רָעֵב, עָיֵף — אֲנַחְנוּ, אַתֶּם, הֵם רְעֵבִים, עֲיֵפִים

אֲנִי, אַתְּ, הִיא רְעֵבָה, עֲיֵפָה — אֲנַחְנוּ, אַתֶּן, הֵן רְעֵבוֹת, עֲיֵפוֹת

The loss of the קָמָץ is due to the shift of the accent, from the second to the third radical, in the feminine and in the plural.(See lesson 5.)

**II. The Inflection of the Prepositions ...בְּ and עִם .** They are inflected in the same manner as the preposition ...לְ .

בִּי, בְּךָ, בָּךְ, בּוֹ, בָּהּ, בָּנוּ, בָּכֶם, בָּכֶן, בָּהֶם, בָּהֶן

עִמִּי, עִמְּךָ, עִמָּךְ, עִמּוֹ, עִמָּהּ, עִמָּנוּ, עִמָּכֶם, עִמָּכֶן, עִמָּהֶם, עִמָּהֶן

## מָן מִן הַשָּׁמַיִם

אָדוֹן כֹּהֵן עָיֵף וְרָעֵב. הוּא הוֹלֵךְ לְמִסְעָדָה. בַּדֶּרֶךְ הוּא פּוֹגֵשׁ חָבֵר. הַשֵּׁם שֶׁל הֶחָבֵר דָּוִד לֵוִי.

— לְאָן אַתָּה הוֹלֵךְ? שׁוֹאֵל אָדוֹן לֵוִי.

אָדוֹן כֹּהֵן עוֹנֶה:

— אֲנִי הוֹלֵךְ לִרְחוֹב הַמֶּלֶךְ דָּוִד. אֲנִי רָעֵב מְאֹד וְשָׁם יֵשׁ מִסְעָדָה טוֹבָה. הָאֹכֶל טוֹב, וְלֹא עוֹלֶה הַרְבֵּה כֶּסֶף.

— הַאִם אַתָּה אוֹכֵל תָּמִיד בְּמִסְעָדָה?

— לֹא, רַק בַּצָּהֳרַיִם. בָּעֶרֶב הָאִשָּׁה בַּבַּיִת וְאָז אֲנִי אוֹכֵל עִמָּהּ.

— גַּם אֲנִי הוֹלֵךְ לְמִסְעָדָה, אוֹמֵר הֶחָבֵר. גַּם אֲנִי רָעֵב וְצָמֵא מְאֹד.

הַחֲבֵרִים הוֹלְכִים יַחַד. הֵם בָּאִים לַמִּסְעָדָה. הַמִּסְעָדָה מְלֵאָה אֲנָשִׁים. הָרַעַשׁ גָּדוֹל וְכִמְעַט אֵין בָּהּ מָקוֹם. פִּתְאֹם הֵם רוֹאִים אִישׁ וְאִשָּׁה קָמִים מִן הַשֻּׁלְחָן לְיַד הַחַלּוֹן. הַחֲבֵרִים הוֹלְכִים אֶל הַשֻּׁלְחָן וְיוֹשְׁבִים. מֶלְצַר בָּא. הַמֶּלְצַר שָׂם מַיִם וְלֶחֶם עַל הַשֻּׁלְחָן.

אָדוֹן כֹּהֵן אוֹמֵר:

— אֲנַחְנוּ רְעֵבִים מְאֹד. מַה יֵּשׁ לָכֶם הַיּוֹם?

— יֵשׁ לָנוּ הַרְבֵּה דְּבָרִים טוֹבִים, עוֹנֶה הַמֶּלְצַר.

— מָה, לְמָשָׁל? שׁוֹאֵל אָדוֹן כֹּהֵן.

— יֵשׁ לָנוּ הַיּוֹם בָּשָׂר טוֹב מְאֹד, עוֹנֶה הַמֶּלְצַר.

אָדוֹן כֹּהֵן אוֹמֵר:

— אֲנִי לֹא רוֹצֶה בָּשָׂר. מָה עוֹד יֵשׁ לָכֶם?

— יֵשׁ לָנוּ הַיּוֹם דָּגִים טוֹבִים מְאֹד, עוֹנֶה הַמֶּלְצַר.

— לֹא, אֲנִי לֹא אוֹהֵב דָּגִים, אוֹמֵר אָדוֹן כֹּהֵן.

— יֵשׁ לָנוּ גַּם עוּגוֹת טוֹבוֹת וּגְלִידָה, אוֹמֵר הַמֶּלְצַר.
— אֲנִי לֹא רוֹצֶה עוּגָה אוֹ גְּלִידָה, אוֹמֵר אָדוֹן כֹּהֵן.
— אִם כֵּן, מָה אַתָּה רוֹצֶה? אוֹמֵר הַמֶּלְצַר. הַאִם אַתָּה רוֹצֶה מָן מִן הַשָּׁמַיִם? פֹּה מִסְעָדָה וְלֹא מִדְבַּר סִינַי! אֲנִי רַק מֶלְצַר וְלֹא מֹשֶׁה!

## Exercises — תַּרְגִּילִים

**I. Answer in complete sentences:**

1. לְאָן הוֹלֵךְ אָדוֹן כֹּהֵן?
2. אֶת מִי פּוֹגֵשׁ אָדוֹן כֹּהֵן בַּדֶּרֶךְ?
3. הַאִם יֵשׁ הַרְבֵּה אֲנָשִׁים בַּמִּסְעָדָה?
4. הַאִם אָדוֹן כֹּהֵן רוֹצֶה בָּשָׂר אוֹ דָּגִים?
5. מַדּוּעַ אוֹמֵר הַמֶּלְצַר: ״פֹּה מִסְעָדָה וְלֹא מִדְבַּר סִינַי״?

**II. Translate:**

1. Every morning on the way to school I (m.) meet many friends. 2. I (f.) work together with him in the laboratory. 3. There are few birds in the desert. 4. Why don't you (f.s.) put bread on the table? 5. Sinai is a desert, but nowadays (in these days) there is no manna in it. 6. She gets up when the sun rises in the sky. 7. David studies at (in) the university in the morning, and in the evening he is a waiter in a restaurant. 8. He has a house full of books, but he reads very little. 9. Do you (m.s.) close the store in the afternoon? 10. What else do you (f.pl.) want now? 11. This place is so nice, but few people live in it. 12. When a man is thirsty and hungry, he eats everything (anything). 13. We (m.) always eat the fish before the meat. 14. When father comes home (to the house) from work he is always very tired. 15. Mother always gives me (to me) water when I (m.) am thirsty.

# שִׁעוּר יג (13)

| | | | |
|---|---|---|---|
| אוּלַי | perhaps; may be | סְלִיחָה (סְלִיחוֹת) | excuse me; pardon! forgiveness |
| בֵּית כְּנֶסֶת (בָּתֵּי כְּנֶסֶת) | synagogue, *n.m.* | עוֹלֶה (עוֹלִים) | immigrant (to Israel) |
| זְמַן (זְמַנִּים) | time | עוֹלָה (עוֹלוֹת) | immigrant (to Israel) |
| חָדָשׁ, חֲדָשָׁה | new | עַיִן (עֵינַיִם) | eye, *n.f.* |
| כָּשֵׁר, כְּשֵׁרָה | "Kosher"; ritually fit; proper | עַצְמָאוּת | independence |
| | | תַּיָּר (תַּיָּרִים) | tourist |
| מֵאַיִן | wherefrom | תַּיֶּרֶת (תַּיָּרוֹת) | tourist |
| מִדְרָכָה (מִדְרָכוֹת) | sidewalk | אַנְגְלִיָּה | England |
| מוֹנִית (מוֹנִיּוֹת) | taxicab | צְפַת | Safed |
| מְכוֹנִית (מְכוֹנִיּוֹת) | automobile; car | יוֹמַיִם | two days |
| נֶהָג (נֶהָגִים) | driver | שְׁבוּעַיִם | two weeks; fortnight |

## GRAMMAR — דִּקְדּוּק

**I. The Preposition מִן .** מִן may be shortened to ...מִ and attached to the next word, the first consonant of which will receive a דָּגֵשׁ , to make up for the loss of the "ן" of מִן . Hence, before consonants which do not receive a דָּגֵשׁ ( א, ה, ח, ע, ר ), it is vocalized by a צֵירֶה ( ...מֵ ).

| | |
|---|---|
| From week to week | מִשָּׁבוּעַ לְשָׁבוּעַ = מִן שָׁבוּעַ לְשָׁבוּעַ |
| From England | מֵאַנְגְלִיָּה = מִן אַנְגְלִיָּה |
| From where are you? Where do you come from? | מֵאַיִן אַתָּה? (= מִן אַיִן אַתָּה?) |

**II. The Dual.** The Hebrew noun comes in three numbers: singular, dual and plural.

1. The dual is used for organs of the body, or other objects, that come in pairs. It is formed by adding the suffix ×ַיִם .

יָד — יָדַיִם        עַיִן — עֵינַיִם

Although singular in meaning, the nouns מַיִם and שָׁמַיִם are dual in form.

2. The dual is also used frequently with nouns expressing time.

יוֹם — יוֹמַיִם        שָׁבוּעַ — שְׁבוּעַיִם

## תַּיָּר בְּתֵל־אָבִיב

תַּיָּר: סְלִיחָה, אָדוֹן, הַאִם אַתָּה יוֹדֵעַ אֵיפֹה רְחוֹב הָעַצְמָאוּת? אוֹמְרִים כִּי בָּרְחוֹב הַזֶּה יֵשׁ מִסְעָדָה כְּשֵׁרָה טוֹבָה מְאֹד. אֲנִי לֹא יוֹדֵעַ אֶת הָעִיר. אֲנִי תַּיָּר.

עוֹלֶה: לֹא. אֲנִי לֹא יוֹדֵעַ אֵיפֹה רְחוֹב הָעַצְמָאוּת. אֲנִי עוֹלֶה חָדָשׁ. גַּם אֲנִי לֹא יוֹדֵעַ אֶת הָעִיר.

הַתַּיָּר: מֵאַיִן אַתָּה?

הָעוֹלֶה: אֲנִי מֵאַנְגְלִיָּה. וְאַתָּה מֵאַיִן?

הַתַּיָּר: אֲנִי מֵאֲמֵרִיקָה. כַּמָּה זְמַן אַתָּה כְּבָר בְּיִשְׂרָאֵל?

הָעוֹלֶה: אֲנִי פֹּה רַק שְׁבוּעַיִם. וְכַמָּה זְמַן אַתָּה פֹּה?

הַתַּיָּר: אֲנִי פֹּה רַק יוֹמַיִם.

הָעוֹלֶה: הִנֵּה עַל יַד הַמִּדְרָכָה עוֹמֶדֶת מְכוֹנִית. הָאִישׁ בַּמְּכוֹנִית בְּוַדַּאי יוֹדֵעַ אֵיפֹה רְחוֹב הָעַצְמָאוּת.

הַתַּיָּר אוֹמֵר ״תּוֹדָה״ וְהוֹלֵךְ אֶל הַמְּכוֹנִית.

הַתַּיָּר: סְלִיחָה, אָדוֹן, אוּלַי אַתָּה יוֹדֵעַ אֵיפֹה רְחוֹב הָעַצְמָאוּת?

הָאִישׁ: אֲנִי לֹא יוֹדֵעַ אֶת הָרְחוֹבוֹת בְּתֵל־אָבִיב. אֲנִי בָּא מִצְּפַת.

הַתַּיָּר: אֵיפֹה פּוֹגְשִׁים בְּתֵל־אָבִיב אֲנָשִׁים מִתֵּל־אָבִיב?!

הָאִישׁ: הִנֵּה שָׁם עוֹמֶדֶת מוֹנִית. נֶהָג שֶׁל מוֹנִית יוֹדֵעַ אֶת כָּל הָרְחוֹבוֹת בָּעִיר.

הַתַּיָּר אוֹמֵר "תּוֹדָה" וְרָץ אֶל הַנֶּהָג שֶׁל הַמּוֹנִית.

הַתַּיָּר: סְלִיחָה, אָדוֹן נֶהָג, אֵיפֹה רְחוֹב הָעַצְמָאוּת?

הַנֶּהָג: הַאִם אֵין לְךָ עֵינַיִם?! אַתָּה עוֹמֵד עַל־יַד רְחוֹב הָעַצְמָאוּת. אַתָּה רוֹאֶה שָׁם אֶת בֵּית הַכְּנֶסֶת? שָׁם רְחוֹב הָעַצְמָאוּת.

## Exercises — תַּרְגִּילִים

**I. Answer in complete sentences:**

1. בְּאֵיזֶה רְחוֹב יֵשׁ מִסְעָדָה כְּשֵׁרָה טוֹבָה?
2. מֵאַיִן בָּא הַתַּיָּר?
3. כַּמָּה זְמַן הָעוֹלֶה הֶחָדָשׁ בְּיִשְׂרָאֵל?
4. אֵיפֹה עוֹמֶדֶת הַמְּכוֹנִית שֶׁל הָאִישׁ מִצְּפַת?
5. מִי יוֹדֵעַ אֶת כָּל הָרְחוֹבוֹת בָּעִיר?

**II. Translate:**

1. There is a time for everything. 2. Dan's father is a taxicab driver (a driver of a taxicab). 3. He has a lot of money; every year he buys a new car. 4. Why are you (f.s.) so tired? Wherefrom are you coming? 5. The kosher restaurant is near the synagogue. 6. In every place in Israel one meets new immigrants and tourists. 7. Every man loves independence. 8. Excuse me, do you know perhaps where there is a kosher restaurant in this city? 9. The old man sits on a chair on the sidewalk in front of the house. 10. She has very beautiful eyes. 11. He has been sick for almost two weeks. 12. Every two days I (f.) read a new book at the library. 13. Wherefrom are you (m.pl.) coming and whereto are you going? 14. He already writes Hebrew well (nicely), but there are minor (small) mistakes here and there. 15. The new immigrant (f.) and the tourist (f.) see new things every day. 16. When does the sun set today?

**III. Vocalize the ... מ :**

| | | | | | |
|---|---|---|---|---|---|
| מהַיוֹם | מרְחוֹב | מתֵּל-אָבִיב | ממִסְעָדָה | ממַעְבָּדָה | מאָז |
| מהָעִיר | מהַבַּיִת | מבַּיִת לְבַיִת | מבֹּקֶר | מהַבֹּקֶר | מפֹּה |
| מבַּחוּץ | מאֵיזֶה | מיוֹם לְיוֹם | ממְכוֹנִית | ממוֹנִית | מהַר |
| מהַרְבֵּה | מזְמַן לִזְמַן | מרוֹפֵא לְרוֹפֵא | מיָד לְיָד | מהַמַּעְבָּדָה | משָׁם |

# שִׁעוּר יד (14)

| | | | |
|---|---|---|---|
| wind, *n.f. & m.* | רוּחַ (רוּחוֹת) | further | הָלְאָה |
| trembles; shivers | רוֹעֵד | gold | זָהָב |
| empty | רֵיק, רֵיקָה | throws | זוֹרֵק |
| path | שְׁבִיל (שְׁבִילִים) | sand | חוֹל (חוֹלוֹת) |
| bag | שַׂק (שַׂקִּים) | warm | חַם, חַמָּה |
| prayer | תְּפִלָּה (תְּפִלּוֹת) | pitcher | כַּד (כַּדִּים) |
| hope | תִּקְוָה (תִּקְווֹת) | heart | לֵב (לִבּוֹת) |
| there is no more | אֵין עוֹד | leg; foot, *n.f.* | רֶגֶל (רַגְלַיִם) |
| nevertheless | בְּכָל זֹאת | | |

## GRAMMAR — דִּקְדּוּק

**I. Vocalization of "ו" Conjunctive.** The conjunction "ו" is vocalized as a rule by a שְׁוָא — "וְ" — except for the following:

1. Before a חֲטַף , it takes on the vowel of the חֲטַף .

אַתָּה וַאֲנִי אִשָּׁה יָפָה וַחֲכָמָה

2. It becomes "וּ" :

a) Before a word beginning with a שְׁוָא :

יְלָדִים גְּדוֹלִים וּקְטַנִּים

b) Before words beginning with the labial consonants:

ב, ו, מ, פ,

לֶחֶם וּבָשָׂר לֶחֶם וּמַיִם שָׁם וּפֹה

3. It becomes "וִ" before a word beginning with "יְ" :

צִיּוֹן וִירוּשָׁלַיִם; יְלָדִים וִילָדוֹת

Note that the "י" loses its vocalization.

**II. The דָּגֵשׁ after ...וְ or ...וּ .** Words, whose initial consonant is one of the following letters ב, ג, ד, כ, פ, ת , lose the דָּגֵשׁ in these consonants when the conjunction ...וְ or ...וּ is attached to them.

גַּן וּבַיִת; קוֹרֵא וְכוֹתֵב; וּפִתְאֹם

**III. The Vocalization of the Preposition ...בְּ .** As a rule, it is vocalized by a שְׁוָא — בְּעֵט ;בְּסֵפֶר .

1. When attached to a word whose initial consonant is vocalized by a שְׁוָא , the ...בְּ is changed to ...בִּ because there cannot be two consecutive שְׁוָאִים at the beginning of a word.

Thus, בְּמְקוֹמוֹת becomes בִּמְקוֹמוֹת

2. When attached to a word whose initial consonant is "יְ" , the שְׁוָא under the "י" is dropped.

בְּיְרוּשָׁלַיִם becomes בִּירוּשָׁלַיִם

3. When attached to a word, whose initial consonant is vocalized by a חֲטָף , the ...ב takes on the vowel of the חֲטָף .

בְּאֲרוֹנוֹת becomes בַּאֲרוֹנוֹת

**IV. The Vocalization of the Preposition ...לְ .** The rules governing the vocalization of ...בְּ apply also to the vocalization of ...לְ .

| | | | |
|---|---|---|---|
| to a man | — לְאִישׁ | to places | — לִמְקוֹמוֹת |
| to people | — לַאֲנָשִׁים | to children | — לִילָדִים |

**V. The Gender of Organs of the Body.** Those organs that come in pairs are feminine.

יָד קְטַנָּה — יָדַיִם קְטַנּוֹת

רֶגֶל גְּדוֹלָה — רַגְלַיִם גְּדוֹלוֹת

**VI. The Position of the Subject.** The position of the subject in a sentence is optional. It may either precede or follow the verb. It is often a matter of emphasis which should come first, the subject or the verb.

Suddenly the **man** sees. — פִּתְאֹם הָאִישׁ רוֹאֶה.

Suddenly the man **sees**. — פִּתְאֹם רוֹאֶה הָאִישׁ.

## בַּמִּדְבָּר

מִדְבָּר. אֵין דֶּרֶךְ וּשְׁבִיל. לֹא רוֹאִים צִפּוֹר בַּשָּׁמַיִם. בְּכָל מָקוֹם רוֹאִים רַק חוֹל וְהָרִים. הָרוּחַ חַמָּה. אִישׁ הוֹלֵךְ בַּמִּדְבָּר. הָרַגְלַיִם שֶׁל הָאִישׁ עֲיֵפוֹת. הוּא רָעֵב וְצָמֵא. בַּיָּדַיִם שֶׁל הָאִישׁ שַׂק וְכַד. הַשַּׂק שֶׁל הָאִישׁ רֵיק. אֵין בּוֹ לֹא לֶחֶם וְלֹא עוּגוֹת, לֹא בָּשָׂר וְלֹא דָּגִים. גַּם הַכַּד רֵיק. אֵין עוֹד מַיִם בּוֹ.

הָאִישׁ זוֹרֵק אֶת הַשַּׂק וְאֶת הַכַּד הָרֵיקִים, וְהוֹלֵךְ הָלְאָה. הוּא עָיֵף מְאֹד. הָרַגְלַיִם שׁוֹקְעוֹת בַּחוֹל הַחַם. הָאִישׁ הוֹלֵךְ וְנוֹפֵל, אֲבָל בְּכָל זֹאת קָם וְהוֹלֵךְ הָלְאָה.

וּפִתְאֹם רוֹאֶה הָאִישׁ שַׂק מָלֵא עַל הַחוֹל.

"זֶה נֵס גָּדוֹל!" קוֹרֵא הָאִישׁ בְּשִׂמְחָה. "אוּלַי יֵשׁ בּוֹ אֹכֶל, וַאֲנִי כָּל כָּךְ רָעֵב".

בִּתְפִלָּה בַּלֵּב וּבְתִקְוָה בָּעֵינַיִם הוּא רָץ אֶל הַשַּׂק. הָאִישׁ פּוֹתֵחַ אֶת הַשַּׂק בְּיָדַיִם רוֹעֲדוֹת. אֲבָל מִיָּד אַחֲרֵי־כֵן הוּא זוֹרֵק אֶת הַשַּׂק עַל הַחוֹל.

"אֵין לִי מַזָּל!" קוֹרֵא הָאִישׁ, "הַשַּׂק מָלֵא רַק כֶּסֶף וְזָהָב".

### Exercises — תַּרְגִּילִים

**I. Answer in complete sentences:**

1. מָה רוֹאִים בַּמִּדְבָּר?
2. מַה יֵּשׁ בַּיָּדַיִם שֶׁל הָאִישׁ?
3. מַדּוּעַ זוֹרֵק הָאִישׁ אֶת הַשַּׂק וְאֶת הַכַּד?
4. מָה רוֹאֶה הָאִישׁ עַל הַחוֹל?
5. מַדּוּעַ אוֹמֵר הָאִישׁ: "אֵין לִי מַזָּל!"?

**II. Translate:**

1. It is warm today outside. 2. Do you know perhaps who has a bag or a pitcher? 3. We want water because we are thirsty. 4. Why do you throw the bread on the sand? 5. He stands in prayer before the Ark. 6. This woman is very tired because she works a lot. 7. I do not have silver or gold. 8. The hands and the legs of the sick man are trembling. 9. There are many paths in this park. 10. At (in) noon this restaurant is always full, but in the evening it is almost empty. 11. He runs to mother with a heart full of joy. 12. Why aren't you (f.s.) reading further? 13. In the evening we eat fish or meat and very little bread. 14. I don't have any more money. 15. There is a lot of water in this place. 16. Life without hope is no life. 17. It is a miracle, he does not come to class but nevertheless he knows the lessons well (nicely).

**III. Vocalize the ...ו and the ...ב:**

1. הֵם ואֲנַחְנוּ
2. נָשִׁים ואֲנָשִׁים
3. בַּחוּרִים ובַחוּרוֹת
4. יְלָדִים וילָדוֹת
5. הוּא תָּמִיד בָּא בשְׁאֵלוֹת
6. מַחְבָּרוֹת וסְפָרִים
7. בעִיר ובַמִּדְבָּר
8. הוּא כּוֹתֵב בשְׁגִיאוֹת
9. דָּגִים ובָשָׂר
10. סוֹגֵר ופוֹתֵחַ
11. שֻׁלְחָן וכִסֵּא
12. תֵּל־אָבִיב וירוּשָׁלַיִם

# שִׁעוּר טו (15)

| | |
|---|---|
| mouth | פֶּה (פִּיּוֹת) |
| was right | צָדַק |
| shouted; screamed | צָעַק |
| voice; sound | קוֹל (קוֹלוֹת) |
| jumped | קָפַץ |
| bad; evil | רַע, רָעָה |
| by heart; orally | עַל פֶּה |
| aloud | בְּקוֹל = בְּקוֹל גָּדוֹל |
| some time; a short while | זְמַן־מָה |
| Independence Day | יוֹם הָעַצְמָאוּת |
| between; among | בֵּין |
| finished | גָּמַר |
| bridge | גֶּשֶׁר (גְּשָׁרִים) |
| room | חֶדֶר (חֲדָרִים) |
| dream, *n.* | חֲלוֹם (חֲלוֹמוֹת) |
| dreamed | חָלַם |
| Jonah | יוֹנָה |
| forest; woods | יַעַר (יְעָרוֹת) |
| night, *n.m.* | לַיְלָה (לֵילוֹת) |
| bed | מִטָּה (מִטּוֹת) |
| interesting | מְעַנְיֵן, מְעַנְיֶנֶת |
| prophet | נָבִיא (נְבִיאִים) |
| river | נָהָר (נְהָרוֹת) |

## GRAMMAR — דִּקְדּוּק

**The Verb.** The word in Hebrew for "verb" is פֹּעַל. For convenience sake, the three radicals of each verb are named by the letters of the Hebrew word for "verb" - פֹּעַל. Thus the first radical is referred to as the "פ" הַפֹּעַל, the second as the "ע" הַפֹּעַל, and the third as the "ל" הַפֹּעַל.

A. The verbs are divided in three groups:

1. Verbs that do not lose a radical in any of the conjugations. These verbs are called שְׁלֵמִים (strong, sound, indefective).
2. Verbs that one of their radicals loses its vocalization in one tense or another. These are called נָחִים (quiescent).

3. Verbs that lose a radical in one tense or another. These are called חֲסֵרִים (defectives).

B. All verbs are subdivided into various classes called גְּזָרוֹת . Each גִּזְרָה (class) is named in accordance with the particular radical that is affected.

The גְּזָרוֹת are :

| | | | |
|---|---|---|---|
| 1. strong, sound, indefective | שְׁלֵמִים | — | ( גמר ) |
| 2. | פ״א | — | ( אכל ) |
| 3. | פ״נ | — | ( נפל ) |
| 4. | פ״י | — | ( ישב ) ( ישן ) |
| 5. | ע״ו | — | ( קום ) |
| 6. | ע״י | — | ( שים ) |
| 7. | ל״א | — | ( קרא ) |
| 8 | ל״ה | — | ( ראה ) |
| 9. Geminate— | כְּפוּלִים | — | ( חמם ) |

**I. The Past Tense ( עָבָר ) of** שְׁלֵמִים . The past tense is formed by the addition of various suffixes to the stem (the three radicals).

finish — גמר

| | |
|---|---|
| אני גָּמַרְ—תִּי | אנחנו גָּמַרְ—נוּ |
| אתה גָּמַרְ—תָּ   את גָּמַרְ—תְּ | אתם גְּמַרְ—תֶּם   אתן גְּמַרְ—תֶּן |
| הוא גָּמַר   היא גָּמְרָ—ה | הם, הן גָּמְר—וּ |

Because of the shift in accent from the second radical גָּמַ֫רְתִּי to the suffix, in the second person plural, to facilitate the distinction between the masculine גְּמַרְתֶּם and the feminine גְּמַרְתֶּן , the קָמָץ under the first radical is changed to a שְׁוָא .

ask — שאל

אני שָׁאַלְתִּי | אנחנו שָׁאַלְנוּ

אתה שָׁאַלְתָּ | את שָׁאַלְתְּ | אתם שְׁאַלְתֶּם | אתן שְׁאַלְתֶּן

הוא שָׁאַל | היא שָׁאֲלָה | הם, הן שָׁאֲלוּ

The reason for the חֲטַף־פַּתָּח in שָׁאֲלָה; שָׁאֲלוּ is to facilitate pronunciation, as it is difficult to pronounce a guttural, when it comes at the beginning of a syllable, with a שְׁוָא .

work — עבד

אני עָבַדְתִּי | אנחנו עָבַדְנוּ

אתה עָבַדְתָּ | את עָבַדְתְּ | אתם עֲבַדְתֶּם | אתן עֲבַדְתֶּן

הוא עָבַד | היא עָבְדָה | הם, הן עָבְדוּ

Note the instances where the שְׁוָא is replaced by a חֲטַף־פַּתָּח :

היא גָמְרָה — היא שָׁאֲלָה     אתם גְמַרְתֶּם — אתם עֲבַדְתֶּם     הם גָמְרוּ — הם שָׁאֲלוּ

**II. שְׁלֵמִים Verbs whose Third Radical is "ח" or "ע".** These verbs are conjugated like regular שְׁלֵמִים except that the "ח" or "ע" in the second person feminine singular is vocalized by a פַּתָּח.

אַתְּ לָקַחַת     אַתְּ שָׁמַעַת

However, this is not observed in spoken Hebrew, in which the "ח" or "ע" is vocalized by a שְׁוָא as in regular שְׁלֵמִים.

אַתְּ לָקַחְתְּ     אַתְּ שָׁמַעְתְּ

**III. The Omission of the Pronoun in the Past.** Except for the third persons, the use of the personal pronouns is optional.

I finished — אני גָּמַרְתִּי = גָּמַרְתִּי

We asked — אנחנו שָׁאַלְנוּ = שָׁאַלְנוּ

**IV. The Past Tense of פ״א , פ״י and פ״נ Verbs.** The conjugation of these verbs in the past tense is the same as שְׁלֵמִים.

אני אָכַלְתִּי...| אני יָשַׁבְתִּי...| אני נָפַלְתִּי...

**V. The Negation of the Past Tense.** Only לֹא is used as the negation for the past tense, whereas in the present either אֵין or לֹא may be used.

I did not study — אֲנִי לֹא לָמַדְתִּי

**VI. The Expressions נָכוֹן and צָדַק.** The expressions "to be right" and "to be correct" are rendered either by the verb צָדַק or by the adjective (participle) נָכוֹן. However, נָכוֹן refers only to objects while צָדַק refers only to people.

I am right (correct). — אֲנִי צוֹדֵק.

This is a correct answer. — זֹאת תְּשׁוּבָה נְכוֹנָה.

## הַחֲלוֹם

לַיְלָה. הַשֶּׁמֶשׁ כְּבָר שָׁקְעָה. דָּוִד הַקָּטָן בַּמִּטָּה. הָאֵם אוֹמֶרֶת לוֹ "לַיְלָה טוֹב" וְיוֹצֵאת מִן הַחֶדֶר. זְמַן־מָה עוֹבֵר וּפִתְאֹם הִיא שׁוֹמַעַת אֶת הַקּוֹל שֶׁל דָּוִד. הוּא צוֹעֵק. הָאֵם רָצָה אֶל הַחֶדֶר שֶׁל דָּוִד.

— דָּוִד, מַדּוּעַ צָעַקְתָּ? הַאִם חָלַמְתָּ חֲלוֹם רַע?

— כֵּן, אִמָּא, חָלַמְתִּי חֲלוֹם רַע מְאֹד.

— מֶה חָלַמְתָּ?

— חָלַמְתִּי כִּי הַיּוֹם "יוֹם הָעַצְמָאוּת". כָּל הַכִּתָּה יוֹשֶׁבֶת עַל הַסַּפְסָלִים בְּבֵית הַכְּנֶסֶת. כַּאֲשֶׁר גָּמַרְנוּ אֶת הַתְּפִלּוֹת, אָמַרְתִּי "שָׁלוֹם" לְכָל

הַחֲבֵרִים בַּכִּתָּה, וְהָלַכְתִּי לַחוּץ. בַּחוּץ חַם מְאֹד. בַּדֶּרֶךְ פָּגַשְׁתִּי אֶת הֶחָבֵר דָּנִיאֵל וְהָלַכְנוּ יַחַד אֶל הַיַּעַר.

הָלַכְנוּ בַּשְּׁבִילִים בֵּין הָעֵצִים, וְהִנֵּה נָהָר! דָּנִיאֵל רוֹאֶה לֶחֶם עַל הַחוֹל לְיַד הַנָּהָר. הוּא לוֹקֵחַ אֶת הַלֶּחֶם וְזוֹרֵק אֶת הַלֶּחֶם לַדָּגִים הָרְעֵבִים. הָלַכְנוּ הָלְאָה, וְהִנֵּה אֲנַחְנוּ רוֹאִים גֶּשֶׁר חָדָשׁ עַל הַנָּהָר. הָלַכְנוּ עַל הַגֶּשֶׁר, וְכִמְעַט עָבַרְנוּ אֶת הַנָּהָר. פִּתְאֹם שָׁמַעְנוּ רַעַשׁ גָּדוֹל. הַגֶּשֶׁר רָעַד וְנָפַל, וַאֲנַחְנוּ נָפַלְנוּ יַחַד עִם הַגֶּשֶׁר לַמַּיִם. פִּתְאֹם קָפַץ מִן הַמַּיִם דָּג גָּדוֹל. הַדָּג פָּתַח אֶת הַפֶּה. אָז צָעַקְתִּי בְּקוֹל גָּדוֹל. וְהִנֵּה אֲנִי רוֹאֶה כִּי אַתְּ עוֹמֶדֶת עַל־יַד הַמִּטָּה.

— זֶה חֲלוֹם מְעַנְיֵן. בְּוַדַּאי לְמַדְתֶּם בְּבֵית הַסֵּפֶר עַל יוֹנָה הַנָּבִיא.

— נָכוֹן, אִמָּא, אַתְּ צוֹדֶקֶת. אִמָּא, אַתְּ חֲכָמָה. אֶתְמוֹל גָּמַרְנוּ בַּכִּתָּה אֶת הַסֵּפֶר "יוֹנָה", וַאֲנִי יוֹדֵעַ אֶת הַסֵּפֶר הַזֶּה עַל פֶּה כִּמְעַט בְּלִי שְׁגִיאוֹת.

## Exercises — תַּרְגִּילִים

**I. Answer in complete sentences:**

1. מַדּוּעַ צָעַק דָּוִד בַּלַּיְלָה?
2. לְאָן הָלְכוּ הַחֲבֵרִים דָּוִד וְדָנִיאֵל אַחֲרֵי הַתְּפִלּוֹת?
3. אֵיךְ נָפְלוּ דָּוִד וְדָנִיאֵל לַנָּהָר?
4. מִי קָפַץ מִן הַמַּיִם?
5. מַדּוּעַ חָלַם דָּוִד חֲלוֹם עַל דָּג גָּדוֹל?

**II. Translate:**

1. What dream did you (m.s.) dream at night? 2. She has a good voice and she sings nicely. 3. I (f.) know many poems by heart. 4. Is this the correct way to the bridge? 5. She sits in class and dreams when the lesson is not interesting. 6. The child is in (the) bed because he is sick. 7. Many students passed in this street on the way to (the) school. 8. You (f.s.) are right, this is the king's room. 9. He opened the mouth, but he did not say a

thing. 10. There is no peace among bad men. 11. There is a big forest near the little town. 12. The mother jumped out of (the) bed because the child screamed. 13. When the students finished the book, they said to the teacher: "You were right, this is an interesting book." 14. There are many fish in this river. 15. The prophet Jonah went to a big city. 16. I thought a short while (some time) about the question and then I wrote the correct answer.

**III. Conjugate the following verbs in the past tense:**

1. למד 2. צעק 3. הלך 4. שמע

# שִׁעוּר טז (16)

| | | | |
|---|---|---|---|
| אֶחָד | one, *m.* | סָגוּר, סְגוּרָה | closed, *part.* |
| אַחַת | one, *f.* | סוֹפֵר (סוֹפְרִים) | author; writer |
| אֲשֶׁר; שֶׁ... | that; which; who; whom | סִפּוּר (סִפּוּרִים) | story |
| | | סִפְרוּת | literature |
| דֶּלֶת (דְּלָתוֹת) | door | רֶגַע (רְגָעִים) | moment |
| חַג (חַגִּים) | holiday | שׁוֹטֵר (שׁוֹטְרִים) | policeman |
| יַלְקוּט (יַלְקוּטִים) | briefcase | שָׁכַח | forgot |
| לָבַשׁ | put on (clothes); wore | שֶׁקֶט | quiet, *n.* |
| מַהֵר | quickly; fast | כָּל אֶחָד | everyone |
| מֻקְדָּם | early, *adv.* | שָׂם לֵב | paid attention |
| מֻקְדָּם, מֻקְדֶּמֶת | early, *adj.* | | |

## GRAMMAR — דִּקְדּוּק

**I. The Past Tense of ע״ו and ע״י Verbs.** The ע״ו and ע״י verbs lose their middle radical in the past tense (as in the present tense, see lesson 11). The first radical is vocalized by a פַּתָּח in all persons except for the third persons, in which case it is vocalized by a קָמָץ.

get up — קוּם

| | | | |
|---|---|---|---|
| אני קַמְתִּי | | אנחנו קַמְנוּ | |
| אתה קַמְתָּ | את קַמְתְּ | אתם קַמְתֶּם | אתן קַמְתֶּן |
| הוא קָם | היא קָמָה | הם, הן קָמוּ | |

put — שִׂים

אני שַׂמְתִּי | | אנחנו שַׂמְנוּ |
---|---|---|---
אתה שַׂמְתָּ | את שַׂמְתְּ | אתם שַׂמְתֶּם | אתן שַׂמְתֶּן
הוא שָׂם | היא שָׂמָה | הם, הן שָׂמוּ |

Note that the third persons, masculine and feminine singular, are the same in the present and in the past. The tense is determined only by the context. There is, however, a difference in accentuation in the third person feminine between the past and the present. While in the past the accent falls on the first syllable, in the present it falls on the second syllable.

She gets up early. — היא קָמָה מֻקְדָּם.

Yesterday she got up early. — אֶתְמוֹל היא קָמָה מֻקְדָּם.

**II. The Past Tense of the ע״ו Verb בוא "come".** The first radical of בוא is vocalized by a קָמָץ throughout the past tense.

אני בָּאתִי | | אנחנו בָּאנוּ |
---|---|---|---
אתה בָּאתָ | את בָּאת | אתם בָּאתֶם | אתן בָּאתֶן
הוא בָּא | היא בָּאָה | הם, הן בָּאוּ |

Note that the א is silent except in: היא בָּאָה; הם בָּאוּ

**III. The Directive Suffix.** Motion towards a definite place may be expressed either by the preposition ...לְ or ...אֶל הַ or, more idiomatically, by adding ה ׇ as a suffix.

אֲנִי הוֹלֵךְ אֶל הַבַּיִת = אֲנִי הוֹלֵךְ הַבַּיְתָה

אַתֶּם הוֹלְכִים לָעִיר = אַתֶּם הוֹלְכִים הָעִירָה

אַתָּה הוֹלֵךְ לְשָׁם = אַתָּה הוֹלֵךְ שָׁמָּה

**IV. The Position of אֶחָד and אַחַת.** The numbers אֶחָד (m.) and אַחַת (f.) are treated as adjectives and follow the noun they qualify.

One day — יוֹם אֶחָד

One year — שָׁנָה אַחַת

**V. The Relative Pronoun אֲשֶׁר.** The relative pronouns "that," "which," "who," "whom" are rendered by אֲשֶׁר or its shortened form ...שֶׁ. The latter is attached to the next word whose initial consonant receives a דָּגֵשׁ:

I forgot the story that we learned. { שָׁכַחְתִּי אֶת הַסִּפּוּר אֲשֶׁר לָמַדְנוּ. / שָׁכַחְתִּי אֶת הַסִּפּוּר שֶׁלָּמַדְנוּ.

The young man whom I love is very good looking. { הַבָּחוּר אֲשֶׁר אֲנִי אוֹהֶבֶת הוּא יָפֶה מְאֹד. / הַבָּחוּר שֶׁאֲנִי אוֹהֶבֶת הוּא יָפֶה מְאֹד.

## הַמִּבְחָן בְּסִפְרוּת.

כָּל הַלַּיְלָה חָלַמְתִּי עַל הַמִּבְחָן בְּסִפְרוּת. קַמְתִּי מֻקְדָּם בַּבֹּקֶר. קָפַצְתִּי מִן הַמִּטָּה. לָבַשְׁתִּי מַהֵר אֶת הַבְּגָדִים. לֹא אָכַלְתִּי דָּבָר. לָקַחְתִּי אֶת הַיַּלְקוּט, שַׂמְתִּי בּוֹ אֶת הַסְּפָרִים וְאֶת הַמַּחְבָּרוֹת, וְרַצְתִּי מַהֵר מִן הַבַּיִת.

בָּרְחוֹבוֹת שֶׁקֶט. לֹא שׁוֹמְעִים רַעַשׁ שֶׁל מוֹנִית אוֹ מְכוֹנִית. הַמִּדְרָכוֹת כִּמְעַט רֵיקוֹת. אֲבָל אֲנִי לֹא שַׂמְתִּי לֵב לַשֶּׁקֶט שֶׁבָּרְחוֹבוֹת. כָּל הַזְּמַן חָשַׁבְתִּי רַק עַל דָּבָר אֶחָד — עַל הַמִּבְחָן. חָשַׁבְתִּי עַל הַסּוֹפְרִים וְעַל הַסִּפּוּרִים הַמְעַנְיְנִים, עַל הַמְשׁוֹרְרִים וְעַל הַשִּׁירִים הַיָּפִים, אֲשֶׁר לָמַדְנוּ בְּסִפְרוּת.

בָּאתִי אֶל בֵּית הַסֵּפֶר וְהִנֵּה אֲנִי רוֹאָה כִּי הַדֶּלֶת סְגוּרָה, וּבַחוּץ אֵין תַּלְמִידִים. "אֵיפֹה כָּל אֶחָד? מַדּוּעַ הַדֶּלֶת סְגוּרָה?" צָעַקְתִּי בְּקוֹל, אֲבָל אֵין עוֹנֶה וְאֵין פּוֹתֵחַ.

בָּרֶגַע הַזֶּה עָבַר שׁוֹטֵר בִּמְכוֹנִית. הַמְּכוֹנִית עָמְדָה עַל יַד בֵּית הַסֵּפֶר, וְהַשּׁוֹטֵר אָמַר לִי:

— מָה אַתָּה עוֹשֶׂה פֹּה עַכְשָׁו? לָמָּה בָּאתָ? הַאִם אֵין אַתָּה רוֹאֶה כִּי בֵּית הַסֵּפֶר סָגוּר? אֵין שִׁעוּרִים הַיּוֹם. הַיּוֹם חַג!

— שָׁכַחְתִּי כִּי הַיּוֹם חַג, אָמַרְתִּי לַשּׁוֹטֵר. תּוֹדָה, תּוֹדָה לְךָ!

בְּלֵב מָלֵא שִׂמְחָה רַצְתִּי הַבַּיְתָה.

## Exercises — תַּרְגִּילִים

**I. Answer in complete sentences:**

1. עַל מָה חָלַם הַבָּחוּר?
2. לְאָן רָץ הַבָּחוּר בַּבֹּקֶר?
3. מַדּוּעַ הוּא לֹא שָׂם לֵב לַשֶּׁקֶט שֶׁבָּרְחוֹבוֹת?
4. מִי עָבַר בַּמְּכוֹנִית עַל יַד בֵּית הַסֵּפֶר?
5. מָה אָמַר הַשּׁוֹטֵר לַבָּחוּר?

**II. Translate:**

1. Why did you (m.s.) put the briefcase under the bed? 2. Why didn't you (f.s.) close the door? 3. "Quiet, please!" shouted the teacher (f.s.). 4. On (in) a holiday we wear nice clothes. 5. Where(to) did you (m.s.) run so fast yesterday (in the) morning? 6. In which restaurant did you (m.pl.) eat yesterday? 7. Only one day a week do I (f.) come home early from work. 8. I knew the whole story by heart, but I forgot everything when I came to the test. 9. In Tel Aviv many stores are closed at (in the) noon. 10. The policeman ran after the man. 11. A moment passed and then I said: "Pardon, I forgot that there is a test in Hebrew literature today." 12. How much does this briefcase cost? 13. (The) time passes quickly when one reads an interesting book. 14. He is a bad student because he does not pay attention to the lesson. 15. Why are the stores closed? What holiday is today? 16. What is the name of the author who wrote this interesting story?

**III. Conjugate the following verbs in the past tense:**

sing — שִׁיר      run — רוּץ

# שִׁעוּר יז (17)

| | | | |
|---|---|---|---|
| stone, *n.f.* | אֶבֶן (אֲבָנִים) | worker; laborer | פּוֹעֵל (פּוֹעֲלִים) |
| at; by; at the place of | אֵצֶל | charity | צְדָקָה |
| was | הָיָה | happened | קָרָה |
| wine | יַיִן (יֵינוֹת) | Sabbath | שַׁבָּת |
| dear; expensive | יָקָר, יְקָרָה | market | שׁוּק |
| hat | כֹּבַע (כֹּבָעִים) | drank | שָׁתָה |
| therefore | לָכֵן | a precious stone | אֶבֶן יְקָרָה |
| sold, *v.* | מָכַר | named; by the name of | בְּשֵׁם |
| found, *v.* | מָצָא | | |
| terrible | נוֹרָא, נוֹרָאָה | Sabbath Eve; Friday | עֶרֶב שַׁבָּת |
| helped | עָזַר לְ... | | |
| poor | עָנִי, עֲנִיָּה | from this day on | מִן הַיּוֹם הַזֶּה וָהָלְאָה |
| rich | עָשִׁיר, עֲשִׁירָה | | |
| wealth | עֹשֶׁר | everthing that | כָּל מַה שֶּׁ... |

## GRAMMAR — דִּקְדּוּק

### I. The Past Tense of ל״א Verbs.

read — קרא

| | | | |
|---|---|---|---|
| אני קָרָאתִי | | אנחנו קָרָאנוּ | |
| אתה קָרָאתָ | את קָרָאת | אתם קְרָאתֶם | אתן קְרָאתֶן |
| הוא קָרָא | היא קָרְאָה | הם, הן קָרְאוּ | |

Except for the third person feminine singular and the third persons plural הִיא קָרְאָה; הֵם, הֵן קָרְאוּ, the second radical is vocalized by קָמָץ and the third radical is silent.

However, in the stative ל״א verbs, the second radical is vocalized by a צֵירֶה instead of a קָמָץ.

thirst — צמא

| צָמְאָה | צָמֵא | צָמֵאת | צָמֵאתָ | צָמֵאתִי |
|---|---|---|---|---|
| צָמְאוּ | צָמְאוּ | צְמֵאתֶן | צְמֵאתֶם | צָמֵאנוּ |

But in common speech, the past tense is rendered by the use of the auxiliary verb היה, in the past, together with the present tense of the particular stative verb in question. E.g.,

He was thirsty. הוּא הָיָה צָמֵא.
She was thirsty. הִיא הָיְתָה צְמֵאָה.

## II. The Past Tense of ל״ה Verbs.

buy — קנה

אני קָנִיתִי אנחנו קָנִינוּ

אתה קָנִיתָ את קָנִית אתם קְנִיתֶם אתן קְנִיתֶן

הוא קָנָה היא קָנְתָה הם, הן קָנוּ

Note that the third radical "ה" changes to "י", and the second radical is vocalized by a חִירִיק except for the third persons, singular and plural, which are:

הוא קָנָה היא קָנְתָה הם קָנוּ

## III. The Past Tense of the ל״ה Verb היה (be).

אני הָיִיתִי אנחנו הָיִינוּ

אתה הָיִיתָ את הָיִית אתם הֱיִיתֶם אתן הֱיִיתֶן

הוא הָיָה היא הָיְתָה הם, הן הָיוּ

Note that the שְׁוָא of the second persons plural of the verb היה

has a סֶגוֹל added to it: אתם הֱיִיתֶם; אתן הֱיִיתֶן

Note also the double יי —except in the third persons —the first one being the middle radical, and the second one representing the change of the third radical "ה" into a "י".

The verb חיה is similarly conjugated except for the second person plural, which is: חֲיִיתֶם; חֲיִיתֶן .

**IV. The Verb "to have".** We have already learned that there is no verb "to have" in Hebrew.

1. To express possession in the present, the phrases

   יֵשׁ לְ... אֵין לְ... are used.

2. To express possession in the past, the phrases

   (לֹא) הָיָה לְ... (לֹא) הָיְתָה לְ... (לֹא) הָיוּ לְ...

   are used, depending on the subject of the Hebrew sentence.

| | |
|---|---|
| I had (did not have) a book. | (לֹא) הָיָה לִי סֵפֶר. |
| I had (did not have) a notebook. | (לֹא) הָיְתָה לִי מַחְבֶּרֶת. |
| I had (did not have) books. | (לֹא) הָיוּ לִי סְפָרִים. |
| I had (did not have) notebooks. | (לֹא) הָיוּ לִי מַחְבָּרוֹת. |

**V. The Repetitive Past.** The verbal form "used to" is rendered in Hebrew by the auxiliary היה in the past together with the present tense of the particular verb.

| | |
|---|---|
| I used to study much. | אֲנִי הָיִיתִי לוֹמֵד הַרְבֵּה. |
| You (m.s.) used to study much. | אַתָּה הָיִיתָ לוֹמֵד הַרְבֵּה. |
| We used to read a lot. | אֲנַחְנוּ הָיִינוּ קוֹרְאִים הַרְבֵּה. |

## הָאֶבֶן הַיְקָרָה

בְּעִיר אַחַת חַי פּוֹעֵל עָנִי בְּשֵׁם יוֹסֵף. יוֹסֵף עָבַד אֵצֶל אִישׁ עָשִׁיר. הֶעָשִׁיר הָיָה אִישׁ רַע מְאֹד. הָאִישׁ הַזֶּה הָיָה נוֹתֵן תָּמִיד הַרְבֵּה עֲבוֹדָה לְיוֹסֵף, אֲבָל הָיָה נוֹתֵן לוֹ רַק מְעַט כֶּסֶף.

כָּל הַשָּׁבוּעַ יוֹסֵף הָיָה אוֹכֵל רַק לֶחֶם וְהָיָה שׁוֹתֶה רַק מַיִם. אֲבָל בַּשַּׁבָּת וּבַחַגִּים יוֹסֵף הָיָה חַי כְּמוֹ מֶלֶךְ. הוּא הָיָה לוֹבֵשׁ בְּגָדִים יָפִים. הָיָה אוֹכֵל דָּגִים, בָּשָׂר וְעוּגוֹת, הָיָה שׁוֹתֶה יַיִן, וְהָיָה שׁוֹכֵחַ כִּי הוּא רַק פּוֹעֵל עָנִי.

לַיְלָה אֶחָד חָלַם הָאִישׁ הֶעָשִׁיר חֲלוֹם נוֹרָא. בַּחֲלוֹם הוּא רָאָה אִישׁ זָקֵן יוֹצֵא מִן הַיַּעַר. הַזָּקֵן בָּא אֶל הַחֶדֶר, עָמַד אֵצֶל הַמִּטָּה, וְאָמַר בְּקוֹל גָּדוֹל:

״אֲנִי רָאִיתִי כָּל מַה שֶּׁעָשִׂיתָ לְיוֹסֵף. לָכֵן, כָּל הָעֹשֶׁר שֶׁיֵּשׁ לְךָ הוּא שֶׁל יוֹסֵף״.

מִיָּד אַחֲרֵי־כֵן יָצָא הַזָּקֵן מִן הַחֶדֶר, וְסָגַר אֶת הַדֶּלֶת.

הָאִישׁ הֶעָשִׁיר קָם בַּבֹּקֶר בְּלֵב רוֹעֵד. הוּא לָבַשׁ מַהֵר אֶת הַבְּגָדִים וְהָלַךְ אֶל הַשּׁוּק. שָׁם הוּא מָכַר אֶת הַבַּיִת שֶׁהָיָה לוֹ, וְאֶת כָּל הַדְּבָרִים שֶׁהָיוּ לוֹ בַּבַּיִת. בַּכֶּסֶף הוּא קָנָה אֶבֶן יְקָרָה. הֶעָשִׁיר שָׂם אֶת הָאֶבֶן הַיְקָרָה בַּכֹּבַע וְיָצָא מִן הָעִיר.

בַּדֶּרֶךְ עָבַר הָאִישׁ הֶעָשִׁיר עַל גֶּשֶׁר. פִּתְאֹם קָמָה רוּחַ גְּדוֹלָה, וְדָבָר נוֹרָא קָרָה. הַכֹּבַע עִם הָאֶבֶן הַיְקָרָה, אֲשֶׁר קָנָה הֶעָשִׁיר, נָפְלוּ בַּנָּהָר.

בְּעֶרֶב שַׁבָּת, כְּמוֹ תָּמִיד, הָלְכָה הָאִשָּׁה שֶׁל יוֹסֵף אֶל הַשּׁוּק וְקָנְתָה דָּג לְשַׁבָּת. כַּאֲשֶׁר פָּתְחָה הָאִשָּׁה אֶת הַדָּג, הִיא מָצְאָה בּוֹ אֶבֶן יְקָרָה.

יוֹסֵף מָכַר אֶת הָאֶבֶן הַיְקָרָה. מִן הַיּוֹם הַזֶּה וָהָלְאָה הָיָה לְיוֹסֵף הַרְבֵּה כֶּסֶף. יוֹסֵף הָיָה תָּמִיד עוֹזֵר לַאֲנָשִׁים, וְהָיָה נוֹתֵן צְדָקָה לָעֲנִיִּים.

## Exercises — תַּרְגִּילִים

**I. Answer in complete sentences:**

1. מֶה הָיָה אוֹכֵל וּמֶה הָיָה שׁוֹתֶה יוֹסֵף בַּשַּׁבָּת?
2. מַדּוּעַ אָמַר הַזָּקֵן לָאִישׁ הֶעָשִׁיר, שֶׁכָּל הָעֹשֶׁר הוּא שֶׁל יוֹסֵף?
3. אֵיפֹה שָׂם הֶעָשִׁיר אֶת הָאֶבֶן הַיְקָרָה?
4. מַה קָּרָה כַּאֲשֶׁר הָאִישׁ הֶעָשִׁיר הָלַךְ עַל הַגֶּשֶׁר?
5. מֶה עָשָׂה יוֹסֵף בָּאֶבֶן הַיְקָרָה?

**II. Translate:**

1. The woman who sold the house put the money in the hat. 2. I (m.) was thirsty and I drank a pitcher full of wine. 3. This laborer used to work at Joseph's (at the place of Joseph). 4. We bought fish and meat in the market for Sabbath. 5. The story that I read yesterday was very interesting. 6. A miracle happened to the poor man, he found a precious stone in the street. 7. I had one dear friend (f.) in Jerusalem. 8. I (f.) don't know the name of the prophet. 9. The man whom we saw yesterday is rich, but he does not give charity. 10. Why did you (f.s.) put the books under the chair? 11. On (in) the way to the city I saw beautiful houses. 12. A poor man eats meat only on (in) Sabbath. 13. He had no (he did not have) wealth, but he had a good heart and therefore he used to help the poor. 14. Father (daddy) gave me a bird that he found in the woods. 15. She used to dream terrible dreams and therefore she used to scream at night. 16. I was not hungry at (in) noon and I ate only ice cream.

**III. Conjugate the following verbs in the past tense:**

עשה ראה מצא

# שִׁעוּר יח (18)

| | | | |
|---|---|---|---|
| אַהֲבָה | love | קָצָר, קְצָרָה | short |
| בּוּל (בּוּלִים) | stamp | קָרוֹב, קְרוֹבָה | close; near; a relative |
| בֵּן (בָּנִים) | son | בְּקָרוֹב | soon; shortly |
| דֹּאַר | post-office; mail | רָחוֹק, רְחוֹקָה | distant; far |
| הַבָּא, הַבָּאָה | the next; the following; the forthcoming | מֵרָחוֹק | from a distance |
| חָבַשׁ | put on; wore (a hat) | שָׁלַח | sent |
| מִכְתָּב (מִכְתָּבִים) | letter | בַּשָּׁבוּעַ הַבָּא | the coming week; following week |
| מַעֲטָפָה (מַעֲטָפוֹת) | envelope | בַּשָּׁנָה הַבָּאָה | the coming year; following year |
| נָסַע | travelled, journeyed; rode | | |
| נְשִׁיקָה (נְשִׁיקוֹת) | kiss *n.* | | |

## GRAMMAR — דִּקְדּוּק

**I. The Possessive Adjective and Pronoun שֶׁל.** שֶׁל is a contraction of the relative pronoun ...שֶׁ and the preposition ...לְ. שֶׁל is inflected in the same manner as ...לְ except that the "ל" receives a דָּגֵשׁ in keeping with the rule (lesson 16) that a דָּגֵשׁ is placed in the letter to which ...שֶׁ is attached.

| | | | |
|---|---|---|---|
| שֶׁלִּי | my; mine | שֶׁלָּנוּ | our; ours |
| שֶׁלְּךָ | your; yours (m.s.) | שֶׁלָּכֶם | your; yours (m.pl.) |
| שֶׁלָּךְ | your; yours (f.s.) | שֶׁלָּכֶן | your; yours (f.pl.) |
| שֶׁלּוֹ | his | שֶׁלָּהֶם | their; theirs (m.) |
| שֶׁלָּהּ | her; hers | שֶׁלָּהֶן | their; theirs (f.) |

שֶׁל , being an adjective, follows the noun it qualifies:

my mother — הָאֵם שֶׁלִּי

our father — הָאָב שֶׁלָּנוּ

All nouns become definite when qualified by a possessive adjective. Hence the definite article is required.

הָאָחוֹת שֶׁלִּי לוֹמֶדֶת בְּתֵל אָבִיב.

and not

אָחוֹת שֶׁלִּי לוֹמֶדֶת בְּתֵל אָבִיב.

**II. The Possessive Pronoun.** The possessive adjectives ...שֶׁלִּי, שֶׁלְּךָ serve also as possessive pronouns.

Yours with love. — שֶׁלְּךָ בְּאַהֲבָה.

This book is not hers. — הַסֵּפֶר הַזֶּה לֹא שֶׁלָּהּ.

**III. The Definite Article as a Relative Pronoun.** The relative pronoun (...שֶׁ) אֲשֶׁר may be used for all tenses. With the present tense, however, the definite article (הַ, הָ, הֶ) may be used instead.

The chair which (that) stands there is his. — הַכִּסֵּא הָעוֹמֵד שָׁם שֶׁלּוֹ.

The man who reads much, knows much. — הָאִישׁ הַקּוֹרֵא הַרְבֵּה, יוֹדֵעַ הַרְבֵּה.

The reason that the definite article may be used as a relative pronoun with the present tense is due to the fact that the present tense is in reality an active participle and not strictly a verb (see Lesson 2).

# הַמִּכְתָּב

הָאָב שֶׁל אוּרִי נָסַע
לְעִיר רְחוֹקָה, רְחוֹקָה.
עֶרֶב אֶחָד הָאָב יָשַׁב,
וְלַבֵּן שֶׁלּוֹ מִכְתָּב כָּתַב.
בְּמַעֲטָפָה אֶת הַמִּכְתָּב שָׂם,
מִן הַכִּסֵּא קָם,
מְעִיל לָבַשׁ,
כּוֹבַע חָבַשׁ,
אֶל הַדֹּאַר הָלַךְ,
קָנָה בּוּל,
וְאֶת הַמִּכְתָּב שָׁלַח.

יוֹם א׳ בַּבֹּקֶר

אוּרִי שֶׁלִּי הַיָּקָר,

מֵרָחוֹק אֲנִי שׁוֹמֵעַ אֶת הַשְּׁאֵלָה שֶׁלְּךָ:
״אַבָּא, מָתַי אַתָּה בָּא?״
הִנֵּה, אֲנִי שׁוֹלֵחַ לְךָ מִפֹּה תְּשׁוּבָה קְצָרָה:
״בַּשָּׁבוּעַ הַבָּא!״
נְשִׁיקָה לְאִמָּא, נְשִׁיקוֹת לָאָח וְלָאָחוֹת.
שָׁלוֹם וּלְהִתְרָאוֹת בְּקָרוֹב,

שֶׁלְּךָ בְּאַהֲבָה,
אַבָּא.

## Exercises — תַּרְגִּילִים

**I. Answer in complete sentences:**

1. לְאָן נָסַע הָאָב שֶׁל אוּרִי?
2. מַה שָּׂם הָאָב בַּמַּעֲטָפָה?
3. לְאָן הָלַךְ הָאָב עִם הַמִּכְתָּב?
4. מַה הוּא קָנָה בַּדֹּאַר?
5. לְמִי הוּא שָׁלַח נְשִׁיקוֹת?

**II. Translate:**

1. I put a stamp on the envelope and went to the post office. 2. We sent one letter to our friend in Israel and one to a friend in England. 3. She did not put on a coat because it was warm outside. 4. What did she write in her letter? 5. My brother and my sister went (journeyed) to a distant city. 6. When it is warm outside, I (f.) do not wear (put on) a hat. 7. The son gave a kiss to his mother. 8. Life is short. 9. The prophet came from afar. 10. I sat on the chair that stood under a tree. 11. We heard that you (m.s.) bought a house by (near) the sea. 12. Why didn't you (f.s.) answer my letter? 13. They had a great love for books. 14. Yesterday our relatives came to our house. 15. Whom did you (f.pl.) send to the store?

**III. Change from the present to the past tense:**

1. אֲנִי לֹא אוֹכֶלֶת בָּשָׂר.
2. אַתָּה שׁוֹמֵעַ רַעַשׁ.
3. אֲנַחְנוּ שׁוֹתִים יַיִן.
4. הַמְשׁוֹרְרִים כּוֹתְבִים שִׁירִים.
5. הִיא קוֹרֵאת סֵפֶר מְעַנְיֵן.
6. הֵן שׁוֹלְחוֹת מִכְתָּב.
7. הִיא רָצָה מַהֵר.
8. אַתְּ שָׁרָה יָפֶה מְאֹד.
9. אַתֶּם רוֹצִים כֶּסֶף.
10. הַיְלָדִים צוֹעֲקִים.

# שִׁעוּר יט (19)

| | | | |
|---|---|---|---|
| to work | (עבד) לַעֲבֹד | even | אֲפִילוּ |
| sad | עָצוּב, עֲצוּבָה | to be | (היה) לִהְיוֹת |
| to do; to make | (עשה) לַעֲשׂוֹת | to go; to walk | (ילך, הלך) לָלֶכֶת |
| sheep; flock, *n.f.pl.* | צֹאן | this, *f.* this is | זוֹ = זֹאת |
| difficult; hard | קָשֶׁה, קָשָׁה | hole | חוֹר (חוֹרִים) |
| to read; to call | (קרא) לִקְרֹא | drop, *n.* | טִפָּה (טִפּוֹת) |
| shepherd | רוֹעֶה (רוֹעִים) | to know | (ידע) לָדַעַת |
| to guard; to keep | (שמר) לִשְׁמֹר | able; can; may | יָכוֹל, יְכוֹלָה |
| to drink | (שתה) לִשְׁתּוֹת | to go down; descend | (ירד) לָרֶדֶת |
| Torah | תּוֹרָה | to write | (כתב) לִכְתֹּב |
| one by one; one after another | זֶה אַחֲרֵי זֶה / זוֹ אַחֲרֵי זוֹ | to study; to learn | (למד) לִלְמֹד |
| | | late, *adv.* | מְאֻחָר |
| became | הָיָה לְ... | late, *adj.* | מְאֻחָר, מְאֻחֶרֶת |
| not yet | עוֹד לֹא | word | מִלָּה (מִלִּים) |

## GRAMMAR — דִּקְדּוּק

**The Infinitive.** The infinitive is formed by adding to the stem (the three radicals of the verb) the preposition ...ל.

**I. The Infinitive of the שְׁלֵמִים Verbs.** The first radical is vocalized by a שְׁוָא, the second by a חוֹלָם and the third is unvocalized. The ...ל is vocalized by a חִירִיק.

לִ xְ xֹ x — לִ גְ מֹ ר

If the third radical is either "ח" or "ע", it is vocalized by a פַּתָּח.

לִ xְ xֹ חַ — לִ שְׁ לֹ חַ      לִ xְ xֹ עַ — לִ שְׁ מֹ עַ

If the first radical is one of the gutturals ע ,ח ,ה, it is vocalized by a חֲטַף־פַּתָּח and the ...ל by a פַּתָּח.

לַעֲבֹד לַחֲלֹם לַהֲרֹג לַ G × ×

**II. The Infinitive of פ״א Verbs.** The "א" is vocalized by a חֲטַף סֶגּוֹל and the ...ל by a סֶגּוֹל.

לֶ אֱ × × — לֶאֱכֹל

The infinitive of אמר is an exception; see lesson 43.

**III. The Infinitive of ל״ה Verbs.** The stem of this class is × × ה. In the infinitive, the third radical "ה" becomes וֹת.

לִ × × וֹת — לִ רְ א וֹת

If the initial radical is a guttural, it is vocalized by a חֲטַף־פַּתָּח and the "ל" by a פַּתָּח.

( ע שׂ ה ) לַ עֲ שׂ וֹת

The verbs היה and חיה are exceptions, as their infinitives are לִהְיוֹת and לִחְיוֹת.

**IV. The Infinitive of ע״ו and ע״י Verbs.** The stem of the ע״ו verbs is: × ו × — ק וּ ם

The stem of the ע״י verbs is: × י × — שִׂ י ם

The infinitive is formed by adding ...לָ to the respective stem.

לָ ק וּ ם לָ שִׂ י ם

**V. The Infinitive of the Defective פ״י Verbs.** Below are listed all the important verbs of this class:

| | | | | |
|---|---|---|---|---|
| to go down | (ירד) לָרֶדֶת | to sit | לָשֶׁבֶת | (ישב) |
| to know | (ידע) לָדַעַת | to go; walk | *לָלֶכֶת | (הלך, ילך) |
| to give birth, to bear | (ילד) לָלֶדֶת | to go out | לָצֵאת | (יצא) |

Note that in the defective פ״י verbs, the initial "י" of the stem is dropped and a "ת" is added to the end of the stem. The ...ל is vocalized by a קָמָץ.

Note also that the second and the third radicals are, as a rule, vocalized by a סֶגּוֹל, except when the second radical is "א" (לָ צֵ א ת) or "ע" (לָ דַ עַ ת).

**VI. יָכוֹל (can; able; may) and צָרִיךְ (must).** When either one of these verbs is followed by another verb, the latter must be put in the infinitive.

| | |
|---|---|
| I have to go; I must go. | אֲנִי צָרִיךְ לָלֶכֶת. |
| I can read English. | אֲנִי יָכוֹל לִקְרֹא אַנְגְּלִית. |
| May I help you? | הַאִם אֲנִי יָכוֹל לַעֲזֹר לְךָ? |

**VII. The Demonstrative זוֹ.** זוֹ is a short form of זאת and the two are interchangeable.

*Note: There are two stems in Hebrew for the verb "to go," ילך, הלך. In the course of time, the stem הלך was adopted for use in the past and present tenses, while the stem ילך was adopted for use in the infinitive, future and imperative.

# עֲקִיבָא וְרָחֵל (א)

עֲקִיבָא הָיָה רוֹעֶה עָנִי. הוּא שָׁמַר אֶת הַצֹּאן שֶׁל אִישׁ עָשִׁיר בְּשֵׁם כַּלְבָּא שָׂבוּעַ. עֲקִיבָא עָבַד קָשֶׁה מְאֹד. הוּא הָיָה צָרִיךְ לָקוּם מֻקְדָּם בַּבֹּקֶר וְלַעֲבֹד עַד מְאֻחָר בָּעֶרֶב.

עֲקִיבָא לָמַד מִכָּל דָּבָר שֶׁרָאָה וּמִכָּל דָּבָר שֶׁשָּׁמַע, וְלֹא שָׁכַח דָּבָר. אֲבָל הוּא לֹא יָדַע לִקְרֹא אוֹ לִכְתֹּב אֲפִילוּ מִלָּה אַחַת. עֲקִיבָא הָיָה עָצוּב, כִּי לֹא רָצָה לִהְיוֹת כָּל הַחַיִּים רַק רוֹעֶה שֶׁל צֹאן. הָיְתָה לוֹ בַּקָּשָׁה אַחַת בַּלֵּב: לָלֶכֶת לְבֵית הַסֵּפֶר לִלְמֹד תּוֹרָה.

שָׁנִים עָבְרוּ. עֲקִיבָא כְּבָר הָיָה לְאִישׁ, אֲבָל הוּא עוֹד לֹא יָדַע לִקְרֹא וְלִכְתֹּב.

יוֹם אֶחָד יָרַד עֲקִיבָא עִם הַצֹּאן אֶל הַנָּהָר לִשְׁתּוֹת מַיִם. בִּשְׁבִיל אֶחָד קָרוֹב לַנָּהָר הָיוּ אֲבָנִים גְּדוֹלוֹת. הוּא רָאָה חוֹר גָּדוֹל בְּאֶבֶן אַחַת.

עֲקִיבָא רָצָה לָדַעַת מִי עָשָׂה אֶת הַחוֹר הַזֶּה בָּאֶבֶן הַקָּשָׁה. וְהִנֵּה הוּא רוֹאֶה טִפּוֹת שֶׁל מַיִם נוֹפְלוֹת עַל הָאֶבֶן. עֲקִיבָא חָשַׁב: "אֵיךְ יְכוֹלוֹת טִפּוֹת שֶׁל מַיִם לַעֲשׂוֹת חוֹר בְּאֶבֶן קָשָׁה?"

עֲקִיבָא יָשַׁב וְחָשַׁב עַל הַדָּבָר הַזֶּה. אַחֲרֵי זְמַן קָצָר הוּא מָצָא אֶת הַתְּשׁוּבָה:

"אֲפִילוּ טִפּוֹת שֶׁל מַיִם יְכוֹלוֹת לַעֲשׂוֹת חוֹר בְּאֶבֶן קָשָׁה, אִם הֵן נוֹפְלוֹת טִפָּה אַחֲרֵי טִפָּה, זוֹ אַחֲרֵי זוֹ, יוֹם אַחֲרֵי יוֹם!"

## Exercises — תַּרְגִּילִים

**I. Answer in complete sentences:**

1. אֵצֶל מִי עָבַד עֲקִיבָא?
2. מַדּוּעַ הָיָה עֲקִיבָא עָצוּב?
3. מַדּוּעַ לֹא יָדַע עֲקִיבָא לִכְתֹּב אוֹ לִקְרֹא?
4. מָה רָאָה עֲקִיבָא עַל יַד הַנָּהָר?
5. מֶה חָשַׁב עֲקִיבָא כַּאֲשֶׁר הוּא רָאָה חוֹר בָּאֶבֶן?

**II. Translate:**

1. We were hungry and we ran home (to the house) to eat. 2. I (f.) don't know what to do with my son! 3. The bad student does not want to study. 4. It is hard to work on a hot day. 5. I wanted to send him a letter, but I didn't have even one envelope in the house. 6. She is not able to read even one word of (in) English. 7. Can you help me read this letter? 8. Why are you (f.s.) so sad? 9. I (f.) want to know what happened to you (m.s.) yesterday. 10. (In) these days, every child must go to school. 11. We did not eat yet. 12. The shepherd took the sheep to the river to drink water. 13. He had a hole in his coat. 14. She did not drink even one drop of wine. 15. The students came to (the) class one by one. 16. He kept (watched) all his money in a briefcase.

**III. Give the infinitive of the following verbs**

| | | |
|---|---|---|
| 11. ענה | 6. מצא | 1. סגר |
| 12. צדק | 7. שיר | 2. חלם |
| 13. רצה | 8. ראה | 3. קפץ |
| 14. רוץ | 9. פתח | 4. שמע |
| 15. שאל | 10. קנה | 5. נפל |

# שִׁעוּר כ (20)

| | | | |
|---|---|---|---|
| nation; people | עַם (עַמִּים) | several; few | אֲחָדִים, ז. / אֲחָדוֹת, נ. |
| once; one time, *n.f.* | פַּעַם (פְּעָמִים) | daughter | בַּת (בָּנוֹת) |
| simple | פָּשׁוּט, פְּשׁוּטָה | remembered | זָכַר (לִזְכֹּר) |
| impression | רֹשֶׁם (רְשָׁמִים) | penetrated | חָדַר (לַחֲדֹר) |
| field | שָׂדֶה (שָׂדוֹת) | Yeshiva; academy | יְשִׁיבָה (יְשִׁיבוֹת) |
| scholar | תַּלְמִיד חָכָם | became angry | כָּעַס (לִכְעֹס) |
| at that moment; at the same moment | בְּאוֹתוֹ הָרֶגַע | from then on; ever since | מֵאָז |
| | | ready; prepared, *part.* | מוּכָן, מוּכָנָה |
| from time to time | מִפַּעַם לְפַעַם | death, *n.m.* | מָוֶת |
| the people of Israel | עַם יִשְׂרָאֵל | never | מֵעוֹלָם לֹא; לֹא...מֵעוֹלָם |
| rabbi | רַבִּי | left; abandoned | עָזַב (לַעֲזֹב) |

אֵין חָכָם בְּלִי סְפָרִים. (מִסִּפְרוּת יְמֵי הַבֵּינַיִם)

## GRAMMAR — דִּקְדּוּק

**I. The Inflection of אֶת.** The particle אֶת has two meanings:

1. אֶת means "with," similar to the word עִם. The inflection of אֶת follows:

| | | | |
|---|---|---|---|
| with us | אִתָּנוּ | with me | אִתִּי |
| with you(m.pl) | אִתְּכֶם | with you (m.s.) | אִתְּךָ |
| with you (f.pl.) | אִתְּכֶן | with you (f.s.) | אִתָּךְ |
| with them (m.) | אִתָּם | with him | אִתּוֹ |
| with them (f.) | אִתָּן | with her | אִתָּהּ |

For the inflection of עִם see lesson 12. While both are synonymous, in ordinary speech only the inflected form of אֶת is used.

2. אֶת is also a direct object pronoun. In this case it is inflected as follows:

| | | | |
|---|---|---|---|
| us | אוֹתָנוּ | me | אוֹתִי |
| you (m.pl.) | אֶתְכֶם | you (m.s.) | אוֹתְךָ |
| you (f.pl.) | אֶתְכֶן | you (f.s.) | אוֹתָךְ |
| them (m.) | אוֹתָם | him | אוֹתוֹ |
| them (f.) | אוֹתָן | her | אוֹתָהּ |

**II. The Pronouns** אוֹתוֹ, אוֹתָהּ, אוֹתָם, אוֹתָן . These pronouns are used also with the meaning "the same," depending on the gender and number of the noun they describe.

| | | |
|---|---|---|
| The same man | — | אוֹתוֹ הָאִישׁ |
| The same woman | — | אוֹתָהּ הָאִשָּׁה |
| The same people | — | אוֹתָם הָאֲנָשִׁים |
| The same women | — | אוֹתָן הַנָּשִׁים |

**III. The Expression** הָיָה לְ... . The verb היה with the preposition לְ... means "to become." It must agree in gender and number with the subject.

| | |
|---|---|
| Joseph became a rich man. | יוֹסֵף הָיָה לְאִישׁ עָשִׁיר |
| Sarah became a rich woman. | שָׂרָה הָיְתָה לְאִשָּׁה עֲשִׁירָה. |
| They became rich people. | הֵם הָיוּ לַאֲנָשִׁים עֲשִׁירִים. |
| They became rich women. | הֵן הָיוּ לְנָשִׁים עֲשִׁירוֹת. |

**IV. זְמַן and פַּעַם.** זְמַן is not to be interchanged with פַּעַם. פַּעַם is used in the sense of "instance," whereas זְמַן is used in the sense of duration.

I haven't seen him for a long time. לֹא רָאִיתִי אוֹתוֹ הַרְבֵּה זְמַן.

I saw him many times. אֲנִי רָאִיתִי אוֹתוֹ הַרְבֵּה פְּעָמִים.

**V. The Verb אמר.** This verb has also the meaning "to tell" in the sense of commanding someone to do, or not to do, something. E.g.,

The mother told him to go home. הָאֵם אָמְרָה לוֹ לָלֶכֶת הַבַּיְתָה.

## עֲקִיבָא וְרָחֵל (ב)

לְכַלְבָּא שָׂבוּעַ הָיְתָה בַּת יָפָה בְּשֵׁם רָחֵל. יוֹם אֶחָד שָׁלַח הָאָב אֶת רָחֵל לַשָּׂדֶה. שָׁם הִיא פָּגְשָׁה אֶת עֲקִיבָא הָרוֹעֶה. עֲקִיבָא עָשָׂה רֹשֶׁם גָּדוֹל עַל רָחֵל. מֵאָז הָלְכָה רָחֵל מִפַּעַם לְפַעַם לַשָּׂדֶה לִפְגֹּשׁ אֶת עֲקִיבָא.

יוֹם אֶחָד יָרְדָה רָחֵל אִתּוֹ אֶל הַנָּהָר עִם הַצֹּאן. רָחֵל רָאֲתָה כִּי עֲקִיבָא הָיָה עָצוּב מְאֹד. הִיא שָׁאֲלָה אוֹתוֹ:

— עֲקִיבָא, מַדּוּעַ הָעֵינַיִם שֶׁלְּךָ כָּל כָּךְ עֲצוּבוֹת? מַה קָּרָה לְךָ?

— רָחֵל יְקָרָה, עָנָה עֲקִיבָא, אֲנִי אוֹהֵב אוֹתָךְ מְאֹד. אֲבָל אֲנִי לֹא יָכוֹל לִשְׁכֹּחַ כִּי אֲנִי רַק רוֹעֶה פָּשׁוּט, וְאַתְּ הַבַּת שֶׁל אִישׁ חָשׁוּב וְעָשִׁיר. אֲנִי עוֹבֵד כְּבָר הַרְבֵּה שָׁנִים. כָּל הַשָּׁנִים עָבַדְתִּי קָשֶׁה. אֵין אֲנִי יוֹדֵעַ לִקְרֹא וְלִכְתֹּב אֲפִילוּ מִלָּה אַחַת. מֵעוֹלָם לֹא הָיָה לִי זְמַן לִלְמֹד.

— עוֹד לֹא מְאֻחָר לִלְמֹד, עָנְתָה רָחֵל, וַאֲנִי מוּכָנָה לַעֲזֹר לְךָ.

בְּאוֹתוֹ הָרֶגַע זָכַר עֲקִיבָא אֶת הַחוֹר בָּאֶבֶן הַקָּשָׁה, וְהוּא אָמַר:

— אַתְּ צוֹדֶקֶת, רָחֵל. אוּלַי עוֹד יֵשׁ תִּקְוָה גַּם לִי. אַתְּ רוֹאָה אֶת הַחוֹר בָּאֶבֶן הַזֹּאת? טִפּוֹת שֶׁל מַיִם עָשׂוּ אוֹתוֹ. אִם טִפּוֹת שֶׁל מַיִם יְכוֹלוֹת לַעֲשׂוֹת חוֹר בְּאֶבֶן קָשָׁה, גַּם הַמִּלִּים שֶׁל הַתּוֹרָה יְכוֹלוֹת לַחֲדֹר אֶל הַלֵּב שֶׁלִּי.

כַּלְבָּא שָׂבוּעַ שָׁמַע עַל הָאַהֲבָה שֶׁל הַבַּת שֶׁלּוֹ לָרוֹעֶה, וְהוּא כָּעַס מְאֹד. הוּא קָרָא לְרָחֵל וְאָמַר לָהּ לַעֲזֹב אֶת עֲקִיבָא. אַתְּ בַּחוּרָה חֲכָמָה, הוּא צָעַק, לָמָּה אַתְּ רוֹצָה לִחְיוֹת עִם רוֹעֶה פָּשׁוּט?

רָחֵל עָנְתָה לוֹ: "אֲנִי מוּכָנָה לַעֲזֹב אֶת הַבַּיִת, אֲבָל אֵין אֲנִי יְכוֹלָה לַעֲזֹב אֶת עֲקִיבָא. אֲנִי אוֹהֶבֶת אוֹתוֹ עַד מָוֶת, וַאֲנִי רוֹצָה לִהְיוֹת הָאִשָּׁה שֶׁלּוֹ"

רָחֵל עָזְבָה אֶת הַבַּיִת וְהָיְתָה לְאִשָּׁה שֶׁל עֲקִיבָא.

עֲקִיבָא נָסַע לִירוּשָׁלַיִם לִלְמֹד תּוֹרָה. שָׁנִים אֲחָדוֹת עָבְרוּ וַעֲקִיבָא הָיָה לְתַלְמִיד חָכָם גָּדוֹל. אַחֲרֵי זְמַן קָצָר, תַּלְמִידִים מִקָּרוֹב וּמֵרָחוֹק בָּאוּ לִלְמֹד תּוֹרָה בַּיְשִׁיבָה שֶׁל רַבִּי עֲקִיבָא.

רַבִּי עֲקִיבָא הוּא אֶחָד מִן הַחֲכָמִים הַחֲשׁוּבִים שֶׁל עַם יִשְׂרָאֵל.

## Exercises — תַּרְגִּילִים

**I. Answer in complete sentences:**

1. מִי הָיְתָה רָחֵל?
2. לָמָּה הָלְכָה רָחֵל לַשָּׂדֶה?
3. מַדּוּעַ הָיָה עֲקִיבָא עָצוּב?
4. מַדּוּעַ כָּעַס הָאָב עַל רָחֵל?
5. מֶה הָיְתָה הַתְּשׁוּבָה שֶׁל רָחֵל כַּאֲשֶׁר הָאָב אָמַר לָהּ לַעֲזֹב אֶת עֲקִיבָא?

**II. Translate:**

1. The father called his daughter and told her to go to the store. 2. He left her without a kiss. 3. She went with them to the field. 4. The simple words are always very important. 5. We read this book several times. 6. He remembers by heart every word of this poem. 7. He is a scholar because he knows a lot of Torah. 8. The (people) nation of Israel has many beautiful holidays. 9. Are you (f.s.) ready to get up and go to work? 10. The words of the prophet

penetrated (into) the hearts of the people. 11. It is hard to make a good impression on everyone. 12. I (f.) saw him only for a few moments and from then on I cannot forget him. 13. He is the same man who was here yesterday. 14. Death came suddenly to the sick man. 15. We have never met her. 16. The teacher (f.) became angry at (on) the students because they made a terrible noise.

# שִׁעוּר כא (21)

| | | | |
|---|---|---|---|
| אֵל | God | נֵר (נֵרוֹת) | candle |
| בַּעַל (בְּעָלִים) | owner of; possessor | צְעָקָה (צְעָקוֹת) | scream; shout, *n.* |
| בִּשְׁבִיל | for; for the sake of | רִצְפָּה (רְצָפוֹת) | floor |
| דָּפַק (לִדְפֹּק) | knocked; beat | שָׁב (לָשׁוּב) | returned |
| הָרַג (לַהֲרֹג) | killed | שׁוֹדֵד (שׁוֹדְדִים) | robber |
| חֲמוֹר (חֲמוֹרִים) | ass; donkey | תַּרְנְגוֹל (תַּרְנְגוֹלִים) | rooster |
| יָשַׁן (לִישֹׁן) | slept | תַּרְנְגֹלֶת (תַּרְנְגוֹלוֹת) | chicken, hen |
| כָּבָה (לִכְבּוֹת) | it went out; got extinguished | הַשֵּׁם | The Name = God |
| מֵת (לָמוּת) | died; dies | הַכֹּל לְטוֹבָה | everything is for the good |
| מָלוֹן (מְלוֹנוֹת) | hotel; inn | עוֹד פַּעַם | once more; again |
| בַּעַל מָלוֹן | hotelkeeper; innkeeper | תּוֹדָה לָאֵל | thank God |
| מִפְּנֵי שֶׁ... | because | | |

אֵין רַע שֶׁאֵין בּוֹ טוֹב. (מִסִּפְרוּת יה״ב)

**GRAMMAR — דִּקְדּוּק**

**I. The Conjugation of מות.** This verb is somewhat irregular in the present and in the past, but is regular in the future.

to die — לָמוּת

הוה:

| | | | |
|---|---|---|---|
| אני, אתה, הוא | מֵת | אנחנו, אתם, הם | מֵתִים |
| אני, את, היא | מֵתָה | אנחנו, אתן, הן | מֵתוֹת |

עבר:

| | | | |
|---|---|---|---|
| | אני מַתִּי | | אנחנו מַתְנוּ |
| אתה מַתָּ | את מַתְּ | אתם מַתֶּם | אתן מַתֶּן |
| הוא מֵת | היא מֵתָה | הם, הן מֵתוּ | |

As in all ע״ו — ע״י verbs, the third person feminine singular in the present has the accent on the second syllable מֵתָ֫ה, whereas in the past the accent falls on the first syllable מֵ֫תָה.

Note that when the third radical "ת" comes before those suffixes which begin with "ת", it coalesces with this "ת". Thus,

(מַתְתִּי) = מַתִּי; (מַתְתָּ) = מַתָּ; (מַתְתְּ) = מַתְּ;
(מַתְתֶּם) = מַתֶּם; (מַתְתֶּן) = מַתֶּן

**II. The Verb ישן (sleep).** Its conjugation, in the present and in the past, is the same as that of a regular stative שְׁלֵמִים verb.

| | | | | | |
|---|---|---|---|---|---|
| הֹוֶה: | יָשֵׁן | יְשֵׁנָה | יְשֵׁנִים | יְשֵׁנוֹת | |
| עָבָר: | יָשַׁנְתִּי | יָשַׁנְתָּ | יָשַׁנְתְּ | יָשַׁן | יָשְׁנָה |
| | יָשַׁנּוּ | יְשַׁנְתֶּם | יְשַׁנְתֶּן | יָשְׁנוּ | יָשְׁנוּ |

Note that the last radical "נ" and the "נ" of the suffix, in the first person plural, coalesce: יָשַׁנּוּ = (יָשַׁנְנוּ). The loss of one "נ" is compensated by a דָגֵשׁ.

**III. ...שֶׁ as a Conjunction.** ...שֶׁ serves not only as a relative pronoun, but also as a conjunction, meaning "that." In this case, it is interchangeable with the conjunction כִּי.

Rachel sees that Akiva is sad. {
רָחֵל רוֹאָה כִּי עֲקִיבָא עָצוּב.
רָחֵל רוֹאָה שֶׁעֲקִיבָא עָצוּב.

**IV. ...שֶׁ Following a Conjunction or an Adverb.**

1. Words like אַחֲרֵי, כְּמוֹ, לִפְנֵי, מַה, עַד when used as conjunctions or adverbs must be followed by ...שֶׁ.

| | |
|---|---|
| I went home after I finished the work. | 1. הָלַכְתִּי הַבַּיְתָה אַחֲרֵי שֶׁגָּמַרְתִּי אֶת הָעֲבוֹדָה. |
| I did as I wanted to do. | 2. עָשִׂיתִי כְּמוֹ שֶׁרָצִיתִי לַעֲשׂוֹת. |
| I ate before I left the house. | 3. אָכַלְתִּי לִפְנֵי שֶׁעָזַבְתִּי אֶת הַבַּיִת. |
| He remembers what he reads. | 4. הוּא זוֹכֵר מַה שֶּׁהוּא קוֹרֵא. |
| I sat in the room until he came. | 5. יָשַׁבְתִּי בַּחֶדֶר עַד שֶׁהוּא בָּא. |

2. אַחֲרֵי, כְּמוֹ, לִפְנֵי, עַד used as prepositions, and מַה, used as an interrogative, are not followed by ...שֶׁ.

| | |
|---|---|
| I went home after work. | 1. הָלַכְתִּי הַבַּיְתָה אַחֲרֵי הָעֲבוֹדָה. |
| He knows Hebrew like an Israeli. | 2. הוּא יוֹדֵעַ עִבְרִית כְּמוֹ יִשְׂרְאֵלִי. |
| A student comes to class before the teacher. | 3. תַּלְמִיד בָּא לַכִּתָּה לִפְנֵי הַמּוֹרֶה. |
| I sat in the room until the evening. | 4. יָשַׁבְתִּי בַּחֶדֶר עַד הָעֶרֶב. |
| What do you want to eat? | 5. מָה אַתָּה רוֹצֶה לֶאֱכֹל? |

**V. ...מִפְּנֵי שֶׁ and כִּי (because).** The two are close in meaning, but כִּי is closer in use to the English "for" (in the sense of "because"). ...מִפְּנֵי שֶׁ is post-biblical Hebrew while כִּי is biblical. Both are used in modern Hebrew.

הוּא בָּא לַבַּיִת מִפְּנֵי שֶׁרָצָה לִרְאוֹת אוֹתִי.

הוּא בָּא לַבַּיִת כִּי רָצָה לִרְאוֹת אוֹתִי.

**VI. The Preposition בִּשְׁבִיל.** It is used in the senses "for the sake of," "for the purpose of," "for the benefit of."

I bought it for mother. אֲנִי קָנִיתִי זֹאת בִּשְׁבִיל אִמָּא.

The inflection of בִּשְׁבִיל follows:

| | | | | |
|---|---|---|---|---|
| בִּשְׁבִילִי | בִּשְׁבִילְךָ | בִּשְׁבִילֵךְ | בִּשְׁבִילוֹ | בִּשְׁבִילָהּ |
| בִּשְׁבִילֵנוּ | בִּשְׁבִילְכֶם | בִּשְׁבִילְכֶן | בִּשְׁבִילָם | בִּשְׁבִילָן |

**VII. The Name of God.** God's name is traditionally substituted by the word הַשֵּׁם "The Name." The word הַשֵּׁם is generally abbreviated in writing to ה׳ .

## הַכֹּל לְטוֹבָה

יוֹם אֶחָד רַבִּי עֲקִיבָא הָיָה צָרִיךְ לָלֶכֶת לְעִיר אַחַת. הוּא קָם בַּבֹּקֶר, לָקַח אֶת הַיַּלְקוּט שֶׁלּוֹ, שָׂם בּוֹ אֹכֶל וְנֵר, גַּם תַּרְנְגֹל לָקַח, עָלָה עַל הַחֲמוֹר וְיָצָא לַדֶּרֶךְ. אֶת הַנֵּר הוּא לָקַח אִתּוֹ מִפְּנֵי שֶׁהוּא רָצָה לִלְמֹד בַּלַּיְלָה. אֶת הַתַּרְנְגֹל הוּא לָקַח אִתּוֹ מִפְּנֵי שֶׁרָצָה לָקוּם מֻקְדָּם.

רַבִּי עֲקִיבָא בָּא לָעִיר מְאֻחָר בַּלַּיְלָה, וְהָלַךְ לַמָּלוֹן שֶׁל הָעִיר. הוּא דָּפַק עַל הַדֶּלֶת. בַּעַל הַמָּלוֹן פָּתַח אֶת הַדֶּלֶת וְאָמַר:

— אֲנִי לֹא יָכוֹל לַעֲזֹר לְךָ. אֵין מָקוֹם, הַמָּלוֹן מָלֵא!

רַבִּי עֲקִיבָא אָמַר:

— אֲנִי מוּכָן לִישֹׁן עַל הָרִצְפָּה.

אֲבָל בַּעַל הַמָּלוֹן אָמַר עוֹד פַּעַם:

— אֵין מָקוֹם! וְסָגַר אֶת הַדֶּלֶת.

רַבִּי עֲקִיבָא אָמַר:

— מַה שֶּׁה׳ עוֹשֶׂה, הַכֹּל לְטוֹבָה!

רַבִּי עֲקִיבָא עָזַב אֶת הָעִיר וְהָלַךְ לַשָּׂדֶה. בַּשָּׂדֶה יָשַׁב עַל אֶבֶן אַחַת לִלְמֹד. פִּתְאֹם קָמָה רוּחַ גְּדוֹלָה וְהַנֵּר כָּבָה. רַבִּי עֲקִיבָא לֹא כָּעַס גַּם כַּאֲשֶׁר הַנֵּר כָּבָה, הוּא אָמַר:

— מַה שֶּׁה׳ עוֹשֶׂה, הַכֹּל לְטוֹבָה! וְהָלַךְ לִישֹׁן תַּחַת עֵץ.

בַּבֹּקֶר קָם רַבִּי עֲקִיבָא מְאֻחָר.

— מה קָרָה לַתַּרְנְגֹל? קָרָא רַבִּי עֲקִיבָא. וְהִנֵּה הוּא רוֹאֶה שֶׁהַתַּרְנְגֹל מֵת.

בְּכָל זֹאת אָמַר רַבִּי עֲקִיבָא:

— גַּם זוֹ לְטוֹבָה!

רַבִּי עֲקִיבָא שָׁב אֶל הָעִיר. כַּאֲשֶׁר בָּא אֶל הָעִיר הוּא שָׁמַע צְעָקוֹת נוֹרָאוֹת.

— מה קָרָה? הוּא שָׁאַל.

— הַאִם לֹא שָׁמַעְתָּ? אָמְרוּ הָאֲנָשִׁים. בַּלַּיְלָה בָּאוּ שׁוֹדְדִים לָעִיר וְחָדְרוּ לַמָּלוֹן. הֵם לֹא הָרְגוּ אִישׁ, אֲבָל לָקְחוּ מִן הָאֲנָשִׁים כָּל מַה שֶּׁהָיָה לָהֶם.

אָז אָמַר רַבִּי עֲקִיבָא:

— תּוֹדָה לָאֵל, שֶׁלֹּא הָיָה מָקוֹם בִּשְׁבִילִי בַּמָּלוֹן. כָּל מַה שֶּׁה׳ עוֹשֶׂה, הַכֹּל לְטוֹבָה!

## Exercises — תַּרְגִּילִים

**I. Answer in complete sentences:**

1. לָמָּה לָקַח רַבִּי עֲקִיבָא נֵר כַּאֲשֶׁר יָצָא לַדֶּרֶךְ?
2. לְאָן הָלַךְ כַּאֲשֶׁר הוּא בָּא לָעִיר?
3. מָה אָמַר בַּעַל הַמָּלוֹן לְרַבִּי עֲקִיבָא?
4. אֵיפֹה יָשַׁן רַבִּי עֲקִיבָא?
5. מַה קָּרָה בַּמָּלוֹן בְּאוֹתוֹ הַלַּיְלָה?

**II. Translate:**

1. Why do you (f.s.) need a candle? 2. Why did you (m.s.) return home so late at (in the) night? 3. He slept on the floor because there was no bed for him in the hotel. 4. I knocked on the door several times before the physician opened it. 5. We went again to see him at noon. 6. The little boy was very sad because the donkey and the rooster died. 7. She opened the door and the candle went out. 8. The man gave to the robber everything (that) he had

because he knew that the robber was ready to kill him. 9. The mother did not go to sleep until her daughter returned home. 10. The hotelkeeper said that he has a nice room for us. 11. He bought the precious stone for her. 12. The policeman heard screams and ran to see what had happened. 13. Thank God that I (m.) am alive and am still able to work. 14. Many people died in the desert. 15. I am not hungry because I ate before I left (I went out from) the house.

# שִׁעוּר כב (22)

| | |
|---|---|
| אוֹת (אוֹתִיּוֹת) | letter (of alphabet) |
| אָסַף (לֶאֱסֹף) | gathered; collected |
| בָּחַר (לִבְחֹר) | chose |
| דַּי | enough |
| דֵּי | enough of |
| דִּקְדּוּק | grammar |
| הֹוֶה | present; present tense |
| זְמַן (זְמַנִּים) | tense; time |
| חִבּוּר (חִבּוּרִים) | composition |
| כָּזֶה, כָּזֹאת, כָּאֵלֶּה | such |
| מָחָר | tomorrow |
| לַמָּחֳרָת | the next day |
| מְצֻיָּן, מְצֻיֶּנֶת | excellent |
| מִשְׁפָּט (מִשְׁפָּטִים) | sentence |
| נוֹשֵׂא (נוֹשְׂאִים) | subject; topic; theme |
| נְיָר (נְיָרוֹת) | paper |
| נְקֻדָּה (נְקֻדּוֹת) | period (punctuation mark); point |
| סוֹף | end |
| עָבָר | past; past tense |
| עָצֵל, עֲצֵלָה | lazy |
| עָתִיד | future; future tense |
| פֹּעַל (פְּעָלִים) | verb |
| שׁוּרָה (שׁוּרוֹת) | line; row |
| תַּרְגִּיל (תַּרְגִּילִים) | exercise |
| פֶּה אֶחָד | unanimously; all at once |
| שִׁעוּר בַּיִת (שִׁעוּרֵי בַּיִת) | homework |

אֵין כָּל חָדָשׁ תַּחַת הַשֶּׁמֶשׁ. (מִן הַמִּקְרָא)

## GRAMMAR — דִּקְדּוּק

**The Future— עָתִיד .** Whereas the past tense (עָבָר) is based on adding suffixes to the stem, the future is based on adding prefixes to the stem, as well as suffixes in certain cases.

**I. The Conjugation of a Sound (שְׁלֵמִים) Verb in the Future Follows:**

to finish — לִגְמֹר

| | | | |
|---|---|---|---|
| אני אֶגְמֹר | | אנחנו נִגְמֹר | |
| אתה תִּגְמֹר | את תִּגְמְרִי | אתם תִּגְמְרוּ | אתן תִּגְמֹרְנָה |
| הוא יִגְמֹר | היא תִּגְמֹר | הם יִגְמְרוּ | הן תִּגְמֹרְנָה |

The future is based on the infinitive. It is formed by dropping the prefix of the infinitive ...לְ and substituting the appropriate prefixes of the future. Except for the vowel of the prefix of the first person singular, which is אֶ, the vowel of all the other prefixes is the same as that of the prefix of the infinitive (חִירִיק).

You have noted that the second radical is vocalized in the future tense by a חוֹלָם. However, in verbs whose middle radical is either א ,ה ,ח or ע, or whose final radical is ח or ע, the middle radical is vocalized by a פַּתָּח. The former are called אֶפְעֹל verbs, while the latter are called אֶפְעַל verbs.

Paradigms of אֶפְעַל verbs follow:

to ask — לִשְׁאֹל

| | | | |
|---|---|---|---|
| | | אני אֶשְׁאַל | אנחנו נִשְׁאַל |
| אתה תִּשְׁאַל | את תִּשְׁאֲלִי | אתם תִּשְׁאֲלוּ | אתן תִּשְׁאַלְנָה |
| הוא יִשְׁאַל | היא תִּשְׁאַל | הם יִשְׁאֲלוּ | הן תִּשְׁאַלְנָה |

to open — לִפְתֹּחַ

| | | | |
|---|---|---|---|
| | | אני אֶפְתַּח | אנחנו נִפְתַּח |
| אתה תִּפְתַּח | את תִּפְתְּחִי | אתם תִּפְתְּחוּ | אתן תִּפְתַּחְנָה |
| הוא יִפְתַּח | היא תִּפְתַּח | הם יִפְתְּחוּ | הן תִּפְתַּחְנָה |

Most intransitive verbs belong to the אֶפְעַל class of verbs:

לִגְדֹּל — to grow ; אֶגְדַּל, תִּגְדַּל...

All transitive verbs, with few exceptions, belong to the אֶפְעֹל class of verbs. Among the important exceptions are the following verbs:

לִלְבֹּשׁ — to wear ; אֶלְבַּשׁ, תִּלְבַּשׁ...

לִלְמֹד — to study ; אֶלְמַד, תִּלְמַד...

**II. The Functions of the Future Tense.** The Hebrew future represents unaccomplished action and thus expresses a variety of moods.

1. **The Indicative:**

| | |
|---|---|
| I will finish the composition tomorrow. | אֲנִי אֶגְמֹר אֶת הַחִבּוּר מָחָר. |

2. **The Subjunctive:**

| | |
|---|---|
| I want that you should write a composition. = I want you to write a composition. | אֲנִי רוֹצֶה שֶׁתִּכְתְּבוּ חִבּוּר. |

3. **The Optative:**

| | |
|---|---|
| May God remember all the good that you have done for me. | יִזְכֹּר הַשֵּׁם אֶת כָּל הַטּוֹב שֶׁעָשִׂיתָ לִי. |

4. **The Cohortative:**

| | |
|---|---|
| Let's study together! | נִלְמַד יַחַד! |

◇◇◇◇◇◇◇◇◇◇

## הַחִבּוּר שֶׁל תַּלְמִיד עָצֵל

הַכִּתָּה גָּמְרָה לִלְמֹד אֶת הֶעָתִיד שֶׁל הַפֹּעַל הָעִבְרִי. כְּבָר הָיָה כִּמְעַט הַסּוֹף שֶׁל הַשִּׁעוּר, וְכָל אֶחָד הָיָה מוּכָן לַעֲזֹב אֶת הַחֶדֶר. בַּכִּתָּה הָיָה רַעַשׁ. הַמּוֹרֶה קָם מִן הַכִּסֵּא, דָּפַק עַל הַשֻּׁלְחָן, וְקָרָא:

— שֶׁקֶט, בְּבַקָּשָׁה! אֲנִי רוֹצֶה שֶׁתִּשְׁמְעוּ אֶת שִׁעוּר הַבַּיִת שֶׁאֲנִי נוֹתֵן לָכֶם לַעֲשׂוֹת לְמָחָר. תַּלְמִידִים, לָמַדְנוּ אֶת הַהֹוֶה וְאֶת הֶעָבָר. הַיּוֹם גַּם גָּמַרְנוּ אֶת הֶעָתִיד. אִם כֵּן, אַתֶּם כְּבָר יוֹדְעִים אֶת הַפֹּעַל בְּכָל הַזְּמַנִּים. אַתֶּם עֲשִׂיתֶם בַּכִּתָּה וּבַבַּיִת הַרְבֵּה תַּרְגִּילִים בְּדִקְדּוּק. עַכְשָׁיו אַתֶּם כְּבָר יְכוֹלִים לִכְתֹּב חִבּוּרִים מְעַנְיְנִים, כִּי אַתֶּם בְּוַדַּאי גַּם זוֹכְרִים דֵּי מִלִּים בְּעִבְרִית. לָכֵן, לְשִׁעוּר הַבַּיִת שֶׁל מָחָר, אֲנִי רוֹצֶה שֶׁתִּכְתְּבוּ חִבּוּר. כָּל תַּלְמִיד יִבְחַר לוֹ נוֹשֵׂא וְיִכְתֹּב חִבּוּר עַל הַנּוֹשֵׂא שֶׁהוּא בָּחַר.

דָּוִד הָיָה יֶלֶד חָכָם אֲבָל עָצֵל. אַחֲרֵי הַשִּׁעוּרִים, כַּאֲשֶׁר הוּא שָׁב הַבַּיְתָה, הוּא הָלַךְ לַחֶדֶר שֶׁלּוֹ, לָקַח נְיָר וְעֵט מִן הַיַּלְקוּט וְיָשַׁב לִכְתֹּב אֶת הַחִבּוּר. הַרְבֵּה זְמַן הוּא חָשַׁב אֵיזֶה נוֹשֵׂא לִבְחֹר. בַּסּוֹף הוּא מָצָא נוֹשֵׂא. דָּוִד קָרָא בְּשִׂמְחָה:

— גָּמַרְנוּ הַיּוֹם לִלְמֹד עַל הֶעָתִיד, וַאֲנִי אֶכְתֹּב חִבּוּר עַל הֶעָתִיד!

דָּוִד לָקַח אֶת הָעֵט וְכָתַב אֶת הַנּוֹשֵׂא בְּאוֹתִיּוֹת גְּדוֹלוֹת. תַּחַת הַנּוֹשֵׂא הוּא כָּתַב בְּשׁוּרָה אַחַת, בְּאוֹתִיּוֹת קְטַנּוֹת, רַק מִשְׁפָּט אֶחָד.

לַמָּחֳרָת כַּאֲשֶׁר הַמּוֹרֶה אָסַף אֶת הַחִבּוּרִים, מִיָּד הוּא רָאָה אֶת הַחִבּוּר הַקָּצָר שֶׁל דָּוִד. הַמּוֹרֶה צָחַק וְאָמַר:

— מֵעוֹלָם לֹא קָרָאתִי חִבּוּר כָּזֶה. אֲנִי רוֹצֶה שֶׁכָּל הַכִּתָּה תִּשְׁמַע אֶת הַחִבּוּר שֶׁל דָּוִד. הִנֵּה הַנּוֹשֵׂא שֶׁדָּוִד בָּחַר: "הֶעָתִיד שֶׁל עָצֵל". וְהִנֵּה הַחִבּוּר שֶׁלּוֹ, רַק מִשְׁפָּט אֶחָד:

"הַנְּיָר הָרֵיק הַזֶּה הוּא מָשָׁל מְצֻיָּן לֶעָתִיד שֶׁל אִישׁ עָצֵל!" נְקֻדָּה, וְזֶה הַכֹּל!

— נָכוֹן! קָרְאוּ הַתַּלְמִידִים פֶּה אֶחָד. הֶעָתִיד שֶׁל עָצֵל הוּא רֵיק. זֶה חִבּוּר מְצֻיָּן!

◇◇◇◇◇◇◇◇◇◇

## Exercises — תַּרְגִּילִים

**I. Answer in complete sentences:**

1. מַה לָּמְדוּ הַתַּלְמִידִים עַל הַפֹּעַל הָעִבְרִי?
2. אֵיזֶה שִׁעוּר בַּיִת נָתַן הַמּוֹרֶה לַכִּתָּה?
3. מֶה עָשָׂה דָּוִד כַּאֲשֶׁר הוּא שָׁב הַבַּיְתָה?
4. מָה אָמַר הַמּוֹרֶה אַחֲרֵי שֶׁהוּא אָסַף אֶת הַחִבּוּרִים?
5. אֵיזֶה חִבּוּר כָּתַב דָּוִד?

**II. Translate:**

1. I (m.) already know all the letters, but I still don't know how to read. 2. My father will not choose a wife for me. 3. Our son collects stamps. 4. I don't

have enough time today to do the homework because I have to help mother. 5. It is difficult to find a good topic for a story. 6. He is not able to write even one line without mistakes because he does not know grammar. 7. She likes to read and therefore she is an excellent student in literature. 8. He is lazy and he always gets up late in the morning. 9. Mother will be angry if you (m.s.) will again throw paper on the floor. 10. I read the book to (until) the end on (in) the same day that I took it from the library. 11. I (f.) want that you (m.pl.) should write the exercises in your notebooks with a pen and not with a pencil. 12. The verb comes in the following tenses: present, past and future. 13. The next day I returned to the hotel and said to the hotelkeeper that I forgot my hat in the closet. 14. "Thank God, we have enough!" called out in unison the hotelkeeper and his waiters. 15. The moment (in the moment that) I will hear from my brother, I will write you a letter. 16. At the end of a sentence one puts a period.

**III. Conjugate the following verbs in the future:**

לִפְגֹּשׁ  לִצְחֹק  לִשְׁמֹעַ

# שִׁעוּר כג (23)

| | |
|---|---|
| אֲוִיר | air |
| אִכָּר (אִכָּרִים) | farmer; peasant |
| בָּדַק (לִבְדֹּק) | inspected; checked |
| בָּרִיא, בְּרִיאָה | healthy |
| גַּל (גַּלִּים) | wave |
| דַּיָּג (דַּיָּגִים) | fisherman |
| חָזָק, חֲזָקָה | strong |
| טָבַע (לִטְבֹּעַ) | drowned |
| מֶזֶג־אֲוִיר | weather |
| מֶזֶג הָאֲוִיר | the weather |
| סַבָּא, סָב | grandfather |
| סַבְתָּא, סָבָה | grandmother |
| סְתָו | autumn |
| עָנָן (עֲנָנִים) | cloud |
| פַּחַד | fear, *n.* |
| פָּחַד (לִפְחֹד) | feared; was afraid |
| רֶשֶׁת (רְשָׁתוֹת) | net |
| שָׁכַב (לִשְׁכַּב) | lay; lay down |
| שָׁקַט (לִשְׁקֹט) | became quiet |
| יוֹם סְתָו | an autumn day |
| יוֹתֵר טוֹב | better |

לַכֹּל זְמַן! (מִן הַמִּקְרָא)

## GRAMMAR — דִּקְדּוּק

**I. The Conjugation of the Future of a שְׁלֵמִים Verb whose First Radical is ה, ח, or ע :**

to work — לַעֲבֹד

| | |
|---|---|
| אני אֶעֱבֹד | אנחנו נַעֲבֹד |
| אתה תַּעֲבֹד   את תַּעַבְדִי | אתם תַּעַבְדוּ   אתן תַּעֲבֹדְנָה |
| הוא יַעֲבֹד   היא תַּעֲבֹד | הם יַעַבְדוּ   הן תַּעֲבֹדְנָה |

Note that, except for the first person singular, the first radical is vocalized by a חֲטַף־פַּתָּח, and the prefixes, as a result of assimilation, are vocalized by a פַּתָּח. In the first person, the first radical is vocalized by a חֲטַף־סֶגּוֹל and the prefix is vocalized, as usual, by a סֶגּוֹל : אֶעֱבֹד

Note also the loss of the שְׁוָא under the first radical in

את תַּעַבְדִי אתם תַּעַבְדוּ הם יַעַבְדוּ

It is due to the rule that there cannot be two consecutive שְׁוָאִים at the beginning of a syllable.

**II. The Conjugation of the Future of a ל"א Verb:**

to read; to call — לִקְרֹא

| | |
|---|---|
| אני אֶקְרָא | אנחנו נִקְרָא |
| אתה תִּקְרָא את תִּקְרְאִי | אתם תִּקְרְאוּ אתן תִּקְרֶאנָה |
| הוא יִקְרָא היא תִּקְרָא | הם יִקְרְאוּ הן תִּקְרֶאנָה |

Note that whenever the third radical "א" is final, it is silent and the second radical is vocalized by a קָמָץ. The only exception is תִּקְרֶאנָה where the "א" is silent even though it is not final.

**III. The Verb לִשְׁכַּב "to lie down."** As a rule, the second radical of the infinitive is vocalized by a חוֹלָם : לִשְׁמֹעַ; לִשְׁאֹל; לִגְמֹר. The infinitive לִשְׁכַּב is an exception, as the second radical is vocalized by a פַּתָּח. Being an intransitive verb, its future is:

אֶשְׁכַּב, תִּשְׁכַּב...

**IV. The Impersonal Subject.** While in English "it" is used as an impersonal subject: "It was an autumn day" or as an anticipatory subject: "It is difficult to go down to sea," no such subject is required in Hebrew. Such constructions are rendered simply as הָיָה יוֹם סְתָו and קָשֶׁה לָרֶדֶת לַיָּם respectively. However, in colloquial Hebrew the pronoun זֶה is often used as an impersonal subject: זֶה הָיָה יוֹם סְתָו; זֶה קָשֶׁה לָרֶדֶת לַיָּם , but it is used sparingly by the cultured speaker.

## הָאִכָּר וְהַדַּיָּג

הָיָה יוֹם סְתָו. הָרוּחַ הָיְתָה חֲזָקָה. הַשָּׁמַיִם הָיוּ מְלֵאִים עֲנָנִים. הָאִכָּרִים לֹא עָבְדוּ לֹא בַּיַּעַר וְלֹא בַּשָּׂדֶה, וְהַדַּיָּגִים לֹא יָרְדוּ לַיָּם.

דַּיָּג אֶחָד יָשַׁב לִפְנֵי הַבַּיִת שֶׁלּוֹ וּבָדַק רֶשֶׁת. בְּאוֹתוֹ הַזְּמַן עָבַר אִכָּר עַל־יַד הַבַּיִת שֶׁל הַדַּיָּג. הָאִכָּר שָׁאַל אֶת הַדַּיָּג:

— מָה אַתָּה עוֹשֶׂה?

— אֲנִי בּוֹדֵק אֶת הָרֶשֶׁת שֶׁלִּי.

— לָמָּה אַתָּה בּוֹדֵק אֶת הָרֶשֶׁת? קָשֶׁה מְאֹד לָרֶדֶת לַיָּם בְּמֶזֶג־אֲוִיר כָּזֶה!

— אוּלַי הַיָּם יִשְׁקֹט מְעַט אַחֲרֵי שֶׁאֶגְמֹר לִבְדֹּק אֶת הָרֶשֶׁת.

— הַאִם אֵין אַתָּה פּוֹחֵד מִן הַגַּלִּים הַנּוֹרָאִים?

— לֹא. הָאָב שֶׁלִּי הָיָה דַּיָּג, וְהַסָּב שֶׁלִּי הָיָה דַּיָּג. גַּם כָּל הַקְּרוֹבִים שֶׁלִּי הֵם דַּיָּגִים. אֵין לִי פַּחַד מִן הַיָּם.

— מַה קָּרָה לָאָב שֶׁלְּךָ?

— הוּא טָבַע בַּיָּם.

— מַה קָּרָה לַסָּב שֶׁלְּךָ?

— גַּם הוּא טָבַע בַּיָּם.

— אִם כֵּן, מַדּוּעַ בָּחַרְתָּ עֲבוֹדָה כָּזֹאת? הַאִם אֵין אַתָּה פּוֹחֵד שֶׁגַּם אַתָּה תִּטְבַּע? אֲנִי רוֹאֶה שֶׁאַתָּה לֹא עָצֵל וְגַם בָּרִיא וְחָזָק. אִם כֵּן, אַתָּה יָכוֹל לִהְיוֹת פּוֹעֵל. בְּוַדַּאי תִּמְצָא אָז עֲבוֹדָה יוֹתֵר טוֹבָה.

הַדַּיָּג חָשַׁב רֶגַע וְאַחֲרֵי־כֵן אָמַר לָאִכָּר:

— עַכְשָׁו אֶשְׁאַל אוֹתְךָ שְׁאֵלָה: מָה הָעֲבוֹדָה שֶׁלְּךָ?

— אֲנִי אִכָּר. גַּם הָאָב שֶׁלִּי הָיָה אִכָּר, וְגַם הַסָּב שֶׁלִּי הָיָה אִכָּר.

— מַה קָּרָה לָאָב שֶׁלְּךָ?

— הוּא מֵת בַּמִּטָּה.

— וּמָה קָרָה לְסָב שֶׁלְּךָ?

— גַּם הוּא מֵת בַּמִּטָּה.

— אִם כֵּן, מַדּוּעַ אֵין אַתָּה פּוֹחֵד לִשְׁכַּב בַּמִּטָּה? אָמַר הַדַּיָּג וְצָחַק.

## Exercises — תַּרְגִּילִים

**I. Answer in complete sentences:**

1. מַדּוּעַ לֹא יָרְדוּ הַדַּיָּגִים לַיָּם?
2. מֶה עָשָׂה הַדַּיָּג עַל־יַד הַבַּיִת שֶׁלּוֹ?
3. מָתַי חָשַׁב הַדַּיָּג לָרֶדֶת לַיָּם?
4. מַה קָּרָה לְאָב וּלְסָב שֶׁל הַדַּיָּג?
5. מַה קָּרָה לְאָב וּלְסָב שֶׁל הָאִכָּר?

**II. Translate:**

1. I want the physician to (that the physician should) examine him. 2. She almost drowned in the river when she fell off the bridge. 3. It is difficult to know who is healthy and who is not healthy. 4. We will not be afraid to walk at night in the woods. 5. The poor man will lie down in the park on a bench. 6. They will not remember us. 7. I also had such a grandmother. 8. The fisherman will throw the net in the sea when the waves will calm down. 9. When the weather is bad, the farmers do not work in the fields. 10. I studied well and I came without fear to the test. 11. In the fall the waves in the sea are very strong. 12. There is not enough air in the room because the windows were closed the whole day. 13. There are many clouds in the sky and therefore I will close the windows. 14. You (f.s.) will not laugh when you will hear the terrible thing that happened to us. 15. We have to be (must be) strong because life is hard.

**III. Conjugate the following verbs in the future:**

לַעֲזוֹר      לִמְצֹא

# שִׁעוּר כד (24)

| | |
|---|---|
| guest | אוֹרֵחַ (אוֹרְחִים) |
| it is possible | אֶפְשָׁר |
| it is impossible | אִי אֶפְשָׁר |
| husband | בַּעַל (בְּעָלִים) |
| resided; lived | גָּר (לָגוּר) |
| parents | הוֹרִים (הוֹרֶה, הוֹרָה) |
| weak | חַלָּשׁ, חַלָּשָׁה |
| piece | חֲתִיכָה (חֲתִיכוֹת) |
| vessel; dish; utensil | כְּלִי (כֵּלִים) |
| kitchen | מִטְבָּח (מִטְבָּחִים) |
| family | מִשְׁפָּחָה (מִשְׁפָּחוֹת) |
| touched | נָגַע (לִנְגֹּעַ) בְּ... |
| drove (a car); led | נָהַג (לִנְהֹג) |
| treated; drove | נָהַג (לִנְהֹג) בְּ... |
| knife | סַכִּין (סַכִּינִים) |
| wood | עֵץ (עֵצִים) |
| plate | צַלַּחַת (צַלָּחוֹת) |
| broke | שָׁבַר (לִשְׁבֹּר) |
| for whom? | בִּשְׁבִיל מִי? |
| to sit at the table | לָשֶׁבֶת אֶל הַשֻּׁלְחָן |

הַלֵּב הַקָּשֶׁה רָחוֹק מִן ה׳. (מִסִּפְרוּת יה״ב)

## GRAMMAR — דִּקְדּוּק

**I. The פ״נ Verbs.** These verbs are conjugated in the past and present like the שְׁלֵמִים. In the future, the initial "נ" of these verbs disappears. To compensate for the loss, a דָּגֵשׁ is placed in the second radical. However, if the second radical is a guttural (א, ה, ח, ע) the initial "נ" is retained throughout.

The conjugation of the future of these two types of פ״נ verbs follows:

to fall — לִנְפֹּל

| | | | | | |
|---|---|---|---|---|---|
| אני אֶפֹּל | | | אנחנו נִפֹּל | | |
| אתה תִּפֹּל | את תִּפְּלִי | | אתם תִּפְּלוּ | אתן תִּפֹּלְנָה | |
| הוא יִפֹּל | היא תִּפֹּל | | הם יִפְּלוּ | הן תִּפֹּלְנָה | |

to drive — לִנְהֹג

| | | |
|---|---|---|
| אנחנו נִנְהַג | | אני אֶנְהַג |
| אתם תִּנְהֲגוּ אתן תִּנְהַגְנָה | | אתה תִּנְהַג את תִּנְהֲגִי |
| הם יִנְהֲגוּ הן תִּנְהַגְנָה | | הוא יִנְהַג היא תִּנְהַג |

Remember that in all verbs, whose second radical is a guttural, or whose third radical is "ח" or "ע" , the future follows the pattern of אֶפְעַל . Thus:

לִנְהֹג — אֶנְהַג, תִּנְהַג, יִנְהַג...

לִנְסֹעַ — אֶסַּע, תִּסַּע, יִסַּע...

## הָאָב לוֹמֵד מִן הַבֵּן

הַסָּב שֶׁל דָּן הָיָה זָקֵן מְאֹד. הוּא גָּר יַחַד עִם הַהוֹרִים שֶׁל דָּן. הַסָּב הָיָה חַלָּשׁ וְהַיָּדַיִם שֶׁלּוֹ רָעֲדוּ.

יוֹם סְתָו אֶחָד בָּאוּ אוֹרְחִים וּקְרוֹבִים אֶל הַבַּיִת. הָאֵם שֶׁל דָּן שָׂמָה עַל הַשֻּׁלְחָן אֶת הַכֵּלִים הַחֲדָשִׁים וְהַיָּפִים שֶׁלָּהֶם. הַמִּשְׁפָּחָה וְהָאוֹרְחִים יָשְׁבוּ אֶל הַשֻּׁלְחָן לֶאֱכֹל. הַזָּקֵן נָגַע בְּצַלַּחַת וְהַצַּלַּחַת נָפְלָה עַל הָרִצְפָּה תַּחַת הַשֻּׁלְחָן. הָאֵם שֶׁל דָּן כָּעֲסָה מְאֹד, אֲבָל לֹא אָמְרָה דָּבָר. אַחֲרֵי שֶׁהָאוֹרְחִים וְהַקְּרוֹבִים עָזְבוּ, אָמְרָה הָאִשָּׁה אֶל הַבַּעַל שֶׁלָּהּ:

— הָאָב שֶׁלְּךָ זָקֵן מְאֹד. הַיָּדַיִם שֶׁלּוֹ רוֹעֲדוֹת וְהָעֵינַיִם שֶׁלּוֹ חַלָּשׁוֹת. אֲנִי פּוֹחֶדֶת שֶׁכָּל פַּעַם שֶׁהוּא יִגַּע בְּצַלַּחַת הוּא יִשְׁבֹּר אוֹתָהּ.

— הוּא אִישׁ זָקֵן, אָמַר הַבַּעַל, וְאִי אֶפְשָׁר לַעֲשׂוֹת דָּבָר.

— אֶפְשָׁר, עָנְתָה הָאִשָּׁה, הוּא יָכוֹל לֶאֱכֹל בַּמִּטְבָּח בְּכֵלִים פְּשׁוּטִים.

וְכֵן הָיָה. מִן הַיּוֹם הַזֶּה וָהָלְאָה אָכַל הַזָּקֵן בְּכֵלִים פְּשׁוּטִים בַּמִּטְבָּח.

עֶרֶב אֶחָד שָׁב הָאָב שֶׁל דָּן הַבַּיְתָה אַחֲרֵי יוֹם שֶׁל עֲבוֹדָה בַּחֲנוּת. הוּא מָצָא אֶת דָּן יוֹשֵׁב עַל הָרִצְפָּה לְיַד הַדֶּלֶת. הָאָב רָאָה סַכִּין וַחֲתִיכָה שֶׁל עֵץ בַּיָּדַיִם שֶׁל הַבֵּן. הוּא נָתַן לוֹ נְשִׁיקָה, וְאָז אָמַר:

— אֲנִי רוֹאֶה שֶׁאַתָּה יֶלֶד טוֹב, וְלֹא עָצֵל. מָה אַתָּה עוֹשֶׂה בָּעֵץ?

— אֲנִי עוֹשֶׂה צַלַּחַת.

— בִּשְׁבִיל מִי אַתָּה עוֹשֶׂה אֶת הַצַּלַּחַת?

— בִּשְׁבִילְךָ, אַבָּא. עַכְשָׁו אַתָּה בָּרִיא וְחָזָק, אֲבָל בֶּעָתִיד גַּם הַיָּדַיִם שֶׁלְּךָ תִּרְעַדְנָה כְּמוֹ הַיָּדַיִם שֶׁל סַבָּא. אִם תִּגַּע אָז בַּצַּלַּחַת הַזֹּאת, אַתָּה לֹא תִשְׁבֹּר אוֹתָהּ, אֲפִילוּ אִם הִיא תִּפֹּל עַל הָרִצְפָּה.

— הַבֵּן הַקָּטָן שֶׁלִּי צוֹדֵק, חָשַׁב הָאָב. כְּמוֹ שֶׁאֲנִי נוֹהֵג בְּאָב שֶׁלִּי כָּךְ הַבֵּן שֶׁלִּי יִנְהַג בִּי.

## Exercises — תַּרְגִּילִים

**I. Answer in complete sentences:**

1. אֵיפֹה גָּר הַסָּב שֶׁל דָּן?
2. מַדּוּעַ נָפְלָה הַצַּלַּחַת עַל הָרִצְפָּה כַּאֲשֶׁר הַזָּקֵן נָגַע בָּהּ?
3. מַדּוּעַ אָכַל הַסָּב בַּמִּטְבָּח?
4. מֶה עָשָׂה דָּן בַּסַּכִּין?
5. מַה לָּמַד הָאָב מִן הַבֵּן הַקָּטָן?

**II. Translate:**

1. I will not touch a knife. 2. The family already sat at the table when the guest came. 3. I (m.s.) want to make a closet of (from) this wood. 4. Isn't there a chair in the house, why do you sit on the floor? 5. The rich man feared that the precious stone will fall in the river. 6. Dan's grandfather and his parents used to live together in the same city. 7. If they (will) break this precious vessel, I will be very angry. 8. She was afraid that the plate will fall off (from) the table when the little boy will touch it. 9. They returned early before the guests came. 10. His eyes are weak and therefore he cannot see from a distance. 11. The wife did as her husband wanted. 12. My family is small, I have only one brother and one sister. 13. When she is very hungry,

she goes to the kitchen and takes a piece of bread. 14. As (like) he treats me, so will I treat him. 15. It is impossible to eat on such a table.

**III. Conjugate the following verbs in the present, past and future:**

לִשְׁכֹּחַ     לִנְסֹעַ

# שִׁעוּר כה (25)

| | | | |
|---|---|---|---|
| אוֹר (אוֹרוֹת) | light | לִפְעָמִים | sometimes, at times |
| אֱמֶת | truth | מְחִיר (מְחִירִים) | price |
| בֶּאֱמֶת | indeed; really; truly | פֶּסֶל (פְּסָלִים) | statue |
| בְּרָכָה (בְּרָכוֹת) | blessing | פֶּסֶל (פְּסִילִים) | statue of an idol |
| זָז (לָזוּז) | moved; budged | קֶמַח | flour |
| חַי (לִחְיוֹת) | lives; lived | מֵעֵץ וּמֵאֶבֶן | of wood and stone |
| חֹשֶׁךְ | darkness | עוֹלֶה הַרְבֵּה | costs much |
| טָעָה (לִטְעוֹת) | erred; made a mistake | כָּל פֶּסֶל וּפֶסֶל | every single statue |
| לָבָן, לְבָנָה | white | | |

הַחוֹשֵׁב מְעַט, יִטְעֶה הַרְבֵּה. (מִסִּפְרוּת יה״ב)

## GRAMMAR — דִּקְדּוּק

### I. The Conjugation of the Future of an ע״ו Verb.

to get up; to rise — לָקוּם

| | |
|---|---|
| אני אָקוּם | אנחנו נָקוּם |
| אתה תָּקוּם את תָּקוּמִי | אתם תָּקוּמוּ אתן תָּקֹמְנָה |
| הוא יָקוּם היא תָּקוּם | הם יָקוּמוּ הן תָּקֹמְנָה |

### II. The Conjugation of the Future of an ע״י Verb.

to put — לָשִׂים

| | |
|---|---|
| אני אָשִׂים | אנחנו נָשִׂים |
| אתה תָּשִׂים את תָּשִׂימִי | אתם תָּשִׂימוּ אתן תָּשֵׂמְנָה |
| הוא יָשִׂים היא תָּשִׂים | הם יָשִׂימוּ הן תָּשֵׂמְנָה |

It is worth noting that the ע״י class comprises a limited number of verbs.

**III. The Verb בוא.** It is simultaneously a ל״א and ע״ו verb. In the present, it is vocalized like a regular ע״ו verb,

בָּא, בָּאָה, בָּאִים, בָּאוֹת

In the past, being also a ל״א verb, the first radical is vocalized by a קָמָץ. The "א" is silent: בָּאתִי, בָּאתָ, בָּאת... except for היא בָּאָה; הם בָּאוּ.

In the infinitive and in the future, the middle radical "ו" is vocalized by a חוֹלָם, instead of the usual שׁוּרֶק.

The conjugation of the future follows:

to come — לָבוֹא

| | |
|---|---|
| אני אָבוֹא | אנחנו נָבוֹא |
| אתה תָּבוֹא את תָּבוֹאִי | אתם תָּבוֹאוּ אתן תָּבֹאנָה |
| הוא יָבוֹא היא תָּבוֹא | הם יָבוֹאוּ הן תָּבֹאנָה |

**IV. The Conjugation of the Future of ל״ה Verbs.**

to buy — לִקְנוֹת

| | |
|---|---|
| אני אֶקְנֶה | אנחנו נִקְנֶה |
| אתה תִּקְנֶה את תִּקְנִי | אתם תִּקְנוּ אתן תִּקְנֶינָה |
| הוא יִקְנֶה היא תִּקְנֶה | הם יִקְנוּ הן תִּקְנֶינָה |

The verb לִהְיוֹת is conjugated like a regular ל״ה verb.

| | |
|---|---|
| אני אֶהְיֶה | אנחנו נִהְיֶה |
| אתה תִּהְיֶה את תִּהְיִי | אתם תִּהְיוּ אתן תִּהְיֶינָה |
| הוא יִהְיֶה היא תִּהְיֶה | הם יִהְיוּ הן תִּהְיֶינָה |

Note the double "יי" in תִּהְיִי, תִּהְיֶינָה the first being the middle radical and the second representing the change of the third radical "ה" into "י".

The verb לִחְיוֹת is conjugated in the future like לִהְיוֹת.

**V. The Conjugation of the Future of ל"ה Verbs whose First Radical is "ע":**

to make; to do — לַעֲשׂוֹת

| | |
|---|---|
| אני אֶעֱשֶׂה | אנחנו נַעֲשֶׂה |
| אתה תַּעֲשֶׂה את תַּעֲשִׂי | אתם תַּעֲשׂוּ אתן תַּעֲשֶׂינָה |
| הוא יַעֲשֶׂה היא תַּעֲשֶׂה | הם יַעֲשׂוּ הן תַּעֲשֶׂינָה |

For the vocalization of the prefixes and first radical, compare the verb עבד in lesson 23.

**VI. To Express Possession in the Future.** To do so, the phrases (לֹא) יִהְיֶה לִי... (לֹא) תִּהְיֶה לִי... (לֹא) יִהְיוּ לִי... (לֹא) תִּהְיֶינָה לִי... are used, depending on the subject of the Hebrew sentence.

I will (not) have a book. (לֹא) יִהְיֶה לִי סֵפֶר.

I will (not) have a notebook. (לֹא) תִּהְיֶה לִי מַחְבֶּרֶת.

I will (not) have books. (לֹא) יִהְיוּ לִי סְפָרִים.

I will (not) have notebooks. (לֹא) תִּהְיֶינָה לִי מַחְבָּרוֹת.

To express possession in the present and in the past, see lesson 17.

**VII. The Expression "Every Single."** This is rendered by the repetition of the person or object in question. The two are joined by the conjunction ...וְ.

Every single prophet כָּל נָבִיא וְנָבִיא

Every single sentence כָּל מִשְׁפָּט וּמִשְׁפָּט

# אַבְרָהָם וְהַפְּסִילִים

לְתֶרַח, הָאָב שֶׁל אַבְרָהָם, הָיְתָה חֲנוּת שֶׁל פְּסִילִים. פַּעַם אַחַת אָמַר אַבְרָהָם אֶל תֶּרַח:

— אַבָּא, אֲנִי רוֹצֶה לַעֲזֹר לְךָ.

— טוֹב מְאֹד, עָנָה תֶּרַח. לִפְעָמִים אֲנִי צָרִיךְ לָלֶכֶת לַשּׁוּק לִקְנוֹת עֵצִים וַאֲבָנִים. כַּאֲשֶׁר אֶרְצֶה לָלֶכֶת לַשּׁוּק, אָז אַתָּה תִּהְיֶה בַּחֲנוּת עַד שֶׁאָשׁוּב.

יוֹם אֶחָד קָרָא תֶּרַח אֶת אַבְרָהָם וְאָמַר לוֹ:

— אֲנִי צָרִיךְ לִנְסֹעַ מָחָר לַשּׁוּק לִקְנוֹת עֵצִים. מָחָר אַתָּה תַּעֲמֹד בַּחֲנוּת.

— מָה אֶעֱשֶׂה אִם אִישׁ יָבוֹא לַחֲנוּת לִקְנוֹת פֶּסֶל? שָׁאַל אַבְרָהָם.

— הָיִיתָ הַרְבֵּה פְּעָמִים בַּחֲנוּת, וְאַתָּה בְּוַדַּאי זוֹכֵר אֶת הַמְּחִיר שֶׁל כָּל פֶּסֶל וּפֶסֶל. אִם הָאִישׁ יִרְאֶה פֶּסֶל וְיִרְצֶה לִקְנוֹת אוֹתוֹ, אָז תִּמְכֹּר לוֹ, עָנָה תֶּרַח.

תֶּרַח קָם בַּבֹּקֶר, קָרָא לְאַבְרָהָם, וְאָמַר לוֹ כִּי הוּא מוּכָן לִנְסֹעַ לַשּׁוּק. הוּא נָתַן לוֹ נְשִׁיקָה וְיָצָא מִן הַבַּיִת. אַחֲרֵי רְגָעִים אֲחָדִים בָּאָה לַחֲנוּת אִשָּׁה זְקֵנָה וַחֲלָשָׁה.

— שָׁלוֹם לָךְ, גְּבֶרֶת, מָה אַתְּ רוֹצָה? בַּמֶּה אֲנִי יָכוֹל לַעֲזֹר לָךְ? שָׁאַל אוֹתָהּ אַבְרָהָם.

— אֲנִי רוֹצָה לִבְדֹּק אֶת הַפְּסִילִים שֶׁעוֹמְדִים שָׁם בְּשׁוּרָה בַּחַלּוֹן. אֶבְחַר לִי פֶּסֶל יָפֶה אֶחָד.

— טוֹב מְאֹד, אָמַר אַבְרָהָם.

אַחֲרֵי שֶׁהָאִשָּׁה בָּדְקָה הַרְבֵּה מִן הַפְּסִילִים, הִיא בָּחֲרָה פֶּסֶל אֶחָד, וְאָמְרָה:

— כַּמָּה הוּא עוֹלֶה? אִם הַפֶּסֶל לֹא עוֹלֶה הַרְבֵּה, אֲנִי אֶקְנֶה אוֹתוֹ.

— מַה תַּעֲשִׂי בַּפֶּסֶל הַזֶּה?

— אֲנִי אָשִׂים אוֹתוֹ בַּחֶדֶר שֶׁלִּי. בְּכָל בֹּקֶר כַּאֲשֶׁר אָקוּם, אָשִׂים יַיִן וְצַלַּחַת מְלֵאָה קֶמַח לָבָן לִפְנֵי הַפֶּסֶל. הַפֶּסֶל יִשְׁלַח לִי בְּרָכָה, וְיִהְיוּ לִי חַיִּים טוֹבִים.

— אַתְּ טוֹעָה, אָמַר אַבְרָהָם. אִי אֶפְשָׁר לַפֶּסֶל לִשְׁמֹעַ אֶת הַתְּפִלּוֹת

שֶׁלְּךָ, וְהוּא לֹא יָכוֹל לַעֲזוֹר לָךְ. אֶת הַפֶּסֶל הַזֶּה עָשָׂה הָאָב שֶׁלִּי בְּסַכִּין רַק אֶתְמוֹל. יֵשׁ לוֹ עֵינַיִם וְהוּא לֹא יִרְאֶה בָּהֶן. יֵשׁ לוֹ יָדַיִם וְהוּא לֹא יִגַּע בָּהֶן. יֵשׁ לוֹ רַגְלַיִם וְהוּא לֹא יָזוּז מִן הַמָּקוֹם. יֵשׁ לוֹ פֶּה וְהוּא לֹא יִשְׁתֶּה אֲפִילוּ טִפָּה מִן הַיַּיִן שֶׁלָּךְ. הַפֶּסֶל לֹא יִחְיֶה וְלֹא יָמוּת. הַפֶּסֶל הוּא מֵעֵץ וּמֵאֶבֶן.

הָאִשָּׁה שָׂמָה לֵב לַדְּבָרִים שֶׁל אַבְרָהָם. הִיא חָשְׁבָה רֶגַע וּבַסּוֹף אָמְרָה:

— בֶּאֱמֶת אַתָּה צוֹדֵק! עַד עַכְשָׁו חָיִיתִי בְּעוֹלָם שֶׁל חֹשֶׁךְ, וּפִתְאֹם וְהִנֵּה אוֹר!

◇◇◇◇◇◇◇◇◇◇

## Exercises — תַּרְגִּילִים

**I. Answer in complete sentences:**

1. מֶה הָיָה מוֹכֵר תֶּרַח בַּחֲנוּת שֶׁלּוֹ?
2. מָתַי עָמַד אַבְרָהָם בַּחֲנוּת?
3. לָמָּה הָלַךְ תֶּרַח לַשּׁוּק?
4. מַדּוּעַ חָשְׁבָה הָאִשָּׁה שֶׁיִּהְיוּ לָהּ חַיִּים טוֹבִים?
5. מַדּוּעַ לֹא קָנְתָה הָאִשָּׁה אֶת הַפֶּסֶל?

**II. Translate:**

1. I will do the work when I will have time. 2. The day will come and all the nations will live together in peace. 3. I shall not budge from the table until I finish the composition. 4. He will not make a statue of silver because it will cost a lot. 5. At times when I (f.) am sad, I like to sit in the dark and (to) think. 6. God will send (to) us blessings from heaven. 7. Tomorrow we will get up early because we have to meet our friends. 8. Why is there no light in the room? 9. The woman will put the flour on the table in the kitchen. 10. When will there be peace in the world? 11. Will you (m.pl.) really come to see us next week? 12. I (f.) like him because he always tells

(says) the truth. 13. I (f.) am afraid to be in the dark (darkness). 14. On Shabbat we eat white bread. 15. Now I (m.) see that I made a mistake (erred).

**III. Change from the past to the future:**

1. הֵם נָפְלוּ לַמַּיִם.
2. אֲנִי שָׁתִיתִי יַיִן.
3. אֲנַחְנוּ גַּרְנוּ בִּירוּשָׁלַיִם.
4. הַשֶּׁמֶשׁ עָלְתָה.
5. הָאִישׁ מֵת פִּתְאֹם.
6. הֵם קָנוּ בַּיִת.
7. אֶת מִי רָאִית בַּגַּן?
8. מֶה עָשִׂיתָ לוֹ?
9. אֲנִי נָסַעְתִּי לְאֶרֶץ רְחוֹקָה.
10. מָתַי שַׁבְתָּ הָעִירָה?

# שִׁעוּר כו (26)

| | | | |
|---|---|---|---|
| great; much | רַב, רַבָּה | built, *v.* | בָּנָה (לִבְנוֹת) |
| many | רַבִּים, רַבּוֹת | through; via | דֶּרֶךְ |
| complete; whole; sound | שָׁלֵם, שְׁלֵמָה | stranger; foreigner; strange; foreign | זָר, זָרָה |
| sound; hale and healthy | בָּרִיא וְשָׁלֵם | gave birth | יָלַד (לָלֶדֶת) |
| never (with future) | לְעוֹלָם לֹא, לֹא... לְעוֹלָם | force; power | כֹּחַ (כֹּחוֹת) |
| how good! | מַה טּוֹב!=כַּמָּה טוֹב! | so; thus | כֵּן |
| how great! | מַה גָּדוֹל!=כַּמָּה גָּדוֹל! | ago | לִפְנֵי |
| thanks a lot | תּוֹדָה רַבָּה | rest; repose, *n.f.* | מְנוּחָה |
| | | lamp; candelabra | מְנוֹרָה (מְנוֹרוֹת) |
| | | rested, *v.intr.* | נָח (לָנוּחַ) |
| | | open, *part.* | פָּתוּחַ, פְּתוּחָה |
| | | holy | קָדוֹשׁ, קְדוֹשָׁה |

אִם אֵין קֶמַח, אֵין תּוֹרָה;
אִם אֵין תּוֹרָה, אֵין קֶמַח. (פִּרְקֵי אָבוֹת)

## GRAMMAR — דִּקְדּוּק

פ״י **Verbs.** These verbs fall in two categories:

1. Quiescent Verbs: Those verbs which retain the "י" in the infinitive and in the future, but without vocalization.
2. Defective Verbs: Those verbs which drop the "י" in the infinitive and in the future.

In the present and in the past, פ״י verbs are conjugated like the שְׁלֵמִים .

**I. The Conjugation of the Future of a Quiescent פ״י Verb.**

to sleep — לִישֹׁן

| | |
|---|---|
| אני אִישַׁן | אנחנו נִישַׁן |
| אתה תִּישַׁן  את תִּישְׁנִי | אתם תִּישְׁנוּ  אתן תִּישַׁנָּה |
| הוא יִישַׁן  היא תִּישַׁן | הם יִישְׁנוּ  הן תִּישַׁנָּה |

Note that all quiescent פ״י verbs are conjugated according to the אֶפְעַל pattern.

**II. The Conjugation of the Future of Defective פ״י Verbs.**

to sit — לָשֶׁבֶת

| | |
|---|---|
| אני אֵשֵׁב | אנחנו נֵשֵׁב |
| אתה תֵּשֵׁב  את תֵּשְׁבִי | אתם תֵּשְׁבוּ  אתן תֵּשַׁבְנָה |
| הוא יֵשֵׁב  היא תֵּשֵׁב | הם יֵשְׁבוּ  הן תֵּשַׁבְנָה |

The verbs לָלֶדֶת, לָצֵאת, לָרֶדֶת, לָלֶכֶת are similarly conjugated.

to know — לָדַעַת

| | |
|---|---|
| אני אֵדַע | אנחנו נֵדַע |
| אתה תֵּדַע  את תֵּדְעִי | אתם תֵּדְעוּ  אתן תֵּדַעְנָה |
| הוא יֵדַע  היא תֵּדַע | הם יֵדְעוּ  הן תֵּדַעְנָה |

Note that all the prefixes of the defective פ״י verbs are vocalized throughout by a צֵירֶה to compensate for the loss of the first radical.

**III. The Noun עוֹלָם.** This noun has two meanings: 1. eternity 2. world.

Thus, לְעוֹלָם means forever.

I will remember this forever. אֲנִי אֶזְכֹּר זֹאת לְעוֹלָם.

לְעוֹלָם with the negation לֹא means "never" (forever not).

I will never forget this. { לֹא אֶשְׁכַּח זֹאת לְעוֹלָם. / לְעוֹלָם לֹא אֶשְׁכַּח זֹאת.

For "never" in the past, מֵעוֹלָם with the negation לֹא is used:

I never heard this. מֵעוֹלָם לֹא שָׁמַעְתִּי זֹאת = לֹא שָׁמַעְתִּי זֹאת מֵעוֹלָם.

**IV. מַה and כַּמָּה .** Either one of these may be used as an exclamative.

How good is this man! (כַּמָּה) מַה טּוֹב הָאִישׁ הַזֶּה!

How great is his power! (כַּמָּה) מָה רַב הַכֹּחַ שֶׁלּוֹ!

## הַבְּרָכָה שֶׁל הַנָּבִיא

לִפְנֵי שָׁנִים רַבּוֹת חָיוּ בְּעִיר שׁוּנֵם אִישׁ וְאִשָּׁה עֲשִׁירִים. הֵם הָיוּ אֲנָשִׁים טוֹבִים מְאֹד, וְהַבַּיִת שֶׁלָּהֶם הָיָה פָּתוּחַ לְכָל זָר.

בַּיָּמִים הָאֵלֶּה חַי נָבִיא בְּשֵׁם אֱלִישָׁע. כָּל פַּעַם שֶׁאֱלִישָׁע הָיָה עוֹבֵר דֶּרֶךְ הָעִיר שׁוּנֵם, הוּא הָיָה בָּא אֶל הַבַּיִת שֶׁל הָאִישׁ וְהָאִשָּׁה הַטּוֹבִים הָאֵלֶּה. שָׁם הָיָה אוֹכֵל, שָׁם הָיָה נָח וְשָׁם הָיָה יָשֵׁן.

יוֹם אֶחָד אָמְרָה הָאִשָּׁה אֶל הַבַּעַל שֶׁלָּהּ:

— אֲנִי רוֹאָה שֶׁהָאוֹרֵחַ שֶׁלָּנוּ, אֱלִישָׁע, הוּא אִישׁ קָדוֹשׁ. הַבַּיִת שֶׁלָּנוּ קָטָן, וְאֵין דֵּי מָקוֹם בִּשְׁבִילוֹ לָנוּחַ בּוֹ. נִבְנֶה חֶדֶר בִּשְׁבִילוֹ, בַּחֶדֶר נָשִׂים מִטָּה, שֻׁלְחָן, כִּסֵּא וּמְנוֹרָה. כַּאֲשֶׁר אֱלִישָׁע יָבוֹא הָעִירָה, הוּא יָגוּר בּוֹ וְיִמְצָא שָׁם מְנוּחָה. שָׁם יֵשֵׁב, שָׁם יָנוּחַ וְשָׁם יִישַׁן.

— אַתְּ צוֹדֶקֶת, עָנָה הַבַּעַל. אֲנִי אֵלֵךְ וְאֶבְנֶה חֶדֶר בִּשְׁבִיל הַנָּבִיא.

אַחֲרֵי זְמַן קָצָר, בָּא אֱלִישָׁע הַנָּבִיא לָעִיר שׁוּנֵם. הוּא רָאָה אֶת הַחֶדֶר הֶחָדָשׁ שֶׁהָאִישׁ וְהָאִשָּׁה בָּנוּ בִּשְׁבִילוֹ. הַדָּבָר עָשָׂה רֹשֶׁם חָזָק עַל הַנָּבִיא.

— מַה טּוֹבִים הָאֲנָשִׁים הָאֵלֶּה, חָשַׁב הַנָּבִיא, וּמַה טּוֹב לְעַם יִשְׂרָאֵל

שֶׁיֵּשׁ בּוֹ אֲנָשִׁים כָּאֵלֶּה. אֵלֵךְ וְאֶקְרָא לָאִשָּׁה, וְאֶשְׁאַל אוֹתָהּ אִם יֵשׁ לָהּ בַּקָּשָׁה.

כַּאֲשֶׁר הָאִשָּׁה בָּאָה, אָמַר לָהּ אֱלִישָׁע:

— לְעוֹלָם לֹא אֶשְׁכַּח אֶת כָּל הַטּוֹב שֶׁעֲשִׂיתֶם לִי. אֵיךְ וּבַמֶּה אֲנִי יָכוֹל לַעֲזֹר לָכֶם? הַאִם יֵשׁ לָךְ בַּקָּשָׁה?

— תּוֹדָה רַבָּה, אָמְרָה הָאִשָּׁה, אֵין אֲנַחְנוּ צְרִיכִים דָּבָר. תּוֹדָה לָאֵל אֲנַחְנוּ בְּרִיאִים וּשְׁלֵמִים.

אֱלִישָׁע יָדַע שֶׁאֵין לָהֶם בֵּן. הוּא חָשַׁב רֶגַע וְאַחֲרֵי כֵן אָמַר לָאִשָּׁה:

— יִשְׁלַח לָךְ ה׳ בְּרָכָה מִן הַשָּׁמַיִם, וּבַשָּׁנָה הַבָּאָה תֵּלְדִי בֵּן!

וְכֵן הָיָה. לֹא עָבְרָה שָׁנָה וְהָאִשָּׁה יָלְדָה בֵּן. אָז רָאוּ הָאִישׁ וְהָאִשָּׁה מָה רַב הַכֹּחַ שֶׁל אֱלִישָׁע הַנָּבִיא.

## Exercises — תַּרְגִּילִים

**I. Answer in complete sentences:**

1. אֵיפֹה יָשַׁן אֱלִישָׁע כַּאֲשֶׁר הָיָה בָּא לָעִיר שׁוּנֵם?
2. לָמָּה רָצְתָה הָאִשָּׁה לִבְנוֹת חֶדֶר?
3. מַה שָּׂמָה הָאִשָּׁה בַּחֶדֶר הֶחָדָשׁ?
4. מֶה הָיְתָה הַבְּרָכָה שֶׁל הַנָּבִיא אֱלִישָׁע?
5. אֵיךְ רָאוּ הָאִישׁ וְהָאִשָּׁה אֶת הַכֹּחַ הַגָּדוֹל שֶׁל הַנָּבִיא?

**II. Translate:**

1. I will sleep tomorrow until noon because I didn't sleep well yesterday. 2. If you (m.pl.) do not learn grammar, you will never know Hebrew. 3. Afterwards I shall sit in the garden and (I will) read the newspaper. 4. I never knew how great is your (m.s.) love for the holy Torah. 5. The shepherd will go down with the sheep to the river. 6. She answered: "I have only one request. I want to give birth to a son." 7. They will build a house on a mountain near the sea. 8. A week ago a stranger came and gave me your (f.) letter. 9. We cannot

find rest in this hotel. 10. She must rest because she was sick and she is very tired. 11. I'll buy a lamp for my grandmother because she broke hers. 12. He is very weak and he will not have the strength to walk so far. 13. I (m.) want to know what will happen to me if I will not answer (on) every single question. 14. There is nothing (not) new in this world. 15. We have already learned the past and present of the sound verbs. 16. How good it is to be hale and healthy!

**III. Change from the past to the future:**

1. הֵם יָשְׁבוּ בַּבַּיִת.
2. הִיא יָלְדָה בַּת.
3. הַבַּעַל נָח אַחֲרֵי הַצָּהֳרַיִם.
4. אֲנִי סָגַרְתִּי אֶת הַדְּלָתוֹת.
5. מָתַי בְּנִיתֶם אֶת הַבַּיִת הֶחָדָשׁ?
6. קָרָאתִי סֵפֶר מְעַנְיֵן.
7. הִיא יָשְׁנָה פֹּה.
8. אֵיפֹה מָצָאת אֶת הַכֶּסֶף?
9. הִיא יָצְאָה מִן הַחֶדֶר.
10. אַתֶּם הֲלַכְתֶּם בַּדֶּרֶךְ.

# שִׁעוּר כז (27)

| | | | |
|---|---|---|---|
| gift | מַתָּנָה (מַתָּנוֹת) | long | אָרֹךְ, אֲרֻכָּה |
| boy; lad | נַעַר (נְעָרִים) | Land of Aram | אֲרָם |
| girl; teenager | נַעֲרָה (נְעָרוֹת) | land; earth, *n.f.* | אֶרֶץ (אֲרָצוֹת) |
| gave | נָתַן (לָתֵת) | maiden; girl | בַּת (בָּנוֹת) |
| slave | עֶבֶד (עֲבָדִים) | grew, *v.intr.* | גָּדַל (לִגְדֹּל) |
| drew *(water, etc.)* | שָׁאַב (לִשְׁאֹב) | camel | גָּמָל (גְּמַלִּים) |
| jewel; jewelry | תַּכְשִׁיט (תַּכְשִׁיטִים) | journey | דֶּרֶךְ |
| a long time | זְמַן רַב | precious vessel (article) | כְּלִי יָקָר |
| in order to | כְּדֵי לְ... | Land of Canaan | כְּנַעַן |
| with great joy; gladly | בְּשִׂמְחָה רַבָּה | slowly | לְאַט |
| | | took | לָקַח (לָקַחַת) |
| | | spring; fountain | מַעְיָן (מַעְיָנוֹת) |

מָצָא אִשָּׁה, מָצָא טוֹב. (מִן הַמִּקְרָא)

◇◇◇◇◇◇◇◇◇◇

## GRAMMAR — דִּקְדּוּק

**I. The Verb לקח.** This verb is regular in the present and in the past. It is irregular in the infinitive and in the future. The infinitive is לָקַחַת. The future is conjugated like a פ״נ verb, losing its first radical. This loss is compensated by a דָּגֵשׁ placed in the second radical.

to take — לָקַחַת

| | | | | | | | | | | | |
|---|---|---|---|---|---|---|---|---|---|---|---|
| אני | אֶקַּח | | | | | אנחנו | נִקַּח | | | | |
| אתה | תִּקַּח | את | תִּקְחִי | | | אתם | תִּקְחוּ | אתן | תִּקַּחְנָה | | |
| הוא | יִקַּח | היא | תִּקַּח | | | הם | יִקְחוּ | הן | תִּקַּחְנָה | | |

**II. The פ״נ Verb נתן.** Except for the present, this verb is irregular. The infinitive is לָתֵת. The conjugation of the past and the future follows:

to give — לָתֵת

| | | | |
|---|---|---|---|
| אני נָתַתִּי | | אנחנו נָתַנּוּ | |
| אתה נָתַתָּ | את נָתַתְּ | אתם נְתַתֶּם | אתן נְתַתֶּן |
| הוא נָתַן | היא נָתְנָה | הם נָתְנוּ | הן נָתְנוּ |

| | | | |
|---|---|---|---|
| אני אֶתֵּן | | אנחנו נִתֵּן | |
| אתה תִּתֵּן | את תִּתְּנִי | אתם תִּתְּנוּ | אתן תִּתֵּנָּה |
| הוא יִתֵּן | היא תִּתֵּן | הם יִתְּנוּ | הן תִּתֵּנָּה |

Note that the third radical "נ" and the "נ" of the suffixes נָה, נוּ coalesce, resulting in a דָּגֵשׁ.

אנחנו נָתַנּוּ (=נָתַנְנוּ) אתן, הן תִּתֵּנָּה (=תִּתֵּנְנָה)

**III. אֶרֶץ.** The noun אֶרֶץ (land, country, earth) becomes אָרֶץ when the definite article or prepositions, which are contracted with the definite article, are attached to it.

הָאָרֶץ בָּאָרֶץ לָאָרֶץ

הָאָרֶץ, בָּאָרֶץ, לָאָרֶץ are also used idiomatically for "The Land of Israel."

I was in Israel last year. { הָיִיתִי בְּיִשְׂרָאֵל בַּשָּׁנָה שֶׁעָבְרָה.<br>הָיִיתִי בָּאָרֶץ בַּשָּׁנָה שֶׁעָבְרָה.

## אֱלִיעֶזֶר וְרִבְקָה

אַבְרָהָם וְשָׂרָה הָיוּ זְקֵנִים כַּאֲשֶׁר שָׂרָה יָלְדָה אֶת יִצְחָק. יִצְחָק גָּדַל וְהָיָה לְאִישׁ. אַבְרָהָם רָאָה שֶׁבָּא הַזְּמַן לָקַחַת אִשָּׁה לְיִצְחָק. הוּא קָרָא לֶאֱלִיעֶזֶר, הָעֶבֶד שֶׁלּוֹ, וְאָמַר לוֹ:

— אֵין אֲנִי רוֹצֶה לָקַחַת לְיִצְחָק אִשָּׁה מִן הַבָּנוֹת הָרָעוֹת שֶׁל אֶרֶץ כְּנַעַן. הַמִּשְׁפָּחָה שֶׁלִּי בָּאָה מֵאֶרֶץ אֲרָם. אֲנִי רוֹצֶה שֶׁיִּצְחָק יִקַּח אִשָּׁה מִשָּׁם, וַאֲנִי מוּכָן לִשְׁלֹחַ אוֹתְךָ שָׁמָּה. אֶתֵּן לְךָ גְּמַלִּים וַעֲבָדִים וְאַתָּה תֵּלֵךְ לְאֶרֶץ אֲרָם. אֲנִי נוֹתֵן לְךָ בְּרָכָה, שֶׁה׳ יִשְׁמֹר אוֹתְךָ בַּדֶּרֶךְ אֲשֶׁר תֵּלֵךְ בָּהּ, וְיִתֵּן לְךָ כֹּחַ לַעֲבֹר אֶת הַמִּדְבָּר הַגָּדוֹל וְהַנּוֹרָא, וְתָבוֹא בְּשָׁלוֹם לְאֶרֶץ אֲרָם. שָׁם יַעֲזֹר לְךָ ה׳ לִמְצֹא אִשָּׁה טוֹבָה לְיִצְחָק. גַּם תַּכְשִׁיטִים וְכֵלִים יְקָרִים תִּקַּח אִתְּךָ כְּדֵי לָתֵת מַתָּנוֹת לַנַּעֲרָה וְלַהוֹרִים שֶׁלָּהּ.

אֱלִיעֶזֶר לָקַח אֶת הָעֲבָדִים, אֶת הַגְּמַלִּים וְאֶת הַמַּתָּנוֹת וְיָצָא לַדֶּרֶךְ. הוּא עָבַר מִדְבָּרִים וּנְהָרוֹת, עָרִים וַאֲרָצוֹת, וּבַסּוֹף, אַחֲרֵי יָמִים רַבִּים, הוּא בָּא אֶל אֶרֶץ אֲרָם.

אֱלִיעֶזֶר יָדַע שֶׁהַבָּנוֹת שֶׁל הָעִיר בָּאוֹת בָּעֶרֶב אֶל הַמַּעְיָן לִשְׁאֹב מַיִם. לָכֵן, שָׁם אֶפְשָׁר יִהְיֶה לִפְגֹּשׁ בָּנוֹת רַבּוֹת כְּדֵי לִבְחֹר אִשָּׁה טוֹבָה לְיִצְחָק. הוּא לֹא נָח אֲפִילוּ רֶגַע וְהָלַךְ מִיָּד שָׁמָּה. אֱלִיעֶזֶר עָמַד לֹא רָחוֹק מִן הַמַּעְיָן, וְלֹא זָז מִשָּׁם זְמַן רַב. פִּתְאֹם הוּא רָאָה נַעֲרָה יָפָה עוֹלָה לְאַט מִן הַמַּעְיָן עִם כַּד מָלֵא מַיִם. הוּא הָלַךְ מַהֵר אֶל הַנַּעֲרָה, וְאָמַר לָהּ:

— אֲנִי אִישׁ זָר בָּאָרֶץ הַזֹּאת. בָּאתִי מִדֶּרֶךְ אֲרֻכָּה וְקָשָׁה. עָבַרְתִּי עָרִים וַאֲרָצוֹת רַבּוֹת, אֲנִי עָיֵף וְצָמֵא. הַאִם תִּתְּנִי לִי לִשְׁתּוֹת טִפּוֹת אֲחָדוֹת מִן הַכַּד שֶׁלָּךְ?

— בְּשִׂמְחָה רַבָּה, עָנְתָה הַנַּעֲרָה. הִנֵּה מַיִם בִּשְׁבִילְךָ, וְגַם אֵלֵךְ וְאֶשְׁאַב עוֹד מַיִם וְאֶתֵּן לַגְּמַלִּים שֶׁלְּךָ.

הַלֵּב הַטּוֹב שֶׁל הַנַּעֲרָה וְהַיֹּפִי שֶׁלָּהּ עָשׂוּ רֹשֶׁם חָזָק עַל אֱלִיעֶזֶר. הִיא בְּוַדַּאי תִּהְיֶה אִשָּׁה טוֹבָה לְיִצְחָק, כָּךְ חָשַׁב אֱלִיעֶזֶר, וְכֵן הָיָה. הַנַּעֲרָה הַזֹּאת הִיא רִבְקָה, הָאִשָּׁה שֶׁל יִצְחָק, וְהָאֵם שֶׁל עֵשָׂו וְיַעֲקֹב.

## Exercises — תַּרְגִּילִים

**I. Answer in complete sentences:**

1. לָמָּה שָׁלַח אַבְרָהָם אֶת אֱלִיעֶזֶר לְאֶרֶץ אֲרָם?
2. מַה לָּקַח אִתּוֹ אֱלִיעֶזֶר?
3. בִּשְׁבִיל מִי לָקַח אֱלִיעֶזֶר אֶת הַמַּתָּנוֹת?
4. לָמָּה הָלַךְ אֱלִיעֶזֶר אֶל הַמַּעְיָן?
5. מַדּוּעַ חָשַׁב אֱלִיעֶזֶר שֶׁהַנַּעֲרָה תִּהְיֶה אִשָּׁה טוֹבָה לְיִצְחָק?

**II. Translate:**

1. The lad gave (to) her a beautiful gift. 2. Which coat will you (f.s.) take for the journey? 3. She sold all her jewels in order to give the money to the poor (pl.). 4. He came to a foreign country to reside in it. 5. Mama, what will you give me if I will be a good boy? 6. The slaves found a spring in the desert. 7. A long time passed since (from) the day that we studied together at (in) school. 8. The girls will come with pitchers to draw water from the river. 9. The camel can live many days without water. 10. When the nights are long, the days are short. 11. He lived a long life. 12. I shall never take money from my parents; I will work in a restaurant. 13. We gave all our books to the city library (the library of the city). 14. My sister used to choose the gifts for our parents. 15. He likes to take, but not to give. 16. I (f.) know how to read, but I still read slowly.

**III. Change the verbs in the past to the future, and those in the future to the past:**

1. אֲנִי נָתַתִּי לוֹ מַעֲטָפָה.
2. אֲנַחְנוּ נִתֵּן לָכֶם מְנוּחָה.
3. הָאִשָּׁה לָקְחָה אֶת הַקֶּמַח.
4. אַתְּ נָתַתְּ לִי מִלּוֹן.
5. הַאִם תִּתְּנוּ לָהֶם יַיִן לִשְׁתּוֹת?
6. אֲנַחְנוּ לָקַחְנוּ לֶחֶם לַדֶּרֶךְ.
7. הַבָּנוֹת נָתְנוּ מַתָּנָה לַהוֹרִים.
8. הַנַּעֲרָה נָתְנָה לוֹ סַכִּין.
9. אֶקַּח אֶת הַצַּלָּחוֹת מִן הַשֻּׁלְחָן.
10. אֵיזוֹ בְּרָכָה תִּתְּנִי לוֹ?

# שִׁעוּר כח (28)

| | | | |
|---|---|---|---|
| אֹהֶל (אֹהָלִים) | tent | סְעוּדָה | meal |
| אֱלֹהִים | God | פָּנָה (לִפְנוֹת) | turned; faced |
| בָּרָא (לִבְרֹא) | created (used for Divine creation) | פָּנִים | face, *n.pl. m. & f.* |
| בָּרוּךְ, בְּרוּכָה | blessed, *part.* | צַדִּיק (צַדִּיקִים) | pious man; righteous man |
| הֵנָּה | hither | רָחַץ (לִרְחֹץ) | washed |
| טוֹבָה (טוֹבוֹת) | favor | שׁוּב | again |
| לְאַט לְאַט | very slowly | שָׁעָה (שָׁעוֹת) | hour; a while |
| סָבַל (לִסְבֹּל) | suffered; tolerated | הָלַךְ לוֹ | he went away |
| סָלַח (לִסְלֹחַ) לְ... | forgave | | |

דַּע מֵאַיִן בָּאתָ, וּלְאָן אַתָּה הוֹלֵךְ. (פִּרְקֵי אָבוֹת)

## GRAMMAR — דִּקְדּוּק

**I. The Imperative — צִוּוּי.** The imperative is derived from the future. It is formed by dropping the prefixes of the second persons.

1. The Imperative of the שְׁלֵמִים.

**לִגְמֹר**

| | עָתִיד | צִוּוּי |
|---|---|---|
| אתה | תִּגְמֹר | גְּמֹר |
| את | תִּגְמְרִי | גִּמְרִי |
| אתם | תִּגְמְרוּ | גִּמְרוּ |
| אתן | תִּגְמֹרְנָה | גְּמֹרְנָה |

**לִשְׁמֹעַ**

| | עָתִיד | צִוּוּי |
|---|---|---|
| אתה | תִּשְׁמַע | שְׁמַע |
| את | תִּשְׁמְעִי | שִׁמְעִי |
| אתם | תִּשְׁמְעוּ | שִׁמְעוּ |
| אתן | תִּשְׁמַעְנָה | שְׁמַעְנָה |

The change of the initial שְׁוָא into a חִירִיק, in the feminine singular and masculine plural, is in accordance with the rule that there cannot be two consecutive שְׁוָאִים at the beginning of a syllable or a word.

The same rule applies to the imperative of a שְׁלֵמִים verb whose initial radical is a guttural.

| | | | | |
|---|---|---|---|---|
| עתיד: | אתה תַּעֲזֹר | את תַּעַזְרִי | אתם תַּעַזְרוּ | אתן תַּעֲזֹרְנָה |
| צווי: | עֲזֹר | עִזְרִי | עִזְרוּ | עֲזֹרְנָה |

Even though the first radical in the feminine singular and masculine plural is vocalized by a פַּתָּח, it is changed in the imperative to a חִירִיק, because the פַּתָּח stands in reality for a חֲטַף־פַּתָּח (see lesson 23).

When the second radical of the שְׁלֵמִים verbs is a guttural, e.g. לִצְעֹק, לִצְחֹק, לִשְׁאֹל, the first radical in the feminine singular and masculine plural is vocalized in the imperative by a פַּתָּח.

The first vowel is a פַּתָּח rather than a חִירִיק because of the assimilation to the sound of the חֲטַף which follows:

| עתיד | | | צווי | |
|---|---|---|---|---|
| | אתה | תִּשְׁאַל | | שְׁאַל |
| | את | תִּשְׁאֲלִי | | שַׁאֲלִי |
| | אתם | תִּשְׁאֲלוּ | | שַׁאֲלוּ |
| | אתן | תִּשְׁאַלְנָה | | שְׁאַלְנָה |

2. The Imperative of Quiescent פ״י Verbs:

לִישֹׁן

| עתיד | | | צווי | |
|---|---|---|---|---|
| | אתה | תִּישַׁן | | יְשַׁן |
| | את | תִּישְׁנִי | | יִשְׁנִי |
| | אתם | תִּישְׁנוּ | | יִשְׁנוּ |
| | אתן | תִּישַׁנָּה | | יְשַׁנָּה |

3. The Imperative of Defective פ״י Verbs:

| | לָשֶׁבֶת | | | לָדַעַת | |
|---|---|---|---|---|---|
| | עתיד | צווי | | עתיד | צווי |
| אתה | תֵּשֵׁב | שֵׁב | אתה | תֵּדַע | דַּע |
| את | תֵּשְׁבִי | שְׁבִי | את | תֵּדְעִי | דְּעִי |
| אתם | תֵּשְׁבוּ | שְׁבוּ | אתם | תֵּדְעוּ | דְּעוּ |
| אתן | תֵּשַׁבְנָה | שֵׁבְנָה | אתן | תֵּדַעְנָה | דַּעְנָה |

4. The Imperative of ע״ו — ע״י Verbs:

| | לָקוּם | | | לָשִׂים | |
|---|---|---|---|---|---|
| | עתיד | צווי | | עתיד | צווי |
| אתה | תָּקוּם | קוּם | אתה | תָּשִׂים | שִׂים |
| את | תָּקוּמִי | קוּמִי | את | תָּשִׂימִי | שִׂימִי |
| אתם | תָּקוּמוּ | קוּמוּ | אתם | תָּשִׂימוּ | שִׂימוּ |
| אתן | תָּקֹמְנָה | קֹמְנָה | אתן | תָּשֵׂמְנָה | שֵׂמְנָה |

5. The Imperative of ל״ה Verbs:

| | לִקְנוֹת | | | לַעֲשׂוֹת | |
|---|---|---|---|---|---|
| | עתיד | צווי | | עתיד | צווי |
| אתה | תִּקְנֶה | קְנֵה | אתה | תַּעֲשֶׂה | עֲשֵׂה |
| את | תִּקְנִי | קְנִי | את | תַּעֲשִׂי | עֲשִׂי |
| אתם | תִּקְנוּ | קְנוּ | אתם | תַּעֲשׂוּ | עֲשׂוּ |
| אתן | תִּקְנֶינָה | קְנֶינָה | אתן | תַּעֲשֶׂינָה | עֲשֶׂינָה |

Note that in the imperative of the second person singular, the second radical is vocalized by a צֵירֶה instead of a סֶגוֹל in order to lengthen the syllable.

6. The Imperative of פ״נ Verbs:

| | לִנְפֹּל | | | לִנְסֹעַ | |
|---|---|---|---|---|---|
| | עתיד | צווי | | עתיד | צווי |
| אתה | תִּפֹּל | נְפֹל | אתה | תִּסַּע | סַע |
| את | תִּפְּלִי | נִפְלִי | את | תִּסְּעִי | סְעִי |
| אתם | תִּפְּלוּ | נִפְלוּ | אתם | תִּסְּעוּ | סְעוּ |
| אתן | תִּפֹּלְנָה | נְפֹלְנָה | אתן | תִּסַּעְנָה | סַעְנָה |

Note that the first radical "נ" reappears in the imperative except in the verbs in which the last radical is a ח or ע .

7. The Imperative of the Verbs לָתֵת and לָקַחַת :

| | | | | | |
|---|---|---|---|---|---|
| אתה | תִּקַּח | קַח | אתה | תִּתֵּן | תֵּן |
| את | תִּקְחִי | קְחִי | את | תִּתְּנִי | תְּנִי |
| אתם | תִּקְחוּ | קְחוּ | אתם | תִּתְּנוּ | תְּנוּ |
| אתן | תִּקַּחְנָה | קַחְנָה | אתן | תִּתֵּנָּה | תֵּנָּה |

**II. The Negative Imperative.** It is formed by adding אַל to the future.

David, don't write the letter. דָּוִד, אַל תִּכְתֹּב אֶת הַמִּכְתָּב.

Ruth, don't forget me! רוּת, אַל תִּשְׁכְּחִי אוֹתִי!

**III. The Future as an Imperative.** In colloquial Hebrew, the future is often used in an imperative sense.

Students, study the poem by heart. תַּלְמִידִים, תִּלְמְדוּ אֶת הַשִּׁיר עַל פֶּה.

**IV. The Infinitive as an Imperative.** At times, the infinitive is used in an imperative sense, especially in short commands.

Sit down! לָשֶׁבֶת!

The negative imperative of this form is preceded by לֹא.

Don't sit! לֹא לָשֶׁבֶת!

When the infinitive is used as an imperative, it applies to all genders and numbers.

**V. בְּבַקָּשָׁה Preceding an Imperative.** When a command is preceded by בְּבַקָּשָׁה, either the imperative or the infinitive may be used.

Please, open the books. { בְּבַקָּשָׁה, פִּתְחוּ אֶת הַסְּפָרִים. / בְּבַקָּשָׁה לִפְתֹּחַ אֶת הַסְּפָרִים. }

**VI. Negative Commands in the Bible.** In the Bible לֹא instead of אַל is used for permanent prohibitions.

Thou shalt not steal. לֹא תִּגְנֹב.

**VII. The Expression הָלַךְ לוֹ.** The verb הָלַךְ with inflection of the preposition ...לְ renders the expression "to go away."

He went away. הוּא הָלַךְ לוֹ.

She will go away. הִיא תֵּלֵךְ לָהּ.

Go away! לֵךְ לְךָ! לְכִי לָךְ! לְכוּ לָכֶם! לֵכְנָה לָכֶן!

## אַבְרָהָם וְהַזָּקֵן

אַבְרָהָם הָעִבְרִי הָיָה אִישׁ צַדִּיק. הָאֹהֶל שֶׁל אַבְרָהָם עָמַד עַל־יַד הַדֶּרֶךְ. הָאֹהֶל שֶׁלּוֹ הָיָה תָּמִיד פָּתוּחַ לְאוֹרְחִים. אַבְרָהָם הָיָה נוֹתֵן אֹכֶל וּמַיִם לְכָל אִישׁ זָר שֶׁהָיָה עוֹבֵר בַּדֶּרֶךְ. הוּא לֹא הָיָה שׁוֹאֵל אֶת הָאוֹרֵחַ מֵאַיִן הוּא בָּא וּלְאָן הוּא הוֹלֵךְ. כַּאֲשֶׁר הָאוֹרֵחַ הָיָה נוֹתֵן לוֹ תּוֹדָה, אַבְרָהָם הָיָה אוֹמֵר:

— אַל תִּתֵּן תּוֹדָה לִי. תֵּן תּוֹדָה לַה׳. ה׳ בָּרָא אֶת הָאָרֶץ וְאֶת כָּל אֲשֶׁר בָּהּ.

בְּיוֹם חַם אֶחָד עָבַר אִישׁ זָקֵן וְחַלָּשׁ עַל־יַד הָאֹהֶל שֶׁל אַבְרָהָם. הַבְּגָדִים שֶׁלּוֹ הָיוּ מְלֵאִים חוֹל לָבָן, וְהוּא הָלַךְ לְאַט לְאַט. אַבְרָהָם פָּנָה אֶל הַזָּקֵן, וְאָמַר לוֹ:

— בְּבַקָּשָׁה, אַל תַּעֲבֹר מִפֹּה. בּוֹא לָאֹהֶל שֶׁלִּי, רְחַץ אֶת הָרַגְלַיִם וְנוּחַ מְעַט.

הַזָּקֵן הָיָה עָיֵף מְאֹד, וְלֹא הָיָה לוֹ כֹּחַ לָלֶכֶת הָלְאָה. הוּא הָלַךְ בְּשִׂמְחָה רַבָּה אֶל הָאֹהֶל. אַבְרָהָם שָׁאַב מַיִם מִן הַמַּעְיָן וְנָתַן לַזָּקֵן לִרְחֹץ אֶת הַפָּנִים וְאֶת הָרַגְלַיִם. אַחֲרֵי שֶׁהַזָּקֵן רָחַץ אֶת הַפָּנִים וְאֶת הָרַגְלַיִם, אָמַר לוֹ אַבְרָהָם:

עַכְשָׁו שֵׁב, אֱכֹל וּשְׁתֵה מִכָּל מַה שֶּׁה׳ נָתַן לִי.

הַזָּקֵן אָמַר לוֹ תּוֹדָה וְיָשַׁב לֶאֱכֹל. אָז אָמַר אַבְרָהָם לַזָּקֵן:

— אַל תִּתֵּן תּוֹדָה לִי. תֵּן תּוֹדָה לַה׳, כִּי הוּא בָּרָא אֶת הָאֹכֶל הַזֶּה שֶׁאַתָּה אוֹכֵל.

הַזָּקֵן צָחַק וְאָמַר:

— אֵיךְ אֶפְשָׁר לָתֵת תּוֹדָה לְאֵל שֶׁלֹּא רוֹאִים אוֹתוֹ? אֵין אֲנִי רוֹאֶה אֶת הָאֵל שֶׁלְּךָ, אֵיךְ אֶתֵּן לוֹ תּוֹדָה?

אַבְרָהָם כָּעַס וְשָׁלַח אֶת הַזָּקֵן מִן הָאֹהֶל, וְאָמַר לוֹ:

— צֵא מִפֹּה! וְאַל תָּבוֹא שׁוּב הֵנָּה!

הַזָּקֵן קָם, עָזַב אֶת הָאֹהֶל וְהָלַךְ לוֹ.

אָז שָׁמַע אַבְרָהָם קוֹל קוֹרֵא מִן הַשָּׁמַיִם:

— שְׁמַע, אַבְרָהָם, אֶת הַזָּקֵן הַזֶּה סָבַלְתִּי שָׁנִים רַבּוֹת, וְאַתָּה לֹא יָכוֹל לִסְבֹּל אוֹתוֹ אֲפִילוּ שָׁעָה אַחַת?!

מִיָּד רָץ אַבְרָהָם אַחֲרֵי הַזָּקֵן, וּמָצָא אוֹתוֹ הוֹלֵךְ בַּדֶּרֶךְ.

— סְלַח לִי! אָמַר לוֹ אַבְרָהָם, עֲשֵׂה לִי טוֹבָה, שׁוּב אֶל הָאֹהֶל וּגְמֹר אֶת הַסְּעוּדָה.

— אֲנִי רוֹאֶה שֶׁטָּעִיתִי, אָמַר הַזָּקֵן, אַתָּה בֶּאֱמֶת אִישׁ צַדִּיק וְקָדוֹשׁ. בָּרוּךְ תִּהְיֶה, וּבָרוּךְ הָאֱלֹהִים שֶׁלְּךָ.

וְהַזָּקֵן שָׁב יַחַד עִם אַבְרָהָם אֶל הָאֹהֶל.

## Exercises — תַּרְגִּילִים

**I. Answer in complete sentences:**

1. אֵיפֹה עָמַד הָאֹהֶל שֶׁל אַבְרָהָם?
2. מֶה הָיָה נוֹתֵן אַבְרָהָם לָאוֹרְחִים?
3. מֶה הָיָה אוֹמֵר אַבְרָהָם לְכָל אוֹרֵחַ שֶׁהָיָה נוֹתֵן לוֹ תּוֹדָה?
4. מַדּוּעַ אָמַר אַבְרָהָם לַזָּקֵן "צֵא מִפֹּה!"
5. מָתַי רָץ אַבְרָהָם אַחֲרֵי הַזָּקֵן?

**II. Translate:**

1. The pious man used to eat only one meal a day. 2. When my parents came to Israel, they lived in a tent. 3. Ruth, do me a favor, go again to the store and buy (for) me bread. 4. Please forgive (f.s.) me, I forgot your newspaper in the restaurant. 5. God said to Abraham: "Go away from this country!" 6. Don't (m.s.) forsake (leave) me! 7. Abraham turned to the stranger and said, "Come hither, please!" 8. She is blessed with good sons. 9. God created (the) heaven and (the) earth. 10. I (f.) cannot stand (tolerate) his face. 11. They (m.pl.) suffered a lot in life. 12. Run (f.s.) quickly home, it is already very late. 13. Take (f.s.) this briefcase and give it to your brother. 14. Wash (m.pl.) your hands (the hands) and go to the table to eat. 15. Yesterday I worked many hours in the field. 16. Don't (f.s.) work so hard, rest a moment.

**III. Change from the future to the imperative:**

1. אַתָּה תִּקְנֶה סְפָרִים.
2. אַתְּ תִּפְתְּחִי אֶת הַחַלּוֹן.
3. אַתֶּם תָּשׁוּבוּ הַבַּיְתָה.
4. אַתָּה תִּקַּח אֹכֶל.
5. אַתֶּם תֵּשְׁבוּ בַּגַּן.
6. אַתָּה תַּעֲשֶׂה לִי טוֹבָה.
7. אַתְּ תִּשְׁתִּי יַיִן.
8. אַתֶּם תִּסְעוּ לְיִשְׂרָאֵל.
9. אַתְּ תִּצְעֲקִי בְּקוֹל גָּדוֹל.
10. אַתֶּן תִּסְגֹּרְנָה אֶת הַדְּלָתוֹת.
11. תִּתְּנוּ לָהּ מְנוּחָה.
12. אַתָּה לֹא תִּישַׁן בָּאֹהֶל.

# שִׁעוּר כט (29)

| | | | |
|---|---|---|---|
| אַף = גַּם | also | נְסִיעָה (נְסִיעוֹת) | trip, journey |
| אַף אֶחָד לֹא | nobody; no one | פָּרַץ (לִפְרֹץ) | burst; burst out |
| בְּמֶשֶׁךְ | during; in the course of | צְחוֹק | laughter |
| גָּבוֹהַּ, גְּבוֹהָה | tall; high | קְפִיצָה (קְפִיצוֹת) | jump, *n.f.* |
| דָּאַג (לִדְאֹג) | worried, *v.intr.* | קְרִיאָה (קְרִיאוֹת) | call; reading, *n.f.* |
| דָּחַף (לִדְחוֹף) | pushed, *v.tr.* | רִיצָה (רִיצוֹת) | running, *n.f.* |
| יְצִיאָה (יְצִיאוֹת) | exit | רַכֶּבֶת (רַכָּבוֹת) | train |
| מַה שֶּׁהוּא = מַשֶּׁהוּ | something | שְׁתִיָּה (שְׁתִיּוֹת) | drinking, *n.f.* |
| מְכִירָה (מְכִירוֹת) | selling; sale | תַּחֲנָה (תַּחֲנוֹת) | station, *n.f.* |
| מְצִיאָה (מְצִיאוֹת) | bargain; find | תַּפּוּחַ (תַּפּוּחִים) | apple |
| מַרְאֶה (מַרְאוֹת) | appearance; view; looks | עוֹד מְעַט וְ... | in a little while |
| | | סוֹף סוֹף | finally |

הַלֵּב יִרְאֶה מַה שֶּׁלֹּא תִּרְאֶה הָעַיִן. (מִסִּפְרוּת יה״ב)

◇◇◇◇◇◇◇◇◇◇

## GRAMMAR — דִּקְדּוּק

**שֵׁם הַפְּעוּלָּה—Action Noun.** The Hebrew noun comes in many patterns called מִשְׁקָלִים. The action noun, which is somewhat similar in meaning to the English verbal noun, comes in the following patterns:

1. For the שְׁלֵמִים, פ״י, פ״נ, and the ל״א verbs, the pattern is:

ְx ִx י ָx ה — ְGִ x י ָx ה

| | |
|---|---|
| descent — יְרִידָה (ירד) | writing — כְּתִיבָה (כתב) |
| a fall — נְפִילָה (נפל) | standing — עֲמִידָה (עמד) |

reading — קְרִיאָה (קרא)

2. For ל״ה verbs, the pattern is:

ׄ× ׄ× יָּה — G ׄ× יָּה

ascent — עֲלִיָּה (עלה) sight, seeing — רְאִיָּה (ראה)

Note that the third radical "ה" changes into "י".

3. For the ע״י — ע״ו verbs the pattern is:

ׄ×י ׄ×ָה

singing — שִׁירָה (שיר) rising — קִימָה (קום)

## "הַבֵּן שֶׁלִּי!"

אֵם אַחַת נָסְעָה בָּרַכֶּבֶת עִם הַבֵּן הַקָּטָן שֶׁלָּהּ. פְּעָמִים רַבּוֹת בְּמֶשֶׁךְ הַנְּסִיעָה אָמַר הַיֶּלֶד לָאֵם:

— אִמָּא, אֲנִי רוֹצֶה לִשְׁתּוֹת, אֲנִי צָמֵא מְאֹד.

— אֲנִי רוֹאָה שֶׁאַתָּה סוֹבֵל, אֲבָל מָה אֲנִי יְכוֹלָה לַעֲשׂוֹת? אֵין פֹּה אַף טִפָּה שֶׁל מַיִם לִשְׁתִיָּה. עוֹד מְעַט וְנָבוֹא לַתַּחֲנָה, וְשָׁם יֵשׁ הַרְבֵּה דְּבָרִים לִמְכִירָה. כַּאֲשֶׁר נֵרֵד מִן הָרַכֶּבֶת נִקְנֶה מַשֶּׁהוּ לִשְׁתּוֹת. גַּם אֶקְנֶה לְךָ תַּפּוּחִים וּגְלִידָה.

סוֹף סוֹף, אַחֲרֵי נְסִיעָה שֶׁל שָׁעָה, הָרַכֶּבֶת בָּאָה לַתַּחֲנָה. הַיֶּלֶד יָרַד בִּקְפִיצָה מִן הָרַכֶּבֶת. הַתַּחֲנָה הָיְתָה מְלֵאָה אֲנָשִׁים. הָאֲנָשִׁים דָּחֲפוּ זֶה אֶת זֶה. רַבִּים רָצוּ אֶל הָרַכָּבוֹת, וְרַבִּים רָצוּ אֶל הַמּוֹנִיּוֹת שֶׁעָמְדוּ בְּשׁוּרָה אֲרֻכָּה עַל יַד הַתַּחֲנָה.

הָאֵם קָרְאָה:

— אוּרִי, עֲמֹד! לְאָן אַתָּה רָץ? אוּרִי, אֵיפֹה אַתָּה?

אֲבָל הָרַעַשׁ בַּתַּחֲנָה הָיָה גָּדוֹל, וְהַיֶּלֶד לֹא שָׁמַע אֶת הַקְּרִיאוֹת שֶׁל הָאֵם.

הָאֵם יָרְדָה מַהֵר מִן הָרַכֶּבֶת אֲבָל לֹא רָאֲתָה אֶת אוּרִי. הִיא פָּנְתָה אֶל כָּל אִישׁ שֶׁהִיא רָאֲתָה, וְשָׁאֲלָה:

— סְלִיחָה, אוּלַי רָאִיתָ אֶת הַבֵּן שֶׁלִּי?

אַף אֶחָד לֹא שָׂם לֵב לַשְּׁאֵלָה שֶׁלָּהּ.

אַחֲרֵי רִיצָה מֵאִישׁ לְאִישׁ, הִיא רָאֲתָה שׁוֹטֵר גָּבוֹהַּ עוֹמֵד עַל־יַד הַיְצִיאָה. הִיא פָּנְתָה אֶל הַשּׁוֹטֵר בְּקוֹל רוֹעֵד:

— אוּלַי רָאִיתָ אֶת הַבֵּן שֶׁלִּי?

— בְּבַקָּשָׁה, גְּבֶרֶת, אִמְרִי לִי מַה הַמַּרְאֶה שֶׁל הַבֵּן שֶׁלָּךְ.

— הוּא יֶלֶד יָפֶה מְאֹד, עָנְתָה הָאֵם. אֵין יֶלֶד יָפֶה בָּעוֹלָם כְּמוֹ הַבֵּן שֶׁלִּי.

הַשּׁוֹטֵר פָּרַץ בִּצְחוֹק וְאָמַר:

— אַל תִּדְאֲגִי, גְּבֶרֶת. נִמְצָא אֶת "הַמְּצִיאָה" שֶׁלָּךְ בָּרִיא וְשָׁלֵם.

## Exercises — תַּרְגִּילִים

**I. Answer in complete sentences:**

1. מָה רָצָה הַיֶּלֶד בְּמֶשֶׁךְ הַנְּסִיעָה?
2. מֶה עָשָׂה הַיֶּלֶד כַּאֲשֶׁר הָרַכֶּבֶת בָּאָה לַתַּחֲנָה?
3. מַדּוּעַ לֹא שָׁמַע הַיֶּלֶד אֶת הַקְּרִיאָה שֶׁל הָאֵם?
4. אֵיפֹה עָמַד הַשּׁוֹטֵר?
5. מַדּוּעַ צָחַק הַשּׁוֹטֵר?

**II. Translate:**

1. It is sometimes possible to find bargains in this store. 2. Don't (m.s.) push me, there is enough room (place) in the train for everyone. 3. Nobody knows what will happen tomorrow. 4. He will marry (take a wife) in the course of (during) this year. 5. There are several exits in the station. 6. I (f.) can see from my window a beautiful view. 7. During our long trip we met many interesting people. 8. He is a very smart boy, he learned reading in the course of one week. 9. He crossed the river in one jump. 10. This water is only good for washing, but not for drinking. 11. What did he say to you (f.s.) that you burst out in laughter? 12. Many people turn to God when they are sick. 13. Running is a good exercise for everyone. 14. Are you (f.s.) hungry?

Soon I will give you something to eat. 15. The weather was terrible, and therefore we worried that the train will not come on (in) time. 16. There are many tall trees in this forest.

**III. Give the** שֵׁם הַפְּעוּלָה **(action noun) of the following verbs and translate them into English:** E.g., meeting— לִפְגֹּשׁ — פְּגִישָׁה

| | | |
|---|---|---|
| 1. לִשְׁמֹעַ | 6. לִמְכֹּר | 11. לִבְנוֹת |
| 2. לִסְגֹּר | 7. לִקְנוֹת | 12. לִבְחֹר |
| 3. לִפְתֹּחַ | 8. לִסְלֹחַ | 13. לִבְדֹּק |
| 4. לִנְגֹּעַ | 9. לָשֶׁבֶת | 14. לָשׁוּב |
| 5. לֶאֱכֹל | 10. לָדַעַת | 15. לִזְרֹק |

# שִׁעוּר ל (30)

| | | | |
|---|---|---|---|
| דּוֹד (דּוֹדִים) | uncle | מַחַט (מְחָטִים) | needle, *n.f.* |
| דּוֹדָה (דּוֹדוֹת) | aunt | נִפְלָא, נִפְלָאָה | wonderful |
| חוּט (חוּטִים) | thread | סָפַר (לִסְפּוֹר) | counted |
| חָזַר (לַחֲזוֹר) | returned, *v.intr.* | קַיִץ | summer |
| חָזַר עַל | repeated | רֹאשׁ (רָאשִׁים) | head; beginning |
| חַיָּט (חַיָּטִים) | tailor | שָׂמֵחַ, שְׂמֵחָה | glad; happy |
| יוֹם הֻלֶּדֶת (יְמֵי הֻלֶּדֶת) | birthday | תָּפַר (לִתְפּוֹר) | sewed |
| כָּבֵד, כְּבֵדָה | heavy | אַף פַּעַם לֹא = מֵעוֹלָם לֹא; לְעוֹלָם לֹא | never |
| כִּיס (כִּיסִים) | pocket | | |

הַתַּפּוּחַ לֹא נוֹפֵל רָחוֹק מִן הָעֵץ. (פִּתְגָּם עֲמָמִי)

## GRAMMAR — דִּקְדּוּק

**I. The Inflection of the Singular Noun.** The possessive adjectives שֶׁלִּי, שֶׁלְּךָ... may be replaced by the inflection of the noun, i.e., by adding pronominal suffixes.

1. Monosyllabic nouns with a full vowel, i.e. ×וֹ×   ×וּ×   ×ִי× (e.g., דּוֹד, בּוּל, לוּחַ, כִּיס) do not undergo any inner vowel changes in the inflection.

הַדּוֹד שֶׁלִּי = דּוֹדִי

| | |
|---|---|
| הַדּוֹד שֶׁלְּךָ = דּוֹדְךָ | הַדּוֹד שֶׁלָּךְ = דּוֹדֵךְ |
| הַדּוֹד שֶׁלּוֹ = דּוֹדוֹ | הַדּוֹד שֶׁלָּהּ = דּוֹדָהּ |

הַדּוֹד שֶׁלָּנוּ = דּוֹדֵנוּ

| | |
|---|---|
| הַדּוֹד שֶׁלָּכֶם = דּוֹדְכֶם | הַדּוֹד שֶׁלָּכֶן = דּוֹדְכֶן |
| הַדּוֹד שֶׁלָּהֶם = דּוֹדָם | הַדּוֹד שֶׁלָּהֶן = דּוֹדָן |

| | | | | | |
|---|---|---|---|---|---|
| כִּיסָהּ | כִּיסוֹ | כִּיסֵךְ | כִּיסְךָ | כִּיסִי | כִּיס: |
| כִּיסָן | כִּיסָם | כִּיסְכֶן | כִּיסְכֶם | כִּיסֵנוּ | |
| בּוּלָהּ | בּוּלוֹ | בּוּלֵךְ | בּוּלְךָ | בּוּלִי | בּוּל: |
| בּוּלָן | בּוּלָם | בּוּלְכֶן | בּוּלְכֶם | בּוּלֵנוּ | |

עוֹד (still, yet) is similarly inflected when it comes with a personal pronoun. עוֹדִי, עוֹדְךָ, עוֹדֵךְ...

Are you still here? הַאִם אַתָּה עוֹדְךָ פֹּה?

2. In the inflection of a two-syllable singular feminine noun ending in ָה, whose first syllable is vocalized by a full vowel ( xוֹx xוּx xִיx ), the final "ה" changes to "ת".

הַדּוֹדָה שֶׁלִּי = דּוֹדָתִי

| | |
|---|---|
| הַדּוֹדָה שֶׁלְּךָ = דּוֹדָתְךָ | הַדּוֹדָה שֶׁלָּךְ = דּוֹדָתֵךְ |
| הַדּוֹדָה שֶׁלּוֹ = דּוֹדָתוֹ | הַדּוֹדָה שֶׁלָּהּ = דּוֹדָתָהּ |

הַדּוֹדָה שֶׁלָּנוּ = דּוֹדָתֵנוּ

| | |
|---|---|
| הַדּוֹדָה שֶׁלָּכֶם = דּוֹדַתְכֶם | הַדּוֹדָה שֶׁלָּכֶן = דּוֹדַתְכֶן |
| הַדּוֹדָה שֶׁלָּהֶם = דּוֹדָתָם | הַדּוֹדָה שֶׁלָּהֶן = דּוֹדָתָן |

Note that, in the second persons plural, the long vowel קָמָץ changes to the short vowel פַּתָּח: דּוֹדַתְכֶם, דּוֹדַתְכֶן. This change is due to the shift of accent to the suffixes כֶּם; כֶּן. As a rule, the Hebrew accent falls only on one of the radicals, but in order to distinguish in pronunciation between the final "ם" of כֶם and the final "ן" of כֶן, the accent is placed on these pronominal suffixes.

3. In the inflection of masculine nouns ending in ֶה, the "ה" is dropped.

| | | | | | |
|---|---|---|---|---|---|
| מוֹרָהּ | מוֹרוֹ | מוֹרֵךְ | מוֹרְךָ | מוֹרִי | מוֹרֶה: |
| מוֹרָן | מוֹרָם | מוֹרְכֶן | מוֹרְכֶם | מוֹרֵנוּ | |

**II. The מַפִּיק.** Note the dot in the "ה" of the third person feminine. This dot is called מַפִּיק, giving the "ה" consonantal force. The ending הּ‎ָ signifies the pronominal possessive and not the feminine ending of the noun.

| | |
|---|---|
| an aunt — דּוֹדָה | a female teacher — מוֹרָה |
| her uncle — דּוֹדָהּ | her male teacher — מוֹרָהּ |

**III. The Definiteness of the Inflected Noun.** When a noun is inflected it is automatically definite, and consequently does not require the definite article הַ. Being definite, it must be preceded by the particle אֶת when it is the direct object of a verb.

I see my uncle. { אֲנִי רוֹאֶה אֶת הַדּוֹד שֶׁלִּי.
אֲנִי רוֹאֶה אֶת דּוֹדִי.

**IV. Prepositions Attached to an Inflected Noun.** Since an inflected noun is definite, without the express use of the definite article הַ, all prepositions attached to such a noun retain their regular vocalization.

In my bag — בְּשַׂקִּי = בַּשַּׂק שֶׁלִּי
To my bag — לְשַׂקִּי = לַשַּׂק שֶׁלִּי
In my head — בְּרֹאשִׁי = בָּרֹאשׁ שֶׁלִּי
To my head — לְרֹאשִׁי = לָרֹאשׁ שֶׁלִּי

**V. An Adjective Qualifying an Inflected Noun.** When an inflected noun is qualified by an adjective, the adjective must have the definite article. The adjective is not inflected.

My good uncle — דּוֹדִי הַטּוֹב = הַדּוֹד הַטּוֹב שֶׁלִּי
My dear aunt — דּוֹדָתִי הַיְקָרָה = הַדּוֹדָה הַיְקָרָה שֶׁלִּי

## חֲלוֹם שֶׁל חַיָּט

הַדּוֹד שֶׁל דָּן הָיָה חַיָּט. יוֹם אֶחָד בָּא דָּן אֶל דּוֹדוֹ, וְאָמַר לוֹ:

— דּוֹדִי, הַיּוֹם יוֹם הַהֻלֶּדֶת שֶׁלִּי. אֲנִי כְּבָר נַעַר גָּדוֹל, וַאֲנִי רוֹצֶה לִהְיוֹת חַיָּט.

— יוֹם הֻלֶּדֶת שָׂמֵחַ! קָרָא הַדּוֹד. יֵשׁ לִי מַתָּנָה בִּשְׁבִילְךָ. אֲנִי רוֹאֶה שֶׁגָּדַלְתָּ הַרְבֵּה בְּמֶשֶׁךְ הַשָּׁנָה שֶׁעָבְרָה, וְלָכֵן אֲנִי מוּכָן לִהְיוֹת מוֹרְךָ. זֹאת הִיא הַמַּתָּנָה שֶׁלִּי. וְעַכְשָׁיו אֲנִי רוֹצֶה לָדַעַת אִם אַתָּה זוֹכֵר אֶת הַחֲלוֹם שֶׁחָלַמְתָּ בַּלַּיְלָה שֶׁעָבַר.

הַנַּעַר חָשַׁב רֶגַע וְעָנָה:

— הִנֵּה חֲלוֹמִי. הָיָה יוֹם חַג. רָצִיתִי לָצֵאת לָרְחוֹב. רָחַצְתִּי אֶת הַיָּדַיִם וְאֶת הַפָּנִים. שַׂמְתִּי אֶת הַכֹּבַע עַל רֹאשִׁי. לָקַחְתִּי אֶת מְעִילִי הָאָרֹךְ, וְהִנֵּה הַמְּעִיל כָּבֵד מְאֹד. שַׂמְתִּי אֶת יָדִי בַּכִּיס, וְהִנֵּה כִּיסִי מָלֵא כֶּסֶף. הָיִיתִי שָׂמֵחַ מְאֹד. סָפַרְתִּי אֶת הַכֶּסֶף. קָפַצְתִּי מִשִּׂמְחָה וְקָרָאתִי: "אֲנִי עָשִׁיר!".

— חֲלוֹם נִפְלָא! אָמַר הַדּוֹד. אַף פַּעַם לֹא חָלַמְתִּי חֲלוֹם כָּזֶה. בּוֹא הֵנָּה מָחָר.

לַמָּחֳרָת חָזַר דָּן אֶל דּוֹדוֹ. הַחַיָּט חָזַר עַל שְׁאֵלָתוֹ:

— דָּן, מֶה הָיָה חֲלוֹמְךָ בַּלַּיְלָה שֶׁעָבַר?

— הִנֵּה חֲלוֹמִי, עָנָה הַנַּעַר. אַחֲרֵי הַצָּהֳרַיִם חָזַרְתִּי הַבַּיְתָה. הָלַכְתִּי אֶל הַגַּן. בַּגַּן רָאִיתִי עֵץ גָּבֹהַּ. הָעֵץ הָיָה מָלֵא תַּפּוּחִים. רָצִיתִי לֶאֱכֹל תַּפּוּחַ. עָלִיתִי עַל הָעֵץ, וְהִנֵּה אֲנִי רוֹאֶה שֶׁהַתַּפּוּחִים הֵם לֹא תַּפּוּחִים פְּשׁוּטִים, אֲבָל הֵם שֶׁל זָהָב. הָיִיתִי שָׂמֵחַ מְאֹד.

— חֲלוֹם מְעַנְיֵן! אָמַר הַדּוֹד. אַף פַּעַם לֹא חָלַמְתִּי חֲלוֹם כָּזֶה. דָּן, בּוֹא הֵנָּה מָחָר.

לַמָּחֳרָת חָזַר דָּן אֶל דּוֹדוֹ. הַחַיָּט חָזַר עַל שְׁאֵלָתוֹ:

— דָּן, מֶה הָיָה חֲלוֹמְךָ בַּלַּיְלָה שֶׁעָבַר?

הַנַּעַר חָשַׁב רְגָעִים אֲחָדִים, וְעָנָה:

— הִנֵּה חֲלוֹמִי: הָיָה יוֹם יָפֶה בַּקַּיִץ. קַמְתִּי בְּשָׁעָה מֻקְדֶּמֶת, וְיָשַׁבְתִּי

לִתְפֹּר בֶּגֶד. הַחַלּוֹן הָיָה פָּתוּחַ. הַקּוֹלוֹת שֶׁל הַחֲבֵרִים שֶׁלִּי, שֶׁעָמְדוּ עַל הַמִּדְרָכָה בַּחוּץ, חָדְרוּ דֶּרֶךְ הַחַלּוֹן. הַחֲבֵרִים קָרְאוּ לִי, אֲבָל בְּכָל זֹאת לֹא זַזְתִּי מִן הַמָּקוֹם, וְלֹא עָזַבְתִּי אֶת עֲבוֹדָתִי. רָצִיתִי לִגְמֹר אֶת הַבֶּגֶד. עָבַדְתִּי יוֹם שָׁלֵם. לֹא נַחְתִּי אֲפִילוּ רֶגַע, וְלֹא נָגַעְתִּי בְּאֹכֶל בְּמֶשֶׁךְ כָּל הַיּוֹם. הַשֶּׁמֶשׁ כְּבָר שָׁקְעָה וַאֲנִי עוֹד תּוֹפֵר. בְּשָׁעָה מְאֻחֶרֶת בַּלַּיְלָה גָּמַרְתִּי לִתְפֹּר אֶת הַבֶּגֶד. הָיִיתִי עָיֵף, אֲבָל שָׂמֵחַ. בַּחוּץ הָיָה חֹשֶׁךְ, אֲבָל בַּלֵּב הָיָה אוֹר.

כַּאֲשֶׁר הַדּוֹד שָׁמַע אֶת הַחֲלוֹם הַזֶּה, הוּא נָתַן נְשִׁיקָה חַמָּה לְדָן, וְאָמַר בְּשִׂמְחָה רַבָּה:

— דָּן, שֵׁב פֹּה עַל הַכִּסֵּא. הִנֵּה חוּט וּמַחַט. חֲלוֹמְךָ הוּא בֶּאֱמֶת חֲלוֹם שֶׁל חַיָּט!

◇◇◇◇◇◇◇◇◇◇

## Exercises — תַּרְגִּילִים

**I. Answer in complete sentences:**

1. לָמָּה בָּא דָּן אֶל דּוֹדוֹ?
2. מַה שָּׁאַל הַדּוֹד אֶת דָּן?
3. מַדּוּעַ הָיָה הַמְּעִיל שֶׁל דָּן כָּבֵד?
4. מָה רָאָה דָּן בַּגַּן?
5. מַדּוּעַ לֹא יָצָא דָּן אֶל הַחֲבֵרִים שֶׁלּוֹ?

**II. Translate:** (Use the nouns in the inflected form)

1. A beautiful river (crosses) passes through our town. 2. This apple is hard; it is impossible to eat it. 3. I loved her voice. 4. Our holy Torah is dear to us. 5. The shepherd counted his sheep. 6. I had a hole in my pocket. 7. Our teacher (f.) repeated her question several times. 8. Where will you (m.pl.) go (travel) this summer? 9. The tailor sat in the room a whole day and sewed for me a new garment. 10. She is a wonderful woman. There are not many such wonderful women in the world. 11. The lad was happy when the tailor gave

him (to him) a needle and thread. 12. There is a heavy cloud over (on) my head. 13. I (m.) am happy that you (f.s.) read my poem. 14. The next day the boys returned to their uncle. 15. My aunt gave me a precious gift for my birthday. 16. In our street stands a tall statue of a great poet.

**III. Put the nouns in the inflected form:**

1. הַכִּיס שֶׁלָּהֶם.
2. הָרְחוֹב שֶׁלָּכֶם יָפֶה.
3. הַסּוֹף שֶׁלּוֹ הָיָה רַע.
4. בָּאוֹר שֶׁלְּךָ נִרְאֶה אוֹר.
5. קְחִי אֶת הַחוּט שֶׁלָּךְ.
6. לָבַשְׁתִּי אֶת הַמְּעִיל הֶחָדָשׁ שֶׁלִּי.
7. הַחֲלוֹם שֶׁלְּךָ מְעַנְיֵן.
8. הַדּוֹדָה הַיְקָרָה שֶׁלִּי גָּרָה בִּירוּשָׁלַיִם.
9. הַיּוֹם שֶׁלָּנוּ אָרֹךְ.
10. שָׁלַחְתִּי לָהּ אֶת הַתּוֹדָה שֶׁלִּי.
11. הַצְּחוֹק שֶׁלָּהּ עָצוּב.
12. הַקּוֹל שֶׁלּוֹ נִפְלָא.

# שִׁעוּר לא (31)

kissed — נָשַׁק (לִנְשֹׁק)
Spain — סְפָרַד
Arab — עֲרָבִי (עֲרָבִים)
command; order, *n.f.* — פְּקוּדָּה (פְּקוּדוֹת)
rode — רָכַב (לִרְכֹּב)
Holder of a high office in biblical and medieval times; minister in Israeli cabinet — שַׂר (שָׂרִים)
Thank God — בָּרוּךְ הַשֵּׁם
how are you? (*m.s.*) — מַה שְּׁלוֹמְךָ?
how are you? (*f.s.*) — מַה שְּׁלוֹמֵךְ?
to obey — לִשְׁמֹעַ בְּקוֹל

palace — אַרְמוֹן (אַרְמוֹנוֹת)
instead; in place of — בִּמְקוֹם
tear, *n.f.* — דִּמְעָה (דְּמָעוֹת)
court; yard, *n.f.* — חָצֵר (חֲצֵרוֹת)
cut — חָתַךְ (לַחְתֹּךְ)
friend — יָדִיד (יְדִידִים)
Jew — יְהוּדִי (יְהוּדִים)
honest; upright; straight; directly — יָשָׁר, יְשָׁרָה
anger — כַּעַס
language; tongue, *n.f.* — לָשׁוֹן (לְשׁוֹנוֹת)
incident; happening — מִקְרֶה (מִקְרִים)
by chance, incidentally — בְּמִקְרֶה
against — נֶגֶד
pleasant — נָעִים, נְעִימָה

מָוֶת וְחַיִּים בְּיַד לָשׁוֹן. (מִן הַמִּקְרָא)

## GRAMMAR — דִּקְדּוּק

### I. The Inflection of a Singular Two-syllable Noun.

1. Two-syllable nouns whose first syllable is vocalized by a פַּתָּח or חִירִיק, and the second is vocalized by a full vowel,

חַלּוֹן תַּפּוּחַ סַכִּין שִׁעוּר צִפּוֹר

do not undergo any inner vowel changes in the inflection.

חַלוֹן: חַלוֹנִי חַלוֹנְךָ חַלוֹנֵךְ חַלוֹנוֹ חַלוֹנָהּ
חַלוֹנֵנוּ חַלוֹנְכֶם חַלוֹנְכֶן חַלוֹנָם חַלוֹנָן

2. In two-syllable nouns whose first syllable is vocalized by a קָמָץ, and the second is vocalized by a full vowel,

יָדִיד אָהוּב שָׁלוֹם

the קָמָץ changes to a שְׁוָא, while the second vowel remains unchanged. The change is due to the shift in accent in the inflection from the second radical to the third:

הַיָּדִיד שֶׁלִּי = יְדִידִי

If the first consonant is a guttural, the קָמָץ changes to a חֲטַף־פַּתָּח.

*שָׁלוֹם: שְׁלוֹמִי שְׁלוֹמְךָ שְׁלוֹמֵךְ שְׁלוֹמוֹ שְׁלוֹמָהּ
שְׁלוֹמֵנוּ שְׁלוֹמְכֶם שְׁלוֹמְכֶן שְׁלוֹמָם שְׁלוֹמָן

אָדוֹן: אֲדוֹנִי אֲדוֹנְךָ אֲדוֹנֵךְ אֲדוֹנוֹ אֲדוֹנָהּ
אֲדוֹנֵנוּ אֲדוֹנְכֶם אֲדוֹנְכֶן אֲדוֹנָם אֲדוֹנָן

**II. The Inflection of** נֶגֶד **:**

נֶגְדִּי נֶגְדְּךָ נֶגְדֵּךְ נֶגְדּוֹ נֶגְדָּהּ
נֶגְדֵּנוּ נֶגְדְּכֶם נֶגְדְּכֶן נֶגְדָּם נֶגְדָּן

**III. The Expression** **?מַה שְּׁלוֹמְךָ, etc.** This expression renders the English "how are you?", "how do you feel?", as the Hebrew word שָׁלוֹם means welfare, well-being as well as peace.

---

*Note: The inflection of the noun בָּחוּר is based on the assumed existence of the alternate form בַּחוּר. Hence its inflected form is as follows:

בַּחוּרִי, בַּחוּרְךָ, בַּחוּרֵךְ...

The responses to ?מַה שְּׁלוֹמְךָ, etc., may be formulated by using the noun שָׁלוֹם in its inflected form with the appropriate adjective.

| | |
|---|---|
| I am well. | שְׁלוֹמִי טוֹב. |
| They are well. | שְׁלוֹמָם טוֹב. |
| He is not so well. | שְׁלוֹמוֹ לֹא כָּל כָּךְ טוֹב. |

**IV. The Use of ...בְּ.** The preposition "on" used in English with "road," "way" is rendered in Hebrew by the preposition ...בְּ.

| | |
|---|---|
| I walk on the road. | אֲנִי הוֹלֵךְ בַּדֶּרֶךְ. |
| I met him on the way to school | אֲנִי פָּגַשְׁתִּי אוֹתוֹ בַּדֶּרֶךְ אֶל בֵּית הַסֵּפֶר. |

Similarly, the preposition "on" used in English with time is rendered in Hebrew by the preposition ...בְּ.

| | |
|---|---|
| He will come on Shabbat. | הוּא יָבוֹא בַּשַּׁבָּת. |
| We do not work on holidays. | אֲנַחְנוּ לֹא עוֹבְדִים בַּחַגִּים. |

◇◇◇◇◇◇◇◇◇◇

## לָשׁוֹן רָעָה

לִפְנֵי שָׁנִים רַבּוֹת חַי בְּאֶרֶץ סְפָרַד אִישׁ יְהוּדִי בְּשֵׁם שְׁמוּאֵל הַנָּגִיד. שְׁמוּאֵל הָיָה חָכָם וְיָשָׁר. הוּא הָיָה שַׂר חָשׁוּב בְּחָצֵר שֶׁל הַמֶּלֶךְ שֶׁל סְפָרַד.

יוֹם אֶחָד בָּא שְׁמוּאֵל אֶל הָאַרְמוֹן לִרְאוֹת אֶת הַמֶּלֶךְ.

— מַה שְּׁלוֹמְךָ, יְדִידִי? שָׁאַל אוֹתוֹ הַמֶּלֶךְ. מַדּוּעַ הַפָּנִים שֶׁלְּךָ כָּל כָּךְ עֲצוּבִים הַיּוֹם?

— אֲדוֹנִי הַמֶּלֶךְ, בַּדֶּרֶךְ לָאַרְמוֹן קָרָה לִי מִקְרֶה לֹא נָעִים.

— מַה קָּרָה? שָׁאַל הַמֶּלֶךְ.

— רָכַבְתִּי בָּרְחוֹב, וּפִתְאֹם שָׁמַעְתִּי אִישׁ צוֹעֵק: "מָוֶת לִשְׁמוּאֵל הַיְּהוּדִי!"

— הַאִם אַתָּה יוֹדֵעַ מִי הוּא הָאִישׁ הַזֶּה?

— כֵּן. הוּא מְשׁוֹרֵר עֲרָבִי עָנִי.

— אַל תִּהְיֶה עָצוּב. חֲתֹךְ אֶת לְשׁוֹנוֹ הָרָעָה, וְלֹא יִהְיֶה לְךָ מַה לִּדְאֹג! קָרָא הַמֶּלֶךְ בְּכַעַס.

בְּלֵב כָּבֵד חָזַר שְׁמוּאֵל בָּעֶרֶב הַבַּיְתָה. הוּא יָשַׁב וְחָשַׁב עַל הַמִּקְרֶה שֶׁקָּרָה לוֹ בַּבֹּקֶר, וְעַל הַפְּקוּדָה שֶׁל הַמֶּלֶךְ. פִּתְאֹם הוּא קָם מִמְּקוֹמוֹ, הָלַךְ אֶל הָאָרוֹן וְלָקַח כֶּסֶף מִשָּׁם. הוּא סָפַר אֶת הַכֶּסֶף, שָׂם אוֹתוֹ בְּכִיסוֹ, וְהָלַךְ יָשָׁר אֶל הַבַּיִת שֶׁבּוֹ גָּר הַמְשׁוֹרֵר הָעֲרָבִי.

— אֲנִי יוֹדֵעַ שֶׁאַתָּה עָנִי, אָמַר שְׁמוּאֵל לַמְשׁוֹרֵר, וְלִי יֵשׁ, בָּרוּךְ הַשֵּׁם, עֹשֶׁר רַב. בְּבַקָּשָׁה, קַח אֶת הַכֶּסֶף הַזֶּה. לֵךְ וּקְנֵה אֹכֶל, נֵרוֹת וּבְגָדִים בִּשְׁבִיל הַמִּשְׁפָּחָה שֶׁלְּךָ.

דְּמָעוֹת עָמְדוּ בָּעֵינַיִם שֶׁל הַמְשׁוֹרֵר. הוּא נָשַׁק אֶת הַיָּדַיִם שֶׁל שְׁמוּאֵל, וְאָז אָמַר:

— תּוֹדָה רַבָּה. עַכְשָׁו אֲנִי רוֹאֶה שֶׁטָּעִיתִי. אַתָּה בֶּאֱמֶת אִישׁ נִפְלָא וְצַדִּיק. לְעוֹלָם לֹא אֶשְׁכַּח אֶת הַצְּדָקָה שֶׁעָשִׂיתָ עִמִּי. סְלַח לִי עַל הַדְּבָרִים הָרָעִים שֶׁאָמַרְתִּי נֶגְדְּךָ הַבֹּקֶר.

אַחֲרֵי יָמִים אֲחָדִים רָכְבוּ הַמֶּלֶךְ וּשְׁמוּאֵל בָּרְחוֹבוֹת שֶׁל הָעִיר. הָיָה מֶזֶג־אֲוִיר נִפְלָא. הָרְחוֹבוֹת הָיוּ מְלֵאִים אֲנָשִׁים וְשׁוֹטְרִים. הָאֲנָשִׁים דָּחֲפוּ זֶה אֶת זֶה כְּדֵי לִרְאוֹת אֶת הַמֶּלֶךְ, וְהָרַעַשׁ גָּדַל מִשָּׁעָה לְשָׁעָה. פִּתְאֹם שָׁמְעוּ קוֹל:

— "בְּרָכוֹת לַמֶּלֶךְ! בְּרָכוֹת לִשְׁמוּאֵל הַיְּהוּדִי!"

— הַאִם אַתָּה יוֹדֵעַ מִי הָאִישׁ הַזֶּה? שָׁאַל הַמֶּלֶךְ.

— כֵּן, עָנָה שְׁמוּאֵל. זֶה הוּא הַמְשׁוֹרֵר הָעֲרָבִי הֶעָנִי.

— מַדּוּעַ לֹא שָׁמַעְתָּ לִפְקוּדָתִי? מַדּוּעַ לֹא חָתַכְתָּ אֶת לְשׁוֹנוֹ? קָרָא הַמֶּלֶךְ.

— אֲדוֹנִי הַמֶּלֶךְ, עָנָה שְׁמוּאֵל, לֹא עָשִׂיתִי דָּבָר נֶגֶד פְּקוּדָתְךָ. שָׁמַעְתִּי בְּקוֹלְךָ וְעָשִׂיתִי כְּמוֹ שֶׁאָמַרְתָּ. פְּקוּדָתְךָ הָיְתָה לַחְתֹּךְ אֶת לְשׁוֹנוֹ הָרָעָה. כָּךְ עָשִׂיתִי. חָתַכְתִּי אֶת לְשׁוֹנוֹ הָרָעָה, וּבִמְקוֹמָהּ נָתַתִּי לוֹ לָשׁוֹן טוֹבָה!

## Exercises — תַּרְגִּילִים

**I. Answer in complete sentences:**

1. מִי הָיָה שְׁמוּאֵל הַנָּגִיד?
2. מַה שָּׁמַע שְׁמוּאֵל בַּדֶּרֶךְ לָאַרְמוֹן?
3. מֶה הָיְתָה הַפְּקוּדָה שֶׁל הַמֶּלֶךְ?
4. מֶה עָשָׂה שְׁמוּאֵל כַּאֲשֶׁר חָזַר הַבַּיְתָה בָּעֶרֶב?
5. אֵיךְ "חָתַךְ" שְׁמוּאֵל אֶת הַלָּשׁוֹן הָרָעָה שֶׁל הָעֲרָבִי?

**II. Translate:** (Use the inflected form of the noun)

1. The door of your (f.s.) closet is always open. 2. We (m.) are happy to hear that she is well. 3. The man said to the waiter in anger: "You (m.s.) gave me water instead of wine." 4. Our good friend lived in Spain for many years. 5. All the people love him because he is a very honest man. 6. English is a difficult language. 7. A man's house is his palace. 8. Thank God, he is well. 9. The king gave an order to his minister. 10. Dan, go straight to the tailor, don't stop (stand) in the yard. 11. I cut the bread into (to) small pieces and gave them to my bird. 12. During the summer many pleasant incidents happened to us. 13. What happened to you (f.s.)? Why do you have tears in the eyes? 14. There are Jews in almost every country in the world. 15. When an Arab wants to cross the desert, he rides on a camel. 16. What do you (m.s.) have against me?

**III. Put the nouns in the inflected form:**

1. הַתַּפּוּחַ שֶׁלָּהֶם
2. הָאָרוֹן שֶׁלָּכֶם
3. הַתַּכְשִׁיט שֶׁלָּכֶן
4. הַשִּׁעוּר שֶׁלָּנוּ
5. הָאָחוֹת שֶׁלָּכֶן
6. הַלָּשׁוֹן שֶׁלָּהּ
7. הַיָּדִיד שֶׁלָּךְ
8. הַתּוֹרָה שֶׁלָּנוּ
9. הַמָּקוֹם שֶׁלָּהֶם
10. הַסַּכִּין שֶׁלּוֹ
11. הָאַרְמוֹן שֶׁלָּךְ
12. הָרוֹעֶה שֶׁלִּי

# שִׁעוּר לב (32)

| | | | |
|---|---|---|---|
| אוֹטוֹבּוּס (אוֹטוֹבּוּסִים) | bus | יִעֵר (לְיַעֵר) | afforested |
| אֵילַת | Elath | כְּתֹבֶת (כְּתֹבוֹת) | address |
| אַרְצוֹת הַבְּרִית | U.S.A. | נֶגֶב | Negev |
| בִּקֵּר (לְבַקֵּר) אֶת | visited (a person) | סִפֵּר (לְסַפֵּר) | told; recounted |
| בִּקֵּר (לְבַקֵּר) בְּ... | visited (a place) | עָסוּק, עֲסוּקָה | busy; occupied |
| בִּקּוּר (בִּקּוּרִים) | visit *n.m.* | פֶּסַח | Passover |
| בִּקֵּשׁ (לְבַקֵּשׁ) | requested; sought | פְּרִי (פֵּרוֹת) | fruit |
| בֵּרֵךְ (לְבָרֵךְ) | blessed | קִבּוּץ (קִבּוּצִים) | Kibbutz; a collective |
| גִּדֵּל (לְגַדֵּל) | raised; grew, *v.tr.* | קִבֵּל (לְקַבֵּל) | received; accepted |
| דִּבֵּר (לְדַבֵּר) | spoke | תֵּאֵר (לְתָאֵר) | described |
| דְּרִישַׁת שָׁלוֹם (דְּרִישׁוֹת שָׁלוֹם) | regards; greetings | לַעֲלוֹת לָאָרֶץ | to immigrate to Israel |
| חָלוּץ (חֲלוּצִים) | pioneer | בְּמִקְרֶה | by chance, incidentally |
| חֻפְשָׁה (חֻפְשׁוֹת) | vacation | | |

הִנֵּה מַה טּוֹב וּמַה נָּעִים שֶׁבֶת אַחִים גַּם יָחַד. (מִן הַמִּקְרָא)

## GRAMMAR — דִּקְדּוּק

**The פִּעֵל.** The stem of the Hebrew verb comes in several בִּנְיָנִים* (structures; themes). Each בִּנְיָן expresses a different theme of

---

*Note: The names of the various בִּנְיָנִים are derived from the word פֹּעַל ("verb" in Hebrew), with the vocalization of the third person masculine singular in the past of each respective בִּנְיָן.

Thus: הוּא גָּמַר — פָּעַל

הוּא דִּבֵּר — פִּעֵל

the verb. While in English different words may be necessary to express these various themes, Hebrew uses the same stem but in a different בִּנְיָן. This will become clear with the study of each בִּנְיָן.

Thus far, we have studied the verb only in the בִּנְיָן of פָּעַל. We are now going to study the verb in the בִּנְיָן of פִּעֵל.

The פִּעֵל of actional verbs renders them intensive in meaning. It may thus be called "the intensive." The intensive meaning of certain verbs in the פִּעֵל was eroded in the course of time. However, these verbs still remain intensive in form.

| | |
|---|---|
| to break — לִשְׁבֹּר | to shatter; smash — לְשַׁבֵּר |
| to count — לִסְפֹּר | to recount; to tell — לְסַפֵּר |

The פִּעֵל of stative verbs gives them causative meaning.

| | |
|---|---|
| to grow — לִגְדֹּל | to cause to grow; raise — לְגַדֵּל |
| to sleep — לִישֹׁן | to put to sleep — לְיַשֵּׁן |

The פִּעֵל is also used to form denominative verbs (verbs derived from nouns). Thus, from the nouns גֶּשֶׁר and יַעַר are derived the verbs לְגַשֵּׁר—to bridge and לְיַעֵר—to afforest, respectively.

## I. The Infinitive of the שְׁלֵמִים Verbs in the פִּעֵל:

לְ × ַ × ֵ × — לְ דַ בֵּ ר

1. The prefix "ל" is vocalized by a שְׁוָא.
2. The first radical by a פַּתָּח.
3. The second radical gets a דָּגֵשׁ and is vocalized by a צֵירֶה.

## II. The Conjugation of the Present and the Past of a שְׁלֵמִים Verb in the פִּעֵל:

to speak — לְדַבֵּר

**הוה:**

| | | | |
|---|---|---|---|
| אני, אתה, הוא | מְדַבֵּר | אנחנו, אתם, הם | מְדַבְּרִים |
| אני, את, היא | מְדַבֶּרֶת | אנחנו, אתן, הן | מְדַבְּרוֹת |

עבר:

| | | | | | |
|---|---|---|---|---|---|
| אני | דִּבַּרְתִּי | | | אנחנו | דִּבַּרְנוּ |
| אתה | דִּבַּרְתָּ | את | דִּבַּרְתְּ | אתם דִּבַּרְתֶּם | אתן דִּבַּרְתֶּן |
| הוא | דִּבֵּר | היא | דִּבְּרָה | הם, הן | דִּבְּרוּ |

**III. The Conjugation of the Present and Past of a שְׁלֵמִים Verb in the פִּעֵל whose Middle Radical is "א" or "ר":**

to describe — לְתָאֵר

הוה:

| | | | |
|---|---|---|---|
| אני, אתה, הוא | מְתָאֵר | אנחנו, אתם, הם | מְתָאֲרִים |
| אני, את, היא | מְתָאֶרֶת | אנחנו, אתן, הן | מְתָאֲרוֹת |

עבר:

| | | | | | | | |
|---|---|---|---|---|---|---|---|
| אני | תֵּאַרְתִּי | | | אנחנו | תֵּאַרְנוּ | | |
| אתה | תֵּאַרְתָּ | את | תֵּאַרְתְּ | אתם | תֵּאַרְתֶּם | אתן | תֵּאַרְתֶּן |
| הוא | תֵּאֵר | היא | תֵּאֲרָה | הם, הן | תֵּאֲרוּ | | |

Note that the first radical in the infinitive and present is vocalized by a קָמָץ instead of a פַּתָּח. In the past it is vocalized by a צֵירֶה (אֵ) instead of a חִירִיק (אִ). The reason for these changes is to compensate for the loss of the דָּגֵשׁ in the middle radical.

Verbs whose middle radical is "ה", "ח" or "ע" are conjugated like regular verbs without compensation for the loss of the דָּגֵשׁ. E.g.,

to hurry — לְמַהֵר

הוה:

| | | | |
|---|---|---|---|
| מְמַהֵר | מְמַהֶרֶת | מְמַהֲרִים | מְמַהֲרוֹת |

עבר:

| | | | | |
|---|---|---|---|---|
| מִהַרְתִּי | מִהַרְתָּ | מִהַרְתְּ | מִהֵר | מִהֲרָה |
| מִהַרְנוּ | מִהַרְתֶּם | מִהַרְתֶּן | מִהֲרוּ | מִהֲרוּ |

## מִכְתָּב

אֵילַת, יוֹם ג׳, ח׳ בְּנִיסָן תש...

לְיַעֲקֹב הַיָּקָר, שָׁלוֹם רַב,

קִבַּלְתִּי אֶת מִכְתָּבְךָ עִם הַבְּרָכוֹת לְיוֹם הַהֻלֶּדֶת שֶׁלִּי לִפְנֵי שְׁבוּעַיִם. תּוֹדָה רַבָּה.

לֹא עָנִיתִי לְךָ מִיָּד, כִּי הָיִיתִי עָסוּק מְאֹד בַּמַּעְבָּדָה, וְלֹא הָיָה לִי זְמַן לִכְתֹּב לְךָ אֲפִילוּ שׁוּרוֹת אֲחָדוֹת.

לִפְנֵי יָמִים אֲחָדִים קִבַּלְנוּ חֻפְשָׁה. יָצָאתִי עִם חֲבֵרִים לְבַקֵּר בַּנֶּגֶב. נָסַעְנוּ בְּאוֹטוֹבּוּס. לַנֶּהָג שֶׁלָּנוּ הָיָה קוֹל נָעִים מְאֹד. בְּמֶשֶׁךְ כָּל הַנְּסִיעָה הָאֲרֻכָּה הוּא שָׁר, וְהָאֲנָשִׁים בָּאוֹטוֹבּוּס שָׁרוּ יַחַד אִתּוֹ. הָיָה שָׂמֵחַ מְאֹד.

בִּקַּרְנוּ בִּקְבוּצִים רַבִּים. אַל תַּחְשֹׁב שֶׁהַנֶּגֶב הוּא מִדְבָּר. נָכוֹן, יֵשׁ שָׁם מְעַט מַיִם, וּבְכָל זֹאת עוֹשִׂים הַחֲלוּצִים דְּבָרִים נִפְלָאִים. הֵם בּוֹנִים וּמְיַעֲרִים אֶת הַנֶּגֶב. הֵם מְגַדְּלִים שָׁם צֹאן וְגַם פֵּרוֹת רַבִּים.

פָּגַשְׁנוּ בַּנֶּגֶב עוֹלִים מֵאֲרָצוֹת רַבּוֹת. עֶרֶב שָׁלֵם יָשַׁבְנוּ אִתָּם, וְהֵם סִפְּרוּ לָנוּ עַל הַחַיִּים הַחֲדָשִׁים שֶׁלָּהֶם בָּאָרֶץ. הָיָה מְעַנְיֵן מְאֹד לִשְׁמֹעַ אֶת הָרְשָׁמִים שֶׁלָּהֶם.

אֶתְמוֹל בָּאנוּ לְאֵילַת. נִהְיֶה פֹּה יָמִים אֲחָדִים. נָעִים מְאֹד פֹּה עַכְשָׁו. עוֹד אֵין הַרְבֵּה תַּיָּרִים בָּעִיר, וּמֶזֶג הָאֲוִיר נִפְלָא.

אֶת הַמַּרְאֶה שֶׁל אֵילַת, אִם אֵין אֲנִי טוֹעֶה, תֵּאַרְתִּי לְךָ כְּבָר בְּמִכְתָּבִי אַחֲרֵי בִּקּוּרִי בַּקַּיִץ שֶׁעָבַר, וְאֵין אֲנִי צָרִיךְ לַחֲזֹר עַל זֹאת עוֹד פַּעַם. עַכְשָׁו אֲנִי רוֹצֶה לְסַפֵּר לְךָ עַל דָּבָר נָעִים שֶׁקָּרָה לִי אֶתְמוֹל.

יָצָאתִי מִן הַמָּלוֹן וְהָלַכְתִּי אֶל הַיָּם. אֶת מִי אַתָּה חוֹשֵׁב פָּגַשְׁתִּי בְּמִקְרֶה בַּדֶּרֶךְ לַיָּם? אֶת דָּוִד כֹּהֵן! אַתָּה בְּוַדַּאי זוֹכֵר אוֹתוֹ מִבֵּית הַסֵּפֶר. הוּא הָיָה אָז נַעַר קָטָן וְחַלָּשׁ. מֵאָז הוּא גָּדַל הַרְבֵּה, וְעַכְשָׁו הוּא בָּחוּר גָּבוֹהַּ וְחָזָק. הוּא סִפֵּר לִי שֶׁהוּא עָלָה לָאָרֶץ לִפְנֵי שָׁנִים אֲחָדוֹת. הוּא הָיָה פּוֹעֵל פָּשׁוּט, וְעָבַד בִּמְקוֹמוֹת רַבִּים בָּאָרֶץ. עַכְשָׁו הוּא דַּיָּג בְּאֵילַת.

דִּבַּרְנוּ הַרְבֵּה עַל הַחֲבֵרִים שֶׁלָּמַדְנוּ אִתָּם יַחַד בְּאַרְצוֹת הַבְּרִית. הוּא עוֹד זוֹכֵר כָּל חָבֵר וְחָבֵר. הוּא בִּקֵּשׁ אוֹתִי לָתֵת לְךָ דְּרִישַׁת שָׁלוֹם חַמָּה.

חַג הַפֶּסַח קָרוֹב לָבוֹא, לָכֵן, אֲנִי מְבָרֵךְ אוֹתְךָ בְּחַג שָׂמֵחַ. אַל תִּשְׁכַּח לָתֵת דְּרִישַׁת שָׁלוֹם לַהוֹרִים שֶׁלְּךָ. לְהִתְרָאוֹת בְּקָרוֹב!

יְדִידְךָ הַטּוֹב,
מִיכָאֵל

שִׂים לֵב לַכְּתֹבֶת הַחֲדָשָׁה שֶׁלִּי, שֶׁכָּתַבְתִּי עַל הַמַּעֲטָפָה בְּאוֹתִיּוֹת גְּדוֹלוֹת.

## Exercises — תַּרְגִּילִים

**I. Answer in complete sentences:**

1. מַדּוּעַ לֹא עָנָה מִיכָאֵל מִיָּד עַל הַמִּכְתָּב שֶׁל חֲבֵרוֹ?
2. מַה הֵם הַמְּקוֹמוֹת שֶׁמִּיכָאֵל בִּקֵּר בָּהֶם?
3. מַה מְגַדְּלִים הַחֲלוּצִים בַּנֶּגֶב?
4. אֶת מִי פָּגְשׁוּ מִיכָאֵל וְהַחֲבֵרִים שֶׁלּוֹ בַּנֶּגֶב?
5. אֵיזֶה מִקְרֶה נָעִים קָרָה לְמִיכָאֵל בְּאֵילַת?

**II. Translate:**

1. He told me many interesting things about life in the United States. 2. Before I left the house, grandfather put his hands on my head and blessed me. 3. I am requesting you (m.pl.) not to make noise. 4. He speaks Hebrew almost without mistakes. 5. These fruits grew in our garden. 6. She received a very nice gift from her parents. 7. When I visited you (m.s.) yesterday, I forgot to give you regards from your sister. 8. His uncle raised him after his parents died. 9. I didn't think that your (f.s.) visit will be so short. 10. We got our vacation before the holiday of Passover. 11. Only a pen of a poet is able to describe the beauty of Elath at night. 12. Ruth, are you busy today in the afternoon? 13. The whole family immigrated to Israel last year. 14. Many new immigrants went directly to the kibbutz. 15. The pioneers built many kibbutzim in the country.

**III. Conjugate the following verbs in the present and past:**

לְבָרֵךְ     לְבַקֵּשׁ     לְקַבֵּל

# שִׁעוּר לג (33)

| | | | |
|---|---|---|---|
| treasure | אוֹצָר (אוֹצָרוֹת) | anything | כְּלוּם |
| only; but | אֶלָּא | nothing | לֹא כְּלוּם |
| rain | גֶּשֶׁם (גְּשָׁמִים) | taught | לִמֵּד (לְלַמֵּד) |
| speech; talk | דִּבּוּר (דִּבּוּרִים) | advice; plan | עֵצָה (עֵצוֹת) |
| sowed | זָרַע (לִזְרֹעַ) | hoped | קִוָּה (לְקַוּוֹת) |
| waited for | חִכָּה (לְחַכּוֹת) לְ... | changed | שִׁנָּה (לְשַׁנּוֹת) |
| wisdom | חָכְמָה | lie, falsehood | שֶׁקֶר (שְׁקָרִים) |
| divided; distributed | חִלֵּק (לְחַלֵּק) | finally; ultimately | סוֹף סוֹף |
| dug | חָפַר (לַחְפֹּר) | to be about to... | לַעֲמֹד לְ... |
| searched; looked for | חִפֵּשׂ (לְחַפֵּשׂ) | I have nothing but | אֵין לִי אֶלָּא |
| importance | חֲשִׁיבוּת | | |
| honored; esteemed | כִּבֵּד (לְכַבֵּד) | | |

מְשַׁנֶּה מָקוֹם, מְשַׁנֶּה מַזָּל. (מִסִּפְרוּת יה״ב)

## GRAMMAR — דִּקְדּוּק

### I. The Infinitive and the Conjugation in the Present and Past of a ל״ה Verb in the פִּעֵל :

to wait — לְחַכּוֹת (חכה)

**הוה:**

| | | | |
|---|---|---|---|
| אני, אתה, הוא | מְחַכֶּה | אנחנו, אתם, הם | מְחַכִּים |
| אני, את, היא | מְחַכָּה | אנחנו, אתן, הן | מְחַכּוֹת |

**עבר:**

| | | | |
|---|---|---|---|
| אני חִכִּיתִי | | אנחנו חִכִּינוּ | |
| אתה חִכִּיתָ | את חִכִּית | אתם חִכִּיתֶם | אתן חִכִּיתֶן |
| הוא חִכָּה | היא חִכְּתָה | הם, הן חִכּוּ | |

Note that the third radical "ה" undergoes identical changes in the פִּעֵל as it does in the פָּעַל (see lesson 17).

**II.** **שֵׁם הַפְּעוּלָּה (Action Noun).** The מִשְׁקָל (pattern) of the action noun of the שְׁלֵמִים in the פִּעֵל has the following form:

× ×וּ ×

speech — דִּבּוּר (לְדַבֵּר)   teaching; study — לִמּוּד (לְלַמֵּד)

If the middle radical is א or ר, the שֵׁם הַפְּעוּלָּה is as follows:

×ֵ ×וּ ×

description — תֵּאוּר (לְתָאֵר)

In the ל"ה verbs the "ה" changes to "י":

×ִ ×ּוּי

a change — שִׁנּוּי (לְשַׁנּוֹת)

**III. The Verb "to rain."** It is rendered by the verb לָרֶדֶת with the noun גֶּשֶׁם as its subject.

| | |
|---|---|
| It rains. | יוֹרֵד גֶּשֶׁם. |
| It rained. | יָרַד גֶּשֶׁם. |
| It will rain. | יֵרֵד גֶּשֶׁם. |

## הָאוֹצָר

בְּעִיר אַחַת חַי אִישׁ עָשִׁיר. הַבָּנִים שֶׁלּוֹ הָיוּ עֲצֵלִים וְלֹא רָצוּ לַעֲבֹד. הֵם הָיוּ עוֹשִׂים רֹשֶׁם שֶׁהֵם עֲסוּקִים, אֲבָל בֶּאֱמֶת לֹא עָשׂוּ כְּלוּם. כָּל יוֹם וָיוֹם כַּאֲשֶׁר הָיוּ חוֹזְרִים הַבַּיְתָה מִן הַחוּץ, הָאָב הָיָה שׁוֹאֵל אוֹתָם: "מָה עֲשִׂיתֶם הַיּוֹם בַּחוּץ?" תָּמִיד הָיָה מְקַבֵּל אוֹתָהּ הַתְּשׁוּבָה: "הָיִינוּ עֲסוּקִים פֹּה וְשָׁם."

הָאָב יָדַע שֶׁשֶּׁקֶר בִּלְשׁוֹנָם, אֲבָל הוּא סָלַח לָהֶם. כַּאֲשֶׁר הָאָב רָאָה שֶׁאֵין סוֹף לַדָּבָר, הוּא בָּחַר סִפּוּרִים וּמְשָׁלִים יָפִים עַל הַחֲשִׁיבוּת שֶׁל

הָעֲבוֹדָה, וְהָיָה מְסַפֵּר אוֹתָם לַבָּנִים. הָאָב קִוָּה שֶׁזֶּה יַעֲשֶׂה רֹשֶׁם חָזָק עַל הַבָּנִים. אֲבָל כָּל הַדִּבּוּרִים, כָּל הַמְּשָׁלִים וְכָל הַסִּפּוּרִים לֹא עָשׂוּ כָּל רֹשֶׁם עַל הַבָּנִים. הֵם לֹא כִּבְּדוּ אוֹתוֹ, וְלֹא שִׁנּוּ אֶת הַדֶּרֶךְ הָרָעָה שֶׁלָּהֶם. שָׁנִים עָבְרוּ, וְהָאָב לֹא רָאָה שִׁנּוּי לְטוֹבָה. הַבָּנִים גָּדְלוּ וְהָיוּ לַאֲנָשִׁים וְעוֹד לֹא רָצוּ לְשַׁנּוֹת אֶת הַדֶּרֶךְ שֶׁלָּהֶם.

הָאָב דָּאַג מְאֹד, וְלֹא יָדַע אֵיךְ לִנְהֹג בְּבָנִים שֶׁלּוֹ. סוֹף סוֹף מָצָא עֵצָה נִפְלָאָה. הוּא חִלֵּק אֶת הַכֶּסֶף שֶׁלּוֹ לָעֲנִיִּים, וְלֹא סִפֵּר לַבָּנִים מַה שֶּׁהוּא עָשָׂה. כַּאֲשֶׁר הָאָב עָמַד לָמוּת, הוּא אָסַף אֶת הַבָּנִים שֶׁלּוֹ עַל-יַד מִטָּתוֹ וְאָמַר לָהֶם:

— בָּנִים יְקָרִים, חָיִיתִי חַיִּים אֲרֻכִּים, וְעַכְשָׁו אֲנִי עוֹמֵד לָמוּת. אֵין לִי אֶלָּא שָׂדֶה אֶחָד לָתֵת לָכֶם. אֲבָל בַּשָּׂדֶה הַזֶּה יֵשׁ אוֹצָר גָּדוֹל. חִפְרוּ בַּשָּׂדֶה וְתִמְצְאוּ אוֹתוֹ.

אַחֲרֵי זְמַן קָצָר מֵת הָאָב. הַבָּנִים חָשְׁבוּ שֶׁהָאָב שָׂם בַּשָּׂדֶה אֶת הַכֶּסֶף וְהַזָּהָב, אֶת הַתַּכְשִׁיטִים וְהָאֲבָנִים הַיְקָרוֹת שֶׁהָיוּ לוֹ. הֵם לֹא חִכּוּ זְמַן רַב וְהָלְכוּ יָשָׁר לַשָּׂדֶה לְחַפֵּשׂ אֶת הָאוֹצָר. הֵם חָפְרוּ וְחִפְּשׂוּ, אֲבָל אֶת הָאוֹצָר לֹא מָצְאוּ. אָז אָמַר אֶחָד מִן הַבָּנִים:

— אַחִים, הִנֵּה כְּבָר חָפַרְנוּ בְּכָל הַשָּׂדֶה. אֵין עוֹד תִּקְוָה שֶׁנִּמְצָא אֶת הָאוֹצָר. מָה עוֹד אֶפְשָׁר לַעֲשׂוֹת? בְּוַדַּאי אַבָּא טָעָה.

— עַכְשָׁו אֶפְשָׁר לִזְרֹעַ וּלְגַדֵּל פֵּרוֹת, אָמַר אָח אֶחָד.

הָאַחִים קִבְּלוּ אֶת הָעֵצָה הַזֹּאת, וְזָרְעוּ אֶת הַשָּׂדֶה.

הַשָּׁנָה הָיְתָה בְּרוּכָה. גְּשָׁמִים רַבִּים יָרְדוּ, וְהַפֵּרוֹת גָּדְלוּ יָפֶה. בַּסּוֹף שֶׁל הַקַּיִץ אָסְפוּ הָאַחִים אֶת הַפֵּרוֹת. הֵם מָכְרוּ אוֹתָם בַּשּׁוּק בִּמְחִיר גָּבוֹהַּ, וְקִבְּלוּ הַרְבֵּה כֶּסֶף. אָז רָאוּ הָאַחִים אֶת הַחָכְמָה שֶׁל הָאָב, וְהֵם קָרְאוּ פֶּה אֶחָד:

— הָעֲבוֹדָה הִיא הָאוֹצָר!

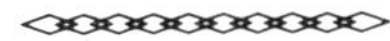

## Exercises — תַּרְגִּילִים

**I. Answer in complete sentences:**

1. אֵיזֶה סִפּוּרִים הָיָה הָאָב מְסַפֵּר לַבָּנִים?
2. מֶה עָשָׂה הָאָב בַּכֶּסֶף?
3. מַדּוּעַ חָפְרוּ הָאַחִים בַּשָּׂדֶה?
4. מַה קָּרָה אַחֲרֵי שֶׁזָּרְעוּ הָאַחִים אֶת הַשָּׂדֶה?
5. אֵיךְ רָאוּ הָאַחִים אֶת הַחָכְמָה שֶׁל הָאָב?

**II. Translate:**

1. She looked for the book in the library, but she did not find it. 2. He has nothing but one field, and he does not know how to divide it among his sons. 3. In Israel it rains in the fall, but it does not rain in the summer. 4. I waited a whole hour for you (f.s.) in the street, but you did not come. 5. I (f.) hope to see you (m.s.) soon. 6. We (f.) don't want to hear empty talk or lies. 7. How much money did you (m.pl.) get when you sold the fruit in the market? 8. I (m.) don't think that it is possible to teach a lazy boy to love work. 9. We were about to go out from the house when suddenly rain came down. 10. The wisdom of a man is his treasure. 11. He spoke a lot, but he didn't say a thing. 12. You (m.s.) gave him good advice, but he did not accept it. 13. I (m.) hope that ultimately you (m.pl.) will see the importance of prayer. 14. The Torah teaches us that every son has to honor his parents. 15. We dug (in) the garden and we wanted to sow, but a strong wind came and we ran quickly home. 16. When he came to Israel, he changed his name to a Hebrew name.

III. Write the correct form of the verb. Follow the example given:

| עָבָר—Past | הֹוֶה—Present | שֵׁם הַפֹּעַל—Infinitive |
|---|---|---|
| הוא דִּבֵּר | הוא מְדַבֵּר | לְדַבֵּר |
| היא | היא | 1. לְקַבֵּל |
| את | את | 2. לְשַׁנּוֹת |
| אנחנו | אנחנו (ז.) | 3. לְלַמֵּד |
| אתם | אתם | 4. לְקַוּוֹת |
| אתה | אתה | 5. לְבָרֵךְ |
| אני | אני (נ.) | 6. לְחַפֵּשׂ |
| הם | הם | 7. לְסַפֵּר |
| את | את | 8. לְחַכּוֹת |
| אתן | אתן | 9. לְחַלֵּק |
| היא | היא | 10. לְכַבֵּד |

# שִׁעוּר לד (34)

| | | | |
|---|---|---|---|
| other; another | אַחֵר, אַחֶרֶת | bone, *n.f.* | עֶצֶם (עֲצָמוֹת) |
| last | אַחֲרוֹן, אַחֲרוֹנָה | in essence; in fact | בְּעֶצֶם |
| at last; in the end; lately | בָּאַחֲרוֹנָה | first | רִאשׁוֹן, רִאשׁוֹנָה |
| unless | אֶלָּא־אִם־כֵּן | at first; in the beginning | בָּרִאשׁוֹנָה |
| cried | בָּכָה (לִבְכּוֹת) | tall; high | רָם, רָמָה |
| echo | הֵד (הֵדִים) | played (a game) | שִׂחֵק (לְשַׂחֵק) בְּ... |
| stupid; silly | טִפֵּשׁ, טִפְּשָׁה | parrot | תֻּכִּי |
| ball; bullet | כַּדּוּר (כַּדּוּרִים) | aloud | בְּקוֹל רָם |
| substance; object; self, *n.m.* | עֶצֶם (עֲצָמִים) | that is to say; this means | זֹאת אוֹמֶרֶת |

תֵּן לַאֲחֵרִים, וְיִתְּנוּ לְךָ. (מִסִּפְרוּת יה״ב)

## GRAMMAR — דִּקְדּוּק

### I. The Future and Imperative of שְׁלֵמִים Verbs in the בִּנְיַן פִּעֵל:

to speak — לְדַבֵּר

עתיד:

אני אֲדַבֵּר | אנחנו נְדַבֵּר

אתה תְּדַבֵּר   את תְּדַבְּרִי | אתם תְּדַבְּרוּ   אתן תְּדַבֵּרְנָה

הוא יְדַבֵּר   היא תְּדַבֵּר | הם יְדַבְּרוּ   הן תְּדַבֵּרְנָה

צווי:

(אתה) דַּבֵּר | (אתם) דַּבְּרוּ

(את) דַּבְּרִי | (אתן) דַּבֵּרְנָה

**II. The Future and Imperative of שְׁלֵמִים Verbs in the פִּעֵל whose Middle Radical is א or ר :**

to describe — לְתָאֵר

עתיד:

| | |
|---|---|
| אני אֲתָאֵר | אנחנו נְתָאֵר |
| אתה תְּתָאֵר את תְּתָאֲרִי | אתם תְּתָאֲרוּ אתן תְּתָאֵרְנָה |
| הוא יְתָאֵר היא תְּתָאֵר | הם יְתָאֲרוּ הן תְּתָאֵרְנָה |

צווי:

(אתה) תָּאֵר (את) תָּאֲרִי (אתם) תָּאֲרוּ (אתן) תָּאֵרְנָה

**III. The Future and Imperative of ל״ה Verbs in the פִּעֵל :**

to wait — לְחַכּוֹת (חִכָּה)

עתיד:

| | |
|---|---|
| אני אֲחַכֶּה | אנחנו נְחַכֶּה |
| אתה תְּחַכֶּה את תְּחַכִּי | אתם תְּחַכּוּ אתן תְּחַכֶּינָה |
| הוא יְחַכֶּה היא תְּחַכֶּה | הם יְחַכּוּ הן תְּחַכֶּינָה |

צווי:

(אתה) חַכֵּה (את) חַכִּי (אתם) חַכּוּ (אתן) חַכֶּינָה

**IV. The Use and Inflection of עֶצֶם.** In addition to its various meanings, this noun also means "self." In this sense, it is used only in the inflected form.

| | | | | |
|---|---|---|---|---|
| עַצְמִי | עַצְמְךָ | עַצְמֵךְ | עַצְמוֹ | עַצְמָהּ |
| עַצְמֵנוּ | עַצְמְכֶם | עַצְמְכֶן | עַצְמָם | עַצְמָן |

| | |
|---|---|
| He loves himself. | הוּא אוֹהֵב אֶת עַצְמוֹ. |
| I am angry at myself. | אֲנִי כּוֹעֵס עַל עַצְמִי. |

עֶצֶם is also used with the prepositions ...בְּ and ...לְ:

I did it by myself. עָשִׂיתִי זֹאת בְּעַצְמִי.

I said to myself. אָמַרְתִּי לְעַצְמִי.

**V. The Pronoun זאת.** Whenever the antecedent is general or indefinite, the feminine pronoun זאת is used.

I know this. אֲנִי יוֹדֵעַ זֹאת.

This means: זֹאת אוֹמֶרֶת:

This rule is not strictly adhered to in colloquial Hebrew, where often the masculine pronoun זֶה is used as well.

◇◇◇◇◇◇◇◇◇◇

## הַהֵד

עַל־יַד יַעַר אֶחָד עָמַד בַּיִת קָטָן. בַּבַּיִת הַזֶּה גָּר יֶלֶד בְּשֵׁם מֹשֶׁה. מֹשֶׁה אָהַב לְשַׂחֵק בֶּחָצֵר אוֹ בַּיַּעַר. יוֹם אֶחָד לָקַח מֹשֶׁה כַּדּוּר וְהָלַךְ לַיַּעַר. כַּאֲשֶׁר הוּא שִׂחֵק בַּכַּדּוּר, הוּא אָמַר לְעַצְמוֹ: "אוּלַי יֵשׁ עוֹד יֶלֶד בַּיַּעַר, אָז אֲנַחְנוּ נְשַׂחֵק יַחַד".

מֹשֶׁה קָרָא בְּקוֹל רָם:

— מִי רוֹצֶה לְשַׂחֵק אִתִּי בְּכַדּוּר?

וְהִנֵּה הוּא שׁוֹמֵעַ קוֹל מִן הַיַּעַר:

— . . . לְ־שַׂ־חֵ־ק אִ־תִּ־י . . . . . .

מֹשֶׁה חָשַׁב שֶׁבַּיַּעַר יֵשׁ יֶלֶד אַחֵר הָרוֹצֶה לְשַׂחֵק אִתּוֹ. הוּא קָרָא שׁוּב:

— יֶלֶד בּוֹא הֵנָּה, אֲנִי אֲחַכֶּה לְךָ.

וְשׁוּב הוּא שָׁמַע קוֹל:

— . . . אֲ־חַ־כֶּ־ה לְ־ךָ!

— אַל תְּדַבֵּר כְּמוֹ תֻּכִּי! אָמַר מֹשֶׁה בְּכַעַס. וְשׁוּב שָׁמַע קוֹל:

— . . . אַל - תְּ - דַ - בֵּ - ר כְּ - מוֹ תֻּ - כִּי!

מֹשֶׁה כָּעַס עוֹד יוֹתֵר וְצָעַק:

— אַתָּה טִפֵּשׁ!

מִיָּד קִבֵּל תְּשׁוּבָה מִן הַיַּעַר:

— . . . ט - פ - ש!

בָּאַחֲרוֹנָה מֹשֶׁה כָּעַס וְצָעַק:

— זֶה שֶׁקֶר גָּדוֹל! אֲנִי אֲסַפֵּר אֶת הַכֹּל לְאִמָּא!

בְּעֵינַיִם מְלֵאוֹת דְּמָעוֹת רָץ מֹשֶׁה יָשָׁר הַבַּיְתָה. כַּאֲשֶׁר הָאֵם רָאֲתָה אוֹתוֹ, הִיא נָשְׁקָה אוֹתוֹ, וְאָמְרָה:

— מֵאַיִן אַתָּה בָּא? מַה קָּרָה לְךָ? מַדּוּעַ אַתָּה בּוֹכֶה?

— שִׂחַקְתִּי בַּיַּעַר וְשָׁם הָיָה יֶלֶד רַע מְאֹד, עָנָה מֹשֶׁה.

— בּוֹא אִתִּי אֶל הַיַּעַר. אֲנִי רוֹצָה לְדַבֵּר אֶל הַיֶּלֶד הַזֶּה, אָמְרָה הָאֵם.

הֵם הָלְכוּ לַיַּעַר. חִפְּשׂוּ וְחִפְּשׂוּ וְלֹא מָצְאוּ יֶלֶד בַּיַּעַר. אָז שָׁאֲלָה הָאֵם אֶת מֹשֶׁה:

— הַאִם אַתָּה יָכוֹל לְתָאֵר לִי אֶת הַיֶּלֶד?

— אֵין אֲנִי יָכוֹל לְתָאֵר אוֹתוֹ, עָנָה מֹשֶׁה. לֹא רָאִיתִי אֶת הַפָּנִים שֶׁלּוֹ. רַק שָׁמַעְתִּי אֶת קוֹלוֹ.

— אִם כֵּן, אָמְרָה הָאֵם, מֶה עָשָׂה לְךָ הַיֶּלֶד הָרַע?

— בָּרִאשׁוֹנָה הוּא חָזַר כְּמוֹ תֻּכִּי עַל כָּל מִלָּה וּמִלָּה שֶׁאָמַרְתִּי. בָּאַחֲרוֹנָה הוּא קָרָא לִי "טִפֵּשׁ".

אָז אָמְרָה הָאֵם:

— מֹשֶׁה, אַתָּה טָעִיתָ. דַּע לְךָ, לֹא הָיָה יֶלֶד אַחֵר בַּיַּעַר. זֶה הָיָה הַהֵד. בְּעֶצֶם מִי הָיָה הָרִאשׁוֹן שֶׁאָמַר "טִפֵּשׁ"? אַתָּה! אַל תְּקַוֶּה לִשְׁמֹעַ מִלִּים יָפוֹת אֶלָּא־אִם־כֵּן אַתָּה תְּדַבֵּר בְּמִלִּים יָפוֹת. זֹאת אוֹמֶרֶת: כַּבֵּד אֶת הַחֲבֵרִים שֶׁלְּךָ, וְהֵם יְכַבְּדוּ אוֹתְךָ!

## Exercises — תַּרְגִּילִים

**I. Answer in complete sentences:**

1. מָה אָהַב מֹשֶׁה לַעֲשׂוֹת?
2. מֶה חָשַׁב מֹשֶׁה כַּאֲשֶׁר הוּא שָׁמַע קוֹל מִן הַיַּעַר?
3. מַדּוּעַ בָּכָה מֹשֶׁה?
4. לָמָּה הָלְכָה הָאֵם עִם מֹשֶׁה אֶל הַיַּעַר?
5. מָה אֶפְשָׁר לִלְמֹד מִן הַהֵד?

**II. Translate:**

1. I will not play ball with you (m.s.) today unless you (will) come immediately after school. 2. She wrote the last letter by herself. 3. Who was the first Hebrew in the world? 4. Don't (m.s.) cry over (on) things that have already passed. 5. Wait (f.s.) for me in the railway station (station of the train). 6. Why is your (f.s.) face so sad lately? 7. Is it possible to teach a stupid man to be wise? 8. Change (m.pl.) the verb from past to future. 9. Every voice has an echo. 10. In the beginning, I thought that Hebrew is a difficult language. 11. We hope that you (m.s.) will change your bad ways. 12. She will look by herself for the answer in another book. 13. "I will not forgive you (m.s.) if you will not respect the Torah," said the father with anger. 14. Will you (m.pl.) know what to do if you will get great wealth? 15. Speak (f.s.) in a loud voice, please! 16. It is difficult to run against the wind.

**III. Change from the past to the future:**

1. אֲנִי חִפַּשְׂתִּי
2. הוּא סִפֵּר
3. הֵם קִוּוּ
4. הִיא דִּבְּרָה
5. אֲנַחְנוּ שִׂחַקְנוּ
6. אַתְּ חִכִּית
7. אַתָּה לִמַּדְתָּ
8. אַתֶּם שִׁנִּיתֶם
9. אַתֶּן כִּבַּדְתֶּן
10. אַתָּה קִבַּלְתָּ
11. הֵם חִלְּקוּ
12. הוּא תֵּאֵר

# שִׁעוּר לה (35)

| | |
|---|---|
| toilet | בֵּית שִׁמּוּשׁ = בֵּית כִּסֵּא |
| ink, *n.m.&f.* | דְּיוֹ |
| stepped on; trod | דָּרַךְ (לִדְרֹךְ) |
| studies, *n.pl.* | לִמּוּדִים |
| kind; gender; sex | מִין (מִינִים) |
| deed | מַעֲשֶׂה (מַעֲשִׂים) |
| flower | פֶּרַח (פְּרָחִים) |
| drew; painted | צִיֵּר (לְצַיֵּר) |
| drawing | צִיּוּר (צִיּוּרִים) |
| wall | קִיר (קִירוֹת) |
| tore | קָרַע (לִקְרֹעַ) |
| broke; shattered | שִׁבֵּר (לְשַׁבֵּר) |
| mischievous, *n.&adj.* | שׁוֹבָב (שׁוֹבָבִים) |
| dress | שִׂמְלָה (שְׂמָלוֹת) |
| spilled; poured out | שָׁפַךְ (לִשְׁפֹּךְ) |
| was silent, kept silent | שָׁתַק (לִשְׁתֹּק) |
| picture | תְּמוּנָה (תְּמוּנוֹת) |
| dining room | חֲדַר אֹכֶל |

אֵיזֶהוּ חָכָם? הַלּוֹמֵד מִכָּל אָדָם! (פִּרְקֵי אָבוֹת)

## GRAMMAR — דִּקְדּוּק

**I.** סְמִיכוּת **Construct State.** The English preposition "of," used both in a possessive or a qualitative sense, may be expressed in Hebrew in one of two ways:

1. By שֶׁל:

   A man's voice = a voice of a man — קוֹל שֶׁל אִישׁ

   A heart of gold — לֵב שֶׁל זָהָב

2. By juxtaposing both nouns in a dependent relationship, called סְמִיכוּת (the construct state), with the word שֶׁל being omitted:

   קוֹל אִישׁ     לֵב זָהָב

   If the two nouns are definite, then the first noun loses its definite article in the סְמִיכוּת .     הַקּוֹל שֶׁל הָאִישׁ = קוֹל הָאִישׁ

**II. Prepositions Attached to a Definite Noun in סְמִיכוּת.** Since the first noun is definite without the use of the definite article, all prepositions attached to the noun retain their regular vocalizations.

בַּסּוֹף שֶׁל הַסִּפּוּר = בְּסוֹף הַסִּפּוּר

לַסּוֹף שֶׁל הַסִּפּוּר = לְסוֹף הַסִּפּוּר

**III. Inner Vowel Changes in the סְמִיכוּת.** There are many nouns that undergo inner vowel changes while others do not. It is too early at this stage to give all the rules. However, here are some of the rules:

A. Singular nouns which remain unchanged in the סְמִיכוּת :

1. Monosyllabic nouns with full vowels: אִיא, אוּא, אוֹא

הַשִּׁיר שֶׁל הַצִּפּוֹר = שִׁיר הַצִּפּוֹר

הַקּוֹל שֶׁל הַנָּבִיא = קוֹל הַנָּבִיא

הַבּוּל שֶׁל הַדֹּאַר = בּוּל הַדֹּאַר

2. All singular segolate nouns (two-syllable nouns whose second syllable is vocalized by a סֶגּוֹל ):*

הַמֶּלֶךְ שֶׁל הָעוֹלָם = מֶלֶךְ הָעוֹלָם

הַסֵּפֶר שֶׁל הַתּוֹרָה = סֵפֶר הַתּוֹרָה

The noun חֶדֶר is an exception to this rule. It becomes חֲדַר in the סְמִיכוּת .

dining room — חֲדַר אֹכֶל = חֶדֶר שֶׁל אֹכֶל

children's room — חֲדַר יְלָדִים = הַחֶדֶר שֶׁל הַיְלָדִים

---

*Note: The inflection of the segolate noun, singular and plural, is found in lessons 65, 66.

3. Two-syllable nouns, whose first syllable is vocalized by a פַּתָּח or a חִירִיק , and the second is vocalized by a full vowel: ( אִי, אוּ, אוֹ )

הַשִּׁעוּר שֶׁל הַתַּלְמִיד = שִׁעוּר הַתַּלְמִיד

הַחַלּוֹן שֶׁל הַחֶדֶר = חַלּוֹן הַחֶדֶר

הַסַּכִּין שֶׁל הַמִּטְבָּח = סַכִּין הַמִּטְבָּח

4. All monosyllabic nouns which are vocalized by a פַּתָּח remain unchanged in the סְמִיכוּת .

הָעַם שֶׁל יִשְׂרָאֵל = עַם יִשְׂרָאֵל

הַגַּן שֶׁל הָעִיר = גַּן הָעִיר

B. Singular Nouns that Undergo Inner Vowel Changes. In all two-syllable singular nouns, whose first syllable is vocalized by a קָמָץ and the second is vocalized by a full vowel ( אִי, אוּ, אוֹ ), the קָמָץ changes to a שְׁוָא .

הַשָּׁלוֹם שֶׁל הָאִישׁ = שְׁלוֹם הָאִישׁ

הַנָּבִיא שֶׁל אֱמֶת = נְבִיא אֱמֶת

הָאָרוֹן שֶׁל הַקֹּדֶשׁ = אֲרוֹן הַקֹּדֶשׁ

**IV. Singular Feminine Nouns in the סְמִיכוּת .**

1. The ending אָה of feminine nouns changes to אַת :

הַדּוֹדָה שֶׁל הַיֶּלֶד = דּוֹדַת הַיֶּלֶד

הַשִּׂמְלָה שֶׁל הַנַּעֲרָה = שִׂמְלַת הַנַּעֲרָה

2. The ending "ת" of feminine nouns remains unchanged:

הַדֶּלֶת שֶׁל הַבַּיִת = דֶּלֶת הַבַּיִת

**V. Plural Nouns in the סְמִיכוּת.**

1. The plural ending xִים and the dual ending xַיִם change to xֵי:

הַתַּלְמִידִים שֶׁל הַכִּתָּה = תַּלְמִידֵי הַכִּתָּה

הָרַגְלַיִם שֶׁל הַבָּחוּר = רַגְלֵי הַבָּחוּר

2. The plural ending xוֹת remains unchanged:

הַקִּירוֹת שֶׁל הַחֶדֶר = קִירוֹת הַחֶדֶר

הַבַּחוּרוֹת שֶׁל הָאוּנִיבֶרְסִיטָה = בַּחוּרוֹת הָאוּנִיבֶרְסִיטָה

**VI. Plural Nouns that Undergo Inner Vowel Changes.**

Plural nouns having the form:

xְ xָ xִים — יְלָדִים, סְפָרִים

change in the סְמִיכוּת either to

יַלְדֵי הַכִּתָּה — יַלְדֵי — xַ xְ xֵי

or

סִפְרֵי הַיֶּלֶד — סִפְרֵי — xִ xְ xֵי

There is, however, no rule by which to determine whether the first vowel will be a פַּתָּח as in יַלְדֵי, or a חִירִיק as in סִפְרֵי. For further refinements, see lesson 66.

**VII. The Accent in the סְמִיכוּת.** In the סְמִיכוּת, the two nouns are treated as one hyphenated concept. Hence, the first noun loses its primary accent, retaining only a secondary stress.

הַקּוֹל שֶׁל הַיֶּלֶד = קוֹל-הַיֶּלֶד

Because of the shift of the primary accent, in a two-syllable noun whose first syllable is vocalized by the long vowel קָמָץ (e.g., שָׁלוֹם), the קָמָץ changes to a שְׁוָא.

הַשָּׁלוֹם שֶׁל הָאִישׁ = שְׁלוֹם-הָאִישׁ

For the same reason, when the second syllable is vocalized by a קָמָץ , the קָמָץ changes to the short vowel פַּתָּח .

הַדּוֹדָה שֶׁל הַמֶּלְצָר = דּוֹדַת־הַמֶּלְצָר

הַמִּדְבָּר שֶׁל סִינַי = מִדְבַּר־סִינַי

הַמִּשְׁפָּחָה שֶׁל הָאִישׁ = מִשְׁפַּחַת־הָאִישׁ

## חוּשָׁם הַשּׁוֹבָב

חוּשָׁם הָיָה יֶלֶד שׁוֹבָב. הוּא הָיָה עוֹשֶׂה מַעֲשִׂים רָעִים בְּבֵית הַסֵּפֶר, וְלֹא הָיָה שָׂם לֵב לַלִּמּוּדִים. הוּא הָיָה קוֹרֵעַ נְיָר וְזוֹרֵק עַל הָרִצְפָּה אֶת חֲתִיכוֹת הַנְּיָר. הוּא הָיָה מְצַיֵּר בְּגִיר כָּל מִינֵי תְּמוּנוֹת עַל הַלּוּחַ וְעַל קִירוֹת בֵּית הַשִּׁמּוּשׁ. הוּא הָיָה מְשַׂחֵק בְּכַדּוּר בַּחֲדַר הָאֹכֶל וְהָיָה מְשַׁבֵּר אֶת הַמְּנוֹרוֹת. כַּאֲשֶׁר הָיוּ שׁוֹאֲלִים אוֹתוֹ: "מִי עָשָׂה אֶת הַדָּבָר הַזֶּה?", חוּשָׁם לֹא הָיָה מְחַכֶּה אַף רֶגַע, וְהָיָה עוֹנֶה מִיָּד כְּמוֹ הֵד:

— לֹא אֲנִי! לֹא אֲנִי!

פַּעַם אַחַת זָרַק חוּשָׁם אֶבֶן וְשִׁבֵּר אֶת חַלּוֹן הַסִּפְרִיָּה.

— מִי שִׁבֵּר אֶת הַחַלּוֹן? שָׁאַל הַמּוֹרֶה בְּכַעַס.

— לֹא אֲנִי! עָנָה חוּשָׁם.

יוֹם אֶחָד שָׁפַךְ חוּשָׁם דְּיוֹ עַל שִׂמְלַת תַּלְמִידָה. הַתַּלְמִידָה בָּכְתָה וְסִפְּרָה אֶת הַדָּבָר לַמּוֹרֶה.

— מִי שָׁפַךְ אֶת הַדְּיוֹ עַל הַשִּׂמְלָה? שָׁאַל הַמּוֹרֶה.

— לֹא אֲנִי! עָנָה חוּשָׁם.

פַּעַם אַחַת דָּרַךְ חוּשָׁם עַל פִּרְחֵי הַגַּן.

— מִי דָּרַךְ עַל הַפְּרָחִים? שָׁאַל הַמּוֹרֶה.

— לֹא אֲנִי! עָנָה גַּם הַפַּעַם חוּשָׁם.

יוֹם אֶחָד צִיֵּר חוּשָׁם כָּל מִינֵי צִיּוּרִים עַל קִירוֹת הַחֶדֶר.

— מִי צִיֵּר עַל הַקִּירוֹת? שָׁאַל הַמּוֹרֶה בְּכַעַס.

— לֹא אֲנִי! עָנָה חוּשָׁם.

— וּמִי כָּתַב אֶת סֵפֶר הַתּוֹרָה? שָׁאַל הַמּוֹרֶה.

— לֹא אֲנִי! לֹא אֲנִי! קָרָא חוּשָׁם בְּקוֹל רָם.

— מָה? לֹא אַתָּה? אָמַר הַמּוֹרֶה. תָּמִיד יֵשׁ לְךָ רַק תְּשׁוּבָה אַחַת "לֹא אֲנִי! לֹא אֲנִי!"

חוּשָׁם שָׁתַק רֶגַע, וְאַחֲרֵי־כֵן שִׁנָּה אֶת תְּשׁוּבָתוֹ, וְאָמַר:

— סְלִיחָה, הַמּוֹרֶה צוֹדֵק. אָמַרְתִּי שֶׁקֶר. הַפַּעַם אֲנִי עָשִׂיתִי זֹאת בְּעַצְמִי! כַּאֲשֶׁר שָׁמְעוּ זֹאת יַלְדֵי הַכִּתָּה, הֵם פָּרְצוּ בִּצְחוֹק.

## Exercises — תַּרְגִּילִים

**I. Answer in complete sentences:**

1. מֶה עָשָׂה חוּשָׁם בַּגַּן?
2. מַה צִיֵּר חוּשָׁם עַל הַלּוּחַ?
3. מֶה עָשָׂה חוּשָׁם לְשִׂמְלַת הַיַּלְדָּה?
4. עַל אֵיזוֹ שְׁאֵלָה עָנָה חוּשָׁם: "אֲנִי עָשִׂיתִי זֹאת"?
5. מַדּוּעַ פָּרְצוּ יַלְדֵי הַכִּתָּה בִּצְחוֹק?

**II. Translate:** (Use the סְמִיכוּת )

1. The mischievous boy drew the teacher's picture on the blackboard. 2. Don't (m.pl.) throw pieces of paper and don't spill ink on the floor. 3. After a long day of study (studies), I (f.) am very tired. 4. A righteous man does a good deed every single day. 5. I counted all the words we have learned this year. 6. There is not enough water in the Negev and therefore it is difficult to grow (raise) flowers there. 7. Be silent (m.pl.) and pay attention to the reading. 8. Who tore the shepherd's tent? 9. In the summer we eat all kinds of fruit. 10. He stepped on the foot of the lady and did not say "pardon." 11. I threw my sister's dress under the chair. 12. On the way to the spring, the girl broke her pitcher. 13. There are all kinds of pictures on the walls of the house. 14. The child's drawings made a great impression on everyone. 15. The mother teaches the son to speak, and the father teaches him to be silent. 16. We have a small kitchen but a large dining room.

III. Change to סְמִיכוּת :

1. הַחוֹל שֶׁל הַמִּדְבָּר
2. הַפְּרָחִים שֶׁל הַשָּׂדֶה
3. בַּמָּקוֹם שֶׁל הַמּוֹרֶה
4. לַקּוֹל שֶׁל הַצִּפּוֹר
5. בַּשִּׁעוּרִים שֶׁל הַכִּתָּה
6. הַתִּקְוָה שֶׁל הַהוֹרִים
7. הַמְּנוֹרוֹת שֶׁל הַבַּיִת
8. הַגַּלִּים שֶׁל הַיָּם
9. לַגֶּשֶׁר שֶׁל הַנָּהָר
10. הַסִּפְרִיָּה שֶׁל בֵּית הַסֵּפֶר
11. אָרוֹן שֶׁל בְּגָדִים
12. הַמִּטּוֹת שֶׁל הַחֶדֶר
13. הַיְלָדִים שֶׁל הַגַּן
14. הַגַּן שֶׁל הַיְלָדִים
15. הַשָּׁלוֹם שֶׁל הָעוֹלָם
16. יוֹם שֶׁל עֲבוֹדָה

# שִׁעוּר לו (36)

| | | | |
|---|---|---|---|
| meal | אֲרוּחָה (אֲרוּחוֹת) | film; ribbon | סֶרֶט (סְרָטִים) |
| breakfast | אֲרוּחַת בֹּקֶר | corner | פִּנָּה (פִּנּוֹת) |
| lunch | אֲרוּחַת צָהֳרַיִם | wound, *n.m.* | פֶּצַע (פְּצָעִים) |
| supper | אֲרוּחַת עֶרֶב | movie house, cinema | קוֹלְנוֹעַ |
| hospital | בֵּית חוֹלִים | cold, *adj.* | קַר, קָרָה |
| minute | דַּקָּה (דַּקּוֹת) | torn | קָרוּעַ, קְרוּעָה |
| too bad! alas! | חֲבָל! | had pity on, pitied | רִחֵם (לְרַחֵם) |
| smile | חִיּוּךְ (חִיּוּכִים) | silence | שְׁתִיקָה |
| ticket | כַּרְטִיס (כַּרְטִיסִים) | theater | תֵּאַטְרוֹן (תֵּאַטְרוֹנִים) |
| pressed, exerted pressure | לָחַץ (לִלְחֹץ) עַל | it does not matter | אֵין דָּבָר |
| | | it pleases me | טוֹב בְּעֵינַי |
| to shake hands | לִלְחֹץ יָד | to be laid up in the hospital | לִשְׁכַּב בְּבֵית חוֹלִים |
| pressing | לְחִיצָה (לְחִיצוֹת) | | |
| handshake | לְחִיצַת יָד | to describe to oneself to imagine | לְתָאֵר לְעַצְמוֹ |
| alms; donation | נְדָבָה (נְדָבוֹת) | | |

לֹא יְדַבֵּר אֶחָד בַּפֶּה וְאֶחָד בַּלֵּב. (מִן הַתַּלְמוּד)

## GRAMMAR — דִּקְדּוּק

### I. The Inflection of the Dual and Plural Nouns.

The inflection of the plural noun, ending in ×ִים, and the dual (×ַיִם) follow:

הַדּוֹדִים שֶׁלִּי = דּוֹדַי

| | |
|---|---|
| הַדּוֹדִים שֶׁלְּךָ = דּוֹדֶיךָ | הַדּוֹדִים שֶׁלָּךְ = דּוֹדַיִךְ |
| הַדּוֹדִים שֶׁלּוֹ = דּוֹדָיו | הַדּוֹדִים שֶׁלָּהּ = דּוֹדֶיהָ |

הַדּוֹדִים שֶׁלָּנוּ = דּוֹדֵינוּ

| | |
|---|---|
| הַדּוֹדִים שֶׁלָּכֶם = דּוֹדֵיכֶם | הַדּוֹדִים שֶׁלָּכֶן = דּוֹדֵיכֶן |
| הַדּוֹדִים שֶׁלָּהֶם = דּוֹדֵיהֶם | הַדּוֹדִים שֶׁלָּהֶן = דּוֹדֵיהֶן |

הָעֵינַיִם שֶׁלִּי = עֵינַי

| | |
|---|---|
| הָעֵינַיִם שֶׁלְּךָ = עֵינֶיךָ | הָעֵינַיִם שֶׁלָּךְ = עֵינַיִךְ |
| הָעֵינַיִם שֶׁלּוֹ = עֵינָיו | הָעֵינַיִם שֶׁלָּהּ = עֵינֶיהָ |

הָעֵינַיִם שֶׁלָּנוּ = עֵינֵינוּ

| | |
|---|---|
| הָעֵינַיִם שֶׁלָּכֶם = עֵינֵיכֶם | הָעֵינַיִם שֶׁלָּכֶן = עֵינֵיכֶן |
| הָעֵינַיִם שֶׁלָּהֶם = עֵינֵיהֶם | הָעֵינַיִם שֶׁלָּהֶן = עֵינֵיהֶן |

## II. The Inflection of the Plural Noun Ending in ×וֹת Follows:

הַדּוֹדוֹת שֶׁלִּי = דּוֹדוֹתַי

| | |
|---|---|
| הַדּוֹדוֹת שֶׁלְּךָ = דּוֹדוֹתֶיךָ | הַדּוֹדוֹת שֶׁלָּךְ = דּוֹדוֹתַיִךְ |
| הַדּוֹדוֹת שֶׁלּוֹ = דּוֹדוֹתָיו | הַדּוֹדוֹת שֶׁלָּהּ = דּוֹדוֹתֶיהָ |

הַדּוֹדוֹת שֶׁלָּנוּ = דּוֹדוֹתֵינוּ

| | |
|---|---|
| הַדּוֹדוֹת שֶׁלָּכֶם = דּוֹדוֹתֵיכֶם | הַדּוֹדוֹת שֶׁלָּכֶן = דּוֹדוֹתֵיכֶן |
| הַדּוֹדוֹת שֶׁלָּהֶם = דּוֹדוֹתֵיהֶם | הַדּוֹדוֹת שֶׁלָּהֶן = דּוֹדוֹתֵיהֶן |

## III. The Inflection of the Prepositions אֶל, עַל, לִפְנֵי, אַחֲרֵי.

As you already know, prepositions, like nouns, are inflected. Some are inflected like singular nouns, E.g.,

עִם, אֶת, בְּ... לְ...

Others are inflected like plural nouns. E.g.,

אֶל, עַל, לִפְנֵי, אַחֲרֵי

The inflections of these prepositions follow:

| אֶל | | עַל | |
|---|---|---|---|
| אֵלַי | | עָלַי | |
| אֵלֶיךָ | אֵלַיִךְ | עָלֶיךָ | עָלַיִךְ |
| אֵלָיו | אֵלֶיהָ | עָלָיו | עָלֶיהָ |

| | | | |
|---|---|---|---|
| | עָלֵינוּ | | אֵלֵינוּ |
| עֲלֵיכֶן | עֲלֵיכֶם | אֲלֵיכֶן | אֲלֵיכֶם |
| עֲלֵיהֶן | עֲלֵיהֶם | אֲלֵיהֶן | אֲלֵיהֶם |

Because of the shift of accent to the suffixes ,כֶם, כֶן, הֶם, הֶן the initial צֵירֵה and קָמָץ, which are long vowels, change to a חֲטַף־פַּתָּח.

| | | | |
|---|---|---|---|
| | **אַחֲרֵי** | | ***לִפְנֵי** |
| | אַחֲרַי | | לְפָנַי |
| אַחֲרַיִךְ | אַחֲרֶיךָ | לְפָנַיִךְ | לְפָנֶיךָ |
| אַחֲרֶיהָ | אַחֲרָיו | לְפָנֶיהָ | לְפָנָיו |
| | אַחֲרֵינוּ | | לְפָנֵינוּ |
| אַחֲרֵיכֶן | אַחֲרֵיכֶם | לִפְנֵיכֶן | לִפְנֵיכֶם |
| אַחֲרֵיהֶן | אַחֲרֵיהֶם | לִפְנֵיהֶן | לִפְנֵיהֶם |

**IV. עַל Followed By an Infinitive.** The expressions "have to," "need to," "must" may be rendered in a number of ways. You have already learned the common form צָרִיךְ לְ.... There is also an idiomatic way of rendering these expressions, which is frequently used. It is formed by the verb in the infinitive preceded by the inflection of the preposition עַל.

| | |
|---|---|
| I have to go. | עָלַי לָלֶכֶת. |
| You (m.s.) have to do this. | עָלֶיךָ לַעֲשׂוֹת זֹאת. |

---

*Note: The preposition לִפְנֵי is in reality a combination of the preposition לְ... attached to the סְמִיכוּת of the noun פָּנִים, which is פְּנֵי (face of). The inflection of לִפְנֵי is, therefore, based on the inflection of פָּנִים which is:

| | | | | |
|---|---|---|---|---|
| פָּנֶיהָ | פָּנָיו | פָּנַיִךְ | פָּנֶיךָ | פָּנַי |
| פְּנֵיהֶן | פְּנֵיהֶם | פְּנֵיכֶן | פְּנֵיכֶם | פָּנֵינוּ |

For the past, the auxiliary verb הָיָה is inserted between the infinitive and the inflection of עַל.

I had to go. עָלַי הָיָה לָלֶכֶת.

You (m.s.) had to do this. עָלֶיךָ הָיָה לַעֲשׂוֹת זֹאת.

For the future, the auxiliary verb יִהְיֶה is inserted between the infinitive and the inflection of עַל.

I will have to go. עָלַי יִהְיֶה לָלֶכֶת.

She will have to do this. עָלֶיהָ יִהְיֶה לַעֲשׂוֹת זֹאת.

## לְחִיצַת הַיָּד

שַׁבְתִּי הַבַּיְתָה אַחֲרֵי יוֹם עֲבוֹדָה אָרֹךְ. הָיִיתִי רָעֵב וְצָמֵא. רָחַצְתִּי מַהֵר אֶת הַיָּדַיִם וְיָשַׁבְתִּי אֶל הַשֻּׁלְחָן לֶאֱכֹל אֲרוּחַת עֶרֶב. בְּמֶשֶׁךְ הָאֲרוּחָה פָּנְתָה אֵלַי הָאִשָּׁה שֶׁלִּי:

— אֲנִי דּוֹאֶגֶת לְךָ מְאֹד. אַתָּה כָּל כָּךְ עָסוּק בָּאַחֲרוֹנָה. תָּאֵר לְעַצְמְךָ, זֶה כְּבָר כִּמְעַט שָׁנָה שְׁלֵמָה שֶׁלֹּא בִּקַּרְנוּ בַּתֵּאַטְרוֹן. אֲנִי לֹא רוֹצָה לִלְחֹץ עָלֶיךָ. אֲבָל,אוּלַי נֵצֵא הָעֶרֶב? אִם לֹא נִמְצָא כַּרְטִיסִים לַתֵּאַטְרוֹן אָז נֵלֵךְ לַקּוֹלְנוֹעַ. קָרָאתִי בָּעִתּוֹן אֶתְמוֹל, שֶׁבַּקּוֹלְנוֹעַ "עַצְמָאוּת" יֵשׁ סֶרֶט מְצֻיָּן.

עָנִיתִי:

— חֲבָל! אֵין אֲנִי יָכוֹל לָלֶכֶת אִתָּךְ הָעֶרֶב. שָׁמַעְתִּי הַיּוֹם שֶׁחֲבֵרִי דָּוִד חוֹלֶה מְאֹד. כְּבָר שָׁבוּעַ שֶׁהוּא שׁוֹכֵב בְּבֵית הַחוֹלִים. עָלַי לְבַקֵּר אוֹתוֹ הָעֶרֶב.

גָּמַרְתִּי אֶת הָאֲרוּחָה. קַמְתִּי מִן הַכִּסֵּא, לָקַחְתִּי אֶת מְעִילִי, וְיָצָאתִי מַהֵר מִן הַבַּיִת. הָיָה עֶרֶב קַר. בַּחוּץ הָיָה חֹשֶׁךְ. גֶּשֶׁם כָּבֵד יָרַד. בְּפִנַּת הָרְחוֹב עַל הַמִּדְרָכָה עָמַד אִישׁ זָקֵן. פָּנָיו הָיוּ לְבָנִים וַעֲצוּבִים. בְּגָדָיו הָיוּ קְרוּעִים, וְיָדָיו הָיוּ מְלֵאוֹת פְּצָעִים.

הַזָּקֵן פָּנָה אֵלַי, וּבְקוֹל חַלָּשׁ וּבוֹכֶה בִּקֵּשׁ נְדָבָה.

שַׂמְתִּי אֶת יָדַי בְּכִיסַי וְלֹא מָצָאתִי כְּלוּם. חִפַּשְׂתִּי בְּכָל כִּיסַי, וְהִנֵּה הֵם רֵיקִים. בְּרֶגַע זֶה זָכַרְתִּי, שֶׁלֹּא לָקַחְתִּי כֶּסֶף אִתִּי כַּאֲשֶׁר יָצָאתִי מִן הַבַּיִת. בָּרִאשׁוֹנָה לֹא יָדַעְתִּי מַה לַּעֲשׂוֹת. הַזָּקֵן עָמַד וְחִכָּה. רִחַמְתִּי עָלָיו מְאֹד.

דַּקּוֹת אֲחָדוֹת עָבְרוּ בִּשְׁתִיקָה. פִּתְאֹם לָקַחְתִּי אֶת הַיָּד הָרוֹעֶדֶת שֶׁל הַזָּקֵן וְלָחַצְתִּי אוֹתָהּ בְּאַהֲבָה, וְאָמַרְתִּי לוֹ:

— סְלִיחָה, אֵין לִי דָּבָר לָתֵת לְךָ. בְּמִקְרֶה כִּיסַי רֵיקִים.

בָּרֶגַע הַזֶּה רָאִיתִי גַּל אוֹר עוֹלֶה בְּעֵינֵי הַזָּקֵן הָעֲצוּבוֹת. לְאַט לְאַט עָלָה גַּם חִיּוּךְ עַל פָּנָיו, וְהוּא אָמַר לִי:

— בָּרוּךְ תִּהְיֶה. אַל תִּדְאַג, אֵין דָּבָר. הַלְּחִיצָה שֶׁל יָדְךָ טוֹבָה בְּעֵינַי כְּמוֹ נְדָבָה.

## Exercises — תַּרְגִּילִים

**I. Answer in complete sentences:**

1. לְאָן רָצְתָה הָאִשָּׁה לָלֶכֶת?
2. אֶת מִי פָּגַשׁ הָאִישׁ בָּרְחוֹב?
3. מַדּוּעַ לֹא נָתַן הָאִישׁ נְדָבָה לַזָּקֵן?
4. מֶה עָשָׂה הָאִישׁ כַּאֲשֶׁר לֹא מָצָא כְּלוּם בְּכִיסָיו?
5. מַה קָּרָה בַּסּוֹף?

**II. Translate:** (Use the inflected noun)

1. His deeds do not please us. 2. It is possible to buy tickets on (in) the train. 3. Too bad, my beautiful dress is torn and I (f.) cannot wear it tonight. 4. I will come for supper a few minutes after you (f.s.), please forgive me. 5. The youth fell from the tree and got a big wound on (in) his head. 6. It is cold outside, and I (f.) pity every person (man) who does not have a warm coat. 7. I have not seen a smile on your (f.s.) face, what happened to you? 8. The question was long, but the answer was short. 9. When I was laid

up in the hospital, the physician visited me once (one time in) a day. 10. Tickets to the theater cost a lot. Therefore many people go to the cinema, and not to the theater. 11. Every Friday my grandfather used to give alms to the poor. 12. After a silence of a few minutes, the man got up and said: "Too bad, I must leave now." 13. Don't (m.s.) press (on) me, I will do it by myself. 14. I put the food on the table before him, but he did not touch the food. 15. He built a house on the corner of the street.

**III. Translate:**

| | | |
|---|---|---|
| 1. before us | 5. to them (m.) | 9. about (on) him |
| 2. after her | 6. before you (m.s.) | 10. after you (m.pl.) |
| 3. on you (f.s.) | 7. after them (f.) | 11. before me |
| 4. after you (f.s.) | 8. to us | 12. on us |

**IV. Put in the inflected form:**

| | | |
|---|---|---|
| 1. הַתְּמוּנוֹת שֶׁלָּנוּ | 5. הַפָּנִים שֶׁלְּךָ | 9. הַיְלָדִים שֶׁלָּהּ |
| 2. הַדּוֹדוֹת שֶׁלָּהֶן | 6. הַשִּׁעוּרִים שֶׁלָּךְ | 10. הַמְּקוֹמוֹת שֶׁלָּכֶם |
| 3. הָרַגְלַיִם שֶׁלָּכֶן | 7. הַשִּׁירִים שֶׁלּוֹ | 11. הַקּוֹלוֹת שֶׁלָּהֶם |
| 4. הָאֲרוּחוֹת שֶׁלִּי | 8. הַכִּתָּה שֶׁלָּנוּ | 12. הַפִּנָּה שֶׁלִּי |

# שִׁעוּר לז (37)

| | | | |
|---|---|---|---|
| אָדָם | man | נִצָּחוֹן (נִצְחוֹנוֹת) | victory; triumph |
| אַיִן | naught; nothing | בְּנִצָּחוֹן | triumphantly |
| אֶפֶס (אֲפָסִים) | naught; nothing; zero | נָשָׂא (לָשֵׂאת, לִנְשֹׂא) | carried |
| אֵשׁ | fire, *n.f.* | עָבַד לְ...; אֶת | worshipped; served |
| הַיּוֹתֵר | the most | עֹנֶשׁ (עֳנָשִׁים) | punishment |
| הֲלֹא | is it not? surely! | פִּזֵּר (לְפַזֵּר) | scattered, *v.* |
| חָטָא (לַחֲטֹא) | sinned | רוּחַ (רוּחוֹת) | spirit; wind |
| חֵטְא (חֲטָאִים) | sin, *n.m.* | שָׁלַט (לִשְׁלֹט) בְּ...; עַל | ruled; controlled |
| כִּבָּה (לְכַבּוֹת) | extinguished; put out (fire) | שָׂרַף (לִשְׂרֹף) | burned, *v.tr.* |
| מַר, מָרָה | bitter | תּוֹךְ | within |
| רַע וָמַר | bad and bitter | בְּתוֹךְ | in the midst of |
| מִשְׁפָּט (מִשְׁפָּטִים) | trial; judgment; sentence | אַיִן וָאֶפֶס | totally nothing |
| | | שָׁלַט בְּרוּחוֹ | controlled himself |

בְּאֶפֶס עֵצִים תִּכְבֶּה אֵשׁ. (מִן הַמִּקְרָא)

## GRAMMAR — דִּקְדּוּק

### I. The Comparative.

1. The English comparative "as...as" or "like" is expressed by the word כְּמוֹ.

He speaks like an Israeli. הוּא מְדַבֵּר כְּמוֹ יִשְׂרְאֵלִי.

He is as strong as Samson. הוּא חָזָק כְּמוֹ שִׁמְשׁוֹן.

When a personal pronoun is the object of כְּמוֹ, the two contract by inflecting כְּמוֹ. The inflection of כְּמוֹ follows:

| | | | |
|---|---|---|---|
| כָּמוֹנוּ | | כָּמוֹנִי | |
| כְּמוֹכֶן | כְּמוֹכֶם | כָּמוֹךְ | כָּמוֹךָ |
| כְּמוֹהֶן | כְּמוֹהֶם | כָּמוֹהָ | כָּמוֹהוּ |

He is as strong as I. הוּא חָזָק כָּמוֹנִי.

I am as wise as he. אֲנִי חָכָם כָּמוֹהוּ.

2. The comparative "more than" is expressed by מִן, or its shortened form ...מִ (...מֵ—before gutturals). It may also be expressed by the phrase יוֹתֵר מִן or its short form ...יוֹתֵר מִ (...יוֹתֵר מֵ)

David is bigger than Dan. { דָּוִד גָּדוֹל (מִן דָּן) מִדָּן. / דָּוִד יוֹתֵר גָּדוֹל (מִן דָּן) מִדָּן.

David is smaller than Abraham. { דָּוִד קָטָן מֵאַבְרָהָם. / דָּוִד יוֹתֵר קָטָן מֵאַבְרָהָם.

Note: In speech, the second form of the comparative—יוֹתֵר ...מִ—is more common.

When a personal pronoun is the object of מִן, the two contract by inflecting מִן. The inflection of מִן follows:

| | | | | |
|---|---|---|---|---|
| מִמֶּנָּה | מִמֶּנּוּ | מִמֵּךְ | מִמְּךָ | מִמֶּנִּי |
| מֵהֶן | מֵהֶם | מִכֶּן | מִכֶּם | מִמֶּנּוּ |

He is bigger than I. { הוּא גָּדוֹל מִמֶּנִּי. / הוּא יוֹתֵר גָּדוֹל מִמֶּנִּי.

**II. The Superlative.** There are several ways of expressing the superlative. The two most frequently used are:

a) By making the noun definite and placing הַיּוֹתֵר before the adjective.

David is the best student. דָּוִד הוּא הַתַּלְמִיד הַיּוֹתֵר טוֹב.

Ruth is the best student. רוּת הִיא הַתַּלְמִידָה הַיּוֹתֵר טוֹבָה.

| | |
|---|---|
| David and Ruth are the best students. | דָּוִד וְרוּת הֵם הַתַּלְמִידִים הַיּוֹתֵר טוֹבִים. |

b) By making both the noun and the adjective definite to be followed by the adverb בְּיוֹתֵר.

| | |
|---|---|
| David is the best student. | דָּוִד הוּא הַתַּלְמִיד הַטּוֹב בְּיוֹתֵר. |
| Ruth is the best student. | רוּת הִיא הַתַּלְמִידָה הַטּוֹבָה בְּיוֹתֵר. |
| David and Ruth are the best students. | דָּוִד וְרוּת הֵם הַתַּלְמִידִים הַטּוֹבִים בְּיוֹתֵר. |

## אַבְרָהָם וְהַמֶּלֶךְ נִמְרוֹד

תֶּרַח, הָאָב שֶׁל אַבְרָהָם, הָיָה בַּעַל חֲנוּת שֶׁל פְּסִילִים. אַבְרָהָם יָדַע שֶׁהַפְּסִילִים הֵם אַיִן וָאֶפֶס. יוֹם אֶחָד הוּא קָם וְשִׁבֵּר אֶת כָּל הַפְּסִילִים שֶׁהָיוּ בַּחֲנוּת. הַמֶּלֶךְ נִמְרוֹד שָׁמַע עַל הַמַּעֲשֶׂה הַנּוֹרָא הַזֶּה. הוּא כָּעַס עַל אַבְרָהָם וְרָצָה לַהֲרֹג אוֹתוֹ. הַמֶּלֶךְ אָסַף אֶת כָּל הַשָּׂרִים בְּאַרְמוֹנוֹ, וְקָרָא אֶת אַבְרָהָם לְמִשְׁפָּט לִפְנֵיהֶם.

— מַדּוּעַ שִׁבַּרְתָּ אֶת הַפְּסִילִים? צָעַק הַמֶּלֶךְ. חֵטְא גָּדוֹל עָשִׂיתָ. רַע וָמַר יִהְיֶה הָעֹנֶשׁ שֶׁלְּךָ.

— בַּמֶּה חָטָאתִי, אֲדוֹנִי הַמֶּלֶךְ? אָמַר אַבְרָהָם בְּשֶׁקֶט. הַפְּסִילִים הֵם רַק עֵץ, וְאֵין בָּהֶם כֹּחַ. הֲלֹא הָאֵשׁ יוֹתֵר חֲזָקָה מִן הָעֵץ. הָאֵשׁ יְכוֹלָה לִשְׂרֹף אֶת הָעֵץ.

— אִם כֵּן, עֲבֹד לָאֵשׁ!

— אֵיךְ אֶעֱבֹד לָאֵשׁ? הֲלֹא הַמַּיִם יוֹתֵר חֲזָקִים מִמֶּנָּה. הַמַּיִם יְכוֹלִים לְכַבּוֹת אֶת הָאֵשׁ.

— אִם כֵּן, עֲבֹד לַמַּיִם!

— אֵיךְ אֶעֱבֹד לַמַּיִם, אֲדוֹנִי הַמֶּלֶךְ? הֲלֹא הֶעָנָן יוֹתֵר חָזָק מֵהֶם. הֶעָנָן נוֹשֵׂא אֶת הַמַּיִם בְּתוֹכוֹ.

גַּל שֶׁל כַּעַס עָלָה בַּלֵּב שֶׁל הַמֶּלֶךְ, אֲבָל הוּא שָׁלַט בְּרוּחוֹ, וְאָמַר:

— אִם כֵּן, מַדּוּעַ אֵין אַתָּה עוֹבֵד לֶעָנָן?

— אֵיךְ אֶפְשָׁר לַעֲבֹד לֶעָנָן? הֲלֹא הָרוּחַ יוֹתֵר חֲזָקָה מִמֶּנּוּ. לָרוּחַ יֵשׁ הַכֹּחַ לִדְחֹף וּלְפַזֵּר אֶת הָעֲנָנִים הַכְּבֵדִים.

— אִם כֵּן, עֲבֹד לָרוּחַ!

— הָאָדָם יוֹתֵר חָזָק מִן הָרוּחַ. הָרוּחַ הִיא בְּתוֹךְ הָאָדָם. הָאָדָם שׁוֹלֵט עַל הָרוּחַ.

— אִם כֵּן, לָחַץ הַמֶּלֶךְ נִמְרוֹד עַל אַבְרָהָם, וְצָעַק: עֲבֹד לִי. אֲנִי הָאָדָם הַיּוֹתֵר חָשׁוּב בָּאָרֶץ. אֲנִי שׁוֹלֵט עַל כָּל הָאֲנָשִׁים. אֵין כָּמוֹנִי!

אָז עָנָה אַבְרָהָם בְּנִצָּחוֹן:

— אֵין אֲנִי עוֹבֵד אֶלָּא אֶת הָאֱלֹהִים! הוּא יוֹתֵר חָזָק מִכָּל אָדָם. הוּא יָכוֹל לָקַחַת אֶת הָרוּחַ מִן הָאָדָם. אֱלֹהִים הוּא הַמֶּלֶךְ הַיּוֹתֵר גָּדוֹל בָּעוֹלָם. אֵין כָּמוֹהוּ!

## Exercises — תַּרְגִּילִים

**I. Answer in complete sentences:**

1. מַדּוּעַ כָּעַס הַמֶּלֶךְ נִמְרוֹד עַל אַבְרָהָם?
2. מַדּוּעַ לֹא רָצָה אַבְרָהָם לַעֲבֹד לַפְּסִילִים?
3. מַדּוּעַ חָשַׁב אַבְרָהָם שֶׁהַמַּיִם יוֹתֵר חֲזָקִים מִן הָאֵשׁ?
4. מַדּוּעַ חָשַׁב אַבְרָהָם שֶׁהָרוּחַ יוֹתֵר חֲזָקָה מִן הֶעָנָן?
5. מַדּוּעַ לֹא רָצָה אַבְרָהָם לַעֲבֹד לַמֶּלֶךְ?

**II. Translate:**

1. from me
2. like her
3. like us
4. more than I
5. like him
6. like they (m.)
7. from them (f.)
8. from her
9. like you (m.pl.)
10. from you (m.pl.)
11. like it (m.)
12. more than you (f.s.)

**III. Translate:**

1. He took a pitcher of water and put out the fire. 2. Such a punishment is more bitter than death. 3. The king thought that he is the smartest man in the land and all other people are totally nothing. 4. He always carries her books to school. 5. A fire broke (burst) out in the forest and burned many trees. 6. After a long trial, he received a severe (hard) punishment. 7. Is it not cold outside; why don't you (m.s.) wear a coat? 8. The wind scattered all his letters on the floor. 9. This is the worst sin (that) I did in my life. 10. She served God with a heart full of love. 11. He ruled (on) his people (nation) with a strong hand. 12. There is no victory without work and tears. 13. He became so angry that he was ready to kill me. 14. I know that I sinned, but I ask (request) forgiveness of (from) you (f.s.). 15. There are many evil spirits in this world. 16. He exclaimed (called) triumphantly: "Who is like me?"

# שִׁעוּר לח (38)

| | | | |
|---|---|---|---|
| merchant | סוֹחֵר (סוֹחֲרִים) | zero | אֶפֶס (אֲפָסִים) |
| wagon; cart | עֲגָלָה (עֲגָלוֹת) | on account, because of | בִּגְלַל |
| less | פָּחוֹת | difference | הֶבְדֵּל (הֶבְדֵּלִים) |
| justice | צֶדֶק | too (much); more than enough | יוֹתֵר מִדַּי |
| paid | שִׁלֵּם (לְשַׁלֵּם) | number | מִסְפָּר (מִסְפָּרִים) |
| more or less | פָּחוֹת אוֹ יוֹתֵר | salary | מַשְׂכֹּרֶת (מַשְׂכּוֹרוֹת) |
| per day | לְיוֹם | office | מִשְׂרָד (מִשְׂרָדִים) |

הֶחָכָם עֵינָיו בְּרֹאשׁוֹ. (מִן הַמִּקְרָא)

## GRAMMAR — דִּקְדּוּק

**I. The Cardinal Numbers.*** The cardinal numbers come in two genders, masculine and feminine.

| | זָכָר (m.) | נְקֵבָה (f.) |
|---|---|---|
| 1 | אֶחָד | אַחַת |
| 2 | שְׁנַיִם | שְׁתַּיִם |
| 3 | שְׁלֹשָׁה | שָׁלֹשׁ |
| 4 | אַרְבָּעָה | אַרְבַּע |
| 5 | חֲמִשָּׁה | חָמֵשׁ |
| 6 | שִׁשָּׁה | שֵׁשׁ |
| 7 | שִׁבְעָה | שֶׁבַע |
| 8 | שְׁמוֹנָה | שְׁמוֹנֶה |
| 9 | תִּשְׁעָה | תֵּשַׁע |
| 10 | עֲשָׂרָה | עֶשֶׂר |

*Note: All masculine numerals from 3 to 10 end in ָה, unlike the noun, where

**II. The Position of the Cardinal Numbers.** The cardinal numbers precede the noun, except for אֶחָד and אַחַת which follow the noun.

I have only one dollar. יֵשׁ לִי רַק דּוֹלָר אֶחָד.

He has three dollars. יֵשׁ לוֹ שְׁלֹשָׁה דּוֹלָרִים.

**III. The Numerals שְׁנַיִם and שְׁתַּיִם.** שְׁנַיִם and שְׁתַּיִם are used when not followed by a noun. If followed by a noun, the סְמִיכוּת form שְׁנֵי and שְׁתֵּי are used.

How many sons do you have? Two. כַּמָּה בָּנִים יֵשׁ לָךְ? — שְׁנַיִם.

How many daughters do you have? Two. כַּמָּה בָּנוֹת יֵשׁ לָךְ? — שְׁתַּיִם.

I have two sons. יֵשׁ לִי שְׁנֵי בָּנִים.

I have two daughters. יֵשׁ לִי שְׁתֵּי בָּנוֹת.

**IV. The Preposition בֵּין.**

1. When a personal pronoun is the object of the preposition בֵּין, the two contract by inflecting בֵּין. The inflection of בֵּין follows:

---

this ending signifies the feminine. There are various theories attempting to explain this phenomenon. One likely explanation is that the numerals were abstract feminine nouns. Originally, when counting objects, the numerals were used in the construct state (סְמִיכוּת) with both masculine and feminine nouns.

Three (of) men שְׁלֹשֶׁת אֲנָשִׁים | Three (of) women שְׁלֹשֶׁת נָשִׁים

Later the numerals were adapted as adjectives. The original numerals were kept for qualifying masculine nouns (being the basic nouns) and a shortened form was introduced to qualify feminine nouns.

This also explains why numerals, unlike true adjectives, precede the noun they qualify. However, אֶחָד, אַחַת are true adjectives and therefore follow the noun they qualify: אִישׁ אֶחָד; אִשָּׁה אַחַת.

| בֵּינִי | בֵּינְךָ | בֵּינֵךְ | בֵּינוֹ | בֵּינָהּ |
|---|---|---|---|---|
| בֵּינֵינוּ | בֵּינֵיכֶם | בֵּינֵיכֶן | בֵּינֵיהֶם | בֵּינֵיהֶן |

2. When more than one personal pronoun is the object of בֵּין, the preposition בֵּין must be repeated with each personal pronoun.

   The difference between you and me. הַהֶבְדֵּל בֵּינְךָ וּבֵינִי.

3. When two nouns are the objects of בֵּין, the preposition בֵּין is repeated before each object, or the preposition ...לְ may be used instead of בֵּין before the second object.

   הַהֶבְדֵּל בֵּין פּוֹעֵל לְפוֹעֵל = הַהֶבְדֵּל בֵּין פּוֹעֵל וּבֵין פּוֹעֵל

## הַהֶבְדֵּל בֵּין פּוֹעֵל וּבֵין פּוֹעֵל

דָּן וְחַיִּים עָבְדוּ אֵצֶל סוֹחֵר פֵּרוֹת אֶחָד. דָּן הָיָה מְקַבֵּל שְׁמוֹנָה דּוֹלָרִים לְיוֹם, וְחַיִּים הָיָה מְקַבֵּל עֲשָׂרָה דּוֹלָרִים לְיוֹם. דָּן הָיָה אוֹמֵר לְעַצְמוֹ בְּכַעַס: "אֲנַחְנוּ חַיִּים בְּעוֹלָם שֶׁל שֶׁקֶר. בִּגְלַל מָה מְקַבֵּל חֲבֵרִי מַשְׂכֹּרֶת יוֹתֵר גְּבוֹהָה מִמֶּנִּי? אֲנִי פּוֹעֵל טוֹב כָּמוֹהוּ. אֵין צֶדֶק בָּעוֹלָם!".

דָּן סָבַל הַרְבֵּה מִזֶּה, אֲבָל פָּחַד לִפְתֹּחַ אֶת הַפֶּה שֶׁלּוֹ. בְּמֶשֶׁךְ זְמַן רַב שָׁלַט בְּרוּחוֹ וְשָׁתַק. בַּסּוֹף קָשֶׁה הָיָה לוֹ לִסְבֹּל עוֹד. הוּא הָלַךְ אֶל הַמִּשְׂרָד שֶׁל הַסּוֹחֵר, וְאָמַר בִּדְמָעוֹת מָרוֹת:

— מַה יֵּשׁ לְךָ נֶגְדִּי? מַדּוּעַ אֲנִי מְקַבֵּל שְׁנֵי דּוֹלָרִים לְיוֹם פָּחוֹת מֵחַיִּים?

— אַל תִּלְחַץ עָלַי עַכְשָׁו, עָנָה הַסּוֹחֵר. חַכֵּה יוֹם אֶחָד אוֹ שְׁנַיִם, וְאָז תְּקַבֵּל תְּשׁוּבָה מַדּוּעַ חַיִּים מְקַבֵּל יוֹתֵר מִמְּךָ.

לַמָּחֳרָת עָבְרוּ עַל־יַד הַחֲנוּת אִכָּרִים עִם שְׁתֵּי עֲגָלוֹת נוֹשְׂאוֹת שַׂקִּים מְלֵאִים. הַסּוֹחֵר קָרָא אֶת דָּן לַמִּשְׂרָד, וְאָמַר לוֹ:

— רוּץ וּשְׁאַל אֶת הָאִכָּרִים מַה יֵּשׁ לָהֶם בַּשַּׂקִּים.

דָּן הָלַךְ אֶל הָאִכָּרִים. הוּא חָזַר וְאָמַר:

— יֵשׁ לָהֶם פֵּרוֹת לִמְכִירָה.

אָמַר שׁוּב הַסּוֹחֵר אֶל דָּן:

— רוּץ וּשְׁאַל אֶת הָאִכָּרִים כַּמָּה עוֹלֶה כָּל שַׂק.

דָּן רָץ אַחֲרֵי הָעֲגָלוֹת, חָזַר וְאָמַר:

— הַמְּחִיר שֶׁל כָּל שַׂק הוּא שִׁשָּׁה דוֹלָרִים.

אָז קָרָא הַסּוֹחֵר אֶת חַיִּים לְמִשְׂרָדוֹ וְאָמַר לוֹ:

— לִפְנֵי עֶשֶׂר דַּקּוֹת, פָּחוֹת אוֹ יוֹתֵר, עָבְרוּ עַל־יַד הַחֲנוּת אִכָּרִים עִם שְׁתֵּי עֲגָלוֹת. רוּץ וּשְׁאַל אוֹתָם מַה יֵּשׁ לָהֶם בָּעֲגָלוֹת.

חַיִּים יָצָא מַהֵר, וְאַחֲרֵי מִסְפַּר דַּקּוֹת הוּא חָזַר וְסִפֵּר:

— יֵשׁ לָאִכָּרִים שַׂקִּים עִם תַּפּוּחִים. סָפַרְתִּי אֶת הַשַּׂקִּים. בְּכָל עֲגָלָה יֵשׁ עֲשָׂרָה שַׂקִּים. פָּתַחְתִּי שַׂקִּים אֲחָדִים. בָּדַקְתִּי אֶת הַתַּפּוּחִים וּמָצָאתִי שֶׁהֵם מְצֻיָּנִים. הָאִכָּרִים רָצוּ שִׁשָּׁה דוֹלָרִים לְשַׂק. אָמַרְתִּי לָהֶם: "נָכוֹן, הַתַּפּוּחִים הֵם בֶּאֱמֶת יָפִים, אֲבָל בְּכָל זֹאת, הַמְּחִיר שֶׁאַתֶּם מְבַקְשִׁים הוּא יוֹתֵר מִדַּי גָּבוֹהַּ. אֲנִי מוּכָן לִקְנוֹת אֶת כָּל הַתַּפּוּחִים וּלְשַׁלֵּם לָכֶם חֲמִשָּׁה דוֹלָרִים לְכָל שַׂק". וְהִנֵּה הָאִכָּרִים עִם הָעֲגָלוֹת עוֹמְדִים עַל יַד הַחֲנוּת.

הַסּוֹחֵר פָּנָה אֶל דָּן וְקָרָא בְּקוֹל נִצָּחוֹן:

— אֲנִי מְקַוֶּה שֶׁעַכְשָׁו אַתָּה רוֹאֶה אֶת הַהֶבְדֵּל בֵּינוֹ וּבֵינְךָ. בִּגְלַל הַהֶבְדֵּל בֵּינֵיכֶם, גַּם הַהֶבְדֵּל בַּמַּשְׂכֹּרֶת!

◇◇◇◇◇◇◇◇◇◇◇◇

## Exercises — תַּרְגִּילִים

**I. Answer in complete sentences:**

1. מֶה הָיָה הַהֶבְדֵּל בֵּין הַמַּשְׂכֹּרֶת שֶׁל חַיִּים וּבֵין הַמַּשְׂכֹּרֶת שֶׁל דָּן?
2. כַּמָּה עֲגָלוֹת עָבְרוּ עַל־יַד הַחֲנוּת?
3. כַּמָּה דוֹלָרִים בִּקְשׁוּ הָאִכָּרִים לְכָל שַׂק?
4. בְּאֵיזֶה מְחִיר קָנָה חַיִּים אֶת הַתַּפּוּחִים?
5. מַדּוּעַ קִבֵּל חַיִּים מַשְׂכֹּרֶת יוֹתֵר גְּבוֹהָה מִדָּן?

**II. Translate:**

1. This merchant treats the workers well. 2. The farmers came to the market with seven wagons full of fruit. 3. I paid ten dollars less than he. 4. She said to the merchant: "I like this dress, but it is too expensive for me." 5. Because of his excellent work, he received a higher salary than you (f.s.). 6. Too bad, there is no justice in this world. 7. I received your address but without the number of your house. 8. I cannot see the difference between these two pictures. 9. The worker became angry, but after some time his anger went away (passed). 10. Sometimes a son is taller than his father. 11. Everything is so expensive, (the) prices are rising from day to day. 12. A large number of people ran to extinguish the fire that broke out in the synagogue. 13. The table is too heavy, please help (m.s.) me (to) carry it into the kitchen. 14. The little boy tore the bag and scattered the apples on the floor. 15. Even a holy man does one sin or two in his life. 16. The tourist asked me where is the post office (office of the mail).

**III. Translate using words for numerals:**

| | | | |
|---|---|---|---|
| 1. 3 answers | 5. 5 tables | 9. 6 blessings | 13. 2 meals |
| 2. 9 countries | 6. 10 stories | 10. 5 sons | 14. 1 chair |
| 3. 7 daughters | 7. 8 gifts | 11. 7 numbers | 15. 4 rooms |
| 4. 6 tests | 8. 10 women | 12. 9 times | 16. 2 prophets |

# שִׁעוּר לט (39)

| | | | |
|---|---|---|---|
| page | עַמּוּד (עַמּוּדִים) | was late | אֵחֵר (לְאַחֵר) לְ... |
| quarter | רֶבַע (רְבָעִים) | exactly; precisely | בְּדִיּוּק |
| radio | רַדְיוֹ | during;during the time of | בִּשְׁעַת |
| clock; watch | שָׁעוֹן (שְׁעוֹנִים) | shone | זָרַח (לִזְרֹחַ) |
| subway | תַּחְתִּית | news, *n.f.pl.* | חֲדָשׁוֹת |
| half an hour | חֲצִי שָׁעָה | half of | חֲצִי |
| what time is it? | מַה הַשָּׁעָה? | half (at a pause) | חֵצִי |
| at what time? | בְּאֵיזוֹ שָׁעָה? | according to | לְפִי |
| | | still | עֲדַיִן |

יָכוֹל אָדָם לִלְמֹד תּוֹרָה בְּעֶשְׂרִים שָׁנָה, וְלִשְׁכֹּחַ בִּשְׁתֵּי שָׁנִים. (מִן הַמִּדְרָשׁ)

## GRAMMAR — דִּקְדּוּק

**I. The Cardinal Numbers from 11 to 19.** These numbers are formed as follows:

1. For the masculine, by placing the masculine units before עָשָׂר (ten).
2. For the feminine, by placing the feminine units before עֶשְׂרֵה (ten).

| | זָכָר | נְקֵבָה |
|---|---|---|
| 11 | אַחַד עָשָׂר | אַחַת עֶשְׂרֵה |
| 12 | שְׁנֵים עָשָׂר | שְׁתֵּים עֶשְׂרֵה |
| 13 | שְׁלֹשָׁה עָשָׂר | שְׁלֹשׁ עֶשְׂרֵה |
| 14 | אַרְבָּעָה עָשָׂר | אַרְבַּע עֶשְׂרֵה |
| 15 | חֲמִשָּׁה עָשָׂר | חֲמֵשׁ עֶשְׂרֵה |
| 16 | שִׁשָּׁה עָשָׂר | שֵׁשׁ עֶשְׂרֵה |
| 17 | שִׁבְעָה עָשָׂר | שְׁבַע עֶשְׂרֵה |
| 18 | שְׁמוֹנָה עָשָׂר | שְׁמוֹנֶה עֶשְׂרֵה |
| 19 | תִּשְׁעָה עָשָׂר | תְּשַׁע עֶשְׂרֵה |

Note that some units when combined with עָשָׂר or עֶשְׂרֵה undergo vowel changes as follows:

| זכר | נקבה |
|---|---|
| 11 (אֶחָד) אַחַד עָשָׂר | 12 (שְׁתַּיִם) שְׁתֵּים עֶשְׂרֵה |
| 12 (שְׁנַיִם) שְׁנֵים עָשָׂר | 13 (שָׁלֹשׁ) שְׁלֹשׁ עֶשְׂרֵה |
| | 15 (חָמֵשׁ) חֲמֵשׁ עֶשְׂרֵה |
| | 17 (שֶׁבַע) שְׁבַע עֶשְׂרֵה |
| | 19 (תֵּשַׁע) תְּשַׁע עֶשְׂרֵה |

**II. Telling Time.**

1. Since the nouns שָׁעָה (hour) and דַּקָּה (minute) are feminine, the feminine numbers are used for telling time.
2. The use of the nouns שָׁעָה and דַּקָּה in telling time is optional.

What time is it? — מַה הַשָּׁעָה?

two o'clock — הַשָּׁעָה שְׁתַּיִם = שְׁתַּיִם

exactly three o'clock — (הַשָּׁעָה) שָׁלֹשׁ בְּדִיּוּק

14 minutes past two — (הַשָּׁעָה) שְׁתַּיִם וְאַרְבַּע עֶשְׂרֵה (דַּקּוֹת)

a quarter past three — (הַשָּׁעָה) שָׁלֹשׁ וָרֶבַע

half past three — (הַשָּׁעָה) שָׁלֹשׁ וָחֵצִי

18 minutes to four — שְׁמוֹנֶה עֶשְׂרֵה (דַּקּוֹת) לְאַרְבַּע

a quarter to four — רֶבַע לְאַרְבַּע

At what time did you (m.s.) get up this morning? — בְּאֵיזוֹ שָׁעָה קַמְתָּ הַבֹּקֶר?

I got up at seven. — קַמְתִּי בְּשֶׁבַע.

**III. The Verb לְאַחֵר—(to be late).** We have learned in lesson 32 that the פִּעֵל of verbs whose middle radical is ח ,ה or ע do not require compensation for the loss of the דָּגֵשׁ. The verb לְאַחֵר is an exception. In the past, the first radical is vocalized by a צֵירֶה instead of the regular חִירִיק. Thus:

| אֵחַרְתִּי | אֵחַרְתָּ | אֵחַר | אֵחֲרָה |
|---|---|---|---|
| אֵחַרְנוּ | אֵחַרְתֶּם | אֵחַרְתֶּן | אֵחֲרוּ |

## הָרַדְיוֹ! הָרַדְיוֹ!

הַשָּׁעָה תֵּשַׁע וָחֵצִי בַּבֹּקֶר. עֶשְׂרִים דַּקּוֹת כְּבָר עָבְרוּ וְדָן עֲדַיִן לֹא בָּא לַכִּתָּה. הַתַּלְמִידִים כְּבָר גָּמְרוּ לִקְרֹא שְׁנֵי עַמּוּדִים שְׁלֵמִים בַּסִּפּוּר הֶחָדָשׁ. הַמּוֹרֶה דָּאַג לְדָן, כִּי הוּא אַף פַּעַם לֹא מְאַחֵר לַשִּׁעוּרִים. עָבְרוּ עוֹד עֶשֶׂר דַּקּוֹת, וַעֲדַיִן דָּן לֹא בָּא. עָבְרָה עוֹד דַּקָּה, וְדָן פָּרַץ לְתוֹךְ הַחֶדֶר עִם יַלְקוּטוֹ הַכָּבֵד, שֶׁהוּא נוֹשֵׂא תָּמִיד בְּיָדוֹ.

— מַה קָּרָה לְךָ, דָּן? שָׁאַל הַמּוֹרֶה. בְּאֵיזוֹ שָׁעָה קַמְתָּ הַבֹּקֶר? הַאִם אַתָּה יוֹדֵעַ מַה הַשָּׁעָה? לְפִי הַשָּׁעוֹן שֶׁלִּי, הַשָּׁעָה כְּבָר תֵּשַׁע עֶשְׂרֵה דַּקּוֹת לְעֶשֶׂר!

— לֹא קָרָה לִי דָּבָר, אֲדוֹנִי הַמּוֹרֶה. קַמְתִּי בְּשֶׁבַע בְּדִיּוּק, כְּמוֹ בְּכָל יוֹם. בִּשְׁעַת אֲרוּחַת הַבֹּקֶר שָׁמַעְתִּי אֶת הַחֲדָשׁוֹת בָּרַדְיוֹ. בְּסוֹף הַחֲדָשׁוֹת אָמְרוּ שֶׁהַיּוֹם יִהְיֶה מֶזֶג אֲוִיר יָפֶה. הַשֶּׁמֶשׁ תִּזְרַח וְיִהְיֶה חַם וְנָעִים מְאֹד.

יָצָאתִי מִן הַבַּיִת וְלֹא שַׂמְתִּי לֵב לַעֲנָנִים הַכְּבֵדִים בַּשָּׁמַיִם. בַּדֶּרֶךְ לַתַּחֲנָה שֶׁל הַתַּחְתִּית יָרַד פִּתְאֹם גֶּשֶׁם קַר וְחָזָק. בָּרִאשׁוֹנָה רָצִיתִי לְחַכּוֹת עַד שֶׁיַּעֲבֹר הַגֶּשֶׁם, וְעָמַדְתִּי תַּחַת עֵץ אֶחָד בְּפִנַּת הָרְחוֹב. כַּאֲשֶׁר רָאִיתִי שֶׁאֵין תִּקְוָה שֶׁהַגֶּשֶׁם יַעֲבֹר, רַצְתִּי עַל הַמִּדְרָכָה קָרוֹב לְקִירוֹת הַבָּתִּים. בַּסּוֹף בָּאתִי לַתַּחְתִּית רַק דַּקָּה אַחַת אַחֲרֵי שֶׁהָרַכֶּבֶת עָזְבָה אֶת הַתַּחֲנָה. בִּגְלַל זֹאת אֵחַרְתִּי, אֲדוֹנִי הַמּוֹרֶה.

— אִם אֵחַרְתָּ לָרַכֶּבֶת רַק בְּדַקָּה אַחַת, אָמַר הַמּוֹרֶה בִּצְחוֹק, מַדּוּעַ אֵחַרְתָּ לַשִּׁעוּר בַּחֲצִי שָׁעָה?

— אֵחַרְתִּי בַּחֲצִי שָׁעָה, כִּי הָרַכֶּבֶת בָּאָה לַתַּחֲנָה שֶׁלָּנוּ רַק כָּל חֲצִי שָׁעָה.

## Exercises — תַּרְגִּילִים

**I. Answer in complete sentences:**

1. מַדּוּעַ דָּאַג הַמּוֹרֶה לְדָן?
2. בְּאֵיזוֹ שָׁעָה בָּא דָּן לַשִּׁעוּר?
3. מָה אָמְרוּ בָּרַדְיוֹ עַל מֶזֶג הָאֲוִיר?
4. מַה קָּרָה כַּאֲשֶׁר דָּן הָלַךְ לְתַחֲנַת הַתַּחְתִּית?
5. מַדּוּעַ אֵחֵר דָּן בַּחֲצִי שָׁעָה?

**II. Translate:**

1. half past twelve
2. a quarter to nine
3. twenty minutes to eleven
4. sixteen minutes to one
5. a quarter past eight
6. 14 numbers
7. 15 hours
8. 13 envelopes
9. 19 lines
10. 18 blessings

**III. Translate:**

1. I (f.) go to sleep at half past eleven. 2. This is not a lie, he already knows half of the poem by heart. 3. Don't worry (f.s.), I (m.) know the way to the subway; I am not a stranger in this city. 4. I never saw in my life such a mischievous boy. 5. We gave him a gold watch as (in) a gift. 6. Please, don't be late (m.s.) for supper. 7. They said on the radio that the wind will scatter the clouds and the sun will shine in the afternoon. 8. They came exactly when we were about to leave the house. 9. The railway (train) station is close to our office. 10. It was quiet during the test. 11. I (f.) am happy because of the good news I received from my family. 12. At what time does the train leave the station? 13. A quarter of the new year has already passed. 14. I (f.) don't know what time it is, I don't have a watch. 15. According to the calendar, today is already fall, but according to the weather, it is still summer. 16. For the next lesson, do (m.pl.) all the exercises on (in) page eighteen.

# שִׁעוּר מ (40)

| | | | |
|---|---|---|---|
| thousand | אֶלֶף (אֲלָפִים) | in order; o.k. | בְּסֵדֶר |
| two thousand | אַלְפַּיִם | worked; functioned | פָּעַל (לִפְעֹל) |
| problem | בְּעָיָה (בְּעָיוֹת) | easy; light | קַל, קַלָּה |
| approximately | בְּעֵרֶךְ | snow | שֶׁלֶג (שְׁלָגִים) |
| roof | גַּג (גַּגּוֹת) | it snows, it is snowing | שֶׁלֶג יוֹרֵד |
| winter | חֹרֶף | | |
| at most | לְכָל הַיּוֹתֵר | repair, *n.* | תִּקּוּן (תִּקּוּנִים) |
| at least | לְכָל הַפָּחוֹת = לְפָחוֹת | repaired, *v.* | תִּקֵּן (לְתַקֵּן) |
| hundred | מֵאָה (מֵאוֹת) | what is the matter? what's doing? | מַה יֵּשׁ? |
| two hundred | מָאתַיִם | | |
| shoe, *n.f.* | נַעַל (נַעֲלַיִם) | that's all | זֶה הַכֹּל |
| order | סֵדֶר (סְדָרִים) | | |

שְׁאֵלַת חָכָם, חֲצִי תְּשׁוּבָה. (מִסִּפְרוּת יה״ב)

## GRAMMAR — דִּקְדּוּק

**The Multiples of Ten.**

1. The multiples of ten are the same for both genders:

   20 men—עֶשְׂרִים אֲנָשִׁים     20 women—עֶשְׂרִים נָשִׁים

2. Numbers designating combinations of multiples of ten and units (21, 22, 23, etc.) are formed by stating the tens followed by the unit preceded by ...וְ or ...וּ:

   24 boys—עֶשְׂרִים וְאַרְבָּעָה נְעָרִים     24 girls—עֶשְׂרִים וְאַרְבַּע נְעָרוֹת

   33 boys—שְׁלֹשִׁים וּשְׁלֹשָׁה נְעָרִים     33 girls—שְׁלֹשִׁים וְשָׁלֹשׁ נְעָרוֹת

3. Nouns designated by numbers from eleven and up may be put either in the singular or plural.

   Eleven years    אַחַת עֶשְׂרֵה שָׁנָה | אַחַת עֶשְׂרֵה שָׁנִים

| זָכָר : | | נְקֵבָה : |
|---|---|---|
| עֶשְׂרִים | 20 | עֶשְׂרִים |
| עֶשְׂרִים וְאֶחָד | 21 | עֶשְׂרִים וְאַחַת |
| עֶשְׂרִים וּשְׁנַיִם | 22 | עֶשְׂרִים וּשְׁתַּיִם |
| עֶשְׂרִים וּשְׁלֹשָׁה | 23 | עֶשְׂרִים וְשָׁלֹשׁ |
| עֶשְׂרִים וְאַרְבָּעָה | 24 | עֶשְׂרִים וְאַרְבַּע |
| עֶשְׂרִים וַחֲמִשָּׁה | 25 | עֶשְׂרִים וְחָמֵשׁ |
| עֶשְׂרִים וְשִׁשָּׁה | 26 | עֶשְׂרִים וְשֵׁשׁ |
| עֶשְׂרִים וְשִׁבְעָה | 27 | עֶשְׂרִים וְשֶׁבַע |
| עֶשְׂרִים וּשְׁמוֹנָה | 28 | עֶשְׂרִים וּשְׁמוֹנֶה |
| עֶשְׂרִים וְתִשְׁעָה | 29 | עֶשְׂרִים וְתֵשַׁע |

| | |
|---|---|
| 30 | שְׁלֹשִׁים |
| 40 | אַרְבָּעִים |
| 50 | חֲמִשִּׁים |
| 60 | שִׁשִּׁים |
| 70 | שִׁבְעִים |
| 80 | שְׁמוֹנִים |
| 90 | תִּשְׁעִים |
| 100 | מֵאָה |
| 200 | שְׁתֵּי מֵאוֹת = מָאתַיִם |
| 300 | שְׁלֹשׁ מֵאוֹת |
| 400 | אַרְבַּע מֵאוֹת |
| 500 | חֲמֵשׁ מֵאוֹת |
| 1000 | אֶלֶף |
| 2000 | שְׁנֵי אֲלָפִים = אַלְפַּיִם |
| 3000 | שְׁלֹשָׁה אֲלָפִים (שְׁלֹשֶׁת אֲלָפִים) |
| 10.000 | עֲשָׂרָה אֲלָפִים (עֲשֶׂרֶת אֲלָפִים) |
| 1.000.000 | מִלְיוֹן |

# הַבְּעָיָה הָאַחַת

רְאוּבֵן הָלַךְ בָּרְחוֹב וּפָגַשׁ אֶת חֲבֵרוֹ שִׁמְעוֹן, שֶׁיָּצָא בְּמִקְרֶה מִתַּחֲנַת הַתַּחְתִּית. רְאוּבֵן רָאָה שֶׁשִּׁמְעוֹן הָיָה עָצוּב מְאֹד.

— מַה קָּרָה לְךָ? שָׁאַל רְאוּבֵן. מַדּוּעַ אַתָּה עָצוּב?

— אוֹי, חֲבֵרִי הַיָּקָר, לֹא קַלִּים הֵם הַחַיִּים. הֵם בֶּאֱמֶת מָרִים!

— מַה יֵּשׁ? מַה לּוֹחֵץ עָלֶיךָ?

— אֲנִי טוֹבֵעַ בְּיָם שֶׁל בְּעָיוֹת.

— מַה הֵן הַבְּעָיוֹת שֶׁיֵּשׁ לְךָ?

— הִנֵּה הַחֹרֶף בָּא. שֶׁלֶג יֵרֵד. יִהְיֶה קַר בַּחוּץ.

— אָז מַדּוּעַ אַתָּה דּוֹאֵג?

— מַדּוּעַ אֲנִי דּוֹאֵג? אֲנִי צָרִיךְ לִקְנוֹת נַעֲלַיִם בִּשְׁבִיל הַיְלָדִים. גַּם מְעִיל וְשִׂמְלָה בִּשְׁבִיל הָאִשָּׁה שֶׁלִּי. אֲנִי גַּם צָרִיךְ לְתַקֵּן אֶת הַגַּג וְאֶת הַחַלּוֹנוֹת שֶׁל הַבַּיִת שֶׁלָּנוּ. גַּם הַמְּכוֹנִית שֶׁלִּי לֹא בְּסֵדֶר. הִיא לֹא פּוֹעֶלֶת יָפֶה.

— כַּמָּה עוֹלוֹת הַנַּעֲלַיִם? שָׁאַל רְאוּבֵן.

— שְׁלֹשִׁים דּוֹלָר, פָּחוֹת אוֹ יוֹתֵר.

— וְכַמָּה עוֹלִים מְעִיל וְשִׂמְלָה בִּשְׁבִיל הָאִשָּׁה שֶׁלְּךָ?

— לְפָחוֹת מֵאָה שְׁלֹשִׁים וַחֲמִשָּׁה דּוֹלָר.

— כַּמָּה כֶּסֶף אַתָּה צָרִיךְ לְשַׁלֵּם בִּשְׁבִיל תִּקּוּן הַגַּג?

— לְכָל הַפָּחוֹת מָאתַיִם דּוֹלָר.

— וְכַמָּה יַעֲלֶה לְךָ תִּקּוּן הַחַלּוֹנוֹת?

— אֲנִי לֹא יוֹדֵעַ בְּדִיּוּק, אֲבָל בְּעֵרֶךְ שִׁשִּׁים דּוֹלָר.

— כַּמָּה אַתָּה חוֹשֵׁב יַעֲלֶה תִּקּוּן הַמְּכוֹנִית?

— שִׁבְעִים וַחֲמִשָּׁה דּוֹלָר, בְּעֵרֶךְ.

— אִם כֵּן, יְדִידִי, מַדּוּעַ אַתָּה עָצוּב כָּל כָּךְ? בְּעֶצֶם, אֵין לְךָ אֶלָּא בְּעָיָה אַחַת. אַתָּה צָרִיךְ חֲמֵשׁ מֵאוֹת דּוֹלָר לְכָל הַיּוֹתֵר, וְזֶה הַכֹּל!

## Exercises — תַּרְגִּילִים

**I. Answer in complete sentences:**

1. מַדּוּעַ הָיָה שִׁמְעוֹן עָצוּב?
2. מַה צָרִיךְ שִׁמְעוֹן לִקְנוֹת בִּשְׁבִיל יְלָדָיו?
3. מַה הֵם הַתִּקּוּנִים שֶׁהוּא צָרִיךְ לַעֲשׂוֹת בַּבַּיִת?
4. כַּמָּה יַעֲלֶה תִּקּוּן הַמְּכוֹנִית?
5. מַהִי ( מַה הִיא ) הַבְּעָיָה הָאַחַת שֶׁל שִׁמְעוֹן?

**II. Translate:**

1. The Hebrews were in the desert forty years. 2. Our family lived in Tel Aviv approximately twelve years. 3. I (m.) think that there is no man in the world without problems. 4. The price of this bed is at least 47 dollars. 5. The repair of the net will cost more than 56 dollars. 6. My new car costs less than five thousand dollars. 7. There are only twenty-four hours in a day! 8. The face of the sick man was white like snow. 9. It is not easy to learn a foreign language. 10. What is the matter? Whereto are you running? 11. Everything is O.K., thank God! 12. Is this all that you (f.s.) want to buy for the winter? 13. He always tells (says) the truth. 14. There was a hole in the roof and rain penetrated into the room. 15. I (f.) want to buy new shoes for the holiday. 16. We will be in this hotel at most two weeks.

**III. Translate, using words for the numerals:**

1. 33 trees
2. 73 cars
3. 90 days
4. 65 pencils
5. 24 meals
6. 82 envelopes
7. 68 boys
8. 52 weeks
9. 13 questions
10. 19 rooms
11. 45 women
12. 17 tents
13. 200 pens
14. 68 girls
15. 900 houses
16. 39 donkeys
17. 74 stores
18. 1000 words

# שִׁעוּר מא (41)

| | | | |
|---|---|---|---|
| grass | עֵשֶׂב (עֲשָׂבִים) | creation | בְּרִיאָה |
| side | צַד (צְדָדִים) | animal; beast | חַיָּה (חַיּוֹת) |
| on the side | בַּצַּד | moon | יָרֵחַ |
| quarreled; argued | רָב (לָרִיב) | star | כּוֹכָב (כּוֹכָבִים) |
| quarrel | רִיב | alone, by oneself | לְבַד |
| | | bird; fowl | עוֹף (עוֹפוֹת) |

יוֹתֵר מִשֶּׁשָּׁמְרוּ יִשְׂרָאֵל אֶת הַשַּׁבָּת, שָׁמְרָה הַשַּׁבָּת אֶת יִשְׂרָאֵל. (עַל פִּי הַמִּדְרָשׁ)

## GRAMMAR — דִּקְדּוּק

**I. The Ordinal Numbers.**

1. The ordinal numbers from 1st to 10th follow:

| נקבה | | זכר |
|---|---|---|
| רִאשׁוֹנָה | 1 st | רִאשׁוֹן |
| שְׁנִיָּה | 2 nd | שֵׁנִי |
| שְׁלִישִׁית | 3 rd | שְׁלִישִׁי |
| רְבִיעִית | 4 th | רְבִיעִי |
| חֲמִישִׁית | 5 th | חֲמִישִׁי |
| שִׁשִּׁית | 6 th | שִׁשִּׁי |
| שְׁבִיעִית | 7 th | שְׁבִיעִי |
| שְׁמִינִית | 8 th | שְׁמִינִי |
| תְּשִׁיעִית | 9 th | תְּשִׁיעִי |
| עֲשִׂירִית | 10 th | עֲשִׂירִי |

Note that the ordinal numbers are based on the cardinal numbers except for "first," which is derived from the word רֹאשׁ "head," "chief."

2. The ordinal numbers from the 11th on are formed by adding the definite article to the cardinal numbers.

| | | |
|---|---|---|
| eleven | — | אַחַד עָשָׂר ; אַחַת עֶשְׂרֵה |
| eleventh | — | הָאַחַד עָשָׂר ; הָאַחַת עֶשְׂרֵה |

**II. The Names of the Days of the Week.**

1. There are no names for the days of the week, except for Saturday – שַׁבָּת. The rest of the days are named in accordance with their numerical position in the week by using ordinal numbers.

| | | | |
|---|---|---|---|
| Sunday | יוֹם רִאשׁוֹן | Wednesday | יוֹם רְבִיעִי |
| Monday | יוֹם שֵׁנִי | Thursday | יוֹם חֲמִישִׁי |
| Tuesday | יוֹם שְׁלִישִׁי | Friday | יוֹם שִׁשִּׁי |

2. The letters of the alphabet, as you already know, may be used as designations for the days.

| | | | | | |
|---|---|---|---|---|---|
| יוֹם רִאשׁוֹן | = | יוֹם א׳ | יוֹם רְבִיעִי | = | יוֹם ד׳ |
| יוֹם שֵׁנִי | = | יוֹם ב׳ | יוֹם חֲמִישִׁי | = | יוֹם ה׳ |
| יוֹם שְׁלִישִׁי | = | יוֹם ג׳ | יוֹם שִׁשִּׁי | = | יוֹם ו׳ |

**III. The Relative Pronoun "where" (in which).** This relative pronoun is rendered in Hebrew by ...שֶׁ plus ...בְּ which is inflected in accordance with the subject of the sentence.

1. The house where (in which) she lives הַבַּיִת שֶׁבּוֹ הִיא גָּרָה
2. The town where (in which) she lives הָעִיר שֶׁבָּהּ הִיא גָּרָה

**IV. The Inflection of לְבַד .**

| | | | | |
|---|---|---|---|---|
| לְבַדִּי | לְבַדְּךָ | לְבַדֵּךְ | לְבַדּוֹ | לְבַדָּהּ |
| לְבַדֵּנוּ | לְבַדְּכֶם | לְבַדְּכֶן | לְבַדָּם | לְבַדָּן |

**V. The Use of לְבַד.** Both לְבַדּוֹ and בְּעַצְמוֹ mean "by himself" (see lesson 34), but in different senses. The former is used in the sense of apartness, without the company or participation of others, while the latter denotes without the help of others. E.g.,

הַיֶּלֶד יָשֵׁן בַּחֶדֶר לְבַדּוֹ; הַיֶּלֶד כְּבָר יָכוֹל לֶאֱכֹל בְּעַצְמוֹ.

## בָּאָה שַׁבָּת, בָּאָה מְנוּחָה

אַחֲרֵי בְּרִיאַת הָעוֹלָם פָּרַץ רִיב בֵּין הַיָּמִים שֶׁל הַשָּׁבוּעַ. כָּל אֶחָד מִן הַיָּמִים חָשַׁב שֶׁהוּא הַיּוֹם הַיּוֹתֵר חָשׁוּב בַּשָּׁבוּעַ.

הַיּוֹם הָרִאשׁוֹן אָמַר:

— אֵין יוֹתֵר חָשׁוּב מִמֶּנִּי! אֲנִי הַיּוֹם שֶׁבּוֹ בָּרָא אֱלֹהִים אֶת הָאוֹר וְאֶת הַחֹשֶׁךְ, אֶת הַיּוֹם וְאֶת הַלַּיְלָה.

הַיּוֹם הַשֵּׁנִי אָמַר:

— אֲנִי יוֹתֵר חָשׁוּב מִמְּךָ. אֲנִי הַיּוֹם שֶׁבּוֹ בָּרָא אֱלֹהִים אֶת הַשָּׁמַיִם הַיָּפִים.

קָפַץ הַיּוֹם הַשְּׁלִישִׁי וְאָמַר:

— אֲנִי יוֹתֵר חָשׁוּב מִכֶּם. אֲנִי הַיּוֹם שֶׁבּוֹ בָּרָא אֱלֹהִים אֶת הָעֵשֶׂב, אֶת הָעֵצִים וְאֶת הַפְּרָחִים. בְּלִי עֵצִים, בְּלִי עֵשֶׂב וּבְלִי פְּרָחִים הָעוֹלָם הוּא כְּמוֹ מִדְבָּר.

קָם הַיּוֹם הָרְבִיעִי וְאָמַר:

— אֲנִי עוֹד יוֹתֵר חָשׁוּב. אֲנִי הַיּוֹם שֶׁבּוֹ בָּרָא אֱלֹהִים אֶת הַשֶּׁמֶשׁ, אֶת הַיָּרֵחַ וְאֶת הַכּוֹכָבִים.

בָּא הַיּוֹם הַחֲמִישִׁי וְאָמַר:

— אֲנִי הֶחָשׁוּב בְּיוֹתֵר! בַּיּוֹם הַחֲמִישִׁי בָּרָא אֱלֹהִים אֶת הַדָּגִים בַּיָּם וְאֶת הָעוֹפוֹת בַּשָּׁמַיִם.

קָפַץ הַיּוֹם הַשִּׁשִּׁי מִמְּקוֹמוֹ וְקָרָא:

— מַדּוּעַ אַתֶּם רָבִים זֶה עִם זֶה? אֵין חָשׁוּב כָּמוֹנִי! בַּיּוֹם הַשִּׁשִּׁי בָּרָא אֱלֹהִים אֶת הַחַיּוֹת וְאֶת הָאָדָם. הָאָדָם הוּא שׁוֹלֵט בַּכֹּל. הוּא שׁוֹלֵט

בָּעֵשֶׂב וּבָעֵצִים. הוּא שׁוֹלֵט בַּדָּגִים שֶׁבַּיָּם, בָּעוֹפוֹת שֶׁבַּשָּׁמַיִם וּבַחַיּוֹת שֶׁבָּאָרֶץ.

יוֹם הַשַּׁבָּת עָמַד בִּמְקוֹמוֹ בַּצַּד לְבַדּוֹ וְשָׁתַק.

פָּנוּ כָּל הַיָּמִים אֶל יוֹם הַשַּׁבָּת וְשָׁאֲלוּ אוֹתוֹ:

— וּמִי אַתָּה?

עָנָה יוֹם הַשַּׁבָּת:

— אֲנִי הַיּוֹם הָאַחֲרוֹן בַּשָּׁבוּעַ. אֲנִי הַשַּׁבָּת. בְּיוֹם הַשַּׁבָּת נָתַן אֱלֹהִים לָאָדָם אֶת הַמַּתָּנָה הַיּוֹתֵר יְקָרָה בָּעוֹלָם.

— וּמַהִי הַמַּתָּנָה הַזֹּאת? שָׁאֲלוּ כָּל הַיָּמִים פֶּה אֶחָד.

— הַמְּנוּחָה! עָנְתָה הַשַּׁבָּת.

## Exercises — תַּרְגִּילִים

**I. Answer in complete sentences:**

1. מַדּוּעַ פָּרַץ רִיב בֵּין הַיָּמִים שֶׁל הַשָּׁבוּעַ?
2. מַה בָּרָא אֱלֹהִים בַּיּוֹם הָרִאשׁוֹן?
3. מַה בָּרָא אֱלֹהִים בַּיּוֹם הַשְּׁלִישִׁי?
4. מַדּוּעַ חָשַׁב הַיּוֹם הַשִּׁשִּׁי שֶׁהוּא הַיּוֹם הַיּוֹתֵר חָשׁוּב?
5. מַהִי הַחֲשִׁיבוּת שֶׁל הַשַּׁבָּת?

**II. Translate:**

1. I (f.) am afraid to go out of the house alone in the dark. 2. Please go (m.pl.) to the other side of the street. 3. She was silent because she didn't know the correct answer. 4. The forest is full of beasts and fowl. 5. After a long week of work, finally rest came. 6. The moon receives the light from the sun. 7. God created (the) man on Friday. 8. I (f.) hope that this will be the last quarrel between us. 9. According to the Hebrew calendar, more than 5000 years passed since (from the time of) the creation of the world. 10. In the summer nights, the sky is full of stars. 11. After a day of rest, it is not difficult to get up

early in the morning. 12. Wednesday comes two days after Monday. 13. There are no classes (lessons) in school on Saturday and on Sunday. 14. The students called out in unison: "We are not ready for the test." 15. My parents are wise, they stand on the side when I (m.) quarrel with my sister.

**III. Translate the following phrases:**

1. the first love
2. a second request
3. the third house
4. the fourth time
5. a fifth son
6. the sixth year
7. the twelfth hour
8. the eighth visit
9. the twenty-fifth story
10. a tenth man

# שִׁעוּר מב (42)

| | |
|---|---|
| spring אָבִיב | immediately; straight away תֵּכֶף |
| back, *n.* גַּב (גַּבִּים, גַּבּוֹת) | instantly תֵּכֶף וּמִיָּד |
| charm; grace; favor חֵן | thought to himself אָמַר בְּלִבּוֹ |
| village כְּפָר (כְּפָרִים) | to go on foot לָלֶכֶת בָּרֶגֶל |
| adult; mature מְבֻגָּר (מְבֻגָּרִים) | in all my life; ever since I was born מִיָּמַי |
| from above מֵעַל | while בְּעֵת שֶׁ... = בִּזְמַן שֶׁ... = בְּשָׁעָה שֶׁ... |
| time עֵת (עִתִּים) = זְמַן | found favor in the eyes of; pleased מָצָא חֵן בְּעֵינֵי |
| frequently, often לְעִתִּים קְרוֹבוֹת | to let; permit לָתֵת לְ... |
| seldom,rarely לְעִתִּים רְחוֹקוֹת | |
| young צָעִיר, צְעִירָה | |
| danced רָקַד (לִרְקֹד) | |

דָּבָר בְּעִתּוֹ, מַה טּוֹב! (מִן הַמִּקְרָא)

## GRAMMAR — דִּקְדּוּק

### I. The Inflection of Monosyllabic Nouns.

1. Monosyllabic nouns, whose first radical is vocalized by a פַּתָּח, are inflected as follows:

גַּן (סְמִיכוּת - גַּן)

| | | | | |
|---|---|---|---|---|
| גַּנִּי | גַּנְּךָ | גַּנֵּךְ | גַּנּוֹ | גַּנָּהּ |
| גַּנֵּנוּ | גַּנְּכֶם | גַּנְּכֶן | גַּנָּם | גַּנָּן |

גַּנִּים (סְמִיכוּת - גַּנֵּי)

| | | | | |
|---|---|---|---|---|
| גַּנַּי | גַּנֶּיךָ | גַּנַּיִךְ | גַּנָּיו | גַּנֶּיהָ |
| גַּנֵּינוּ | גַּנֵּיכֶם | גַּנֵּיכֶן | גַּנֵּיהֶם | גַּנֵּיהֶן |

As a rule, the initial פַּתָּח remains unchanged and a דָגֵשׁ is placed in the following letter. There are a few exceptions, in which case the פַּתָּח changes to a חִירִיק. E.g.,

בַּת — בִּתִּי... צַד — צִדִּי...

If the second radical is a "ר", the פַּתָּח is changed in the inflection to a קָמָץ, to compensate for the loss of the דָגֵשׁ.

שַׂר — שָׂרִי...

2. The Inflection of אֵם :

אֵם (סְמִיכוּת ־ אֵם)

| | | | | |
|---|---|---|---|---|
| אִמִּי | אִמְּךָ | אִמֵּךְ | אִמּוֹ | אִמָּהּ |
| אִמֵּנוּ | אִמְּכֶם | אִמְּכֶן | אִמָּם | אִמָּן |

The following nouns are similarly inflected— חֵן, לֵב, נֵס, עֵת.

3. The Inflection of אָב :

אָב (סְמִיכוּת ־ אֲבִי)

| | | | | |
|---|---|---|---|---|
| אָבִי | אָבִיךָ | אָבִיךְ | אָבִיו | אָבִיהָ |
| אָבִינוּ | אֲבִיכֶם | אֲבִיכֶן | אֲבִיהֶם | אֲבִיהֶן |

אָח — is similarly inflected. The noun אָחוֹת is inflected like אָדוֹן ; see lesson 31.

4. The Inflection of פֶּה :

פֶּה (סְמִיכוּת ־ פִּי)

| | | | | |
|---|---|---|---|---|
| פִּי | פִּיךָ | פִּיךְ | פִּיו | פִּיהָ |
| פִּינוּ | פִּיכֶם | פִּיכֶן | פִּיהֶם | פִּיהֶן |

5. The Inflection of בֵּן :

בֵּן (סְמִיכוּת - בֶּן)

| | | | | |
|---|---|---|---|---|
| בְּנִי | בִּנְךָ | בְּנֵךְ | בְּנוֹ | בְּנָהּ |
| בְּנֵנוּ | בִּנְכֶם | בִּנְכֶן | בְּנָם | בְּנָן |

שֵׁם —is similarly inflected. The סְמִיכוּת is שֵׁם , rarely שֶׁם .

**II. The Inflection of** אִשָּׁה **:**

אִשָּׁה (סְמִיכוּת - אֵשֶׁת)

אִשְׁתִּי　　אִשְׁתְּךָ　　אִשְׁתּוֹ

**III. The Inflection of Numbers.** When a number is used as a description of a group of people, e.g., a twosome, a threesome, etc. it must be inflected when used with a personal noun. It is self evident that, in this sense, the inflection applies to the first, second and third persons plural. The inflection of the number "two" is in frequent use.

שְׁנַיִם — שְׁנֵינוּ　שְׁנֵיכֶם　שְׁנֵיהֶם

**IV. The Use of** **...לָתֵת לְ** . ...לָתֵת לְ , followed by the infinitive, has the meaning "to let," "to permit."

| | |
|---|---|
| He lets me play. | הוּא נוֹתֵן לִי לְשַׂחֵק. |
| He let me go. | הוּא נָתַן לִי לָלֶכֶת. |
| They will let him speak. | הֵם יִתְּנוּ לוֹ לְדַבֵּר. |
| Let her sit down. | תֵּן לָהּ לָשֶׁבֶת. |
| I let David return. | נָתַתִּי לְדָוִד לָשׁוּב. |
| Please let me speak. | בְּבַקָּשָׁה לָתֵת לִי לְדַבֵּר. |

# כְּדֵי לִמְצֹא חֵן בְּעֵינֵי הַכֹּל . . .

אִכָּר אֶחָד הָיָה הוֹלֵךְ לְעִתִּים קְרוֹבוֹת אֶל הַשּׁוּק שֶׁל הָעִיר. פְּעָמִים רַבּוֹת בִּקֵּשׁ הַבֵּן אֶת אָבִיו לָקַחַת אוֹתוֹ עִמּוֹ. הָאָב הָיָה אוֹמֵר:

— תָּבוֹא הָעֵת וְאֶקַּח אוֹתְךָ. אַל תִּדְאַג, אֲנִי לֹא אֶשְׁכַּח!

יוֹם אֶחָד אָמַר הָאָב לִבְנוֹ:

— הַחֹרֶף כְּבָר עָבַר וְהָאָבִיב בָּא. בַּשָּׁמַיִם אֵין אַף עָנָן קַל. הַשֶּׁמֶשׁ זוֹרַחַת וְאֵין עוֹד שֶׁלֶג בַּדְּרָכִים. הַיּוֹם אֶקַּח אוֹתְךָ עִמִּי לַשּׁוּק.

הַבֵּן רָקַד מִשִּׂמְחָה. לִפְנֵי שֶׁיָּצְאוּ מִן הַכְּפָר נָתַן הַבֵּן נְשִׁיקָה לְאִמּוֹ וְלַאֲחוֹתוֹ. הָאִכָּר אָמַר שָׁלוֹם לְאִשְׁתּוֹ וּלְבִתּוֹ. הוּא שָׂם אֶת בְּנוֹ עַל גַּב הַחֲמוֹר וּשְׁנֵיהֶם יָצְאוּ לַדֶּרֶךְ.

בַּדֶּרֶךְ פָּגַשׁ אוֹתָם אִישׁ אֶחָד. הָאִישׁ רָאָה שֶׁהַבֵּן רוֹכֵב עַל הַחֲמוֹר וְאָבִיו הוֹלֵךְ לְבַדּוֹ בָּרֶגֶל. הוּא פָּנָה אֶל הַבֵּן וְאָמַר:

— אַתָּה עוֹדְךָ צָעִיר וּבָרִיא וְאָבִיךָ כְּבָר זָקֵן וְחַלָּשׁ. הַאִם זֶה יָפֶה שֶׁאַתָּה רוֹכֵב עַל הַחֲמוֹר בְּעֵת שֶׁאָבִיךָ הוֹלֵךְ בָּרֶגֶל? אַתָּה עוֹשֶׂה חֵטְא גָּדוֹל, כִּי אַתָּה לֹא מְכַבֵּד אֶת אָבִיךָ הַזָּקֵן!

— הָאִישׁ צוֹדֵק, אָמַר הַבֵּן בְּלִבּוֹ. הַבֵּן יָרַד, וְאָבִיו עָלָה עַל הַחֲמוֹר.

אַחֲרֵי מִסְפַּר דַּקּוֹת פָּגַשׁ אוֹתָם אִישׁ שֵׁנִי. כַּאֲשֶׁר הוּא רָאָה שֶׁהָאָב רוֹכֵב עַל הַחֲמוֹר וְהַבֵּן הוֹלֵךְ לְבַדּוֹ בָּרֶגֶל, הוּא פָּנָה אֶל הָאָב, וְאָמַר:

— אַתָּה אָדָם מְבֻגָּר וּבִנְךָ עוֹדוֹ נַעַר צָעִיר. אֵיךְ אַתָּה נוֹתֵן לִבְנְךָ לָלֶכֶת בָּרֶגֶל בְּעֵת שֶׁאַתָּה רוֹכֵב עַל הַחֲמוֹר? אַתָּה עוֹשֶׂה חֵטְא גָּדוֹל, כִּי אַתָּה לֹא מְרַחֵם עַל בִּנְךָ הַצָּעִיר!

— הָאִישׁ צוֹדֵק, אָמַר הָאָב בְּלִבּוֹ, וְתֵכֶף וּמִיָּד יָרַד מֵעַל הַחֲמוֹר.

עַכְשָׁו גַּם הָאָב וְגַם הַבֵּן הוֹלְכִים בָּרֶגֶל וְהַחֲמוֹר הוֹלֵךְ אַחֲרֵיהֶם. שְׁנֵיהֶם הוֹלְכִים לְאַט לְאַט וְרָבִים זֶה עִם זֶה. הָאָב אוֹמֵר שֶׁהַבֵּן צָרִיךְ לִרְכֹּב עַל הַחֲמוֹר וְהַבֵּן אוֹמֵר שֶׁהָאָב צָרִיךְ לִרְכֹּב עַל הַחֲמוֹר.

וְהִנֵּה עָבְרָה עֲגָלָה וּבָהּ אִכָּר אֶחָד. כַּאֲשֶׁר הָאִכָּר, שֶׁנָּסַע בָּעֲגָלָה, רָאָה אוֹתָם, הוּא פָּרַץ בִּצְחוֹק, וְאָמַר:

— מִיָּמַי לֹא רָאִיתִי טִפְּשִׁים כָּאֵלֶּה. שְׁלֹשָׁה חֲמוֹרִים הוֹלְכִים יַחַד, וְאֵין אֶחָד מֵהֶם רוֹכֵב עַל גַּב חֲבֵרוֹ!

הָאָב וְהַבֵּן שָׁתְקוּ. אַחֲרֵי רְגָעִים אֲחָדִים אָמְרוּ זֶה אֶל זֶה:

— זוֹ הִיא בֶּאֱמֶת בְּעָיָה קָשָׁה!

לֹא יָדְעוּ הָאָב וּבְנוֹ מָה עֲלֵיהֶם לַעֲשׂוֹת. הֵם עָמְדוּ זְמַן־מָה וְחִפְּשׂוּ עֵצָה אֵיךְ לִמְצֹא חֵן בְּעֵינֵי הַכֹּל. בַּסּוֹף מָצְאוּ עֵצָה. הֵם לָקְחוּ אֶת הַחֲמוֹר וְשָׂמוּ אוֹתוֹ עַל גַּבָּם, וְכָךְ בָּאוּ שְׁנֵיהֶם אֶל הָעִיר.

## Exercises — תַּרְגִּילִים

**I. Answer in complete sentences:**

1. מַה בִּקֵּשׁ הַבֵּן מֵאָבִיו?
2. מֶה עָשׂוּ הָאָב וְהַבֵּן לִפְנֵי שֶׁיָּצְאוּ לַדֶּרֶךְ?
3. מַדּוּעַ יָרַד הַבֵּן מֵעַל הַחֲמוֹר?
4. מַדּוּעַ יָרַד הָאָב מֵעַל הַחֲמוֹר?
5. מֶה עָשׂוּ הָאָב וְהַבֵּן כְּדֵי לִמְצֹא חֵן בְּעֵינֵי הַכֹּל?

**II. Translate** (Using the noun in its inflected form):

1. The farmer put a bag of apples on his back and returned to the village. 2. The donkey is a lazy beast and walks very slowly. 3. My son is younger than your son by (in) two years. 4. Our daughter is only sixteen years old, but she thinks that she is already an adult. 5. In the spring when the weather is nice, I (f.) like to go to the store on foot. 6. His brother did not let me play in the dining room. 7. There is a time for everything. There is a time to give birth, and a time to die, a time to laugh and a time to cry. 8. Don't you (f.) remember me? We used to play together frequently in your father's garden when we were young. 9. In all my life I didn't meet such a stupid lad. 10. My name is Moshe, what is your (f.s.) name? 11. What does not one do in order to find favor in the eyes of others! 12. I do not want to dance tonight because I

(f.) am tired. 13. When I first (in the first time) met her, I said to myself: "She will be my wife." 14. Our garden is bigger and nicer than their garden. 15. I do not like to listen to the news while I am reading. 16. I (f.) like both of them (m.) and I do not know which of them to choose.

**III. Put in the construct form ( סְמִיכוּת ):**

1. הָאָב שֶׁל הַנַּעַר
2. הָאִשָּׁה שֶׁל אָדוֹן כֹּהֵן
3. הַבֵּן שֶׁל הַדַּיָּג
4. הַלֵּב שֶׁל הַחוֹלֶה
5. הַפֶּה שֶׁל הַחֲמוֹר
6. הַנֵּס שֶׁל חֲנֻכָּה
7. הַשַּׂר שֶׁל הַמֶּלֶךְ
8. הַבַּת שֶׁל אָחִיו
9. הָאֵם שֶׁל הַבָּחוּר
10. הָאָח שֶׁל הַנַּעֲרָה

# שִׁעוּר מג (43)

| | | | |
|---|---|---|---|
| indeed | אָמְנָם | East | מִזְרָח |
| generation | דּוֹר (דּוֹרוֹת) | West | מַעֲרָב |
| that, *dem.adj.* | הַהוּא, הַהִיא | situation; condition | מַצָּב (מַצָּבִים) |
| those, *dem.adj.* | הָהֵם, הָהֵן | planted, *v.* | נָטַע (לִנְטֹעַ) |
| carob | חָרוּב (חָרוּבִים) | how old *(m.s.)*? | בֶּן כַּמָּה שָׁנִים? |
| hike; stroll; walk | טִיּוּל (טִיּוּלִים) | how old *(f.s.)*? | בַּת כַּמָּה שָׁנִים? |
| hiked; strolled; took a walk | טִיֵּל (לְטַיֵּל) | from time to time | מִזְּמַן לִזְמַן |
| green | יָרֹק, יְרֻקָּה | outside the city | מִחוּץ לָעִיר |

דּוֹר הוֹלֵךְ וְדוֹר בָּא וְהָאָרֶץ לְעוֹלָם עוֹמֶדֶת. (מִן הַמִּקְרָא)

## GRAMMAR — דִּקְדּוּק

**I. The Verbs אמר and אכל .** These verbs are conjugated in the present and in the past like שְׁלֵמִים .

The future and imperative of these verbs follow:

לוֹמַר (לֵאמֹר)

עתיד:

| | | | | | |
|---|---|---|---|---|---|
| אני | אֹמַר | | | אנחנו | נֹאמַר |
| אתה | תֹּאמַר | את | תֹּאמְרִי | אתם | תֹּאמְרוּ | אתן | תֹּאמַרְנָה |
| הוא | יֹאמַר | היא | תֹּאמַר | הם | יֹאמְרוּ | הן | תֹּאמַרְנָה |

צווי:

אֱמֹר　　אִמְרִי　　אִמְרוּ　　אֱמֹרְנָה

The infinitive of אמר is irregular. It is לֵאמֹר, in biblical Hebrew, and לוֹמַר in post-biblical and modern Hebrew.

לֶאֱכֹל

עתיד:

| | | |
|---|---|---|
| אני אֹכַל | | אנחנו נֹאכַל |
| אתה תֹּאכַל | את תֹּאכְלִי | אתם תֹּאכְלוּ | אתן תֹּאכַלְנָה |
| הוא יֹאכַל | היא תֹּאכַל | הם יֹאכְלוּ | הן תֹּאכַלְנָה |

צווי:

אֱכֹל אִכְלִי אִכְלוּ אֱכֹלְנָה

**II. Telling Age.** For telling age, the words בֶּן or בַּת are used ( בְּנֵי or בְּנוֹת for the plural).

This boy is six years old. הַיֶּלֶד הַזֶּה בֶּן שֵׁשׁ שָׁנִים.

This girl is six years old. הַיַּלְדָּה הַזֹּאת בַּת שֵׁשׁ שָׁנִים.

For asking someone's age, the phrase בֶּן כַּמָּה שָׁנִים....? or בַּת כַּמָּה שָׁנִים....? is used.

How old are you (m.s.)? בֶּן כַּמָּה שָׁנִים אַתָּה?

How old are you (f.s.)? בַּת כַּמָּה שָׁנִים אַתְּ?

The word שָׁנִים may be omitted, but the feminine number must be used.

בֶּן כַּמָּה הוּא? הוּא בֶּן שֵׁשׁ.

בַּת כַּמָּה הִיא? הִיא בַּת שֵׁשׁ.

**III. The Demonstrative Adjectives "that" and "those."** These demonstrative adjectives are formed by the addition of the definite article הַ... or הָ... to the personal pronouns.

| | |
|---|---|
| that man | הָאִישׁ הַהוּא |
| that woman | הָאִשָּׁה הַהִיא |
| those men | הָאֲנָשִׁים הָהֵם |
| those women | הַנָּשִׁים הָהֵן |

# דּוֹר לְדוֹר

לִפְנֵי הַרְבֵּה שָׁנִים חַי בְּאֶרֶץ אַחַת מֶלֶךְ טוֹב וְיָשָׁר. הַמֶּלֶךְ הַהוּא אָהַב לָבוֹא בֵּין הָעָם הַפָּשׁוּט, כִּי רָצָה לָדַעַת אֶת הַמַּצָּב בָּאָרֶץ. מִזְּמַן לִזְמַן הוּא הָיָה יוֹצֵא לִרְחוֹבוֹת הָעִיר, וְהָיָה מְדַבֵּר עִם כָּל מִינֵי אֲנָשִׁים, צְעִירִים וּמְבֻגָּרִים, כְּדֵי לִשְׁמֹעַ מִפִּיהֶם עַל הַבְּעָיוֹת שֶׁלָּהֶם. הוּא גַּם רָצָה לִרְאוֹת בְּעַצְמוֹ אֵיךְ הַכֹּל פּוֹעֵל בָּאָרֶץ.

יוֹם אֶחָד יָצָא הַמֶּלֶךְ לְטַיֵּל מִחוּץ לָעִיר, וְעָבַר דֶּרֶךְ כְּפָר אֶחָד. הָיָה יוֹם אָבִיב יָפֶה. עֵשֶׂב יָרֹק וּפְרָחִים יָפִים מִכָּל הַמִּינִים גָּדְלוּ בַּגַּנִּים וּבַשָּׂדוֹת. הַשֶּׁמֶשׁ זָרְחָה בַּשָּׁמַיִם, וְהָעוֹלָם הָיָה מָלֵא גִּילִי אוֹר וְשִׂמְחָה. הָאִכָּרִים הָיוּ עֲסוּקִים בַּחוּץ, אֲחָדִים מֵהֶם בְּתִקּוּן הַגַּגּוֹת וְהָאֲחֵרִים בַּעֲבוֹדָה בַּשָּׂדֶה. בִּשְׁעַת הַטִּיּוּל רָאָה הַמֶּלֶךְ מֵרָחוֹק אִישׁ זָקֵן עוֹמֵד לְבַדּוֹ בַּשָּׂדֶה וְנוֹטֵעַ עֵץ. הַמֶּלֶךְ בָּא קָרוֹב לַזָּקֵן, וְאָמַר לוֹ:

— שָׁלוֹם, סַבָּא. אֵיזֶה מִין עֵץ אַתָּה נוֹטֵעַ?

— עֵץ חָרוּב אֲנִי נוֹטֵעַ, עָנָה הַזָּקֵן.

— בֶּן כַּמָּה שָׁנִים אַתָּה? שָׁאַל אוֹתוֹ הַמֶּלֶךְ.

— אֲנִי בֶּן שְׁמוֹנִים שָׁנָה, עָנָה הַזָּקֵן.

— הַאִם אַתָּה מְקַוֶּה לֶאֱכֹל מִן הַפֵּרוֹת שֶׁל הָעֵץ שֶׁאַתָּה נוֹטֵעַ? שָׁאַל שׁוּב הַמֶּלֶךְ. הֲלֹא חָרוּב נוֹתֵן פֵּרוֹת רַק אַחֲרֵי שָׁנִים רַבּוֹת?

הַזָּקֵן עָנָה:

— אָמְנָם אֲנִי כְּבָר זָקֵן, וַאֲנִי לֹא אֹכַל מִן פֵּרוֹת הָעֵץ, שֶׁאֲנִי נוֹטֵעַ עַכְשָׁו. אֲבָל בָּנַי שֶׁגִּדַּלְתִּי וְהַבָּנִים שֶׁלָּהֶם יֹאכְלוּ מִן הַפֵּרוֹת שֶׁלּוֹ. רְאֵה, אֲדוֹנִי הַמֶּלֶךְ, אֶת הָעֵץ הַהוּא בְּצַד מִזְרָח נָטַע אָבִי כַּאֲשֶׁר הָיִיתִי בֶּן עֶשֶׂר. אֶת הָעֵצִים הָהֵם בַּפִּנָּה בְּצַד מַעֲרָב נָטַע סָבִי כַּאֲשֶׁר אָבִי הָיָה בְּעֵרֶךְ בֶּן שְׁלֹשׁ עֶשְׂרֵה. כָּל חַיַּי אָכַלְתִּי מִן הַפֵּרוֹת שֶׁל הָעֵצִים הָהֵם. כְּמוֹ שֶׁאֲבוֹתַי נָטְעוּ בִּשְׁבִיל הַדּוֹרוֹת הַבָּאִים, כָּךְ גַּם אֲנִי נוֹטֵעַ עַכְשָׁו בִּשְׁבִיל בָּנַי וּבִשְׁבִיל הַבָּנִים שֶׁלָּהֶם.

הַדָּבָר מָצָא חֵן בְּעֵינֵי הַמֶּלֶךְ, וְהוּא קָרָא:

— בָּרוּךְ תִּהְיֶה, וּבָרוּךְ הַדּוֹר הַדּוֹאֵג לַדּוֹר הַבָּא!

## Exercises — תַּרְגִּילִים

**I. Answer in complete sentences:**

1. מָה אָהַב הַמֶּלֶךְ לַעֲשׂוֹת?
2. מָה עָשָׂה הָאִישׁ הַזָּקֵן בַּשָּׂדֶה?
3. בֶּן כַּמָּה הָיָה הַזָּקֵן?
4. מָתַי נוֹתֵן עֵץ חָרוּב פֵּרוֹת?
5. בִּשְׁבִיל מִי נָטַע הַזָּקֵן אֶת הָעֵץ?

**II. Translate:**

1. Every generation has new problems. 2. This tree is an apple tree, but the tree on the east side is a carob. 3. I (m.) don't know who planted those trees. 4. The sun rises in the east and sets in the west. 5. My son will go to work when he will be 18 years old. 6. In the spring she likes to take a walk alone outside the city. 7. The pioneers built villages and towns and planted forests. 8. Our hike in the Negev was very interesting, and what we saw there made a great impression on us. 9. What can I (m.) tell you (m.s.)? You know my situation yourself. 10. I shall always tell (say) the truth. 11. Don't eat (m.s.) this apple, it is still green. 12. Tell (say to) me, how old will you (f.s.) be next (the coming) summer? 13. It never snows in Tel Aviv, but at times (sometimes) it snows in Jerusalem. 15. Not always do we (m.) obtain a correct picture of the situation in the world from the newspapers. 16. Indeed, I saw him yesterday, but I didn't talk to him.

# שִׁעוּר מד (44)

| | |
|---|---|
| בֵּית מִדְרָשׁ | house of study |
| בֵּית סֹהַר | prison |
| חֻצְפָּה | impudence; insolence |
| יָדוּעַ, יְדוּעָה | known; well known |
| יְדִידוּת | friendship |
| יוֹנָתָן | Jonathan |
| כָּבוֹד | honor; respect; dignity |
| צִוָּה (לְצַוּוֹת) | ordered; commanded |
| רַב (רַבָּנִים) | rabbi |
| רָצוֹן (רְצוֹנוֹת) | wish, desire, *n.* |
| בְּרָצוֹן | willingly; gladly |
| בְּרָצוֹן רַב | very gladly |
| פְּרַג | Prague |
| שָׂפָה (שְׂפָתַיִם) | lip |
| שָׂפָה (שָׂפוֹת) | language; shore |
| בְּכָל עֵת וּבְכָל שָׁעָה | at any time |
| מִצַּד | on the part of; as far as one is concerned |
| מֵרֹאשׁ | ahead, in advance |

אֵין צַדִּיק בָּאָרֶץ אֲשֶׁר יַעֲשֶׂה טוֹב וְלֹא יֶחֱטָא. (מִן הַמִּקְרָא)

<>

## GRAMMAR — דִּקְדּוּק

**I. The Verb יָכֹל.** The verb יכל, like the English "can," has neither an infinitive* nor an imperative. The conjugation of יכל follows:

הוה:

| | | | |
|---|---|---|---|
| אני, אתה, הוא | יָכוֹל | אנחנו, אתם, הם | יְכוֹלִים |
| אני, את, היא | יְכוֹלָה | אנחנו, אתן, הן | יְכוֹלוֹת |

---

*The idea of the infinitive may be expressed by לִהְיוֹת plus the present tense of יָכוֹל. However, this form is seldom used.

צָרִיךְ הַרְבֵּה כֹּחַ כְּדֵי לִהְיוֹת יָכוֹל לַעֲשׂוֹת זֹאת. — Much strength is necessry to be able to do it.

עבר:

| | |
|---|---|
| אני יָכֹלְתִּי | אנחנו יָכֹלְנוּ |
| אתה יָכֹלְתָּ  את יָכֹלְתְּ | אתם יְכָלְתֶּם  אתן יְכָלְתֶּן |
| הוא יָכֹל  היא יָכְלָה | הם, הן יָכְלוּ |

עתיד:

| | |
|---|---|
| אני אוּכַל | אנחנו נוּכַל |
| אתה תּוּכַל  את תּוּכְלִי | אתם תּוּכְלוּ  אתן תּוּכַלְנָה |
| הוא יוּכַל  היא תּוּכַל | הם יוּכְלוּ  הן תּוּכַלְנָה |

**II. The Inflection of עַל־יַד.** Although, as a rule, adverbs are not inflected, עַל־יַד (near) being an adverbial phrase is inflected.

| | | | | |
|---|---|---|---|---|
| עַל־יָדִי | עַל־יָדְךָ | עַל־יָדֵךְ | עַל־יָדוֹ | עַל־יָדָהּ |
| עַל־יָדֵנוּ | עַל־יֶדְכֶם | עַל־יֶדְכֶן | עַל־יָדָם | עַל־יָדָן |

## מִי יָכוֹל לָדַעַת

בָּעִיר פְּרַג חַי רַב אֶחָד בְּשֵׁם יוֹנָתָן. רַבִּי יוֹנָתָן הָיָה אֶחָד מִן הַחֲכָמִים הַחֲשׁוּבִים בְּדוֹרוֹ. יוֹם אֶחָד רָכַב הַמֶּלֶךְ עִם אֶחָד מִן הַשָּׂרִים שֶׁלּוֹ בִּרְחוֹבוֹת הָעִיר. בְּמִקְרֶה, בְּשָׁעָה זוֹ בְּדִיּוּק, עָבַר רַבִּי יוֹנָתָן עַל־יָדָם, בַּדֶּרֶךְ לְבֵית הַמִּדְרָשׁ. הַמַּרְאֶה שֶׁל רַבִּי יוֹנָתָן עָשָׂה רֹשֶׁם רַב עַל הַמֶּלֶךְ. הַמֶּלֶךְ פָּנָה אֶל הַשַּׂר, וְשָׁאַל:

— מִי הָאִישׁ הַהוּא?

— הוּא רַב יָדוּעַ, עָנָה הַשַּׂר. הוּא גָּדוֹל בְּחָכְמָה וְיוֹדֵעַ שָׂפוֹת רַבּוֹת.

— קְרָא אוֹתוֹ הֵנָּה, אָמַר הַמֶּלֶךְ. וּשְׁאַל אוֹתוֹ אִם יוּכַל לָבוֹא מָחָר לָאַרְמוֹן.

מִיָּד נָתַן הַשַּׂר פְּקוּדָה לַשּׁוֹטֵר, וְאָמַר: ״לֵךְ מַהֵר וּקְרָא הֵנָּה אֶת הָרַב הַהוֹלֵךְ שָׁם בָּרְחוֹב״. הַשּׁוֹטֵר רָץ אַחֲרֵי הָרַב, וְאָמַר לוֹ לָלֶכֶת אִתּוֹ

אֶל הַשַּׂר. רַבִּי יוֹנָתָן הָלַךְ עִם הַשּׁוֹטֵר אֶל הַשַּׂר. הַשַּׂר פָּנָה אֵלָיו, וְאָמַר:

— הַאִם תּוּכַל לָבוֹא מָחָר לְבִקּוּר אֵצֶל הַמֶּלֶךְ?

— אֲדוֹנִי הַשַּׂר, מִצִּדִּי אֲנִי מוּכָן בְּכָל עֵת וּבְכָל שָׁעָה לָבוֹא אֶל אַרְמוֹן הַמֶּלֶךְ, אֲבָל רַק ה׳ לְבַדּוֹ יוֹדֵעַ אִם אוּכַל לָבוֹא אוֹ לֹא, עָנָה רַבִּי יוֹנָתָן.

כַּאֲשֶׁר הַמֶּלֶךְ שָׁמַע אֶת הַתְּשׁוּבָה הַזֹּאת, הוּא כָּעַס עַל הַחֻצְפָּה שֶׁל רַבִּי יוֹנָתָן. תֵּכֶף וּמִיָּד צִוָּה הַמֶּלֶךְ לָתֵת לוֹ עֹנֶשׁ: לָשִׂים אוֹתוֹ בְּבֵית הַסֹּהַר לַעֲשָׂרָה יָמִים.

אָז פָּנָה רַבִּי יוֹנָתָן אֶל הַמֶּלֶךְ, וְאָמַר:

— עַכְשָׁו אַתָּה רוֹאֶה, אֲדוֹנִי הַמֶּלֶךְ, שֶׁבֶּאֱמֶת לֹא יָכֹלְתִּי לָדַעַת אִם אוּכַל לָבוֹא אֵלֶיךָ מָחָר אוֹ לֹא. הַכֹּל בִּידֵי שָׁמַיִם, וְאִי אֶפְשָׁר לָאָדָם לָדַעַת מֵרֹאשׁ מַה שֶּׁיִּקְרֶה לוֹ בֶּעָתִיד. הִנֵּה, לְמָשָׁל, כַּאֲשֶׁר יָצָאתִי מִן הַבַּיִת רָצִיתִי לָלֶכֶת לְבֵית הַמִּדְרָשׁ, וּבִמְקוֹם זֹאת, עָלַי לָלֶכֶת עַכְשָׁו לְבֵית הַסֹּהַר.

הַתְּשׁוּבָה הַזֹּאת מָצְאָה חֵן בְּעֵינֵי הַמֶּלֶךְ. חִיּוּךְ עָלָה עַל שְׂפָתָיו, וְאָמַר:

— הַאִם אַתָּה רוֹצֶה לָבוֹא מָחָר אֵלַי לְבִקּוּר?

רַבִּי יוֹנָתָן עָנָה:

— בְּרָצוֹן רַב, אֲדוֹנִי הַמֶּלֶךְ. תּוֹדָה רַבָּה עַל הַכָּבוֹד הַגָּדוֹל הַזֶּה.

מִן הַיּוֹם הַהוּא וָהָלְאָה הָיְתָה יְדִידוּת גְּדוֹלָה בֵּין הַמֶּלֶךְ וּבֵין הָרַב. רַבִּי יוֹנָתָן הָיָה מְבַקֵּר אֶת הַמֶּלֶךְ, וּלְעִתִּים קְרוֹבוֹת הָיוּ שְׁנֵיהֶם מְטַיְּלִים יַחַד בְּגַן הָאַרְמוֹן, וּמְדַבְּרִים עַל כָּל מִינֵי נוֹשְׂאִים.

## Exercises — תַּרְגִּילִים

**I. Answer in complete sentences:**

1. אֶת מִי פָּגַשׁ רַבִּי יוֹנָתָן בַּדֶּרֶךְ לְבֵית הַמִּדְרָשׁ?
2. מַה שָּׁאַל הַשַּׂר אֶת רַבִּי יוֹנָתָן?
3. מַדּוּעַ כָּעַס הַמֶּלֶךְ?
4. מַה צִוָּה הַמֶּלֶךְ לַעֲשׂוֹת לְרַבִּי יוֹנָתָן?
5. מָה אָמַר הַמֶּלֶךְ בַּסּוֹף?

**II. Translate:**

1. This is a well-known poem, every adult and every child in this country knows it by heart. 2. Wherever (in every place) the Jews lived, they built a house of study. 3. From his looks (appearance) I could see that he is angry at me. 4. We frequently go for a visit to the rabbi's house. 5. I will not answer (to) you (m.s.) because you talked to me with impudence. 6. I (f.) am ordering you (m.pl.) to sit quietly (with quiet). 7. The child said: "I will not eat!" and he closed his lips. 8. It is a great honor for me to be his friend. 9. I will gladly do it (this) for you (f.s.). 10. If I am able, I will come to visit you tomorrow at half past seven. 11. We could not tolerate (suffer) his deeds. 12. She got a higher salary because she knows foreign languages. 13. A quarrel broke out between the brothers because they could not divide the treasure between them. 14. Your (f.s.) friendship is very precious to me. 15. You (m.s) cannot put me in prison without a trial. 16. As far as we are concerned, we (m.pl.) are always ready to help you (m.pl.).

# שִׁעוּר מה (45)

| | | | |
|---|---|---|---|
| need, *n.* | צֹרֶךְ (צְרָכִים) | middle | אֶמְצַע |
| harvest (of grain) | קָצִיר | in the middle | בְּאֶמְצַע |
| harvested; reaped | קָצַר (לִקְצֹר) | made it possible; enabled | אִפְשֵׁר (לְאַפְשֵׁר) |
| bachelor | רַוָּק (רַוָּקִים) | The Temple | בֵּית הַמִּקְדָּשׁ |
| equal; worth | שָׁוֶה, שָׁוָה | part; portion; share | חֵלֶק (חֲלָקִים) |
| produce; grain | תְּבוּאָה (תְּבוּאוֹת) | inheritance | יְרוּשָׁה (יְרוּשׁוֹת) |
| translated | תִּרְגֵּם (לְתַרְגֵּם) | Moriah | מוֹרִיָּה |
| I have need of... | יֵשׁ לִי צֹרֶךְ בְּ... | doubted | פִּקְפֵּק (לְפַקְפֵּק) בְּ... |
| one another; each other | זֶה אֶת זֶה / זוֹ אֶת זוֹ | provided; sustained; supported | פִּרְנֵס (לְפַרְנֵס) |

כָּל הַלּוֹמֵד תּוֹרָה וְאֵינוֹ חוֹזֵר עָלֶיהָ דּוֹמֶה
(שָׁוֶה) לְאָדָם שֶׁזּוֹרֵעַ וְאֵינוֹ קוֹצֵר. (מִן הַתַּלְמוּד)

## GRAMMAR — דִּקְדּוּק

**I. Quadriliteral Verbs מְרֻבָּעִים.** The Hebrew verb is mostly triliteral, i.e., composed of three radical letters. There are, however, a number of quadriliteral verbs, i.e., verbs composed of four radical letters. All quadriliterals are:

1. either expansions of triliteral verbs through the duplication of one radical. E.g.,

   to doubt — לְפַקְפֵּק (פקק)

2. or denominative verbs, i.e., derived from nouns, adverbs, etc. E.g.,

| | | | |
|---|---|---|---|
| to make possible; enable — לְאַפְשֵׁר | | possible — אֶפְשָׁר | |
| to translate — לְתַרְגֵּם | | translation — תַּרְגּוּם | |

**II. The בִּנְיָן of the Quadriliterals.** All quadriliteral verbs come in the בִּנְיַן פִּעֵל. The conjugation of a quadriliteral verb follows:

to provide — לְפַרְנֵס

הוה:

| | |
|---|---|
| אני, אתה, הוא מְפַרְנֵס | אנחנו, אתם, הם מְפַרְנְסִים |
| אני, את, היא מְפַרְנֶסֶת | אנחנו, אתן, הן מְפַרְנְסוֹת |

עבר:

| | | | |
|---|---|---|---|
| אני פִּרְנַסְתִּי | | אנחנו פִּרְנַסְנוּ | |
| אתה פִּרְנַסְתָּ | את פִּרְנַסְתְּ | אתם פִּרְנַסְתֶּם | אתן פִּרְנַסְתֶּן |
| הוא פִּרְנֵס | היא פִּרְנְסָה | הם, הן פִּרְנְסוּ | |

עתיד:

| | | | |
|---|---|---|---|
| אני אֲפַרְנֵס | | אנחנו נְפַרְנֵס | |
| אתה תְּפַרְנֵס | את תְּפַרְנְסִי | אתם תְּפַרְנְסוּ | אתן תְּפַרְנֵסְנָה |
| הוא יְפַרְנֵס | היא תְּפַרְנֵס | הם יְפַרְנְסוּ | הן תְּפַרְנֵסְנָה |

צווי:

פַּרְנֵס　פַּרְנְסִי　פַּרְנְסוּ　פַּרְנֵסְנָה

Note: 1. Except for the vocalization of the second radical, which is a שְׁוָא, the other radicals have the identical vocalization of a regular פִּעֵל.

2. Unlike a regular פִּעֵל, the quadriliterals do not require a דָּגֵשׁ in the second radical.

**III. The Partitive.** It can be expressed either, like in English, by the phrase "part of" — חֵלֶק מִן or, by the preposition מִן or its shortened form ...מ ( ...מֵ).

I took part (some) of the bread. {
לָקַחְתִּי חֵלֶק מִן הַלֶּחֶם.
לָקַחְתִּי מִן הַלֶּחֶם.
לָקַחְתִּי מֵהַלֶּחֶם.

**IV. The Use of מִן (or its short form ...מ ...מֵ).** מִן renders the English prepositions "from," "than" and "of."

I received a letter from my brother. קִבַּלְתִּי מִכְתָּב מִן אָחִי (מֵאָחִי).

I am bigger than my brother. אֲנִי יוֹתֵר גָּדוֹל מִן אָחִי (מֵאָחִי).

Who of you knows Hebrew? מִי מִכֶּם יוֹדֵעַ עִבְרִית?

Note that שֶׁל, meaning "of," is used only possessively or qualitatively.

The heart of the sick man הַלֵּב שֶׁל הָאִישׁ הַחוֹלֶה

A heart of gold לֵב שֶׁל זָהָב

## אַהֲבַת אַחִים

לִפְנֵי שָׁנִים רַבּוֹת חַי בְּמִזְרַח יְרוּשָׁלַיִם אִישׁ אֶחָד וְלוֹ הָיוּ שְׁנֵי בָּנִים נִפְלָאִים. שֵׁם הַבֵּן הָרִאשׁוֹן אֵיתָן וְשֵׁם הַבֵּן הַשֵּׁנִי גִּדְעוֹן. לְאֵיתָן הָיְתָה אִשָּׁה, וְהָיוּ לוֹ בָּנִים וּבָנוֹת. גִּדְעוֹן הָיָה רַוָּק.

כַּאֲשֶׁר הָאָב מֵת קִבְּלוּ הָאַחִים יְרוּשָּׁה — שָׂדֶה בְּהַר הַמּוֹרִיָּה. הָאַחִים עָבְדוּ יַחַד בַּשָּׂדֶה. שְׁנֵיהֶם חָפְרוּ, זָרְעוּ וְקָצְרוּ, וְאַף פַּעַם לֹא רָבוּ זֶה עִם זֶה. אַחֲרֵי הַקָּצִיר הֵם חִלְּקוּ אֶת הַתְּבוּאָה לִשְׁנֵי חֲלָקִים שָׁוִים.

לַיְלָה אֶחָד שָׁכַב אֵיתָן בְּמִטָּתוֹ וְאָמַר לְעַצְמוֹ:

— לֹא טוֹב עָשִׂינוּ שֶׁחִלַּקְנוּ אֶת הַתְּבוּאָה לַחֲלָקִים שָׁוִים. יֵשׁ הֶבְדֵּל גָּדוֹל בֵּין הַמַּצָּב שֶׁל אָחִי וּבֵין מַצָּבִי. כַּאֲשֶׁר אֲנִי אֶהְיֶה זָקֵן בָּנַי יְפַרְנְסוּ אוֹתִי. אֲבָל מִי יְפַרְנֵס אֶת אָחִי כַּאֲשֶׁר יִהְיֶה זָקֵן?

הוּא שָׁכַב וְחִפֵּשׂ עֵצָה אֵיךְ לְתַקֵּן אֶת הַמַּצָּב. פִּתְאֹם אָמַר לְעַצְמוֹ: "אֵלֵךְ וְאֶקַּח חֵלֶק מִן הַתְּבוּאָה שֶׁלִּי וְאֶתֵּן לְאָחִי."

אֵיתָן קָם, הָלַךְ אֶל הַשָּׂדֶה וְלָקַח מִתְּבוּאָתוֹ כְּדֵי לָתֵת לְגִדְעוֹן.

בְּאוֹתוֹ הַלַּיְלָה גַּם גִּדְעוֹן שָׁכַב בְּמִטָּתוֹ וְחָשַׁב לְעַצְמוֹ:

— לֹא טוֹב עָשִׂינוּ שֶׁחִלַּקְנוּ אֶת הַתְּבוּאָה לַחֲלָקִים שָׁוִים. יֵשׁ הֶבְדֵּל גָּדוֹל בֵּין הַמַּצָּב שֶׁל אָחִי וּבֵין מַצָּבִי. לְאָחִי יֵשׁ מִשְׁפָּחָה גְּדוֹלָה וְעָלָיו לְפַרְנֵס אוֹתָהּ. אֲנִי רַוָּק וְאֵין לִי צֹרֶךְ בְּכָל כָּךְ הַרְבֵּה תְּבוּאָה. אֵלֵךְ וְאֶתֵּן חֵלֶק מִן הַתְּבוּאָה שֶׁלִּי לְאָחִי. זֶה יְאַפְשֵׁר לוֹ לְפַרְנֵס אֶת מִשְׁפַּחְתּוֹ בְּכָבוֹד.

גִּדְעוֹן קָם, הָלַךְ אֶל הַשָּׂדֶה וְלָקַח מִתְּבוּאָתוֹ כְּדֵי לָתֵת לְאֵיתָן.

הָיָה לַיְלָה יָפֶה. הַיָּרֵחַ זָרַח. הַשָּׁמַיִם הָיוּ מְלֵאִים כּוֹכָבִים. בְּאֶמְצַע הַדֶּרֶךְ פָּגְשׁוּ הָאַחִים זֶה אֶת זֶה. דְּמָעוֹת עָלוּ בְּעֵינֵיהֶם כַּאֲשֶׁר רָאוּ, שֶׁכָּל אֶחָד נוֹשֵׂא תְּבוּאָה עַל גַּבּוֹ, כְּדֵי לָתֵת אוֹתָהּ לְאָחִיו.

— אָמְנָם מֵעוֹלָם לֹא פִּקְפַּקְתִּי בְּאַהֲבָתֵנוּ, קָרָא גִּדְעוֹן, אֲבָל עַכְשָׁו אֲנִי רוֹאֶה מַה גְּדוֹלָה הִיא!

אֱלֹהִים רָאָה אֶת אַהֲבַת הָאַחִים וְאָמַר:

— הַמָּקוֹם הַזֶּה קָדוֹשׁ! בַּמָּקוֹם הַזֶּה יַעֲמֹד בֶּעָתִיד בֵּית הַמִּקְדָּשׁ!

וְכֵן הָיָה. בַּמָּקוֹם הַזֶּה, עַל הַר הַמּוֹרִיָּה, בָּנָה שְׁלֹמֹה הַמֶּלֶךְ אֶת בֵּית הַמִּקְדָּשׁ הָרִאשׁוֹן.

◇◇◇◇◇◇◇◇◇◇

## תַּרְגִּילִים — Exercises

א. עֲנוּ בְּמִשְׁפָּטִים שְׁלֵמִים:

1. לְמִי הָיוּ אִשָּׁה וּבָנִים וּמִי הָיָה רַוָּק?
2. אֵיךְ חִלְּקוּ הָאַחִים בֵּינֵיהֶם אֶת הַתְּבוּאָה?
3. מַדּוּעַ רָצָה אֵיתָן לָתֵת חֵלֶק מִתְּבוּאָתוֹ לְגִדְעוֹן?
4. מַדּוּעַ רָצָה גִּדְעוֹן לָתֵת חֵלֶק מִתְּבוּאָתוֹ לְאֵיתָן?
5. מַה קָּרָה כַּאֲשֶׁר שְׁנֵי הָאַחִים פָּגְשׁוּ זֶה אֶת זֶה בַּדֶּרֶךְ?

ב. תַּרְגְּמוּ:

1. It is impossible to translate exactly a poem from one language to another language. 2. Who supported his family when he was laid up in the hospital? 3. Mount Moriah is a holy mountain because the Temple stood on it. 4. When I will marry (will take a wife), I will gladly give to my wife an equal share in my house. 5. She came to (the) class in the middle of the lesson. 6. The small boy will not be able to divide the apple into four equal parts. 7. One father is able to support ten children, but ten children cannot support one father. 8. A short time after the harvest, the farmers sold the grain in the market. 9. Don't tell (f.s.) me that you don't have need of friends. 10. I know that you are a man of truth, and I do not doubt your words. 11. I came to Jerusalem in order to study at (in) the Hebrew University. 12. The inheritance that I received will enable me to support my family with dignity. 13. He is already thirty years old and he is still a bachelor. 14. On (in) the last test we had to write a short composition and to translate twelve sentences into Hebrew. 15. Do you (m.pl.) know who was the king who built the Temple on Mount Moriah?

ג. הַטּוּ (**conjugate**) אֶת הַפְּעָלִים הַבָּאִים:

לְאַפְשֵׁר—to enable

לְתַרְגֵּם—to translate

# שִׁעוּר מו (46)

| | | | |
|---|---|---|---|
| אָחוֹת (אֲחָיוֹת) | nurse | מִלְחָמָה (מִלְחָמוֹת) | war |
| אֵירוֹפָּה | Europe | עַל יְדֵי | by, by means of |
| אַרְיֵה (אֲרָיוֹת) | lion | עָף (לָעוּף) | flew |
| (בדק, לְהִבָּדֵק) נִבְדַּק | was examined; checked | פָּגַע (לִפְגֹּעַ) בְּ... | struck; hit; hurt |
| | | צָבָא (צְבָאוֹת) | army |
| (גמר, לְהִגָּמֵר) נִגְמַר | was finished | רֹאשׁ הַשָּׁנָה | the New Year |
| דָּם (דָּמִים) | blood | רַע | evil, misfortune |
| (הרג, לְהֵהָרֵג) נֶהֱרַג | was killed | (שמע, לְהִשָּׁמַע) נִשְׁמַע | was heard |
| חֹדֶשׁ (חֳדָשִׁים) | month | שׂוֹנֵא (שׂוֹנְאִים) | enemy |
| חֲזִית (חֲזִיתוֹת) | front line; facade | (שלח, לְהִשָּׁלַח) נִשְׁלַח | was sent |
| חַיָּל (חַיָּלִים) | soldier | שָׁמַר עַל | watched over; protected |
| כָּבַשׁ (לִכְבֹּשׁ) | captured; conquered | (שפך, לְהִשָּׁפֵךְ) נִשְׁפַּךְ | was spilled |
| כַּדּוּר (כַּדּוּרִים) | bullet; ball | תַּנַ"ךְ | The Bible |
| (כנס, לְהִכָּנֵס) נִכְנַס אֶל, לְ, בְּ, | entered | מַה נִשְׁמָע? | what is new? |
| (כתב, לְהִכָּתֵב) נִכְתַּב | was written | לְשָׁנָה טוֹבָה תִּכָּתֵב | be inscribed for a good year |
| (לחם, לְהִלָּחֵם) נִלְחַם עִם, בְּ... | fought | | |
| (לקח, לְהִלָּקַח) נִלְקַח | was taken | | |

אַל תֹּאמַר שֶׁהַיָּמִים הָרִאשׁוֹנִים הָיוּ טוֹבִים מֵאֵלֶּה. (מִן הַמִּקְרָא)

דִּקְדּוּק

**The** בִּנְיַן נִפְעַל . Thus far we have learned two active בִּנְיָנִים , the פָּעַל and the פִּעֵל . Each active בִּנְיָן has its corresponding passive בִּנְיָן . The passive בִּנְיָן of the פָּעַל is called נִפְעַל .

The man closes the window. הָאִישׁ סוֹגֵר אֶת הַחַלּוֹן.

The window is closed by the man. הַחַלּוֹן נִסְגָּר עַל יְדֵי הָאִישׁ.

The man closed the window. הָאִישׁ סָגַר אֶת הַחַלּוֹן.

The window was closed by the man. הַחַלּוֹן נִסְגַּר עַל יְדֵי הָאִישׁ.

There are a number of verbs, however, which are active in meaning yet are נִפְעַל in form, E.g.,

The teacher enters the room. הַמּוֹרֶה נִכְנָס אֶל הַחֶדֶר.

## I. The Characteristic Features of the נִפְעַל .

1. The נִפְעַל is characterized by an initial "נ" attached to the three radicals. In the present and in the past, the "נ" is vocalized by a חִירִיק (נִ) . The first radical is vocalized by a שְׁוָא.
2. The infinitive is formed by prefixing ...לְהִ to the three radicals ( × × ×ָ לְהִ ) — לְהִגָּמֵר — to be finished.

   A דָּגֵשׁ is placed in the initial radical to compensate for the loss of the "נ" of the נִפְעַל .

## II. The נִפְעַל of the שְׁלֵמִים .

A paradigm of the conjugation of a שְׁלֵמִים verb in the present and past follows:

לְהִגָּמֵר (לְהִ ×ָ ×ֵ ×)

הוה:

אני, אתה, הוא נִגְמָר — אנחנו, אתם, הם נִגְמָרִים

אני, את, היא נִגְמֶרֶת — אנחנו, אתן, הן נִגְמָרוֹת

עבר:

אני נִגְמַרְתִּי — אנחנו נִגְמַרְנוּ

אתה נִגְמַרְתָּ — את נִגְמַרְתְּ — אתם נִגְמַרְתֶּם — אתן נִגְמַרְתֶּן

הוא נִגְמַר — היא נִגְמְרָה — הם, הן נִגְמְרוּ

Observe the difference between the present and the past in the third person masculine singular. In the present, the second radical is vocalized by a קָמָץ ( נִגְמָר ), whereas in the past, it is vocalized by a פַּתָּח ( נִגְמַר ).

Verbs whose third radical is "ח" or "ע" are conjugated likewise, except for the following:

1. In the infinitive, the second radical is vocalized by a פַּתָּח:

to be sent — לְהִשָּׁלַח

to be heard — לְהִשָּׁמַע

2. In the present, the second and third radicals of the feminine singular are vocalized by a פַּתָּח.

אני, את, היא נִשְׁלַחַת

אני, את, היא נִשְׁמַעַת

## III. The נִפְעַל of Verbs whose Initial Radical is a Guttural.

1. In the present and in the past, the "נ" is vocalized by a סֶגוֹל (נֶ). The first radical is vocalized by a חֲטַף־סֶגוֹל.

He is killed — הוא נֶהֱרָג

He was killed — הוא נֶהֱרַג

2. In the infinitive, the "ה" of the prefix is vocalized by a צֵירֵה (לְהֵאָ××), to compensate for the inability of the first radical to take a דָגֵשׁ.

A paradigm follows:

לְהֵהָרֵג

הוה:

| | |
|---|---|
| אני, אתה, הוא נֶהֱרָג | אנחנו, אתם, הם נֶהֱרָגִים |
| אני, את, היא נֶהֱרֶגֶת | אנחנו, אתן, הן נֶהֱרָגוֹת |

עבר:

| | |
|---|---|
| אני נֶהֱרַגְתִּי | אנחנו נֶהֱרַגְנוּ |
| אתה נֶהֱרַגְתָּ את נֶהֱרַגְתְּ | אתם נֶהֱרַגְתֶּם אתן נֶהֱרַגְתֶּן |
| הוא נֶהֱרַג היא נֶהֶרְגָה | הם, הן נֶהֶרְגוּ |

Note that in the past, the initial radical of the third person feminine and the third persons plural is vocalized by a סֶגוֹל .

היא נֶהֶרְגָה הם, הן נֶהֶרְגוּ

The vocalization of the first radical by a סֶגוֹל , and not by a חֲטַף-סֶגוֹל , is in keeping with the rule that there cannot be two consecutive שְׁוָאִים at the beginning of a syllable.

◇◇◇◇◇◇◇◇◇◇◇

## הַמַּתָּנָה שֶׁל סַבָּא

הַדָּבָר קָרָה בִּזְמַן הַמִּלְחָמָה הָאַחֲרוֹנָה בְּאֵירוֹפָּה. הַשּׂוֹנֵא כָּבַשׁ כְּבָר עָרִים רַבּוֹת בַּמַּעֲרָב, אֲבָל בְּכָל זֹאת הַמִּלְחָמָה עֲדַיִן לֹא נִגְמְרָה. הָיִיתִי אָז בָּחוּר צָעִיר בֶּן שְׁמוֹנֶה עֶשְׂרֵה. נִלְקַחְתִּי לַצָּבָא. זֶה הָיָה קָרוֹב לְרֹאשׁ הַשָּׁנָה. לִפְנֵי שֶׁעָזַבְתִּי אֶת הַבַּיִת, קָרָא לִי סָבִי, וּבֵרֵךְ אוֹתִי בַּבְּרָכָה "לְשָׁנָה טוֹבָה תִּכָּתֵב". אָז נָתַן לִי סֵפֶר, וְאָמַר: "הִנֵּה מַתָּנָה קְטַנָּה בִּשְׁבִילְךָ. זֶה סֵפֶר הַתַּנַ"ךְ. שְׁמֹר אוֹתוֹ, וְהוּא יִשְׁמֹר עָלֶיךָ מִכָּל רַע".

שַׂמְתִּי אֶת הַסֵּפֶר בְּכִיסִי וּבְלֵב כָּבֵד יָצָאתִי מִן הַבַּיִת.

כָּל הַזְּמַן רָצִיתִי לָדַעַת מַה נִּשְׁמָע בַּבַּיִת, אֲבָל הַדֹּאַר לֹא פָּעַל בְּסֵדֶר בַּיָּמִים הָהֵם, וּמִכְתָּבִים מֵהוֹרַי בָּאוּ אֵלַי לְעִתִּים רְחוֹקוֹת מְאֹד. אֶת סָבִי אָהַבְתִּי וְכִבַּדְתִּי מְאֹד, וְאֶת הַמַּתָּנָה שֶׁלּוֹ נָשָׂאתִי תָּמִיד בְּכִיסִי. לְעִתִּים קְרוֹבוֹת קָרָאתִי בַּתַּנַ"ךְ, וְשָׁאַבְתִּי מִמֶּנּוּ תִּקְוָה וְכֹחַ לִסְבֹּל אֶת הַחַיִּים הַקָּשִׁים בַּצָּבָא.

אַחֲרֵי שְׁלֹשָׁה חֳדָשִׁים קִבַּלְתִּי פְּקוּדָה וְנִשְׁלַחְתִּי יָשָׁר לַחֲזִית. אֵלֶּה הָיוּ יָמִים מָרִים. הַצָּבָא שֶׁל הַשּׂוֹנֵא עָמַד עַל הַר גָּבוֹהַּ מִצַּד אֶחָד וְעַל הַר גָּבוֹהַּ אַחֵר מִצַּד שֵׁנִי, וְהַצָּבָא שֶׁלָּנוּ הָיָה בָּאֶמְצַע. מַצָּבֵנוּ הָיָה רַע מְאֹד.

הַשּׂוֹנֵא שָׁלַח בָּנוּ אֵשׁ חֲזָקָה, וְכַדּוּרִים עָפוּ בָּאֲוִיר בְּלִי סוֹף. נִלְחַמְנוּ כְּמוֹ אֲרָיוֹת. דָּם רַב נִשְׁפַּךְ, וְחַיָּלִים רַבִּים נֶהֶרְגוּ. קוֹלוֹת צְעָקָה נִשְׁמְעוּ מִכָּל צַד. פִּתְאֹם פָּגַע בִּי כַּדּוּר וְנָפַלְתִּי לָאָרֶץ.

נִלְקַחְתִּי לְבֵית הַחוֹלִים וְשָׂמוּ אוֹתִי בְּמִטָּה. חִכִּיתִי לָרוֹפֵא. כָּל דַּקָּה שֶׁעָבְרָה הָיְתָה כְּמוֹ שָׁעָה בְּעֵינַי. כָּל מִינֵי תְּמוּנוֹת מֵהַבַּיִת עָבְרוּ לְפָנַי. לִבִּי דָּפַק מַהֵר. פָּחַדְתִּי שֶׁאֲנִי הוֹלֵךְ לָמוּת, וְלֹא אֶרְאֶה עוֹד אֶת הוֹרַי וְאֶת סָבַי הַיְקָרִים. תְּפִלָּה לִשְׁלוֹם הַקְּרוֹבִים שֶׁלִּי וְלִשְׁלוֹמִי עָבְרָה עַל שְׂפָתַי. סוֹף סוֹף נִכְנְסָה אָחוֹת לַחֶדֶר. הִיא נָתְנָה לִי מַשֶּׁהוּ לִשְׁתּוֹת, וְאָמְרָה:

— אַל תִּדְאַג, עוֹד מְעַט יָבוֹא הָרוֹפֵא, וְהַכֹּל יִהְיֶה בְּסֵדֶר.

זְמַן רַב עָבַר וְהָרוֹפֵא עוֹד לֹא בָּא. כְּבָר פִּקְפַּקְתִּי בְּלִבִּי אִם הָרוֹפֵא יָבוֹא אֵלַי. חָשַׁבְתִּי כִּי אֶפְשָׁר שֶׁהָאָחוֹת שָׁכְחָה שֶׁאֲנִי שׁוֹכֵב פֹּה. סוֹף סוֹף נִכְנַס רוֹפֵא צָעִיר לַחֶדֶר וּבָדַק אוֹתִי. אַחֲרֵי שֶׁנִּבְדַּקְתִּי עַל יְדֵי הָרוֹפֵא, הוּא קָרָא:

— חַיָּל, יֵשׁ לְךָ מַזָּל! הַפֶּצַע שֶׁלְּךָ קַל מְאֹד. הַכַּדּוּר נִכְנַס בַּסֵּפֶר וְלֹא חָדַר לַלֵּב. הַסֵּפֶר בְּכִיסְךָ שָׁמַר עָלֶיךָ מִמָּוֶת!

◇◇◇◇◇◇◇◇◇◇

## תַּרְגִּילִים

**א. עֲנוּ בְּמִשְׁפָּטִים שְׁלֵמִים:**

1. בֶּן כַּמָּה הָיָה הַבָּחוּר כַּאֲשֶׁר הוּא נִלְקַח לַצָּבָא?
2. אֵיזוֹ מַתָּנָה נָתַן לוֹ סָבוֹ?
3. אַחֲרֵי כַּמָּה חֳדָשִׁים נִשְׁלַח הַבָּחוּר לַחֲזִית?
4. מַה קָּרָה לוֹ בַּחֲזִית?
5. אֵיךְ שָׁמַר הַתַּנַ"ךְ עַל חַיֵּי הַבָּחוּר?

ב. תַּרְגְּמוּ:

1. How many years ago was the war finished? 2. The soldiers were sent to the front several days ago. 3. In the fall, the birds fly to warm countries. 4. The bullet hit the lion and much blood was spilled on the grass. 5. The Bible is the holiest book of the Jews. 6. I (f.) cannot leave the house unless mother will come to watch (over) the children. 7. The letter was sent to you (f.s.) a month ago. 8. The condition on the roads is terrible, many people are killed every day. 9. The sick have not been examined yet by the physician. 10. Last year many boys were taken to the army. 11. This hospital does not have enough nurses. 12. A breeze (light wind) entered the room through the open door. 13. We hope that the soldiers of the enemy will not be able to capture the city. 14. Do good and don't do evil. 15. We fought together in the last war and since then (from then) the friendship between us is very strong. 16. Let us first (at first) eat supper and afterwards we shall dance.

ג. הַטּוּ ( **conjugate** ) אֶת הַפְּעָלִים הַבָּאִים בַּהֹוֶה וּבֶעָבָר:

לְהִבָּדֵק — to be examined

לְהֵאָכֵל — to be eaten

# שִׁעוּר מז (47)

אָבוֹת ancestors; The Patriarchs

(אמר, לְהֵאָמֵר) נֶאֱמַר was said

אֲרוֹן הַקֹּדֶשׁ The Holy Ark (The Ark of Holiness)

אֲרָמִית Aramaic

בְּרֵאשִׁית Genesis

שְׁמוֹת Exodus

וַיִּקְרָא Leviticus

בַּמִּדְבָּר Numbers

דְּבָרִים Deuteronomy

בְּרִית covenant; treaty

חוּמָשׁ (חוּמָשִׁים) Pentateuch

(חלק, לְהֵחָלֵק) נֶחֱלַק was divided

חֹק (חֻקִּים) law

יְסוֹד (יְסוֹדוֹת) foundation; basis

כְּתוּבִים Hagiographa; writings

מוּשָּׂג (מוּשָּׂגִים) concept; notion

(מצא, לְהִמָּצֵא) נִמְצָא was found; was situated

מִצְוָה (מִצְווֹת) commandment; precept

מִצְרַיִם Egypt

יְצִיאַת מִצְרַיִם The Exodus from Egypt

סֵמֶל (סְמָלִים) symbol; emblem

עֲשֶׂרֶת הַדִּבְּרוֹת The Ten Commandments

קִצּוּר (קִצּוּרִים) abbreviation; shortened form

(קרא, לְהִקָּרֵא) נִקְרָא was called; was read

תַּלְמוּד Talmud

חוּץ מִן (מִ...) except (for)

מִצְוַת עֲשֵׂה a positive precept

מִצְוַת לֹא־תַעֲשֶׂה a negative precept

בְּנֵי יִשְׂרָאֵל The Children of Israel

עַל שְׁלֹשָׁה דְּבָרִים הָעוֹלָם עוֹמֵד:

עַל הַדִּין (חֹק), וְעַל הָאֱמֶת וְעַל הַשָּׁלוֹם. (פִּרְקֵי אָבוֹת)

## דִקְדוּק

**I. The נִפְעַל of פ״נ Verbs.** It is similar to the שְׁלֵמִים except that, in the present and in the past, the initial radical "נ" coalesces with the prefix "נ" of the נִפְעַל. To compensate for the loss of the "נ", a דָגֵשׁ is placed in the second radical.

to be given — לְהִנָּתֵן (נתן)

<u>הוה:</u>

| | |
|---|---|
| אני, אתה, הוא נִתָּן | אנחנו, אתם, הם נִתָּנִים |
| אני, את, היא נִתֶּנֶת | אנחנו, אתן, הן נִתָּנוֹת |

<u>עבר:</u>

| | | | |
|---|---|---|---|
| אני נִתַּתִּי | | אנחנו נִתַּנּוּ | |
| אתה נִתַּתָּ | את נִתַּתְּ | אתם נִתַּתֶּם | אתן נִתַּתֶּן |
| הוא נִתַּן | היא נִתְּנָה | הם, הן נִתְּנוּ | |

**II. The נִפְעַל of ל״א Verbs.** A paradigm of the conjugation of the present and the past of ל״א verbs follows:

to be found — לְהִמָּצֵא

<u>הוה:</u>

| | |
|---|---|
| אני, אתה, הוא נִמְצָא | אנחנו, אתם, הם נִמְצָאִים |
| אני, את, היא נִמְצֵאת | אנחנו, אתן, הן נִמְצָאוֹת |

<u>עבר:</u>

| | | | |
|---|---|---|---|
| אני נִמְצֵאתִי | | אנחנו נִמְצֵאנוּ | |
| אתה נִמְצֵאתָ | את נִמְצֵאת | אתם נִמְצֵאתֶם | אתן נִמְצֵאתֶן |
| הוא נִמְצָא | היא נִמְצְאָה | הם, הן נִמְצְאוּ | |

Note that in the נִפְעַל of ל״א verbs, the present and the past of the third person singular are the same.

he is found — הוּא נִמְצָא

he was found — הוּא נִמְצָא

The tense is determined by the context.

**III. The Adverb גַּם כֵּן.** This adverb is equivalent in meaning to גַּם. However, at the end of a sentence only גַּם כֵּן may be used.

אֲנִי אוֹהֵב אוֹתוֹ גַּם כֵּן.

and not

אֲנִי אוֹהֵב אוֹתוֹ גַּם.

## הַתַּנַ״ךְ

(א)

הַסֵּפֶר הַקָּדוֹשׁ שֶׁל הַיְהוּדִים נִקְרָא בְּשֵׁם הַתַּנַ״ךְ. הַשֵּׁם הַזֶּה הוּא קִצּוּר שֶׁל שָׁלֹשׁ הַמִּלִּים:

א) תּוֹרָה ב) נְבִיאִים ג) כְּתוּבִים

בַּתַּנַ״ךְ יֵשׁ עֶשְׂרִים וְאַרְבָּעָה סְפָרִים. הַתַּנַ״ךְ נִכְתַּב בַּשָּׂפָה הָעִבְרִית. רַק סֵפֶר דָּנִיאֵל וְכִמְעַט כָּל סֵפֶר עֶזְרָא נִכְתְּבוּ בַּשָּׂפָה הָאֲרָמִית.

מְעַנְיֵן לָדַעַת, שֶׁכָּל הַמִּלִּים הַנִּמְצָאוֹת בַּתַּנַ״ךְ, חוּץ מִמִּסְפָּר קָטָן, נִכְנְסוּ לַשָּׂפָה הָעִבְרִית שֶׁל יָמֵינוּ.

בְּמֶשֶׁךְ הַזְּמַן תִּרְגְּמוּ אֶת הַתַּנַ״ךְ לְכָל הַשָּׂפוֹת שֶׁבָּעוֹלָם. הַתַּרְגּוּמִים הָאֵלֶּה מְאַפְשְׁרִים לְכָל מִי שֶׁלֹּא יוֹדֵעַ עִבְרִית לְקַבֵּל מוּשָּׂג עַל הַתּוֹרָה וְהַמִּצְווֹת שֶׁל עַם יִשְׂרָאֵל.

א) הַתּוֹרָה:

הַתּוֹרָה נֶחֱלֶקֶת לַחֲמִשָּׁה סְפָרִים. כָּל סֵפֶר נִקְרָא בְּשֵׁם חוּמָשׁ. הַשֵּׁמוֹת שֶׁל הַחוּמָשִׁים הֵם:

בְּרֵאשִׁית, שְׁמוֹת, וַיִּקְרָא, בַּמִּדְבָּר, דְּבָרִים.

כָּל חֲמִשָּׁה הַסְּפָרִים הָאֵלֶּה בְּיַחַד נִקְרָאִים גַּם כֵּן בְּשֵׁם חוּמָשׁ.

הַתּוֹרָה הִיא גַּם סֵפֶר חֻקִּים וְגַם סֵפֶר הִיסְטוֹרְיָה. הַתּוֹרָה מְסַפֶּרֶת לָנוּ עַל בְּרִיאַת הָעוֹלָם, וְעַל הַדּוֹרוֹת שֶׁהָיוּ בָּעוֹלָם מֵאָדָם הָרִאשׁוֹן עַד אַבְרָהָם. בַּתּוֹרָה אֲנַחְנוּ גַּם לוֹמְדִים עַל חַיֵּי הָאָבוֹת בְּאֶרֶץ כְּנַעַן, וְעַל חַיֵּי בְּנֵי יִשְׂרָאֵל כַּאֲשֶׁר הֵם הָיוּ עֲבָדִים בְּאֶרֶץ מִצְרַיִם. אֲנַחְנוּ לוֹמְדִים עַל מֹשֶׁה, עַל יְצִיאַת מִצְרַיִם, וְעַל חַיֵּי בְּנֵי יִשְׂרָאֵל בְּמִדְבַּר סִינַי בְּמֶשֶׁךְ אַרְבָּעִים שָׁנָה, עַד שֶׁנִּכְנְסוּ לְאֶרֶץ כְּנַעַן.

בַּתּוֹרָה נִמְצָאִים עֲשֶׂרֶת הַדִּבְּרוֹת. עֲשֶׂרֶת הַדִּבְּרוֹת נִכְתְּבוּ עַל שְׁנֵי לוּחוֹת אֲבָנִים הַנִּקְרָאִים לוּחוֹת הַבְּרִית. בְּכָל בֵּית כְּנֶסֶת נִמְצָא סֵמֶל שֶׁל שְׁנֵי לוּחוֹת הַבְּרִית עַל אֲרוֹן הַקֹּדֶשׁ.

לְפִי חַכְמֵי הַתַּלְמוּד יֵשׁ בַּתּוֹרָה שֵׁשׁ מֵאוֹת וּשְׁלֹשׁ עֶשְׂרֵה (613) מִצְווֹת. מֵהֶן מָאתַיִם אַרְבָּעִים וּשְׁמוֹנֶה (248) הֵן מִצְווֹת עֲשֵׂה, וּשְׁלֹשׁ מֵאוֹת שִׁשִּׁים וְחָמֵשׁ (365) הֵן מִצְווֹת לֹא־תַעֲשֶׂה.

עֲשֶׂרֶת הַדִּבְּרוֹת הֵם הַיְסוֹד שֶׁל כָּל הַחֻקִּים וְהַמִּצְווֹת שֶׁנִּתְּנוּ בַּתּוֹרָה לְעַם יִשְׂרָאֵל.

## תַּרְגִּילִים

א. ענו במשפטים שלמים:

1. אֵיךְ נִקְרָא הַחֵלֶק הָרִאשׁוֹן שֶׁל הַתַּנַ״ךְ?
2. אֵיזֶה סֵפֶר נִכְתַּב בַּשָּׂפָה הָאֲרָמִית?
3. עַל מַה מְסַפֶּרֶת לָנוּ הַתּוֹרָה?
4. כַּמָּה מִצְווֹת נִמְצָאוֹת בַּתּוֹרָה לְפִי חַכְמֵי הַתַּלְמוּד?
5. מַה הוּא הַיְסוֹד שֶׁל כָּל הַמִּצְווֹת?

ב. תרגמו:

1. My ancestors came to this country from Europe many years ago. 2. I (f.) get up every day at six in the morning, except for Saturday and Sunday. 3. The history lesson was about the Exodus of the Children of Israel from Egypt. 4. Jerusalem is called a golden city (a city of gold). 5. This story is divided into two equal parts. 6. The letter that was given to me was written exactly two days ago. 7. It is said in the Book of Genesis that God created the world in six days. 8. It is not easy to keep (guard) all the six hundred and thirteen precepts of the Torah. 9. There is no basis in the Bible for such a concept. 10. The Ten Commandments are found in two books of the Pentateuch, in Exodus and in Deuteronomy. 11. After the war was over (was finished), the two countries made a treaty not to wage war (fight). 12. In every synagogue the book of the Torah is found in the Holy Ark. 13. The Menorah is the emblem of Israel. 14. The laws are for the people and not the people for the laws. 15. Everyone thinks that his language is the easiest and the nicest. 16. There are many abbreviations in the Talmud.

ג. הַטֵּה/הַטִּי ( **conjugate** ) את הפעלים הבאים בהוה ובעבר:

to be read; called — לְהִקָּרֵא
to be opened — לְהִפָּתַח
to be planted — לְהִנָּטַע

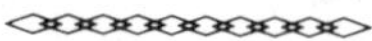

# שִׁעוּר מח (48)

| | | | |
|---|---|---|---|
| (גאל, לְהִגָּאֵל) נִגְאַל | was redeemed | (סלח, לְהִסָּלַח) נִסְלַח | was forgiven |
| גְּאוּלָּה | redemption | צִיּוּר (צִיּוּרִים) | imagery |
| דָּרַשׁ (לִדְרֹשׁ) | demanded | צָרָה (צָרוֹת) | trouble |
| דָּת (דָּתוֹת) | religion | רַחֲמִים | compassion; pity, *n.m.pl.* |
| דָּתִי, דָּתִית | religious | שְׁאָר | the rest; remainder |
| חֶבְרָה (חֲבָרוֹת) | society | (שמר, לְהִשָּׁמֵר) נִשְׁמַר | was guarded; watched himself |
| חֶבְרָתִי, חֶבְרָתִית | social | תְּהִלִּים | Psalms |
| חוֹטֵא (חוֹטְאִים) | sinner | תּוֹלָדוֹת | history; happenings, *n.pl.* |
| חֻרְבָּן | destruction | תּוֹלְדוֹת | history of |
| יֹשֶׁר | honesty; uprightness; fairness | תְּשׁוּבָה | repentance |
| כִּבּוּשׁ (כִּבּוּשִׁים) | conquest | הַבַּיִת הָרִאשׁוֹן | The First Temple; The First Commonwealth |
| נְבוּאָה (נְבוּאוֹת) | prophecy | | |
| נוֹצְרִי (נוֹצְרִים) | Christian, *n.* | | |

דְּבָרִים הַיּוֹצְאִים מִן הַלֵּב נִכְנָסִים אֶל הַלֵּב. (מִסִּפְרוּת יה"ב)

דִּקְדּוּק

## I. The Future of שְׁלֵמִים Verbs in the נִפְעַל.

1. A paradigm follows:

to be finished — לְהִגָּמֵר

עתיד:

| | | | |
|---|---|---|---|
| אני אֶגָּמֵר | | אנחנו נִגָּמֵר | |
| אתה תִּגָּמֵר | את תִּגָּמְרִי | אתם תִּגָּמְרוּ | אתן תִּגָּמַרְנָה |
| הוא יִגָּמֵר | היא תִּגָּמֵר | הם יִגָּמְרוּ | הן תִּגָּמַרְנָה |

Note that there is a דָּגֵשׁ in the first radical to compensate for the loss of the prefix "נ", which is the characteristic of the נִפְעַל.

פ״נ verbs are conjugated in the future like שְׁלֵמִים.

2. A paradigm of the future of a שְׁלֵמִים verb whose initial radical is a guttural follows:

to be killed — לְהֵהָרֵג

| | | | | | |
|---|---|---|---|---|---|
| | | אנחנו נֵהָרֵג | | | אני אֵהָרֵג |
| אתן תֵּהָרַגְנָה | | אתם תֵּהָרְגוּ | את תֵּהָרְגִי | | אתה תֵּהָרֵג |
| הן תֵּהָרַגְנָה | | הם יֵהָרְגוּ | היא תֵּהָרֵג | | הוא יֵהָרֵג |

The reason for the vocalization of the prefixes by a צֵירֶה, instead of a חִירִיק, is to compensate for the inability of the initial guttural to take a דָּגֵשׁ.

3. A paradigm of the future of a שְׁלֵמִים verb whose third radical is "ח" or "ע" follows:

to be sent — לְהִשָּׁלַח

| | | | | | |
|---|---|---|---|---|---|
| | | אנחנו נִשָּׁלַח | | | אני אֶשָּׁלַח |
| אתן תִּשָּׁלַחְנָה | | אתם תִּשָּׁלְחוּ | את תִּשָּׁלְחִי | | אתה תִּשָּׁלַח |
| הן תִּשָּׁלַחְנָה | | הם יִשָּׁלְחוּ | היא תִּשָּׁלַח | | הוא יִשָּׁלַח |

**II. The Future of ל״א Verbs in the נִפְעַל.** They are conjugated like the שְׁלֵמִים, except for the second and third persons feminine plural.

to be found — לְהִמָּצֵא

| | | | | | |
|---|---|---|---|---|---|
| | | אנחנו נִמָּצֵא | | | אני אֶמָּצֵא |
| אתן תִּמָּצֶאנָה | | אתם תִּמָּצְאוּ | את תִּמָּצְאִי | | אתה תִּמָּצֵא |
| הן תִּמָּצֶאנָה | | הם יִמָּצְאוּ | היא תִּמָּצֵא | | הוא יִמָּצֵא |

**III. The Imperative of the נִפְעַל.** The imperative is based on the future. It is formed by dropping the prefix תִּ and substituting it with the prefix הִ. In case of a verb whose initial radical is a guttural, הֵ is substituted for תֵּ.

| | | | | |
|---|---|---|---|---|
| עתיד: | אתה תִּגָּמֵר | את תִּגָּמְרִי | אתם תִּגָּמְרוּ | אתן תִּגָּמַרְנָה |
| צווי: | הִגָּמֵר | הִגָּמְרִי | הִגָּמְרוּ | הִגָּמַרְנָה |
| עתיד: | אתה תֵּהָרֵג | את תֵּהָרְגִי | אתם תֵּהָרְגוּ | אתן תֵּהָרַגְנָה |
| צווי: | הֵהָרֵג | הֵהָרְגִי | הֵהָרְגוּ | הֵהָרַגְנָה |
| עתיד: | אתה תִּשָּׁלַח | את תִּשָּׁלְחִי | אתם תִּשָּׁלְחוּ | אתן תִּשָּׁלַחְנָה |
| צווי: | הִשָּׁלַח | הִשָּׁלְחִי | הִשָּׁלְחוּ | הִשָּׁלַחְנָה |
| עתיד: | אתה תִּמָּצֵא | את תִּמָּצְאִי | אתם תִּמָּצְאוּ | אתן תִּמָּצֶאנָה |
| צווי: | הִמָּצֵא | הִמָּצְאִי | הִמָּצְאוּ | הִמָּצֶאנָה |

## הַתַּנַ"ךְ

(ב)

ב. הַנְּבִיאִים:

אַרְבָּעָה הַסְּפָרִים הָרִאשׁוֹנִים שֶׁל הַחֵלֶק הַזֶּה הֵם סִפְרֵי הִיסְטוֹרְיָה. בַּסְּפָרִים הָאֵלֶּה נִכְתְּבוּ תּוֹלְדוֹת עַם יִשְׂרָאֵל מִן הַכִּבּוּשׁ שֶׁל אֶרֶץ כְּנַעַן עַד הַחֻרְבָּן שֶׁל הַבַּיִת הָרִאשׁוֹן. מִתּוֹךְ הַסִּפּוּרִים הָאֵלֶּה אֲנַחְנוּ מְקַבְּלִים תְּמוּנָה שְׁלֵמָה עַל הַמַּצָּב הַדָּתִי וְהַחֶבְרָתִי, וְעַל הַבְּעָיוֹת הָרַבּוֹת שֶׁעָמְדוּ בִּפְנֵי עַם יִשְׂרָאֵל בַּיָּמִים הָהֵם. אֲנַחְנוּ גַּם לוֹמְדִים עַל הַמִּלְחָמוֹת הַקָּשׁוֹת שֶׁבְּנֵי יִשְׂרָאֵל הָיוּ צְרִיכִים לְהִלָּחֵם עִם שׂוֹנְאֵיהֶם, וְשֶׁלֹּא בְּכָל פַּעַם נִגְמְרוּ הַמִּלְחָמוֹת הָאֵלֶּה בְּנִצָּחוֹן לַצָּבָא שֶׁל עַם יִשְׂרָאֵל.

בִּשְׁאָר הַסְּפָרִים נִמְצָאוֹת הַנְּבוּאוֹת שֶׁל הַנְּבִיאִים. בַּנְּבוּאוֹת הָאֵלֶּה דִּבְּרוּ הַנְּבִיאִים עַל אֱמֶת וָצֶדֶק, עַל יֹשֶׁר וְרַחֲמִים. הַנְּבִיאִים דָּרְשׁוּ מִן הָעָם לַעֲשׂוֹת מַעֲשִׂים טוֹבִים וּלְהִשָּׁמֵר מִשֶּׁקֶר וּמִכָּל מַעֲשֶׂה רַע. אֶחָד מִן הַמּוּשָּׂגִים הַחֲשׁוּבִים הַנִּמְצָאִים בְּסִפְרֵי הַנְּבִיאִים הוּא הַמּוּשָּׂג שֶׁל תְּשׁוּבָה. כָּל חוֹטֵא יָכוֹל לְתַקֵּן אֶת מַעֲשָׂיו בִּתְשׁוּבָה, וְכָל הַחֲטָאִים שֶׁעָשָׂה בֶּעָבָר יִסָּלְחוּ לוֹ.

הַנְּבִיאִים דִּבְּרוּ הַרְבֵּה עַל הַגְּאוּלָּה. לְפִי דִּבְרֵי הַנְּבִיאִים יָבוֹא יוֹם וְעַם יִשְׂרָאֵל יָשׁוּב לְאֶרֶץ יִשְׂרָאֵל, וְיִגָּאֵל מִכָּל צָרוֹתָיו. בִּזְמַן הַהוּא יִחְיוּ כָּל הָעַמִּים בְּשָׁלוֹם זֶה עִם זֶה, וְלֹא יִלְמְדוּ עוֹד מִלְחָמָה. אִישׁ לֹא יַהֲרֹג וְדָם לֹא יִשָּׁפֵךְ בְּמִלְחָמוֹת.

הַלָּשׁוֹן שֶׁבָּהּ נֶאֶמְרוּ דִּבְרֵי הַנְּבִיאִים עֲשִׁירָה בְּצִיּוּרִים וּבִמְשָׁלִים רַבִּים.

ג. כְּתוּבִים:

בַּחֵלֶק הַזֶּה נִמְצָאִים סְפָרִים עַל נוֹשְׂאִים רַבִּים. יֵשׁ בּוֹ סְפָרִים עַל נוֹשְׂאִים דָּתִיִּים, עַל נוֹשְׂאִים הִיסְטוֹרִיִּים וְעַל נוֹשְׂאִים חֶבְרָתִיִּים.

אֶחָד מִן הַסְּפָרִים הַיְּדוּעִים מְאֹד הוּא סֵפֶר תְּהִלִּים. הַרְבֵּה מִן הַתְּפִלּוֹת, גַּם שֶׁל הַיְּהוּדִים וְגַם שֶׁל הַנּוֹצְרִים, נִלְקְחוּ מִסֵּפֶר תְּהִלִּים. כִּמְעַט אֵין בַּיִת שֶׁסֵּפֶר תְּהִלִּים לֹא יִמָּצֵא בּוֹ.

## תַּרְגִּילִים

א. ענו במשפטים שלמים:

1. מַה נִּמְצָא בַּסְּפָרִים הָרִאשׁוֹנִים שֶׁל הַנְּבִיאִים?
2. מַה דָּרְשׁוּ הַנְּבִיאִים מִן הָעָם?
3. מַה קּוֹרֶה לְחוֹטֵא כַּאֲשֶׁר הוּא עוֹשֶׂה תְּשׁוּבָה?
4. מַה יִּהְיֶה הַמַּצָּב בָּעוֹלָם בִּזְמַן הַגְּאוּלָּה?
5. מֵאֵיזֶה סֵפֶר נִלְקְחוּ תְּפִלּוֹת רַבּוֹת שֶׁל הַיְּהוּדִים וְשֶׁל הַנּוֹצְרִים?

ב. תרגמו:

1. We spoke in class on the subject of justice and fairness in society. 2. The Bible is the foundation of many religions. 3. Not all my troubles are known to you (m.s.). 4. We do not have a notion where our son is located (found). 5. I (m.) am a sinner, but I hope that my prayers will be heard. 6. Man is redeemed from his sins through (by) repentance. 7. The prophets spoke in their prophecies about the destruction of the Temple. 8. If you (m.s.) will not watch yourself from him, he will take away all your money. 9. A religious man waits every day for the redemption. 10. The worker demanded a higher salary. 11. The lesson will be finished in forty-five minutes. 12. The Bible is a holy book also for the Christians. 13. I (f.) like to read books on social problems. 14. The first two stories in this book are easy, but the rest are difficult. 15. I knew all the answers except two. 16. If there is pity in your heart, you will give donations to the poor.

ג. שַׁנּוּ מֵעָבָר לְעָתִיד:

1. הַסִּפּוּר נִכְתַּב
2. אֲנִי נִכְנַסְתִּי
3. אֲנַחְנוּ נִשְׁלַחְנוּ
4. הַסְּפָרִים נִשְׁמְרוּ
5. הַדְּלָתוֹת נִסְגְּרוּ
6. אַתֶּם נִלְקַחְתֶּם
7. הָעָם נִגְאַל
8. אַתָּה נִמְצֵאתָ
9. הַחַיָּלִים נִלְחֲמוּ
10. אֲנָשִׁים נֶהֶרְגוּ
11. נִכְנַסְתָּ לַחֶדֶר
12. הַשָּׁנָה נִגְמְרָה

ד. שַׁנּוּ מֵעָתִיד לְצִוּוּי:

1. אַתָּה תִּלָּחֵם
2. אַתְּ תִּשָּׁמְרִי
3. אַתֶּם תִּכָּנְסוּ
4. אַתֶּן תִּמָּצֶאנָה
5. אַתָּה תִּשָּׁמַע
6. אַתֶּם תִּקָּרְאוּ
7. אַתְּ תִּבָּדְקִי
8. אַתָּה תִּסָּגֵר
9. אַתָּה תֵּהָרֵג

# שִׁעוּר מט (49)

| | | | |
|---|---|---|---|
| אוֹי וַאֲבוֹי | woe; alas | (פסק, לְהִפָּסֵק) נִפְסַק | was interrupted; was cut off; was stopped |
| הַזְמָנָה (הַזְמָנוֹת) | invitation | פָּקִיד (פְּקִידִים) | clerk; official |
| חֲתוּנָּה (חֲתוּנּוֹת) | wedding | פְּרָט (פְּרָטִים) | detail; particular |
| טֶלֶפוֹן | telephone | פְּרָטִי, פְּרָטִית | private |
| טִלְפֵּן (לְטַלְפֵּן) | telephoned; called (on the phone) | צִלְצֵל (לְצַלְצֵל) | rang |
| (ידע, לְהִוָּדַע) נוֹדַע | became known; obtained information | קַו (קַוִּים) | line |
| (ילד, לְהִוָּלֵד) נוֹלַד | was born | קֶשֶׁר (קְשָׁרִים) | tie; connection; knot |
| מַזְכִּיר (מַזְכִּירִים) מַזְכִּירָה (מַזְכִּירוֹת) | secretary | בְּקֶשֶׁר לְ... | in connection with |
| מְנַהֵל (מְנַהֲלִים) | manager; principal | תַּאֲרִיךְ (תַּאֲרִיכִים) | date |
| סִדֵּר (לְסַדֵּר) | arranged | תָּפוּס, תְּפוּסָה | occupied; busy (for telephone), *part.* |
| עִנְיָן (עִנְיָנִים) | matter; subject | כְּיַד הַמֶּלֶךְ | royally; lavishly |
| פְּגִישָׁה (פְּגִישׁוֹת) | meeting, *n.* | מִי וָמִי? | "who is who?" |
| | | מִישֶׁהוּ, מִישֶׁהִי | somebody; someone |

הַדֶּרֶךְ הַיְשָׁרָה הִיא הַקְּצָרָה. (מִסִּפְרוּת יה״ב)

דִּקְדּוּק

**I. The נִפְעַל of פ״י Verbs.** A paradigm for the conjugation of such verbs follows:

to be born — לְהִוָּלֵד

הוה:

| | |
|---|---|
| אני, אתה, הוא נוֹלָד | אנחנו, אתם, הם נוֹלָדִים |
| אני, את, היא נוֹלֶדֶת | אנחנו, אתן, הן נוֹלָדוֹת |

עבר:

| | |
|---|---|
| אני נוֹלַדְתִּי | אנחנו נוֹלַדְנוּ |
| אתה נוֹלַדְתָּ את נוֹלַדְתְּ | אתם נוֹלַדְתֶּם אתן נוֹלַדְתֶּן |
| הוא נוֹלַד היא נוֹלְדָה | הם, הן נוֹלְדוּ |

עתיד:

| | |
|---|---|
| אני אִוָּלֵד | אנחנו נִוָּלֵד |
| אתה תִּוָּלֵד את תִּוָּלְדִי | אתם תִּוָּלְדוּ אתן תִּוָּלַדְנָה |
| הוא יִוָּלֵד היא תִּוָּלֵד | הם יִוָּלְדוּ הן תִּוָּלַדְנָה |

צווי:

הִוָּלֵד הִוָּלְדִי הִוָּלְדוּ הִוָּלַדְנָה

Note that the initial "י" changes into a "ו" throughout the entire conjugation. In the present and in the past, this "ו" has no consonantal value. It carries a חוֹלָם vocalization for the prefix "נ".

נוֹלָד נוֹלַדְתִּי

In the infinitive, future and imperative, the "ו" has consonantal value and is vocalized by a קָמָץ, as required by the נִפְעַל.

לְהִוָּלֵד יִוָּלֵד הִוָּלֵד

2. to become known / to get information } — לְהִוָּדַע

הוה:

| | |
|---|---|
| אני, אתה, הוא נוֹדָע | אנחנו, אתם, הם נוֹדָעִים |
| אני, את, היא נוֹדַעַת | אנחנו, אתן, הן נוֹדָעוֹת |

עבר:

| | |
|---|---|
| אני נוֹדַעְתִּי | אנחנו נוֹדַעְנוּ |
| אתה נוֹדַעְתָּ   את נוֹדַעַתְּ | אתם נוֹדַעְתֶּם   אתן נוֹדַעְתֶּן |
| הוא נוֹדַע   היא נוֹדְעָה | הם נוֹדְעוּ   הן נוֹדְעוּ |

עתיד:

| | |
|---|---|
| אני אִוָּדַע | אנחנו נִוָּדַע |
| אתה תִּוָּדַע   את תִּוָּדְעִי | אתם תִּוָּדְעוּ   אתן תִּוָּדַעְנָה |
| הוא יִוָּדַע   היא תִּוָּדַע | הם יִוָּדְעוּ   הן תִּוָּדַעְנָה |

צווי:

הִוָּדַע   הִוָּדְעִי   הִוָּדְעוּ   הִוָּדַעְנָה

**II. The Particle מֵאֲשֶׁר (than).** It is used when the second member of a comparison is a verb. E.g.,

It is easier to sit than to stand. יוֹתֵר קַל לָשֶׁבֶת מֵאֲשֶׁר לַעֲמֹד.

## מַדּוּעַ הָיָה הַקַּו תָּפוּס?

אִישׁ: בֹּקֶר טוֹב, גְּבֶרֶת.

מַזְכִּירָה: בֹּקֶר טוֹב, אֲדוֹנִי, מַה רְצוֹנְךָ?

א: בָּאתִי לִרְאוֹת אֶת הַמְנַהֵל.

מ: הַמְנַהֵל לֹא נִמְצָא בַּמִּשְׂרָד עַכְשָׁו. אוּלַי תְּדַבֵּר עִם פָּקִיד אַחֵר.

א: לֹא, אֲנִי רוֹצֶה לְדַבֵּר עִם הַמְנַהֵל עַצְמוֹ.

מ: בְּקֶשֶׁר לְאֵיזֶה עִנְיָן בָּאתָ? אֲנִי הַמַּזְכִּירָה הַפְּרָטִית שֶׁלּוֹ, וְאוּלַי אוּכַל לַעֲזֹר לְךָ.

א: לֹא, תּוֹדָה רַבָּה. זֶה עִנְיָן פְּרָטִי, וַאֲנִי רוֹצֶה לְדַבֵּר רַק עִם הַמְנַהֵל. הַאִם יֵשׁ לְךָ מוּשָּׂג בְּאֵיזוֹ שָׁעָה יָבוֹא הַמְנַהֵל לַמִּשְׂרָד?

מ: הַמְנַהֵל לֹא יָבוֹא הַיּוֹם לַמִּשְׂרָד. אִם אַתָּה רוֹצֶה, אֲנִי יְכוֹלָה לְסַדֵּר לְךָ פְּגִישָׁה אִתּוֹ לְמָחָר בַּבֹּקֶר.

א: מָה? הוּא לֹא יָבוֹא הַיּוֹם לַמִּשְׂרָד? נָסַעְתִּי בְּאוֹטוֹבּוּס יוֹתֵר מִשָּׁעָה כְּדֵי לִרְאוֹת אוֹתוֹ, וְעַכְשָׁו אַתְּ אוֹמֶרֶת שֶׁהוּא לֹא יָבוֹא הַיּוֹם.

מ: אַל תִּכְעַס, אֲדוֹנִי. מַדּוּעַ לֹא טִלְפַּנְתָּ לִפְנֵי שֶׁיָּצָאתָ מֵהַבַּיִת כְּדֵי לְהִוָּדַע אִם הַמְנַהֵל יוּכַל לְקַבֵּל אוֹתְךָ?

א: אַתְּ שׁוֹאֶלֶת מַדּוּעַ לֹא טִלְפַּנְתִּי? אֲנִי לֹא רוֹצֶה לָרִיב אִתָּךְ, אֲבָל צִלְצַלְתִּי כָּל הַבֹּקֶר, וְכָל הַזְּמַן הַקַּו הָיָה תָּפוּס. כְּבָר חָשַׁבְתִּי שֶׁהַטֶּלֶפוֹן שֶׁלָּכֶם לֹא פּוֹעֵל. סוֹף סוֹף מִישֶׁהִי עָנְתָה וְאָמְרָה: "בְּבַקָּשָׁה, חַכֵּה רֶגַע". חִכִּיתִי יוֹתֵר מֵרֶבַע שָׁעָה, וְאָז הַקֶּשֶׁר נִפְסַק. יוֹתֵר קַל לָבוֹא לַמִּשְׂרָד שֶׁלָּכֶם בְּאוֹטוֹבּוּס מֵאֲשֶׁר לְקַבֵּל קֶשֶׁר בַּטֶּלֶפוֹן.

מ: אַל תִּכְעַס, אֲדוֹנִי. הַמְנַהֵל לֹא נִמְצָא הַיּוֹם בַּמִּשְׂרָד כִּי אֶתְמוֹל הָיְתָה הַחֲתוּנָּה שֶׁל בִּתּוֹ הַצְּעִירָה.

א: מָה? אֶתְמוֹל? אוֹי וַאֲבוֹי! גַּם אֲנִי קִבַּלְתִּי הַזְמָנָה לַחֲתוּנָּה. אֲנִי רוֹאֶה שֶׁטָּעִיתִי בַּתַּאֲרִיךְ. חָשַׁבְתִּי שֶׁהַחֲתוּנָּה תִּהְיֶה בַּחֹדֶשׁ הַבָּא. הַמְנַהֵל וַאֲנִי יְדִידִים כְּבָר הַרְבֵּה שָׁנִים, עוֹד לִפְנֵי שֶׁהַבַּת נוֹלְדָה. חֲבָל! חֲבָל!

מ: בֶּאֱמֶת חֲבָל שֶׁלֹּא הָיִיתָ בַּחֲתוּנָּה. כָּל "מִי וָמִי" שֶׁבַּחֶבְרָה הַגְּבוֹהָה הָיָה שָׁם. נָתְנוּ אֹכֶל וְיַיִן כְּיַד הַמֶּלֶךְ. אָכְלוּ, שָׁתוּ וְרָקְדוּ שָׁם עַד מְאֻחָר בַּלַּיְלָה.

א: טוֹב, טוֹב, אֲבָל מַדּוּעַ הָיָה הַטֶּלֶפוֹן תָּפוּס כָּל הַבֹּקֶר?

מ: אַתָּה רוֹצֶה לָדַעַת אֶת הָאֱמֶת? טִלְפַּנְתִּי הַבֹּקֶר לְכָל הַחֲבֵרוֹת שֶׁלִּי. סִפַּרְתִּי לָהֶן אֶת כָּל הַפְּרָטִים, הַקְּטַנִּים וְהַגְּדוֹלִים, עַל הַחֲתוּנָּה.

## תַּרְגִּילִים

א. ענו במשפטים שלמים:

1. מַדּוּעַ לֹא רָצָה הָאִישׁ לְדַבֵּר עִם פָּקִיד אַחֵר?
2. מַה קָּרָה כַּאֲשֶׁר טִלְפֵּן לַמִּשְׂרָד?
3. מַדּוּעַ לֹא בָּא הַמְנַהֵל לַמִּשְׂרָד?
4. מַדּוּעַ לֹא בָּא הָאִישׁ לַחֲתוּנָּה?
5. מַדּוּעַ הָיָה הַקַּו תָּפוּס כָּל הַבֹּקֶר?

ב. תרגמו:

1. I will come to your (f.s.) wedding even if you do not send me an invitation. 2. I was born five years after my sister. 3. I learned (it became known to me) that the manager wants to arrange a meeting with the workers and clerks. 4. The secretary asked the principal of the school for a higher salary. 5. She cannot write on paper without lines. 6. There is a strong tie between these two countries. 7. I (f.) know that there is no (not a) connection between these two matters. 8. Would you (f.s.) like (do you want) to dance with me? 9. What is today's date? 10. There is someone outside who wants to see you (m.s.), can you receive him now? 11. During the whole trip I stood on my feet because all the seats (places) in the bus were taken (occupied). 12. He has a big office with a great number of clerks. 13. The lesson was interrupted in the middle. 14. Woe unto you (m.s.) (to you) if you will not tell (say) me the truth. 15. Don't forget (f.s.) to call (phone) me this evening. 16. You (m.s.) can learn (obtain information) about all the particulars if you will phone his secretary.

# שִׁעוּר נ (50)

| | |
|---|---|
| בָּחַן (לִבְחֹן) | examined; tested |
| גֵּרֵשׁ (לְגָרֵשׁ) | expelled; drove out; chased away |
| כְּאֵב (כְּאֵבִים) | ache; pain |
| כְּאֵב רֹאשׁ | headache |
| כָּאַב (לִכְאֹב) | ached; pained |
| (כבש, לְהִכָּבֵשׁ) נִכְבַּשׁ | was conquered |
| כָּחֹל, כְּחֻלָּה | blue |
| כַּת (כִּתּוֹת) | sect |
| מַחֲלָה (מַחֲלוֹת) | illness, sickness |
| מוּסְלְמִי (מוּסְלְמִים) | Moslem |
| מִצְרִי (מִצְרִים) | Egyptian |
| נָדַד (לִנְדֹּד) | wandered |
| צָם (לָצוּם) | fasted |
| צָפוֹן | North |
| צְפוֹן אַפְרִיקָה | North Africa |
| קַנַּאי (קַנָּאִים) | zealot; fanatic |
| (ראה, לְהֵרָאוֹת) נִרְאָה | was seen; seemed; appeared |
| כַּנִּרְאֶה | apparently; seemingly |
| רָזֶה, רָזָה | skinny; lean |
| רְפוּאָה | medicine; cure |
| שׁוּלְטַן | Sultan |
| תְּרוּפָה (תְּרוּפוֹת) | remedy; cure |
| פָּנֶיךָ רָעִים | you *(m.s.)* don't look well |
| שְׁמוֹ הָלַךְ לְפָנָיו | he became famous |

שֶׁקֶר אֵין לוֹ רַגְלַיִם. (עַל פִּי הַתַּלְמוּד)

דִּקְדּוּק

**I. The נִפְעַל of ל״ה Verbs.** A paradigm of such verbs follows:

to be bought — לְהִקָּנוֹת

הוה:

| | |
|---|---|
| אני, אתה, הוא נִקְנֶה | אנחנו, אתם, הם נִקְנִים |
| אני, את, היא נִקְנֵית | אנחנו, אתן, הן נִקְנוֹת |

עבר:

| | |
|---|---|
| אני נִקְנֵיתִי | אנחנו נִקְנֵינוּ |
| אתה נִקְנֵיתָ  את נִקְנֵית | אתם נִקְנֵיתֶם  אתן נִקְנֵיתֶן |
| הוא נִקְנָה  היא **נִקְנְתָה** | הם, הן נִקְנוּ |

Note that the third radical "ה" changes in the past into a "י", as in the פָּעַל (קָנִיתִי) and פִּעֵל (חִכִּיתִי). However, the second radical is vocalized by a צֵירֶה instead of a חִירִיק — נִקְנֵיתִי.

עתיד:

| | |
|---|---|
| אני אֶקָּנֶה | אנחנו נִקָּנֶה |
| אתה תִּקָּנֶה  את תִּקָּנִי | אתם תִּקָּנוּ  אתן תִּקָּנֶינָה |
| הוא יִקָּנֶה  היא תִּקָּנֶה | הם יִקָּנוּ  הן תִּקָּנֶינָה |

צווי:

הִקָּנֵה  הִקָּנִי  הִקָּנוּ  הִקָּנֶינָה

**II. The נִפְעַל of the Verb ראה.** This verb is conjugated in the נִפְעַל like a regular ל״ה verb except that the prefixes of the infinitive, future and imperative are vocalized by a צֵירֶה instead of a חִירִיק, to compensate for the inability of the initial "ר" to take a דָּגֵשׁ.

to appear; to be seen — לְהֵרָאוֹת

הוה:

| | |
|---|---|
| אני, אתה, הוא נִרְאֶה | אנחנו, אתם, הם נִרְאִים |
| אני, את, היא נִרְאֵית | אנחנו, אתן, הן נִרְאוֹת |

עבר:

| | |
|---|---|
| אני נִרְאֵיתִי | אנחנו נִרְאֵינוּ |
| אתה נִרְאֵיתָ  את נִרְאֵית | אתם נִרְאֵיתֶם  אתן נִרְאֵיתֶן |
| הוא נִרְאָה  היא נִרְאֲתָה | הם, הן נִרְאוּ |

עתיד:

| | |
|---|---|
| אני אֵרָאֶה | אנחנו נֵרָאֶה |
| אתה תֵּרָאֶה את תֵּרָאִי | אתם תֵּרָאוּ אתן תֵּרָאֶינָה |
| הוא יֵרָאֶה היא תֵּרָאֶה | הם יֵרָאוּ הן תֵּרָאֶינָה |

צווי:

הֵרָאֵה הֵרָאִי הֵרָאוּ הֵרָאֶינָה

**III. The Adverb** בְּלִי. When it negates a verb, the verb comes in the infinitive. E.g.,

He stood there without saying a word. הוּא עָמַד שָׁם בְּלִי לוֹמַר מִלָּה.

## הַחָכְמָה שֶׁל הָרַמְבַּ"ם

הָרַמְבַּ"ם (רַבִּי מֹשֶׁה בֶּן מַיְמוֹן) נוֹלַד בָּעִיר קוֹרְדוֹבָה בְּאֶרֶץ סְפָרַד, בִּשְׁנַת אֶלֶף מֵאָה שְׁלֹשִׁים וְחָמֵשׁ (1135). כַּאֲשֶׁר הָרַמְבַּ"ם הָיָה בְּעֵרֶךְ בֶּן שְׁלֹשׁ עֶשְׂרֵה נִכְבְּשָׁה קוֹרְדוֹבָה עַל יְדֵי כַּת מוּסְלְמִים קַנָּאִים.

הַקַּנָּאִים הָאֵלֶּה שָׁלְטוּ בָּאָרֶץ שָׁנִים רַבּוֹת בְּכֹחַ הַצָּבָא שֶׁלָּהֶם. הֵם יָצְאוּ בְּמִלְחָמָה נֶגֶד דָּתוֹת אֲחֵרוֹת, וְהֵם גֵּרְשׁוּ מִן הָאָרֶץ אֶת כָּל הַיְּהוּדִים שֶׁלֹּא רָצוּ לְקַבֵּל עֲלֵיהֶם אֶת הַדָּת הַמּוּסְלְמִית. מִשְׁפַּחַת הָרַמְבַּ"ם עָזְבָה אֶת סְפָרַד וְעָבְרָה לִצְפוֹן אַפְרִיקָה לָגוּר שָׁמָּה. אֲבָל גַּם שָׁם לֹא מָצְאָה מְנוּחָה.

שָׁנִים רַבּוֹת נָדְדָה מִשְׁפַּחַת הָרַמְבַּ"ם מֵאֶרֶץ לְאֶרֶץ. לִפְעָמִים נִפְסַק הַקֶּשֶׁר בֵּין בְּנֵי הַמִּשְׁפָּחָה, אֲבָל בַּסּוֹף בָּאָה כָּל הַמִּשְׁפָּחָה לְמִצְרַיִם. בְּמֶשֶׁךְ הַשָּׁנִים הָרַמְבַּ"ם גָּדַל בְּתוֹרָה, בְּחָכְמָה וּשְׁמוֹ הָלַךְ לְפָנָיו. שְׁאֵלוֹת עַל כָּל מִינֵי עִנְיָנִים נִשְׁלְחוּ אֵלָיו מִקָּרוֹב וּמֵרָחוֹק.

הָאָח הַצָּעִיר שֶׁל הָרַמְבַּ"ם, שֶׁהָיָה סוֹחֵר בַּאֲבָנִים יְקָרוֹת, פִּרְנֵס אֶת הַמִּשְׁפָּחָה בְּכָבוֹד, וְאִפְשֵׁר לָרַמְבַּ"ם לָשֶׁבֶת בִּמְנוּחָה וְלִלְמֹד.

יוֹם אֶחָד קָרָה מִקְרֶה רַע. הָאָח נָסַע לִמְכֹּר אֲבָנִים יְקָרוֹת וְתַכְשִׁיטִים וְהוּא טָבַע בַּיָּם יַחַד עִם כָּל הָעֹשֶׁר שֶׁהָיָה לוֹ. אָז פָּנָה הָרַמְבַּ״ם לִרְפוּאָה וְהָיָה לְרוֹפֵא. בְּמֶשֶׁךְ זְמַן קָצָר נוֹדַע שְׁמוֹ בְּכָל הָאָרֶץ. כַּאֲשֶׁר הַשּׁוֹלְטָן שָׁמַע עָלָיו, הוּא בָּחַר בּוֹ לִהְיוֹת הָרוֹפֵא הַפְּרָטִי שֶׁלּוֹ.

סִפּוּרִים רַבִּים נִכְתְּבוּ עַל חָכְמָתוֹ בִּרְפוּאָה. אָמְרוּ עָלָיו שֶׁהוּא יָכוֹל לָדַעַת אֶת הַמַּחֲלָה שֶׁל אָדָם לְפִי הַמַּרְאֶה שֶׁל פָּנָיו בְּלִי לִשְׁאֹל עַל פְּרָטִים. הוּא לֹא הָיָה צָרִיךְ לִנְגֹּעַ בַּחוֹלֶה אוֹ לִשְׁאֹל אוֹתוֹ מַה כּוֹאֵב לוֹ, וּבִגְלַל מָה הוּא בָּא אֵלָיו. בָּרֶגַע שֶׁהָיָה רוֹאֶה אֶת פְּנֵי הַחוֹלֶה הוּא יָדַע בְּדִיּוּק מֵאֵיזוֹ מַחֲלָה הוּא סוֹבֵל, וְהָיָה נוֹתֵן לוֹ מִיָּד אֶת הַתְּרוּפָה הַנְּכוֹנָה לְמַחֲלָתוֹ.

אִישׁ אֶחָד שָׁמַע אֶת הַסִּפּוּרִים הַנִּפְלָאִים עַל הָרַמְבַּ״ם וְרָצָה לִבְדֹּק אִם יֵשׁ בָּהֶם אֱמֶת אוֹ יְסוֹדָם בְּשֶׁקֶר. מֶה עָשָׂה? בְּמֶשֶׁךְ שְׁלֹשָׁה יָמִים הוּא לֹא רָחַץ אֶת פָּנָיו, לֹא אָכַל כְּלוּם וְלֹא שָׁתָה אֲפִילוּ טִפַּת מַיִם, כָּל זֹאת כְּדֵי לְהֵרָאוֹת כְּמוֹ אִישׁ חוֹלֶה מְאֹד.

בַּיּוֹם הָרְבִיעִי בָּא הָאִישׁ לִפְנֵי הָרַמְבַּ״ם. הוּא הָיָה רָזֶה, פָּנָיו הָיוּ רָעִים, שְׂפָתָיו הָיוּ כְּחֻלּוֹת וְהוּא נִרְאָה כְּמוֹ אִישׁ שֶׁהוֹלֵךְ לָמוּת.

כַּאֲשֶׁר הָרַמְבַּ״ם רָאָה אֶת הָאִישׁ, הוּא פָּנָה יָשָׁר אֵלָיו בְּלִי לִשְׁאֹל שְׁאֵלוֹת, וְאָמַר בְּקוֹל מָלֵא רַחֲמִים:

— לֹא אָכַלְתָּ, כַּנִּרְאֶה, זְמַן רַב. הִנֵּה כֶּסֶף, לֵךְ אֶל הַשּׁוּק וּקְנֵה לְךָ לֶחֶם וּפֵרוֹת לֶאֱכֹל.

— תּוֹדָה רַבָּה! אֲנִי לֹא עָנִי, אָמַר הָאִישׁ, וְאֵין לִי צֹרֶךְ בְּכֶסֶף. אַתָּה צוֹדֵק. אֲנִי בָּרִיא וְשָׁלֵם וְאֵין לִי כָּל כְּאֵב. צַמְתִּי שְׁלֹשָׁה יָמִים וּשְׁלֹשָׁה לֵילוֹת, כִּי רָצִיתִי לִבְחֹן אֶת כֹּחֲךָ בִּרְפוּאָה. עַכְשָׁו אֲנִי רוֹאֶה, שֶׁכָּל מַה שֶּׁסִּפְּרוּ עָלֶיךָ לֹא סִפְּרוּ אֲפִילוּ הַחֵצִי שֶׁל הָאֱמֶת. אַתָּה לֹא רַק רוֹפֵא מְצֻיָּן אֶלָּא גַּם אִישׁ צַדִּיק. הֱיֵה בָּרוּךְ!

## תַּרְגִּילִים

א. ענו במשפטים שלמים:

1. בְּאֵיזוֹ אֶרֶץ וּבְאֵיזוֹ שָׁנָה נוֹלַד הָרַמְבַּ"ם?
2. מַדּוּעַ עָזְבָה מִשְׁפַּחַת הָרַמְבַּ"ם אֶת סְפָרַד?
3. מַדּוּעַ לֹא הָיָה צָרִיךְ הָרַמְבַּ"ם לִשְׁאֹל אֶת הַחוֹלֶה מַה כּוֹאֵב לוֹ?
4. אֵיךְ רָצָה אִישׁ אֶחָד לִבְחֹן אֶת חָכְמַת הָרַמְבַּ"ם?
5. אֵיךְ נוֹדַע לָאִישׁ שֶׁהָרַמְבַּ"ם הוּא אִישׁ צַדִּיק?

ב. תרגמו:

1. When I will grow up (become big), I will study medicine. 2. You (f.s.) don't look well, what is aching you? Do you have a headache? 3. In what country were you (f.s.) born? 4. After the Jews went out of Egypt, they wandered in the desert for forty years. 5. It is not easy for a skinny person to fast for 24 hours. 6. The physicians have not found yet a cure for this sickness. 7. Are there many sects in the Moslem religion? 8. We heard on (in) the radio that all the towns in the north were occupied by the enemy. 9. The boy told (said) a lie and therefore the teacher (m.) expelled him from the room. 10. It became known to us that my brother will return from the army soon. 11. The zealots fought like lions and therefore the enemy could not capture the mountain. 12. Don't forget (f.s.) to take a coat, it seems that it will rain in the evening. 13. Many new houses were built in Jerusalem last year. 14. This teacher (f.) tests the students once a month. 15. On what (in which) date were these books bought, and by whom? 16. Don't come (m.s.) to the table if you haven't washed your hands.

ג. הַטּוּ (**conjugate**) אֶת הַפְּעָלִים הַבָּאִים בְּכָל הַזְּמַנִּים:

לְהִבָּנוֹת — to be built

לְהִכָּבוֹת — to be extinguished

# שִׁעוּר נא (51)

| | | | |
|---|---|---|---|
| אָמָּן (אָמָּנִים) | artist | כָּתוּב, כְּתוּבָה | written, *part.* |
| אָסוּר, אֲסוּרָה | forbidden, *part.* | לִקְרָאת | towards |
| אָסוּר לְ... | it is forbidden | מַלְכָּה (מְלָכוֹת) | queen |
| אַף (אַפִּים) | nose | נִגַּשׁ (לָגֶשֶׁת) אֶל | approached; came near |
| בָּטוּחַ, בְּטוּחָה | sure; certain, *part.* | עָשׂוּי, עֲשׂוּיָה | made, *part.* |
| בָּנוּי, בְּנוּיָה | built-up, *part.* | צֶבַע (צְבָעִים) | color |
| בַּעַל־חַיִּים (בַּעֲלֵי־חַיִּים) | animal; living thing | שְׁבָא | Sheba |
| דְּבוֹרָה (דְּבוֹרִים) | bee | תָּפַס (לִתְפֹּס) | seized; caught; comprehended |
| (זכר, לְהִזָּכֵר) נִזְכַּר בְּ... | recalled; reminded himself | חֵן חֵן = תּוֹדָה | thanks |
| | | צֶבַע חַי | vivid color |

| | |
|---|---|
| בָּרוּךְ הַבָּא, בְּרוּכָה הַבָּאָה | welcome; blessed be who is coming |
| בָּרוּךְ הַנִּמְצָא, בְּרוּכָה הַנִּמְצֵאת | blessed be who is present here. (A polite response to בָּרוּךְ הַבָּא ) |
| לַשָּׁנָה הַבָּאָה בִּירוּשָׁלַיִם הַבְּנוּיָה | Next year in the built-up Jerusalem |

אֵין לְךָ אָדָם שֶׁאֵין לוֹ שָׁעָה, וְאֵין לְךָ דָּבָר שֶׁאֵין לוֹ מָקוֹם. (פִּרְקֵי אָבוֹת)

## דִּקְדּוּק

**I. The Present Passive Participle—פָּעוּל.** The פָּעוּל is formed by vocalizing the first radical by a קָמָץ and by inserting a שׁוּרֶק (וּ) between the second and the third radical:

written — כָּתוּב closed — סָגוּר

1. Like an adjective, the פָּעוּל has four forms depending on the noun it qualifies.

| | | | |
|---|---|---|---|
| סֵפֶר סָגוּר | מַחְבֶּרֶת סְגוּרָה | סְפָרִים סְגוּרִים | מַחְבָּרוֹת סְגוּרוֹת |
| אִישׁ חָשׁוּב | אִשָּׁה חֲשׁוּבָה | אֲנָשִׁים חֲשׁוּבִים | נָשִׁים חֲשׁוּבוֹת |
| חַלּוֹן פָּתוּחַ | דֶּלֶת פְּתוּחָה | חַלּוֹנוֹת פְּתוּחִים | דְּלָתוֹת פְּתוּחוֹת |
| סוֹפֵר יָדוּעַ | סוֹפֶרֶת יְדוּעָה | סוֹפְרִים יְדוּעִים | סוֹפְרוֹת יְדוּעוֹת |

2. When the third radical is a "ה", the "ה" changes to a "י" :

| | | | | |
|---|---|---|---|---|
| (קנה) | קָנוּי | קְנוּיָה | קְנוּיִים | קְנוּיוֹת |
| (עשה) | עָשׂוּי | עֲשׂוּיָה | עֲשׂוּיִים | עֲשׂוּיוֹת |

**II. The Use of the פָּעוּל.** The פָּעוּל may be used:

1. As an adjective :

An open book — סֵפֶר פָּתוּחַ

The open book — הַסֵּפֶר הַפָּתוּחַ

2. As a predicate:

The book is closed — הַסֵּפֶר סָגוּר

The book was closed — הַסֵּפֶר הָיָה סָגוּר

The book will be closed — הַסֵּפֶר יִהְיֶה סָגוּר

Note that the present tense of the נִפְעַל and the פָּעוּל are close in meaning. As a rule, however, the פָּעוּל represents a passive state without regard to the cause, whereas the נִפְעַל also implies the cause.

The window is open. — הַחַלּוֹן פָּתוּחַ.

The window is (getting, being) opened by the wind. } הַחַלּוֹן נִפְתָּח עַל יְדֵי הָרוּחַ.

**III.** אָסוּר לִי (לְךָ...). The expression "I am (you are, etc.) forbidden" is rendered in an impersonal way: It is forbidden to me (to you, etc.).

I am forbidden to go out of the house because I am sick. } אָסוּר לִי לָצֵאת מֵהַבַּיִת, כִּי אֲנִי חוֹלֶה.

**IV. The Inflection of** **לִקְרַאת.** When a personal pronoun is the object of לִקְרַאת, לִקְרַאת is inflected as follows:

| | | | | |
|---|---|---|---|---|
| לִקְרָאתִי | לִקְרָאתְךָ | לִקְרָאתֵךְ | לִקְרָאתוֹ | לִקְרָאתָהּ |
| לִקְרָאתֵנוּ | לִקְרַאתְכֶם | לִקְרַאתְכֶן | לִקְרָאתָם | לִקְרָאתָן |

**V. The Verb** **לָגֶשֶׁת.** This verb is conjugated in the present and in the past as a נִפְעַל, whereas in the future it is conjugated as a פָּעַל. The conjugation follows:

to approach — לָגֶשֶׁת (נגש)

הוה:

| | |
|---|---|
| אני, אתה, הוא נִגָּשׁ | אנחנו, אתם, הם נִגָּשִׁים |
| אני, את, היא נִגֶּשֶׁת | אנחנו, אתן, הן נִגָּשׁוֹת |

עבר:

| | | | |
|---|---|---|---|
| אני נִגַּשְׁתִּי | | אנחנו נִגַּשְׁנוּ | |
| אתה נִגַּשְׁתָּ | את נִגַּשְׁתְּ | אתם נִגַּשְׁתֶּם | אתן נִגַּשְׁתֶּן |
| הוא נִגַּשׁ | היא נִגְּשָׁה | הם, הן נִגְּשׁוּ | |

**עתיד:**

| | | | | | |
|---|---|---|---|---|---|
| אני אֶגַּשׁ | | | אנחנו נִגַּשׁ | | |
| אתה תִּגַּשׁ | את תִּגְּשִׁי | | אתם תִּגְּשׁוּ | אתן תִּגַּשְׁנָה | |
| הוא יִגַּשׁ | היא תִּגַּשׁ | | הם יִגְּשׁוּ | הן תִּגַּשְׁנָה | |

**צווי:**

גַּשׁ (גֶּשׁ)   גְּשִׁי   גְּשׁוּ   גַּשְׁנָה

# שְׁלֹמֹה הַמֶּלֶךְ וְהַדְּבוֹרָה

בְּיוֹם קַיִץ אֶחָד יָשַׁב שְׁלֹמֹה הַמֶּלֶךְ בְּאַרְמוֹנוֹ עַל הַכִּסֵּא בְּפִנָּה לְיַד הַקִּיר. הָיָה יוֹם חַם מְאֹד. הַחַלּוֹנוֹת הָיוּ פְּתוּחִים. דְּבוֹרָה קְטַנָּה וְרָזָה עָפָה דֶּרֶךְ הַחַלּוֹן הַפָּתוּחַ, וְנָגְעָה בָּאַף שֶׁל הַמֶּלֶךְ. הַמֶּלֶךְ תָּפַס אֶת הַדְּבוֹרָה וְרָצָה לַהֲרֹג אוֹתָהּ.

אָמְרָה הַדְּבוֹרָה לַמֶּלֶךְ:

— הַאִם אֵין לְךָ רַחֲמִים? אָמְנָם אֲנִי בַּעַל־חַיִּים קָטָן, אֲבָל בְּכָל זֹאת אָסוּר לְךָ לַהֲרֹג אֲפִילוּ בַּעַל־חַיִּים קָטָן כָּמוֹנִי!

— בְּאֵיזֶה סֵפֶר כָּתוּב חֹק כָּזֶה? שָׁאַל הַמֶּלֶךְ.

— אוּלַי זֶה לֹא כָּתוּב בְּסֵפֶר, אֲבָל זֶה יָדוּעַ לְכָל אִישׁ חָכָם, עָנְתָה הַדְּבוֹרָה.

תְּשׁוּבַת הַדְּבוֹרָה מָצְאָה חֵן בְּעֵינֵי הַמֶּלֶךְ, וְהוּא נָתַן לָהּ לָשׁוּב אֶל הַגַּן.

— חֵן חֵן! אָמְרָה הַדְּבוֹרָה, וְעָפָה לָהּ.

יָמִים עָבְרוּ, שָׁנִים עָבְרוּ, וְהַמֶּלֶךְ שָׁכַח עַל הַדְּבוֹרָה הַקְּטַנָּה.

הַמַּלְכָּה שֶׁל אֶרֶץ שְׁבָא שָׁמְעָה עַל הַחָכְמָה שֶׁל שְׁלֹמֹה הַמֶּלֶךְ וְעַל הַיֹּפִי שֶׁל יְרוּשָׁלַיִם הַבְּנוּיָה. הִיא רָצְתָה לְבַקֵּר בִּירוּשָׁלַיִם וְלִבְחֹן אֶת חָכְמַת שְׁלֹמֹה הַמֶּלֶךְ. הִיא בָּחֲרָה פְּרָחִים אֲחָדִים שֶׁהָיוּ עֲשׂוּיִים בִּצְבָעִים חַיִּים עַל יְדֵי אָמָּן גָּדוֹל. בֵּינֵיהֶם הִיא שָׂמָה פֶּרַח אֶחָד חַי. כָּל

הַפְּרָחִים נִרְאוּ שָׁוִים זֶה לָזֶה בְּכָל פְּרָט וּפְרָט. כָּל אֶחָד מֵהֶם נִרְאָה כְּמוֹ הַפֶּרַח הַחַי, וְאִי אֶפְשָׁר הָיָה לִרְאוֹת אֶת הַהֶבְדֵּל בֵּינֵיהֶם.

הַמַּלְכָּה בָּאָה לָאַרְמוֹן שֶׁל שְׁלֹמֹה. הִיא מָצְאָה אֶת הַמֶּלֶךְ יוֹשֵׁב עַל כִּסֵּא כָּחֹל עָשׂוּי מֵעֵץ פָּשׁוּט, לְיַד חַלּוֹן סָגוּר. הַמֶּלֶךְ קָם מִן הַכִּסֵּא, הָלַךְ לִקְרַאת הַמַּלְכָּה וְאָמַר לָהּ:

— בְּרוּכָה הַבָּאָה, גְּבִרְתִּי!

— בָּרוּךְ הַנִּמְצָא! עָנְתָה הַמַּלְכָּה.

— אֲנִי מְקַוֶּה, אָמַר הַמֶּלֶךְ, שֶׁבִּקּוּרֵךְ בָּאָרֶץ הַזֹּאת יִהְיֶה נָעִים מְאֹד.

— חֵן חֵן, אָמְרָה הַמַּלְכָּה. שָׁמַעְתִּי שֶׁאֵין בָּעוֹלָם אָדָם חָכָם כָּמוֹךָ, וְהִנֵּה בָּאתִי לִרְאוֹת אֶת חָכְמָתְךָ.

אָז נִגְּשָׁה הַמַּלְכָּה אֶל הַשֻּׁלְחָן שֶׁעָמַד בְּאֶמְצַע הַחֶדֶר. הִיא לָקְחָה אֶת הַפְּרָחִים שֶׁנָּשְׂאָה אִתָּהּ, וְסִדְּרָה אוֹתָם בְּשׁוּרָה יְשָׁרָה עַל הַשֻּׁלְחָן. הִיא הָיְתָה בְּטוּחָה שֶׁעַיִן פְּשׁוּטָה לֹא תוּכַל לִרְאוֹת אֵיזֶה הוּא הַפֶּרַח הַחַי.

הַמַּלְכָּה פָּנְתָה אֶל שְׁלֹמֹה הַמֶּלֶךְ, וְאָמְרָה:

— בֵּין כָּל הַפְּרָחִים הָאֵלֶּה יֵשׁ רַק פֶּרַח חַי אֶחָד. הַאִם תּוּכַל לִמְצֹא אֵיזֶה הוּא הַפֶּרַח הַחַי בְּלִי לִנְגֹּעַ בַּפְּרָחִים אוֹ לָגֶשֶׁת קָרוֹב אֲלֵיהֶם?

בָּרֶגַע הַזֶּה נִזְכַּר הַמֶּלֶךְ בַּדְּבוֹרָה. הוּא נִגַּשׁ לְאַט אֶל הַחַלּוֹן הַסָּגוּר וּפָתַח אוֹתוֹ. לֹא עָבְרָה דַּקָּה וּדְבוֹרָה נִכְנְסָה לַחֶדֶר דֶּרֶךְ הַחַלּוֹן הַפָּתוּחַ. הִיא עָפָה בְּקַו יָשָׁר אֶל הַשֻּׁלְחָן וְעָמְדָה עַל אֶחָד מִן הַפְּרָחִים. אָז פָּנָה הַמֶּלֶךְ אֶל הַמַּלְכָּה בְּחִיּוּךְ שֶׁל נִצָּחוֹן עַל שְׂפָתָיו, וְאָמַר:

— רְאִי, גְּבִרְתִּי, הַדְּבוֹרָה הַקְּטַנָּה הַזֹּאת נָתְנָה לָךְ אֶת הַתְּשׁוּבָה בִּמְקוֹמִי!

## תַּרְגִּילִים

א. ענו במשפטים שלמים:

1. אֵיךְ נִכְנְסָה הַדְּבוֹרָה אֶל הָאַרְמוֹן?
2. מַדּוּעַ רָצָה הַמֶּלֶךְ לַהֲרֹג אֶת הַדְּבוֹרָה?
3. מַדּוּעַ הוּא לֹא הָרַג אוֹתָהּ?
4. אֵיךְ בָּחֲנָה מַלְכַּת שְׁבָא אֶת חָכְמַת שְׁלֹמֹה?
5. מַה קָּרָה כַּאֲשֶׁר הַמֶּלֶךְ פָּתַח אֶת הַחַלּוֹן?

ב. תרגמו:

1. The queen had a lot of charm and she found favor in the eyes of the people. 2. In which language is this letter written? 3. I let the bird fly into the room. 4. The table and the chairs are made of (from) wood. 5. I (f.) am sure that you (m.s.) know the answer (by) yourself. 6. It is forbidden to sit on the grass in the park. 7. I caught the bee when it sat on my nose. 8. In Tel Aviv all the stores are closed on Shabbat. 9. The bee and the lion are living things. 10. The lad did not know a thing when he was examined by the teacher. 11. A great artist painted (drew) this picture on the wall. 12. I (m.s.) am reminded of the good days of the past. 13. Who of (from) us has never done a forbidden thing or didn't tell (say) a lie? 14. She approached me and said: "I will remember all my life what you have done for me." 15. When I saw them (m.) from a distance, I ran toward them and exclaimed (called out): "Welcome!" 16. I will leave the office at half past three because today is my wife's birthday.

ג. כִּתְבוּ אֶת הַפָּעוּל (passive participle) שֶׁל הַפְּעָלִים הַבָּאִים, וְתַרְגְּמוּ אוֹתָם:

לִסְגּוֹר — סָגוּר סְגוּרָה סְגוּרִים סְגוּרוֹת — closed

1. לִשְׁמֹר
2. לִתְפֹּס
3. לִלְבֹּשׁ
4. לִדְרֹשׁ
5. לָקַחַת
6. לִנְטֹעַ
7. לַעֲזֹב
8. לִקְרֹעַ
9. לִרְאוֹת
10. לִשְׁתּוֹת
11. לֶאֱהֹב
12. לַהֲרֹג

# שִׁעוּר נב (52)

| | | | |
|---|---|---|---|
| אַף = גַּם | | blew | נָשַׁב (לִנְשֹׁב) |
| גִּבּוֹר (גִּבּוֹרִים) | hero; mighty | universal; world-wide | עוֹלָמִי, עוֹלָמִית |
| זְאֵב (זְאֵבִים) | wolf | Northern | צְפוֹנִי, צְפוֹנִית |
| חָתָן (חֲתָנִים) | bridegroom; son-in-law | black | שָׁחוֹר, שְׁחוֹרָה |
| כַּלָּה (כַּלּוֹת) | bride; daughter-in-law | talk; conversation | שִׂיחָה (שִׂיחוֹת) |
| כְּלָל (כְּלָלִים) | rule, *n.* | made happy; gladdened | שִׂמַּח (לְשַׂמֵּחַ) |
| כִּנּוֹר (כִּנּוֹרִים, כִּנּוֹרוֹת) | violin | hair | שֵׂעָר |
| מִלֵּא (לְמַלֵּא) | filled, *v.tr.* | quiet, calm, *adj.* | שָׁקֵט, שְׁקֵטָה |
| מַקֵּל (מַקְלוֹת) | stick; cane | from time to time | מִפַּעַם לְפַעַם |
| מָתוֹק, מְתוּקָה | sweet | | |
| נִבֵּא (לְנַבֵּא) | prophesied; predicted | | |
| נִגֵּן (לְנַגֵּן) בְּ... | played (an instrument) | | |

יוֹצֵא (יוֹצֵאת, יוֹצְאִים, יוֹצְאוֹת) מִן הַכְּלָל — exception; exceptional

כַּבֵּד אֶת אָבִיךָ וְאֶת אִמֶּךָ. (מִן הַמִּקְרָא-עֲשֶׂרֶת הַדִּבְּרוֹת)

דִּקְדּוּק

**I. The Adjective.** Like the noun, the adjective comes in various מִשְׁקָלִים (patterns). Several of these patterns follow:

1. × וֹ × ×ָ — גָּדוֹל גְּדוֹלָה גְּדוֹלִים גְּדוֹלוֹת

   שָׁחוֹר שְׁחוֹרָה שְׁחוֹרִים שְׁחוֹרוֹת

   מָתוֹק is an exception, since the חוֹלָם changes to a שׁוּרֻק in the feminine and the plural.

   מָתוֹק מְתוּקָה מְתוּקִים מְתוּקוֹת

2. × × ×ָ — כְּחֻלּוֹת כְּחֻלִּים כְּחֻלָּה כָּחֹל

All colors, except לָבָן and שָׁחוֹר, come in this pattern. Also adjectives describing shape or form come in this pattern. E.g.,

אָרֹךְ אֲרֻכָּה אֲרֻכִּים אֲרֻכּוֹת

3. A large number of nouns become adjectives by adding the following suffixes:

for the masculine singular: — ×ִי

for the feminine singular: — ×ִית

for the masculine plural: — ×ִיִּים

for the feminine plural: — ×ִיּוֹת

E.g.,

universal; world-wide — עוֹלָמִי עוֹלָמִית עוֹלָמִיִּים עוֹלָמִיּוֹת

final — סוֹפִי סוֹפִית סוֹפִיִּים סוֹפִיּוֹת

The ordinal numbers belong to this class of adjectives:

שֵׁנִי, שְׁלִישִׁי, רְבִיעִי...

This form of the adjective is also used to describe nationalities and religions:

Spanish — סְפָרַדִּי סְפָרַדִּית סְפָרַדִּיִּים סְפָרַדִּיּוֹת

Chrisitian — נוֹצְרִי נוֹצְרִית נוֹצְרִיִּים נוֹצְרִיּוֹת

However, when it is used as a noun, there is a slight change in the feminine singular and the masculine plural.

A Spaniard — סְפָרַדִּי סְפָרַדִּיָּה סְפָרַדִּים סְפָרַדִּיּוֹת

A Christian — נוֹצְרִי נוֹצְרִיָּה נוֹצְרִים נוֹצְרִיּוֹת

Note that, for all practical purposes, the masculine singular form is identical with the inflected noun in the first person.

place — מָקוֹם | my place, *n.* / local, *adj.* } — מְקוֹמִי

| | | |
|---|---|---|
| my religion, n. / religious, adj. | דָּתִי — | religion — דָּת |
| my person, n. / personal, adj. | אִישִׁי — | person — אִישׁ |

**II. Verbal Forms Used as Adjectives.**

1. The present tense of certain stative verbs:

| | | | | | |
|---|---|---|---|---|---|
| happy | — | שְׂמֵחוֹת | שְׂמֵחִים | שְׂמֵחָה | שָׂמֵחַ |
| old | — | זְקֵנוֹת | זְקֵנִים | זְקֵנָה | זָקֵן |
| nice | — | יָפוֹת | יָפִים | יָפָה | יָפֶה |
| easy; light | — | קַלּוֹת | קַלִּים | קַלָּה | *קַל |

2. The present passive participle:

| | | | | | |
|---|---|---|---|---|---|
| sure | — | בְּטוּחוֹת | בְּטוּחִים | בְּטוּחָה | בָּטוּחַ |
| simple | — | פְּשׁוּטוֹת | פְּשׁוּטִים | פְּשׁוּטָה | פָּשׁוּט |
| well known | — | יְדוּעוֹת | יְדוּעִים | יְדוּעָה | יָדוּעַ |
| important | — | חֲשׁוּבוֹת | חֲשׁוּבִים | חֲשׁוּבָה | חָשׁוּב |

◇◇◇◇◇◇◇◇◇◇

* חַם, מַר, קַר, קַל are the present tense of the stative verbs חָמֹם, מָרֹר, קָרֹר, קָלֹל. These verbs belong to the גִּזְרָה (class) of כְּפוּלִים (geminate). The conjugation of this גִּזְרָה will be found in lesson 71.

# הַבֵּן בֵּין הַבָּנִים

הָיָה יוֹם אָבִיב יָפֶה. מֶזֶג הָאֲוִיר הָיָה נָעִים. רוּחַ צְפוֹנִית קַלָּה נָשְׁבָה. הַשָּׁמַיִם הָיוּ כְּחֻלִּים, וַאֲפִילוּ עָנָן קַל לֹא נִרְאָה בָּהֶם. קוֹלוֹת מְתוּקִים שֶׁל צִפֳּרִים מִלְאוּ אֶת הָאֲוִיר.

שָׁלֹשׁ נָשִׁים בָּאוּ עִם כַּדִּים רֵיקִים לִשְׁאֹב מַיִם מִן הַמַּעְיָן. הַנָּשִׁים דִּבְּרוּ זוֹ עִם זוֹ. מֵעִנְיָן לְעִנְיָן עָבְרָה הַשִּׂיחָה לַנּוֹשֵׂא שֶׁל בָּנִים. עַל־יַד הַמַּעְיָן יָשַׁב לְבַדּוֹ אִישׁ זָקֵן וְשָׁמַע אֶת שִׂיחַת הַנָּשִׁים.

אִשָּׁה אַחַת אָמְרָה:

— יֵשׁ לִי בֵּן יוֹצֵא מִן הַכְּלָל. קָשֶׁה לְתָאֵר כַּמָּה יָפֶה הוּא וְכַמָּה גָּדוֹל כֹּחוֹ. צֶבַע הַשֵּׂעָר שֶׁלּוֹ שָׁחוֹר, וְעֵינַיִם שְׁחוֹרוֹת לוֹ. הוּא גִּבּוֹר, וְלִבּוֹ כְּמוֹ לֵב הָאַרְיֵה. הוּא בָּטוּחַ בְּעַצְמוֹ וְלֹא יוֹדֵעַ כָּל פַּחַד. הִנֵּה, לְמָשָׁל, מִקְרֶה שֶׁקָּרָה רַק לִפְנֵי מִסְפַּר שָׁעוֹת. בְּאֶמְצַע הַלַּיְלָה שֶׁעָבַר חָדַר זְאֵב לֶחָצֵר שֶׁלָּנוּ. בְּנִי הַגִּבּוֹר קָפַץ מִמִּטָּתוֹ, תָּפַס מַקֵּל פָּשׁוּט וְגֵרֵשׁ אֶת הַזְּאֵב מִן הֶחָצֵר.

אָמְרָה הָאִשָּׁה הַשְּׁנִיָּה:

— לִי יֵשׁ בֵּן נִפְלָא. אֵין אַף אֶחָד בַּכְּפָר שֶׁיּוֹדֵעַ לָשִׁיר וּלְנַגֵּן בְּכִנּוֹר כָּמוֹהוּ. אֵין לָכֶן מוּשָּׂג מַה יָּפֶה קוֹלוֹ וּמַה גָּדוֹל כֹּחוֹ בְּכִנּוֹר. הוּא שָׁר וּמְנַגֵּן בְּכָל חֲתוּנָּה בַּכְּפָר. בְּקוֹלוֹ הַנָּעִים וְהַמָּתוֹק הוּא מְשַׂמֵּחַ חָתָן וְכַלָּה. הוּא אָמָּן, וְהָאֲנָשִׁים בַּכְּפָר מְנַבְּאִים לוֹ שֵׁם עוֹלָמִי.

הָאִשָּׁה הַשְּׁלִישִׁית שָׁתְקָה וְלֹא אָמְרָה כְּלוּם.

— הַאִם אֵין לָךְ בֵּן? שָׁאֲלוּ אוֹתָהּ שְׁתֵּי הַנָּשִׁים.

— כֵּן, עָנְתָה הָאִשָּׁה הַשְּׁלִישִׁית בְּקוֹל שָׁקֵט. יֵשׁ לִי בֵּן. הוּא לֹא יוֹצֵא מִן הַכְּלָל. הוּא נַעַר כְּמוֹ כָּל הַנְּעָרִים.

הַנָּשִׁים מִלְאוּ אֶת כַּדֵּיהֶן מַיִם וְהָלְכוּ לָהֶן. גַּם הַזָּקֵן קָם וְהָלַךְ אַחֲרֵיהֶן.

הַנָּשִׁים הוֹלְכוֹת בַּדֶּרֶךְ לְאַט לְאַט, וּמִפַּעַם לְפַעַם עוֹמְדוֹת לָנוּחַ. הַכַּדִּים כְּבֵדִים וְהַדֶּרֶךְ אֲרֻכָּה. וְהִנֵּה שְׁלשָׁה נְעָרִים רָצִים לִקְרָאתָן.

אָמְרָה הָאִשָּׁה הָרִאשׁוֹנָה: ״הִנֵּה הַבֵּן הַגִּבּוֹר שֶׁלִּי!״
אָמְרָה הָאִשָּׁה הַשְּׁנִיָּה: ״הִנֵּה הַבֵּן הַנִּפְלָא שֶׁלִּי!״
אָמְרָה הָאִשָּׁה הַשְּׁלִישִׁית: ״הִנֵּה הַבֵּן שֶׁלִּי!״

הַבֵּן שֶׁל הָאִשָּׁה הָרִאשׁוֹנָה וְהַבֵּן שֶׁל הָאִשָּׁה הַשְּׁנִיָּה עָמְדוּ לְרֶגַע, אָמְרוּ ״שָׁלוֹם״, וְרָצוּ הָלְאָה.

הַבֵּן שֶׁל הָאִשָּׁה הַשְּׁלִישִׁית נִגַּשׁ אֶל אִמּוֹ בְּכָבוֹד, וּבְקוֹל מָלֵא אַהֲבָה אָמַר:

— אִמָּא, אֲנִי רוֹצֶה לַעֲזֹר לָךְ. תְּנִי לִי לָשֵׂאת אֶת הַכַּד. הוּא יוֹתֵר מִדַּי כָּבֵד בִּשְׁבִילֵךְ. אֲנִי אֶקַּח אֶת הַכַּד וְאֶשָּׂא אוֹתוֹ הַבַּיְתָה.

כַּאֲשֶׁר הַזָּקֵן שָׁמַע אֶת זֹאת, הוּא נִגַּשׁ אֶל הַנָּשִׁים, וְאָמַר לָהֶן:

— אֲנִי רוֹאֶה שְׁלֹשָׁה נְעָרִים וּבֵינֵיהֶם רַק בֵּן אֶחָד.

## תַּרְגִּילִים

א. ענו במשפטים שלמים:

1. עַל מָה דִּבְּרוּ הַנָּשִׁים עַל־יַד הַמַּעְיָן?
2. אֵיךְ גֵּרֵשׁ הַבֵּן שֶׁל הָאִשָּׁה הָרִאשׁוֹנָה אֶת הַזְּאֵב מִן הֶחָצֵר?
3. מָה סִפְּרָה הָאִשָּׁה הַשְּׁנִיָּה עַל בְּנָהּ?
4. מַדּוּעַ שָׁתְקָה הָאִשָּׁה הַשְּׁלִישִׁית?
5. מַדּוּעַ אָמַר הַזָּקֵן שֶׁהוּא רוֹאֶה רַק בֵּן אֶחָד?

ב. תרגם/תרגמי:

1. The young man fought like a hero in the last war. 2. She is a quiet woman with beautiful blue eyes and a sweet smile. 3. I had a long and interesting conversation with him. 4. The lion is a stronger animal than the wolf. 5. After the wedding the bride and the groom went (journeyed) to Spain. 6. I heard about you (m.s.) that you play the violin very well. 7. The mischievous boy seized a cane and broke the window. 8. The prophets prophesied that the people (nation) of Israel will return to the Land of Israel. 9. The color of a

bride's dress is white and the color of the bridegroom's clothes is black. 10. Today's news does not make us happy. 11. He filled his pockets with money. 12. Is her hair short or long? 13. Every religion wants to be a universal religion. 14. A strong northern wind blew all night and I was afraid that the roof will fall down. 15. We (f.) meet them (f.) in the restaurant from time to time. 16. She was an extraordinary secretary, said the manager, too bad (that) she left me.

# שִׁעוּר נג (53)

| | | | |
|---|---|---|---|
| caused to laugh; made laugh | (צחק, לְהַצְחִיק) הִצְחִיק | means | אֶמְצָעִי (אֶמְצָעִים) |
| felt; realized | (רגש, לְהַרְגִּישׁ) הִרְגִּישׁ | coffin; closet | אָרוֹן (אֲרוֹנוֹת) |
| Roman | רוֹמָאִי (רוֹמָאִים) | promised; assured | (בטח, לְהַבְטִיחַ) הִבְטִיחַ לְ... |
| famine, hunger | רָעָב | body | גּוּף (גּוּפוֹת) |
| permission | רְשׁוּת (רְשֻׁיּוֹת) | made (caused) worry | (דאג, לְהַדְאִיג) הִדְאִיג |
| guard; watchman | שׁוֹמֵר (שׁוֹמְרִים) | invited | (זמן, הִזְמִין) לְהַזְמִין |
| messenger | שָׁלִיחַ (שְׁלִיחִים) | sword, *n.f.* | חֶרֶב (חֲרָבוֹת) |
| gate | שַׁעַר (שְׁעָרִים) | put in; caused to enter | (כנס, לְהַכְנִיס) הִכְנִיס |
| army commander | שַׂר צָבָא | camp | מַחֲנֶה (מַחֲנוֹת) |
| anew; again | מֵחָדָשׁ | crowned (as king) | (מלך, לְהַמְלִיךְ) הִמְלִיךְ |
| | לְאֵין מִסְפָּר = הַרְבֵּה מְאֹד | agreed | (סכם, לְהַסְכִּים) הִסְכִּים |
| pretended; feigned | עָשָׂה אֶת עַצְמוֹ | danger | סַכָּנָה (סַכָּנוֹת) |

**לֹא עַל הַלֶּחֶם לְבַדּוֹ יִחְיֶה הָאָדָם.** (מִן הַמִּקְרָא)

## דִּקְדּוּק

**The** בִּנְיַן הִפְעִיל **(The Causative).** The third active בִּנְיָן (theme), besides פָּעַל and פִּעֵל, is the הִפְעִיל.

1. The basic function of the הִפְעִיל is to indicate causative action.

| | |
|---|---|
| I laugh. | אֲנִי צוֹחֵק. |
| I (cause him) make him laugh. | אֲנִי מַצְחִיק אוֹתוֹ. |
| The father worried. | הָאָב דָּאַג. |
| The son caused the father (to) worry. | הַבֵּן הִדְאִיג אֶת הָאָב. |

2. There are verbs, however, whose causative sense is not apparent but are nevertheless expressed by the הִפְעִיל. E.g.,

to agree — לְהַסְכִּים to feel — לְהַרְגִּישׁ

**I. The הִפְעִיל of שְׁלֵמִים Verbs.** A paradigm of the conjugation of such verbs follows:

to put in — לְהַכְנִיס ( לְהַ x ְ x ִי x )

הוה:

| | |
|---|---|
| אני, אתה, הוא מַכְנִיס | אנחנו, אתם, הם מַכְנִיסִים |
| אני, את, היא מַכְנִיסָה | אנחנו, אתן, הן מַכְנִיסוֹת |

עבר:

| | |
|---|---|
| אני הִכְנַסְתִּי | אנחנו הִכְנַסְנוּ |
| אתה הִכְנַסְתָּ את הִכְנַסְתְּ | אתם הִכְנַסְתֶּם אתן הִכְנַסְתֶּן |
| הוא הִכְנִיס היא הִכְנִיסָה | הם, הן הִכְנִיסוּ |

עתיד:

| | |
|---|---|
| אני אַכְנִיס | אנחנו נַכְנִיס |
| אתה תַּכְנִיס את תַּכְנִיסִי | אתם תַּכְנִיסוּ אתן תַּכְנֵסְנָה |
| הוא יַכְנִיס היא תַּכְנִיס | הם יַכְנִיסוּ הן תַּכְנֵסְנָה |

צווי:

הַכְנֵס הַכְנִיסִי הַכְנִיסוּ הַכְנֵסְנָה

**II. The Characteristics of the הִפְעִיל.**

1. The infinitive, past and imperative have a "ה" as a prefix:

לְהַכְנִיס; הִכְנִיס; הַכְנֵס

2. The present tense is prefixed by "מַ":

מַכְנִיס

3. All prefixes are vocalized by a פַּתָּח, except for the past where the "ה" is vocalized by a חִירִיק:

הִכְנִיס

4. The first radical is always vocalized by a שְׁוָא:

לְהַכְנִיס; מַכְנִיס; הִכְנַסְתָּ; תַּכְנִיס; הַכְנֵס

## הַיְשִׁיבָה שֶׁל יַבְנֶה

לִפְנֵי אַלְפַּיִם שָׁנָה, בְּעֵרֶךְ, בָּאוּ הָרוֹמָאִים וְכָבְשׁוּ אֶת אֶרֶץ יִשְׂרָאֵל. אַחֲרֵי מֵאָה שָׁנָה שֶׁל כִּבּוּשׁ קָשֶׁה וָמַר, קָמָה כַּת שֶׁל קַנָּאִים מִבֵּין הַיְּהוּדִים וְנִלְחֲמָה בָּרוֹמָאִים. בְּמֶשֶׁךְ זְמַן קָצָר גֵּרְשׁוּ הַקַּנָּאִים אֶת הָרוֹמָאִים מִן הָאָרֶץ. אָז אָסְפוּ הָרוֹמָאִים צָבָא חָדָשׁ וּבָאוּ מִן הַצָּפוֹן לְהִלָּחֵם עִם עַם יִשְׂרָאֵל. דָּם רַב נִשְׁפַּךְ בַּמִּלְחָמָה הַזֹּאת. כָּל הָאָרֶץ הָיְתָה חֲזִית גְּדוֹלָה אַחַת. בְּמֶשֶׁךְ שָׁנָה אַחַת כָּבְשׁוּ הָרוֹמָאִים מֵחָדָשׁ כִּמְעַט אֶת כָּל הָאָרֶץ, וּבָאוּ עַד שַׁעֲרֵי יְרוּשָׁלַיִם. אֲבָל נִצְחוֹנָם לֹא הָיָה שָׁלֵם. גִּבּוֹרֵי יִשְׂרָאֵל נִלְחֲמוּ כְּמוֹ אֲרָיוֹת, וְחַיָּלֵי רוֹמָא עָמְדוּ שָׁם שְׁתֵּי שָׁנִים. הַקֶּשֶׁר בֵּין יְרוּשָׁלַיִם וּבֵין שְׁאָר הָאָרֶץ נִפְסַק. בָּעִיר לֹא הָיָה דֵּי אֹכֶל, וְהָרָעָב גָּדַל מִיּוֹם לְיוֹם. אֲנָשִׁים לְאֵין מִסְפָּר מֵתוּ מֵרָעָב וּמִמַּחֲלוֹת.

בִּירוּשָׁלַיִם חַי אָז אִישׁ גָּדוֹל בַּתּוֹרָה בְּשֵׁם רַבִּי יוֹחָנָן בֶּן זַכַּאי. הוּא הִרְגִּישׁ שֶׁהָעָם נִמְצָא בְּסַכָּנָה גְּדוֹלָה. לֵילוֹת וְיָמִים הוּא חָשַׁב עַל הַמַּצָּב בָּעִיר, וְלִבּוֹ לֹא יָדַע מְנוּחָה. הַכֹּל נִרְאָה שָׁחוֹר, בְּלִי תִּקְוָה לְנִצָּחוֹן. הוּא לֹא הָיָה יָכוֹל לִסְבֹּל עוֹד אֶת הַמַּצָּב, וְהוּא שָׁלַח אֶחָד מִן יְדִידָיו לֶאֱסֹף אֶת תַּלְמִידָיו. כַּאֲשֶׁר בָּאוּ, אָמַר לָהֶם:

— הַמַּצָּב בָּעִיר מַדְאִיג אוֹתִי מְאֹד. אֲנִי מְחַפֵּשׂ אֶמְצָעִים אֵיךְ לָצֵאת מִן הָעִיר, כְּדֵי לִרְאוֹת אֶת אֶסְפַּסְיָנוּס, שַׂר הַצָּבָא שֶׁל הָרוֹמָאִים.

אַחֲרֵי זְמַן־מָה עָשָׂה רַבִּי יוֹחָנָן אֶת עַצְמוֹ חוֹלֶה. הוּא אָסַף אֶת תַּלְמִידָיו בְּחֹשֶׁךְ הַלַּיְלָה וְצִוָּה אוֹתָם לְסַפֵּר בִּרְחוֹבוֹת הָעִיר שֶׁהוּא מֵת מִכְּאֵב לֵב. אָז הוּא צִוָּה אוֹתָם לָשִׂים אוֹתוֹ בְּאָרוֹן, וְלָשֵׂאת אֶת הָאָרוֹן מִחוּץ לְשַׁעֲרֵי יְרוּשָׁלַיִם. וְכֵן עָשׂוּ.

כַּאֲשֶׁר הַתַּלְמִידִים בָּאוּ אֶל הַשַּׁעַר, נִגַּשׁ שׁוֹמֵר אֶל הָאָרוֹן, וְרָצָה לְהַכְנִיס בּוֹ חֶרֶב, לִבְדֹּק אִם בֶּאֱמֶת נִמְצָא בּוֹ גּוּף מֵת.

— כָּבוֹד לָרַבִּי! צָעֲקוּ הַתַּלְמִידִים. אָסוּר לְהַכְנִיס חֶרֶב בָּאָרוֹן שֶׁל אִישׁ גָּדוֹל בַּתּוֹרָה.

הַשּׁוֹמֵר הִסְכִּים, וְנָתַן לָהֶם לָצֵאת מִן הָעִיר.

כַּאֲשֶׁר הַתַּלְמִידִים הָיוּ רְחוֹקִים מִן הַשַּׁעַר, יָצָא רַבִּי יוֹחָנָן מִן הָאָרוֹן, וְהָלַךְ יָשָׁר אֶל הַמַּחֲנֶה שֶׁל הָרוֹמָאִים. הוּא בָּא לִפְנֵי אֶסְפַּסְיָנוּס, וְקָרָא:

— שָׁלוֹם עָלֶיךָ, אֲדוֹנִי הַמֶּלֶךְ!

— אֲנִי לֹא הַמֶּלֶךְ, אָמַר אֶסְפַּסְיָנוּס. אֵין אֲנִי אֶלָּא שַׂר צָבָא שֶׁל רוֹמָא.

בָּרֶגַע הַזֶּה בְּדִיּוּק בָּא שָׁלִיחַ מֵרוֹמָא וּמִכְתָּב בְּיָדוֹ. בַּמִּכְתָּב הָיָה כָּתוּב שֶׁהַמֶּלֶךְ מֵת, וְהַזְּקֵנִים שֶׁל רוֹמָא הִמְלִיכוּ אֶת אֶסְפַּסְיָנוּס עַל רוֹמָא.

אָז הִזְמִין אֶסְפַּסְיָנוּס אֶת רַבִּי יוֹחָנָן אֶל הָאֹהֶל שֶׁלּוֹ.

רַבִּי יוֹחָנָן קִבֵּל אֶת הַהַזְמָנָה בְּשִׂמְחָה וְנִכְנַס לָאֹהֶל.

— אֲנִי בָּטוּחַ שֶׁאַתָּה אִישׁ קָדוֹשׁ, אָמַר אֶסְפַּסְיָנוּס, לָמָּה בָּאתָ לִרְאוֹת אוֹתִי? מַה בַּקָּשָׁתְךָ וְתִנָּתֵן לְךָ!

— בַּקָּשָׁתִי הִיא, תֵּן לִי רְשׁוּת לִבְנוֹת יְשִׁיבָה בָּעִיר יַבְנֶה, עָנָה רַבִּי יוֹחָנָן.

הַבַּקָּשָׁה שֶׁל רַבִּי יוֹחָנָן הִצְחִיקָה אֶת אֶסְפַּסְיָנוּס, וְהוּא אָמַר:

— הַאִם זֹאת הִיא כָּל בַּקָּשָׁתְךָ? אֲנִי אֲמַלֵּא אוֹתָהּ בְּרָצוֹן רַב. אֲנִי מַבְטִיחַ לְךָ שֶׁיַּבְנֶה תִּנָּתֵן לְךָ!

אֶסְפַּסְיָנוּס לֹא יָדַע שֶׁהַתּוֹרָה יוֹתֵר חֲזָקָה מֵהַחֶרֶב. רוֹמָא נָפְלָה, אֲבָל עַם יִשְׂרָאֵל חַי! מִתּוֹךְ מַעְיַן הַתּוֹרָה שֶׁל יַבְנֶה, שָׁאֲבוּ הַדּוֹרוֹת הַבָּאִים כֹּחַ וְתִקְוָה לַעֲמֹד בִּפְנֵי כָּל הַשּׂוֹנְאִים שֶׁל עַם יִשְׂרָאֵל.

## תַּרְגִּילִים

א. ענו במשפטים שלמים:

1. מֶה הָיָה הַמַּצָּב בִּירוּשָׁלַיִם כַּאֲשֶׁר הָרוֹמָאִים עָמְדוּ לִפְנֵי שַׁעֲרֵי הָעִיר?
2. לָמָּה רָצָה רַבִּי יוֹחָנָן לַעֲזֹב אֶת הָעִיר?
3. אֵיךְ יָצָא רַבִּי יוֹחָנָן מִן הָעִיר?
4. מֶה הָיָה כָּתוּב בַּמִּכְתָּב שֶׁבָּא מֵרוֹמָא?
5. מַה בִּקֵּשׁ רַבִּי יוֹחָנָן מֵאֶסְפַּסְיָנוּס?

ב. תרגמו:

1. I (m.) realize that you (m.s.) are not able to agree to my requests. 2. I (f.) still remember the wonderful conversation I had with him a month ago. 3. I assure you (f.s.) that I will come. 4. You (f.s.) will make me worry if you will return home late. 5. The messenger told (said) a lie to the commander of the army. 6. The Romans burned the Temple two thousand years ago. 7. My life was in danger, but I had luck, my parents found an excellent physician. 8. The guard stood with a sword in his hand and did not let me enter through the gate. 9. During the time of war, there is always famine. 10. I promise you (m.s.) that I will enter my son in the Yeshiva. 11. The elders crowned the son because his father was about to die. 12. They invited all the people of the village to the wedding of their youngest son. 13. They washed the body and put it in an expensive coffin. 14. In the summer, we send the children to a camp in the mountains. 15. My father likes to make us laugh. 16. Did you (m.s.) receive permission to go out of the room?

ג. הַטּוּ (conjugate) אֶת הַפְּעָלִים הַבָּאִים בְּכָל הַזְּמַנִּים:

לְהַסְכִּים — to agree

לְהַרְגִּישׁ — to feel; to realize

# שִׁעוּר נד (54)

| | |
|---|---|
| red | אָדֹם, אֲדֻמָּה |
| reddened; blushed | (אדם, לְהַאֲדִים) הֶאֱדִים |
| caused to eat; fed | (אכל, לְהַאֲכִיל) הֶאֱכִיל |
| shame | בּוּשָׁה |
| bottle | בַּקְבּוּק (בַּקְבּוּקִים) |
| stressed, emphasized | (דגש לְהַדְגִּישׁ) הִדְגִּישׁ |
| burned, *v.int.* | דָּלַק (לִדְלֹק) |
| ḥallah | חַלָּה (חַלּוֹת) |
| goodness | טוּב |
| taste; flavor | טַעַם (טְעָמִים) |
| vegetable | יָרָק (יְרָקוֹת) |
| cup; glass, *n.f.* | כּוֹס (כּוֹסוֹת) |
| tablecloth; map | מַפָּה (מַפּוֹת) |
| soup | מָרָק (מְרָקִים) |
| tune; melody | נִגּוּן (נִגּוּנִים) |
| made pleasant | (נעם, לְהַנְעִים) הִנְעִים |
| dropped; knocked down | (נפל, לְהַפִּיל) הִפִּיל |
| looked | (נבט, לְהַבִּיט) הִבִּיט |
| served; brought near; presented | (נגש, לְהַגִּישׁ) הִגִּישׁ |
| clean | נָקִי, נְקִיָּה |
| transferred; passed on | (עבר, לְהַעֲבִיר) הֶעֱבִיר |
| ceremonial blessing over wine or bread | קִדּוּשׁ |
| broken, *part.* | שָׁבוּר, שְׁבוּרָה |
| the man of the house; landlord; host | בַּעַל בַּיִת |
| the lady of the house; landlady; hostess | בַּעֲלַת בַּיִת |
| Friday night | לֵיל שַׁבָּת |
| all the best | כָּל טוּב |
| even more | עוֹד יוֹתֵר |

דַּיָּהּ לְצָרָה בְּשַׁעְתָּהּ. (מִן הַתַּלְמוּד)

## דִקְדוּק

**I. The הִפְעִיל of שְׁלֵמִים Verbs whose Initial Radical is a Guttural.**

1. Except for the past, all prefixes are vocalized by a פַּתָּח. The first radical, being a guttural, is vocalized by a חֲטַף־פַּתָּח instead of a שְׁוָא. A paradigm follows:

To transfer; to cause to cross; to pass on — לְהַעֲבִיר

הוה:

| | |
|---|---|
| אני, אתה, הוא מַעֲבִיר | אנחנו, אתם, הם מַעֲבִירִים |
| אני, את, היא מַעֲבִירָה | אנחנו, אתם, הן מַעֲבִירוֹת |

עתיד:

| | |
|---|---|
| אני אַעֲבִיר | אנחנו נַעֲבִיר |
| אתה תַּעֲבִיר את תַּעֲבִירִי | אתם תַּעֲבִירוּ אתן תַּעֲבֵרְנָה |
| הוא יַעֲבִיר היא תַּעֲבִיר | הם יַעֲבִירוּ הן תַּעֲבֵרְנָה |

צווי:

הַעֲבֵר הַעֲבִירִי הַעֲבִירוּ הַעֲבֵרְנָה

2. In the past, the prefix "ה" is vocalized by a סֶגוֹל, and the first radical (the guttural) is vocalized by a חֲטַף־סֶגוֹל.

עבר:

| | |
|---|---|
| אני הֶעֱבַרְתִּי | אנחנו הֶעֱבַרְנוּ |
| אתה הֶעֱבַרְתָּ את הֶעֱבַרְתְּ | אתם הֶעֱבַרְתֶּם אתן הֶעֱבַרְתֶּן |
| הוא הֶעֱבִיר היא הֶעֱבִירָה | הם, הן הֶעֱבִירוּ |

**II. The הִפְעִיל of פ״נ Verbs.** In verbs whose initial radical is a "נ", the "נ" drops out and its loss is compensated by a דָּגֵשׁ in the second radical. E.g.,

The tree falls. הָעֵץ נוֹפֵל.

The man fells (causes to fall) the tree. הָאִישׁ מַפִּיל אֶת הָעֵץ.

However, if the second radical is a guttural, the "נ" is retained throughout the conjugation, as is the case in the פָּעַל. (See lesson 24.) E.g.,

to make life pleasant — לְהַנְעִים אֶת הַחַיִּים

A paradigm of a פ"נ verb, whose initial "נ" drops, follows:

to drop (cause to fall)—לְהַפִּיל (נפל)

<u>הוה:</u>

| | |
|---|---|
| אני, אתה, הוא מַפִּיל | אנחנו, אתם, הם מַפִּילִים |
| אני, את, היא מַפִּילָה | אנחנו, אתן, הן מַפִּילוֹת |

<u>עבר:</u>

| | |
|---|---|
| אני הִפַּלְתִּי | אנחנו הִפַּלְנוּ |
| אתה הִפַּלְתָּ את הִפַּלְתְּ | אתם הִפַּלְתֶּם אתן הִפַּלְתֶּן |
| הוא הִפִּיל היא הִפִּילָה | הם, הן הִפִּילוּ |

<u>עתיד:</u>

| | |
|---|---|
| אני אַפִּיל | אנחנו נַפִּיל |
| אתה תַּפִּיל את תַּפִּילִי | אתם תַּפִּילוּ אתן תַּפֵּלְנָה |
| הוא יַפִּיל היא תַּפִּיל | הם יַפִּילוּ הן תַּפֵּלְנָה |

<u>צווי:</u>

הַפֵּל הַפִּילִי הַפִּילוּ הַפֵּלְנָה

## הַצַּדִּיק וְהָאוֹרֵחַ

בְּעִיר אַחַת חַי אִישׁ צַדִּיק. הַצַּדִּיק הַזֶּה הָיָה עוֹזֵר לְכָל אִישׁ שֶׁנִּמְצָא בְּצָרָה, וְהַבַּיִת שֶׁלּוֹ הָיָה פָּתוּחַ לַעֲנִיִּים נוֹדְדִים. בְּכָל לֵיל שַׁבָּת הוּא הָיָה מַזְמִין אוֹרֵחַ עָנִי לִסְעוּדַת שַׁבָּת. הוּא הָיָה מַאֲכִיל אוֹתוֹ מִכָּל טוּב, כְּיַד הַמֶּלֶךְ, וְהָיָה מְנַעֵים לוֹ בִּדְבָרָיו הַנְּעִימִים.

לֵיל שַׁבָּת אֶחָד אַחֲרֵי הַתְּפִלָּה, הִזְמִין הַצַּדִּיק אִישׁ עָנִי לִסְעוּדַת שַׁבָּת. כַּאֲשֶׁר הָאוֹרֵחַ נִכְנַס לַבַּיִת, יָצְאָה לִקְרָאתוֹ אֵשֶׁת הַצַּדִּיק מִן הַמִּטְבָּח, וְקִבְּלָה אוֹתוֹ בְּשִׂמְחָה. הַבַּיִת הָיָה נָקִי וּמָלֵא אוֹר. עַל הַשֻּׁלְחָן הָיְתָה מַפָּה לְבָנָה כְּמוֹ שֶׁלֶג. עַל הַמַּפָּה עָמְדוּ נֵרוֹת דּוֹלְקִים, בַּקְבּוּק יַיִן אָדֹם וּשְׁתֵּי חַלּוֹת.

הֶעָנִי הִבִּיט בְּעֵינַיִם בּוֹחֲנוֹת עַל כָּל דָּבָר וְדָבָר שֶׁנִּמְצָא בַּבַּיִת, וְאָמַר לְעַצְמוֹ: "מַה טּוֹב וּמַה נָּעִים לִהְיוֹת בְּשַׁבָּת בְּבַיִת כָּזֶה!"

בַּעַל הַבַּיִת אָמַר בְּנִגּוּן מָתוֹק קִדּוּשׁ עַל הַיַּיִן, וְהִדְגִּישׁ כָּל מִלָּה וּמִלָּה. אַחֲרֵי הַקִּדּוּשׁ יָשְׁבוּ אֶל הַשֻּׁלְחָן לֶאֱכֹל. בַּעַל הַבַּיִת אָמַר אֶת הַבְּרָכָה עַל הַחַלּוֹת. הוּא לָקַח חַלָּה אַחַת, חָתַךְ אוֹתָהּ, וְנָתַן חֲתִיכָה לְכָל אֶחָד.

בַּעֲלַת הַבַּיִת הִגִּישָׁה חֲתִיכוֹת דָּגִים גְּדוֹלוֹת. הַדָּגִים הָיוּ מְתוּקִים וּמְלֵאִים טַעַם. אַחֲרֵי הַדָּגִים הִגִּישָׁה בַּעֲלַת הַבַּיִת מָרָק שֶׁל תַּרְנְגֹלֶת, וְאַחֲרֵי הַמָּרָק הִגִּישָׁה בָּשָׂר וְכָל מִינֵי יְרָקוֹת.

בַּעַל הַבַּיִת לָקַח כּוֹס, מִלֵּא אוֹתָהּ יַיִן וְהֶעֱבִיר אוֹתָהּ לָאוֹרֵחַ. הָאוֹרֵחַ תָּפַס אֶת הַכּוֹס בְּיָד רוֹעֶדֶת. כַּאֲשֶׁר הוּא שָׂם אוֹתָהּ עַל הַשֻּׁלְחָן, הַכּוֹס נָפְלָה, וְהַיַּיִן נִשְׁפַּךְ עַל הַמַּפָּה הַלְּבָנָה. הַשִּׂיחָה עַל יַד הַשֻּׁלְחָן נִפְסְקָה. פְּנֵי הָאוֹרֵחַ הֶאְדִּימוּ מִבּוּשָׁה. הָאוֹרֵחַ הִרְגִּישׁ שֶׁכָּל אֶחָד מַבִּיט עָלָיו, וּפָנָיו הֶאְדִּימוּ עוֹד יוֹתֵר.

כַּאֲשֶׁר בַּעַל הַבַּיִת רָאָה מַה שֶּׁקָּרָה, וְאֶת פְּנֵי הָאוֹרֵחַ הָאֲדֻמִּים כְּמוֹ אֵשׁ, מִיָּד הוּא דָּחַף בָּרֶגֶל אֶת הַשֻּׁלְחָן, וְהִפִּיל אֶת הַבַּקְבּוּק. בַּקְבּוּק הַיַּיִן נָפַל וְהַיַּיִן נִשְׁפַּךְ עַל הַמַּפָּה הַלְּבָנָה. אָז הִבִּיט בַּעַל הַבַּיִת תַּחַת הַשֻּׁלְחָן וְקָרָא:

— מַשֶּׁהוּ לֹא בְּסֵדֶר. כַּנִּרְאֶה, אַחַת מֵרַגְלֵי הַשֻּׁלְחָן שְׁבוּרָה!

## תַּרְגִּילִים

א. ענו במשפטים שלמים:

1. מֶה הָיָה עוֹשֶׂה הַצַּדִּיק בְּכָל לֵיל שַׁבָּת?
2. מַה הִגִּישָׁה בַּעֲלַת הַבַּיִת לִסְעוּדַת הַשַּׁבָּת?
3. מַה קָּרָה כַּאֲשֶׁר בַּעַל הַבַּיִת הֶעֱבִיר כּוֹס יַיִן לָאוֹרֵחַ?
4. מַדּוּעַ הֶאֱדִימוּ פְּנֵי הָאוֹרֵחַ?
5. מֶה עָשָׂה הַצַּדִּיק כַּאֲשֶׁר רָאָה אֶת הַפָּנִים הָאֲדֻמִּים שֶׁל הָאוֹרֵחַ?

ב. תרגמו:

1. Ḥallah is a kind of white bread that the Jews eat on (in) Shabbat and on (in) holidays. 2. A burning candle that fell on the table burned the tablecloth and made a hole in the table. 3. He is already two years old, but he still likes to drink from a bottle. 4. A good host likes to serve food to everyone who (that) comes to his house. 5. I will never forget the taste of the soup my mother used to serve on Friday night. 6. He said Kiddush on a cup of red and sweet wine. 7. She was a bad student and the teacher transferred her to another class. 8. The waiter dropped a plate full of vegetables on the floor. 9. Look (f.s.) at (on) the beautiful color of the sky. 10. I did not realize (feel) that the glass was broken and the wine (got) spilled on my clean dress. 11. When the train came, the people pushed me and I almost got killed. 12. The sun set and the sky reddened (became red) like blood. 13. It is a big shame that you (m.pl.) don't know the difference between good and bad. 14. He sang many songs and made the evening pleasant with his beautiful melodies. 15. He is still very sick and we have to feed him. 16. They have of all the best, but they do not have children.

ג. הַטּוּ אֶת הַפְּעָלִים הַבָּאִים בְּכָל הַזְּמַנִּים:

to look — לְהַבִּיט      to feed — לְהַאֲכִיל

# שִׁעוּר נה (55)

| | | | |
|---|---|---|---|
| (אמן, לְהַאֲמִין) הֶאֱמִין לְ... | believed | סִירָה (סִירוֹת) | row boat |
| אֳנִיָּה (אֳנִיּוֹת) | ship; boat | (פנה, לְהַפְנוֹת) הִפְנָה | directed; caused to turn |
| דָּרוֹם | South | (צלח, לְהַצְלִיחַ) הִצְלִיחַ | succeeded; was successful |
| הִלֵּל (לְהַלֵּל) | praised | (ראה, לְהַרְאוֹת) הֶרְאָה | showed |
| חוֹף (חוֹפִים) | shore; coast | רַב־חוֹבֵל | captain (of a boat) |
| (ידה, לְהוֹדוֹת) הוֹדָה לְ... | thanked; admitted | רָעַשׁ (לִרְעֹשׁ) | raged; was noisy |
| (יצא, לְהוֹצִיא) הוֹצִיא | took out; brought forth | שׁוֹנֶה, שׁוֹנָה | different |
| (ירד, לְהוֹרִיד) הוֹרִיד | lowered; took down | שׁוֹנִים, שׁוֹנוֹת | different; various |
| (נגע, לְהַגִּיעַ) הִגִּיעַ | arrived; reached | שִׁקֵּר (לְשַׁקֵּר) | lied |
| נוֹסֵעַ (נוֹסְעִים) | traveler; passenger | (תחל, לְהַתְחִיל) הִתְחִיל | started, began |
| סְחוֹרָה (סְחוֹרוֹת) | merchandise; wares | תִּמָּהוֹן | astonishment |

שִׁבְעִים פָּנִים לַתּוֹרָה. (מִן הַמִּדְרָשׁ)

דִּקְדּוּק

**I. The הִפְעִיל of פ״י Verbs.** A paradigm of the conjugation of such verbs follows:

to lower (cause to descend) — (ירד) לְהוֹרִיד

<u>הוה:</u>

| | |
|---|---|
| אני, אתה, הוא מוֹרִיד | אנחנו, אתם, הם מוֹרִידִים |
| אני, את, היא מוֹרִידָה | אנחנו, אתן, הן מוֹרִידוֹת |

עבר:

| | |
|---|---|
| אני הוֹרַדְתִּי | אנחנו הוֹרַדְנוּ |
| אתה הוֹרַדְתָּ את הוֹרַדְתְּ | אתם הוֹרַדְתֶּם אתן הוֹרַדְתֶּן |
| הוא הוֹרִיד היא הוֹרִידָה | הם, הן הוֹרִידוּ |

עתיד:

| | |
|---|---|
| אני אוֹרִיד | אנחנו נוֹרִיד |
| אתה תּוֹרִיד את תּוֹרִידִי | אתם תּוֹרִידוּ אתן תּוֹרֵדְנָה |
| הוא יוֹרִיד היא תּוֹרִיד | הם יוֹרִידוּ הן תּוֹרֵדְנָה |

צווי:

הוֹרֵד הוֹרִידִי הוֹרִידוּ הוֹרֵדְנָה

Note that, in the הִפְעִיל of פ״י verbs, the initial radical "י" is changed to a "ו", which is vocalized by a חוֹלָם throughout the entire conjugation.

**II. The הִפְעִיל of ל״ה Verbs.** A paradigm of the conjugation of such verbs follows:

to direct (cause to turn)—לְהַפְנוֹת (פנה)

הוה:

| | |
|---|---|
| אני, אתה, הוא מַפְנֶה | אנחנו, אתם, הם מַפְנִים |
| אני, את, היא מַפְנָה | אנחנו, אתן, הן מַפְנוֹת |

עבר:

| | |
|---|---|
| אני הִפְנֵיתִי | אנחנו הִפְנֵינוּ |
| אתה הִפְנֵיתָ את הִפְנֵית | אתם הִפְנֵיתֶם אתן הִפְנֵיתֶן |
| הוא הִפְנָה היא הִפְנְתָה | הם, הן הִפְנוּ |

עתיד:

| | | | |
|---|---|---|---|
| | אנחנו נַפְנֶה | | אני אַפְנֶה |
| אתן תַּפְנֶינָה | אתם תַּפְנוּ | את תַּפְנִי | אתה תַּפְנֶה |
| הן תַּפְנֶינָה | הם יַפְנוּ | היא תַּפְנֶה | הוא יַפְנֶה |

צווי:

הַפְנֵה הַפְנִי הַפְנוּ הַפְנֶינָה

**III. The Verb** לְהַרְאוֹת **— to show.** This verb is conjugated like a regular ל״ה verb, except for the past, in which case the prefix "ה" is vocalized by a סֶגוֹל instead of a חִירִיק.

עבר:

| | | | |
|---|---|---|---|
| | אנחנו הֶרְאֵינוּ | | אני הֶרְאֵיתִי |
| אתן הֶרְאֵיתֶן | אתם הֶרְאֵיתֶם | את הֶרְאֵית | אתה הֶרְאֵיתָ |
| | הם, הן הֶרְאוּ | היא הֶרְאֲתָה | הוא הֶרְאָה |

**IV. The Verb** לְהוֹדוֹת (ידה) **— to thank.** לְהוֹדוֹת is simultaneously a פ״י and a ל״ה verb, and therefore partakes of the characteristics of both (גְּזָרוֹת) classes. The conjugation of לְהוֹדוֹת follows:

הוה:

| | |
|---|---|
| אנחנו, אתם, הם מוֹדִים | אני, אתה, הוא מוֹדֶה |
| אנחנו, אתן, הם מוֹדוֹת | אני, את, היא מוֹדָה |

עבר:

| | | | |
|---|---|---|---|
| | אנחנו הוֹדֵינוּ | | אני הוֹדֵיתִי |
| אתן הוֹדֵיתֶן | אתם הוֹדֵיתֶם | את הוֹדֵית | אתה הוֹדֵיתָ |
| | הם, הן הוֹדוּ | היא הוֹדְתָה | הוא הוֹדָה |

עתיד:

| | |
|---|---|
| אני אוֹדֶה | אנחנו נוֹדֶה |
| אתה תּוֹדֶה   את תּוֹדִי | אתם תּוֹדוּ   אתן תּוֹדֶינָה |
| הוא יוֹדֶה   היא תּוֹדֶה | הם יוֹדוּ   הן תּוֹדֶינָה |

צווי:

הוֹדֵה   הוֹדִי   הוֹדוּ   הוֹדֶינָה

## הַתּוֹרָה טוֹבָה מִכָּל סְחוֹרָה

חֵלֶק רִאשׁוֹן

בָּאֳנִיָּה אַחַת נָסְעוּ סוֹחֲרִים מֵאֲרָצוֹת שׁוֹנוֹת. עֶרֶב אֶחָד יָשְׁבוּ הַסּוֹחֲרִים וְרָבוּ זֶה עִם זֶה עַל הַסְּחוֹרוֹת שֶׁלָּהֶם. כָּל סוֹחֵר הִלֵּל אֶת סְחוֹרָתוֹ, וְאָמַר: "הַסְּחוֹרָה שֶׁלִּי יוֹצֵאת מִן הַכְּלָל! אֵין כָּמוֹהָ!". כָּל אֶחָד מֵהֶם הוֹצִיא אֶת סְחוֹרָתוֹ, הֶרְאָה אוֹתָהּ לַסּוֹחֲרִים הָאֲחֵרִים, וְאָמַר: "הַבִּיטוּ וּרְאוּ כַּמָּה טוֹבָה הִיא סְחוֹרָתִי!"

עַל־יָדָם יָשַׁב אִישׁ אֶחָד וְשָׁתַק. הַסּוֹחֲרִים פָּנוּ אֶל הָאִישׁ וְשָׁאֲלוּ אוֹתוֹ,

— מַדּוּעַ אַתָּה שׁוֹתֵק? אֵיפֹה סְחוֹרָתְךָ? מַדּוּעַ אֵין אַתָּה מַרְאֶה אוֹתָהּ לָנוּ?

— אֲנִי יָכוֹל לְהַבְטִיחַ לָכֶם, עָנָה הָאִישׁ, שֶׁסְּחוֹרָתִי יוֹתֵר טוֹבָה מִסְּחוֹרַתְכֶם, אֲבָל אַל תִּלְחֲצוּ עָלַי לְהַרְאוֹת אוֹתָהּ לָכֶם.

הַסּוֹחֲרִים פִּקְפְּקוּ בִּדְבָרָיו וְלֹא הֶאֱמִינוּ לוֹ. הֵם חָשְׁבוּ שֶׁהוּא מְשַׁקֵּר.

לַיְלָה אֶחָד יָרַד חֹשֶׁךְ נוֹרָא. הַשָּׁמַיִם הָיוּ מְלֵאִים עֲנָנִים כְּבֵדִים, וְאַף כּוֹכָב לֹא נִרְאָה. גֶּשֶׁם קַר הִתְחִיל לָרֶדֶת. פִּתְאֹם בָּאָה רוּחַ חֲזָקָה מִן הַדָּרוֹם. שָׁעוֹת נָשְׁבָה הָרוּחַ וְהַיָּם רָעַשׁ. הַנּוֹסְעִים הִרְגִּישׁוּ שֶׁהָאֳנִיָּה עוֹמֶדֶת לִטְבֹּעַ, וּפַחַד גָּדוֹל נָפַל עֲלֵיהֶם. צְעָקוֹת שֶׁל "אוֹי וַאֲבוֹי" נִשְׁמְעוּ

מִכָּל צַד וּמִכָּל פִּנָּה. הָאֲנָשִׁים רָצוּ מִמָּקוֹם לְמָקוֹם וְדָחֲפוּ זֶה אֶת זֶה. רַב־הַחוֹבֵל פָּנָה אֶל הַנּוֹסְעִים, וְאָמַר בְּקוֹל שָׁקֵט:

— שְׁבוּ בִּמְקוֹמְכֶם וְאַל תִּפְחֲדוּ. אֵין לָכֶם מַה לִּדְאֹג. יֵשׁ בְּיָדֵינוּ אֶמְצָעִים לַעֲזֹר לָכֶם בְּכָל עֵת צָרָה וְסַכָּנָה. יֵשׁ לָנוּ דֵּי סִירוֹת אִם יִהְיֶה צֹרֶךְ לָרֶדֶת לַיָּם.

הָרוּחַ גָּדְלָה. הַגַּלִּים רָעֲשׁוּ עוֹד יוֹתֵר. מַיִם חָדְרוּ לְתוֹךְ הָאֳנִיָּה. כַּאֲשֶׁר רַב־הַחוֹבֵל רָאָה זֹאת, הוּא נָתַן פְּקוּדָה: ״לָרֶדֶת לַיָּם!״. בְּחֹשֶׁךְ הַלַּיְלָה הִפְנָה רַב־הַחוֹבֵל אֶת כָּל הַנּוֹסְעִים אֶל הַסִּירוֹת, וְהוֹרִיד אוֹתָם לַיָּם.

כָּל הַנּוֹסְעִים הִצְלִיחוּ לְהַגִּיעַ בְּשָׁלוֹם אֶל הַחוֹף. כַּאֲשֶׁר רָאוּ הַסּוֹחֲרִים שֶׁסְּחוֹרָתָם טָבְעָה בַּיָּם,הֵם הָיוּ עֲצוּבִים מְאֹד. אֲחָדִים מֵהֶם גַּם בָּכוּ. רַק הָאִישׁ, שֶׁלֹּא הֶרְאָה אֶת סְחוֹרָתוֹ, לֹא הָיָה עָצוּב.הוּא הוֹדָה לַה׳ עַל הַנֵּס שֶׁעָשָׂה לוֹ וּלְכָל הַנּוֹסְעִים, שֶׁעָזַר לָהֶם לְהַגִּיעַ בְּשָׁלוֹם אֶל הַחוֹף.

— מַדּוּעַ אֵין אַתָּה עָצוּב? הַאִם סְחוֹרָתְךָ לֹא טָבְעָה בַּיָּם? שָׁאֲלוּ אוֹתוֹ הַסּוֹחֲרִים.

— לֹא, עָנָה הָאִישׁ. אֲנִי נוֹשֵׂא תָּמִיד אֶת סְחוֹרָתִי עִמִּי.

הַסּוֹחֲרִים הִבִּיטוּ עָלָיו בְּתִמָּהוֹן וְלֹא אָמְרוּ דָּבָר.

## תַּרְגִּילִים

א. ענו במשפטים שלמים:

1. מָה אָמַר כָּל סוֹחֵר עַל סְחוֹרָתוֹ?
2. מֶה חָשְׁבוּ הָאֲנָשִׁים עַל הָאִישׁ שֶׁלֹּא הֶרְאָה אֶת סְחוֹרָתוֹ?
3. מַדּוּעַ הוֹרִיד רַב־הַחוֹבֵל אֶת הַנּוֹסְעִים מִן הָאֳנִיָּה?
4. מַדּוּעַ הָיוּ הַסּוֹחֲרִים עֲצוּבִים כַּאֲשֶׁר הֵם הִגִּיעוּ אֶל הַחוֹף?
5. מִי מִן הַנּוֹסְעִים לֹא הָיָה עָצוּב? וּמַדּוּעַ?

ב. תרגמו:

1. Last week, I took out various books from the library. 2. The merchants arrived yesterday from the South by (in) boat. 3. He thanked her when she showed him the street which he was looking for (searched). 4. Do not praise (m.s.) yourself! 5. I cannot believe him because he lied to me several times. 6. The mother took down the child from the table to the floor. 7. They began to build a new city on a mountain not far from the sea coast (coast of the sea). 8. The traveler was successful in finding (to find) a clean room in a nice hotel. 9. The students are looking at the blackboard when the teacher (m.) is writing new words. 10. They (m.) fell from the row boat and they drowned in the river. 11. This store is full of various kinds of wares. 12. My son likes the sea and wants to become (be) a captain. 13. The waves raged for twelve hours and the fishermen could not go down to the sea. 14. She looked at me with pity and astonishment. 15. I did not know to whom to turn, and he directed me to you (m.s.) 16. There is much snow, and it is very cold in the north of the country.

ג. שַׁנּוּ מֵעָתִיד לְעָבָר:

1. אֲנִי אַגִּיעַ
2. אֲנַחְנוּ נַצְלִיחַ
3. אַתָּה תַּרְאֶה
4. הֵם יוֹרִידוּ
5. הֵם יוֹצִיאוּ
6. אַתֶּם תַּפְנוּ
7. אַתְּ תַּרְאִי
8. אַתָּה תַּבִּיט
9. אֲנַחְנוּ נַגִּיעַ
10. אַתְּ תַּצְלִיחִי
11. אֲנִי אַרְאֶה
12. הִיא תּוֹדֶה

# שִׁעוּר נו (56)

| | | | |
|---|---|---|---|
| understood | (בין, לְהָבִין) הֵבִין | difficulty | קֹשִׁי (קְשָׁיִים) |
| knowledge; opinion; mind | דַּעַת = דֵּעָה | lifted; raised | (רום, לְהָרִים) הֵרִים |
| | | idea; thought | רַעְיוֹן (רַעְיוֹנוֹת) |
| informed; let know | (ידע, לְהוֹדִיעַ) הוֹדִיעַ | language; shore | שָׂפָה (שָׂפוֹת) |
| | | the seashore | שְׂפַת הַיָּם |
| sat (somebody) | (ישב, לְהוֹשִׁיב) הוֹשִׁיב | at that time | בְּאוֹתָהּ שָׁעָה |
| told; said | (נגד, לְהַגִּיד) הִגִּיד | I have in mind; I intend | יֵשׁ בְּדַעְתִּי |
| explained | (סבר, לְהַסְבִּיר) הִסְבִּיר | | |
| interrupted | (פסק, לְהַפְסִיק) הִפְסִיק | to replace someone; to substitute for someone | לְמַלֵּא מָקוֹם |
| success | הַצְלָחָה (הַצְלָחוֹת) | | |
| listened attentively | (קשב, לְהַקְשִׁיב) הִקְשִׁיב | | |

הַלּוֹמֵד מֵחֲבֵרוֹ אֲפִילוּ אוֹת אַחַת צָרִיךְ לִנְהֹג בּוֹ כָּבוֹד. (פִּרְקֵי אָבוֹת)

דִּקְדּוּק

**I. The הִפְעִיל of ע״ו and ע״י Verbs.** A paradigm of the conjugation of such verbs follows:

to raise; to lift — לְהָרִים (רום)

הוה:

| | |
|---|---|
| אני, אתה, הוא מֵרִים | אנחנו, אתם, הם מְרִימִים |
| אני, את, היא מְרִימָה | אנחנו, אתן, הן מְרִימוֹת |

עבר:

| | | | |
|---|---|---|---|
| אני הֵרַמְתִּי | | אנחנו הֵרַמְנוּ | |
| אתה הֵרַמְתָּ | את הֵרַמְתְּ | אתם הֲרַמְתֶּם | אתן הֲרַמְתֶּן |
| הוא הֵרִים | היא הֵרִימָה | הם, הן הֵרִימוּ | |

עתיד:

| | |
|---|---|
| אני אָרִים | אנחנו נָרִים |
| אתה תָּרִים    את תָּרִימִי | אתם תָּרִימוּ    אתן תָּרֵמְנָה |
| הוא יָרִים    היא תָּרִים | הם יָרִימוּ    הן תָּרֵמְנָה |

צווי:

הָרֵם    הָרִימִי    הָרִימוּ    הָרֵמְנָה

The change in vocalization, in the present tense, of the prefix מֵ to מְ in the feminine singular and both plurals is due to the shift in accent from the first to the third radical. Similarly, the vocalization of the prefix הֵ is changed to הֲ in the second person plural of the past tense in order to accommodate the shift in accent to the suffixes so that the difference between the masculine תֶּם and the feminine תֶּן will be audible.

Note that the future of the ע״ו and ע״י verbs in the הִפְעִיל is identical in form to the future of the ע״י verbs in the פָּעַל, (see lesson 25). Hence, the future of the ע״י verbs is the same for the פָּעַל and the הִפְעִיל. E.g.,

to sing — לָשִׁיר      to cause to sing — לְהָשִׁיר

The student will sing the song.    הַתַּלְמִיד יָשִׁיר אֶת הַשִּׁיר.

The teacher will cause the student to sing.    הַמּוֹרֶה יָשִׁיר אֶת הַתַּלְמִיד.

**II. The Demonstrative Adjective "That" and "Those."** These demonstratives are rendered by הַהוּא, הַהִיא; הָהֵם, הָהֵן (see lesson 43) or by אוֹתוֹ, אוֹתָהּ; אוֹתָם, אוֹתָן, which have also the meaning "the same" (see lesson 20). Hence, אוֹתוֹ הַדָּבָר has two alternative meanings: the same thing; that thing, the choice of which is determined by the context.

## הַתּוֹרָה טוֹבָה מִכָּל סְחוֹרָה

חֵלֶק שֵׁנִי

הַנּוֹסְעִים הָיוּ עֲיֵפִים מְאֹד, וְהֵם יָשְׁבוּ לָנוּחַ עַל הַחוֹל הַלָּבָן אֲשֶׁר עַל שְׂפַת הַיָּם. רוּחַ קַלָּה בָּאָה וּפִזְּרָה אֶת הָעֲנָנִים הַשְּׁחוֹרִים. הַשָּׁמַיִם הָיוּ כְּחֻלִּים, וְשׁוּב זָרְחָה הַשֶּׁמֶשׁ בְּכָל אוֹרָהּ הַמָּתוֹק. אַחֲרֵי שֶׁנָּחוּ זְמַן־מָה, קָמוּ הַנּוֹסְעִים וְיָצְאוּ לַדֶּרֶךְ.

הֵם הָלְכוּ בָּרֶגֶל שָׁעוֹת רַבּוֹת עַד שֶׁהִצְלִיחוּ לְהַגִּיעַ בַּסּוֹף לְעִיר אַחַת. כַּאֲשֶׁר הִגִּיעוּ אֶל הָעִיר הֵם נִכְנְסוּ לְבֵית הַמִּדְרָשׁ. בְּאוֹתָהּ שָׁעָה יָשַׁב שָׁם רַב זָקֵן וְלִמֵּד תּוֹרָה.

הַנּוֹסְעִים יָשְׁבוּ בַּשּׁוּרָה הָאַחֲרוֹנָה עַל־יַד הַדֶּלֶת, וְהִקְשִׁיבוּ מֵרָחוֹק לְדִבְרֵי הָרַב.

פִּתְאֹם הִפְסִיק הָרַב אֶת הַשִּׁעוּר, הִבִּיט בַּסֵּפֶר רְגָעִים אֲחָדִים, וְאָז אָמַר:

— תַּלְמִידַי, אַגִּיד לָכֶם אֶת הָאֱמֶת, אֲנִי מוֹצֵא קֹשִׁי גָּדוֹל בָּעִנְיָן הַזֶּה. אֲנִי מוֹדֶה שֶׁאֵין אֲנִי יָכוֹל לְהָבִין אֶת הָרַעְיוֹן בּוֹ. אוּלַי אֶחָד מִכֶּם יוּכַל לְהַסְבִּיר אֶת הָעִנְיָן?

הַתַּלְמִידִים יָשְׁבוּ וְחָשְׁבוּ וְלֹא אָמְרוּ דָּבָר.

אָז הָאִישׁ, שֶׁאָמַר שֶׁהוּא נוֹשֵׂא אֶת סְחוֹרָתוֹ תָּמִיד עִמּוֹ, קָם מִמְּקוֹמוֹ, הֵרִים אֶת קוֹלוֹ, וְאָמַר:

— סְלִיחָה, רַבִּי, אֲנִי חוֹשֵׁב שֶׁאֲנִי מֵבִין אֶת הָרַעְיוֹן בָּעִנְיָן הַזֶּה. תֵּן לִי רְשׁוּת, בְּבַקָּשָׁה, לְהַסְבִּיר אוֹתוֹ.

הָאִישׁ הִתְחִיל לְהַסְבִּיר אֶת הָעִנְיָן הַקָּשֶׁה, וּדְבָרָיו מָצְאוּ חֵן בְּעֵינֵי הָרַב הַזָּקֵן. הָרַב הוֹדָה לוֹ, וְהִזְמִין אוֹתוֹ לָבוֹא אֵלָיו אֶל הַשֻּׁלְחָן לָשֶׁבֶת עַל־יָדוֹ.

אַחֲרֵי סוֹף הַשִּׁעוּר, קָם הָרַב וְאָמַר בְּקוֹל שָׁקֵט:

— תַּלְמִידַי, אֵין לִי צֹרֶךְ לְהַדְגִּישׁ שֶׁאֲנִי זָקֵן מְאֹד. אַתֶּם רוֹאִים בְּעַצְמְכֶם, שֶׁאֵין כֹּחִי עִמִּי לְלַמֵּד אֶתְכֶם. לָכֵן אֲנִי שָׂמֵחַ שֶׁמָּצָאתִי הַיּוֹם אִישׁ גָּדוֹל בַּתּוֹרָה. אֲנִי רוֹצֶה לְהוֹדִיעַ לָכֶם שֶׁיֵּשׁ בְּדַעְתִּי לְהוֹשִׁיב אֶת הָאִישׁ הַזֶּה בִּמְקוֹמִי. אֲנִי בָּטוּחַ שֶׁהוּא יְמַלֵּא אֶת מְקוֹמִי בְּהַצְלָחָה רַבָּה.

כַּאֲשֶׁר הַסּוֹחֲרִים שָׁמְעוּ אֶת דִּבְרֵי הָרַב, הֵם אָמְרוּ זֶה אֶל זֶה:
— מַה שֶּׁהִגִּיד לָנוּ הָאִישׁ בָּאֳנִיָּה לֹא הָיָה שֶׁקֶר. בָּרִאשׁוֹנָה לֹא רָצִינוּ לְהַאֲמִין לוֹ, אֲבָל עַכְשָׁיו אֲנַחְנוּ מְבִינִים מַה הִיא סְחוֹרָתוֹ, שֶׁהוּא נוֹשֵׂא תָּמִיד אִתּוֹ. הַתּוֹרָה הִיא טוֹבָה מִכָּל סְחוֹרָה!

## תַּרְגִּילִים

א. ענו במשפטים שלמים:

1. מֶה עָשׂוּ הַנּוֹסְעִים אַחֲרֵי שֶׁהֵם נָחוּ?
2. לְאָן הֵם הָלְכוּ כַּאֲשֶׁר הִגִּיעוּ לָעִיר?
3. מַדּוּעַ הִפְסִיק הָרַב אֶת שִׁעוּרוֹ?
4. מַדּוּעַ הָיָה הָרַב שָׂמֵחַ?
5. מַדּוּעַ הַתּוֹרָה טוֹבָה מִכָּל סְחוֹרָה?

ב. תרגמו:

1. According to my opinion, this is an excellent idea. 2. It is difficult for us to understand this poem because there are in it many new and difficult words. 3. I (f.) want to assure you (m.s.) that from this day on the lesson will start exactly at 8 o'clock in the morning. 4. The soldier listened with respect to the words of the commander of the army. 5. If you (m.pl.) don't agree with me, please raise the hand and I will give you permission to speak. 6. Because of the strong wind, the mother sat the child on a chair far from the door. 7. I will explain (to) you (m.pl.) the grammar of this lesson. 8. I (f.) am sure that it will not be easy to find a man to replace you (m.s.). 9. I (m.) hope that I will be able to go to the seashore after all the tests. 10. We will talk (speak) about this matter when I will visit you next week. 11. I cannot interrupt the work which I began only an hour ago. 12. I do not have difficulty in reading, but I do have difficulty in writing. 13. I (f.) cannot believe that he will have success in his work because he is so lazy. 14. When will you (f.s.) show me your new

clothes and your new hat? 15. He looked at (on) me with astonishment because he did not understand why I returned home so quickly. 16. The clerk phoned (to) the manager and informed (to) him that he has a terrible headache and therefore will not be able to come to the office.

ג. שַׁנּוּ מֵעָבָר לְעָתִיד:

| | |
|---|---|
| 1. הִיא הִקְשִׁיבָה | 7. אֲנַחְנוּ הִסְבַּרְנוּ |
| 2. אַתָּה הוֹדַעְתָּ | 8. אֲנִי הֶרְאֵיתִי |
| 3. הִיא הֵרִימָה | 9. אֲנִי הוֹשַׁבְתִּי |
| 4. הֵם הֵבִינוּ | 10. הֵם הֵרִימוּ |
| 5. אַתְּ הִבַּטְתְּ | 11. הִיא הֶרְאֲתָה |
| 6. הִיא הִצְלִיחָה | 12. הוּא הֵבִין |

# שִׁעוּר נז (57)

| | | | |
|---|---|---|---|
| אֲדָמָה (אֲדָמוֹת) | earth; soil | מַזְלֵג (מַזְלְגוֹת) | fork |
| (בוא, לְהָבִיא) הֵבִיא | brought | מַצְחִיק, מַצְחִיקָה | funny |
| דַּק, דַּקָּה | thin | (משך, לְהַמְשִׁיךְ) הִמְשִׁיךְ | continued |
| (זמן, לְהַזְמִין) הִזְמִין | ordered (something); invited | מִשְׁקָפַיִם | eyeglasses, *n.m.pl.* |
| הַזְמָנָה (הַזְמָנוֹת) | order; invitation | נִקָּה (לְנַקּוֹת) | cleaned |
| (חלט, לְהַחְלִיט) הֶחְלִיט | decided | (פלא, לְהַפְלִיא) הִפְלִיא | amazed, *v.tr.* |
| הַחְלָטָה (הַחְלָטוֹת) | decision | שׁוֹר (שְׁוָרִים) | ox |
| טָעִים, טְעִימָה | tasty | שָׁחַט (לִשְׁחֹט) | slaughtered |
| כְּדַאי | worthwhile | שָׁמֵן, שְׁמֵנָה | fat |
| מִהֵר (לְמַהֵר) | rushed; hurried | תַּפּוּחַ אֲדָמָה (תַּפּוּחֵי אֲדָמָה) | potato |
| | | תַּפְרִיט (תַּפְרִיטִים) | menu |
| | | הַצִּדָּה = אֶל הַצַּד | |

אֱמֹר מְעַט, וַעֲשֵׂה הַרְבֵּה. (פִּרְקֵי אָבוֹת)

דִּקְדּוּק

**I. The הִפְעִיל of ל״א Verbs.** A paradigm of such verbs follows:

to amaze (somebody) — לְהַפְלִיא (פלא)

הוה:

| | |
|---|---|
| אני, אתה, הוא מַפְלִיא | אנחנו, אתם, הם מַפְלִיאִים |
| אני, את, היא מַפְלִיאָה | אנחנו, אתן, הן מַפְלִיאוֹת |

עבר:

| | |
|---|---|
| אני הִפְלֵאתִי | אנחנו הִפְלֵאנוּ |
| אתה הִפְלֵאתָ את הִפְלֵאת | אתם הִפְלֵאתֶם אתן הִפְלֵאתֶן |
| הוא הִפְלִיא היא הִפְלִיאָה | הם, הן הִפְלִיאוּ |

עתיד:

| | |
|---|---|
| אני אַפְלִיא | אנחנו נַפְלִיא |
| אתה תַּפְלִיא את תַּפְלִיאִי | אתם תַּפְלִיאוּ אתן תַּפְלֶאנָה |
| הוא יַפְלִיא היא תַּפְלִיא | הם יַפְלִיאוּ הן תַּפְלֶאנָה |

צווי:

הַפְלֵא הַפְלִיאִי הַפְלִיאוּ הַפְלֶאנָה

Note that the conjugation of ל״א verbs in the הִפְעִיל is as follows:

1. In the present, it is identical with the שְׁלֵמִים verbs.
2. In the future, it is the same as the שְׁלֵמִים verbs, except for the plurals of the second and third persons feminine:

   אתן תַּפְלֶאנָה הן תַּפְלֶאנָה
3. In the past, the second radical is vocalized by a צֵירֶה wherever there is a פַּתָּח in the שְׁלֵמִים. In these instances the third radical "א" is silent.

**II. The Conjugation of** לְהוֹצִיא (יצא) **"to take out."** לְהוֹצִיא is simultaneously a פ״י and a ל״א verb, and therefore partakes of the characteristics of both (גְּזָרוֹת) classes. The conjugation follows:

הוה:

| | |
|---|---|
| אני, אתה, הוא מוֹצִיא | אנחנו, אתם, הם מוֹצִיאִים |
| אני, את, היא מוֹצִיאָה | אנחנו, אתן, הן מוֹצִיאוֹת |

עבר:

| | |
|---|---|
| אני הוֹצֵאתִי | אנחנו הוֹצֵאנוּ |
| אתה הוֹצֵאתָ את הוֹצֵאת | אתם הוֹצֵאתֶם אתן הוֹצֵאתֶן |
| הוא הוֹצִיא היא הוֹצִיאָה | הם, הן הוֹצִיאוּ |

עתיד:

| | |
|---|---|
| אני אוֹצִיא | אנחנו נוֹצִיא |
| אתה תּוֹצִיא את תּוֹצִיאִי | אתם תּוֹצִיאוּ אתן תּוֹצֶאנָה |
| הוא יוֹצִיא היא תּוֹצִיא | הם יוֹצִיאוּ הן תּוֹצֶאנָה |

צווי:

הוֹצֵא הוֹצִיאִי הוֹצִיאוּ הוֹצֶאנָה

**III. The Conjugation of** לְהָבִיא (בוא) **—"to bring."** לְהָבִיא is simultaneously an ע״ו and a ל״א verb, and therefore partakes of the characteristics of both (גְזָרוֹת) classes. The conjugation follows:

הוה:

| | |
|---|---|
| אני, אתה, הוא מֵבִיא | אנחנו, אתם, הם מְבִיאִים |
| אני, את, היא מְבִיאָה | אנחנו, אתן, הן מְבִיאוֹת |

עבר:

| | |
|---|---|
| אני הֵבֵאתִי | אנחנו הֵבֵאנוּ |
| אתה הֵבֵאתָ את הֵבֵאת | אתם הֲבֵאתֶם אתן הֲבֵאתֶן |
| הוא הֵבִיא היא הֵבִיאָה | הם, הן הֵבִיאוּ |

עתיד:

| | |
|---|---|
| אני אָבִיא | אנחנו נָבִיא |
| אתה תָּבִיא את תָּבִיאִי | אתם תָּבִיאוּ אתן תָּבֶאנָה |
| הוא יָבִיא היא תָּבִיא | הם יָבִיאוּ הן תָּבֶאנָה |

צווי:

הָבֵא הָבִיאִי הָבִיאוּ הָבֶאנָה

**IV. The שֵׁם הַפְּעוּלָה (Action Noun) of the הִפְעִיל.** You have already learned the שֵׁם הַפְּעוּלָה of the פָּעַל (see lesson 29) and of the פִּעֵל (see lesson 33). We shall study now the שֵׁם הַפְּעוּלָה of each גְּזָרָה (class) in the הִפְעִיל.

1. הִפְעִיל — שְׁלֵמִים. The מִשְׁקָל of its שֵׁם הַפְּעוּלָה is: הַ א ְ א ָ א ָ ה

feeling — הַרְגָּשָׁה     to feel — לְהַרְגִּישׁ
beginning — הַתְחָלָה     to begin — לְהַתְחִיל

2. הִפְעִיל — פ״נ. The מִשְׁקָל of its שֵׁם הַפְּעוּלָה is: הַ א ָּ א ָ ה

dropping — הַפָּלָה     to drop — לְהַפִּיל
telling — הַגָּדָה     to tell — לְהַגִּיד

3. הִפְעִיל — פ״י. The מִשְׁקָל of its שֵׁם הַפְּעוּלָה is: הוֹ א ָ א ָ ה

announcement — הוֹדָעָה     to announce — לְהוֹדִיעַ
taking out; expenditure — הוֹצָאָה     to take out; to spend — לְהוֹצִיא

4. הִפְעִיל — ע״ו-ע״י. The מִשְׁקָל of its שֵׁם הַפְּעוּלָה is: הֲ א ָ א ָ ה

understanding — הֲבָנָה     to understand — לְהָבִין
lifting — הֲרָמָה     to lift — לְהָרִים

## הַאִם הָיָה כְּדַאי ?

אִישׁ שָׁמֵן אֶחָד נִכְנַס לְמִסְעָדָה לֶאֱכֹל אֲרוּחַת עֶרֶב. הוּא יָשַׁב וְחִכָּה זְמַן רַב לְמֶלְצַר. הָאִישׁ דָּפַק עַל הַשֻּׁלְחָן פְּעָמִים אֲחָדוֹת. אַחֲרֵי מִסְפַּר דַּקּוֹת בָּא מֶלְצַר. הַמֶּלְצַר שָׂם מַפָּה נְקִיָּה עַל הַשֻּׁלְחָן, הִגִּישׁ לוֹ כּוֹס מַיִם וְלֶחֶם, וְנָתַן לוֹ תַּפְרִיט. הָאִישׁ הוֹצִיא מִכִּיסוֹ אֶת הַמִּשְׁקָפַיִם, וְנִקָּה

אוֹתָם. הוּא שָׂם אֶת הַמִּשְׁקָפַיִם עַל הָאַף, וְהִבִּיט בַּתַּפְרִיט וּבַמְּחִירִים זְמַן רַב.

הַמֶּלְצַר הֵבִין שֶׁהָאוֹרֵחַ לֹא יָכוֹל לְהַחְלִיט בְּדַעְתּוֹ מַה לְהַזְמִין, וְאָמַר:

— אֲדוֹנִי, הַאִם אַתָּה רוֹצֶה לְהַתְחִיל אֶת הָאֲרוּחָה בְּמְרַק תַּרְנְגֹלֶת אוֹ בִּמְרַק יְרָקוֹת?,

— לֹא, אֲנִי לֹא אוֹהֵב מָרָק.

— אִם כֵּן, אוּלַי תַּזְמִין דָּגִים? הַדָּגִים טְעִימִים מְאֹד הַיּוֹם.

— לֹא. כְּבָר אָכַלְתִּי דָּגִים הַיּוֹם בַּאֲרוּחַת הַצָּהֳרַיִם, עָנָה הָאִישׁ.

— אִם כֵּן, הִמְשִׁיךְ הַמֶּלְצַר, מָה אַתָּה רוֹצֶה לְהַזְמִין?

— אֲנִי רוֹצֶה לְהַבִּיט בַּתַּפְרִיט מֵחָדָשׁ.

— הֲלֹא כְּבָר קָרָאתָ אֶת הַתַּפְרִיט מֵרֹאשׁוֹ וְעַד סוֹפוֹ לְפָחוֹת שָׁלֹשׁ פְּעָמִים!

— הַתַּפְרִיט הוּא אָרֹךְ מְאֹד, וְאִי־אֶפְשָׁר לְהַגִּיעַ לְהַחְלָטָה כָּל כַּךְ מַהֵר.

סוֹף סוֹף הוֹרִיד הָאִישׁ אֶת הַמִּשְׁקָפַיִם מֵעַל אַפּוֹ, וְאָמַר:

— הָבֵא לִי, בְּבַקָּשָׁה, בָּשָׂר עִם יְרָקוֹת וְתַפּוּחֵי אֲדָמָה.

הַמֶּלְצַר קִבֵּל אֶת הַהַזְמָנָה וְהָלַךְ יָשָׁר לַמִּטְבָּח. אַחֲרֵי דַּקּוֹת אֲחָדוֹת הוּא חָזַר עִם צַלַּחַת גְּדוֹלָה. הַצַּלַּחַת הָיְתָה מְלֵאָה יְרָקוֹת, תַּפּוּחֵי אֲדָמָה וּבָאֶמְצַע הָיְתָה חֲתִיכַת בָּשָׂר קְטַנָּה, דַּקָּה וְרָזָה. הָאִישׁ הֵרִים אֶת הַסַּכִּין וְאֶת הַמַּזְלֵג וְהִתְחִיל לֶאֱכֹל. פִּתְאֹם הִפְסִיק הָאִישׁ לֶאֱכֹל, דָּחַף אֶת הַצַּלַּחַת הַצִּדָּה וְהִתְחִיל לִבְכּוֹת. הַדָּבָר הִפְלִיא אֶת הַמֶּלְצַר.

— מַה קָּרָה לְךָ, אֲדוֹנִי? שָׁאַל הַמֶּלְצַר בְּתִמָּהוֹן. הַאִם כּוֹאֵב לְךָ מַשֶּׁהוּ? אוֹ אוּלַי נִזְכַּרְתָּ בְּמַשֶּׁהוּ עָצוּב?

— אֵיךְ לֹא אֶבְכֶּה, עָנָה הָאִישׁ. הַאִם הָיָה כְּדַאי לִשְׁחֹט שׁוֹר גָּדוֹל בִּשְׁבִיל חֲתִיכַת בָּשָׂר קְטַנָּה, דַּקָּה וְרָזָה כָּזֹאת?!

הַדָּבָר הִצְחִיק אֶת הַמֶּלְצַר. מִיָּד הוּא מִהֵר אֶל בַּעַל הַמִּסְעָדָה וְסִפֵּר לוֹ מַה שֶּׁקָּרָה. בַּעַל הַמִּסְעָדָה פָּרַץ בִּצְחוֹק וְאָמַר:

— מִיָּמַי לֹא קָרָה בַּמִּסְעָדָה שֶׁלִּי מִקְרֶה מַצְחִיק כָּזֶה! אֲנִי לֹא אֶשְׁכַּח אוֹתוֹ עַד יוֹמִי הָאַחֲרוֹן!

## תַּרְגִילִים

א. ענו במשפטים שלמים:

1. מַדּוּעַ הִבִּיט הָאוֹרֵחַ בַּתַּפְרִיט זְמַן רַב?
2. מַדּוּעַ לֹא רָצָה הָאוֹרֵחַ לְהַזְמִין דָּגִים?
3. מַה הוּא הִזְמִין סוֹף סוֹף?
4. מַה הֵבִיא הַמֶּלְצַר בַּצַּלַּחַת?
5. מַדּוּעַ הִתְחִיל הָאוֹרֵחַ לִבְכּוֹת?

ב. תרגמו:

1. The waiter brought hot soup from the kitchen. 2. We will continue to study Hebrew for many years. 3. It is possible to eat these vegetables without a knife, but it is impossible to eat them without a fork. 4. At times I (f.) help my mother to clean the floor. 5. The beautiful voice of the bride amazed all the guests who were (in) at the wedding. 6. He took out money from his pocket and gave to the restaurant owner. 7. This piece of meat is thin but tasty. 8. It is worthwhile planting (to sow) potatoes in this soil. 9. The fat man could not decide which wine to order, red or white. 10. Why are you (m.s.) rushing? Who is waiting for you? 11. I (f.) cannot see from a distance without glasses what is written on the blackboard. 12. A funny incident happened to me yesterday on the way to the movies. 13. The menu was written in Hebrew and I didn't understand all the words. 14. I (f.) only eat one thin piece of bread for breakfast. 15. When the lad heard about his father's decision to slaughter the ox, he began to cry. 16. Where were you (m.pl.) yesterday? I kept on ringing (I rang and rang) all day and no one answered.

ג. שַׁנּוּ מעתיד לעבר:

1. אֲנִי אָבִיא
2. הוּא יַפְסִיק
3. הִיא תַּגִּיעַ
4. אֲנַחְנוּ נוֹצִיא
5. אַתָּה תַּמְשִׁיךְ
6. אַתֶּם תַּצְחִיקוּ
7. הֵם יָבִיאוּ
8. אַתְּ תַּפְלִיאִי
9. הִיא תוֹצִיא
10. אַתָּה תַּסְבִּיר
11. אֲנִי אָרִים
12. אַתְּ תָּבִינִי

# שִׁעוּר נח (58)

| | |
|---|---|
| יְדִיעָה (יְדִיעוֹת) | knowledge; information |
| יָמִין | right (side; hand) |
| יְסוֹדִי, יְסוֹדִית | basic; fundamental |
| (כון, לְהָכִין) הֵכִין | prepared |
| כֻּתֹּנֶת (כֻּתָּנוֹת) | shirt |
| (לבשׁ, לְהִתְלַבֵּשׁ) הִתְלַבֵּשׁ | dressed himself |
| מַגֶּבֶת (מַגָּבוֹת) | towel |
| מִכְנָסַיִם | pants, *n.m.pl.* |
| נִגֵּב (לְנַגֵּב) | dried; wiped |
| (נגב, לְהִתְנַגֵּב) הִתְנַגֵּב | dried himself |
| סִדּוּר (סִדּוּרִים) | prayerbook; arrangement |
| (פלל, לְהִתְפַּלֵּל) הִתְפַּלֵּל | prayed |
| פָּשַׁט (לִפְשֹׁט) | took off (clothes) |
| (פשט, לְהִתְפַּשֵּׁט) הִתְפַּשֵּׁט | undressed himself |
| (רחץ, לְהִתְרַחֵץ) הִתְרַחֵץ | washed himself |
| רְשִׁימָה (רְשִׁימוֹת) | list, *n.* |
| רְשִׁימוֹת | notes; jottings |
| רָשַׁם (לִרְשֹׁם) | listed; jotted down |
| שְׂמֹאל | left (side; hand) |
| שַׁכְחָן, שַׁכְחָנִית | forgetful person |
| שָׂמַח (לִשְׂמֹחַ) | rejoiced, was happy |

אָדָם בְּלִי חָבֵר, כִּשְׂמֹאל בְּלִי יָמִין. (מִסִּפְרוּת יה״ב)

דִּקְדּוּק

**I. The בִּנְיַן הִתְפַּעֵל.** This בִּנְיָן (theme) expresses reflexive or reciprocal action.

to put on clothes; to wear — לִלְבֹּשׁ

to dress oneself — לְהִתְלַבֵּשׁ

to write — לִכְתֹּב

to write to one another; to correspond — לְהִתְכַּתֵּב

There are a number of verbs that come in the בִּנְיַן הִתְפַּעֵל where the reflexive or reciprocal meaning is not apparent. E.g.,

to pray — לְהִתְפַּלֵּל

A paradigm of the conjugation of a שְׁלֵמִים verb in the הִתְפַּעֵל follows:

to dry oneself — לְהִתְנַגֵּב (נגב)

הוה:

| | |
|---|---|
| אני, אתה, הוא מִתְנַגֵּב | אנחנו, אתם, הם מִתְנַגְּבִים |
| אני, את, היא מִתְנַגֶּבֶת | אנחנו, אתם, הם מִתְנַגְּבוֹת |

עבר:

| | | | |
|---|---|---|---|
| אני הִתְנַגַּבְתִּי | | אנחנו הִתְנַגַּבְנוּ | |
| אתה הִתְנַגַּבְתָּ | את הִתְנַגַּבְתְּ | אתם הִתְנַגַּבְתֶּם | אתן הִתְנַגַּבְתֶּן |
| הוא הִתְנַגֵּב | היא הִתְנַגְּבָה | הם, הן הִתְנַגְּבוּ | |

עתיד:

| | | | |
|---|---|---|---|
| אני אֶתְנַגֵּב | | אנחנו נִתְנַגֵּב | |
| אתה תִּתְנַגֵּב | את תִּתְנַגְּבִי | אתם תִּתְנַגְּבוּ | אתן תִּתְנַגֵּבְנָה |
| הוא יִתְנַגֵּב | היא תִּתְנַגֵּב | הם יִתְנַגְּבוּ | הן תִּתְנַגֵּבְנָה |

צווי:

הִתְנַגֵּב הִתְנַגְּבִי הִתְנַגְּבוּ הִתְנַגֵּבְנָה

Note that the three radical letters have the same vocalization in the הִתְפַּעֵל as in the פִּעֵל, including the דָּגֵשׁ in the middle radical, except for the past in which the first radical is vocalized by a פַּתָּח instead of a חִירִיק.

| פִּעֵל | הִתְפַּעֵל |
|---|---|
| הוה: הוא מְנַגֵּב — He dries | הוא מִתְנַגֵּב — He is drying himself |
| עבר: הוא נִגֵּב — He dried | הוא הִתְנַגֵּב — He dried himself |
| עתיד: הוא יְנַגֵּב — He will dry | הוא יִתְנַגֵּב — He will dry himself |
| צווי: אתה נַגֵּב — Dry | אתה הִתְנַגֵּב — Dry yourself |

# דַּע אֶת עַצְמְךָ

פַּעַם שָׁאֲלוּ תַּלְמִידִים אֶת רַבָּם: "מַה הִיא הַבְּעָיָה הַיְסוֹדִית שֶׁל הָאָדָם בַּחַיִּים?"

הָרַבִּי חָשַׁב רֶגַע, וְעָנָה:

— הַבְּעָיָה הַיְסוֹדִית הִיא, שֶׁאֵין הָאָדָם יוֹדֵעַ אֶת עַצְמוֹ וְאֶת מְקוֹמוֹ בַּחַיִּים. אֲנָשִׁים רַבִּים הֵם כְּמוֹ הַיֶּלֶד הַשַּׁכְחָן בַּסִּפּוּר: "אֵיפֹה אֲנִי?". וְהִנֵּה אֲסַפֵּר לָכֶם אֶת הַסִּפּוּר.

מִיכָאֵל הָיָה יֶלֶד שַׁכְחָן. תָּמִיד הָיָה שׁוֹכֵחַ בְּאֵיזֶה מָקוֹם הוּא שָׂם אֶת הַדְּבָרִים שֶׁלּוֹ. בְּכָל בֹּקֶר, כַּאֲשֶׁר הָיָה קָם מִמִּטָּתוֹ, הוּא הָיָה מְחַפֵּשׂ זְמַן רַב כָּל דָּבָר וְדָבָר. כַּאֲשֶׁר הָיָה הוֹלֵךְ לְהִתְרַחֵץ, וְרָצָה לְנַגֵּב אֶת הַפָּנִים וְאֶת הַיָּדַיִם, לֹא הָיָה יָכוֹל לִמְצֹא אֶת הַמַּגֶּבֶת שֶׁלּוֹ. כַּאֲשֶׁר רָצָה לְהִתְלַבֵּשׁ, לֹא הָיָה יָכוֹל לִמְצֹא אֶת בְּגָדָיו. כַּאֲשֶׁר רָצָה לְהִתְפַּלֵּל, לֹא זָכַר אֵיפֹה הוּא שָׂם אֶת סִדּוּרוֹ. תָּמִיד הָיָה מְאַחֵר לְבֵית הַסֵּפֶר, וְהָיָה צָרִיךְ לָלֶכֶת לַמִּשְׂרָד שֶׁל הַמְנַהֵל כְּדֵי לְקַבֵּל רְשׁוּת לְהִכָּנֵס לַכִּתָּה.

פַּעַם אַחַת אָמְרָה לוֹ אִמּוֹ:

— מִיכָאֵל בְּנִי, יֵשׁ לִי רַעְיוֹן מְצֻיָּן בִּשְׁבִילְךָ. אִם אַתָּה רוֹצֶה לָבוֹא בִּזְמַן לְבֵית הַסֵּפֶר, שְׁמַע לָעֵצָה שֶׁלִּי: בָּעֶרֶב לִפְנֵי שֶׁאַתָּה הוֹלֵךְ לִישֹׁן, בָּרִאשׁוֹנָה סַדֵּר אֶת סְפָרֶיךָ. אַחֲרֵי־כֵן, כַּאֲשֶׁר אַתָּה פּוֹשֵׁט אֶת בְּגָדֶיךָ, קַח נְיָר נָקִי וְהָכֵן לְךָ רְשִׁימָה. בָּרְשִׁימָה כְּתֹב בְּאֵיזֶה מָקוֹם אַתָּה שָׂם כָּל דָּבָר וְדָבָר.

מִיכָאֵל שָׂמַח עַל הָעֵצָה הַזֹּאת וְהוֹדָה לְאִמּוֹ.

בָּעֶרֶב, לִפְנֵי שֶׁמִּיכָאֵל הָלַךְ לִישֹׁן, הוּא סִדֵּר אֶת סְפָרָיו בְּיַלְקוּטוֹ. הוּא הִתְפַּשֵּׁט מַהֵר וְרָחַץ אֶת פָּנָיו וְיָדָיו. אָז הוֹצִיא נְיָר נָקִי מִן הַמַּחְבֶּרֶת שֶׁלּוֹ, לָקַח עִפָּרוֹן אָדֹם וְרָשַׁם בְּאוֹתִיּוֹת גְּדוֹלוֹת:

הַמַּגֶּבֶת שֶׁלִּי בְּצַד שְׂמֹאל שֶׁל הַדֶּלֶת
הַמִּכְנָסַיִם עַל הַכִּסֵּא בְּצַד יָמִין שֶׁל הָאָרוֹן
הַכֻּתֹּנֶת בַּפִּנָּה לְיַד הַחַלּוֹן
הַנַּעֲלַיִם תַּחַת הַמִּטָּה
הַסִּדּוּר בַּאֲרוֹן הַסְּפָרִים
וַאֲנִי — בַּמִּטָּה

בְּשֶׁבַע וָחֵצִי בַּבֹּקֶר, כַּאֲשֶׁר הַשָּׁעוֹן צִלְצֵל, מִיָּד קָם מִיכָאֵל מִמִּטָּתוֹ. לָקַח אֶת הָרְשִׁימָה שֶׁהֵכִין, שָׂם אֶת הַמִּשְׁקָפַיִם עַל אַפּוֹ וְקָרָא בְּשִׂמְחָה:

— הַיּוֹם לֹא אֲאַחֵר! הַיּוֹם אָבוֹא מֻקְדָּם אֶל בֵּית הַסֵּפֶר.

מִיכָאֵל הִתְרַחֵץ. לָקַח אֶת הַמַּגֶּבֶת וְהִתְנַגֵּב. אַחֲרֵי־כֵן לָקַח אֶת הַמִּכְנָסַיִם וְאֶת הַכֻּתֹּנֶת וְהִתְלַבֵּשׁ מַהֵר. אָז הִבִּיט תַּחַת הַמִּטָּה וְהוֹצִיא אֶת הַנַּעֲלַיִם. אַחֲרֵי־כֵן הוֹצִיא אֶת הַסִּדּוּר מֵאֲרוֹן הַסְּפָרִים וְהִתְחִיל לְהִתְפַּלֵּל. כַּאֲשֶׁר הוּא גָּמַר לְהִתְפַּלֵּל, הִבִּיט שׁוּב בָּרְשִׁימָה וְקָרָא: "וַאֲנִי — בַּמִּטָּה".

מִיכָאֵל הִבִּיט וְרָאָה שֶׁהַמִּטָּה רֵיקָה. אָז הֵרִים אֶת קוֹלוֹ וְקָרָא:

— אִמָּא, וְאֵיפֹה אֲנִי?!

הָרַבִּי גָּמַר אֶת סִפּוּרוֹ, פָּנָה אֶל תַּלְמִידָיו, וְהִמְשִׁיךְ:

— אֲנָשִׁים רַבִּים שָׁוִים לַיֶּלֶד מִיכָאֵל. יֵשׁ לָהֶם יְדִיעוֹת רַבּוֹת וְשׁוֹנוֹת, אֲבָל אֶת מְקוֹמָם בָּעוֹלָם אֵין הֵם יוֹדְעִים.

◇◇◇◇◇◇◇◇◇◇

## תַּרְגִּילִים

א. ענו במשפטים שלמים:

1. מַדּוּעַ הָיָה מִיכָאֵל בָּא מְאֻחָר אֶל בֵּית הַסֵּפֶר?
2. אֵיזוֹ עֵצָה טוֹבָה נָתְנָה לוֹ אִמּוֹ?
3. אֵיפֹה הוּא שָׂם אֶת הַמַּגֶּבֶת וְאֶת הַמִּכְנָסַיִם?
4. מַדּוּעַ הוּא שָׂמַח כַּאֲשֶׁר לָקַח אֶת הָרְשִׁימָה בַּבֹּקֶר?
5. לְפִי הָרַבִּי, מַה הִיא הַבְּעָיָה הַיְסוֹדִית שֶׁל הָאָדָם בַּחַיִּים?

ב. תרגמו:

1. I got up late, I dressed myself quickly, but I had no time to eat breakfast. 2. I returned home because I forgot my notes in the dining room. 3. Many children don't like to wash themselves. 4. He prays without a prayerbook because he knows all the prayers by heart. 5. Mama, where is a clean towel? I want to dry myself. 6. He looked for his shoes and finally found

them under the bench. 7. Hebrew is written (one writes) from right to left, and English is written (one writes) from left to right. 8. This shirt is a big bargain, it costs only a dollar and a half. 9. The coming Shabbat I will put on (wear) my new trousers and my new coat, and then I will go to visit my girlfriend. 10. My son is only three years old and he knows already how to dress himself and undress himself. 11. He jots down all the new words in his notebook. 12. Please give (f.s.) me a towel and I will dry the plates. 13. I was afraid to come to (the) class because I did not prepare the lesson. 14. We shall be very happy (rejoice) to see you (f.s.), please come. 15. Truth and social justice are basic concepts in the Bible.

ג. הַטּוּ אֶת הַפְּעָלִים הַבָּאִים בְּכָל הַזְּמַנִּים:

לְהִתְפַּלֵּל — to pray

לְהִתְרַחֵץ — to wash oneself

# (59) שִׁעוּר נט

| | |
|---|---|
| was ashamed; was embarrassed | (בוש, לְהִתְבַּיֵּשׁ) הִתְבַּיֵּשׁ |
| teacher (religious) | מְלַמֵּד (מְלַמְּדִים) |
| opposed; was against | (נגד, לְהִתְנַגֵּד) הִתְנַגֵּד לְ... |
| observed; looked closely | (סכל, לְהִסְתַּכֵּל) הִסְתַּכֵּל |
| goat, *n.f.* | עֵז (עִזִּים) |
| small town | עֲיָרָה (עֲיָרוֹת) |
| wonder, *n.* | פֶּלֶא (פְּלָאִים) |
| wondered; was surprised | (פלא, לְהִתְפַּלֵּא) הִתְפַּלֵּא |
| crowded; dense, *part.* | צָפוּף, צְפוּפָה |
| crowdedness; density | צְפִיפוּת |
| title of a Ḥasidic rabbi | רַבִּי |
| became irritated; got angry | (רגז, לְהִתְרַגֵּז) הִתְרַגֵּז |
| got accustomed | (רגל, לְהִתְרַגֵּל) הִתְרַגֵּל |
| became crazy; went out of his mind | (שגע, לְהִשְׁתַּגֵּעַ) הִשְׁתַּגֵּעַ |
| made an effort; tried | (שדל, לְהִשְׁתַּדֵּל) הִשְׁתַּדֵּל |
| generally; as a rule | בְּדֶרֶךְ כְּלָל |
| every day | יוֹם יוֹם |
| according to my opinion | לְפִי דַעְתִּי |

אֵיזֶהוּ עָשִׁיר? הַשָּׂמֵחַ בְּחֶלְקוֹ. (פִּרְקֵי אָבוֹת)

## דִּקְדּוּק

**I. The הִתְפַּעֵל of שְׁלֵמִים — פ״ס , פ״שׁ , פ״שׂ Verbs.** In verbs whose first radical is a sibilant "ס" or "שׁ" , "שׂ" metathesis takes place. The sibilant radical changes position with the "ת" of the prefix, but the vowel sequence remains the same. Thus, לְהִתְסַבֵּל becomes לְהִסְתַּבֵּל and לְהִתְשַׁדֵּל becomes לְהִשְׁתַּדֵּל.

A paradigm of the conjugation of such verbs follows:

(סכל) לְהִסְתַּבֵּל

הוה:

| | |
|---|---|
| אני, אתה, הוא מִסְתַּבֵּל | אנחנו, אתם, הם מִסְתַּבְּלִים |
| אני, את, היא מִסְתַּבֶּלֶת | אנחנו, אתן, הן מִסְתַּבְּלוֹת |

עבר:

| | | | |
|---|---|---|---|
| אני הִסְתַּבַּלְתִּי | | אנחנו הִסְתַּבַּלְנוּ | |
| אתה הִסְתַּבַּלְתָּ | את הִסְתַּבַּלְתְּ | אתם הִסְתַּבַּלְתֶּם | אתן הִסְתַּבַּלְתֶּן |
| הוא הִסְתַּבֵּל | היא הִסְתַּבְּלָה | הם, הן הִסְתַּבְּלוּ | |

עתיד:

| | | | |
|---|---|---|---|
| אני אֶסְתַּבֵּל | | אנחנו נִסְתַּבֵּל | |
| אתה תִּסְתַּבֵּל | את תִּסְתַּבְּלִי | אתם תִּסְתַּבְּלוּ | אתן תִּסְתַּבֵּלְנָה |
| הוא יִסְתַּבֵּל | היא תִּסְתַּבֵּל | הם יִסְתַּבְּלוּ | הן תִּסְתַּבֵּלְנָה |

צווי:

הִסְתַּבֵּל   הִסְתַּבְּלִי   הִסְתַּבְּלוּ   הִסְתַּבֵּלְנָה

**II. The הִתְפַּעֵל of ל״א Verbs.** A paradigm of the conjugation of such verbs follows:

to wonder — (פלא) לְהִתְפַּלֵּא

הוה:

| | |
|---|---|
| אני, אתה, הוא מִתְפַּלֵּא | אנחנו, אתם, הם מִתְפַּלְּאִים |
| אני, את, היא מִתְפַּלֵּאת | אנחנו, אתן, הן מִתְפַּלְּאוֹת |

עבר:

| | |
|---|---|
| אני הִתְפַּלֵאתִי | אנחנו הִתְפַּלֵאנוּ |
| אתה הִתְפַּלֵאתָ את הִתְפַּלֵאת | אתם הִתְפַּלֵאתֶם אתן הִתְפַּלֵאתֶן |
| הוא הִתְפַּלֵא היא הִתְפַּלְאָה | הם, הן הִתְפַּלְאוּ |

עתיד:

| | |
|---|---|
| אני אֶתְפַּלֵא | אנחנו נִתְפַּלֵא |
| אתה תִּתְפַּלֵא את תִּתְפַּלְאִי | אתם תִּתְפַּלְאוּ אתן תִּתְפַּלֶאנָה |
| הוא יִתְפַּלֵא היא תִּתְפַּלֵא | הם יִתְפַּלְאוּ הן תִּתְפַּלֶאנָה |

צווי:

הִתְפַּלֵא הִתְפַּלְאִי הִתְפַּלְאוּ הִתְפַּלֶאנָה

Note that, in the past, the second radical is vocalized by a צֵירֶה wherever it is vocalized by a פַּתָּח in the שְׁלֵמִים.

**III.** אֵיזֶה. In addition to serving as an interrogative, it also serves as an exclamative, in which case it is the equivalent of the exclamative "what" in English.

What a wonder! — אֵיזֶה פֶּלֶא!

What a woman! — אֵיזוֹ אִשָּׁה!

## הָרַבִּי וְהָעֵז

בַּעֲיָרָה אַחַת גָּר מְלַמֵּד עָנִי. הַמְלַמֵּד הָיָה בַּעַל מִשְׁפָּחָה גְּדוֹלָה. הַבַּיִת שֶׁלּוֹ הָיָה קָטָן מְאֹד, וְהַצְּפִיפוּת בּוֹ הָיְתָה רַבָּה.

יוֹם יוֹם הָיְתָה הָאִשָּׁה אוֹמֶרֶת לְבַעְלָהּ:

— כַּמָּה רַע וּמַר לִי! אֵין אֲנִי יְכוֹלָה לִסְבֹּל אֶת הַצְּפִיפוּת בַּבַּיִת.

הַמְלַמֵּד הָיָה אִישׁ דָּתִי, וְהָיָה מִתְפַּלֵּל שָׁלֹשׁ פְּעָמִים בַּיּוֹם בְּבֵית הַכְּנֶסֶת שֶׁל הָרַבִּי. יוֹם אֶחָד הֶחְלִיט הַמְלַמֵּד לָלֶכֶת אֶל הָרַבִּי לְבַקֵּשׁ מִמֶּנּוּ עֵצָה. אַחֲרֵי תְּפִלַּת הַבֹּקֶר קָם הַמְלַמֵּד וְהָלַךְ אֶל הָרַבִּי.

— בִּגְלַל מָה בָּאתָ אֵלַי, בְּנִי? שָׁאַל אוֹתוֹ הָרַבִּי.

— רַבִּי, יֵשׁ לִי צָרוֹת, עָנָה הַמְלַמֵּד. הַמִּשְׁפָּחָה שֶׁלִּי, בָּרוּךְ הַשֵּׁם, גְּדוֹלָה, אֲבָל הַבַּיִת קָטָן וְאֵין בּוֹ מָקוֹם לָזוּז.

הָרַבִּי הִקְשִׁיב לַבְּעָיָה, וְאַחֲרֵי דַּקּוֹת אֲחָדוֹת שָׁאַל:

— הַאִם יֵשׁ לְךָ עֵז?

— כֵּן, רַבִּי, עָנָה הַמְלַמֵּד. יֵשׁ לָנוּ עֵז רָזָה אַחַת.

— אִם כֵּן, אָמַר הָרַבִּי, הַכְנֵס אֶת הָעֵז אֶל הַבַּיִת.

הַמְלַמֵּד הִתְפַּלֵּא עַל הָעֵצָה הַזֹּאת, אֲבָל בְּכָל זֹאת לֹא פִּקְפֵּק בְּחָכְמַת הָרַבִּי, כִּי הֶאֱמִין בָּרַבִּי בְּכָל לִבּוֹ. הוּא הָלַךְ וְהִכְנִיס אֶת הָעֵז אֶל הַבַּיִת.

הָאִשָּׁה לֹא הִתְנַגְּדָה. הִיא הִשְׁתַּדְּלָה לְהִתְרַגֵּל לַמַּצָּב הֶחָדָשׁ, אֲבָל לֹא יָכְלָה.

— אֵיזֶה מִין עֵצָה נָתַן לְךָ הָרַבִּי! צָעֲקָה הָאִשָּׁה. לְפִי דַּעְתִּי זוֹ עֵצָה רָעָה. לֵךְ וְהַגֵּד לוֹ שֶׁעַכְשָׁו עוֹד יוֹתֵר צָפוּף בַּבַּיִת.

הַמְלַמֵּד הִסְתַּכֵּל בְּאִשְׁתּוֹ וְלֹא עָנָה דָּבָר, כִּי גַּם הוּא לֹא הֵבִין אֶת הָעֵצָה שֶׁל הָרַבִּי. הוּא יָצָא מֵהַבַּיִת וּמִהֵר אֶל הָרַבִּי לְבַקֵּשׁ עֵצָה אַחֶרֶת מִמֶּנּוּ.

— הַאִם יֵשׁ לָכֶם בַּעֲלֵי־חַיִּים אֲחֵרִים חוּץ מִן הָעֵז? שָׁאַל הָרַבִּי. לְמָשָׁל, תַּרְנְגֹל אוֹ תַּרְנְגֹלֶת?

— כֵּן, רַבִּי, עָנָה הַמְלַמֵּד. יֵשׁ לָנוּ תַּרְנְגֹלֶת שְׁמֵנָה אַחַת.

— אִם כֵּן, אָמַר הָרַבִּי, הַכְנֵס אוֹתָהּ אֶל הַבַּיִת.

הַפַּעַם הָיָה לוֹ עוֹד יוֹתֵר קָשֶׁה לְהָבִין אֶת הָעֵצָה שֶׁל הָרַבִּי, אֲבָל בְּכָל זֹאת שָׁמַע בְּקוֹלוֹ וְעָשָׂה כְּמוֹ שֶׁצִּוָּה הָרַבִּי. הוּא הָלַךְ וְהִכְנִיס אֶת הַתַּרְנְגֹלֶת אֶל הַבַּיִת.

בְּדֶרֶךְ כְּלָל, הָאִשָּׁה לֹא הָיְתָה מִתְנַגֶּדֶת לְמַעֲשֵׂי בַּעֲלָהּ. הִיא תָּמִיד הָיְתָה עוֹשָׂה אֶת רְצוֹן בַּעֲלָהּ כְּמוֹ כָּל אִשָּׁה טוֹבָה. מֵעוֹלָם לֹא הֵרִימָה

אֶת קוֹלָהּ עָלָיו וְלֹא רָבָה אִתּוֹ. אֲבָל הַפַּעַם הִיא הִתְרַגְּזָה מְאֹד וְהִתְחִילָה לִבְכּוֹת. הִיא צָעֲקָה וְאָמְרָה:

— אִי אֶפְשָׁר לְהַמְשִׁיךְ בַּמַּצָּב הַנּוֹרָא הַזֶּה. רוּץ מַהֵר אֶל הָרַבִּי וֶאֱמֹר לוֹ, כִּי אֶפְשָׁר לְהִשְׁתַּגֵּעַ מִן הָרַעַשׁ וּמִן הַצְּפִיפוּת!

שׁוּב רָץ הַמְלַמֵּד אֶל הָרַבִּי. הָרַבִּי הִקְשִׁיב לְדִבְרֵי הַמְלַמֵּד, וְאָמַר:

— לֵךְ וְהוֹצֵא אֶת הָעֵז וְאֶת הַתַּרְנְגֹלֶת מִן הַבַּיִת.

הַמְלַמֵּד הִתְפַּלֵּא מְאֹד, אֲבָל הִתְבַּיֵּשׁ לִשְׁאֹל שְׁאֵלוֹת. הוּא הָלַךְ וְהוֹצִיא אֶת הָעֵז וְאֶת הַתַּרְנְגֹלֶת מֵהַבַּיִת.

וְהִנֵּה נֵס! הַמְלַמֵּד וְאִשְׁתּוֹ הִסְתַּכְּלוּ זֶה בְּזוֹ וְקָרְאוּ פֶּה אֶחָד:

— כַּמָּה חָכָם הוּא רַבֵּנוּ! אֵין עוֹד צְפִיפוּת בַּבַּיִת. אֵיזֶה פֶּלֶא!

## תַּרְגִּילִים

א. ענו במשפטים שלמים:

1. מַדּוּעַ הָיְתָה צְפִיפוּת גְּדוֹלָה בַּבַּיִת שֶׁל הַמְלַמֵּד?
2. מָה אָמְרָה אֵשֶׁת הַמְלַמֵּד לְבַעְלָהּ?
3. מֶה הָיְתָה הָעֵצָה הָרִאשׁוֹנָה שֶׁל הָרַבִּי?
4. מֶה הָיְתָה הָעֵצָה הַשְּׁנִיָּה שֶׁל הָרַבִּי?
5. מָתַי הִרְגִּישׁוּ הַמְלַמֵּד וְאִשְׁתּוֹ שֶׁאֵין עוֹד צְפִיפוּת בַּבַּיִת?

ב. תרגמו:

1. At times I like to sit by (near) the window and look at (observe) the people who pass in the street. 2. She still did not get accustomed to rise (get up) early. 3. We are surprised that you (m.s.) are opposing the new law. 4. The overcrowding here is great because there are more than thirty students in this room. 5. He was sick, but nevertheless he came to work. 6. Please try to come tomorrow early in the morning to fix (repair) our telephone line. 7. As a rule, it is not worthwhile to become irritated by (from) every little thing. 8. Did you become crazy, why do you sing in the middle of the night? 9. Don't be

ashamed (m.pl.) to ask questions. 10. Even in small towns there were always teachers (religious). 11. The farmer sold the fat goat and bought in its place one rooster and seven chickens. 12. It was so crowded in the train that there was not even a place to stand. 13. I got used to these exercises, and I can do them without difficulty. 14. I have an exceptional son, he always obeys me. 15. I am (f.s.) surprised at (on) you (f.s.) that you are asking such a simple question. 16. It is no wonder that he succeeded in the test, he is smart and always tries to be prepared (ready) for every test.

ג. שנו מעבר לעתיד:

1. הִיא הִסְתַּכְּלָה בִּי בְּאַהֲבָה.
2. לֹא הִתְרַגַּלְנוּ לַחַיִּים בְּעִיר גְּדוֹלָה.
3. הוּא הִשְׁתַּדֵּל לִגְמֹר מַהֵר אֶת עֲבוֹדָתוֹ.
4. לֹא הִשְׁתַּגַּעְתִּי לַעֲשׂוֹת זֹאת.
5. מַדּוּעַ הִתְרַגַּזְתֶּן עָלָיו?
6. הָאִשָּׁה הִתְלַבְּשָׁה בִּמְעִילָהּ הֶחָדָשׁ.
7. הַיֶּלֶד לֹא הִתְבַּיֵּשׁ לִשְׁאֹל שְׁאֵלוֹת.
8. מַדּוּעַ הִתְפַּלֵּאתָ כָּל כָּךְ?
9. מַדּוּעַ לֹא הִתְרַחַצְתֶּם בַּיָּם?
10. הִיא הִתְפַּלְּלָה בְּקוֹל.

# שִׁעוּר ס (60)

| | | | |
|---|---|---|---|
| אַף־עַל־פִּי שֶׁ... | although | פִילוֹסוֹף | philosopher |
| (זקן, לְהִזְדַּקֵּן) הִזְדַּקֵּן | aged; became old | (צין, לְהִצְטַיֵּן) הִצְטַיֵּן | excelled |
| חָבִית (חָבִיּוֹת) | barrel | (צער, לְהִצְטַעֵר) הִצְטַעֵר | was sorry; regretted |
| חָסֵר, חֲסֵרָה | lacking; absent; missing | קְצָת | a little, *adv.* |
| יָוָן | Greece | (קרב, לְהִתְקָרֵב) הִתְקָרֵב | drew near; approached |
| יַחַס (יְחָסִים) | relationship; attitude | רָדַף (לִרְדֹּף) אַחֲרֵי | pursued; ran after |
| כִּסָּה (לְכַסּוֹת) | covered, *v.tr.* | רְצִינוּת | seriousness |
| בְּכַעַס | angrily | בִּרְצִינוּת | seriously |
| בִּמְנוּחָה | peacefully; restfully | שׁוּם | any (with negative) |
| מְדִינָה (מְדִינוֹת) | state; country | בָּשָׂר וָדָם | a mortal; flesh and blood |
| מֻתָּר, מֻתֶּרֶת | permitted; lawful | | |
| (נכר, לְהַכִּיר) הִכִּיר | recognized; became acquainted | | |

צֶדֶק, צֶדֶק תִּרְדֹּף! (מִן הַמִּקְרָא)

דִּקְדּוּק

**I. The הִתְפַּעֵל of שְׁלֵמִים — פ״ז Verbs.** In verbs whose first radical is a sibilant "ז", the "ת" of the הִתְפַּעֵל is changed to a "ד" and metathesis takes place between the first radical "ז" and the "ד".

A paradigm of the conjugation of such verbs follows:

to age — (זקן) לְהִזְדַּקֵּן

הוה:

| | |
|---|---|
| אני, אתה, הוא מִזְדַּקֵּן | אנחנו, אתם, הם מִזְדַּקְּנִים |
| אני, את, היא מִזְדַּקֶּנֶת | אנחנו, אתן, הן מִזְדַּקְּנוֹת |

עבר:

אני הִזְדַּקַּנְתִּי — אנחנו הִזְדַּקַּנּוּ

אתה הִזְדַּקַּנְתָּ את הִזְדַּקַּנְתְּ — אתם הִזְדַּקַּנְתֶּם אתן הִזְדַּקַּנְתֶּן

הוא הִזְדַּקֵּן היא הִזְדַּקְּנָה — הם, הן הִזְדַּקְּנוּ

עתיד:

אני אֶזְדַּקֵּן — אנחנו נִזְדַּקֵּן

אתה תִּזְדַּקֵּן את תִּזְדַּקְּנִי — אתם תִּזְדַּקְּנוּ אתן תִּזְדַּקֵּנָּה

הוא יִזְדַּקֵּן היא תִּזְדַּקֵּן — הם יִזְדַּקְּנוּ הן תִּזְדַּקֵּנָּה

צווי:

הִזְדַּקֵּן הִזְדַּקְּנִי הִזְדַּקְּנוּ הִזְדַּקֵּנָּה

**II. The הִתְפַּעֵל of פ״צ — שְׁלֵמִים Verbs.** In verbs whose first radical is a sibilant ״צ״, the ״ת״ of the הִתְפַּעֵל changes to ״ט״ and metathesis takes place between the first radical ״צ״ and the ״ט״.

A paradigm of the conjugation of such verbs follows:

to excel — לְהִצְטַיֵּן (צין)

הוה:

אני, אתה, הוא מִצְטַיֵּן — אנחנו, אתם, הם מִצְטַיְּנִים

אני, את, היא מִצְטַיֶּנֶת — אנחנו, אתן, הן מִצְטַיְּנוֹת

עבר:

אני הִצְטַיַּנְתִּי — אנחנו הִצְטַיַּנּוּ

אתה הִצְטַיַּנְתָּ את הִצְטַיַּנְתְּ — אתם הִצְטַיַּנְתֶּם אתן הִצְטַיַּנְתֶּן

הוא הִצְטַיֵּן היא הִצְטַיְּנָה — הם, הן הִצְטַיְּנוּ

עתיד:

| | |
|---|---|
| אני אֶצְטַיֵּן | אנחנו נִצְטַיֵּן |
| אתה תִּצְטַיֵּן   את תִּצְטַיְּנִי | אתם תִּצְטַיְּנוּ   אתן תִּצְטַיֵּנָּה |
| הוא יִצְטַיֵּן   היא תִּצְטַיֵּן | הם יִצְטַיְּנוּ   הן תִּצְטַיֵּנָּה |

צווי:

הִצְטַיֵּן   הִצְטַיְּנִי   הִצְטַיְּנוּ   הִצְטַיֵּנָּה

**III. The Adverb** — תֹּאַר הַפֹּעַל .

1. The most common way of forming the adverb is by adding the prefix ...בְּ to an abstract noun.

   quietly — בְּשֶׁקֶט     quiet — שֶׁקֶט

   seriously — בִּרְצִינוּת     seriousness — רְצִינוּת

2. Certain adjectives may be used as adverbs. E.g.,

   nicely; well — יָפֶה     hard — קָשֶׁה

   late — מְאֻחָר     early — מֻקְדָּם

3. There is a limited number of adverbs that do not fall into any particular pattern.

   immediately — מִיָּד     quickly — מַהֵר

   always — תָּמִיד     a little — קְצָת

**IV. Impersonal Expressions.** Certain phrases, which are expressed in English in a personal way, are expressed in Hebrew in an impersonal way. E.g.,

I am warm (it is warm to me) — חַם לִי

I am cold (it is cold to me) — קַר לִי

I am forbidden (it is forbidden to me) — אָסוּר לִי

I am permitted (it is permitted to me) — מֻתָּר לִי

I am lacking (it is lacking to me) — חָסֵר לִי

Since in Hebrew these impersonal phrases are expressed indirectly, the subject in English becomes the object in Hebrew and vice versa. Thus,

We lack money=Money is lacking to us. — חָסֵר לָנוּ כֶּסֶף.

He lacks many things=Many things are lacking to him. — חֲסֵרִים לוֹ הַרְבֵּה דְּבָרִים.

**V. שׁוּם .** While כָּל , meaning "any," may be used both with a positive and a negative statement, שׁוּם is used only with a negative statement.

He is (not)ready to do any work. — הוּא (לֹא) מוּכָן לַעֲשׂוֹת כָּל עֲבוֹדָה.

He is not ready to do any work. — הוּא לֹא מוּכָן לַעֲשׂוֹת שׁוּם עֲבוֹדָה.

He reads Hebrew without any difficulty. — הוּא קוֹרֵא עִבְרִית בְּלִי שׁוּם (כָּל) קֹשִׁי.

## הַמֶּלֶךְ וְהַפִּילוֹסוֹף

לִפְנֵי שָׁנִים רַבּוֹת חַי בְּאֶרֶץ יָוָן פִּילוֹסוֹף בְּשֵׁם דִּיאַגוֹנוּס. הוּא הִצְטַיֵּן בְּחָכְמָתוֹ הַגְּדוֹלָה. מֵעוֹלָם לֹא רָדַף אַחֲרֵי עֹשֶׁר וְכָבוֹד. לֹא הָיָה לוֹ שׁוּם דָּבָר חוּץ מִן חָבִית שֶׁבָּהּ הוּא יָשַׁן, שַׂק נָקִי שֶׁבּוֹ הוּא כִּסָּה אֶת גּוּפוֹ, מַקֵּל וְיַלְקוּט.

אַלֶכְּסַנְדֶר הַגָּדוֹל, מֶלֶךְ יָוָן, שָׁמַע הַרְבֵּה דְּבָרִים מְעַנְיְנִים עָלָיו, וְהֶחְלִיט שֶׁכְּדַאי לְהַכִּיר אוֹתוֹ מִקָּרוֹב. כַּאֲשֶׁר הַמֶּלֶךְ הָלַךְ לְבַקֵּר אֶת הַפִּילוֹסוֹף, הוּא מָצָא אוֹתוֹ שׁוֹכֵב בִּמְנוּחָה עַל גַּבּוֹ בַּשֶּׁמֶשׁ. הַמֶּלֶךְ

הִתְקָרֵב אֵלָיו לְאַט וְהִסְתַּכֵּל בְּפָנָיו בְּעֵינַיִם בּוֹחֲנוֹת. כַּאֲשֶׁר הַמֶּלֶךְ רָאָה שֶׁהַפִּילוֹסוֹף לֹא קָם וְלֹא זָז, הוּא הִתְרַגֵּז, וְאָמַר בְּכַעַס:

"הַאִם אֵין אַתָּה יוֹדֵעַ מִי אֲנִי? אֲנִי אַלֶכְּסַנְדֶּר הַגָּדוֹל!"

אָמַר הַפִּילוֹסוֹף בְּשֶׁקֶט: "וַאֲנִי דִּיאַגוֹנוּס".

אָמַר הַמֶּלֶךְ: "מַדּוּעַ אֵין אַתָּה מַרְאֶה יַחַס שֶׁל כָּבוֹד לַמֶּלֶךְ?"

עָנָה הַפִּילוֹסוֹף: "אַף־עַל־פִּי שֶׁאַתָּה מֶלֶךְ, אַתָּה רַק בָּשָׂר וָדָם. אִם כֵּן, לָמָּה אַתָּה דּוֹרֵשׁ כָּבוֹד מִמֶּנִּי?"

אָמַר הַמֶּלֶךְ: "הַאִם אֵין לְךָ פַּחַד מֵהַמֶּלֶךְ? לַמֶּלֶךְ יֵשׁ הַכֹּחַ לָתֵת כָּל עֹנֶשׁ שֶׁהוּא רוֹצֶה".

עָנָה לוֹ: "הַאִם אַתָּה אָדָם רַע, שֶׁאֲנִי צָרִיךְ לִפְחֹד מִמְּךָ?"

אָמַר הַמֶּלֶךְ: "הַאִם יֵשׁ לְךָ מַה לְבַקֵּשׁ מִמֶּנִּי?"

עָנָה הַפִּילוֹסוֹף: "כֵּן. בְּבַקָּשָׁה, זוּז קְצָת הַצִּדָּה. הִזְדַּקַּנְתִּי וְקַר לִי, וְאַתָּה מְכַסֶּה לִי אֶת הַשֶּׁמֶשׁ".

הַמֶּלֶךְ זָז הַצִּדָּה, וְאָמַר בִּצְחוֹק: "אֲנִי מִצְטַעֵר מְאֹד שֶׁכִּסִּיתִי לְךָ אֶת הַשֶּׁמֶשׁ. הַאִם זֶה הַכֹּל מַה שֶּׁאַתָּה רוֹצֶה? מֻתָּר לְךָ לְבַקֵּשׁ מִמֶּנִּי כָּל מַה שֶּׁלִּבְּךָ רוֹצֶה!"

עָנָה הַפִּילוֹסוֹף בִּרְצִינוּת: "הַאִם עָשִׁיר מְבַקֵּשׁ דָּבָר מֵעָנִי?"

הִתְפַּלֵּא הַמֶּלֶךְ, וְאָמַר: "אֲנִי לֹא מֵבִין. הַאִם אַתָּה חוֹשֵׁב בִּרְצִינוּת שֶׁאֲנִי הֶעָנִי וְאַתָּה הֶעָשִׁיר?"

"כֵּן" עָנָה הַפִּילוֹסוֹף. "לְפִי דַּעְתִּי, אֲנִי הֶעָשִׁיר, כִּי לֹא חָסֵר לִי שׁוּם דָּבָר. אֲבָל אַתָּה עָנִי, כִּי כָּל חַיֶּיךָ אַתָּה מִשְׁתַּדֵּל לִכְבֹּשׁ עוֹד וְעוֹד מְדִינוֹת שֶׁל עַמִּים אֲחֵרִים".

הַתְּשׁוּבָה הַזֹּאת מָצְאָה חֵן בְּעֵינֵי הַמֶּלֶךְ, וְהוּא אָמַר: "עַכְשָׁו אֲנִי רוֹאֶה שֶׁכָּל מַה שֶּׁשָּׁמַעְתִּי עָלֶיךָ אֱמֶת וְנָכוֹן הוּא. כְּדַאי הָיָה לִי לָבוֹא מֵרָחוֹק כְּדֵי לְהַכִּיר אוֹתְךָ פָּנִים אֶל פָּנִים".

## תַּרְגִּילִים

א. ענו במשפטים שלמים:

1. מַה הֵם אַרְבָּעָה הַדְּבָרִים שֶׁהָיוּ לַפִּילוֹסוֹף?
2. מַדּוּעַ כָּעַס הַמֶּלֶךְ?
3. מַדּוּעַ לֹא פָּחַד הַפִּילוֹסוֹף מֵהַמֶּלֶךְ?
4. מֶה הָיְתָה הַבַּקָּשָׁה שֶׁל הַפִּילוֹסוֹף?
5. מַדּוּעַ חָשַׁב הַפִּילוֹסוֹף אֶת עַצְמוֹ לְעָשִׁיר?

ב. תרגמו:

1. Although she does not lack anything, nevertheless she always cries. 2. The children sat quietly and listened to the story. 3. The clouds covered the sky and it began to rain. 4. I (f.) don't like your (m.s.) attitude, are you speaking seriously or jokingly (with laughter)? 5. From a distance I did not recognize him, but when I approached (to) him, I saw that he was my friend's father. 6. She can speak a little Hebrew because she was in Israel several months. 7. He excels in everything that he does. 8. Because of the many troubles he had in his life, he aged before his time. 9. Many Arabs live in the State of Israel. 10. The sick man is now sleeping restfully. 11. He gave us a barrel of sweet wine as (in) a gift. 12. There were many great philosophers and artists in Greece. 13. Why don't you (m.s.) wear a coat, are you so warm? 14. Please close (f.s.) the doors, I am very cold. 15. She is very beautiful and all the boys run after her. 16. I (f.) regret to inform you (let you know) that you (m.s.) are not permitted to leave the country.

ג. הַטּוּ אֶת הַפְּעָלִים הַבָּאִים בְּכָל הַזְּמַנִּים:

לְהִצְטַעֵר — to be sorry    לְהַכִּיר — to recognize

# שִׁעוּר סא (61)

| | | | |
|---|---|---|---|
| wall | כֹּתֶל (כְּתָלִים) | ear, *n.f.* | אֹזֶן (אָזְנַיִם) |
| The Western Wall | הַכֹּתֶל הַמַּעֲרָבִי | | אָנוּ = אֲנַחְנוּ |
| | | factory | בֵּית חֲרֹשֶׁת (בָּתֵּי חֲרֹשֶׁת) |
| airplane | מָטוֹס (מְטוֹסִים) | Bar Mitzvah | בַּר מִצְוָה |
| the war of | מִלְחֶמֶת = הַמִּלְחָמָה שֶׁל | surprise | הַפְתָּעָה (הַפְתָּעוֹת) |
| The Six-Day War | מִלְחֶמֶת שֵׁשֶׁת הַיָּמִים | development | הִתְפַּתְּחוּת (הִתְפַּתְּחֻיּוֹת) |
| | | advancement; progress | הִתְקַדְּמוּת (הִתְקַדְּמֻיּוֹת) |
| developed | (פתח, לְהִתְפַּתֵּחַ) הִתְפַּתֵּחַ | celebration | חֲגִיגָה (חֲגִיגוֹת) |
| saw (each other) | (ראה, לְהִתְרָאוֹת) הִתְרָאָה | electricity | חַשְׁמַל |
| | | flew (by plane) | טָס (לָטוּס) |
| blanket | שְׂמִיכָה (שְׂמִיכוֹת) | flight | טִיסָה (טִיסוֹת) |
| changed (oneself); became different | (שנה, לְהִשְׁתַּנּוֹת) הִשְׁתַּנָּה | highway; paved road | כְּבִישׁ (כְּבִישִׁים) |
| | וּבְכֵן = אִם כֵּן | covered oneself | (כסה, לְהִתְכַּסּוֹת) הִתְכַּסָּה |
| first of all | רֵאשִׁית כֹּל | | |

אָזְנַיִם לַכֹּתֶל! (מִן הַמִּדְרָשׁ)

דִּקְדּוּק

**I. The הִתְפַּעֵל of ל״ה Verbs.**

A paradigm of the conjugation of such verbs follows:

to cover oneself — (כסה) לְהִתְכַּסּוֹת

הוה:

| | |
|---|---|
| אני, אתה, הוא מִתְכַּסֶּה | אנחנו, אתם, הם מִתְכַּסִּים |
| אני, את, היא מִתְכַּסָּה | אנחנו, אתן, הן מִתְכַּסּוֹת |

עבר:

| | |
|---|---|
| אני הִתְכַּסֵּיתִי | אנחנו הִתְכַּסֵּינוּ |
| אתה הִתְכַּסֵּיתָ את הִתְכַּסֵּית | אתם הִתְכַּסֵּיתֶם אתן הִתְכַּסֵּיתֶן |
| הוא הִתְכַּסָּה היא הִתְכַּסְּתָה | הם, הן הִתְכַּסּוּ |

עתיד:

| | |
|---|---|
| אני אֶתְכַּסֶּה | אנחנו נִתְכַּסֶּה |
| אתה תִּתְכַּסֶּה את תִּתְכַּסִּי | אתם תִּתְכַּסּוּ אתן תִּתְכַּסֶּינָה |
| הוא יִתְכַּסֶּה היא תִּתְכַּסֶּה | הם יִתְכַּסּוּ הן תִּתְכַּסֶּינָה |

צווי:

הִתְכַּסֵּה הִתְכַּסִּי הִתְכַּסּוּ הִתְכַּסֶּינָה

Note: If the middle radical is "א" or "ר", the first radical is vocalized throughout the conjugation by a קָמַץ (compare the פִּעֵל, lesson 32). E.g.,

(ראה) לְהִתְרָאוֹת אתה מִתְרָאֶה הִתְרָאֵיתָ תִּתְרָאֶה הִתְרָאֵה

## II. The הִתְפַּעֵל of ל״ה Verbs whose Initial Radical is a Sibilant.

A paradigm of the conjugation of such verbs follows:

to change (oneself) — לְהִשְׁתַּנּוֹת (שנה)

הוה:

| | |
|---|---|
| אני, אתה, הוא מִשְׁתַּנֶּה | אנחנו, אתם, הם מִשְׁתַּנִּים |
| אני, את, היא, מִשְׁתַּנָּה | אנחנו, אתן, הן מִשְׁתַּנּוֹת |

עבר:

| | |
|---|---|
| אני הִשְׁתַּנֵּיתִי | אנחנו הִשְׁתַּנֵּינוּ |
| אתה הִשְׁתַּנֵּיתָ את הִשְׁתַּנֵּית | אתם הִשְׁתַּנֵּיתֶם אתן הִשְׁתַּנֵּיתֶן |
| הוא הִשְׁתַּנָּה היא הִשְׁתַּנְּתָה | הם, הן הִשְׁתַּנּוּ |

עתיד:

| | |
|---|---|
| אני אֶשְׁתַּנֶּה | אנחנו נִשְׁתַּנֶּה |
| אתה תִּשְׁתַּנֶּה  את תִּשְׁתַּנִּי | אתם תִּשְׁתַּנּוּ  אתן תִּשְׁתַּנֶּינָה |
| הוא יִשְׁתַּנֶּה  היא תִּשְׁתַּנֶּה | הם יִשְׁתַּנּוּ  הן תִּשְׁתַּנֶּינָה |

צווי:

הִשְׁתַּנֵּה   הִשְׁתַּנִּי   הִשְׁתַּנּוּ   הִשְׁתַּנֶּינָה

**III. The Inflection of אֵצֶל.** Like all prepositions, אֵצֶל must be inflected when it has a personal pronoun as its object. The inflection follows:

אֶצְלִי   אֶצְלְךָ   אֶצְלֵךְ   אֶצְלוֹ   אֶצְלָהּ

אֶצְלֵנוּ   אֶצְלְכֶם   אֶצְלְכֶן   אֶצְלָם   אֶצְלָן

## פְּגִישָׁה בַּמָּטוֹס

אָדוֹן וּגְבֶרֶת בֶּרְגְּמַן, תַּיָּרִים מֵאַרְצוֹת הַבְּרִית, יוֹשְׁבִים בְּמָטוֹס
"אֶל עַל" לְיַד אָדוֹן לֵוִי, יִשְׂרְאֵלִי מִתֵּל אָבִיב.

אָדוֹן לֵוִי: שְׁמִי דָּוִד לֵוִי, וּמַה שִּׁמְךָ, אֲדוֹנִי?

אָדוֹן בֶּרְגְּמַן: שְׁמִי מַרְשַׁל בֶּרְגְּמַן, בְּבַקָּשָׁה לְהַכִּיר אֶת אִשְׁתִּי.

ל: נָעִים מְאֹד.

ב: אֲנַחְנוּ בָּאִים מִבּוֹסְטוֹן. הַאִם מֻתָּר לִי לִשְׁאֹל מֵאַיִן אַתָּה?

ל: אֲנִי מִתֵּל אָבִיב. הָיִיתִי חֳדָשִׁים בְּאַרְצוֹת הַבְּרִית. בִּקַּרְתִּי קְרוֹבִים, וְעַכְשָׁו אֲנִי חוֹזֵר הַבַּיְתָה. הַאִם זֶה הַבִּקּוּר הָרִאשׁוֹן שֶׁלָּכֶם בָּאָרֶץ?

ב: לֹא בְּדִיּוּק. אֲנִי בִּקַּרְתִּי בָּאָרֶץ לִפְנֵי עֶשְׂרִים וְחָמֵשׁ שָׁנִים. אֲבָל בִּשְׁבִיל אִשְׁתִּי זֶה יִהְיֶה הַבִּקּוּר הָרִאשׁוֹן בָּאָרֶץ, וְזֹאת גַּם הַטִּיסָה הָרִאשׁוֹנָה שֶׁלָּהּ בְּמָטוֹס.

ל: הַאֲמֵן לִי, לֹא תַּכִּיר אֶת הָאָרֶץ. יֵשׁ הֶבְדֵּל גָּדוֹל בֵּין מַה שֶּׁרָאִיתָ אָז וּבֵין מַה שֶּׁתִּרְאֶה עַכְשָׁו. לֹא חָסֵר כְּלוּם בָּאָרֶץ. הָאָרֶץ הִתְפַּתְּחָה וְהִשְׁתַּנְּתָה מֵאָז הַרְבֵּה מְאֹד. אֲנִי מַבְטִיחַ לְךָ שֶׁתִּהְיֶינָה לְךָ הַפְתָּעוֹת רַבּוֹת וּנְעִימוֹת.

ב: לְמָשָׁל?

ל: מָה אֲנִי יָכוֹל לְהַגִּיד לְךָ? פָּשׁוּט קָשֶׁה לְתָאֵר בְּמִלִּים אֶת הַהִתְפַּתְּחוּת שֶׁל הָאָרֶץ בְּמֶשֶׁךְ הַשָּׁנִים הָאַחֲרוֹנוֹת. בְּכָל מָקוֹם שֶׁתִּמָּצֵא, וּבְכָל כְּבִישׁ שֶׁתִּסַּע, תִּתְפַּלֵּא עַל הַהִתְקַדְּמוּת שֶׁעֵינֶיךָ תִּרְאֶינָה וְאָזְנֶיךָ תִּשְׁמַעְנָה. הַאִם יֵשׁ לָכֶם קְרוֹבִים בָּאָרֶץ?

ב: כֵּן, יֵשׁ לִי דּוֹד. אֲנַחְנוּ טָסִים עַכְשָׁו לַחֲגִיגַת הַבַּר־מִצְוָה שֶׁל בְּנוֹ.

ל: מָה עוֹשֶׂה דּוֹדְךָ? אֵיפֹה הוּא גָּר?

ב: יֵשׁ לוֹ בֵּית חֲרֹשֶׁת לִשְׂמִיכוֹת. הוּא גָּר בְּתֵל אָבִיב, אֲבָל חֲגִיגַת הַבַּר מִצְוָה תִּהְיֶה בִּירוּשָׁלַיִם עַל־יַד הַכֹּתֶל הַמַּעֲרָבִי.

ל: מַה שֵּׁם דּוֹדְךָ?

ב: שְׁמוֹ הָיָה יִצְחָק בֶּרְגְּמַן, אֲבָל הוּא שִׁנָּה אֶת שֵׁם הַמִּשְׁפָּחָה שֶׁלּוֹ. עַכְשָׁו שְׁמוֹ יִצְחָק הֲרָרִי.

ל: מָה? יִצְחָק הֲרָרִי הוּא דּוֹדְךָ? אֵיזוֹ הַפְתָּעָה נְעִימָה! אָנוּ בֶּאֱמֶת חַיִּים בְּעוֹלָם קָטָן! רֵאשִׁית כֹּל הָיִינוּ יַחַד בַּצָּבָא, וְגַם נִלְחַמְנוּ

יַחַד בְּמִלְחֶמֶת שֵׁשֶׁת הַיָּמִים. שֵׁנִית, אֲנַחְנוּ גַּם קְרוֹבִים. אִשְׁתּוֹ הִיא קְרוֹבָה שֶׁל אִשְׁתִּי.

ב: אִם כֵּן, מַזָּל טוֹב! גַּם אֲנַחְנוּ קְרוֹבִים. וּבְכֵן נִתְרָאֶה בַּחֲגִיגַת הַבַּר מִצְוָה.

ל: תִּקְוָתִי שֶׁנִּתְרָאֶה לֹא רַק בַּחֲגִיגַת הַבַּר־מִצְוָה. אֲנִי מַזְמִין אֶתְכֶם לְבַקֵּר אֶצְלֵנוּ וּלְהַכִּיר אֶת מִשְׁפַּחְתִּי. רְשֹׁם, בְּבַקָּשָׁה, אֶת הַכְּתֹבֶת: רְחוֹב הֶחָלוּץ (20) עֶשְׂרִים, וּמִסְפַּר הַטֶּלֶפוֹן: שָׁלֹשׁ, אֶפֶס, תֵּשַׁע, אַרְבַּע, אֶפֶס (30940).

ב: תּוֹדָה רַבָּה. אֲנַחְנוּ נִשְׁתַּדֵּל לְבַקֵּר אֶתְכֶם.

ל: בְּבַקָּשָׁה, אַל תִּשְׁכְּחוּ לַעֲשׂוֹת זֹאת. וְעַכְשָׁו אַתֶּם בְּוַדַּאי עֲיֵפִים וְלָכֵן נַפְסִיק אֶת הַשִּׂיחָה. נְכַבֶּה אֶת הַחַשְׁמַל וְנָנוּחַ. הִנֵּה שְׂמִיכוֹת, נִתְכַּסֶּה וְנִשְׁתַּדֵּל לִישֹׁן קְצָת.

ב: רַעְיוֹן מְצֻיָּן. עוֹד יִהְיֶה לָנוּ דֵּי זְמַן לְדַבֵּר בְּמֶשֶׁךְ הַטִּיסָה עַד שֶׁנַּגִּיעַ לִמְדִינַת יִשְׂרָאֵל.

## תַּרְגִּילִים

א. ענו במשפטים שלמים:

1. לָמָּה נָסַע אָדוֹן לֵוִי לְאַרְצוֹת הַבְּרִית?
2. לָמָּה טָסִים אָדוֹן וּגְבֶרֶת בֶּרְגְּמַן לְיִשְׂרָאֵל?
3. מָה עוֹשֶׂה הַדּוֹד שֶׁל אָדוֹן בֶּרְגְּמַן?
4. מַדּוּעַ אָמַר אָ׳ בֶּרְגְּמַן ״מַזָּל טוֹב״ לְאָ׳ לֵוִי?
5. בְּאֵיזֶה מָקוֹם בְּיִשְׂרָאֵל יִתְרָאוּ אָ׳ לֵוִי וְאָ׳ בֶּרְגְּמַן?

ב. תרגמו:

1. Many relatives and friends came to the synagogue for the celebration of my Bar-Mitzvah. 2. It is a pleasant surprise to meet you (f.s.) here. 3. My father bought a shoe factory (factory of shoes) and he paid a hundred thousand pounds. 4. I flew already many times in a plane, but nevertheless my heart is full of fear when I have to fly. 5. First of all, tell (m.s.) me where you were yesterday, and secondly, tell me what you did there. 6. The children developed very nicely in the camp during the summer vacation. 7. His progress in the Hebrew language made a great impression on me. 8. There are too many cars on the highways and it is a danger to walk there. 9. I (f.s.) hope that we will see one another this weekend (end of week). 10. Are there still places in the United States without electricity? 11. This is my third meeting with him. 12. You (f.s.) have not changed, you look (are seen) as young and beautiful as you were when I met you for the first time. 13. He covered himself with his coat because he forgot to bring a blanket. 14. The Western Wall is the holiest place in the world for the Jews. 15. On my last flight to Israel, I made the acquaintance of many interesting people. 16. It is forbidden to play ball on the grass.

# שִׁעוּר סב (62)

| | | | |
|---|---|---|---|
| אֵימָתַי = מָתַי | | Sanhedrin (a body of 71 ordained scholars) | סַנְהֶדְרִין |
| בֵּית מֶרְחָץ | bath house | aroused; awakened, *v.tr.* | עוֹרֵר (לְעוֹרֵר) |
| בֶּן־אָדָם (בְּנֵי אָדָם) | a human being | was aroused; woke up, *v.intr.* | (עור, לְהִתְעוֹרֵר) הִתְעוֹרֵר |
| בְּרִיאוּת | health | help | עֶזְרָה |
| יָחִיד (יְחִידִים) | individual | alert; awake | עֵר, עֵרָה |
| (יחס, לְהִתְיַחֵס) הִתְיַחֵס | related himself; treated | withdrew; retired | פָּרַשׁ (לִפְרֹשׁ) |
| (כון, לְהִתְכּוֹנֵן) הִתְכּוֹנֵן | prepared himself; got ready | public; community | צִבּוּר |
| מֵאָה (מֵאוֹת) | century | sensitive | רָגִישׁ, רְגִישָׁה |
| מִקְדָּשׁ (מִקְדָּשִׁים) | temple | soft; tender | רַךְ, רַכָּה |
| נִקָּיוֹן | cleanliness | elder (title of honor) | זָקֵן |
| נָשִׂיא (נְשִׂיאִים) | president; head | whenever | כָּל פַּעַם שֶׁ... |

יְהַלֶּלְךָ (יְהַלֵּל אוֹתְךָ) זָר, וְלֹא פִיךָ. (מִן הַמִּקְרָא)

דִקְדּוּק

**I. The פִּעֵל of ע״ו Verbs.** In the פִּעֵל of such verbs, the third radical is doubled. A paradigm of the conjugation of such verbs follows:

to arouse — לְעוֹרֵר (עור)

<u>הוה:</u>

| | | | |
|---|---|---|---|
| אני, אתה, הוא | מְעוֹרֵר | אנחנו, אתם, הם | מְעוֹרְרִים |
| אני, את, היא | מְעוֹרֶרֶת | אנחנו, אתן, הן | מְעוֹרְרוֹת |

עבר:

| | |
|---|---|
| אני עוֹרַרְתִּי | אנחנו עוֹרַרְנוּ |
| אתה עוֹרַרְתָּ את עוֹרַרְתְּ | אתם עוֹרַרְתֶּם אתן עוֹרַרְתֶּן |
| הוא עוֹרֵר היא עוֹרְרָה | הם, הן עוֹרְרוּ |

עתיד:

| | |
|---|---|
| אני אֲעוֹרֵר | אנחנו נְעוֹרֵר |
| אתה תְּעוֹרֵר את תְּעוֹרְרִי | אתם תְּעוֹרְרוּ אתן תְּעוֹרֵרְנָה |
| הוא יְעוֹרֵר היא תְּעוֹרֵר | הם יְעוֹרְרוּ הן תְּעוֹרֵרְנָה |

צווי:

עוֹרֵר עוֹרְרִי עוֹרְרוּ עוֹרֵרְנָה

**II. The** הִתְפַּעֵל **of** ע״ו **Verbs.** The conjugation of the הִתְפַּעֵל is based on the stem of the פִּעֵל with the addition of the prefix ...הִתְ.

A paradigm of the conjugation of such verbs follows:

to wake up — לְהִתְעוֹרֵר (עור)

הוה:

| | |
|---|---|
| אני, אתה, הוא מִתְעוֹרֵר | אנחנו, אתם, הם מִתְעוֹרְרִים |
| אני, את, היא מִתְעוֹרֶרֶת | אנחנו, אתן, הן מִתְעוֹרְרוֹת |

עבר:

| | |
|---|---|
| אני הִתְעוֹרַרְתִּי | אנחנו הִתְעוֹרַרְנוּ |
| אתה הִתְעוֹרַרְתָּ את הִתְעוֹרַרְתְּ | אתם הִתְעוֹרַרְתֶּם אתן הִתְעוֹרַרְתֶּן |
| הוא הִתְעוֹרֵר היא הִתְעוֹרְרָה | הם, הן הִתְעוֹרְרוּ |

עתיד:

| | |
|---|---|
| אני אֶתְעוֹרֵר | אנחנו נִתְעוֹרֵר |
| אתה תִּתְעוֹרֵר את תִּתְעוֹרְרִי | אתם תִּתְעוֹרְרוּ אתן תִּתְעוֹרֵרְנָה |
| הוא יִתְעוֹרֵר היא תִּתְעוֹרֵר | הם יִתְעוֹרְרוּ הן תִּתְעוֹרֵרְנָה |

צווי:

הִתְעוֹרֵר הִתְעוֹרְרִי הִתְעוֹרְרוּ הִתְעוֹרֵרְנָה

**III. The Adverb and Preposition ...כְּ.**

1. ...כְּ serves as a shortened form of the adverb כְּמוֹ , and is attached to the word that follows.

He is as strong as Samson. — הוּא חָזָק כְּשִׁמְשׁוֹן.

He is as wise as Solomon. — הוּא חָכָם כִּשְׁלֹמֹה.

If the word to which ...כְּ is to be attached, begins with the definite article, the definite article is dropped and the ...כְּ takes on the vowel of the definite article, as is the case with the prepositions ...בְּ and ...לְ (see lessons 4 and 9).

Like the sky — כְּהַשָּׁמַיִם = כַּשָּׁמַיִם

Like the world — כְּהָעוֹלָם = כָּעוֹלָם

Like the wise man — כְּהֶחָכָם = כֶּחָכָם

2. ...כְּ also renders the English preposition "as" with the sense "in the capacity of."

He is known in the city as an excellent physician. — הוּא יָדוּעַ בָּעִיר כְּרוֹפֵא מְצֻיָּן.

**IV. The Conjuction ...כְּשֶׁ.** This conjunction is the equivalent of כַּאֲשֶׁר , but it is always attached to the word that follows.

You will know this when you will grow up. — כְּשֶׁתִּגְדַּל, תֵּדַע זֹאת.

# הִלֵּל הַזָּקֵן

הִלֵּל הַזָּקֵן חַי וּפָעַל בַּמֵּאָה שֶׁלִּפְנֵי חֻרְבַּן הַבַּיִת הַשֵּׁנִי. הוּא הָיָה הַנָּשִׂיא שֶׁל הַסַּנְהֶדְרִין. הוּא הָיָה גָּדוֹל בַּתּוֹרָה וְהָיוּ לוֹ תַּלְמִידִים רַבִּים. הִלֵּל הִדְגִּישׁ תָּמִיד אֶת הַחֲשִׁיבוּת שֶׁל הַשָּׁלוֹם בְּחַיֵּי הַחֶבְרָה. הוּא הָיָה אוֹהֵב שָׁלוֹם וְרוֹדֵף שָׁלוֹם, וְהִתְיַחֵס בְּכָבוֹד לְכָל בֶּן־אָדָם. הוּא הָיָה עֵר לְכָל הַבְּעָיוֹת שֶׁל הָעָם. הִלֵּל הִשְׁתַּדֵּל בְּכָל מִינֵי אֶמְצָעִים לְעוֹרֵר בְּכָל אִישׁ כָּבוֹד וְאַהֲבָה לָעָם וְלַתּוֹרָה.

הִלֵּל הָיָה בַּעַל לֵב רַךְ וְרָגִישׁ. כָּל פַּעַם שֶׁהִגִּיעָה לְאָזְנָיו יְדִיעָה עַל מִקְרֶה שֶׁל אִישׁ סוֹבֵל, הָיוּ מִתְעוֹרְרִים בּוֹ רַחֲמִים גְּדוֹלִים, וְהָיָה עוֹשֶׂה כָּל מַה שֶּׁהָיָה בְּכֹחוֹ כְּדֵי לַעֲזֹר לָאִישׁ הַנִּמְצָא בְּצָרָה. אַף־עַל־פִּי שֶׁהִלֵּל הָיָה מוּכָן תָּמִיד לַעֲזֹר לַאֲחֵרִים בְּכָל דָּבָר שֶׁהָיָה חָסֵר לָהֶם, בְּכָל זֹאת לֹא הָיָה מְבַקֵּשׁ עֶזְרָה מִשּׁוּם אִישׁ לְעַצְמוֹ. הוּא הָיָה אוֹמֵר:

"אִם אֵין אֲנִי לִי, מִי לִי?
וּכְשֶׁאֲנִי לְעַצְמִי, מָה אֲנִי?
וְאִם לֹא עַכְשָׁו, אֵימָתַי?"

הִלֵּל רָאָה אֶת הַיָּחִיד כְּחֵלֶק מִן הַחֶבְרָה, וְהָיָה אוֹמֵר:

"אַל תִּפְרֹשׁ מִן הַצִּבּוּר!"

הַגּוּף שֶׁל הָאָדָם הָיָה בְּעֵינָיו כְּמִקְדָּשׁ, כִּי הָרוּחַ שֶׁל הָאָדָם נִמְצֵאת בּוֹ. לָכֵן הָיָה הִלֵּל שׁוֹמֵר עַל הַנִּקָּיוֹן וְעַל הַבְּרִיאוּת שֶׁל הַגּוּף.

פַּעַם אַחַת כְּשֶׁהִתְכּוֹנֵן הִלֵּל לָצֵאת מִבֵּית הַמִּדְרָשׁ, נִגְּשׁוּ אֵלָיו תַּלְמִידָיו, וְאָמְרוּ:

"רַבֵּנוּ, הַאִם מֻתָּר לָנוּ לִשְׁאֹל לְאָן אַתָּה הוֹלֵךְ?"

עָנָה לָהֶם: "לַעֲשׂוֹת מִצְוָה".

שָׁאֲלוּ הַתַּלְמִידִים: "אֵיזוֹ מִצְוָה?"

עָנָה לָהֶם: "אֲנִי הוֹלֵךְ לְבֵית־הַמֶּרְחָץ".

אָמְרוּ הַתַּלְמִידִים בִּתְמָהוֹן: "הַאִם זֹאת מִצְוָה?"

"כֵּן", עָנָה הִלֵּל, וְהִסְבִּיר לָהֶם: "הַגּוּף הוּא הַמִּקְדָּשׁ בִּשְׁבִיל הָרוּחַ שֶׁל הָאָדָם. לָכֵן, כָּל אָדָם צָרִיךְ לְהִשְׁתַּדֵּל שֶׁגּוּפוֹ יִהְיֶה נָקִי וּבָרִיא".

## תַּרְגִּילִים

א. ענו במשפטים שלמים:

1. מִי הָיָה הִלֵּל הַזָּקֵן, וּמָתַי הוּא חַי?
2. מַדּוּעַ כִּבְּדוּ הָאֲנָשִׁים אֶת הִלֵּל?
3. אֵיךְ הִתְיַחֵס הִלֵּל לְבֶן־אָדָם סוֹבֵל?
4. מַדּוּעַ הָיָה הִלֵּל שׁוֹמֵר עַל הַנִּקָּיוֹן שֶׁל הַגּוּף?
5. מֶה הָיְתָה הַמִּצְוָה שֶׁהִלֵּל הָלַךְ לַעֲשׂוֹת כַּאֲשֶׁר יָצָא מִבֵּית הַמִּדְרָשׁ?

ב. תרגמו:

1. He has a tender heart and always treats the poor people with compassion. 2. I (f.) never write in my books and therefore they are clean. 3. The cleanliness in the cities is very important for the health of the public. 4. I woke up in the middle of the night because I had a terrible earache. 5. Jerusalem was captured by the Romans in the first century. 6. She suffers a lot in life because she is too sensitive. 7. In the United States, a president is elected (chosen) for four years. 8. He retired from the army when he was only fifty-five years old. 9. He did it by himself without the help of his parents. 10. I (f.) am very busy because I have to prepare myself for a long trip in Europe. 11. The individual is the foundation of society. 12. The teacher aroused in me a love for Hebrew literature. 13. In the past, every religious Jew used to go to the bathouse every Friday. 14. There are animals that sleep in the daytime (day) and are awake at night. 15. The air is full of sand because a wind is blowing from the desert. 16. This violin was given to me as a gift for my birthday.

ג. הַטּוּ אֶת הַפֹּעַל הַבָּא בְּכָל הַזְּמַנִּים:

to prepare oneself — לְהִתְכּוֹנֵן (כון)

# שִׁעוּר סג (63)

| | | | |
|---|---|---|---|
| refused | סֵרֵב (לְסָרֵב) | if (hypothetical) | אִלּוּ = לוּ |
| buyer | קוֹנֶה (קוֹנִים) | animal (domestic) | בְּהֵמָה (בְּהֵמוֹת) |
| remained | (שאר, לְהִשָּׁאֵר) נִשְׁאַר | for; pro | בְּעַד |
| judge | שׁוֹפֵט (שׁוֹפְטִים) | merit; privilege; right | זְכוּת (זְכֻיּוֹת) |
| belongs | שַׁיָּךְ, שַׁיֶּכֶת | by merit of | בִּזְכוּת |
| returned, *v.tr.* gave back (something); replied | (שוב, לְהָשִׁיב) הֵשִׁיב | appeared | (יפע, לְהוֹפִיעַ) הוֹפִיעַ |
| | | since (because) | כֵּיוָן שֶׁ... |
| | | was sold | (מכר, לְהִמָּכֵר) נִמְכַּר |
| | | seller | מוֹכֵר (מוֹכְרִים) |
| condition | תְּנַאי (תְּנָאִים) | custom | מִנְהָג (מִנְהָגִים) |
| | | was given | (נתן, לְהִנָּתֵן) נִתַּן |

הַכֹּל כְּמִנְהַג הַמְּדִינָה. (מִן הַתַּלְמוּד)

דִּקְדּוּק

## I. The Conditional— הַתְּנַאי.

1. In a past conditional sentence, the main clause is introduced by the hypothetical "if"— לוּ or אִלּוּ, followed by the verb in the past tense:

Had I known... (אִלּוּ) לוּ יָדַעְתִּי...

In the resultant clause, the verb is composed of the auxiliary verb היה in the past tense with the main verb in the present:

I would not have sold... לֹא הָיִיתִי מוֹכֵר...

Had I known that there is a treasure in the field, I would not have sold it. — לוּ יָדַעְתִּי שֶׁיֵּשׁ אוֹצָר בַּשָּׂדֶה, לֹא הָיִיתִי מוֹכֵר אוֹתוֹ.

Had you come yesterday, you would have met him. — לוּ בָּאתָ אֶתְמוֹל, הָיִיתָ פּוֹגֵשׁ אוֹתוֹ.

2. In a future conditional sentence, the main clause is introduced by the conjunction אִם . The verb in the main clause, as well as the verb in the resultant clause, comes in the future.

If you come, I shall be happy. אִם תָּבוֹא, אֶשְׂמַח.

If you run quickly, you will fall. אִם תָּרוּץ מַהֵר, תִּפֹּל.

**II.** בִּשְׁבִיל **and** בְּעַד **.** בִּשְׁבִיל is used in the sense: "for the sake of," "for the benefit of." בְּעַד is used in the sense: "in exchange of," "in payment of," and also in the sense: "pro," "in favor of."

| | |
|---|---|
| I bought a field for my son. | קָנִיתִי שָׂדֶה בִּשְׁבִיל בְּנִי. |
| I paid a thousand dollars for the field. | שִׁלַּמְתִּי אֶלֶף דּוֹלָר בְּעַד הַשָּׂדֶה. |
| I am for peace and against war. | אֲנִי בְּעַד שָׁלוֹם וְנֶגֶד מִלְחָמָה. |

**III. The Inflection of** בְּעַד **.** When a personal pronoun is the object of בְּעַד , the two are combined by the inflection of בְּעַד.

| | | | | |
|---|---|---|---|---|
| בַּעֲדִי | בַּעַדְךָ | בַּעֲדֵךְ | בַּעֲדוֹ | בַּעֲדָהּ |
| בַּעֲדֵנוּ | בַּעַדְכֶם | בַּעַדְכֶן | בַּעֲדָם | בַּעֲדָן |

## בִּשְׁבִיל מִי זוֹרַחַת הַשֶּׁמֶשׁ?

אֲלֶכְּסַנְדֶּר הַגָּדוֹל, מֶלֶךְ יָוָן, כָּבַשׁ מְדִינוֹת רַבּוֹת בַּצָּפוֹן וּבַדָּרוֹם, בַּמִּזְרָח וּבַמַּעֲרָב. מִזְּמַן לִזְמַן הָיָה מְבַקֵּר בַּמְּדִינוֹת שֶׁכָּבַשׁ, כִּי רָצָה לְהַכִּיר אֶת הַמַּצָּב מִקָּרוֹב וְלִרְאוֹת אֵיךְ מִתְפַּתְּחִים הָעִנְיָנִים.

פַּעַם אַחַת בִּקֵּר אֲלֶכְּסַנְדֶּר בְּאֶרֶץ אַחַת, שֶׁהָיְתָה יְדוּעָה בְּמַנְהִיגֶיהָ הַיָּפִים. כַּאֲשֶׁר יָשַׁב אֲלֶכְּסַנְדֶּר בְּאַרְמוֹן הַמֶּלֶךְ שֶׁל הָאָרֶץ הַזֹּאת, הוֹפִיעוּ שְׁנֵי אֲנָשִׁים לִפְנֵי הַמֶּלֶךְ לְמִשְׁפָּט. הִסְתַּכֵּל בָּהֶם הַמֶּלֶךְ וְשָׁאַל אוֹתָם:

— מָה הָרִיב בֵּינֵיכֶם?

עָנָה הָרִאשׁוֹן:

— לִפְנֵי חֹדֶשׁ קָנִיתִי שָׂדֶה מֵהָאִישׁ הַזֶּה. כַּאֲשֶׁר הִתְחַלְתִּי לַחְפֹּר בָּאֲדָמָה הָרַכָּה כְּדֵי לִנְטֹעַ עֵץ, פָּגַעְתִּי בְּמַשֶּׁהוּ קָשֶׁה מִתַּחַת. הִפְסַקְתִּי לְרֶגַע. כַּאֲשֶׁר הִמְשַׁכְתִּי לַחְפֹּר, מָצָאתִי, לְהַפְתָּעָתִי הַגְּדוֹלָה, אוֹצָר שֶׁל כֶּסֶף וְזָהָב, תַּכְשִׁיטִים וַאֲבָנִים יְקָרוֹת. מִיָּד הָלַכְתִּי אֶל הַמּוֹכֵר לְהַגִּיד לוֹ מַה שֶּׁקָּרָה וּלְהָשִׁיב לוֹ אֶת הָאוֹצָר. אָמַרְתִּי לוֹ: "מָצָאתִי אוֹצָר בַּשָּׂדֶה. שִׁלַּמְתִּי לְךָ רַק בְּעַד הַשָּׂדֶה, וְלֹא בְּעַד הָאוֹצָר. לְפִי דַּעְתִּי הָאוֹצָר שַׁיָּךְ לְךָ, כִּי לוּ יָדַעְתָּ שֶׁיֵּשׁ בּוֹ אוֹצָר, לֹא הָיִיתָ מוֹכֵר לִי אֶת הַשָּׂדֶה". אֲבָל, אֲדוֹנִי הַמֶּלֶךְ, הִמְשִׁיךְ הַקּוֹנֶה, הַמּוֹכֵר מִתְנַגֵּד לְדַעְתִּי וּמְסָרֵב לָקַחַת אֶת הָאוֹצָר מִמֶּנִּי.

— מַדּוּעַ אַתָּה מְסָרֵב לְקַבֵּל אֶת הָאוֹצָר מִמֶּנּוּ? שָׁאַל הַמֶּלֶךְ אֶת הַמּוֹכֵר.

עָנָה הַמּוֹכֵר וְהִסְבִּיר:

— נָכוֹן, לוּ יָדַעְתִּי שֶׁיֵּשׁ בּוֹ אוֹצָר, לֹא הָיִיתִי מוֹכֵר אֶת הַשָּׂדֶה. אֲבָל, לְפִי דַּעְתִּי, כֵּיוָן שֶׁהַשָּׂדֶה נִמְכַּר בְּלִי שׁוּם תְּנַאי, כָּל מַה שֶּׁיֵּשׁ בַּשָּׂדֶה שַׁיָּךְ לַקּוֹנֶה.

שָׁאַל הַמֶּלֶךְ אֶת הַמּוֹכֵר:

— הַאִם יֵשׁ לְךָ בֵּן?

עָנָה הַמּוֹכֵר: "כֵּן".

שָׁאַל הַמֶּלֶךְ אֶת הַקּוֹנֶה:

— הַאִם יֵשׁ לְךָ בַּת?

עָנָה הַקּוֹנֶה: "כֵּן".

אָמַר הַמֶּלֶךְ:

— אִם כֵּן, יִקַּח הַבֵּן אֶת הַבַּת לְאִשָּׁה, וְהָאוֹצָר יִנָּתֵן לֶחָתָן וְלַכַּלָּה כְּמַתָּנָה לַחֲתוּנָּה.

שְׁנֵי הָאֲנָשִׁים, הַמּוֹכֵר וְהַקּוֹנֶה, הוֹדוּ לַמֶּלֶךְ וְיָצְאוּ שְׂמֵחִים מִן הָאַרְמוֹן.

אֲלֶכְּסַנְדֶּר יָשַׁב כָּל הַזְּמַן בַּצַּד, וְלֹא אָמַר מִלָּה. הַדָּבָר הָיָה לְפֶלֶא בְּעֵינָיו. קָשֶׁה הָיָה לוֹ לְהַאֲמִין לְכָל מַה שֶּׁעֵינָיו רָאוּ וְאָזְנָיו שָׁמְעוּ.

כַּאֲשֶׁר שְׁנֵיהֶם נִשְׁאֲרוּ לְבַדָּם, שָׁאַל הַמֶּלֶךְ אֶת אֲלֶכְּסַנְדֶּר:

— לוּ אַתָּה הָיִיתָ בִּמְקוֹמִי מֶה הָיִיתָ עוֹשֶׂה?

— יֵשׁ לְךָ לֵב רַךְ. לוּ בָּאוּ הָאֲנָשִׁים הָאֵלֶּה לְפָנַי, הָיִיתִי מְצַוֶּה לַהֲרֹג אֶת שְׁנֵיהֶם, וְהָיִיתִי לוֹקֵחַ אֶת הָאוֹצָר לְעַצְמִי! עָנָה אֲלֶכְּסַנְדֶּר.

— הַאִם הַשֶּׁמֶשׁ זוֹרַחַת בְּאַרְצְךָ? שָׁאַל הַמֶּלֶךְ.

— בְּוַדַּאי! עָנָה אֲלֶכְּסַנְדֶּר.

— הַאִם יוֹרְדִים גְּשָׁמִים בְּאַרְצְךָ? שָׁאַל שׁוּב הַמֶּלֶךְ.

— בְּוַדַּאי!

— הַאִם יֵשׁ בְּהֵמוֹת, חַיּוֹת וְעוֹפוֹת בְּאַרְצְךָ?

— בְּוַדַּאי!

— אִם כֵּן, אָמַר הַמֶּלֶךְ בִּרְצִינוּת, הַשֶּׁמֶשׁ זוֹרַחַת וְהַגְּשָׁמִים יוֹרְדִים בְּאַרְצְךָ רַק בִּזְכוּת הַבְּהֵמוֹת, הַחַיּוֹת וְהָעוֹפוֹת!

## תַּרְגִּילִים

א. ענו במשפטים שלמים:

1. מַדּוּעַ הָיָה מְבַקֵּר אֲלֶכְּסַנְדֶּר בַּמְּדִינוֹת שֶׁבְּכֶבֶשׁ?
2. מַדּוּעַ רָצָה הַקּוֹנֶה לָתֵת אֶת הָאוֹצָר לַמּוֹכֵר?
3. מַדּוּעַ לֹא רָצָה הַמּוֹכֵר לְקַבֵּל אֶת הָאוֹצָר?
4. לְמִי נָתַן הַמֶּלֶךְ אֶת הָאוֹצָר?
5. מֶה הָיָה עוֹשֶׂה אֲלֶכְּסַנְדֶּר, לוּ הוּא הָיָה הַשּׁוֹפֵט?

ב. תרגמו:

1. To whom does this dress belong? 2. Finally, the waiter appeared with a menu in his hand. 3. Many times a quarrel begins with (from) a simple thing. 4. I will come on (in) condition that you (m.pl.) will not invite any other person. 5. There were in Greece good customs and bad customs. 6. Had you told the truth to the judge, you (m.s.) would not have received such a severe punishment. 7. The sun is shining in this world by the merit of the

righteous people. 8. Had he known the customs of this country, he would not have come to live here. 9. The judge said angrily: "You (m.s.) have no right to this inheritance." 10. The market was full of buyers and all the animals were sold in a short time. 11. He refuses to be helped by his friends. 12. Had you (m.s.) returned the book to me yesterday, I (f.) would have prepared myself for the test much better. 13. How much did you (f.s.) pay for the tickets to the theater? 14. Since I (m.) know Hebrew, I help her from time to time to prepare her homework. 15. Had I recognized him, I (f.) would not have given him any donation (alms). 16. Your (f.s.) description of Israel arouses in me a strong desire to visit there soon.

# שִׁעוּר סד (64)

| | |
|---|---|
| אָהוּב, אֲהוּבָה | beloved, *part.* |
| בְּאֵר (בְּאֵרוֹת) | well, *n.f.* |
| בֻּבָּה (בֻּבּוֹת) | doll |
| גָּדֵר (גְּדֵרוֹת) | fence, *n.f.* |
| חִבֵּק (לְחַבֵּק) | hugged, embraced |
| חָלָב | milk |
| חֹם | heat; fever; temperature |
| כְּאִלּוּ | as if, as though |
| כֶּלֶב (כְּלָבִים) | dog |
| לְמַטָּה | down; downstairs; below |
| לְמַעְלָה | up; upstairs; above |
| לִקֵּק (לְלַקֵּק) | licked |
| מִיץ (מִיצִים) | juice |
| מֵעַל לְ... | over; above |
| נֶפֶשׁ (נְפָשׁוֹת) | soul; person, *n.f.* |
| סָבִיב | around |
| מִסָּבִיב | roundabout |
| שָׁכֵן (שְׁכֵנִים) | neighbor |
| שֵׁן (שִׁנַּיִם) | tooth, *n.f.* |
| תִּינוֹק (תִּינוֹקוֹת) | baby, *m.* |
| תִּינֹקֶת (תִּינוֹקוֹת) | baby, *f.* |

בִּשְׁלֹשָׁה דְּבָרִים הָאָדָם נִכָּר (אֶפְשָׁר לְהַכִּיר): בְּכוֹסוֹ, בְּכִיסוֹ וּבְכַעֲסוֹ. (מִן הַתַּלְמוּד)

## דִּקְדּוּק

**The Gender of the Noun.** You have already learned that nouns ending in הָ or ת are feminine. This rule has to be further expanded.

**I. Nouns Ending in "ת".** Such nouns are feminine only when the ת is a non radical letter. E.g.,

מַחְבֶּרֶת — is derived from the stem חבר

צַלַּחַת — is derived from the stem צלח

But if the final ת is a radical letter, then the noun is masculine.* E.g.,

בַּיִת — is derived from the stem בות

מָוֶת — is derived from the stem מות

*There is a small number of such nouns. Here are the important ones: sign — אוֹת; olive — זַיִת; sign (example) — מוֹפֵת; crew — צֶוֶת; service — שֵׁרוּת;

**II.** לַיְלָה . לַיְלָה is masculine because it is basically לַיִל , and the "ה" is merely a poetic ending. That is also why the accent falls on the first syllable לַ֫יְלָה, whereas in all feminine nouns, ending in ָה , the accent falls on the last syllable.

**III. Countries and Cities.** All names of countries and cities and the nouns "city" and "country" are feminine. E.g.,

אֶרֶץ, עִיר, יִשְׂרָאֵל, יְרוּשָׁלַיִם, יָוָן, רוֹמָא

**IV. Organs of the Body.** Organs of the body that come in pairs are feminine:

אֹזֶן, יָד, רֶגֶל, עַיִן, שָׂפָה, שֵׁן

**V. Exceptions.** There is a limited number of nouns which are feminine by exception. Here are most of these nouns:

1. אֶבֶן (אֲבָנִים) — stone
2. אֵשׁ (אִשִּׁים) — fire
3. בְּאֵר (בְּאֵרוֹת) — well
4. גָּדֵר (גְּדֵרוֹת) — fence
5. חֶרֶב (חֲרָבוֹת) — sword
6. חָצֵר (חֲצֵרוֹת) — court
7. כּוֹס (כּוֹסוֹת) — glass; cup
8. כַּף (כַּפּוֹת)* — spoon
9. לָשׁוֹן (לְשׁוֹנוֹת) — tongue
10. מַחַט (מְחָטִים) — needle
11. נַעַל (נַעֲלַיִם) — shoe
12. נֶפֶשׁ (נְפָשׁוֹת) — soul
13. פַּעַם (פְּעָמִים)* — time
14. צִפּוֹר (צִפֳּרִים) — bird

**VI. Nouns of Common Gender.** There are several nouns which are of common gender, such as:

sun — שֶׁמֶשׁ ; wind — רוּחַ ; face — פָּנִים ; road — דֶּרֶךְ

Usage, however, prefers the feminine for these nouns.

*The original meaning of פַּעַם is "foot," and that of כַּף is "palm" (of the hand), and therefore they follow the rule governing the organs of the body.

## הַכֶּלֶב וְהַבֶּבָּה

הַדָּבָר קָרָה בַּקַּיִץ לִפְנֵי שָׁנִים רַבּוֹת, אֲבָל אֲנִי זוֹכֵר אוֹתוֹ כְּאִלּוּ זֶה קָרָה רַק אֶתְמוֹל. הָיִיתִי אָז יֶלֶד בֶּן תֵּשַׁע שָׁנִים. גַּרְנוּ בַּעֲיָרָה קְטַנָּה. הָיָה לָנוּ בַּיִת לָבָן יָפֶה, שֶׁעָמַד בְּתוֹךְ חָצֵר גְּדוֹלָה. מִסָּבִיב לֶחָצֵר הָיְתָה גָּדֵר יְרֻקָּה גְּבוֹהָה. לְיַד הַגָּדֵר הָיְתָה בְּאֵר וּבָהּ מַיִם קָרִים וּמְתוּקִים.

עֶרֶב אֶחָד בָּאוּ אֵלֵינוּ אוֹרְחִים. הַחֹם בַּבַּיִת הָיָה נוֹרָא. יָצָאנוּ עִם הָאוֹרְחִים לֶחָצֵר. אִמָּא הֵבִיאָה גְּלִידָה, מִיץ קַר, וְלַיְלָדִים גַּם כּוֹסוֹת גְּדוֹלוֹת וּבָהֶן חָלָב קַר. הַכֶּלֶב הָאָהוּב שֶׁלִּי "גִּיל" שָׁכַב לְיָדִי עַל אֶבֶן אַחַת. בִּלְשׁוֹנוֹ הָאֲרֻכָּה וְהָאֲדֻמָּה הוּא לִקֵּק אֶת נַעֲלַי הַחֲדָשׁוֹת.

הַמְּבֻגָּרִים הָיוּ עֲסוּקִים בְּשִׂיחָה, וְהַקְּטַנִּים שִׂחֲקוּ בְּכַדּוּר. פִּתְאֹם הִגִּיעוּ לְאָזְנֵינוּ קוֹלוֹת מִן הֶחָצֵר שֶׁל הַשָּׁכֵן. רַצְנוּ אֶל הַשַּׁעַר. רָאִינוּ אֵשׁ חֲזָקָה פּוֹרֶצֶת מִן הַבַּיִת.

לְמַטָּה עָמְדוּ הַשָּׁכֵן וְאִשְׁתּוֹ וְצָעֲקוּ: "הַתִּינוֹק שֶׁלָּנוּ! הַתִּינוֹק שֶׁלָּנוּ!"

רָצִינוּ לַעֲזֹר, אֲבָל לֹא יָדַעְנוּ מַה לַּעֲשׂוֹת, כִּי הַסַּכָּנָה הָיְתָה גְּדוֹלָה מְאֹד. פִּתְאֹם רָאִינוּ אֶת הַכֶּלֶב קוֹפֵץ מֵעַל לַגָּדֵר, וָרָץ לְמַעְלָה לְתוֹךְ הַבַּיִת. אַחֲרֵי דַּקּוֹת אֲחָדוֹת הוֹפִיעַ הַכֶּלֶב עִם הַתִּינוֹק. רָצִיתִי לְחַבֵּק אוֹתוֹ, אֲבָל "גִּיל" שָׂם מַהֵר אֶת הַתִּינוֹק עַל הָאָרֶץ, לֹא חִכָּה אַף רֶגַע, וּמִיָּד רָץ שׁוּב אֶל הַבַּיִת.

הַשָּׁכֵן הִתְחִיל לִצְעֹק:

— גִּיל! גִּיל! שׁוּב! שׁוּב! אֵין עוֹד נֶפֶשׁ חַיָּה לְמַעְלָה!

הַכֶּלֶב לֹא שָׂם לֵב לַקְּרִיאוֹת שֶׁל הַשָּׁכֵן, וְקָפַץ יָשָׁר אֶל הַבַּיִת.

דַּקּוֹת אֲחָדוֹת עָבְרוּ וְהַכֶּלֶב עוֹד לֹא חָזַר. לִבִּי דָּפַק מִפַּחַד. הִתְחַלְתִּי לִבְכּוֹת. הָיִיתִי בָּטוּחַ שֶׁזֶּה הַסּוֹף שֶׁל הַכֶּלֶב הָאָהוּב שֶׁלִּי. פִּתְאֹם הוֹפִיעַ "גִּיל" וּבֻבָּה גְּדוֹלָה וְרַכָּה בֵּין שִׁנָּיו הַלְּבָנוֹת. כָּל הָאֲנָשִׁים פָּרְצוּ בִּצְחוֹק. וַאֲנִי רַצְתִּי לִקְרָאתוֹ, תָּפַסְתִּי אוֹתוֹ בִּשְׁתֵּי יָדַי, לָחַצְתִּי אוֹתוֹ אֶל לִבִּי, וְחִבַּקְתִּי אוֹתוֹ בְּאַהֲבָה וּבִדְמָעוֹת.

## תַּרְגִּילִים

א. ענו במשפטים שלמים:

1. אֵיפֹה יָשְׁבָה הַמִּשְׁפָּחָה עִם הָאוֹרְחִים? וּמַדּוּעַ?
2. מַה הֵם רָאוּ כַּאֲשֶׁר הִגִּיעוּ לַשַּׁעַר?
3. מֶה עָשָׂה הַכֶּלֶב?
4. מַה צָּעַק הַשָּׁכֵן לַכֶּלֶב כַּאֲשֶׁר הוּא רָץ אֶל הַבַּיִת בַּפַּעַם הַשְּׁנִיָּה?
5. מַדּוּעַ רָץ הַכֶּלֶב אֶל הַבַּיִת בַּפַּעַם הַשְּׁנִיָּה?

ב. תרגמו:

1. In the summer, when the heat is great, it is pleasant to take a walk (to stroll) by (near) the river. 2. The dog tore the dress of the doll. 3. He is an excellent dentist (physician of teeth), and his brother is a well-known pediatrician (physician of children). 4. My father built by himself a high fence around our yard. 5. The dog licks the milk that was spilled on the floor by the baby. 6. We (m.) are very sad because our beloved neighbor died suddenly. 7. It was dark, no living soul was outside. 8. The waiter brought a glass of juice instead of a glass of milk. As it seems, he did not hear well my order. 9. The boy broke one leg when he jumped over the high fence. 10. The soldier hugged his mother lovingly when he returned home from the army. 11. My parents and I live in the same house, I live upstairs and they live downstairs. 12. The grandmother went down in the middle of the night and covered the baby. 13. Aren't you (m.s.) ashamed to speak with impudence to an old man like me? 14. Since you (m.s.) do not listen (hear) to my advice, I will not give you any help in the future. 15. It is hard to agree to such conditions.

ג: בַּחֲרוּ (choose) אֶת שֵׁם הַתֹּאַר (adjective) הַנָּכוֹן:

1. יָד (חָזָק, חֲזָקָה)
2. כּוֹס (מָלֵא, מְלֵאָה)
3. מִלִּים (חֲשׁוּבִים, חֲשׁוּבוֹת)
4. חַלּוֹנוֹת (סְגוּרִים, סְגוּרוֹת)
5. קוֹלוֹת (נְעִימִים, נְעִימוֹת)
6. עָרִים (גְּדוֹלִים, גְּדוֹלוֹת)
7. נֶפֶשׁ (בָּרִיא, בְּרִיאָה)
8. לָשׁוֹן (אָדֹם, אֲדֻמָּה)
9. מָוֶת (מַר, מָרָה)
10. לַיְלָה (קַר, קָרָה)
11. צִפּוֹר (קָטָן, קְטַנָּה)
12. אֵשׁ (אָדֹם, אֲדֻמָּה)
13. אֲבָנִים (יְקָרִים, יְקָרוֹת)
14. שִׁנַּיִם (לְבָנִים, לְבָנוֹת)
15. פְּעָמִים (אֲחֵרִים, אֲחֵרוֹת)
16. שָׁנִים (טוֹבִים, טוֹבוֹת)
17. שָׂדוֹת (רֵיקִים, רֵיקוֹת)
18. אֲרוֹנוֹת (פְּתוּחִים, פְּתוּחוֹת)
19. רַגְלַיִם (אֲרֻכִּים, אֲרֻכּוֹת)
20. כַּף (מָלֵא, מְלֵאָה)

# שִׁעוּר סה (65)

| | | | |
|---|---|---|---|
| fell upon; attacked | נפל, לְהִתְנַפֵּל) הִתְנַפֵּל עַל) | egg | בֵּיצָה (בֵּיצִים) |
| | | fled, ran away | בָּרַח (לִבְרֹחַ) |
| sign | סִימָן (סִימָנִים) | cheese | גְּבִינָה (גְּבִינוֹת) |
| rifle, gun | רוֹבֶה (רוֹבִים) | butter | חֶמְאָה (חֶמְאוֹת) |
| hung; suspended | תָּלָה (לִתְלוֹת) | shot at | יָרָה (לִירוֹת) בְּ... |
| fled for his life | בָּרַח לְנַפְשׁוֹ | faithful | נֶאֱמָן, נֶאֱמָנָה |

What do you care? What does it matter to you? מָה אִכְפַּת לְךָ?

I don't care; it does not matter to me לֹא אִכְפַּת לִי

If you don't mind אִם לֹא אִכְפַּת לְךָ

כָּל הָרוֹדֵף אַחַר הַכָּבוֹד, הַכָּבוֹד בּוֹרֵחַ מִמֶּנּוּ. (עַל פִּי הַתַּלְמוּד)

דִּקְדּוּק

**I. The Segolate Noun.** The segolate nouns comprise one of the largest groups of noun patterns (מִשְׁקָלִים). A segolate noun is a two-syllable noun whose second syllable is vocalized by a סֶגּוֹל, with the accent falling on the first syllable. The first syllable may be סֶגּוֹל , צֵירֶה or חוֹלָם . E.g., בֶּגֶד, סֵפֶר, חֹדֶשׁ .

1. If the middle letter of a segolate noun is a guttural, then both syllables are vocalized by a פַּתָּח : כַּעַס, שַׁעַר, פַּחַד . There are several exceptions to this rule with לֶחֶם being the most important one of them.

2. If the third radical of a segolate noun is "ח" or an "ע" , then only the second syllable is vocalized by a פַּתָּח. E.g., פֶּרַח, פֶּצַע.

**II. The Inflection of the Segolate Noun.** The segolate noun undergoes inner vowel changes in the inflection. The סֶגּוֹל of the second syllable always changes to a שְׁוָא (in the gutturals, to a חֲטַף־פַּתָּח ). The vowel of the first syllable will undergo one of the following changes:

1. In nouns whose initial syllable is vocalized by a סֶגּוֹל or צֵירֶה , these vowels change either to a חִירִיק or to a פַּתָּח . There are no rules by which to determine whether the first syllable is vocalized by a חִירִיק or by פַּתָּח .*

   דֶּרֶךְ — דַּרְכֵּי    יֶלֶד — יַלְדֵי
   
   סֵפֶר — סִפְרֵי    בֶּגֶד — בִּגְדֵי

   However, if the first radical is a guttural, and it is vocalized by a סֶגּוֹל , it changes to a פַּתָּח .

   אֶבֶן — אַבְנֵי    עֶבֶד — עַבְדֵי

2. In nouns whose middle radical is a guttural, the initial פַּתָּח remains unchanged in the inflection.

   נַעַר — נַעֲרֵי    פַּחַד — פַּחְדֵי

3. In nouns whose initial syllable is vocalized by a חוֹלָם , the חוֹלָם changes to a קָמָץ קָטָן (phonetically the קָמָץ קָטָן is equivalent to the חוֹלָם ).

   אֹזֶן — אָזְנֵי    חֹדֶשׁ — חָדְשֵׁי    עֹשֶׁר — עָשְׁרֵי

---

*Of the nouns we have encountered thus far, the following are inflected like בֶּגֶד — בִּגְדֵי :

גֶּשֶׁם, גֶּשֶׁר, סֵמֶל, סֵפֶר, פֶּלֶא, פֶּצַע, פֶּרַח,
פֶּסֶל, צֶדֶק, קֶמַח, רֶגַע, רֶשֶׁת, שֶׁלֶג, שֶׁמֶשׁ, שֶׁקֶט, שֶׁקֶר

while the following are inflected like דֶּרֶךְ — דַּרְכֵּי :

דֶּלֶת, יֶלֶד, כֶּלֶב, כֶּסֶף, לֶחֶם, מֶלֶךְ, נֶפֶשׁ, רֶגֶל

**III. The סְמִיכוּת of the Singular Segolate Noun.** This class of nouns does not change in the סְמִיכוּת .

הַבֶּגֶד שֶׁל הָאִישׁ = בֶּגֶד הָאִישׁ

The noun חֶדֶר is an exception, as it becomes חֲדַר in the סְמִיכוּת.

הַחֶדֶר שֶׁל הָאֹכֶל = חֲדַר הָאֹכֶל

## הָעֶבֶד הֶחָכָם

הַדָּבָר קָרָה לִפְנֵי שָׁנִים רַבּוֹת כַּאֲשֶׁר לֹא הָיָה בָּעוֹלָם לֹא דֹּאַר, לֹא טֶלֶפוֹן וְלֹא חַשְׁמַל. בַּיָּמִים הָהֵם הָיוּ שׁוֹלְחִים מִכְתָּבִים אוֹ כְּסָפִים מֵעִיר לְעִיר וּמִמְּדִינָה לִמְדִינָה עַל יְדֵי שְׁלִיחִים פְּרָטִיִּים.

בְּעִיר אַחַת גָּר סוֹחֵר עָשִׁיר, וְלוֹ הָיָה עֶבֶד נֶאֱמָן. פַּעַם אַחַת שָׁלַח הַסּוֹחֵר כֶּסֶף לְעִיר אַחֶרֶת בִּידֵי עַבְדּוֹ הַנֶּאֱמָן. הָעֶבֶד שָׂם אֶת הַכֶּסֶף בְּכִיס בִּגְדוֹ וְיָצָא לְדַרְכּוֹ.

בַּדֶּרֶךְ אֶל הָעִיר עָבַר הָעֶבֶד עַל־יַד יַעַר. הָיָה שֶׁקֶט מִסָּבִיב. רוּחַ מִזְרָחִית קַלָּה נָשְׁבָה. קוֹלוֹת מְתוּקִים וּנְעִימִים שֶׁל צִפֳּרִים הִגִּיעוּ לְאָזְנָיו מִתּוֹךְ הַיַּעַר. הָעֶבֶד הֶחְלִיט לְהִכָּנֵס לַיַּעַר כְּדֵי לָנוּחַ קְצָת מִן הַנְּסִיעָה הָאֲרֻכָּה. הוּא יָשַׁב שָׁם עַל אֶבֶן אַחַת תַּחַת עֵץ יָרֹק, וְהִקְשִׁיב לַקּוֹלוֹת הַשּׁוֹנִים שֶׁנִּשְׁמְעוּ מִכָּל צַד. הוּא הוֹצִיא מִיַּלְקוּטוֹ אֶת הָאֹכֶל שֶׁהֵכִין לַדֶּרֶךְ, לֶחֶם שָׁחוֹר, חֶמְאָה, גְּבִינָה וּבֵיצִים קָשׁוֹת, וְהִתְחִיל לֶאֱכֹל. פִּתְאֹם הוֹפִיעַ שׁוֹדֵד מִתּוֹךְ הָעֵצִים הַצְּפוּפִים. הַשּׁוֹדֵד הוֹצִיא רוֹבֶה מִתַּחַת מְעִילוֹ, וְדָרַשׁ מִן הָעֶבֶד אֶת כַּסְפּוֹ.

— הַכֶּסֶף שֶׁנִּמְצָא אֶצְלִי הוּא לֹא כַּסְפִּי, אָמַר הָעֶבֶד, הוּא שַׁיָּךְ לַאֲדוֹנִי. אֲנִי רַק שָׁלִיחַ. בְּבַקָּשָׁה, עֲשֵׂה לִי טוֹבָה, שְׁלַח כַּדּוּר בְּבִגְדִי. כַּאֲשֶׁר אָשׁוּב הַבַּיְתָה וְאַגִּיד לַאֲדוֹנִי, שֶׁשּׁוֹדֵד הִתְנַפֵּל עָלַי וְלָקַח אֶת כַּסְפּוֹ,הוּא יַאֲמִין לִי, כִּי הַחוֹר בְּבִגְדִי יִהְיֶה סִימָן שֶׁאֲנִי לֹא מְשַׁקֵּר.

הַשּׁוֹדֵד לֹא סֵרֵב, וְאָמַר:

— טוֹב, פְּשֹׁט מַהֵר אֶת בִּגְדְךָ, וְאֶעֱשֶׂה כְּבַקָּשָׁתְךָ.

הָעֶבֶד פָּשַׁט אֶת בִּגְדוֹ וְתָלָה אוֹתוֹ עַל עֵץ. הַשּׁוֹדֵד יָרָה בָּרוֹבֶה וְעָשָׂה חוֹר בַּבֶּגֶד.

הָעֶבֶד הוֹדָה לַשּׁוֹדֵד, וְשׁוּב פָּנָה אֵלָיו וְאָמַר:

— בְּבַקָּשָׁה, שְׁלַח גַּם כַּדּוּר בַּנַּעֲלַיִם. אָז יָבִין אֲדוֹנִי שֶׁהָיִיתִי בְּסַכָּנַת מָוֶת.

הַשּׁוֹדֵד הִסְכִּים לְבַקָּשָׁתוֹ, וְאָמַר:

— זֶה רַעְיוֹן מְצֻיָּן. תֵּכֶף וּמִיָּד אֶעֱשֶׂה גַּם זֹאת.

הָעֶבֶד שָׂם אֶת הַנַּעֲלַיִם עַל הָאָרֶץ. הַשּׁוֹדֵד יָרָה בְּנַעַל אַחַת. הַכַּדּוּר פָּגַע בַּנַּעַל וְעָשָׂה בָּהּ חוֹר.

— אִם לֹא אִכְפַּת לְךָ, אָמַר שׁוּב הָעֶבֶד, שְׁלַח כַּדּוּר גַּם בְּנַעֲלִי הַשְּׁנִיָּה, כְּדֵי שֶׁאֲדוֹנִי יֵדַע כַּמָּה גְּדוֹלָה הָיְתָה הַסַּכָּנָה שֶׁנִּמְצֵאתִי בָּהּ.

הַשּׁוֹדֵד הֵרִים אֶת הָרוֹבֶה וְרָצָה לִירוֹת בַּנַּעַל הַשְּׁנִיָּה. אֲבָל, לְהַפְתָּעָתוֹ הַגְּדוֹלָה, אַף כַּדּוּר אֶחָד לֹא יָצָא מִן הָרוֹבֶה שֶׁלּוֹ.

— אוֹי, קָרָא הַשּׁוֹדֵד, לֹא נִשְׁאֲרוּ לִי עוֹד כַּדּוּרִים!

בָּרֶגַע הַזֶּה קָפַץ הָעֶבֶד מִמְּקוֹמוֹ, תָּפַס אֶת בִּגְדוֹ וּבָרַח לְנַפְשׁוֹ.

## תַּרְגִּילִים

א. ענו במשפטים שלמים:

1. אֵיךְ הָיוּ שׁוֹלְחִים מִכְתָּבִים בַּיָּמִים כְּשֶׁלֹּא (כַּאֲשֶׁר לֹא) הָיָה עוֹד דֹּאַר?
2. מִי הִתְנַפֵּל עַל הָעֶבֶד בַּדֶּרֶךְ, וּמַה הוּא דָּרַשׁ מִמֶּנּוּ?
3. מַה בִּקֵּשׁ הָעֶבֶד מֵהַשּׁוֹדֵד?
4. מַדּוּעַ לֹא יָרָה הַשּׁוֹדֵד בַּנַּעַל הַשְּׁנִיָּה?
5. מֶה עָשָׂה הָעֶבֶד בַּסּוֹף?

ב. תרגמו:

1. Everyone in my family likes all kinds of cheese. 2. I entered (to) the house, I took off my coat and hung it in the closet. 3. A loyal friend is always ready to help. 4. The messenger grabbed (seized) a gun and shot the robber who

demanded his money. 5. I will remain only a few months in this state. 6. When a person eats well, it is a sign that he is healthy. 7. Every morning I (m.) eat bread and butter, a little piece of cheese and two eggs. 8. When our loyal soldiers approached (to) the city, the enemy fled for his life. 9. Be quiet (m.s.), don't tell a thing. Don't you know that walls have ears? 10. This rifle belongs to the soldier who visited us last week. 11. The lion attacked the farmer's goat. 12. It does not matter to me that only a month remains till the end of my vacation. 13. The dog looked at me with eyes full of thanks when I gave him a piece of meat. 14. It is a wonder that the slave returned home safely (in peace). 15. All the children sat around (roundabout) the table and listened to the stories of their father. 16. Please tell me, how I can reach (arrive) highway number nine?

ג. כִּתְבוּ בְּמִלָּה אַחַת:

הַכֶּסֶף שֶׁלִּי — כַּסְפִּי

1. הָאֶבֶן שֶׁלָּךְ —
2. הָאָרֶץ שֶׁלָּנוּ —
3. הַבַּעַל שֶׁלָּהּ —
4. הַבֶּגֶד שֶׁלָּהֶם —
5. הַדֶּרֶךְ שֶׁלְּךָ —
6. הַחֶדֶר שֶׁלִּי —
7. הַיֶּלֶד שֶׁלָּכֶם —
8. הַחֹדֶשׁ שֶׁלּוֹ —
9. הַלֶּחֶם שֶׁלִּי —
10. הָעֹנֶשׁ שֶׁלָּהּ —
11. הָעֶצֶם שֶׁלָּהֶן —
12. הַפֶּרַח שֶׁלָּךְ —

# שִׁעוּר סו (66)

| | | | |
|---|---|---|---|
| בֵּינְתַיִם | in the meantime; meanwhile | יָשָׁן, יְשָׁנָה | old (with inanimate things) |
| גַּנָּב (גַּנָּבִים) | thief | (עטף, לְהִתְעַטֵּף) הִתְעַטֵּף | wrapped himself |
| גָּנַב (לִגְנֹב) | stole | עָטוּף, עֲטוּפָה | wrapped; enveloped, *part.* |
| (גנב, לְהִגָּנֵב) נִגְנַב | was stolen | | |
| חֲדַר הַלְבָּשָׁה | dressing room | צַעַר | sorrow; grief |
| חִיֵּךְ (לְחַיֵּךְ) | smiled | רָגִיל, רְגִילָה | usual; accustomed |
| חָסִיד (חֲסִידִים) | pious; pious man; a Ḥasid | (שאר, לְהַשְׁאִיר) הִשְׁאִיר | left (something) |
| טָעוּת (טָעֻיּוֹת) | error; mistake | | |

תָּלוּי, תְּלוּיָה hung; hanging, *part.*

בַּמָּקוֹם שֶׁאֵין אֲנָשִׁים הִשְׁתַּדֵּל לִהְיוֹת אִישׁ. (פִּרְקֵי אָבוֹת)

דִּקְדּוּק

**I. The Pluralization of the Segolate Noun.** The plural of the segolate noun has the following form: ×ְ ×ָ ×ִים | G̱ ×ָ×ִים

מֶלֶךְ — מְלָכִים | רֶגַע — רְגָעִים | עֶבֶד — עֲבָדִים

A few segolate nouns have the ending ×וֹת in the plural:

רֶשֶׁת — רְשָׁתוֹת | נֶפֶשׁ — נְפָשׁוֹת | אֶרֶץ — אֲרָצוֹת

**II. The Construct State ( סְמִיכוּת ) of the Plural Segolate Noun.**

The סְמִיכוּת has the following forms:

1. ×ִ ×ְ ×ֵי — בִּגְדֵי הָאִישׁ — The clothes of the man
2. ×ַ ×ְ ×ֵי — דַּרְכֵי הָאָרֶץ — The ways of the country
3. ×ִ ×ְ ×וֹת — רִשְׁתוֹת הַדַּיָּג — The nets of the fisherman
4. ×ַ ×ְ ×וֹת — נַפְשׁוֹת הַמֵּתִים — The souls of the dead

Whether the initial vowel is a חִירִיק or a פַּתָּח is determined by the inflection of the singular:

בִּגְדִי — בִּגְדֵי הָאִישׁ

דַּרְכִּי — דַּרְכֵי הָאָרֶץ

## III. The Inflection of the Plural Segolate Noun.

1. Segolate nouns whose סְמִיכוּת is of the form ×ַ×ְ×ֵי or ×ִ×ְ×ֵי are inflected according to the following paradigms:

בְּגָדִים (בִּגְדֵי)

בְּגָדַי

בְּגָדֶיךָ    בְּגָדַיִךְ

בְּגָדָיו    בְּגָדֶיהָ

בְּגָדֵינוּ

בִּגְדֵיכֶם    בִּגְדֵיכֶן

בִּגְדֵיהֶם    בִּגְדֵיהֶן

דְּרָכִים (דַּרְכֵי)

דְּרָכַי

דְּרָכֶיךָ    דְּרָכַיִךְ

דְּרָכָיו    דְּרָכֶיהָ

דְּרָכֵינוּ

דַּרְכֵיכֶם    דַּרְכֵיכֶן

דַּרְכֵיהֶם    דַּרְכֵיהֶן

2. Segolate nouns whose סְמִיכוּת is of the form ×ַ×ְ×וֹת or ×ִ×ְ×וֹת are inflected according to the following paradigms:

רְשָׁתוֹת (רִשְׁתוֹת)

רִשְׁתוֹתַי

רִשְׁתוֹתֶיךָ    רִשְׁתוֹתַיִךְ

רִשְׁתוֹתָיו    רִשְׁתוֹתֶיהָ

רִשְׁתוֹתֵינוּ

רִשְׁתוֹתֵיכֶם    רִשְׁתוֹתֵיכֶן

רִשְׁתוֹתֵיהֶם    רִשְׁתוֹתֵיהֶן

נְפָשׁוֹת (נַפְשׁוֹת)

נַפְשׁוֹתַי

נַפְשׁוֹתֶיךָ    נַפְשׁוֹתַיִךְ

נַפְשׁוֹתָיו    נַפְשׁוֹתֶיהָ

נַפְשׁוֹתֵינוּ

נַפְשׁוֹתֵיכֶם    נַפְשׁוֹתֵיכֶן

נַפְשׁוֹתֵיהֶם    נַפְשׁוֹתֵיהֶן

## אִישׁ חָסִיד הָיָה

אִישׁ חָסִיד אֶחָד הָיָה רָגִיל לָלֶכֶת בְּכָל עֶרֶב שַׁבָּת לְבֵית הַמֶּרְחָץ לְהִתְרַחֵץ לִכְבוֹד שַׁבָּת. עֶרֶב שַׁבָּת אֶחָד הָלַךְ הֶחָסִיד כְּדַרְכּוֹ וּמִנְהָגוֹ לְבֵית הַמֶּרְחָץ. הוּא נִכְנַס לַחֲדַר הַהַלְבָּשָׁה, הוֹרִיד אֶת כּוֹבָעוֹ מֵעַל רֹאשׁוֹ וְתָלָה אוֹתוֹ עַל הַקִּיר. פָּשַׁט אֶת הַמְּעִיל וְאֶת הַכֻּתֹּנֶת, הוֹרִיד אֶת הַמִּכְנָסַיִם, וְהִשְׁאִיר אֶת הַכֹּל עַל הַסַּפְסָל. אַחֲרֵי־כֵן יָרַד לְמַטָּה לְהִתְרַחֵץ. כַּאֲשֶׁר גָּמַר, חָזַר הֶחָסִיד לְמַעְלָה לַחֲדַר הַהַלְבָּשָׁה. כְּשֶׁרָצָה לְהִתְלַבֵּשׁ לֹא מָצָא אֶת בְּגָדָיו וְאֶת כַּסְפּוֹ, שֶׁהוּא שָׂם בְּכִיס הַמִּכְנָסַיִם.

— מַה קָּרָה לְכוֹבָעִי, שֶׁהָיָה תָּלוּי עַל הַקִּיר וְלִבְגָדַי, שֶׁהִשְׁאַרְתִּי עַל הַסַּפְסָל? שָׁאַל הֶחָסִיד אֶת שׁוֹמֵר הַבְּגָדִים בְּתִמָּהוֹן.

— לֹא רָאִיתִי אַף אֶחָד שֶׁנָּגַע בָּהֶם, אָמַר הַשּׁוֹמֵר. חַכֵּה רֶגַע וַאֲנִי אֲחַפֵּשׂ אוֹתָם.

הַשּׁוֹמֵר חִפֵּשׂ אֶת בִּגְדֵי הֶחָסִיד בְּכָל מָקוֹם וּבְכָל פִּנָּה, אֲבָל לֹא הִצְלִיחַ לִמְצֹא אוֹתָם. הוּא חָזַר אֶל הֶחָסִיד וְאָמַר לוֹ:

— אֲנִי מִצְטַעֵר מְאֹד, כַּנִּרְאֶה שֶׁבְּגָדֶיךָ נִגְנְבוּ. אֲבָל אַל תִּדְאַג! אֲנִי מַבְטִיחַ לְךָ, שֶׁאֶשְׁתַּדֵּל לִמְצֹא אֶת הַגַּנָּב שֶׁגָּנַב אֶת בְּגָדֶיךָ וְאֶת כַּסְפְּךָ.

— אוּלַי יֵשׁ לְךָ בֵּינְתַיִם בֶּגֶד יָשָׁן בִּשְׁבִילִי? אָמַר הֶחָסִיד.

— לְצַעֲרִי הָרַב, עָנָה הַשּׁוֹמֵר, אֵין אֶצְלִי שׁוּם בְּגָדִים יְשָׁנִים. יֵשׁ פֹּה מַגֶּבֶת נְקִיָּה וְרַכָּה, וְהִיא לֹא שַׁיֶּכֶת לְשׁוּם אָדָם. אִם לֹא אִכְפַּת לְךָ, קַח אוֹתָהּ וְהִתְעַטֵּף בָּהּ.

בָּרִאשׁוֹנָה סֵרֵב הֶחָסִיד, כִּי הִתְבַּיֵּשׁ לְהוֹפִיעַ עָטוּף בְּמַגֶּבֶת בַּחוּץ. כֵּיוָן שֶׁלֹּא הָיְתָה לוֹ דֶּרֶךְ אַחֶרֶת, הֶחְלִיט לָקַחַת אֶת הַמַּגֶּבֶת. לְמַזָּלוֹ הַטּוֹב הַדָּבָר קָרָה בַּקַּיִץ. בַּיּוֹם הַהוּא מֶזֶג הָאֲוִיר הָיָה חַם וְנָעִים. הוּא הִתְעַטֵּף בַּמַּגֶּבֶת וְהָלַךְ הַבַּיְתָה.

כַּאֲשֶׁר הָאִשָּׁה רָאֲתָה מֵרָחוֹק אֶת בַּעֲלָהּ מְטַיֵּל בָּרְחוֹב עָטוּף בְּמַגֶּבֶת, הַדָּבָר הִפְלִיא אוֹתָהּ. הִיא רָצָה לִקְרָאתוֹ וְקָרְאָה בְּקוֹל עָצוּב:

— מַה קָּרָה לְךָ? אֵיפֹה בְּגָדֶיךָ?

עָנָה הֶחָסִיד בְּשֶׁקֶט:

— כַּנִּרְאֶה, מִישֶׁהוּ עָשָׂה טָעוּת וְלָקַח אֶת בְּגָדַי בִּמְקוֹם בְּגָדָיו.
— אִם כֵּן, שָׁאֲלָה הָאִשָּׁה, אֵיפֹה הֵם בִּגְדֵי הָאִישׁ הַהוּא?
הֶחָסִיד חִיֵּךְ וְעָנָה:
— כַּנִּרְאֶה, הָאִישׁ הַהוּא שָׁכַח לְהַשְׁאִיר אֶת בְּגָדָיו.

## תַּרְגִּילִים

א. ענו במשפטים שלמים:

1. מֶה הָיָה הֶחָסִיד רָגִיל לַעֲשׂוֹת בְּכָל עֶרֶב שַׁבָּת?
2. מֶה עָשָׂה הֶחָסִיד כְּשֶׁנִּכְנַס לַחֲדַר הַהַלְבָּשָׁה?
3. מַה קָּרָה לְבִגְדֵי הֶחָסִיד?
4. אֵיזוֹ עֵצָה נָתַן לוֹ שׁוֹמֵר הַבְּגָדִים?
5. אֵיךְ רוֹאִים מֵהַסִּפּוּר שֶׁהָאִישׁ הָיָה חָסִיד?

ב. תרגמו:

1. My old car was stolen, but the policeman caught the thief. 2. It is impossible for a man to smile when he is in grief. 3. Every religious Jew prays three times (in) a day. 4. She took my books by (with) mistake. 5. The bathhouse is on the corner of that street. 6. Somebody told me that we will have a test tomorrow. Is this true? 7. When we (m.) go out in the evening, we generally leave the children with the grandmother. 8. I was cold and I wrapped myself in my winter coat. 9. This pious man (Hasid) is accustomed to fast two days every week. 10. He forgot his cane in the dressing room. 11. I was asleep (sleeping) and I didn't hear when the thieves entered the house. 12. There did not remain any sign of the snow after the sun shone for a few hours. 13. My dog is smarter than your dog. 14. We (m.) regret (are sorry) to inform you (m.s.) that we will be unable (not able) to fill your request. 15. I will serve supper at a quarter past seven; in the meantime take (f.s.) a glass of juice or a glass of milk. 16. I (m.) don't see any progress in his studies.

ג. כִּתְבוּ בְּמִלָּה אַחַת:

הַיְלָדִים שֶׁלִּי — יְלָדַי

1. הָאֲבָנִים שֶׁלְּךָ —
2. הָרַגְלַיִם שֶׁלָּהֶם —
3. הַדְּרָכִים שֶׁלָּנוּ —
4. הַכְּלָבִים שֶׁלִּי —
5. הַנְּעָרִים שֶׁלָּהּ —
6. הַסְּפָרִים שֶׁלְּךָ —
7. הָעֲבָדִים שֶׁלָּכֶם —
8. הַפְּרָחִים שֶׁלָּךְ —
9. הַכְּסָפִים שֶׁלְּךָ —
10. הַסְּמָלִים שֶׁלָּהֶם —
11. הָרְגָעִים שֶׁלּוֹ —
12. הָאֲרָצוֹת שֶׁלָּהֶם —

# שִׁעוּר סז (67)

| | | | |
|---|---|---|---|
| אָסוֹן (אֲסוֹנוֹת) | calamity; misfortune | נָבוֹךְ, נְבוֹכָה | perplexed; bewildered, *part.* |
| בִּשֵּׁל (לְבַשֵּׁל) | cooked, *v.tr.* | סִיר (סִירִים) | pot |
| בִּשּׁוּל | cooking, *n.* | סֻכָּר | sugar |
| (חזר, לְהַחֲזִיר) הֶחֱזִיר | returned (something) | (פרע, לְהַפְרִיעַ) הִפְרִיעַ | disturbed, *v.* |
| | | קֵץ (קִצִּים) | end, *n.* |
| כַּף (כַּפּוֹת) | spoon, *n.f.* | רֶמֶז (רְמָזִים) | hint; wink |
| כַּפִּית (כַּפִּיּוֹת) | tea spoon; small spoon | שָׁאַל (לִשְׁאֹל) | borrowed |
| | | (שאל, לְהַשְׁאִיל) הִשְׁאִיל | lent |
| מֶלַח (מְלָחִים) | salt | לָשִׂים קֵץ | to put an end |

טוֹב שָׁכֵן קָרוֹב מֵאָח רָחוֹק. (מִן הַמִּקְרָא)

דִּקְדּוּק

**I. The Inflection of Nouns of the** מִשְׁקָל × ֹ× ( חֹם ). A paradigm follows:

חֹם (סְמִיכוּת — חֹם)

חֻמִּי, חֻמְּךָ, חֻמֵּךְ, חֻמּוֹ, חֻמָּהּ

חֻמֵּנוּ, חֻמְּכֶם, חֻמְּכֶן, חֻמָּם, חֻמָּן

Note that, in monosyllabic nouns with a full חוֹלָם, the חוֹלָם is retained in the inflection (סוֹפִי, סוֹפְךָ, סוֹפֵךְ ...), whereas in those which do not have a full חוֹלָם, the חוֹלָם is changed to a קָבּוּץ and a דָּגֵשׁ is placed in the second radical.*

---

*The מִשְׁקָל — × וֹ × is derived from ע״ו verbs, whereas the מִשְׁקָל — × ֹ× is derived from the כְּפוּלִים (geminate).

The nouns חֹק (law) and כֹּל (all, whole) are similarly inflected except that in the סְמִיכוּת , the חוֹלָם changes to a קָמָץ קָטָן , חָק , כָּל , which is pronounced like a חוֹלָם .

כֹּל (כָּל), כֻּלִּי, כֻּלְּךָ, כֻּלֵּךְ, כֻּלּוֹ, כֻּלָּהּ

כֻּלָּנוּ, כֻּלְּכֶם, כֻּלְּכֶן, כֻּלָּם, כֻּלָּן

If the second radical is a guttural and thus cannot take a דָּגֵשׁ , the חוֹלָם is rea tined in the inflection.

force, power כֹּחַ (סְמִיכוּת — כֹּחַ)

כֹּחִי, כֹּחֲךָ, כֹּחֵךְ , כֹּחוֹ, כֹּחָהּ

כֹּחֵנוּ, כֹּחֲכֶם, כֹּחֲכֶן, כֹּחָם, כֹּחָן

## II. The Inflection of Nouns of the מִשְׁקָל — × ַ י ×  .

בַּיִת  יַיִן  לַיִל (לַיְלָה)  עַיִן

1. The סְמִיכוּת of such nouns takes the form of × ֵ י × :

בֵּית  יֵין  לֵיל  עֵין

הַבַּיִת שֶׁל הַשָּׁכֵן = בֵּית הַשָּׁכֵן  הַלַּיְלָה שֶׁל שַׁבָּת = לֵיל שַׁבָּת

2. A paradigm of the inflection of such nouns follows:

בַּיִת (בֵּית), בֵּיתִי, בֵּיתְךָ, בֵּיתֵךְ, בֵּיתוֹ, בֵּיתָהּ

בֵּיתֵנוּ, בֵּיתְכֶם, בֵּיתְכֶן, בֵּיתָם, בֵּיתָן

## III. The Word אַיִן .

אַיִן is both a noun, with the meaning of "naught," "nothing," and an adverb, with the meaning "not," "no." The inflection of אַיִן is similar to that of בַּיִת . The inflection of אַיִן follows:

אַיִן (סְמִיכוּת — אֵין)

אֵינִי (אֵינֶנִּי), אֵינְךָ, אֵינֵךְ, אֵינוֹ (אֵינֶנּוּ), אֵינָהּ (אֵינֶנָּה)

אֵינֵנוּ, אֵינְכֶם, אֵינְכֶן, אֵינָם, אֵינָן

Either the סְמִיכוּת of אַיִן, or its inflected form are used as negatives in the present tense:

אֵין אֲנִי יוֹדֵעַ = אֵינִי יוֹדֵעַ (אֵינֶנִּי יוֹדֵעַ)

אֵין אַתָּה יוֹדֵעַ = אֵינְךָ יוֹדֵעַ

**IV. The Emphatic סְמִיכוּת.** There is an alternate form of the סְמִיכוּת used for emphasis in the third person singular and plural. The first noun is put in the inflected form of the third person followed by the word שֶׁל.

הַבַּיִת שֶׁל הַמּוֹרֶה = בֵּית הַמּוֹרֶה אוֹ בֵּיתוֹ שֶׁל הַמּוֹרֶה

הַבַּיִת שֶׁל הַמּוֹרָה = בֵּית הַמּוֹרָה אוֹ בֵּיתָהּ שֶׁל הַמּוֹרָה

הַבַּיִת שֶׁל הַמּוֹרִים = בֵּית הַמּוֹרִים אוֹ בֵּיתָם שֶׁל הַמּוֹרִים

הַבַּיִת שֶׁל הַמּוֹרוֹת = בֵּית הַמּוֹרוֹת אוֹ בֵּיתָן שֶׁל הַמּוֹרוֹת

## שְׁנֵי שְׁכֵנִים

בְּחָצֵר אַחַת גָּרוּ שְׁנֵי שְׁכֵנִים, רְאוּבֵן וְשִׁמְעוֹן. רְאוּבֵן הָיָה רָגִיל תָּמִיד לִשְׁאֹל כָּל מִינֵי דְּבָרִים מִשְּׁכֵנוֹ שִׁמְעוֹן. הוּא הָיָה נִכְנָס לְבֵיתוֹ שֶׁל שִׁמְעוֹן בְּכָל שְׁעוֹת הַיּוֹם, בַּבֹּקֶר, בַּצָּהֳרַיִם וּבָעֶרֶב. כָּל פַּעַם שֶׁהָיָה צָרִיךְ לְבַשֵּׁל, וְהָיוּ חֲסֵרִים לוֹ דְּבָרִים שׁוֹנִים, הָיָה בָּא לִשְׁאֹל אוֹתָם מִשְּׁכֵנוֹ: פַּעַם קְצָת קֶמַח, מֶלַח אוֹ סֻכָּר, וּפַעַם בֵּיצָה אוֹ כּוֹס חָלָב. הַדָּבָר הַזֶּה הִפְרִיעַ מְאֹד לְשִׁמְעוֹן, וְהוּא סָבַל הַרְבֵּה מִזֶּה, אֲבָל קָשֶׁה הָיָה לוֹ לְסָרֵב. הוּא הִשְׁתַּדֵּל לְהִתְרַגֵּל לַמַּצָּב וְלֹא הָיָה יָכוֹל. לָכֵן הֶחְלִיט בְּלִבּוֹ לָשִׂים קֵץ לַדָּבָר.

מֶה עָשָׂה שִׁמְעוֹן? יוֹם אֶחָד הָלַךְ לְבֵיתוֹ שֶׁל רְאוּבֵן וְאָמַר לוֹ:

— בְּבַקָּשָׁה, הַשְׁאֵל לִי כּוֹס אַחַת.

רְאוּבֵן הִשְׁאִיל לְשִׁמְעוֹן כּוֹס גְּדוֹלָה.

לַמָּחֳרָת בָּא שִׁמְעוֹן לְבֵיתוֹ שֶׁל רְאוּבֵן וְהֶחֱזִיר לוֹ שְׁתֵּי כּוֹסוֹת, אֶת הַכּוֹס הַגְּדוֹלָה וְעוֹד כּוֹס אַחַת קְטַנָּה. רְאוּבֵן הִתְפַּלֵּא מְאֹד וְאָמַר:

— הֲלֹא שָׁאַלְתָּ מִמֶּנִּי רַק אֶת הַכּוֹס הַגְּדוֹלָה!

— הַכּוֹס שֶׁלְּךָ יָלְדָה כּוֹס קְטַנָּה, עָנָה שִׁמְעוֹן, לְהַפְתָּעָתוֹ הַנְּעִימָה שֶׁל רְאוּבֵן.

הַדָּבָר מָצָא חֵן בְּעֵינֵי רְאוּבֵן. הוּא הוֹדָה לְשִׁמְעוֹן וְלָקַח מִמֶּנּוּ אֶת שְׁתֵּי הַכּוֹסוֹת.

אַחֲרֵי יָמִים אֲחָדִים שׁוּב הָלַךְ שִׁמְעוֹן לְבֵיתוֹ שֶׁל רְאוּבֵן לִשְׁאֹל מִמֶּנּוּ כַּף. רְאוּבֵן הִשְׁאִיל לוֹ אֶת הַכַּף בְּשִׂמְחָה. לַמָּחֳרָת חָזַר שִׁמְעוֹן עִם כַּף וְכַפִּית בְּיָדוֹ, וְאָמַר בִּרְצִינוּת כְּאִלּוּ זֶה הָיָה דָּבָר רָגִיל:

— הַכַּף שֶׁלְּךָ יָלְדָה כַּפִּית.

רְאוּבֵן קִבֵּל אֶת הַכַּף וְאֶת הַכַּפִּית, הוֹדָה לְשִׁמְעוֹן, וְלֹא שָׁאַל שְׁאֵלוֹת.

עָבְרוּ יָמִים אֲחָדִים וְשִׁמְעוֹן שׁוּב בָּא אֶל בֵּיתוֹ שֶׁל רְאוּבֵן וְאָמַר:

— הָעֶרֶב יָבוֹאוּ אֶצְלִי אוֹרְחִים, וַאֲנִי צָרִיךְ לְהָכִין אֲרוּחָה גְּדוֹלָה. בְּבַקָּשָׁה הַשְׁאֵל לִי סִיר גָּדוֹל.

רְאוּבֵן נָתַן לְשִׁמְעוֹן אֶת הַסִּיר בְּרָצוֹן רַב.

עָבְרוּ יָמִים אֲחָדִים וְשִׁמְעוֹן לֹא הֶחֱזִיר עֲדַיִן אֶת הַסִּיר. הָלַךְ רְאוּבֵן אֶל בֵּית הַשָּׁכֵן וְשָׁאַל:

— הַאִם בָּאוּ אֵלֶיךָ אוֹרְחִים בָּעֶרֶב הַהוּא?

— כֵּן, עָנָה שִׁמְעוֹן, כֻּלָּם בָּאוּ.

— אִם כֵּן, אָמַר רְאוּבֵן, מַדּוּעַ לֹא הֶחֱזַרְתָּ לִי אֶת הַסִּיר?

— לְצַעֲרִי הָרַב, עָנָה שִׁמְעוֹן, בִּשְׁעַת הַבִּשּׁוּל קָרָה אָסוֹן. סִירְךָ מֵת!

רְאוּבֵן עָמַד כֻּלּוֹ נָבוֹךְ.

— אֵיךְ יָכוֹל סִיר לָמוּת? הוּא שָׁאַל.

— אִם כּוֹס וְכַף יְכוֹלוֹת לָלֶדֶת, סִיר יָכוֹל לָמוּת, הִסְבִּיר שִׁמְעוֹן.

רְאוּבֵן הֵבִין אֶת הָרֶמֶז, וּמֵאָז הִפְסִיק לְהַפְרִיעַ לְשִׁמְעוֹן.

## תַּרְגִּילִים

א. ענו במשפטים שלמים:

1. בַּמֶּה הָיָה רְאוּבֵן מַפְרִיעַ לִשְׁכֵנוֹ?
2. מָה אָמַר שִׁמְעוֹן לִשְׁכֵנוֹ כַּאֲשֶׁר הוּא הֶחֱזִיר לוֹ שְׁתֵּי כּוֹסוֹת?
3. מֶה הָיוּ הַדְּבָרִים שֶׁרְאוּבֵן הָיָה שׁוֹאֵל מִשְּׁכֵנוֹ?
4. מַדּוּעַ הִשְׁאִיל רְאוּבֵן בְּשִׂמְחָה אֶת הַכַּף לִשְׁכֵנוֹ?
5. מֶה הָיְתָה תְּשׁוּבָתוֹ שֶׁל שִׁמְעוֹן לַשְּׁאֵלָה: "אֵיךְ יָכוֹל סִיר לָמוּת?"

ב. תרגמו:

1. He is a bad neighbor, he likes to borrow but not to lend. 2. A man who does not understand a hint is a fool. 3. Maimonides (Rambam) wrote a book by the name of "The Guide (teacher) of the Perplexed." 4. For you (m.s.) I will do it gladly. 5. Yesterday a terrible calamity happened on (in) the sea, a ship full of people sank. 6. The woman put the pot on a small fire and went out of the kitchen. 7. She made a mistake, she put a little sugar on the meat instead of salt. 8. Please do not interrupt me in the middle of the conversation. 9. He covered himself with a blanket and lay down on the grass. 10. You (f.s.) forgot to return the plates that you borrowed from me last month. 11. The time has come to put an end to wars. 12. All our spoons, forks and knives were stolen two days ago. 13. All of us will fly tomorrow in his private plane to see his new factory. 14. I (f.) have no idea what to cook today for supper. 15. I remained in my room the whole day because I had a lot of work. 16. I forgot to put a stamp on the envelope and therefore the letter came back (returned) to me.

ג. כִּתְבוּ בְּמִלָּה אַחַת:

1. הָעַיִן שֶׁלָּהּ
2. הַשִּׂמְחָה שֶׁלּוֹ
3. הַבַּיִת שֶׁלָּנוּ
4. הַחֹק שֶׁלָּכֶם
5. הַחֹם שֶׁלָּהּ
6. הָעַיִן שֶׁלִּי
7. הַיַּיִן שֶׁלָּהֶם
8. הַסֵּפֶר שֶׁלָּךְ
9. הָרָצוֹן שֶׁלּוֹ
10. הָאָסוֹן שֶׁלָּךְ
11. הַחֶדֶר שֶׁלָּךְ
12. הַלֶּחֶם שֶׁלָּכֶם

# שִׁעוּר סח (68)

| | | | |
|---|---|---|---|
| horse | סוּס (סוּסִים) | kicked | בָּעַט (לִבְעֹט) |
| frightened, v.tr. | (פחד, לְהַפְחִיד) הִפְחִיד | kick, *n.* | בְּעִיטָה (בְּעִיטוֹת) |
| | | lightning; gleam | בָּרָק (בְּרָקִים) |
| wounded, *part.* | פָּצוּעַ, פְּצוּעָה | Galilee | גָּלִיל |
| took leave; parted | (פרד, לְהִפָּרֵד) נִפְרַד | feeling, *n.* | הַרְגָּשָׁה (הַרְגָּשׁוֹת) |
| | | settlement | הִתְיַשְּׁבוּת (הִתְיַשְּׁבֻיּוֹת) |
| cow | פָּרָה (פָּרוֹת) | attack | הִתְנַפְּלוּת (הִתְנַפְּלֻיּוֹת) |
| smell, odor, fragrance | רֵיחַ (רֵיחוֹת) | search | חִפּוּשׂ (חִפּוּשִׂים) |
| robbed, *v.tr.* | שָׁדַד (לִשְׁדֹּד) | took care; treated | טִפֵּל (לְטַפֵּל) בְּ... |
| guarding; watching | שְׁמִירָה (שְׁמִירוֹת) | settled (himself) | (ישב, לְהִתְיַשֵּׁב) הִתְיַשֵּׁב |
| night after night | לַיְלָה לַיְלָה | fast; speedy | מָהִיר, מְהִירָה |
| moonlit night | לֵיל יָרֵחַ | colony | מוֹשָׁבָה (מוֹשָׁבוֹת) |
| sleep well! | לֵיל מְנוּחָה! | volunteered | (נדב, לְהִתְנַדֵּב) הִתְנַדֵּב |
| | | rescued, saved | (נצל, לְהַצִּיל) הִצִּיל |

בְּאֵר שֶׁשָּׁתִיתָ מִמֶּנָּה מַיִם, אַל תִּזְרֹק בָּהּ אֶבֶן. (עַל פִּי הַתַּלְמוּד)

## דִּקְדּוּק

**I. The שֵׁם הַפְּעוּלָה of the הִתְפַּעֵל .**

1. The מִשְׁקָל of the שֵׁם הַפְּעוּלָה of ל״א, פ״נ, פ״י, שְׁלֵמִים, verbs is:

| | | | |
|---|---|---|---|
| irritation | — הִתְרַגְּזוּת | to get irritated | — לְהִתְרַגֵּז |
| settling | — הִתְיַשְּׁבוּת | to settle | — לְהִתְיַשֵּׁב |
| attack | — הִתְנַפְּלוּת | to attack | — לְהִתְנַפֵּל |
| surprise | — הִתְפַּלְּאוּת | to be surprised | — לְהִתְפַּלֵּא |
| observation | — הִסְתַּכְּלוּת | to observe | — לְהִסְתַּכֵּל |

2.The מִשְׁקָל of the שֵׁם הַפְּעוּלָה of ע״ו verbs is:

| | | | |
|---|---|---|---|
| awakening | הִתְעוֹרְרוּת — | to wake up — | לְהִתְעוֹרֵר |
| preparation; readiness | הִתְכּוֹנְנוּת | to get ready; to prepare oneself | לְהִתְכּוֹנֵן |

**II. Review of the שֵׁם הַפְּעוּלָה of the פָּעַל , פִּעֵל and הִפְעִיל .**

1. The שֵׁם הַפְּעוּלָה of the פָּעַל :

A. For the שְׁלֵמִים , פ״א , פ״י , פ״נ and the ל״א verbs, the pattern is:

שְׁמִירָה — לִשְׁמֹר (שמר)
אֲכִילָה — לֶאֱכֹל (אכל)
יְצִיאָה — לָצֵאת (יצא)
נְסִיעָה — לִנְסֹעַ (נסע)
מְצִיאָה — לִמְצֹא (מצא)

B. For the ל״ה verbs, the pattern is:

שְׁתִיָּה — לִשְׁתּוֹת (שתה)
עֲלִיָּה — לַעֲלוֹת (עלה)

C. For the ע״ו — ע״י verbs, the pattern is:

טִיסָה — לָטוּס (טוס)
שִׁירָה — לָשִׁיר (שיר)

2. The שֵׁם הַפְּעוּלָה of the פִּעֵל :

A. For the שְׁלֵמִים , פ״י , פ״נ and ל״א the pattern is:

חִפּוּשׂ — לְחַפֵּשׂ (חפש)

For verbs, whose second radical is א or ר , the pattern is:

תֵּאוּר — לְתָאֵר (תאר)
גֵּרוּשׁ — לְגָרֵשׁ (גרש)

B. For the ל״ה verbs the pattern is:

(שנה) לְשַׁנּוֹת — שִׁנּוּי

3. The שֵׁם הַפְּעוּלָה of the הִפְעִיל :

A. For the שְׁלֵמִים and ל״א verbs the pattern is:

(צלח) לְהַצְלִיחַ — הַצְלָחָה

(פלא) לְהַפְלִיא — הַפְלָאָה

B. For the פ״נ verbs, the pattern is:

(נצל) לְהַצִּיל — הַצָּלָה

C. For the פ״י verbs, the pattern is:

(ירד) לְהוֹרִיד — הוֹרָדָה

(יפע) לְהוֹפִיעַ — הוֹפָעָה

D. For the ע״י—ע״ו verbs, the pattern is:

(רום) לְהָרִים — הֲרָמָה

(בוא) לְהָבִיא — הֲבָאָה

## הַסּוּס הַנֶּאֱמָן

— אַבָּא, הַגֵּד לִי מַדּוּעַ אַתָּה מְטַפֵּל בְּאַהֲבָה כָּל כָּךְ גְּדוֹלָה בַּסּוּס שֶׁלָּנוּ? הֲלֹא הוּא כְּבָר זָקֵן וְשָׁמֵן, וְאֵין לוֹ כֹּחַ לַעֲבֹד.

— דַּע לְךָ, בְּנִי, הַסּוּס הַזֶּה הִצִּיל אֶת חַיַּי מִמָּוֶת בָּטוּחַ. שְׁמַע וַאֲסַפֵּר לְךָ אֵיךְ קָרָה הַדָּבָר.

זֶה קָרָה כַּאֲשֶׁר עוֹד הָיִיתָ תִּינוֹק. זֶה הָיָה בְּרֵאשִׁית הַהִתְיַשְּׁבוּת בָּאָרֶץ. לֹא רַבִּים הָיוּ הַחֲלוּצִים שֶׁבָּאוּ בַּיָּמִים הָהֵם לְהִתְיַשֵּׁב בָּאָרֶץ. הִתְפַּתְּחוּתָהּ שֶׁל הָאָרֶץ, אֲשֶׁר עֵינֶיךָ רוֹאוֹת, הִתְחִילָה רַק בַּשָּׁנִים

הָאַחֲרוֹנוֹת. הָאָרֶץ הִשְׁתַּנְּתָה הַרְבֵּה מֵאָז. בַּיָּמִים הָהֵם אֲפִילוּ חַשְׁמַל לֹא הָיָה לָנוּ.

גַּרְנוּ אָז בְּמוֹשָׁבָה קְטַנָּה בַּגָּלִיל. הַחַיִּים הָיוּ קָשִׁים וּמְלֵאֵי בְּעָיוֹת וְסַכָּנוֹת. שׁוֹדְדִים הָיוּ מִתְנַפְּלִים לְעִתִּים קְרוֹבוֹת עַל הַמּוֹשָׁבָה וְהָיוּ שׁוֹדְדִים פָּרוֹת, תַּרְנְגוֹלוֹת, כְּלֵי עֲבוֹדָה וְכָל מִינֵי דְּבָרִים חֲדָשִׁים וְגַם יְשָׁנִים. כִּמְעַט בְּכָל לַיְלָה הָיְתָה הִתְנַפְּלוּת עָלֵינוּ. הַמַּצָּב הַזֶּה הִפְרִיעַ אֶת הַחַיִּים בַּמּוֹשָׁבָה.

הִתְנַדַּבְתִּי לִשְׁמֹר עַל הַמּוֹשָׁבָה בַּלֵּילוֹת. הַסּוּס שֶׁלָּנוּ הָיָה אָז צָעִיר, חָזָק וּמָהִיר כְּמוֹ בָּרָק. כָּל לַיְלָה וְלַיְלָה הָיִיתִי יוֹצֵא לְבַדִּי עַל הַסּוּס לַשְּׁמִירָה. לַיְלָה לַיְלָה הָיִיתִי רוֹכֵב בַּשָּׂדוֹת מִסָּבִיב לַמּוֹשָׁבָה. מֵאָז הִתְחִיל לָרֶדֶת מִסְפַּר הַהִתְנַפְּלֻיּוֹת.

לַיְלָה אֶחָד אָמַרְתִּי "לֵיל מְנוּחָה" לַמִּשְׁפָּחָה וְיָצָאתִי כְּמִנְהָגִי לַשְּׁמִירָה. הָיָה לֵיל יָרֵחַ יָפֶה, וְרוּחַ מַעֲרָבִית קַלָּה נָשְׁבָה מִבֵּין הֶהָרִים. רֵיחוֹת נְעִימִים מֵהַשָּׂדוֹת מִסָּבִיב מִלְאוּ אֶת הָאֲוִיר. וַאֲנִי רוֹכֵב לִי לְאַט לְאַט עַל סוּסִי הַנֶּאֱמָן בְּשֶׁקֶט הַלַּיְלָה. פִּתְאֹם רָאִיתִי מֵרָחוֹק, מִצַּד שְׂמֹאל שֶׁל הַבְּאֵר, שְׁנֵי שׁוֹדְדִים וְאִתָּם פָּרוֹת הַמּוֹשָׁבָה. קָרָאתִי לָהֶם לַעֲמֹד. הֵם לֹא שָׂמוּ לֵב לַקְּרִיאוֹת שֶׁלִּי. יָרִיתִי בָּאֲוִיר כְּדֵי לְהַפְחִיד אוֹתָם. לְאָסוֹנִי הַגָּדוֹל הֵשִׁיבוּ הַשּׁוֹדְדִים אֵשׁ וּפָגְעוּ בִּי וּבַסּוּס. אֲנִי וְהַסּוּס, שְׁנֵינוּ נָפַלְנוּ עַל הָאָרֶץ. דָּם כִּסָּה אוֹתִי וְאֶת הַסּוּס. הַשּׁוֹדְדִים הִתְקָרְבוּ אֵלַי, וְהוֹצִיאוּ אֶת הָרוֹבֶה מִמֶּנִּי. בָּרֶגַע הַזֶּה הָיְתָה לִי הַרְגָּשָׁה שֶׁהִגִּיעַ קִצִּי. אֲבָל הַסּוּס, שֶׁשָּׁכַב בְּלִי לָזוּז כְּאִלּוּ הָיָה מֵת, קָפַץ פִּתְאֹם עַל רַגְלָיו, וְהִתְחִיל לִבְעֹט בַּשּׁוֹדְדִים בְּעִיטָה אַחֲרֵי בְּעִיטָה. שְׁנֵי הַשּׁוֹדְדִים נָפְלוּ לָאָרֶץ בְּלִי סִימָן שֶׁל רוּחַ חַיִּים.

אַף-עַל-פִּי שֶׁהַסּוּס הָיָה פָּצוּעַ קָשֶׁה, הוּא רָץ כְּמוֹ בָּרָק יָשָׁר לַמּוֹשָׁבָה. כַּאֲשֶׁר רָאוּ אַנְשֵׁי הַמּוֹשָׁבָה אֶת הַסּוּס הַפָּצוּעַ, הֵם הֵבִינוּ מִיָּד מַה שֶּׁקָּרָה. כֻּלָּם יָצְאוּ לְחַפֵּשׂ אוֹתִי. אַחֲרֵי חִפּוּשׂ אָרֹךְ, מָצְאוּ אוֹתִי שׁוֹכֵב פָּצוּעַ עַל הָעֵשֶׂב עַל יַד הַגּוּפוֹת שֶׁל הַשּׁוֹדְדִים.

יָדִיד נֶאֱמָן וְאָהוּב הָיָה לִי הַסּוּס כָּל הַשָּׁנִים. קָשֶׁה יִהְיֶה לִי לְהִפָּרֵד מִמֶּנּוּ!

## תַּרְגִּילִים

א. ענו במשפטים שלמים:

1. מַה שָּׁאַל הַבֵּן אֶת אָבִיו?
2. מֶה הָיְתָה אַחַת מִן הַבְּעָיוֹת הַקָּשׁוֹת שֶׁל הַחֲלוּצִים?
3. מִמָּתַי הִתְחִיל לָרֶדֶת מִסְפַּר הַהִתְנַפְּלֻיּוֹת עַל הַמּוֹשָׁבָה?
4. מָתַי הִרְגִּישׁ הַשּׁוֹמֵר שֶׁקִּצּוֹ קָרוֹב לָבוֹא?
5. אֵיךְ הִצִּיל הַסּוּס אֶת חַיָּיו שֶׁל הַשּׁוֹמֵר?

ב. תרגמו:

1. The pioneers had many problems when they settled in the Galilee. 2. The lightning struck (in) the tree near the shoe factory. 3. The baby started to cry and to kick with his little legs on the floor. 4. My parents cried when I took leave (parted) of them. 5. After a quick search, the policemen found the wounded horse. 6. Several pioneers were killed in the last attack on the colony. 7. Don't worry (m.s.), I will take care of this matter. 8. The farmer sold the cow because she was not giving enough milk. 9. I had a feeling that it will rain today. 10. Don't tell (f.s.) the child sad stories, you will scare him. 11. During the war, I volunteered to work in a hospital because there were not enough nurses. 12. The new medicine saved my son's life. 13. The colony was in danger because robbers used to attack it night after night. 14. The winds bring to the village pleasant odors from the forest. 15. Are you (m.s.) for (pro) me or against me? 16. The watchman returned home tired, hungry and thirsty after a night of guarding.

ג. כִּתְבוּ אֶת שֵׁם הַפְּעוּלָּה (**action noun**) שֶׁל הַפְּעָלִים הַבָּאִים:

| | | | |
|---|---|---|---|
| 1. לִפְגֹּשׁ | 6. לָדַעַת | 11. לִנְסֹעַ | 16. לְהוֹרִיד |
| 2. לִפְתֹּחַ | 7. לָשֶׁבֶת | 12. לָשׁוּב | 17. לְהַפְסִיק |
| 3. לִבְדֹּק | 8. לִמְצֹא | 13. לִקְנוֹת | 18. לְהָשִׁיב |
| 4. לַחְתֹּךְ | 9. לָשִׁיר | 14. לְהַזְמִין | 19. לְהִתְרַחֵץ |
| 5. לְטַיֵּל | 10. לַעֲמֹד | 15. לְהַחְלִיט | 20. לְהִסְתַּכֵּל |

# שִׁעוּר סט (69)

| | | | |
|---|---|---|---|
| בֻּטַּל | was abolished | סֻפַּר | it was told |
| בֶּן־דּוֹר (בְּנֵי־דּוֹר) | contemporary, *n.m.* | (סתר, לְהַסְתִּיר) הִסְתִּיר | hid; concealed |
| בֹּרַךְ | was blessed | (קלקל, לְהִתְקַלְקֵל) הִתְקַלְקֵל | got spoiled |
| גְּזֵרָה (גְּזֵרוֹת) | decree | (רגז, לְהַרְגִּיז) הִרְגִּיז | angered; annoyed, *v.tr.* |
| כֻּבַּד | was honored | שֻׁמַּר | was preserved |
| כְּלִי חֶרֶס | earthenware | (שמש, לְהִשְׁתַּמֵּשׁ) הִשְׁתַּמֵּשׁ בְּ... | used; made use of |
| מְבֹרָךְ, מְבֹרֶכֶת | blessed | הוֹדוֹת לְ... | thanks to |
| מְכֻבָּד, מְכֻבֶּדֶת | honored; esteemed | כָּל מִי שֶׁ... | whoever |
| מְכֹעָר, מְכֹעֶרֶת | ugly | כָּל מַה שֶׁ... | whatever |
| מְלֻמָּד, מְלֻמֶּדֶת | learned | שְׁמוֹ הָלַךְ לְפָנָיו | his name spread far and wide |
| מְפֹאָר, מְפֹאֶרֶת | splendid; magnificent | | |
| מְשֻׁבָּח, מְשֻׁבַּחַת | praiseworthy; of choice quality | | |
| סִבָּה (סִבּוֹת) | cause; reason | | |

אַל תִּסְתַּכֵּל בַּקַּנְקַן (כַּד) אֶלָּא בְּמַה שֶּׁיֵּשׁ בּוֹ. (פִּרְקֵי אָבוֹת)

דִּקְדּוּק

**The פֻּעַל.** The פֻּעַל serves as the passive of the פִּעֵל. E.g.,

The principal told a story. הַמְנַהֵל סִפֵּר סִפּוּר.

The story was told by the principal. הַסִּפּוּר סֻפַּר עַל יְדֵי הַמְנַהֵל.

The son honored the father. הַבֵּן כִּבֵּד אֶת הָאָב.

The father was honored by the son. הָאָב כֻּבַּד עַל יְדֵי הַבֵּן.

**I. The פֻּעַל of שְׁלֵמִים Verbs.** A paradigm of the conjugation of such verbs follows:

( כבד )

הוה:

| | |
|---|---|
| אני, אתה, הוא מְכֻבָּד | אנחנו, אתם, הם מְכֻבָּדִים |
| אני, את, היא מְכֻבֶּדֶת | אנחנו, אתן, הן מְכֻבָּדוֹת |

עבר:

| | |
|---|---|
| אני כֻּבַּדְתִּי | אנחנו כֻּבַּדְנוּ |
| אתה כֻּבַּדְתָּ   את כֻּבַּדְתְּ | אתם כֻּבַּדְתֶּם   אתן כֻּבַּדְתֶּן |
| הוא כֻּבַּד   היא כֻּבְּדָה | הם, הן כֻּבְּדוּ |

עתיד:

| | |
|---|---|
| אני אֲכֻבַּד | אנחנו נְכֻבַּד |
| אתה תְּכֻבַּד   את תְּכֻבְּדִי | אתם תְּכֻבְּדוּ   אתן תְּכֻבַּדְנָה |
| הוא יְכֻבַּד   היא תְּכֻבַּד | הם יְכֻבְּדוּ   הן תְּכֻבַּדְנָה |

Note the characteristic features of the פֻּעַל :

A. The first radical in all tenses is vocalized by a קֻבּוּץ .

B. All prefixes and suffixes are identical in their vocalization to that of the פִּעֵל .

C. The second radical, as in the פִּעֵל , has a דָּגֵשׁ .

D. The פֻּעַל has neither an infinitive nor an imperative.

## II. The פֻּעַל of שְׁלֵמִים Verbs whose Second Radical is a Guttural or "ר" .

A paradigm of the conjugation of such verbs follows:

( ברך )

הוה:

| | |
|---|---|
| אני, אתה, הוא מְבֹרָךְ | אנחנו, אתם, הם מְבֹרָכִים |
| אני, את, היא מְבֹרֶכֶת | אנחנו, אתן, הן מְבֹרָכוֹת |

עבר:

| | |
|---|---|
| אני בֹּרַכְתִּי | אנחנו בֹּרַכְנוּ |
| אתה בֹּרַכְתָּ   את בֹּרַכְתְּ | אתם בֹּרַכְתֶּם   אתן בֹּרַכְתֶּן |
| הוא בֹּרַךְ   היא בֹּרְכָה | הם, הן בֹּרְכוּ |

עתיד:

| | |
|---|---|
| אני אֲבֹרַךְ | אנחנו נְבֹרַךְ |
| אתה תְּבֹרַךְ   את תְּבֹרְכִי | אתם תְּבֹרְכוּ   אתן תְּבֹרַכְנָה |
| הוא יְבֹרַךְ   היא תְּבֹרַךְ | הם יְבֹרְכוּ   הן תְּבֹרַכְנָה |

To compensate for the inability of the middle radical "ר" to take a דָּגֵשׁ, the short vowel קֻבּוּץ of the first radical is elevated to the long vowel חוֹלָם.

**III. The פֻּעַל of ל״ה Verbs.** A paradigm of the conjugation of such verbs follows:

( כסה )

הוה:

| | |
|---|---|
| אני, אתה, הוא מְכֻסֶּה | אנחנו, אתם, הם מְכֻסִּים |
| אני, את, היא מְכֻסָּה | אנחנו, אתן, הן מְכֻסּוֹת |

עבר:

| | |
|---|---|
| אני כֻּסֵּיתִי | אנחנו כֻּסֵּינוּ |
| אתה כֻּסֵּיתָ   את כֻּסֵּית | אתם כֻּסֵּיתֶם   אתן כֻּסֵּיתֶן |
| הוא כֻּסָּה   היא כֻּסְּתָה | הם, הן כֻּסּוּ |

עתיד:

| | |
|---|---|
| אני אֲכֻסֶּה | אנחנו נְכֻסֶּה |
| אתה תְּכֻסֶּה   את תְּכֻסִּי | אתם תְּכֻסּוּ   אתן תְּכֻסֶּינָה |
| הוא יְכֻסֶּה   היא תְּכֻסֶּה | הם יְכֻסּוּ   הן תְּכֻסֶּינָה |

**IV. The Present Tense of the פֻּעַל.** The present tense may be used both as a verb and as an adjective. E.g.,

| | |
|---|---|
| He is honored by the whole nation. | הוּא מְכֻבָּד עַל יְדֵי כָּל הָעָם. |
| He is an honored man. | הוּא אִישׁ מְכֻבָּד. |

## חָכְמָתוֹ שֶׁל רַבִּי יְהוֹשֻׁעַ

רַבִּי יְהוֹשֻׁעַ חַי בַּמֵּאָה הָרִאשׁוֹנָה אַחֲרֵי חֻרְבַּן הַבַּיִת הַשֵּׁנִי. הוּא הָיָה בֶּן־דּוֹרוֹ שֶׁל רַבָּן גַּמְלִיאֵל, הַנָּשִׂיא שֶׁל הַסַּנְהֶדְרִין בְּיַבְנֶה. הוּא הָיָה אִישׁ חָכָם וּמְלֻמָּד. בַּתַּלְמוּד מְסֻפָּר הַרְבֵּה עַל חָכְמָתוֹ הַגְּדוֹלָה. הוּא הָיָה מְכֻבָּד בְּעֵינֵי כָּל מִי שֶׁהִכִּיר אוֹתוֹ, וּשְׁמוֹ הָלַךְ לְפָנָיו.

כַּאֲשֶׁר סֻפַּר לְמֶלֶךְ רוֹמָא עַל רַבִּי יְהוֹשֻׁעַ, הוּא רָצָה לְהַכִּיר אוֹתוֹ. הַמֶּלֶךְ הִזְמִין אֶת רַבִּי יְהוֹשֻׁעַ לָבוֹא אֵלָיו. אַחֲרֵי שִׂיחָה קְצָרָה אִתּוֹ, רָאָה הַמֶּלֶךְ שֶׁאִישׁ גָּדוֹל וּמְלֻמָּד עוֹמֵד לְפָנָיו. מִן הַיּוֹם הַזֶּה וָהָלְאָה הָיָה רַבִּי יְהוֹשֻׁעַ לִידִידוֹ הַקָּרוֹב שֶׁל הַמֶּלֶךְ, וְהָיָה מְבַקֵּר לְעִתִּים קְרוֹבוֹת בָּאַרְמוֹן. הוֹדוֹת לְחָכְמָתוֹ הַגְּדוֹלָה שֻׁנָּה הַמֶּלֶךְ לְטוֹבָה אֶת יַחֲסוֹ לַיְּהוּדִים. הַרְבֵּה גְּזֵרוֹת רָעוֹת נֶגֶד הַיְּהוּדִים בֻּטְּלוּ, וְשׂוֹנְאֵי יִשְׂרָאֵל פָּחֲדוּ לְהָרִים רֹאשׁ.

רַבִּי יְהוֹשֻׁעַ הָיָה אָהוּב עַל עַמּוֹ בִּגְלַל כָּל הַטּוֹבוֹת שֶׁעָשָׂה, וּשְׁמוֹ הָיָה מְבֹרָךְ בְּפִי כָּל אֶחָד וְאֶחָד.

בַּת הַמֶּלֶךְ שָׁמְעָה עַל רַבִּי יְהוֹשֻׁעַ וְהִיא רָצְתָה לְהַכִּיר אוֹתוֹ. כַּאֲשֶׁר הִיא פָּגְשָׁה אוֹתוֹ, וְרָאֲתָה אֶת פָּנָיו הַמְכֹעָרִים, הִיא הִשְׁתַּדְּלָה לְהַסְתִּיר אֶת תִּמְהוֹנָהּ אֲבָל לֹא יָכְלָה. הִיא פָּנְתָה אֵלָיו, וְשָׁאֲלָה:

— מַדּוּעַ שָׂם אֱלֹהִים חָכְמָה מְפֹאֶרֶת בִּכְלִי מְכֹעָר?

הַשְּׁאֵלָה הַזֹּאת הִרְגִּיזָה מְעַט אֶת רַבִּי יְהוֹשֻׁעַ, אֲבָל הוּא שָׁלַט בְּרוּחוֹ, וְאָמַר בְּקוֹל שָׁקֵט:

— הַגִּידִי לִי, בְּבַקָּשָׁה, גְּבִרְתִּי, בְּאֵיזֶה מִין כֵּלִים מְשֻׁמָּר הַיַּיִן הַמְשֻׁבָּח שֶׁל הַמֶּלֶךְ?

בַּת הַמֶּלֶךְ לֹא הֵבִינָה אֶת הָרֶמֶז שֶׁבַּשְּׁאֵלָה, וְהִיא עָנְתָה בִּרְצִינוּת:

— בִּכְלֵי חֶרֶס יְשָׁנִים. וּמִיָּד הִמְשִׁיכָה בְּתִמָּהוֹן:

— אֲבָל אֵינִי רוֹאָה שׁוּם קֶשֶׁר בֵּין שְׁאֵלָתִי וּבֵין שְׁאֵלָתֵךְ!

— אֶת הַקֶּשֶׁר תִּרְאִי מִשְּׁאֵלָתִי הַבָּאָה. הֲתוּכְלִי לְהַסְבִּיר לִי, הִמְשִׁיךְ רַבִּי יְהוֹשֻׁעַ, מַדּוּעַ לֹא מִשְׁתַּמֵּשׁ הַמֶּלֶךְ בִּכְלֵי זָהָב אוֹ לְפָחוֹת בִּכְלֵי כֶּסֶף?

— הַסִּבָּה הִיא פְּשׁוּטָה, עָנְתָה בַּת הַמֶּלֶךְ. הַטַּעַם וְהָרֵיחַ יִתְקַלְקְלוּ אִם הַיַּיִן יִשָּׁמֵר בִּכְלֵי כֶּסֶף אוֹ בִּכְלֵי זָהָב.

— תִּשְׁמַעְנָה אָזְנַיִךְ מַה שֶּׁפִּיךְ מְדַבֵּר, אָמַר רַבִּי יְהוֹשֻׁעַ בְּחִיּוּךְ. הַחָכְמָה כְּמוֹ הַיַּיִן, הִיא תִּשָּׁמֵר רַק בְּכֵלִים פְּשׁוּטִים!

◇◇◇◇◇◇◇◇◇◇

## תַּרְגִּילִים

א. ענו במשפטים שלמים:

1. מַדּוּעַ הָיָה רַבִּי יְהוֹשֻׁעַ מְכֻבָּד?
2. מַדּוּעַ הָיָה שְׁמוֹ מְבֹרָךְ בְּפִי הַיְּהוּדִים?
3. מַדּוּעַ הִתְפַּלְּאָה בַּת הַמֶּלֶךְ כַּאֲשֶׁר פָּגְשָׁה בַּפַּעַם הָרִאשׁוֹנָה אֶת רַבִּי יְהוֹשֻׁעַ?
4. מַה קּוֹרֶה לְיַיִן אִם שָׂמִים אוֹתוֹ בִּכְלֵי זָהָב?
5. מֶה הָיְתָה הַתְּשׁוּבָה שֶׁל רַבִּי יְהוֹשֻׁעַ לַתִּמָּהוֹן שֶׁל בַּת הַמֶּלֶךְ?

ב. תרגמו:

1. We hope that the king's evil (bad) decrees will be abolished in the end. 2. He is blessed with faithful children. 3. In our days people do not use earthenware for cooking. 4. Whoever will do this, will be honored. 5. She is a very smart girl, but she was not blessed with beauty—she is ugly. 6. A learned person is always honored by his contemporaries on account of his wisdom. 7. He is a well-known philosopher; whatever he wrote is found in every library. 8. He has a magnificent house filled with paintings (pictures) of great artists and books of well-known writers. 9. Merchandise of choice quality always costs more. 10. If you (m.s.) will put wine in a cold place, it will be preserved well. 11. Thanks to the help of my brother, I was able to continue with my studies. 12. The meat got spoiled in the heat. 13. A donkey cannot

hide his long ears. 14. I gave a piece of sugar to the horse, and he licked my hand. 15. Which grammar book are you using? 16. When I (f.) was young, I loved to dance.

ג. הַטּוּ אֶת הַפְּעָלִים הַבָּאִים בְּפֻעַל בְּכָל הַזְּמַנִּים:

חֻלַּק — was divided

שֻׁנָּה — was changed (altered)

# שִׁעוּר ע (70)

| | | | |
|---|---|---|---|
| אֹשֶׁר | happiness | הֻפַּל | was knocked down; was dropped |
| גָּרַם (לִגְרֹם) | caused; brought about | נִצַּח (לְנַצֵּחַ) | was victorious; triumphant |
| (חבר, לְהִתְחַבֵּר) הִתְחַבֵּר | associated himself | הֻרְגַּשׁ | was felt |
| יַלְדוּת | childhood | (רחק, לְהִתְרַחֵק) הִתְרַחֵק | kept himself away |
| (יצא, לְהוֹצִיא) הוֹצִיא | spent | שִׁכּוֹר (שִׁכּוֹרִים) | drunkard |
| (כרח, לְהַכְרִיחַ) הִכְרִיחַ | forced, *v.tr.* | (שפע, לְהַשְׁפִּיעַ) הִשְׁפִּיעַ | influenced |
| הֻכְרַח | was forced | הֻשְׁפַּע | was influenced |
| מְלֻכְלָךְ, מְלֻכְלֶכֶת | dirty | שָׁתוּי, שְׁתוּיָה | drunk |
| מֻצְלָח, מֻצְלַחַת | successful | | |

הַהַתְחָלָה יוֹתֵר מֵחֲצִי הַכֹּל. (מִסִּפְרוּת יה״ב)

## דִּקְדּוּק

**The הֻפְעַל.** The הֻפְעַל serves as the passive of the הִפְעִיל.

הָאָב הִכְנִיס אֶת הַבֵּן לְבֵית הַסֵּפֶר. — The father entered (caused to enter) the son in school.

הַבֵּן הֻכְנַס לְבֵית הַסֵּפֶר עַל יְדֵי הָאָב. — The son was entered (caused to enter) in school by the father.

**I.** A paradigm of the conjugation of a שְׁלֵמִים verb in the הֻפְעַל follows:

( כנס )

הוה:

אני, אתה, הוא מֻכְנָס — אנחנו, אתם, הם מֻכְנָסִים

אני, את, היא מֻכְנֶסֶת — אנחנו, אתן, הן מֻכְנָסוֹת

עבר:

| | |
|---|---|
| אני הֻכְנַסְתִּי | אנחנו הֻכְנַסְנוּ |
| אתה הֻכְנַסְתָּ את הֻכְנַסְתְּ | אתם הֻכְנַסְתֶּם אתן הֻכְנַסְתֶּן |
| הוא הֻכְנַס היא הֻכְנְסָה | הם, הן הֻכְנְסוּ |

עתיד:

| | |
|---|---|
| אני אֻכְנַס | אנחנו נֻכְנַס |
| אתה תֻּכְנַס את תֻּכְנְסִי | אתם תֻּכְנְסוּ אתן תֻּכְנַסְנָה |
| הוא יֻכְנַס היא תֻּכְנַס | הם יֻכְנְסוּ הן תֻּכְנַסְנָה |

**II.** A paradigm of the conjugation of a פ״נ verb in the הֻפְעַל follows:

( נפל )

הוה:

| | |
|---|---|
| אני, אתה, הוא מֻפָּל | אנחנו, אתם, הם מֻפָּלִים |
| אני, את, היא מֻפֶּלֶת | אנחנו, אתן, הן מֻפָּלוֹת |

עבר:

| | |
|---|---|
| אני הֻפַּלְתִּי | אנחנו הֻפַּלְנוּ |
| אתה הֻפַּלְתָּ את הֻפַּלְתְּ | אתם הֻפַּלְתֶּם אתן הֻפַּלְתֶּן |
| הוא הֻפַּל היא הֻפְּלָה | הם, הן הֻפְּלוּ |

עתיד:

| | |
|---|---|
| אני אֻפַּל | אנחנו נֻפַּל |
| אתה תֻּפַּל את תֻּפְּלִי | אתם תֻּפְּלוּ אתן תֻּפַּלְנָה |
| הוא יֻפַּל היא תֻּפַּל | הם יֻפְּלוּ הן תֻּפַּלְנָה |

Note the characteristic features of the הֻפְעַל :

A. The prefixes in all tenses are the same as those in the הִפְעִיל, but they are all vocalized by a קֻבּוּץ.

B. The הֻפְעַל has neither an infinitive nor an imperative.

Note also that, in the פ״נ verbs, the initial ״נ״ drops out in all tenses and its omission is compensated by a דָּגֵשׁ in the second radical.

## הַנִּצָּחוֹן

בְּמִשְׁפָּחָה אַחַת הָיוּ שְׁנֵי בָּנִים. הֶבְדֵּל גָּדוֹל הָיָה בֵּין שְׁנֵיהֶם. בֵּן אֶחָד הָיָה מֻצְלָח, וְהֵבִיא הַרְבֵּה אֹשֶׁר וְשִׂמְחָה לַהוֹרִים. הוּא כִּבֵּד אֶת אָבִיו וְאֶת אִמּוֹ, וְהָיָה תָּמִיד שׁוֹמֵעַ בְּקוֹלָם. מֵרֵאשִׁית יַלְדוּתוֹ הָיָה רָגִיל לַעֲזֹר לְכָל אָדָם. טוּב לִבּוֹ הָיָה מֻרְגָּשׁ בְּכָל מַעֲשָׂיו, וְהָיָה נוֹשֵׂא לְשִׂיחָה בֵּין כָּל אֵלֶּה שֶׁהִכִּירוּ אוֹתוֹ.

לֹא כֵן הָיָה הַבֵּן הַשֵּׁנִי. הוּא לֹא הִקְשִׁיב לְהוֹרָיו, וְגָרַם לָהֶם בְּעָיוֹת וּכְאֵב לֵב. הוּא הָיָה מִתְחַבֵּר עִם חֲבֵרִים רָעִים וְהֻשְׁפַּע מֵהֶם. הַהוֹרִים הִשְׁתַּדְּלוּ לְהַכְרִיחַ אוֹתוֹ לְהִתְרַחֵק מֵחֲבֵרָיו הָרָעִים, אֲבָל לֹא הִצְלִיחוּ. הַבֵּן סֵרֵב לְהִפָּרֵד מֵחֲבֵרָיו. כָּל הַכֶּסֶף שֶׁהָיָה מְקַבֵּל הָיָה מוֹצִיא עַל יַיִן, וּלְעִתִּים קְרוֹבוֹת הָיָה חוֹזֵר הַבַּיְתָה שָׁתוּי וּפָצוּעַ.

הַהוֹרִים הָיוּ מֻדְאָגִים מְאֹד. מִפַּעַם לְפַעַם אָבִיו הָיָה אוֹמֵר לוֹ: ״רְאֵה כַּמָּה מֻצְלָח אָחִיךָ. מַדּוּעַ אֵינְךָ הוֹלֵךְ בִּדְרָכָיו? גַּם אַתָּה תּוּכַל לְהַצְלִיחַ כָּמוֹהוּ, אִם רַק תַּחְלִיט לְשַׁנּוֹת אֶת דְּרָכֶיךָ. דַּע לְךָ שֶׁאֵין דָּבָר הָעוֹמֵד בִּפְנֵי הָרָצוֹן״.

דִּבְרֵי הָאָב הָיוּ מַרְגִּיזִים אֶת הַבֵּן, וְהַבֵּן הִמְשִׁיךְ בְּמַעֲשָׂיו הָרָעִים. לְאַט לְאַט הִתְחִיל לְהִתְרַחֵק מִן הַבַּיִת, וְהִתְקָרֵב עוֹד יוֹתֵר אֶל חֲבֵרָיו הָרָעִים.

״אִם לֹא תַּפְסִיק אֶת הַיְדִידוּת עִם חֲבֵרֶיךָ, וְאִם לֹא תְּשַׁנֶּה אֶת דְּרָכֶיךָ, אֻכְרַח לְגָרֵשׁ אוֹתְךָ מִן הַבַּיִת״, הָיָה הָאָב אוֹמֵר בְּכַעַס. אֲבָל דִּבְרֵי הָאָב לֹא הִשְׁפִּיעוּ עַל הַבֵּן. יָמִים עָבְרוּ וְהָאָב לֹא רָאָה שׁוּם שִׁנּוּי לְטוֹבָה.

יוֹם אֶחָד רָאָה הָאָב, לְיַד הַגָּדֵר שֶׁל בֵּיתָם, שִׁכּוֹר שׁוֹכֵב עַל גַּבּוֹ עַל הַמִּדְרָכָה. בְּגָדָיו וּנְעָלָיו הָיוּ קְרוּעִים, פָּנָיו הָיוּ מְלֻכְלָכִים וְכָל גּוּפוֹ הָיָה מְכֻסֶּה פְּצָעִים. הוּא שָׁכַב כְּמוֹ מֵת, בְּלִי סִימָן שֶׁל רוּחַ חַיִּים. לֹא רָחוֹק מִמֶּנּוּ הָיָה בַּקְבּוּק רֵיק, שֶׁכַּנִּרְאֶה הֻפַּל עַל־יְדֵי הַשִּׁכּוֹר בְּשָׁעָה שֶׁהוּא נָפַל עַל הַמִּדְרָכָה.

"יֵשׁ לִי רַעְיוֹן מְצֻיָּן", אָמַר הָאָב בְּלִבּוֹ, "אֵלֵךְ וְאֶקְרָא אֶת בְּנִי, וְאַרְאֶה לוֹ אֶת הַמַּרְאֶה הֶעָצוּב הַזֶּה. אוּלַי יִתְבַּיֵּשׁ וְיֻשְׁפַּע מִזֶּה לְטוֹבָה".

הָאָב מִהֵר וְקָרָא לַבֵּן. הַבֵּן בָּא, וְהִסְתַּכֵּל בַּשִּׁכּוֹר. הִתְקָרֵב אֵלָיו. הֵרִים אֶת הַבַּקְבּוּק אֶל אַפּוֹ, וְקָרָא: "רֵיחַ נִפְלָא! אֵיזֶה מִין יַיִן מְשֻׁבָּח הוּא שָׁתָה!"

הָאָב לֹא אָמַר דָּבָר. דְּמָעוֹת מָרוֹת עָלוּ בְּעֵינָיו. אָז פָּנָה הָאָב אֶל הַבֵּן בְּקוֹל רַךְ וּבוֹכֶה, וְאָמַר: "בְּנִי, שִׂים לֵב לַמַּרְאֶה שֶׁל הַשִּׁכּוֹר, וְלֹא לַטַּעַם וְלָרֵיחַ שֶׁל הַיַּיִן שֶׁבַּבַּקְבּוּק!"

רְגָעִים אֲחָדִים עָבְרוּ בִּשְׁתִיקָה כְּבֵדָה. פִּתְאֹם הֵרִים הַבֵּן אֶת קוֹלוֹ, וְאָמַר: "אַבָּא, אַתָּה צוֹדֵק, סְלַח לִי".

## תַּרְגִּילִים

א. ענו במשפטים שלמים:

1. מֶה הָיָה הַהֶבְדֵּל בֵּין שְׁנֵי הַבָּנִים?
2. מֶה הָיָה אוֹמֵר הָאָב לַבֵּן הָרַע?
3. מִמִּי הֻשְׁפַּע הַבֵּן הָרַע?
4. מֶה הָיָה הַמַּרְאֶה שֶׁל הַשִּׁכּוֹר שֶׁשָּׁכַב עַל הַמִּדְרָכָה?
5. מֶה עָשָׂה הַבֵּן כַּאֲשֶׁר רָאָה אֶת הַשִּׁכּוֹר?

ב. תרגמו:

1. Wealth does not always bring happiness. 2. The Jews triumphed over the Greeks and drove them out from the land. 3. He caused (to) his family a lot of trouble (troubles) and sorrow because he associated himself with bad

friends. 4. The watch was dropped by the baby and got broken. 5. All of us are influenced by (from) everything we learned in our childhood. 6. We eat very seldom in a restaurant. 7. We were forced to leave our city during (in the time) the war. 8. A drunkard does not drink from a small glass but straight from the bottle. 9. In many big cities the sidewalks are dirty. 10. He annoyed me many times and therefore I kept away from him. 11. We got very worried by the condition (situation) of his health. 12. The fragrance of spring is already felt in the air. 13. The appearance of the wounded man worried (caused to worry) the physician. 14. You (one) can take a horse to the water, but you (one) cannot make (force) him drink. 15. I (f.) don't like the smell and the taste of this cheese.

ג. הַטּוּ אֶת הַפְּעָלִים הַבָּאִים בְּהֻפְעַל בְּכָל הַזְּמַנִּים:

הֻכְרַח — was forced　　　　הֻרְגַּשׁ — was felt

# שִׁעוּר עא (71)

| | | | |
|---|---|---|---|
| אֲוִירָה | atmosphere (cultural, social, etc.) | (יסף, לְהוֹסִיף) הוֹסִיף | added; continued |
| אוֹסְטְרִיָּה | Austria | כַּתָּב (כַּתָּבִים) | correspondent |
| אַנְטִישֵׁמִיּוּת | antisemitism | מְדִינִי, מְדִינִית | political |
| בּוֹדֵד, בּוֹדֶדֶת | lonely | מִשְׁפָּטִים | jurisprudence;law, *n.pl.* |
| בּוּדַפֶּסְט | Budapest | מִשְׂרָה (מִשְׂרוֹת) | post; position |
| בָּלַע (לִבְלֹעַ) | swallowed | נוֹסָף, נוֹסֶפֶת | additional |
| גֶּזַע (גְּזָעִים) | trunk (of a tree); stem; race | סָבַב (לָסֹב, לִסְבֹּב) | surrounded |
| | | עָנָף (עֲנָפִים) | branch |
| גִּימְנַסְיָה | high school | עִתּוֹנָאוּת | journalism |
| (גנן, לְהִתְגּוֹנֵן) הִתְגּוֹנֵן | defended himself | פָּתַר (לִפְתֹּר) | solved |
| | | פִּתְרוֹן (פִּתְרוֹנוֹת) | solution |
| דּוֹמֶה, דּוֹמָה | similar | צִיּוֹן | Zion |
| (דלק, לְהַדְלִיק) הִדְלִיק | kindled; lit | צִיּוֹנוּת | Zionism |
| הֻדְלַק | was lit | (צרף, לְהִצְטָרֵף) הִצְטָרֵף | joined; attached himself |
| הִתְבּוֹלְלוּת | assimilation | | |
| וִינָה | Vienna | | |
| חָגַג (לָחֹג, לַחֲגֹג) | celebrated | שִׁיבָה | return, *n.* |
| יַהֲדוּת | Judaism; Jewry | מִשֶּׁל | of one's own |
| יָחִיד, יְחִידָה | sole; only one | לְאוֹר | in the light of |

הַרְבֵּה לָמַדְתִּי מֵרַבּוֹתַי (מִמּוֹרַי), וּמֵחֲבֵרַי יוֹתֵר מֵרַבּוֹתַי,
וּמִתַּלְמִידַי יוֹתֵר מִכֻּלָּם. (מִן הַתַּלְמוּד)

## דִּקְדּוּק

**I. The פָּעַל of the כְּפוּלִים (Geminate Verb).** This class (גִּזְרָה) of verbs has two conjugations in the פָּעַל: one of its own, and the other is like the שְׁלֵמִים.

(סבב) לָסֹב — לִסְבֹּב — to surround; to turn

**הוה:**

אני, אתה, הוא סַב
אני, את, היא סַבָּה

אנחנו, אתם, הם סַבִּים
אנחנו, אתן, הן סַבּוֹת

**עבר:**

אני סַבּוֹתִי
אתה סַבּוֹתָ    את סַבּוֹת
הוא סַב    היא סַבָּה

אנחנו סַבּוֹנוּ
אתם סַבּוֹתֶם    אתן סַבּוֹתֶן
הם, הן סַבּוּ

**עתיד:**

אני אָסֹב
אתה תָּסֹב    את תָּסֹבִּי
הוא יָסֹב    היא תָּסֹב

**הוה:**

אני, אתה, הוא סוֹבֵב
אני, את, היא סוֹבֶבֶת

אנחנו, אתם, הם סוֹבְבִים
אנחנו, אתן, הן סוֹבְבוֹת

**עבר:**

אני סָבַבְתִּי
אתה סָבַבְתָּ    את סָבַבְתְּ
הוא סָבַב    היא סָבְבָה

אנחנו סָבַבְנוּ
אתם סְבַבְתֶּם    אתן סְבַבְתֶּן
הם, הן סָבְבוּ

**עתיד:**

אני אֶסְבֹּב
אתה תִּסְבֹּב    את תִּסְבְּבִי
הוא יִסְבֹּב    היא תִּסְבֹּב

| | | || | | |
|---|---|---|---|---|---|
| | אנחנו נִסֹּבֵב | || | אנחנו נָסֹב | |
| אתן תִּסֹּבֵבְנָה | אתם תִּסֹּבְבוּ | || | אתן תָּסֹבְנָה | אתם תָּסֹבּוּ |
| הן תִּסֹּבֵבְנָה | הם יִסֹּבְבוּ | || | (אתן תְּסֻבֶּינָה) | |
| | | || | הן תָּסֹבְנָה | הם יָסֹבּוּ |
| | | || | (הן תְּסֻבֶּינָה) | |

| | | || | | |
|---|---|---|---|---|---|
| | צווי: | || | | צווי: |
| סֹבְבִי, | סֹבֵב, | || | סֹבִּי, | סֹב, |
| סֹבֵבְנָה | סֹבְבוּ, | || | סֹבְנָה | סֹבּוּ, |

Note: In modern Hebrew the tendency is to conjugate the כְּפוּלִים according to the conjugation of שְׁלֵמִים.

**II. The פִּעֵל of the (כְּפוּלִים) Geminate Verb.** The conjugation of this class of verbs is identical with the conjugation of the ע״ו class of verbs in the פִּעֵל (see lesson 62).

A paradigm of the conjugation of a כְּפוּלִים verb in the פִּעֵל follows:

to isolate — לְבוֹדֵד

הוה:

| | |
|---|---|
| אני, אתה, הוא מְבוֹדֵד | אנחנו, אתם, הם מְבוֹדְדִים |
| אני, את, היא מְבוֹדֶדֶת | אנחנו, אתן, הן מְבוֹדְדוֹת |

עבר:

| | | | |
|---|---|---|---|
| אני בּוֹדַדְתִּי | | אנחנו בּוֹדַדְנוּ | |
| אתה בּוֹדַדְתָּ | את בּוֹדַדְתְּ | אתם בּוֹדַדְתֶּם | אתן בּוֹדַדְתֶּן |
| הוא בּוֹדֵד | היא בּוֹדְדָה | הם, הן בּוֹדְדוּ | |

עתיד:

| | |
|---|---|
| אני אֲבוֹדֵד | אנחנו נְבוֹדֵד |
| אתה תְּבוֹדֵד את תְּבוֹדְדִי | אתם תְּבוֹדְדוּ אתן תְּבוֹדֵדְנָה |
| הוא יְבוֹדֵד היא תְּבוֹדֵד | הם יְבוֹדְדוּ הן תְּבוֹדֵדְנָה |

צווי:

בּוֹדֵד, בּוֹדְדִי, בּוֹדְדוּ, בּוֹדֵדְנָה

**III. The הִתְפַּעֵל of the כְּפוּלִים Verb.** The conjugation of this class of verbs in the הִתְפַּעֵל is identical with the conjugation in the הִתְפַּעֵל of the ע״ו class of verbs (see lesson 62).

A paradigm of the conjugation in the הִתְפַּעֵל of a geminate verb (כְּפוּלִים) follows:

to isolate oneself — לְהִתְבּוֹדֵד

הוה:

| | |
|---|---|
| אני, אתה, הוא מִתְבּוֹדֵד | אנחנו, אתם, הם מִתְבּוֹדְדִים |
| אני, את, היא מִתְבּוֹדֶדֶת | אנחנו, אתן, הן מִתְבּוֹדְדוֹת |

עבר:

| | |
|---|---|
| אני הִתְבּוֹדַדְתִּי | אנחנו הִתְבּוֹדַדְנוּ |
| אתה הִתְבּוֹדַדְתָּ את הִתְבּוֹדַדְתְּ | אתם הִתְבּוֹדַדְתֶּם אתן הִתְבּוֹדַדְתֶּן |
| הוא הִתְבּוֹדֵד היא הִתְבּוֹדְדָה | הם, הן הִתְבּוֹדְדוּ |

עתיד:

| | |
|---|---|
| אני אֶתְבּוֹדֵד | אנחנו נִתְבּוֹדֵד |
| אתה תִּתְבּוֹדֵד את תִּתְבּוֹדְדִי | אתם תִּתְבּוֹדְדוּ אתן תִּתְבּוֹדֵדְנָה |
| הוא יִתְבּוֹדֵד היא תִּתְבּוֹדֵד | הם יִתְבּוֹדְדוּ הן תִּתְבּוֹדֵדְנָה |

צווי:

הִתְבּוֹדֵד, הִתְבּוֹדְדִי, הִתְבּוֹדְדוּ, הִתְבּוֹדֵדְנָה

**IV. Nouns and Adjectives Derived from** כְּפוּלִים **Verbs.** The present tense of כְּפוּלִים verbs serves, in many instances, either as a noun or as an adjective. The following nouns and adjectives, which we have encountered thus far, represent such instances.

**Nouns:** גַּב, גַּג, גַּל, גַּן, הַר, חַג, כַּד, כַּף, כַּת, עַם, צַד, שַׂק, שַׂר

**Adjectives:** דַּק, חַם, מַר, קַל, קַר, רַב, רַךְ, רַע

## הַמְּנוֹרָה

תֵּאוֹדוֹר (בִּנְיָמִין זְאֵב) הֶרְצְל נוֹלַד בְּבוּדַפֶּסְט בִּשְׁנַת 1860 (אֶלֶף שְׁמוֹנֶה מֵאוֹת וְשִׁשִּׁים). הוּא לָמַד בְּבֵית סֵפֶר עִבְרִי עַד שֶׁהָיָה לְ״בַּר־מִצְוָה״. אַחֲרֵי הַ״בַּר מִצְוָה״ הוּא לָמַד בַּגִּימְנַסְיָה וְלֹא הִמְשִׁיךְ בְּלִמּוּדֵי הַיַּהֲדוּת. בִּשְׁנַת 1878 (אֶלֶף שְׁמוֹנֶה מֵאוֹת שִׁבְעִים וּשְׁמוֹנֶה) נִכְנַס הֶרְצְל לָאוּנִיבֶרְסִיטָה שֶׁל וִינָה לִלְמֹד מִשְׁפָּטִים. כַּאֲשֶׁר גָּמַר אֶת לִמּוּדָיו הוּא רָצָה לִהְיוֹת שׁוֹפֵט. אֲבָל בָּעֵת הַהִיא הָאַנְטִישֵׁמִיּוּת בְּאוֹסְטְרִיָּה הָיְתָה גְּדוֹלָה, וּבִגְלַל זֹאת לֹא הִצְלִיחַ הֶרְצְל לְקַבֵּל מִשְׂרָה שֶׁל שׁוֹפֵט. אָז הוּא פָּנָה לְעִתּוֹנָאוּת.

בְּעֵת מִשְׁפַּט דְרַיְיפוּס, בִּשְׁנַת 1894 (אֶלֶף שְׁמוֹנֶה מֵאוֹת תִּשְׁעִים וְאַרְבַּע) הָיָה הֶרְצְל הַכַּתָּב שֶׁל עִתּוֹן אוֹסְטְרִי חָשׁוּב. הַמִּשְׁפָּט הַזֶּה הִשְׁאִיר רֹשֶׁם חָזָק עָלָיו וְגָרַם שִׁנּוּי יְסוֹדִי בְּדֵעוֹתָיו. הוּא רָאָה מֵעַכְשָׁו אֶת הַסַּכָּנָה הַגְּדוֹלָה לַיְּהוּדִים מִן הָאַנְטִישֵׁמִיּוּת. הוּא הֵבִין שֶׁהַהִתְבּוֹלְלוּת לֹא תִּפְתֹּר אֶת הַבְּעָיָה הַזֹּאת. הָעָם הַיְּהוּדִי לֹא יוּכַל לְהִתְגּוֹנֵן מִפְּנֵי שׂוֹנְאָיו הָרַבִּים הַסּוֹבְבִים אוֹתוֹ אֶלָּא־אִם־כֵּן תִּהְיֶה לוֹ אֶרֶץ מִשֶּׁלּוֹ. הֶרְצְל הֶחְלִיט, שֶׁהַפִּתְרוֹן הַיָּחִיד לִבְעָיַת הָאַנְטִישֵׁמִיּוּת הוּא הַשִּׁיבָה לְצִיּוֹן; וְכָךְ נוֹלַד הָרַעְיוֹן שֶׁל הַצִּיּוֹנוּת הַמְּדִינִית.

בְּבֵיתוֹ שֶׁל הֶרְצְל לֹא הָיוּ חוֹגְגִים אֶת חַגֵּי יִשְׂרָאֵל. עַכְשָׁו הֶחְלִיט הֶרְצְל לְהַכְנִיס לַבַּיִת אֲוִירָה יְהוּדִית, וְלָחֹג אֶת הַחַגִּים.

הִתְקָרֵב חַג הַחֲנֻכָּה. הֶרְצְל קָנָה מְנוֹרָה. בַּמְּנוֹרָה הוּא רָאָה סֵמֶל וּמָשָׁל לְעַם יִשְׂרָאֵל. הַמְּנוֹרָה הָיְתָה דוֹמָה בְּעֵינָיו לְעֵץ בַּעַל עֲנָפִים רַבִּים. הַגֶּזַע הוּא הָעָם כֻּלּוֹ, וְהָעֲנָפִים הֵם הַדּוֹרוֹת בְּתוֹלְדוֹת הָעָם.

הִגִּיעַ הַלַּיְלָה הָרִאשׁוֹן שֶׁל הֶחָג. הֶרְצְל הִדְלִיק אֶת הַנֵּר הָרִאשׁוֹן. לְאוֹר הַנֵּר הַקָּטָן הַזֶּה סִפֵּר הֶרְצְל לִילָדָיו עַל תּוֹלְדוֹת הֶחָג. הוּא סִפֵּר לָהֶם עַל מִלְחֲמוֹת הַמַּכַּבִּים וְעַל נִצְחוֹנוֹתֵיהֶם, וְעַל הַגְּאוּלָּה שֶׁהֵבִיאוּ לְעַם יִשְׂרָאֵל. הַיְלָדִים סָבְבוּ אֶת אֲבִיהֶם וּבָלְעוּ כָּל מִלָּה וּמִלָּה שֶׁיָּצְאָה מִפִּיו.

בְּכָל לַיְלָה שֶׁל שְׁמוֹנָה יְמֵי הַחֲנֻכָּה הֻדְלַק נֵר נוֹסָף. בְּכָל לַיְלָה וְלַיְלָה, לְאוֹר הַנֵּרוֹת הַדּוֹלְקִים, הוֹסִיף הֶרְצְל לְסַפֵּר לִילָדָיו מִתּוֹלְדוֹת עַם יִשְׂרָאֵל.

הַנֵּרוֹת הַדּוֹלְקִים הָיוּ בְּעֵינֵי הֶרְצְל סֵמֶל וּמָשָׁל לְהִתְעוֹרְרוּת הָעָם. בָּרִאשׁוֹנָה נֵר בּוֹדֵד אֶחָד דּוֹלֵק. בַּבַּיִת עוֹד רַב הַחֹשֶׁךְ. כָּל לַיְלָה וְלַיְלָה מִצְטָרְפִים אֵלָיו נֵרוֹת נוֹסָפִים. בַּיּוֹם הַשְּׁמִינִי הַבַּיִת מָלֵא אוֹר. כָּךְ תֵּאֵר הֶרְצְל לְעַצְמוֹ אֶת הִתְעוֹרְרוּת הָעָם. הָרַעְיוֹן שֶׁל שִׁיבַת צִיּוֹן חוֹדֵר בָּרִאשׁוֹנָה רַק לְלִבּוֹתֵיהֶם שֶׁל מְעַטִּים. אֶל הַמְּעַטִּים הָאֵלֶּה מִצְטָרְפִים בְּמֶשֶׁךְ הַזְּמַן אֲנָשִׁים נוֹסָפִים — אֲנָשִׁים שֶׁחַיֵּי הָעָם יְקָרִים לָהֶם. בַּסּוֹף, הָרַעְיוֹן שֶׁל שִׁיבַת צִיּוֹן כּוֹבֵשׁ אֶת כָּל הָעָם כֻּלּוֹ.

## תַּרְגִּילִים

א. ענו במשפטים שלמים:

1. מַדּוּעַ פָּנָה הֶרְצְל לְעִתּוֹנָאוּת?
2. אֵיךְ הִשְׁפִּיעַ מִשְׁפַּט דְּרֵיפוּס עַל הֶרְצְל?
3. לָמָּה הָיְתָה הַמְּנוֹרָה דּוֹמָה בְּעֵינֵי הֶרְצְל?
4. אֵיךְ חָגַג הֶרְצְל אֶת חַג הַחֲנֻכָּה?
5. אֵיזֶה מָשָׁל רָאָה הֶרְצְל בַּנֵּרוֹת הַדּוֹלְקִים?

ב. תרגמו:

1. We shall celebrate Passover exactly two weeks from today. 2. All of them surrounded the correspondent and wanted to hear the latest (last) news. 3. I (f.) am looking for (seeking) a position in journalism. 4. Everyone has to solve

his own problems. 5. From a healthy trunk come out healthy branches. 6. Don't give (f.s.) money to the baby, he might (is able to) swallow it. 7. There is a big difference between these two problems; each one requires (demands) a solution of its own. 8. We (m.) are going for a hike; would you (f.s.) like (do you want) to join (to) us? 9. Would you (m.s.) like (do you want) to add a few words to my letter? 10. The dress that I bought a few days ago is very similar to yours (f.s.). 11. We (m.) are lighting candles in order to bring a holiday atmosphere into the house. 12. They had no other children; he was their only son. 13. This is an isolated event; it happens very seldom. 14. The return to Judaism will put an end to assimilation and to antisemitism. 15. In the light of the new situation, we will accept a number of new students. 16. The pioneers had to learn how to work the soil and how to defend themselves from attacks.

ג. הַטוּ בְּכָל הַזְּמַנִּים אֶת הַפִּעֵל וְאֶת הַהִתְפַּעֵל שֶׁל הַפֹּעַל הַבָּא:

to go round — לְהִסְתּוֹבֵב    to surround — לְסוֹבֵב

# שִׁעוּר עב (72)

| | |
|---|---|
| behind; in back of | אֲחוֹרֵי, מֵאֲחוֹרֵי |
| pocketbook; purse | אַרְנָק (אַרְנָקִים) |
| flashed | (ברק, לְהַבְרִיק) הִבְרִיק |
| milked | חָלַב (לַחֲלֹב) |
| transported | (יבל, לְהוֹבִיל) הוֹבִיל |
| was beneficial; was of use; availed | (יעל, לְהוֹעִיל) הוֹעִיל |
| effort | מַאֲמָץ (מַאֲמַצִּים) |
| load; cargo | מַשָּׂא (מַשָּׂאוֹת) |
| was rescued; was saved | (נצל, לְהִנָּצֵל) נִצַּל |
| hid himself | (סתר, לְהִסְתַּתֵּר) הִסְתַּתֵּר |
| blind | עִוֵּר (עִוְרִים) |
| closed (the eyes) | עָצַם (לַעֲצֹם) |
| livelihood | פַּרְנָסָה |
| earned a livelihood; made a living | (פרנס, לְהִתְפַּרְנֵס) הִתְפַּרְנֵס |
| poison | רַעַל |
| thunder | רַעַם (רְעָמִים) |
| thundered | (רעם, לְהַרְעִים) הִרְעִים |
| got burned | (שרף, לְהִשָּׂרֵף) נִשְׂרַף |
| just now | זֶה עַכְשָׁו |
| as long as; so long as | כָּל זְמַן שֶׁ... |
| depends on | תָּלוּי בְּ... |

שׂוֹנֵא מַתָּנוֹת, יִחְיֶה. (מִן הַמִּקְרָא)

דִּקְדּוּק

**I. The Infinitive Construct** (שֵׁם הַפֹּעַל) **of the** בִּנְיָן פָּעַל. The infinitive stem without its prefix represents a verbal noun; it serves as a gerund. The infinitive construct comes only in the singular.

| | | | |
|---|---|---|---|
| to watch — | לִשְׁמֹר | watching — | שְׁמֹר |
| to sit — | לָשֶׁבֶת | sitting — | שֶׁבֶת |
| to return — | לָשׁוּב | returning — | שׁוּב |
| to see — | לִרְאוֹת | seeing — | רְאוֹת |

**II. The Inflection of the Infinitive Construct.** Serving as a noun, it is subject to inflection.

1. The infinitive construct of שְׁלֵמִים and פ״נ verbs, with few exceptions, is inflected like the segolate noun whose first syllable is vocalized by a חוֹלָם (see lesson 65).

   Paradigms of such conjugations follow:

(לִשְׁמֹר) שְׁמֹר — שָׁמְרִי שָׁמְרְךָ שָׁמְרֵךְ שָׁמְרוֹ שָׁמְרָהּ
שָׁמְרֵנוּ שָׁמְרְכֶם שָׁמְרְכֶן שָׁמְרָם שָׁמְרָן

(לִנְפֹּל) נְפֹל — נָפְלִי נָפְלְךָ נָפְלֵךְ נָפְלוֹ נָפְלָהּ
נָפְלֵנוּ נָפְלְכֶם נָפְלְכֶן נָפְלָם נָפְלָן

2. The infinitive construct of the defective פ״י verbs is inflected like a segolate noun (see lesson 65).

(לָשֶׁבֶת) שֶׁבֶת — שִׁבְתִּי שִׁבְתְּךָ שִׁבְתֵּךְ שִׁבְתּוֹ שִׁבְתָּהּ
שִׁבְתֵּנוּ שִׁבְתְּכֶם שִׁבְתְּכֶן שִׁבְתָּם שִׁבְתָּן

(לָדַעַת) דַּעַת — דַּעְתִּי דַּעְתְּךָ דַּעְתֵּךְ דַּעְתּוֹ דַּעְתָּהּ
דַּעְתֵּנוּ דַּעְתְּכֶם דַּעְתְּכֶן דַּעְתָּם דַּעְתָּן

   The verbal noun לֶכֶת is an exception; it retains its initial סֶגוֹל throughout the inflection.

(לָלֶכֶת) לֶכֶת — לֶכְתִּי לֶכְתְּךָ לֶכְתֵּךְ לֶכְתּוֹ לֶכְתָּהּ
לֶכְתֵּנוּ לֶכְתְּכֶם לֶכְתְּכֶן לֶכְתָּם לֶכְתָּן

3. The infinitive construct of the ע״ו—ע״י and ל״ה verbs is inflected like monosyllabic nouns having a full vowel (see lesson 30).

(לָשׁוּב) שׁוּב — שׁוּבִי שׁוּבְךָ שׁוּבֵךְ שׁוּבוֹ שׁוּבָהּ
שׁוּבֵנוּ שׁוּבְכֶם שׁוּבְכֶן שׁוּבָם שׁוּבָן

(לָשִׂים) שִׂים — שִׂימִי שִׂימְךָ שִׂימֵךְ שִׂימוֹ שִׂימָהּ
שִׂימֵנוּ שִׂימְכֶם שִׂימְכֶן שִׂימָם שִׂימָן

(לִרְאוֹת) רְאוֹת — רְאוֹתִי רְאוֹתְךָ רְאוֹתֵךְ רְאוֹתוֹ רְאוֹתָהּ
רְאוֹתֵנוּ רְאוֹתְכֶם רְאוֹתְכֶן רְאוֹתָם רְאוֹתָן

**III. The Infinitive Construct with the Preposition** ...בְּ . While in Hebrew it has the force of a noun, it is usually resolved in English translation as a finite verb with a conjunction, or with a temporal clause. The tense of the finite verb in English translation will be determined by the context.

Every day when I return from school, I find my mother at home. — כָּל יוֹם בְּשׁוּבִי מִבֵּית הַסֵּפֶר, אֲנִי מוֹצֵא אֶת אִמִּי בַּבַּיִת.

Yesterday when I returned from school, I found my mother at home. — בְּשׁוּבִי אֶתְמוֹל מִבֵּית הַסֵּפֶר, מָצָאתִי אֶת אִמִּי בַּבַּיִת.

I hope that tomorrow when I will return from school, I will find my mother at home. — אֲנִי מְקַוֶּה, שֶׁמָּחָר בְּשׁוּבִי מִבֵּית הַסֵּפֶר, אֶמְצָא אֶת אִמִּי בַּבַּיִת.

The infinitive construct with the preposition ...בְּ may be rendered in English either by "when," "while" or "as," whichever is most suitable to the context.

As (while, when) I was walking in the street, I found a purse. — בְּלֶכְתִּי בָּרְחוֹב מָצָאתִי אַרְנָק.

**IV. The Infinitive Construct with the Preposition** ...כְּ . It is frequently used to express time determination.

| | |
|---|---|
| The moment he heard about the misfortune (=at the moment of his hearing), he began to cry. | כְּשָׁמְעוֹ עַל הָאָסוֹן, הוּא הִתְחִיל לִבְכּוֹת. |

**V. The Infinitive Construct of the** נִפְעַל, פִּעֵל, הִפְעִיל, הִתְפַּעֵל **.**

Every בִּנְיָן, except for פֻּעַל and הֻפְעַל, has an infinitive construct.

A paradigm of the inflection of the infinitive construct of each בִּנְיָן follows:

בִּנְיָן נִפְעַל — לְהִשָּׁמֵר

הִשָּׁמְרִי הִשָּׁמֶרְךָ הִשָּׁמְרֵךְ הִשָּׁמְרוֹ הִשָּׁמְרָהּ

הִשָּׁמְרֵנוּ הִשָּׁמֶרְכֶם הִשָּׁמֶרְכֶן הִשָּׁמְרָם הִשָּׁמְרָן

בִּנְיָן פִּעֵל — לְדַבֵּר

דַּבְּרִי דַּבֶּרְךָ דַּבְּרֵךְ דַּבְּרוֹ דַּבְּרָהּ

דַּבְּרֵנוּ דַּבֶּרְכֶם דַּבֶּרְכֶן דַּבְּרָם דַּבְּרָן

בִּנְיָן הִפְעִיל — לְהַדְלִיק

הַדְלִיקִי הַדְלִיקְךָ הַדְלִיקֵךְ הַדְלִיקוֹ הַדְלִיקָהּ

הַדְלִיקֵנוּ הַדְלִיקְכֶם הַדְלִיקְכֶן הַדְלִיקָם הַדְלִיקָן

בִּנְיָן הִתְפַּעֵל — לְהִתְיַשֵּׁב

הִתְיַשְּׁבִי הִתְיַשֶּׁבְךָ הִתְיַשְּׁבֵךְ הִתְיַשְּׁבוֹ הִתְיַשְּׁבָהּ

הִתְיַשְּׁבֵנוּ הִתְיַשֶּׁבְכֶם הִתְיַשֶּׁבְכֶן הִתְיַשְּׁבָם הִתְיַשְּׁבָן

# אִם מִן הַשָּׁמַיִם לֹא רוֹצִים

בַּעֲיָרָה אַחַת גָּרוּ שְׁנֵי אַחִים נֶאֱמָנִים. אָח אֶחָד הָיָה סוֹחֵר עָשִׁיר וְהַשֵּׁנִי פּוֹעֵל עָנִי. מַצָּבוֹ שֶׁל הָאָח הֶעָנִי גָּרַם צַעַר רַב לְאָחִיו הֶעָשִׁיר. הָאָח הֶעָשִׁיר הִשְׁתַּדֵּל בְּכָל מִינֵי אֶמְצָעִים לַעֲזֹר לְאָחִיו הֶעָנִי.

יוֹם אֶחָד קָנָה הָאָח הֶעָשִׁיר סוּס וַעֲגָלָה לְאָחִיו. הָאָח הֶעָנִי הִתְחִיל לְהוֹבִיל מַשָּׂאוֹת בָּעֲגָלָה, וְכָךְ הָיָה מוֹצֵא אֶת פַּרְנָסָתוֹ בְּכָבוֹד.

יוֹם אֶחָד בְּנָסְעַ הָאָח הֶעָנִי הָעִירָה עִם עֲגָלָה מְלֵאָה סְחוֹרָה, הִתְעַטְּפוּ הַשָּׁמַיִם עֲנָנִים. בְּרָקִים הִבְרִיקוּ, רְעָמִים הִרְעִימוּ וְגֶשֶׁם חָזָק יָרַד. פִּתְאֹם פָּגַע בָּרָק בַּסּוּס וּבָעֲגָלָה. הַסּוּס נָפַל מֵת, וְהָעֲגָלָה עִם הַסְּחוֹרָה נִשְׂרְפָה. רַק בְּדֶרֶךְ נֵס הוּא בְּעַצְמוֹ נִצַּל, וְשָׁב בָּרֶגֶל הַבַּיְתָה.

בְּשׁוּבוֹ הָעִירָה, סִפֵּר הָאָח הֶעָנִי לְאָחִיו מַה שֶּׁקָּרָה לוֹ בַּדֶּרֶךְ. כִּשְׁמֹעַ הָאָח הֶעָשִׁיר עַל הָאָסוֹן שֶׁקָּרָה לְאָחִיו, הָלַךְ וְקָנָה לוֹ פָּרָה מְשֻׁבַּחַת, וְשִׁלֵּם בַּעֲדָהּ הַרְבֵּה כֶּסֶף. מֵעַכְשָׁו הָיָה הָאָח הֶעָנִי מִתְפַּרְנֵס מִמְּכִירַת חָלָב. הוּא הָיָה חוֹלֵב אֶת הַפָּרָה יוֹם יוֹם, וְהָיָה מֵבִיא אֶת הֶחָלָב לַשּׁוּק לִמְכִירָה.

יוֹם אֶחָד בְּבוֹאוֹ לַחֲלֹב אֶת הַפָּרָה, מָצָא אוֹתָהּ שׁוֹכֶבֶת עַל הָאָרֶץ בְּלִי סִימָן שֶׁל רוּחַ חַיִּים. בִּרְאוֹתוֹ אֶת הַפָּרָה בְּמַצָּב זֶה, הֵבִין שֶׁהַפָּרָה בָּלְעָה רַעַל בִּהְיוֹתָהּ בַּשָּׂדֶה. כָּל הַמַּאֲמַצִּים לְהַצִּיל אֶת הַפָּרָה לֹא הוֹעִילוּ. אַחֲרֵי עֲבֹר שָׁעוֹת אֲחָדוֹת הַפָּרָה מֵתָה.

כִּרְאוֹת הָאָח הֶעָשִׁיר שֶׁאֵין מַזָּל לְאָחִיו, הֶחְלִיט שֶׁאֵין פִּתְרוֹן אַחֵר אֶלָּא לָתֵת לוֹ כֶּסֶף. אֲבָל בְּיָדְעוֹ שֶׁאָחִיו לֹא יְקַבֵּל נְדָבוֹת מִמֶּנּוּ, הוּא חִפֵּשׂ עֵצָה אֵיךְ לָתֵת אֶת הַכֶּסֶף לְאָחִיו בְּלִי לָרִיב אִתּוֹ.

הָאָח הֶעָשִׁיר יָדַע שֶׁאָחִיו הוֹלֵךְ כָּל בֹּקֶר לְבֵית הַכְּנֶסֶת לְהִתְפַּלֵּל. בֹּקֶר אֶחָד הוּא לָקַח אַרְנָק מָלֵא כֶּסֶף, וְהָלַךְ אֶל הָרְחוֹב שֶׁאָחִיו הָיָה רָגִיל לַעֲבֹר בּוֹ בְּדַרְכּוֹ אֶל בֵּית הַכְּנֶסֶת. הוּא עָמַד מֵאֲחוֹרֵי גָּדֵר בְּפִנַּת הָרְחוֹב, וְחִכָּה לְאָחִיו שֶׁיּוֹפִיעַ. בִּרְאוֹתוֹ אֶת אָחִיו מֵרָחוֹק, מִיָּד הוּא שָׂם אֶת הָאַרְנָק עַל הַמִּדְרָכָה, וְשׁוּב הִסְתַּתֵּר מֵאֲחוֹרֵי הַגָּדֵר. הוּא הָיָה בָּטוּחַ שֶׁבְּעָבְרוֹ בַּדֶּרֶךְ, יִרְאֶה אָחִיו אֶת הָאַרְנָק וְיָרִים אוֹתוֹ. אֲבָל מַה גָּדוֹל

הָיָה תִּמְהוֹנוֹ, בִּרְאוֹתוֹ אֶת אָחִיו עוֹבֵר עַל־יַד הָאַרְנָק בְּלִי לְהָרִים אוֹתוֹ.

הָאָח הֶעָשִׁיר רָץ מִיָּד אַחֲרֵי אָחִיו, וְאָמַר לוֹ:

— זֶה עַכְשָׁו עָבַרְתָּ עַל־יַד הָאַרְנָק הַזֶּה. אֱמֹר לִי, מַדּוּעַ לֹא הֵרַמְתָּ אוֹתוֹ?

עָנָה הָאָח הֶעָנִי:

— בְּצֵאתִי הַבֹּקֶר מִבֵּיתִי חָשַׁבְתִּי עַל מַזָּלִי הַמַּר וְעַל הָאֲסוֹנוֹת הָרַבִּים שֶׁקָּרוּ לִי בְּמֶשֶׁךְ הַיָּמִים שֶׁעָבְרוּ. אֲבָל בְּלֶכְתִּי בַּדֶּרֶךְ אָמַרְתִּי לְעַצְמִי, כָּל זְמַן שֶׁאֲנִי בָּרִיא וְשָׁלֵם בְּגוּפִי, אֲנִי בֶּאֱמֶת עָשִׁיר! יֵשׁ לִי, בָּרוּךְ הַשֵּׁם, **ע**ֵינַיִם, **שׁ**ִנַּיִם, **יָ**דַיִם, **ר**ַגְלַיִם. בְּאוֹתוֹ הָרֶגַע שָׁאַלְתִּי אֶת עַצְמִי, אֵיךְ הָיִיתִי מַרְגִּישׁ, לְמָשָׁל, לוּ הָיִיתִי עִוֵּר? עָצַמְתִּי אֶת עֵינַי לְדַקּוֹת אֲחָדוֹת כְּדֵי לִרְאוֹת אֵיךְ מַרְגִּישׁ עִוֵּר. וְכָךְ הִמְשַׁכְתִּי בְּדַרְכִּי כְּאִלּוּ הָיִיתִי עִוֵּר.

— הוֹי! קָרָא הָאָח הֶעָשִׁיר, כְּשָׁמְעוֹ אֶת דִּבְרֵי אָחִיו, הַכֹּל תָּלוּי בִּידֵי שָׁמַיִם. אִם מִן הַשָּׁמַיִם לֹא רוֹצִים שֶׁתִּהְיֶה עָשִׁיר, שׁוּם עֵצָה לֹא תּוֹעִיל לְךָ!

◇◇◇◇◇◇◇◇◇◇◇

## תַּרְגִּילִים

א. ענו במשפטים שלמים:

1. מַה קָּרָה לַסּוּס וְלָעֲגָלָה שֶׁל הָאָח הֶעָנִי?
2. אֵיךְ מֵתָה פָּרָתוֹ?
3. מַדּוּעַ לֹא נָתַן הָאָח הֶעָשִׁיר כֶּסֶף לְאָחִיו?
4. מַדּוּעַ עָצַם הָאָח הֶעָנִי אֶת עֵינָיו בְּעָבְרוֹ עַל־יַד הָאַרְנָק?
5. מַדּוּעַ חָשַׁב הָאָח הֶעָנִי אֶת עַצְמוֹ לְעָשִׁיר?

ב. תרגמו:

1. He did not make any effort and therefore he did not succeed in his studies. 2. He is like a blind man, he cannot see the difference between red and blue. 3. The remedy was of no use and the dog died. 4. Don't hide (f.s.) behind my back. 5. He is a weak man and such a load is too heavy for him. 6. The baby drank poison by mistake, but he was immediately taken to

the hospital and was saved from death. 7. His store was burned and he remained without a livelihood. 8. He is making a living by (from) selling newspapers. 9. Suddenly an excellent idea flashed in my head. 10. Your (f.s.) pocketbook is old and torn, the time has come to buy a new pocketbook. 11. I have a big car, I (m.) often use it for transporting (in order to transport) all kinds of merchandise. 12. The farmer has to get up early in the morning to milk his cows. 13. It is forbidden to hide oneself under a tree when there is thunder and lightning. 14. I did not close my eyes the whole night because my teeth were aching (ached to me). 15. As long as there is a sign of life (spirit of life), there is hope.

ג. כִּתְבוּ בְּמִלָּה אַחַת:

כַּאֲשֶׁר קַמְתִּי = בְּקוּמִי

1. כַּאֲשֶׁר כָּתַבְנוּ —
2. כַּאֲשֶׁר יַעַבְרוּ —
3. בִּזְמַן שֶׁדִּבֵּר —
4. כַּאֲשֶׁר יִשְׁמְרוּ —
5. בִּזְמַן שֶׁקָּנְתָה —
6. כַּאֲשֶׁר שַׁרְנוּ —
7. כַּאֲשֶׁר שַׁבְתְּ —
8. כַּאֲשֶׁר יִרְצֶה —
9. כַּאֲשֶׁר עָזַרְתָּ —
10. כַּאֲשֶׁר יָרַדְתְּ —
11. בִּזְמַן שֶׁקָּרָאתִי —
12. בִּזְמַן שֶׁשִּׂחַקְנוּ —

# שִׁעוּר עג (73)

| | | | |
|---|---|---|---|
| instinct; inclination | יֵצֶר (יְצָרִים) | lost | אָבַד (לֶאֱבֹד) |
| level; stair | מַדְרֵגָה (מַדְרֵגוֹת) | finger, *n.f.* | אֶצְבַּע (אֶצְבָּעוֹת) |
| morality; ethics | מוּסָר | overcame; overpowered | (גבר, לְהִתְגַּבֵּר) הִתְגַּבֵּר עַל |
| moral; ethical | מוּסָרִי, מוּסָרִית | debate | וִכּוּחַ (וִכּוּחִים) |
| find (of a lost article) | מְצִיאָה (מְצִיאוֹת) | justification | הַצְדָּקָה (הַצְדָּקוֹת) |
| low; short | נָמוּךְ, נְמוּכָה | court, *n.f.* | חָצֵר (חֲצֵרוֹת) |
| experience | נִסָּיוֹן (נִסְיוֹנוֹת) | proved | (יכח, לְהוֹכִיחַ) הוֹכִיחַ |
| wicked man | רָשָׁע (רְשָׁעִים) | debated; argued | (יכח, לְהִתְוַכֵּחַ) הִתְוַכֵּחַ |

אֵין חָכָם כְּבַעַל הַנִּסָּיוֹן. (מִסִּפְרוּת יְהּ״ב)

## דִּקְדּוּק

**I. The Verbal Pronominal Suffixes.** The usual way of expressing the direct object pronoun is by the inflection of the particle אֶת .

You met me. אַתָּה פָּגַשְׁתָּ אוֹתִי.

I met you. אֲנִי פָּגַשְׁתִּי אוֹתְךָ.

There is, however, a shorter way of expressing the direct object pronoun by attaching pronominal suffixes to the verb.

You met me. אַתָּה פְּגַשְׁתַּנִי.

I met you. אֲנִי פְּגַשְׁתִּיךָ.

It is self evident that only transitive verbs can have pronominal suffixes since they take a direct object. The pronominal suffixes apply only to the active בִּנְיָנִים , the הִפְעִיל, פִּעֵל, פָּעַל .

In common speech the verbal pronominal suffixes are used only sporadically and only in simple constructions. A table for a שְׁלֵמִים verb in the בִּנְיַן פָּעַל with the pronominal suffixes follows:

| | אוֹתִי | אוֹתְךָ | אוֹתָךְ | אוֹתוֹ | אוֹתָהּ | אוֹתָנוּ | אֶתְכֶם־כֶן | אוֹתָם־תָן |
|---|---|---|---|---|---|---|---|---|
| **הוה:** | | | | | | | | |
| שׁוֹמֵר | שׁוֹמְרֵנִי | שׁוֹמֶרְךָ | שׁוֹמְרֵךְ | שׁוֹמְרוֹ | שׁוֹמְרָהּ | שׁוֹמְרֵנוּ | שׁוֹמֶרְכֶם־כֶן | שׁוֹמְרָם־רָן |
| שׁוֹמֶרֶת | שׁוֹמַרְתֵּנִי | שׁוֹמַרְתְּךָ | שׁוֹמַרְתֵּךְ | שׁוֹמַרְתּוֹ | שׁוֹמַרְתָּהּ | שׁוֹמַרְתֵּנוּ | שׁוֹמַרְתְּכֶם־כֶן | שׁוֹמַרְתָּם־תָּן |
| שׁוֹמְרִים | שׁוֹמְרַי | שׁוֹמְרֶיךָ | שׁוֹמְרַיִךְ | שׁוֹמְרָיו | שׁוֹמְרֶיהָ | שׁוֹמְרֵינוּ | שׁוֹמְרֵיכֶם־כֶן | שׁוֹמְרֵיהֶם־הֶן |
| **עבר:** | | | | | | | | |
| שָׁמַרְתִּי | | שְׁמַרְתִּיךָ | שְׁמַרְתִּיךְ | שְׁמַרְתִּיו | שְׁמַרְתִּיהָ | | שְׁמַרְתִּיכֶם־כֶן | שְׁמַרְתִּים־ן |
| שָׁמַרְתָּ | שְׁמַרְתַּנִי | | | שְׁמַרְתּוֹ | שְׁמַרְתָּהּ | שְׁמַרְתָּנוּ | | שְׁמַרְתָּם־ן |
| שָׁמַרְתְּ | שְׁמַרְתִּינִי | | | שְׁמַרְתִּיו | שְׁמַרְתִּיהָ | שְׁמַרְתִּינוּ | | שְׁמַרְתִּים־ן |
| שָׁמַר | שְׁמָרַנִי | שְׁמָרְךָ | שְׁמָרֵךְ | שְׁמָרוֹ | שְׁמָרָהּ | שְׁמָרָנוּ | שְׁמַרְכֶם־כֶן | שְׁמָרָם־ן |
| שָׁמְרָה | שְׁמָרַתְנִי | שְׁמָרַתְךָ | שְׁמָרָתֵךְ | שְׁמָרַתּוּ | שְׁמָרַתָּה | שְׁמָרַתְנוּ | שְׁמָרַתְכֶם־כֶן | שְׁמָרָתַם־ן |
| שָׁמַרְנוּ | | שְׁמַרְנוּךָ | שְׁמַרְנוּךְ | שְׁמַרְנוּהוּ | שְׁמַרְנוּהָ | | שְׁמַרְנוּכֶם־כֶן | שְׁמַרְנוּם־ן |
| שְׁמַרְתֶּם / שְׁמַרְתֶּן | שְׁמַרְתּוּנִי | | | שְׁמַרְתּוּהוּ | שְׁמַרְתּוּהָ | שְׁמַרְתּוּנוּ | | שְׁמַרְתּוּם־ן |
| שָׁמְרוּ | שְׁמָרוּנִי | שְׁמָרוּךָ | שְׁמָרוּךְ | שְׁמָרוּהוּ | שְׁמָרוּהָ | שְׁמָרוּנוּ | שְׁמָרוּכֶם־כֶן | שְׁמָרוּם־ן |

| | אוֹתִי | אוֹתְךָ | אוֹתָךְ | אוֹתוֹ | אוֹתָהּ | אוֹתָנוּ | אֶתְכֶם־כֶן | אוֹתָם־תָן |
|---|---|---|---|---|---|---|---|---|
| **עתיד:** | | | | | | | | |
| אֶשְׁמֹר | | אֶשְׁמָרְךָ | אֶשְׁמְרֵךְ | אֶשְׁמְרֵהוּ | אֶשְׁמְרֶהָ | | אֶשְׁמָרְכֶם־כֶן | אֶשְׁמְרֵם־ן |
| תִּשְׁמֹר | תִּשְׁמְרֵנִי | | | תִּשְׁמְרֵהוּ | תִּשְׁמְרֶהָ | תִּשְׁמְרֵנוּ | | תִּשְׁמְרֵם־ן |
| תִּשְׁמְרִי | תִּשְׁמְרִינִי | | | תִּשְׁמְרִיהוּ | תִּשְׁמְרִיהָ | תִּשְׁמְרִינוּ | | תִּשְׁמְרִים־ן |
| יִשְׁמֹר | יִשְׁמְרֵנִי | יִשְׁמָרְךָ | יִשְׁמְרֵךְ | יִשְׁמְרֵהוּ | יִשְׁמְרֶהָ | יִשְׁמְרֵנוּ | יִשְׁמָרְכֶם־כֶן | יִשְׁמְרֵם־ן |
| תִּשְׁמֹר | תִּשְׁמְרֵנִי | תִּשְׁמָרְךָ | תִּשְׁמְרֵךְ | תִּשְׁמְרֵהוּ | תִּשְׁמְרֶהָ | תִּשְׁמְרֵנוּ | תִּשְׁמָרְכֶם־כֶן | תִּשְׁמְרֵם־ן |
| נִשְׁמֹר | | נִשְׁמָרְךָ | נִשְׁמְרֵךְ | נִשְׁמְרֵהוּ | נִשְׁמְרֶהָ | | נִשְׁמָרְכֶם־כֶן | נִשְׁמְרֵם־ן |
| תִּשְׁמְרוּ / תִּשְׁמֹרְנָה | תִּשְׁמְרוּנִי | | | תִּשְׁמְרוּהוּ | תִּשְׁמְרוּהָ | תִּשְׁמְרוּנוּ | | תִּשְׁמְרוּם־ן |
| יִשְׁמְרוּ / תִּשְׁמֹרְנָה | יִשְׁמְרוּנִי | יִשְׁמְרוּךָ | יִשְׁמְרוּךְ | יִשְׁמְרוּהוּ | יִשְׁמְרוּהָ | יִשְׁמְרוּנוּ | יִשְׁמְרוּכֶם־כֶן | יִשְׁמְרוּם־ן |
| **צווי:** | | | | | | | | |
| שְׁמֹר | שָׁמְרֵנִי | | | שָׁמְרֵהוּ | שָׁמְרֶהָ | שָׁמְרֵנוּ | | שָׁמְרֵם־ן |
| שִׁמְרִי | שִׁמְרִינִי | | | שִׁמְרִיהוּ | שִׁמְרִיהָ | שִׁמְרִינוּ | | שִׁמְרִים־ן |
| שִׁמְרוּ / שְׁמֹרְנָה | שִׁמְרוּנִי | | | שִׁמְרוּהוּ | שִׁמְרוּהָ | שִׁמְרוּנוּ | | שִׁמְרוּם־ן |
| **שם הפעל:** | | | | | | | | |
| לִשְׁמֹר | לְשָׁמְרֵנִי | לְשָׁמְרְךָ | לְשָׁמְרֵךְ | לְשָׁמְרוֹ | לְשָׁמְרָהּ | לְשָׁמְרֵנוּ | לְשָׁמְרְכֶם־כֶן | לְשָׁמְרָם־ן |

**II. The Verb** אבד . The concept of losing an object is rendered in an impersonal way. E.g.,

I lost a pencil. אָבַד לִי עִפָּרוֹן.

She lost her eyeglasses. אָבְדוּ לָהּ הַמִּשְׁקָפַיִם שֶׁלָּהּ.

Compare the other impersonal expressions in lesson 60.

In common speech, the concept of losing an object may also be expressed directly by using the פִּעֵל of אבד .

I lost a pencil אִבַּדְתִּי עִפָּרוֹן.

She lost her eyeglasses. הִיא אִבְּדָה אֶת הַמִּשְׁקָפַיִם שֶׁלָּהּ.

## אֵיזֶהוּ חָכָם

בַּחֲצֵרוֹ שֶׁל רַבִּי אֶחָד יָשְׁבוּ חֲסִידִים אֲחָדִים וְהִתְוַכְּחוּ בֵּינֵיהֶם עַל הַשְּׁאֵלָה: מִי נִקְרָא אִישׁ חָכָם, וּמִי נִקְרָא אִישׁ טִפֵּשׁ? כָּל אֶחָד מֵהֶם הִשְׁתַּדֵּל לְהוֹכִיחַ שֶׁהוּא צוֹדֵק. הָרַבִּי יָשַׁב מִן הַצַּד לְיַד הַחַלּוֹן וְלֹא הֵרִים אֶצְבַּע. הוּא הִקְשִׁיב לַוִּכּוּחַ בְּלִי לוֹמַר מִלָּה. פִּתְאֹם הִבְרִיק רַעְיוֹן בְּרֹאשׁוֹ שֶׁל הָרַבִּי. הוּא הִפְסִיק אֶת הַוִּכּוּחַ שֶׁל הַחֲסִידִים, וְאָמַר לְאֶחָד מֵהֶם:

— הִנֵּה עוֹבֵר אִישׁ בָּרְחוֹב, לֵךְ וּקְרָא אוֹתוֹ לָבוֹא הֵנָּה.

הֶחָסִיד הָלַךְ וּקְרָאוֹ.

— קְרָאתִיךָ, אָמַר הָרַבִּי לָאִישׁ, כִּי יֵשׁ לִי שְׁאֵלָה לִשְׁאָלְךָ. לוּ מָצָאתָ בָּרְחוֹב אַרְנָק מָלֵא כֶּסֶף, מֶה הָיִיתָ עוֹשֶׂה?

הָאִישׁ חָשַׁב רֶגַע וְעָנָה:

— הָיִיתִי לוֹקְחוֹ לְעַצְמִי, כִּי מְצִיאָה הִיא כְּמַתָּנָה מֵהַשָּׁמַיִם, וּמֻתָּר לְכָל מִי שֶׁמּוֹצְאָהּ לָקַחַת אוֹתָהּ.

הָרַבִּי הוֹדָה לוֹ, וְהָאִישׁ יָצָא מֵהַחֶדֶר.

הָרַבִּי פָּנָה שֵׁנִית אֶל אֶחָד מֵהַחֲסִידִים וְאָמַר:

— הִנֵּה עוֹבֵר אִישׁ שֵׁנִי בָּרְחוֹב, לֵךְ וּקְרָאֵהוּ.

כַּאֲשֶׁר הָאִישׁ הַשֵּׁנִי נִכְנַס לַחֶדֶר, אָמַר לוֹ הָרַבִּי:

— קְרָאתִיךָ כִּי יֵשׁ לִי שְׁאֵלָה לִשְׁאָלְךָ. לוּ מָצָאתָ בָּרְחוֹב אַרְנָק מָלֵא כֶּסֶף מֶה הָיִיתָ עוֹשֶׂה?

הָאִישׁ לֹא פִּקְפֵּק אֲפִילוּ רֶגַע וְעָנָה:

— לוּ מָצָאתִי בָּרְחוֹב אַרְנָק מָלֵא כֶּסֶף, הָיִיתִי מְחַפֵּשׂ אֶת הָאִישׁ שֶׁאָבַד לוֹ הָאַרְנָק, וְהָיִיתִי מַחֲזִירוֹ לוֹ.

— תּוֹדָה רַבָּה, אָמַר לוֹ הָרַבִּי, וְהָאִישׁ יָצָא מִן הַחֶדֶר.

שׁוּב פָּנָה הָרַבִּי אֶל אֶחָד מֵהַחֲסִידִים וְאָמַר:

— הִנֵּה עוֹבֵר אִישׁ שְׁלִישִׁי בָּרְחוֹב, לֵךְ וּקְרָאֵהוּ.

הָאִישׁ הַשְּׁלִישִׁי נִכְנַס לַחֶדֶר וְאָמַר:

— רַבִּי, לָמָּה קְרָאתַנִי לָבוֹא אֵלֶיךָ?

— קְרָאתִיךָ, אָמַר לוֹ הָרַבִּי, כִּי יֵשׁ לִי שְׁאֵלָה לִשְׁאָלְךָ. לוּ מָצָאתָ בָּרְחוֹב אַרְנָק מָלֵא כֶּסֶף, מֶה הָיִיתָ עוֹשֶׂה?

הָאִישׁ חָשַׁב רְגָעִים אֲחָדִים, וְאָז אָמַר בְּקוֹל רַךְ וְנָמוּךְ:

— שְׁאֵלָה קָשָׁה שְׁאַלְתַּנִי, רַבִּי. מֵעוֹלָם לֹא קָרָה לִי דָּבָר כָּזֶה. אֵיךְ אֲנִי יָכוֹל לָדַעַת מֵרֹאשׁ מַה שֶּׁאֶעֱשֶׂה בֶּעָתִיד. אִי אֶפְשָׁר לִי לָדַעַת עַכְשָׁו אִם אַצְלִיחַ לִכְבֹּשׁ אֶת יֵצֶר הָרַע שֶׁלִּי וְאַחְזִיר אֶת הָאַרְנָק, אוֹ אוּלַי יִתְגַּבֵּר עָלַי יֵצֶר הָרַע, וְאֶקָּחֵהוּ לְעַצְמִי. הַכֹּל תָּלוּי בְּאֵיזוֹ מַדְרֵגָה מוּסָרִית אֶהְיֶה בְּאוֹתוֹ הַזְּמַן.

הָרַבִּי אָמַר לוֹ:

— אֲנִי מוֹדֶה לְךָ עַל שֶׁבָּאתָ הֵנָּה, וְעַכְשָׁו, בְּנִי, לֵךְ לְדַרְכְּךָ בְּשָׁלוֹם.

כַּאֲשֶׁר יָצָא הָאִישׁ מֵהַחֶדֶר, פָּנָה הָרַבִּי אֶל הַחֲסִידִים וְהִסְבִּיר לָהֶם:

— הָאִישׁ הָרִאשׁוֹן הוּא רָשָׁע, כִּי הוּא מָצָא הַצְדָּקָה כְּדֵי לָקַחַת לְעַצְמוֹ כֶּסֶף שֶׁלֹּא שַׁיָּךְ לוֹ. הַשֵּׁנִי הוּא טִפֵּשׁ, כִּי אֵין בֶּן־אָדָם יָכוֹל לָדַעַת מֵרֹאשׁ מַה שֶּׁיַּעֲשֶׂה בִּתְנָאִים שֶׁאֵין לוֹ נִסָּיוֹן בָּהֶם. הַשְּׁלִישִׁי הוּא חָכָם, כִּי הוּא יוֹדֵעַ מַה קָּשָׁה הִיא הַמִּלְחָמָה בֵּין יֵצֶר הָרַע וּבֵין יֵצֶר הַטּוֹב בְּתוֹךְ לִבּוֹ שֶׁל הָאָדָם.

## תַּרְגִּילִים

א. ענו במשפטים שלמים:

1. עַל מַה הִתְוַכְּחוּ הַחֲסִידִים?
2. מַדּוּעַ שָׁלַח הָרַבִּי לִקְרֹא אֶת הָאֲנָשִׁים?
3. אֵיזוֹ הַצְדָקָה מָצָא לְעַצְמוֹ הָאִישׁ הָרִאשׁוֹן?
4. מַדּוּעַ אָמַר הָרַבִּי שֶׁהָאִישׁ הַשֵּׁנִי הוּא טִפֵּשׁ?
5. מֶה הָיָה עוֹשֶׂה הָאִישׁ הַשְּׁלִישִׁי לוּ מָצָא אֶת הָאַרְנָק?

ב. תרגמו:

1.He does not have any experience and therefore he will have difficulties in finding (to find) a position. 2. What are you (f.s.) looking for (searching)? What did you lose? 3. The baby fell from the stairs, but nothing happened to him. 4. Ethics is the foundation of society. 5. I (m.) am letting you (m.pl.) know in advance that I will not teach here next year. 6. Don't argue (m.s.) with him. He has more experience than you in this matter. 7. The soldier refused to eat non-kosher food. 8. There is no justification for their (m.) deeds. 9. I (f.) don't want to enter into a debate with you (m.s.). 10. In (according to) my opinion, what you (m.s.) did is not ethical. 11. I (m.) am very sorry that I cannot lend you (m.s.) my notes. 12. Do not touch the food with your finger! 13. The boy overcame the evil inclination and decided to return the find. 14. We hung up in the dining room the picture that you (m.s.) gave us. 15. I don't care who will be victorious in this debate. 16. We ate by (to) the light of candles because the electricity was out of order (got spoiled).

ג. כִּתְבוּ בְּמִלָּה אַחַת.

1. שָׁלַחְתִּי אוֹתוֹ —
2. רָאִיתִי אוֹתְךָ —
3. שָׁאַלְתִּי אוֹתָהּ —
4. תִּזְרֹק אוֹתָם —
5. יִפְגֹּשׁ אוֹתָנוּ —
6. אֶגְמֹר אוֹתָם —
7. מָצָאתִי אוֹתָךְ —
8. לָקַח אוֹתִי —
9. עָזַב אוֹתִי —
10. יִכְתֹּב אוֹתָם —

# שִׁעוּר עד (74)

| | |
|---|---|
| אִלֵּם (לְאַלֵּם) | bound (sheaves), *v.tr.* |
| אֲלֻמָּה (אֲלֻמּוֹת, אֲלֻמִּים) | sheaf |
| גָּעַר (לִגְעֹר) | rebuked; scolded |
| זְקֻנִים | old age, *n.pl.* |
| כְּתֹנֶת פַּסִּים | coat of many colors (bibl.) |
| מְגוּרִים | dwelling; dwelling place, *n.pl.* |
| נָא = בְּבַקָּשָׁה | |
| (יצב) נִצַּב | stood up |
| תְּסֻבֶּינָה = תְּסֻבְּנָה | will surround |
| וְהִנֵּה תְסֻבֶּינָה | behold, they surrounded |
| פַּס (פַּסִּים) | stripe |
| פָּסוּק (פְּסוּקִים) | verse (in the Bible) |
| פֶּרֶק (פְּרָקִים) | chapter |
| קִנֵּא (לְקַנֵּא) | envied |
| (שחה, לְהִשְׁתַּחֲווֹת) הִשְׁתַּחֲוָה | bowed down |
| שָׁמַר (לִשְׁמֹר) | kept (in his mind); remembered |
| שָׂנֵא (לִשְׂנֹא) | hated |

דִּקְדּוּק

**I. The "ו" Consecutive (Conversive)— ו' הַהִפּוּךְ .**

1. In biblical Hebrew, when describing a series of past events, a special narrative past tense is used. This past tense is formed by attaching "וַ" to the future, and placing a דָּגֵשׁ in the prefix of the future. When the "ו" consecutive is attached to the first person, the "ו" is vocalized by a קָמָץ to compensate for the inability of the prefix "א" to take a דָּגֵשׁ .

   I wrote — וָאֶכְתֹּב = כָּתַבְתִּי    I will write — אֶכְתֹּב

   He wrote — וַיִּכְתֹּב = כָּתַב    He will write — יִכְתֹּב

2. The "ו" consecutive may also be attached to any suitable word that precedes the verb in the future. In this case, it is vocalized like the regular "ו" conjunctive.

They will surround. — תְּסֻבֶּינָה

Behold, they surrounded. — וְהִנֵּה תְּסֻבֶּינָה

3. When the future verb is turned past by the "ו" consecutive, the accent shifts to the first syllable. Hence, a long vowel of the second syllable is frequently changed into a short vowel, to facilitate the shift of accent.

He sat; resided — וַיֵּשֶׁב He will sit; reside — יֵשֵׁב

He said — וַיֹּאמֶר He will say — יֹאמַר

**II. The Use of the Infinitive Absolute.** The infinitive absolute is used together with the verb to give it emphasis.

1. The infinitive absolute of the פָּעַל consists of the three radicals, the first of which is vocalized by a קָמָץ and the second by a חוֹלָם ( × ׳× ×ָ ) .

You will indeed (surely) rule. מָשֹׁל תִּמְשֹׁל.

Will you indeed rule? הֲמָשֹׁל תִּמְשֹׁל?

Every בִּנְיָן has its own infinitive absolute.

2. For the פִּעֵל , it is the same as its infinitive construct.

He surely will speak. דַּבֵּר יְדַבֵּר. ( ×ַ ×ֵ × )

3. For the נִפְעַל , it is the same as its infinitive construct.

It surely will be broken. הִשָּׁבֵר יִשָּׁבֵר. ( הִ ×ָ ×ֵ × )

4. For the הִפְעִיל , the infinitive construct is:

He indeed will invite you. הַזְמֵן יַזְמִין אוֹתְךָ. ( הַ ×ְ ×ֵ × )

5. For the הִתְפַּעֵל , it is the same as its infinitive construct.
He indeed will dress himself. הִתְלַבֵּשׁ יִתְלַבֵּשׁ. ( הִתְ × ֵ × ) (

**III. A Series of Interrogatives.** When interrogatives come in a series, the interrogative particle ...הֲ precedes only the first one, whereas the rest are preceded merely by the particle אִם. E.g.,

Will you indeed reign over us? הֲמָלֹךְ תִּמְלֹךְ עָלֵינוּ?

Will you indeed rule over us? אִם מָשֹׁל תִּמְשֹׁל בָּנוּ?

## חֲלוֹמוֹת יוֹסֵף

וַיֵּשֶׁב יַעֲקֹב בְּאֶרֶץ מְגוּרֵי אָבִיו, בְּאֶרֶץ כְּנָעַן.

וְיִשְׂרָאֵל אָהַב אֶת יוֹסֵף מִכָּל בָּנָיו, כִּי בֶן זְקֻנִים הוּא לוֹ, וְעָשָׂה לוֹ כְּתֹנֶת פַּסִּים.

וַיִּרְאוּ אֶחָיו כִּי אוֹתוֹ אָהַב אֲבִיהֶם מִכָּל אֶחָיו, וַיִּשְׂנְאוּ אֹתוֹ, וְלֹא יָכְלוּ דַּבְּרוֹ לְשָׁלוֹם.

וַיַּחֲלֹם יוֹסֵף חֲלוֹם, וַיַּגֵּד לְאֶחָיו, וַיּוֹסִיפוּ עוֹד שְׂנֹא אוֹתוֹ.

וַיֹּאמֶר אֲלֵיהֶם, שִׁמְעוּ נָא הַחֲלוֹם הַזֶּה אֲשֶׁר חָלָמְתִּי. וְהִנֵּה אֲנַחְנוּ מְאַלְּמִים אֲלֻמִּים בְּתוֹךְ הַשָּׂדֶה, וְהִנֵּה קָמָה אֲלֻמָּתִי וְגַם נִצָּבָה, וְהִנֵּה תְסֻבֶּינָה אֲלֻמֹּתֵיכֶם, וַתִּשְׁתַּחֲוֶינָה לַאֲלֻמָּתִי.

וַיֹּאמְרוּ לוֹ אֶחָיו, הֲמָלֹךְ תִּמְלֹךְ עָלֵינוּ? אִם מָשׁוֹל תִּמְשֹׁל בָּנוּ? וַיּוֹסִיפוּ עוֹד שְׂנֹא אוֹתוֹ, עַל חֲלוֹמוֹתָיו וְעַל דְּבָרָיו.

וַיַּחֲלֹם עוֹד חֲלוֹם אַחֵר, וַיְסַפֵּר אוֹתוֹ לְאֶחָיו, וַיֹּאמֶר, הִנֵּה חָלַמְתִּי חֲלוֹם עוֹד, וְהִנֵּה הַשֶּׁמֶשׁ וְהַיָּרֵחַ וְאַחַד עָשָׂר כּוֹכָבִים, מִשְׁתַּחֲוִים לִי.

וַיְסַפֵּר אֶל אָבִיו וְאֶל אֶחָיו, וַיִּגְעַר בּוֹ אָבִיו, וַיֹּאמֶר לוֹ, מָה הַחֲלוֹם הַזֶּה אֲשֶׁר חָלָמְתָּ? הֲבוֹא נָבוֹא אֲנִי וְאִמְּךָ וְאַחֶיךָ, לְהִשְׁתַּחֲוֹת לְךָ אָרְצָה?

וַיְקַנְאוּ בוֹ אֶחָיו, וְאָבִיו שָׁמַר אֶת הַדָּבָר.

בראשית, פרק לז, פסוקים 1, 3־11

א. עֲנוּ בְּמִשְׁפָּטִים שְׁלֵמִים:

1. מַדּוּעַ אָהַב יַעֲקֹב אֶת יוֹסֵף יוֹתֵר מִכָּל בָּנָיו?
2. אֵיךְ הֶרְאָה יַעֲקֹב אֶת אַהֲבָתוֹ לְיוֹסֵף?
3. מֶה הָיָה חֲלוֹמוֹ הָרִאשׁוֹן שֶׁל יוֹסֵף?
4. מֶה הָיָה חֲלוֹמוֹ הַשֵּׁנִי שֶׁל יוֹסֵף?
5. מַדּוּעַ גָּעַר יַעֲקֹב בְּיוֹסֵף כַּאֲשֶׁר שָׁמַע אֶת חֲלוֹמוֹ הַשֵּׁנִי?

ב. שַׁנּוּ אֶת הַפְּעָלִים עִם ו׳ הַהִפּוּךְ (Conversive "ו") לְעָבָר פָּשׁוּט:

1. וַיְבָרֶךְ אֱלֹהִים אֶת יוֹם הַשְּׁבִיעִי, וַיְקַדֵּשׁ אוֹתוֹ. (בראשית ב, 3)
2. וָאֶשְׁאַל אוֹתָהּ וָאֹמַר, בַּת מִי אַתְּ? וַתֹּאמֶר בַּת בְּתוּאֵל בֶּן נָחוֹר. (בראשית כד, 47)
3. וַיְסַפֵּר הָעֶבֶד לְיִצְחָק אֶת כָּל הַדְּבָרִים אֲשֶׁר עָשָׂה. (בראשית כד, 66)
4. וַיַּחְפְּרוּ עַבְדֵי יִצְחָק, וַיִּמְצְאוּ שָׁם בְּאֵר מַיִם חַיִּים. (בראשית כו, 19)
5. וַתִּרְעַב כָּל אֶרֶץ מִצְרַיִם, וַיִּצְעַק הָעָם אֶל פַּרְעֹה לַלָּחֶם. (בראשית מא, 55)
6. וַיִּזְכֹּר יוֹסֵף אֶת הַחֲלוֹמוֹת אֲשֶׁר חָלַם. (בראשית מב, 9)
7. וַיֵּצֵא מֹשֶׁה וַיְדַבֵּר אֶל הָעָם אֶת דִּבְרֵי ה׳. וַיֶּאֱסֹף שִׁבְעִים אִישׁ מִזִּקְנֵי הָעָם. (במדבר יא, 24)
8. וַתֹּאכַלְנָה הַפָּרוֹת, רָעוֹת הַמַּרְאֶה וְדַקּוֹת הַבָּשָׂר, אֶת שֶׁבַע הַפָּרוֹת יְפֹת הַמַּרְאֶה וְהַבְּרִיאוֹת. (בראשית מא, 4)
9. וַיָּבוֹא עֲמָלֵק, וַיִּלָּחֶם עִם יִשְׂרָאֵל בִּרְפִידִים. (שמות יז, 8)
10. וַיִּתְפַּלֵּל מֹשֶׁה בְּעַד הָעָם. (במדבר כא, 7)
11. וַנִּסַּע מֵחֹרֵב, וַנֵּלֶךְ אֵת כָּל הַמִּדְבָּר הַגָּדוֹל וְהַנּוֹרָא הַהוּא, אֲשֶׁר רְאִיתֶם. (דברים א, 19)
12. וַיֹּאמֶר שְׁמוּאֵל אֶל כָּל יִשְׂרָאֵל, הִנֵּה שָׁמַעְתִּי בְּקוֹלְכֶם, וָאַמְלִיךְ עֲלֵיכֶם מֶלֶךְ. (שמואל א, יב, 1)

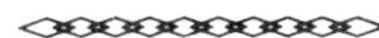

# שִׁעוּר עה (75)

| | |
|---|---|
| the end of days | אַחֲרִית הַיָּמִים |
| way | אֹרַח (אֳרָחוֹת) |
| ploughshare; spade | אֵת (אִתִּים) |
| hill | גִּבְעָה (גְּבָעוֹת) |
| nation | גּוֹי (גּוֹיִים) |
| let us go | (ילך, הלך) נֵלְכָה = נֵלֵךְ |
| envisioned; saw | חָזָה (לַחֲזוֹת) |
| spear | חֲנִית (חֲנִיתוֹת) |
| pointed out; judged | (יכח, לְהוֹכִיחַ) הוֹכִיחַ |
| instructed | (ירה, לְהוֹרוֹת) הוֹרָה |
| beat; crushed | כִּתֵּת (לְכַתֵּת) |
| pruning-hook | מַזְמֵרָה (מַזְמֵרוֹת) |
| streamed | נָהַר (לִנְהֹר) |
| firmly established | נָכוֹן, נְכוֹנָה |
| lifted; raised | נָשָׂא (לָשֵׂאת) |
| was raised | (נשא, לְהִנָּשֵׂא) נִשָּׂא |
| judged | שָׁפַט (לִשְׁפֹּט) |

◇◇◇◇◇◇◇◇◇◇

דִּקְדּוּק

**The "ו" Consecutive (Conversive)— ו׳ הַהִפּוּךְ, Continued.**

The "ו" consecutive is also used in the Bible to turn the past into future. The "ו" is in this case vocalized in a similar manner as the "ו" conjunctive (see lesson 14).

The accent shifts to the last syllable, with the exception of the first person plural, in which case only the context will determine whether the "ו" is conjunctive or consecutive.

and you loved — וְאָהַ֫בְתָּ

you will love — וְאָהַבְתָּ֫

and we loved / we shall love } וְאָהַ֫בְנוּ

◇◇◇◇◇◇◇◇◇◇

# אַחֲרִית הַיָּמִים

הַדָּבָר אֲשֶׁר חָזָה יְשַׁעְיָהוּ בֶּן־אָמוֹץ עַל יְהוּדָה וִירוּשָׁלָיִם.

וְהָיָה בְּאַחֲרִית הַיָּמִים
נָכוֹן יִהְיֶה הַר בֵּית ה׳ בְּרֹאשׁ הֶהָרִים וְנִשָּׂא מִגְּבָעוֹת
וְנָהֲרוּ אֵלָיו כָּל הַגּוֹיִם. וְהָלְכוּ עַמִּים רַבִּים וְאָמְרוּ
לְכוּ וְנַעֲלֶה אֶל הַר ה׳ אֶל־בֵּית אֱלֹהֵי יַעֲקֹב
וְיוֹרֵנוּ מִדְּרָכָיו וְנֵלְכָה בְּאֹרְחוֹתָיו
כִּי מִצִּיּוֹן תֵּצֵא תוֹרָה וּדְבַר ה׳ מִירוּשָׁלָיִם.
וְשָׁפַט בֵּין הַגּוֹיִם וְהוֹכִיחַ לְעַמִּים רַבִּים
וְכִתְּתוּ חַרְבוֹתָם לְאִתִּים וַחֲנִיתוֹתֵיהֶם לְמַזְמֵרוֹת
לֹא יִשָּׂא גוֹי אֶל גּוֹי חֶרֶב וְלֹא יִלְמְדוּ עוֹד מִלְחָמָה.

ישעיה, פרק ב׳, פסוקים 2 — 5

א. לִמְדוּ עַל פֶּה אֶת הַנְּבוּאָה שֶׁלְּמַעְלָה.

ב. שַׁנּוּ אֶת הַפְּעָלִים עִם ו׳ הַהִפּוּךְ לְעָתִיד פָּשׁוּט:

1. וַאֲכַלְתֶּם אֶת טוּב הָאָרֶץ. (עזרא ט, 12)
2. שָׂרַי אִשְׁתְּךָ לֹא תִקְרָא אֶת שְׁמָהּ שָׂרָי, כִּי שָׂרָה שְׁמָהּ. וּבֵרַכְתִּי אוֹתָהּ, וְגַם נָתַתִּי מִמֶּנָּה לְךָ בֵּן. (בראשית יז, 15)
3. וְדִבַּרְתָּ אֵלָיו, וְשַׂמְתָּ אֶת הַדְּבָרִים בְּפִיו. (שמות ד, 15)
4. וְהִגַּדְתֶּם לְאָבִי אֶת כָּל כְּבוֹדִי בְּמִצְרַיִם, וְאֵת כָּל אֲשֶׁר רְאִיתֶם, וּמִהַרְתֶּם וְהוֹרַדְתֶּם אֶת אָבִי הֵנָּה. (בראשית מה, 13)
5. וּשְׁפַטְתֶּם צֶדֶק בֵּין אִישׁ וּבֵין אָחִיו. (דברים א, 16)
6. וְנָתַתִּי אֶת יָדִי בְּמִצְרַיִם... וְהוֹצֵאתִי אֶת בְּנֵי יִשְׂרָאֵל מִתּוֹכָם. (שמות ז, 4-5)
7. וַעֲבַרְתֶּם אֶת הַיַּרְדֵּן, וִישַׁבְתֶּם בָּאָרֶץ. (דברים יב, 10)
8. וּבִשַּׁלְתָּ וְאָכַלְתָּ, בַּמָּקוֹם אֲשֶׁר יִבְחַר ה׳ אֱלֹהֶיךָ בּוֹ, וּפָנִיתָ בַבֹּקֶר וְהָלַכְתָּ לְאֹהָלֶיךָ. (דברים טז, 7)

9. וְזָכַרְתָּ כִּי עֶבֶד הָיִיתָ בְּמִצְרָיִם, וְשָׁמַרְתָּ אֶת הַחֻקִּים הָאֵלֶּה. (דברים טז, 12)

10. וְסָלַחְתָּ לְעַמְּךָ אֲשֶׁר חָטְאוּ לָךְ. (מלכים א, פרק ח, 50)

11. וְשָׁבוּ אֵלֶיךָ בְּכָל לְבָבָם וּבְכָל נַפְשָׁם. (מלכים א, פרק ח, 48)

12. וְנָתַתִּי לָכֶם לֵב חָדָשׁ, וְרוּחַ חֲדָשָׁה. . . וְעָשִׂיתִי אֶת אֲשֶׁר בְּחֻקַּי תֵּלֵכוּ. . .
וִישַׁבְתֶּם בָּאָרֶץ אֲשֶׁר נָתַתִּי לַאֲבֹתֵיכֶם, וִהְיִיתֶם לִי לְעָם,
וְאָנֹכִי אֶהְיֶה לָכֶם לֵאלֹהִים. (יחזקאל לו, 26—27)

13. וּקְרָאתֶם אֹתִי וַהֲלַכְתֶּם, וְהִתְפַּלַּלְתֶּם אֵלָי, וְשָׁמַעְתִּי אֲלֵיכֶם, וּבִקַּשְׁתֶּם אוֹתִי
וּמְצָאתֶם, כִּי תִדְרְשֻׁנִי בְּכָל לְבַבְכֶם. (ירמיהו כט, 12־13)

14. וְהֵבֵאתִי אוֹתָם אֶל אַדְמָתָם, וְעָשִׂיתִי אֹתָם לְגוֹי אֶחָד בָּאָרֶץ, בְּהָרֵי יִשְׂרָאֵל.
(יחזקאל לז, 21־22)

15. וְלָקַחְתִּי אֶתְכֶם מִן הַגּוֹיִם, וְקִבַּצְתִּי (וְאָסַפְתִּי) אֶתְכֶם מִכָּל הָאֲרָצוֹת, וְהֵבֵאתִי
אֶתְכֶם אֶל אַדְמַתְכֶם. (יחזקאל לו, 24)

לוּחוֹת וּמַפְתְּחוֹת

◇◇◇◇◇◇◇◇◇◇◇◇◇◇◇◇◇◇

מִלּוֹן אַנְגְּלִי — עִבְרִי

◇◇◇◇◇◇◇◇◇◇◇◇◇◇◇◇◇◇

## שְׁמוֹת הֶחֳדָשִׁים

| | | | | | |
|---|---|---|---|---|---|
| 1. תִּשְׁרִי | 3. כִּסְלֵו | 5. שְׁבָט | 7. נִיסָן | 9. סִיוָן | 11. אָב |
| 2. חֶשְׁוָן | 4. טֵבֵת | 6. אֲדָר | 8. אִיָּר | 10. תַּמּוּז | 12. אֱלוּל |

## הַחַגִּים

| | |
|---|---|
| רֹאשׁ הַשָּׁנָה | — א׳, ב׳ תִּשְׁרִי |
| יוֹם כִּפּוּר | — י׳ תִּשְׁרִי |
| סֻכּוֹת | — ט״ו תִּשְׁרִי — כ״ב תִּשְׁרִי |
| שִׂמְחַת תּוֹרָה | — כ״ג תִּשְׁרִי |
| חֲנֻכָּה | — כ״ה כִּסְלֵו — ב׳ טֵבֵת |
| רֹאשׁ הַשָּׁנָה לָאִילָנוֹת | — ט״ו שְׁבָט |
| פּוּרִים | — י״ד אֲדָר |
| פֶּסַח | — ט״ו נִיסָן — כ״ב נִיסָן |
| יוֹם הָעַצְמָאוּת | — ה׳ אִיָּר |
| שָׁבוּעוֹת | — ו׳ סִיוָן — ז׳ סִיוָן |

## הַצּוֹמוֹת

| | |
|---|---|
| צוֹם גְּדַלְיָה — ג׳ תִּשְׁרִי | שִׁבְעָה עָשָׂר בְּתַמּוּז — י״ז תַּמּוּז |
| עֲשָׂרָה בְּטֵבֵת — י׳ טֵבֵת | תִּשְׁעָה בְּאָב — ט׳ אָב |
| תַּעֲנִית אֶסְתֵּר — י״ג אֲדָר | |

## The Names of the Months of the Civil Calendar

| | | | |
|---|---|---|---|
| January | יַנוּאָר | July | יוּלִי |
| February | פֶּבְּרוּאָר | August | אוֹגוּסְט |
| March | מַרְס (מֶרְץ) | September | סֶפְּטֶמְבֶּר |
| April | אַפְּרִיל | October | אוֹקְטוֹבֶּר |
| May | מַאי | November | נוֹבֶמְבֶּר |
| June | יוּנִי | December | דֶצֶמְבֶּר |

## The Inflection of Regular Nouns

| | דוֹד | דוֹדִים | דוֹדָה | דוֹדוֹת |
|---|---|---|---|---|
| שֶׁלִּי | דוֹדִי | דוֹדַי | דוֹדָתִי | דוֹדוֹתַי |
| שֶׁלְּךָ | דוֹדְךָ | דוֹדֶיךָ | דוֹדָתְךָ | דוֹדוֹתֶיךָ |
| שֶׁלָּךְ | דוֹדֵךְ | דוֹדַיִךְ | דוֹדָתֵךְ | דוֹדוֹתַיִךְ |
| שֶׁלּוֹ | דוֹדוֹ | דוֹדָיו | דוֹדָתוֹ | דוֹדוֹתָיו |
| שֶׁלָּהּ | דוֹדָהּ | דוֹדֶיהָ | דוֹדָתָהּ | דוֹדוֹתֶיהָ |
| שֶׁלָּנוּ | דוֹדֵנוּ | דוֹדֵינוּ | דוֹדָתֵנוּ | דוֹדוֹתֵינוּ |
| שֶׁלָּכֶם | דוֹדְכֶם | דוֹדֵיכֶם | דוֹדַתְכֶם | דוֹדוֹתֵיכֶם |
| שֶׁלָּכֶן | דוֹדְכֶן | דוֹדֵיכֶן | דוֹדַתְכֶן | דוֹדוֹתֵיכֶן |
| שֶׁלָּהֶם | דוֹדָם | דוֹדֵיהֶם | דוֹדָתָם | דוֹדוֹתֵיהֶם |
| שֶׁלָּהֶן | דוֹדָן | דוֹדֵיהֶן | דוֹדָתָן | דוֹדוֹתֵיהֶן |

## The Inflection of Segolate Nouns

| | יֶלֶד | יְלָדִים | בֶּגֶד | בְּגָדִים |
|---|---|---|---|---|
| שֶׁלִּי | יַלְדִּי | יְלָדַי | בִּגְדִי | בְּגָדַי |
| שֶׁלְּךָ | יַלְדְּךָ | יְלָדֶיךָ | בִּגְדְךָ | בְּגָדֶיךָ |
| שֶׁלָּךְ | יַלְדֵּךְ | יְלָדַיִךְ | בִּגְדֵךְ | בְּגָדַיִךְ |
| שֶׁלּוֹ | יַלְדּוֹ | יְלָדָיו | בִּגְדוֹ | בְּגָדָיו |
| שֶׁלָּהּ | יַלְדָּהּ | יְלָדֶיהָ | בִּגְדָהּ | בְּגָדֶיהָ |
| שֶׁלָּנוּ | יַלְדֵּנוּ | יְלָדֵינוּ | בִּגְדֵנוּ | בְּגָדֵינוּ |
| שֶׁלָּכֶם | יַלְדְּכֶם | יַלְדֵיכֶם | בִּגְדְכֶם | בִּגְדֵיכֶם |
| שֶׁלָּכֶן | יַלְדְּכֶן | יַלְדֵיכֶן | בִּגְדְכֶן | בִּגְדֵיכֶן |
| שֶׁלָּהֶם | יַלְדָּם | יַלְדֵיהֶם | בִּגְדָם | בִּגְדֵיהֶם |
| שֶׁלָּהֶן | יַלְדָּן | יַלְדֵיהֶן | בִּגְדָן | בִּגְדֵיהֶן |

| | נַעַר | נְעָרִים | חֹדֶשׁ | חֳדָשִׁים |
|---|---|---|---|---|
| שֶׁלִּי | נַעֲרִי | נְעָרַי | חָדְשִׁי | חֳדָשַׁי |
| שֶׁלְּךָ | נַעַרְךָ | נְעָרֶיךָ | חָדְשְׁךָ | חֳדָשֶׁיךָ |
| שֶׁלָּךְ | נַעֲרֵךְ | נְעָרַיִךְ | חָדְשֵׁךְ | חֳדָשַׁיִךְ |
| שֶׁלּוֹ | נַעֲרוֹ | נְעָרָיו | חָדְשׁוֹ | חֳדָשָׁיו |
| שֶׁלָּהּ | נַעֲרָהּ | נְעָרֶיהָ | חָדְשָׁהּ | חֳדָשֶׁיהָ |
| שֶׁלָּנוּ | נַעֲרֵנוּ | נְעָרֵינוּ | חָדְשֵׁנוּ | חֳדָשֵׁינוּ |
| שֶׁלָּכֶם | נַעַרְכֶם | נַעֲרֵיכֶם | חָדְשְׁכֶם | חָדְשֵׁיכֶם |
| שֶׁלָּכֶן | נַעַרְכֶן | נַעֲרֵיכֶן | חָדְשְׁכֶן | חָדְשֵׁיכֶן |
| שֶׁלָּהֶם | נַעֲרָם | נַעֲרֵיהֶם | חָדְשָׁם | חָדְשֵׁיהֶם |
| שֶׁלָּהֶן | נַעֲרָן | נַעֲרֵיהֶן | חָדְשָׁן | חָדְשֵׁיהֶן |

## The Inflection of Particles

אַחֲרֵי — אַחֲרַי, אַחֲרֶיךָ, אַחֲרַיִךְ, אַחֲרָיו, אַחֲרֶיהָ
אַחֲרֵינוּ, אַחֲרֵיכֶם, אַחֲרֵיכֶן, אַחֲרֵיהֶם, אַחֲרֵיהֶן

אֵין — אֵינֶנִּי (אֵינִי), אֵינְךָ, אֵינֵךְ, אֵינֶנּוּ (אֵינוֹ), אֵינֶנָּה (אֵינָהּ)
אֵינֶנּוּ, אֵינְכֶם, אֵינְכֶן, אֵינָם, אֵינָן

אֶל — אֵלַי, אֵלֶיךָ, אֵלַיִךְ, אֵלָיו, אֵלֶיהָ
אֵלֵינוּ, אֲלֵיכֶם, אֲלֵיכֶן, אֲלֵיהֶם, אֲלֵיהֶן

אֵצֶל — אֶצְלִי, אֶצְלְךָ, אֶצְלֵךְ, אֶצְלוֹ, אֶצְלָהּ
אֶצְלֵנוּ, אֶצְלְכֶם, אֶצְלְכֶן, אֶצְלָם, אֶצְלָן

אֶת (=עִם) — אִתִּי, אִתְּךָ, אִתָּךְ, אִתּוֹ, אִתָּהּ
אִתָּנוּ, אִתְּכֶם, אִתְּכֶן, אִתָּם, אִתָּן

אֶת — אוֹתִי, אוֹתְךָ, אוֹתָךְ, אוֹתוֹ, אוֹתָהּ
אוֹתָנוּ, אֶתְכֶם, אֶתְכֶן, אוֹתָם, אוֹתָן

| | | | | | |
|---|---|---|---|---|---|
| בְּ | בִּי, | בְּךָ, | בָּךְ, | בּוֹ, | בָּהּ |
| | בָּנוּ, | בָּכֶם, | בָּכֶן, | בָּהֶם (בָּם), | בָּהֶן (בָּן) |
| בֵּין | בֵּינִי, | בֵּינְךָ, | בֵּינֵךְ, | בֵּינוֹ, | בֵּינָהּ |
| | בֵּינֵינוּ, | בֵּינֵיכֶם, | בֵּינֵיכֶן, | בֵּינֵיהֶם, | בֵּינֵיהֶן |
| בְּעַד | בַּעֲדִי, | בַּעַדְךָ, | בַּעֲדֵךְ, | בַּעֲדוֹ, | בַּעֲדָהּ |
| | בַּעֲדֵנוּ, | בַּעַדְכֶם, | בַּעַדְכֶן, | בַּעֲדָם, | בַּעֲדָן |
| בְּעֶצֶם | בְּעַצְמִי, | בְּעַצְמְךָ, | בְּעַצְמֵךְ, | בְּעַצְמוֹ, | בְּעַצְמָהּ |
| | בְּעַצְמֵנוּ, | בְּעַצְמְכֶם, | בְּעַצְמְכֶן, | בְּעַצְמָם, | בְּעַצְמָן |
| בִּשְׁבִיל | בִּשְׁבִילִי, | בִּשְׁבִילְךָ, | בִּשְׁבִילֵךְ, | בִּשְׁבִילוֹ, | בִּשְׁבִילָהּ |
| | בִּשְׁבִילֵנוּ, | בִּשְׁבִילְכֶם, | בִּשְׁבִילְכֶן, | בִּשְׁבִילָם, | בִּשְׁבִילָן |
| כְּמוֹ | כָּמוֹנִי, | כָּמוֹךָ, | כָּמוֹךְ, | כָּמוֹהוּ, | כָּמוֹהָ |
| | כָּמוֹנוּ, | כְּמוֹכֶם, | כְּמוֹכֶן, | כְּמוֹהֶם, | כְּמוֹהֶן |
| לְ | לִי, | לְךָ, | לָךְ, | לוֹ, | לָהּ |
| | לָנוּ, | לָכֶם, | לָכֶן, | לָהֶם, | לָהֶן |
| לְבַד | לְבַדִּי, | לְבַדְּךָ, | לְבַדֵּךְ, | לְבַדּוֹ, | לְבַדָּהּ |
| | לְבַדֵּנוּ, | לְבַדְּכֶם, | לְבַדְּכֶן, | לְבַדָּם, | לְבַדָּן |
| לִפְנֵי | לְפָנַי, | לְפָנֶיךָ, | לְפָנַיִךְ, | לְפָנָיו, | לְפָנֶיהָ |
| | לְפָנֵינוּ, | לִפְנֵיכֶם, | לִפְנֵיכֶן, | לִפְנֵיהֶם, | לִפְנֵיהֶן |
| לִקְרַאת | לִקְרָאתִי, | לִקְרָאתְךָ, | לִקְרָאתֵךְ, | לִקְרָאתוֹ, | לִקְרָאתָהּ |
| | לִקְרָאתֵנוּ, | לִקְרַאתְכֶם, | לִקְרַאתְכֶן, | לִקְרָאתָם, | לִקְרָאתָן |

| | | | | | |
|---|---|---|---|---|---|
| לְתוֹךְ | לְתוֹכִי, | לְתוֹכְךָ, | לְתוֹכֵךְ, | לְתוֹכוֹ, | לְתוֹכָהּ |
| | לְתוֹכֵנוּ, | לְתוֹכְכֶם, | לְתוֹכְכֶן, | לְתוֹכָם, | לְתוֹכָן |
| מִן | מִמֶּנִּי, | מִמְּךָ, | מִמֵּךְ, | מִמֶּנּוּ, | מִמֶּנָּה |
| | מִמֶּנּוּ, | מִכֶּם, | מִכֶּן, | מֵהֶם, | מֵהֶן |
| מֵאֲחוֹרֵי | מֵאֲחוֹרַי, | מֵאֲחוֹרֶיךָ, | מֵאֲחוֹרַיִךְ, | מֵאֲחוֹרָיו, | מֵאֲחוֹרֶיהָ |
| | מֵאֲחוֹרֵינוּ, | מֵאֲחוֹרֵיכֶם, | מֵאֲחוֹרֵיכֶן, | מֵאֲחוֹרֵיהֶם, | מֵאֲחוֹרֵיהֶן |
| נֶגֶד | נֶגְדִּי, | נֶגְדְּךָ, | נֶגְדֵּךְ, | נֶגְדּוֹ, | נֶגְדָּהּ |
| | נֶגְדֵּנוּ, | נֶגְדְּכֶם, | נֶגְדְּכֶן, | נֶגְדָּם, | נֶגְדָּן |
| עוֹד | עוֹדֶנִּי, | עוֹדְךָ, | עוֹדָךְ, | עוֹדֶנּוּ (עוֹדוֹ), | עוֹדֶנָּה (עוֹדָהּ) |
| | עוֹדֵנוּ, | עוֹדְכֶם, | עוֹדְכֶן, | עוֹדָם, | עוֹדָן |
| עַל | עָלַי, | עָלֶיךָ, | עָלַיִךְ, | עָלָיו, | עָלֶיהָ |
| | עָלֵינוּ, | עֲלֵיכֶם, | עֲלֵיכֶן, | עֲלֵיהֶם, | עֲלֵיהֶן |
| עַל־יַד | עַל־יָדִי, | עַל־יָדְךָ, | עַל־יָדֵךְ, | עַל־יָדוֹ, | עַל־יָדָהּ |
| | עַל־יָדֵנוּ, | עַל־יֶדְכֶם, | עַל־יֶדְכֶן, | עַל־יָדָם, | עַל־יָדָן |
| עִם | עִמִּי, | עִמְּךָ, | עִמָּךְ, | עִמּוֹ, | עִמָּהּ |
| | עִמָּנוּ, | עִמָּכֶם, | עִמָּכֶן, | עִמָּהֶם (עִמָּם), | עִמָּהֶן (עִמָּן) |
| שֶׁל | שֶׁלִּי, | שֶׁלְּךָ, | שֶׁלָּךְ, | שֶׁלּוֹ, | שֶׁלָּהּ |
| | שֶׁלָּנוּ, | שֶׁלָּכֶם, | שֶׁלָּכֶן, | שֶׁלָּהֶם, | שֶׁלָּהֶן |
| תַּחַת | תַּחְתַּי, | תַּחְתֶּיךָ, | תַּחְתַּיִךְ, | תַּחְתָּיו, | תַּחְתֶּיהָ |
| | תַּחְתֵּינוּ, | תַּחְתֵּיכֶם, | תַּחְתֵּיכֶן, | תַּחְתֵּיהֶם, | תַּחְתֵּיהֶן |

# פָּעַל

| גִּזְרָה | שְׁלֵמִים | שְׁלֵמִים<br>״פ״ גְּרוֹנִית (ה,ח,ע) | שְׁלֵמִים<br>״ע״ גְּרוֹנִית | שְׁלֵמִים<br>ל״ח — ל״ע | שְׁלֵמִים<br>פ״א |
| --- | --- | --- | --- | --- | --- |
| שֵׁם הַפֹּעַל | **לִשְׁמֹר** | **לַעֲזֹב** | **לִשְׁאֹל** | **לִשְׁלֹחַ** | **לֶאֱסֹף** |
| הֹוֶה | שׁוֹמֵר שׁוֹמְרִים<br>שׁוֹמֶרֶת שׁוֹמְרוֹת | עוֹזֵב עוֹזְבִים<br>עוֹזֶבֶת עוֹזְבוֹת | שׁוֹאֵל שׁוֹאֲלִים<br>שׁוֹאֶלֶת שׁוֹאֲלוֹת | שׁוֹלֵחַ שׁוֹלְחִים<br>שׁוֹלַחַת שׁוֹלְחוֹת | אוֹסֵף אוֹסְפִים<br>אוֹסֶפֶת אוֹסְפוֹת |
| עָבָר | שָׁמַרְתִּי<br>שָׁמַרְתָּ שָׁמַרְתְּ<br>שָׁמַר שָׁמְרָה<br>שָׁמַרְנוּ<br>שְׁמַרְתֶּם שְׁמַרְתֶּן<br>שָׁמְרוּ | עָזַבְתִּי<br>עָזַבְתָּ עָזַבְתְּ<br>עָזַב עָזְבָה<br>עָזַבְנוּ<br>עֲזַבְתֶּם עֲזַבְתֶּן<br>עָזְבוּ | שָׁאַלְתִּי<br>שָׁאַלְתָּ שָׁאַלְתְּ<br>שָׁאַל שָׁאֲלָה<br>שָׁאַלְנוּ<br>שְׁאַלְתֶּם שְׁאַלְתֶּן<br>שָׁאֲלוּ | שָׁלַחְתִּי<br>שָׁלַחְתָּ שָׁלַחַתְּ<br>שָׁלַח שָׁלְחָה<br>שָׁלַחְנוּ<br>שְׁלַחְתֶּם שְׁלַחְתֶּן<br>שָׁלְחוּ | אָסַפְתִּי<br>אָסַפְתָּ אָסַפְתְּ<br>אָסַף אָסְפָה<br>אָסַפְנוּ<br>אֲסַפְתֶּם אֲסַפְתֶּן<br>אָסְפוּ |
| עָתִיד | אֶשְׁמֹר<br>תִּשְׁמֹר תִּשְׁמְרִי<br>יִשְׁמֹר תִּשְׁמֹר<br>נִשְׁמֹר<br>תִּשְׁמְרוּ תִּשְׁמֹרְנָה<br>יִשְׁמְרוּ תִּשְׁמֹרְנָה | אֶעֱזֹב<br>תַּעֲזֹב תַּעַזְבִי<br>יַעֲזֹב תַּעֲזֹב<br>נַעֲזֹב<br>תַּעַזְבוּ תַּעֲזֹבְנָה<br>יַעַזְבוּ תַּעֲזֹבְנָה | אֶשְׁאַל<br>תִּשְׁאַל תִּשְׁאֲלִי<br>יִשְׁאַל תִּשְׁאַל<br>נִשְׁאַל<br>תִּשְׁאֲלוּ תִּשְׁאַלְנָה<br>יִשְׁאֲלוּ תִּשְׁאַלְנָה | אֶשְׁלַח<br>תִּשְׁלַח תִּשְׁלְחִי<br>יִשְׁלַח תִּשְׁלַח<br>נִשְׁלַח<br>תִּשְׁלְחוּ תִּשְׁלַחְנָה<br>יִשְׁלְחוּ תִּשְׁלַחְנָה | אֶאֱסֹף<br>תֶּאֱסֹף תַּאַסְפִי<br>יֶאֱסֹף תֶּאֱסֹף<br>נֶאֱסֹף<br>תַּאַסְפוּ תֶּאֱסֹפְנָה<br>יַאַסְפוּ תֶּאֱסֹפְנָה |
| צִוּוּי | שְׁמֹר שִׁמְרוּ<br>שִׁמְרִי שְׁמֹרְנָה | עֲזֹב עִזְבוּ<br>עִזְבִי עֲזֹבְנָה | שְׁאַל שַׁאֲלוּ<br>שַׁאֲלִי שְׁאַלְנָה | שְׁלַח שִׁלְחוּ<br>שִׁלְחִי שְׁלַחְנָה | אֱסֹף אִסְפוּ<br>אִסְפִי אֱסֹפְנָה |

# נִפְעַל

| גִּזְרָה | שְׁלֵמִים | שְׁלֵמִים<br>"פ" גְּרוֹנִית (ה,ח,ע) | שְׁלֵמִים<br>"ע" גְּרוֹנִית | שְׁלֵמִים<br>ל"ח — ל"ע | שְׁלֵמִים<br>פ"א |
|---|---|---|---|---|---|
| שֵׁם הַפֹּעַל | **לְהִשָּׁמֵר** | **לְהֵעָזֵב** | **לְהִשָּׁאֵל** | **לְהִשָּׁלַח** | **לְהֵאָסֵף** |
| הֹוֶה | נִשְׁמָר נִשְׁמָרִים<br>נִשְׁמֶרֶת נִשְׁמָרוֹת | נֶעֱזָב נֶעֱזָבִים<br>נֶעֱזֶבֶת נֶעֱזָבוֹת | נִשְׁאָל נִשְׁאָלִים<br>נִשְׁאֶלֶת נִשְׁאָלוֹת | נִשְׁלָח נִשְׁלָחִים<br>נִשְׁלַחַת נִשְׁלָחוֹת | נֶאֱסָף נֶאֱסָפִים<br>נֶאֱסֶפֶת נֶאֱסָפוֹת |
| עָבָר | נִשְׁמַרְתִּי<br>נִשְׁמַרְתָּ נִשְׁמַרְתְּ<br>נִשְׁמַר נִשְׁמְרָה<br>נִשְׁמַרְנוּ<br>נִשְׁמַרְתֶּם נִשְׁמַרְתֶּן<br>נִשְׁמְרוּ | נֶעֱזַבְתִּי<br>נֶעֱזַבְתָּ נֶעֱזַבְתְּ<br>נֶעֱזַב נֶעֶזְבָה<br>נֶעֱזַבְנוּ<br>נֶעֱזַבְתֶּם נֶעֱזַבְתֶּן<br>נֶעֶזְבוּ | נִשְׁאַלְתִּי<br>נִשְׁאַלְתָּ נִשְׁאַלְתְּ<br>נִשְׁאַל נִשְׁאֲלָה<br>נִשְׁאַלְנוּ<br>נִשְׁאַלְתֶּם נִשְׁאַלְתֶּן<br>נִשְׁאֲלוּ | נִשְׁלַחְתִּי<br>נִשְׁלַחְתָּ נִשְׁלַחַתְּ<br>נִשְׁלַח נִשְׁלְחָה<br>נִשְׁלַחְנוּ<br>נִשְׁלַחְתֶּם נִשְׁלַחְתֶּן<br>נִשְׁלְחוּ | נֶאֱסַפְתִּי<br>נֶאֱסַפְתָּ נֶאֱסַפְתְּ<br>נֶאֱסַף נֶאֶסְפָה<br>נֶאֱסַפְנוּ<br>נֶאֱסַפְתֶּם נֶאֱסַפְתֶּן<br>נֶאֶסְפוּ |
| עָתִיד | אֶשָּׁמֵר<br>תִּשָּׁמֵר תִּשָּׁמְרִי<br>יִשָּׁמֵר תִּשָּׁמֵר<br>נִשָּׁמֵר<br>תִּשָּׁמְרוּ תִּשָּׁמַרְנָה<br>יִשָּׁמְרוּ תִּשָּׁמַרְנָה | אֵעָזֵב<br>תֵּעָזֵב תֵּעָזְבִי<br>יֵעָזֵב תֵּעָזֵב<br>נֵעָזֵב<br>תֵּעָזְבוּ תֵּעָזַבְנָה<br>יֵעָזְבוּ תֵּעָזַבְנָה | אֶשָּׁאֵל<br>תִּשָּׁאֵל תִּשָּׁאֲלִי<br>יִשָּׁאֵל תִּשָּׁאֵל<br>נִשָּׁאֵל<br>תִּשָּׁאֲלוּ תִּשָּׁאַלְנָה<br>יִשָּׁאֲלוּ תִּשָּׁאַלְנָה | אֶשָּׁלַח<br>תִּשָּׁלַח תִּשָּׁלְחִי<br>יִשָּׁלַח תִּשָּׁלַח<br>נִשָּׁלַח<br>תִּשָּׁלְחוּ תִּשָּׁלַחְנָה<br>יִשָּׁלְחוּ תִּשָּׁלַחְנָה | אֵאָסֵף<br>תֵּאָסֵף תֵּאָסְפִי<br>יֵאָסֵף תֵּאָסֵף<br>נֵאָסֵף<br>תֵּאָסְפוּ תֵּאָסַפְנָה<br>יֵאָסְפוּ תֵּאָסַפְנָה |
| צִוּוּי | הִשָּׁמֵר הִשָּׁמְרוּ<br>הִשָּׁמְרִי הִשָּׁמַרְנָה | הֵעָזֵב הֵעָזְבוּ<br>הֵעָזְבִי הֵעָזַבְנָה | הִשָּׁאֵל הִשָּׁאֲלוּ<br>הִשָּׁאֲלִי הִשָּׁאַלְנָה | הִשָּׁלַח הִשָּׁלְחוּ<br>הִשָּׁלְחִי הִשָּׁלַחְנָה | הֵאָסֵף הֵאָסְפוּ<br>הֵאָסְפִי הֵאָסַפְנָה |

# פָּעַל

| גִּזְרָה | ל״ה | ל״ה (פ״ע) | ע״ו | ע״י | פ״נ |
|---|---|---|---|---|---|
| שֵׁם הַפֹּעַל | לִקְנוֹת | לַעֲשׂוֹת | לָדוּן | לָשִׂים | לִנְטֹעַ |
| הֹוֶה | קוֹנֶה קוֹנִים<br>קוֹנָה קוֹנוֹת | עוֹשֶׂה עוֹשִׂים<br>עוֹשָׂה עוֹשׂוֹת | דָּן דָּנִים<br>דָּנָה דָּנוֹת | שָׂם שָׂמִים<br>שָׂמָה שָׂמוֹת | נוֹטֵעַ נוֹטְעִים<br>נוֹטַעַת נוֹטְעוֹת |
| עָבָר | קָנִיתִי<br>קָנִיתָ קָנִית<br>קָנָה קָנְתָה<br>קָנִינוּ<br>קְנִיתֶם קְנִיתֶן<br>קָנוּ | עָשִׂיתִי<br>עָשִׂיתָ עָשִׂית<br>עָשָׂה עָשְׂתָה<br>עָשִׂינוּ<br>עֲשִׂיתֶם עֲשִׂיתֶן<br>עָשׂוּ | דַּנְתִּי<br>דַּנְתָּ דַּנְתְּ<br>דָּן דָּנָה<br>דַּנּוּ<br>דַּנְתֶּם דַּנְתֶּן<br>דָּנוּ | שַׂמְתִּי<br>שַׂמְתָּ שַׂמְתְּ<br>שָׂם שָׂמָה<br>שַׂמְנוּ<br>שַׂמְתֶּם שַׂמְתֶּן<br>שָׂמוּ | נָטַעְתִּי<br>נָטַעְתָּ נָטַעַתְּ<br>נָטַע נָטְעָה<br>נָטַעְנוּ<br>נְטַעְתֶּם נְטַעְתֶּן<br>נָטְעוּ |
| עָתִיד | אֶקְנֶה<br>תִּקְנֶה תִּקְנִי<br>יִקְנֶה תִּקְנֶה<br>נִקְנֶה<br>תִּקְנוּ תִּקְנֶינָה<br>יִקְנוּ תִּקְנֶינָה | אֶעֱשֶׂה<br>תַּעֲשֶׂה תַּעֲשִׂי<br>יַעֲשֶׂה תַּעֲשֶׂה<br>נַעֲשֶׂה<br>תַּעֲשׂוּ תַּעֲשֶׂינָה<br>יַעֲשׂוּ תַּעֲשֶׂינָה | אָדוּן<br>תָּדוּן תָּדוּנִי<br>יָדוּן תָּדוּן<br>נָדוּן<br>תָּדוּנוּ תָּדֹנָּה<br>יָדוּנוּ תָּדֹנָּה | אָשִׂים<br>תָּשִׂים תָּשִׂימִי<br>יָשִׂים תָּשִׂים<br>נָשִׂים<br>תָּשִׂימוּ תָּשֵׂמְנָה<br>יָשִׂימוּ תָּשֵׂמְנָה | אֶטַּע<br>תִּטַּע תִּטְּעִי<br>יִטַּע תִּטַּע<br>נִטַּע<br>תִּטְּעוּ תִּטַּעְנָה<br>יִטְּעוּ תִּטַּעְנָה |
| צִוּוּי | קְנֵה קְנוּ<br>קְנִי קְנֶינָה | עֲשֵׂה עֲשׂוּ<br>עֲשִׂי עֲשֶׂינָה | דּוּן דּוּנוּ<br>דּוּנִי דֹּנָּה | שִׂים שִׂימוּ<br>שִׂימִי שֵׂמְנָה | טַע טְעוּ<br>טְעִי טַעְנָה |

# נִפְעַל

| גִּזְרָה | ל״ה | ל״ה (פ״ע) | ע״ו | ע״י | פ״נ |
|---|---|---|---|---|---|
| שֵׁם הַפֹּעַל | לְהִקָּנוֹת | לְהֵעָשׂוֹת | לְהִדּוֹן | | לְהִנָּטַע |
| הוֹוֶה | נִקְנֶה נִקְנִים<br>נִקְנֵית נִקְנוֹת | נַעֲשֶׂה נַעֲשִׂים<br>נַעֲשֵׂית נַעֲשׂוֹת | נָדוֹן נְדוֹנִים<br>נְדוֹנָה נְדוֹנוֹת | | נִטָּע נִטָּעִים<br>נִטַּעַת נִטָּעוֹת |
| עָבָר | נִקְנֵיתִי<br>נִקְנֵיתָ נִקְנֵית<br>נִקְנָה נִקְנְתָה<br>נִקְנֵינוּ<br>נִקְנֵיתֶם נִקְנֵיתֶן<br>נִקְנוּ | נַעֲשֵׂיתִי<br>נַעֲשֵׂיתָ נַעֲשֵׂית<br>נַעֲשָׂה נֶעֶשְׂתָה<br>נַעֲשֵׂינוּ<br>נַעֲשֵׂיתֶם נַעֲשֵׂיתֶן<br>נַעֲשׂוּ | נָדַנְתִּי<br>נָדַנְתָּ נָדַנְתְּ<br>נָדוֹן נָדוֹנָה<br>נָדַנּוּ<br>נְדַנְתֶּם נְדַנְתֶּן<br>נָדוֹנוּ | | נִטַּעְתִּי<br>נִטַּעְתָּ נִטַּעַתְּ<br>נִטַּע נִטְּעָה<br>נִטַּעְנוּ<br>נִטַּעְתֶּם נִטַּעְתֶּן<br>נִטְּעוּ |
| עָתִיד | אֶקָּנֶה<br>תִּקָּנֶה תִּקָּנִי<br>יִקָּנֶה תִּקָּנֶה<br>נִקָּנֶה<br>תִּקָּנוּ תִּקָּנֶינָה<br>יִקָּנוּ תִּקָּנֶינָה | אֵעָשֶׂה<br>תֵּעָשֶׂה תֵּעָשִׂי<br>יֵעָשֶׂה תֵּעָשֶׂה<br>נֵעָשֶׂה<br>תֵּעָשׂוּ תֵּעָשֶׂינָה<br>יֵעָשׂוּ תֵּעָשֶׂינָה | אֶדּוֹן<br>תִּדּוֹן תִּדּוֹנִי<br>יִדּוֹן תִּדּוֹן<br>נִדּוֹן<br>תִּדּוֹנוּ תִּדֹּנָּה<br>יִדּוֹנוּ תִּדֹּנָּה | | אֶנָּטַע<br>תִּנָּטַע תִּנָּטְעִי<br>יִנָּטַע תִּנָּטַע<br>נִנָּטַע<br>תִּנָּטְעוּ תִּנָּטַעְנָה<br>יִנָּטְעוּ תִּנָּטַעְנָה |
| צִוּוּי | הִקָּנֵה הִקָּנוּ<br>הִקָּנִי הִקָּנֶינָה | הֵעָשֵׂה הֵעָשׂוּ<br>הֵעָשִׂי הֵעָשֶׂינָה | הִדּוֹן הִדּוֹנוּ<br>הִדּוֹנִי הִדֹּנָּה | | הִנָּטַע הִנָּטְעוּ<br>הִנָּטְעִי הִנָּטַעְנָה |

# פָּעַל

| גִּזְרָה | ל״א | פ״א<br>(״א״ נָחָה) | פ״י<br>(חֲסֵרִים) | פ״י<br>(נָחִים) | כְּפוּלִים |
|---|---|---|---|---|---|
| **שֵׁם הַפֹּעַל** | **לִמְצֹא** | **לֶאֱכֹל** | **לָלֶדֶת** | **לִיסֹד** | **לָסֹב** |
| הֹוֶה | מוֹצֵא מוֹצְאִים<br>מוֹצֵאת מוֹצְאוֹת | אוֹכֵל אוֹכְלִים<br>אוֹכֶלֶת אוֹכְלוֹת | יוֹלֵד יוֹלְדִים<br>יוֹלֶדֶת יוֹלְדוֹת | יוֹסֵד יוֹסְדִים<br>יוֹסֶדֶת יוֹסְדוֹת | סַב סַבִּים<br>סַבָּה סַבּוֹת |
| עָבָר | מָצָאתִי<br>מָצָאתָ מָצָאת<br>מָצָא מָצְאָה<br>מָצָאנוּ<br>מְצָאתֶם מְצָאתֶן<br>מָצְאוּ | אָכַלְתִּי<br>אָכַלְתָּ אָכַלְתְּ<br>אָכַל אָכְלָה<br>אָכַלְנוּ<br>אֲכַלְתֶּם אֲכַלְתֶּן<br>אָכְלוּ | יָלַדְתִּי<br>יָלַדְתָּ יָלַדְתְּ<br>יָלַד יָלְדָה<br>יָלַדְנוּ<br>יְלַדְתֶּם יְלַדְתֶּן<br>יָלְדוּ | יָסַדְתִּי<br>יָסַדְתָּ יָסַדְתְּ<br>יָסַד יָסְדָה<br>יָסַדְנוּ<br>יְסַדְתֶּם יְסַדְתֶּן<br>יָסְדוּ | סַבּוֹתִי<br>סַבּוֹתָ סַבּוֹת<br>סַב סַבָּה<br>סַבּוֹנוּ<br>סַבּוֹתֶם סַבּוֹתֶן<br>סַבּוּ |
| עָתִיד | אֶמְצָא<br>תִּמְצָא תִּמְצְאִי<br>יִמְצָא תִּמְצָא<br>נִמְצָא<br>תִּמְצְאוּ תִּמְצֶאנָה<br>יִמְצְאוּ תִּמְצֶאנָה | אֹכַל<br>תֹּאכַל תֹּאכְלִי<br>יֹאכַל תֹּאכַל<br>נֹאכַל<br>תֹּאכְלוּ תֹּאכַלְנָה<br>יֹאכְלוּ תֹּאכַלְנָה | אֵלֵד<br>תֵּלֵד תֵּלְדִי<br>יֵלֵד תֵּלֵד<br>נֵלֵד<br>תֵּלְדוּ תֵּלַדְנָה<br>יֵלְדוּ תֵּלַדְנָה | אִיסַד<br>תִּיסַד תִּיסְדִי<br>יִיסַד תִּיסַד<br>נִיסַד<br>תִּיסְדוּ תִּיסַדְנָה<br>יִיסְדוּ תִּסַדְנָה | אָסֹב<br>תָּסֹב תָּסֹבִּי<br>יָסֹב תָּסֹב<br>נָסֹב<br>תָּסֹבּוּ תְּסֹבְנָה<br>יָסֹבּוּ תְּסֹבְנָה |
| צִוּוּי | מְצָא מִצְאוּ<br>מִצְאִי מְצֶאנָה | אֱכֹל אִכְלוּ<br>אִכְלִי אֱכֹלְנָה | לֵד לְדוּ<br>לְדִי לֵדְנָה | יְסַד יִסְדוּ<br>יִסְדִי יְסַדְנָה | סֹב סֹבּוּ<br>סֹבִּי סֹבְנָה |

# נִפְעַל

| גִּזְרָה | ל״א | פ״א<br>(״א״ נָחָה) | פ״י<br>(חֲסֵרִים) | פ״י<br>(נָחִים) | כְּפוּלִים |
|---|---|---|---|---|---|
| שֵׁם הַפֹּעַל | **לְהִמָּצֵא** | **לְהֵאָכֵל** | **לְהִוָּלֵד** | **לְהִוָּסֵד** | **לְהִסֵּב** |
| הֹוֶה | נִמְצָא נִמְצָאִים<br>נִמְצֵאת נִמְצָאוֹת | נֶאֱכָל נֶאֱכָלִים<br>נֶאֱכֶלֶת נֶאֱכָלוֹת | נוֹלָד נוֹלָדִים<br>נוֹלֶדֶת נוֹלָדוֹת | נוֹסָד נוֹסָדִים<br>נוֹסֶדֶת נוֹסָדוֹת | נָסַב נְסַבִּים<br>נְסַבָּה נְסַבּוֹת |
| עָבָר | נִמְצֵאתִי<br>נִמְצֵאתָ נִמְצֵאת<br>נִמְצָא נִמְצְאָה<br>נִמְצֵאנוּ<br>נִמְצֵאתֶם נִמְצֵאתֶן<br>נִמְצְאוּ | נֶאֱכַלְתִּי<br>נֶאֱכַלְתָּ נֶאֱכַלְתְּ<br>נֶאֱכַל נֶאֶכְלָה<br>נֶאֱכַלְנוּ<br>נֶאֱכַלְתֶּם נֶאֱכַלְתֶּן<br>נֶאֶכְלוּ | נוֹלַדְתִּי<br>נוֹלַדְתָּ נוֹלַדְתְּ<br>נוֹלַד נוֹלְדָה<br>נוֹלַדְנוּ<br>נוֹלַדְתֶּם נוֹלַדְתֶּן<br>נוֹלְדוּ | נוֹסַדְתִּי<br>נוֹסַדְתָּ נוֹסַדְתְּ<br>נוֹסַד נוֹסְדָה<br>נוֹסַדְנוּ<br>נוֹסַדְתֶּם נוֹסַדְתֶּן<br>נוֹסְדוּ | נְסַבּוֹתִי<br>נְסַבּוֹתָ נְסַבּוֹת<br>נָסַב נָסַבָּה<br>נְסַבּוֹנוּ<br>נְסַבּוֹתֶם נְסַבּוֹתֶן<br>נָסַבּוּ |
| עָתִיד | אֶמָּצֵא<br>תִּמָּצֵא תִּמָּצְאִי<br>יִמָּצֵא תִּמָּצֵא<br>נִמָּצֵא<br>תִּמָּצְאוּ תִּמָּצֶאנָה<br>יִמָּצְאוּ תִּמָּצֶאנָה | אֵאָכֵל<br>תֵּאָכֵל תֵּאָכְלִי<br>יֵאָכֵל תֵּאָכֵל<br>נֵאָכֵל<br>תֵּאָכְלוּ תֵּאָכַלְנָה<br>יֵאָכְלוּ תֵּאָכַלְנָה | אִוָּלֵד<br>תִּוָּלֵד תִּוָּלְדִי<br>יִוָּלֵד תִּוָּלֵד<br>נִוָּלֵד<br>תִּוָּלְדוּ תִּוָּלַדְנָה<br>יִוָּלְדוּ תִּוָּלַדְנָה | אִוָּסֵד<br>תִּוָּסֵד תִּוָּסְדִי<br>יִוָּסֵד תִּוָּסֵד<br>נִוָּסֵד<br>תִּוָּסְדוּ תִּוָּסַדְנָה<br>יִוָּסְדוּ תִּוָּסַדְנָה | אֶסַּב<br>תִּסַּב תִּסַּבִּי<br>יִסַּב תִּסַּב<br>נִסַּב<br>תִּסַּבּוּ תִּסַּבְּנָה<br>יִסַּבּוּ תִּסַּבְּנָה |
| צִוּוּי | הִמָּצֵא הִמָּצְאוּ<br>הִמָּצְאִי הִמָּצֶאנָה | הֵאָכֵל הֵאָכְלוּ<br>הֵאָכְלִי הֵאָכַלְנָה | הִוָּלֵד הִוָּלְדוּ<br>הִוָּלְדִי הִוָּלַדְנָה | הִוָּסֵד הִוָּסְדוּ<br>הִוָּסְדִי הִוָּסַדְנָה | הִסַּב הִסַּבּוּ<br>הִסַּבִּי הִסַּבְּנָה |

## פָּעַל (נְטִיּוֹת בּוֹדְדוֹת)

| שֵׁם הַפֹּעַל | לִהְיוֹת | לִחְיוֹת | לָמוּת | לָבוֹא |
| --- | --- | --- | --- | --- |
| הוֹוֶה | הוֹוֶה הוֹוִים<br>הוֹוָה הוֹוֹת | חַי חַיִּים<br>חַיָּה חַיּוֹת | מֵת מֵתִים<br>מֵתָה מֵתוֹת | בָּא בָּאִים<br>בָּאָה בָּאוֹת |
| עָבָר | הָיִיתִי<br>הָיִיתָ הָיִית<br>הָיָה הָיְתָה<br>הָיִינוּ<br>הֱיִיתֶם הֱיִיתֶן<br>הָיוּ | חָיִיתִי<br>חָיִיתָ חָיִית<br>חַי (חָיָה) חָיְתָה<br>חָיִינוּ<br>חֲיִיתֶם חֲיִיתֶן<br>חָיוּ | מַתִּי<br>מַתָּ מַתְּ<br>מֵת מֵתָה<br>מַתְנוּ<br>מַתֶּם מַתֶּן<br>מֵתוּ | בָּאתִי<br>בָּאתָ בָּאת<br>בָּא בָּאָה<br>בָּאנוּ<br>בָּאתֶם בָּאתֶן<br>בָּאוּ |
| עָתִיד | אֶהְיֶה<br>תִּהְיֶה תִּהְיִי<br>יִהְיֶה תִּהְיֶה<br>נִהְיֶה<br>תִּהְיוּ תִּהְיֶינָה<br>יִהְיוּ תִּהְיֶינָה | אֶחְיֶה<br>תִּחְיֶה תִּחְיִי<br>יִחְיֶה תִּחְיֶה<br>נִחְיֶה<br>תִּחְיוּ תִּחְיֶינָה<br>יִחְיוּ תִּחְיֶינָה | אָמוּת<br>תָּמוּת תָּמוּתִי<br>יָמוּת תָּמוּת<br>נָמוּת<br>תָּמוּתוּ תָּמֹתְנָה<br>יָמוּתוּ תָּמֹתְנָה | אָבוֹא<br>תָּבוֹא תָּבוֹאִי<br>יָבוֹא תָּבוֹא<br>נָבוֹא<br>תָּבוֹאוּ תָּבֹאנָה<br>יָבוֹאוּ תָּבֹאנָה |
| צִוּוּי | הֱיֵה הֱיוּ<br>הֲיִי הֱיֶינָה | חֲיֵה חֲיוּ<br>חֲיִי חֲיֶינָה | מוּת מוּתוּ<br>מוּתִי מֹתְנָה | בּוֹא בּוֹאוּ<br>בּוֹאִי בֹּאנָה |

## פָּעַל (נְטִיּוֹת בּוֹדְדוֹת)

| שֵׁם הַפֹּעַל | ( יכל ) | לָקַחַת (לקח) | לָתֵת (נתן) | לָגֶשֶׁת (נגש) |
|---|---|---|---|---|
| הֹוֶה | יָכוֹל יְכוֹלִים<br>יְכוֹלָה יְכוֹלוֹת | לוֹקֵחַ לוֹקְחִים<br>לוֹקַחַת לוֹקְחוֹת | נוֹתֵן נוֹתְנִים<br>נוֹתֶנֶת נוֹתְנוֹת | נִגָּשׁ נִגָּשִׁים<br>נִגֶּשֶׁת נִגָּשׁוֹת |
| עָבָר | יָכֹלְתִּי<br>יָכֹלְתָּ יָכֹלְתְּ<br>יָכֹל יָכְלָה<br>יָכֹלְנוּ<br>יְכָלְתֶּם יְכָלְתֶּן<br>יָכְלוּ | לָקַחְתִּי<br>לָקַחְתָּ לָקַחַתְּ<br>לָקַח לָקְחָה<br>לָקַחְנוּ<br>לְקַחְתֶּם לְקַחְתֶּן<br>לָקְחוּ | נָתַתִּי<br>נָתַתָּ נָתַתְּ<br>נָתַן נָתְנָה<br>נָתַנּוּ<br>נְתַתֶּם נְתַתֶּן<br>נָתְנוּ | נִגַּשְׁתִּי<br>נִגַּשְׁתָּ נִגַּשְׁתְּ<br>נִגַּשׁ נִגְּשָׁה<br>נִגַּשְׁנוּ<br>נִגַּשְׁתֶּם נִגַּשְׁתֶּן<br>נִגְּשׁוּ |
| עָתִיד | אוּכַל<br>תּוּכַל תּוּכְלִי<br>יוּכַל תּוּכַל<br>נוּכַל<br>תּוּכְלוּ תּוּכַלְנָה<br>יוּכְלוּ תּוּכַלְנָה | אֶקַּח<br>תִּקַּח תִּקְּחִי<br>יִקַּח תִּקַּח<br>נִקַּח<br>תִּקְּחוּ תִּקַּחְנָה<br>יִקְּחוּ תִּקַּחְנָה | אֶתֵּן<br>תִּתֵּן תִּתְּנִי<br>יִתֵּן תִּתֵּן<br>נִתֵּן<br>תִּתְּנוּ תִּתֵּנָּה<br>יִתְּנוּ תִּתֵּנָּה | אֶגַּשׁ<br>תִּגַּשׁ תִּגְּשִׁי<br>יִגַּשׁ תִּגַּשׁ<br>נִגַּשׁ<br>תִּגְּשׁוּ תִּגַּשְׁנָה<br>יִגְּשׁוּ תִּגַּשְׁנָה |
| צִוּוּי | אַיִן | קַח קְחוּ<br>קְחִי קַחְנָה | תֵּן תְּנוּ<br>תְּנִי תֵּנָּה | גַּשׁ גְּשׁוּ<br>גְּשִׁי גַּשְׁנָה |

# פִּעֵל

| גִּזְרָה | שְׁלֵמִים | ל״ה | ל״א | שְׁלֵמִים<br>ע״א - ע״ר | 1. כְּפוּלִים<br>2. ע״ו — ע״י |
|---|---|---|---|---|---|
| שֵׁם הַפֹּעַל | לְקַדֵּשׁ | לְצַוּוֹת | לְמַלֵּא | (לְבָאֵר) — לְבָרֵךְ | לְסוֹבֵב |
| הֹוֶה | מְקַדֵּשׁ מְקַדְּשִׁים<br>מְקַדֶּשֶׁת מְקַדְּשׁוֹת | מְצַוֶּה מְצַוִּים<br>מְצַוָּה מְצַוּוֹת | מְמַלֵּא מְמַלְּאִים<br>מְמַלֵּאת מְמַלְּאוֹת | מְבָרֵךְ מְבָרְכִים<br>מְבָרֶכֶת מְבָרְכוֹת | מְסוֹבֵב מְסוֹבְבִים<br>מְסוֹבֶבֶת מְסוֹבְבוֹת |
| עָבָר | קִדַּשְׁתִּי<br>קִדַּשְׁתָּ קִדַּשְׁתְּ<br>קִדֵּשׁ קִדְּשָׁה<br>קִדַּשְׁנוּ<br>קִדַּשְׁתֶּם קִדַּשְׁתֶּן<br>קִדְּשׁוּ | צִוִּיתִי<br>צִוִּיתָ צִוִּית<br>צִוָּה צִוְּתָה<br>צִוִּינוּ<br>צִוִּיתֶם צִוִּיתֶן<br>צִוּוּ | מִלֵּאתִי<br>מִלֵּאתָ מִלֵּאת<br>מִלֵּא מִלְּאָה<br>מִלֵּאנוּ<br>מִלֵּאתֶם מִלֵּאתֶן<br>מִלְּאוּ | בֵּרַכְתִּי<br>בֵּרַכְתָּ בֵּרַכְתְּ<br>בֵּרֵךְ בֵּרְכָה<br>בֵּרַכְנוּ<br>בֵּרַכְתֶּם בֵּרַכְתֶּן<br>בֵּרְכוּ | סוֹבַבְתִּי<br>סוֹבַבְתָּ סוֹבַבְתְּ<br>סוֹבֵב סוֹבְבָה<br>סוֹבַבְנוּ<br>סוֹבַבְתֶּם סוֹבַבְתֶּן<br>סוֹבְבוּ |
| עָתִיד | אֲקַדֵּשׁ<br>תְּקַדֵּשׁ תְּקַדְּשִׁי<br>יְקַדֵּשׁ תְּקַדֵּשׁ<br>נְקַדֵּשׁ<br>תְּקַדְּשׁוּ תְּקַדֵּשְׁנָה<br>יְקַדְּשׁוּ תְּקַדֵּשְׁנָה | אֲצַוֶּה<br>תְּצַוֶּה תְּצַוִּי<br>יְצַוֶּה תְּצַוֶּה<br>נְצַוֶּה<br>תְּצַוּוּ תְּצַוֶּינָה<br>יְצַוּוּ תְּצַוֶּינָה | אֲמַלֵּא<br>תְּמַלֵּא תְּמַלְּאִי<br>יְמַלֵּא תְּמַלֵּא<br>נְמַלֵּא<br>תְּמַלְּאוּ תְּמַלֶּאנָה<br>יְמַלְּאוּ תְּמַלֶּאנָה | אֲבָרֵךְ<br>תְּבָרֵךְ תְּבָרְכִי<br>יְבָרֵךְ תְּבָרֵךְ<br>נְבָרֵךְ<br>תְּבָרְכוּ תְּבָרֵכְנָה<br>יְבָרְכוּ תְּבָרֵכְנָה | אֲסוֹבֵב<br>תְּסוֹבֵב תְּסוֹבְבִי<br>יְסוֹבֵב תְּסוֹבֵב<br>נְסוֹבֵב<br>תְּסוֹבְבוּ תְּסוֹבֵבְנָה<br>יְסוֹבְבוּ תְּסוֹבֵבְנָה |
| צִוּוּי | קַדֵּשׁ קַדְּשׁוּ<br>קַדְּשִׁי קַדֵּשְׁנָה | צַוֵּה צַוּוּ<br>צַוִּי צַוֶּינָה | מַלֵּא מַלְּאוּ<br>מַלְּאִי מַלֶּאנָה | בָּרֵךְ בָּרְכוּ<br>בָּרְכִי בָּרֵכְנָה | סוֹבֵב סוֹבְבוּ<br>סוֹבְבִי סוֹבֵבְנָה |

# פֻּעַל

| גִּזְרָה | שְׁלֵמִים (קדש) | ל״ה (צוה) | ל״א (מלא) | שְׁלֵמִים ע״א—ע״ר (ברך) | 1. כְּפוּלִים (סבב) 2. ע״ו — ע״י |
|---|---|---|---|---|---|
| שֵׁם הַפֹּעַל | אֵין | אֵין | אֵין | אֵין | אֵין |
| הֹוֶה | מְקֻדָּשׁ מְקֻדָּשִׁים<br>מְקֻדֶּשֶׁת מְקֻדָּשׁוֹת | מְצֻוֶּה מְצֻוִּים<br>מְצֻוָּה מְצֻוּוֹת | מְמֻלָּא מְמֻלָּאִים<br>מְמֻלֵּאת מְמֻלָּאוֹת | מְבֹרָךְ מְבֹרָכִים<br>מְבֹרֶכֶת מְבֹרָכוֹת | מְסוֹבָב מְסוֹבָבִים<br>מְסוֹבֶבֶת מְסוֹבָבוֹת |
| עָבָר | קֻדַּשְׁתִּי<br>קֻדַּשְׁתָּ קֻדַּשְׁתְּ<br>קֻדַּשׁ קֻדְּשָׁה<br>קֻדַּשְׁנוּ<br>קֻדַּשְׁתֶּם קֻדַּשְׁתֶּן<br>קֻדְּשׁוּ | צֻוֵּיתִי<br>צֻוֵּיתָ צֻוֵּית<br>צֻוָּה צֻוְּתָה<br>צֻוֵּינוּ<br>צֻוֵּיתֶם צֻוֵּיתֶן<br>צֻוּוּ | מֻלֵּאתִי<br>מֻלֵּאתָ מֻלֵּאת<br>מֻלָּא מֻלְּאָה<br>מֻלֵּאנוּ<br>מֻלֵּאתֶם מֻלֵּאתֶן<br>מֻלְּאוּ | בֹּרַכְתִּי<br>בֹּרַכְתָּ בֹּרַכְתְּ<br>בֹּרַךְ בֹּרְכָה<br>בֹּרַכְנוּ<br>בֹּרַכְתֶּם בֹּרַכְתֶּן<br>בֹּרְכוּ | סוֹבַבְתִּי<br>סוֹבַבְתָּ סוֹבַבְתְּ<br>סוֹבַב סוֹבְבָה<br>סוֹבַבְנוּ<br>סוֹבַבְתֶּם סוֹבַבְתֶּן<br>סוֹבְבוּ |
| עָתִיד | אֲקֻדַּשׁ<br>תְּקֻדַּשׁ תְּקֻדְּשִׁי<br>יְקֻדַּשׁ תְּקֻדַּשׁ<br>נְקֻדַּשׁ<br>תְּקֻדְּשׁוּ תְּקֻדַּשְׁנָה<br>יְקֻדְּשׁוּ תְּקֻדַּשְׁנָה | אֲצֻוֶּה<br>תְּצֻוֶּה תְּצֻוִּי<br>יְצֻוֶּה תְּצֻוֶּה<br>נְצֻוֶּה<br>תְּצֻוּוּ תְּצֻוֶּינָה<br>יְצֻוּוּ תְּצֻוֶּינָה | אֲמֻלָּא<br>תְּמֻלָּא תְּמֻלְּאִי<br>יְמֻלָּא תְּמֻלָּא<br>נְמֻלָּא<br>תְּמֻלְּאוּ תְּמֻלֶּאנָה<br>יְמֻלְּאוּ תְּמֻלֶּאנָה | אֲבֹרַךְ<br>תְּבֹרַךְ תְּבֹרְכִי<br>יְבֹרַךְ תְּבֹרַךְ<br>נְבֹרַךְ<br>תְּבֹרְכוּ תְּבֹרַכְנָה<br>יְבֹרְכוּ תְּבֹרַכְנָה | אֲסוֹבַב<br>תְּסוֹבַב תְּסוֹבְבִי<br>יְסוֹבַב תְּסוֹבַב<br>נְסוֹבַב<br>תְּסוֹבְבוּ תְּסוֹבַבְנָה<br>יְסוֹבְבוּ תְּסוֹבַבְנָה |
| צִוּוּי | אֵין | אֵין | אֵין | אֵין | אֵין |

| גִּזְרָה | פִּעֵל<br>מְרֻבָּעִים | הִפְעִיל<br>שְׁלֵמִים | הִפְעִיל<br>שְׁלֵמִים<br>״פ״ גְּרוֹנִית | הִפְעִיל<br>ע״ו — ע״י | הִפְעִיל<br>פ״נ |
|---|---|---|---|---|---|
| שֵׁם הַפֹּעַל | לְפַרְסֵם | לְהַפְסִיק | לְהַעֲבִיר | לְהָכִין (כון) | לְהַפִּיל (נפל) |
| הֹוֶה | מְפַרְסֵם מְפַרְסְמִים<br>מְפַרְסֶמֶת מְפַרְסְמוֹת | מַפְסִיק מַפְסִיקִים<br>מַפְסִיקָה מַפְסִיקוֹת | מַעֲבִיר מַעֲבִירִים<br>מַעֲבִירָה מַעֲבִירוֹת | מֵכִין מְכִינִים<br>מְכִינָה מְכִינוֹת | מַפִּיל מַפִּילִים<br>מַפִּילָה מַפִּילוֹת |
| עָבָר | פִּרְסַמְתִּי<br>פִּרְסַמְתָּ פִּרְסַמְתְּ<br>פִּרְסֵם פִּרְסְמָה<br>פִּרְסַמְנוּ<br>פִּרְסַמְתֶּם פִּרְסַמְתֶּן<br>פִּרְסְמוּ | הִפְסַקְתִּי<br>הִפְסַקְתָּ הִפְסַקְתְּ<br>הִפְסִיק הִפְסִיקָה<br>הִפְסַקְנוּ<br>הִפְסַקְתֶּם הִפְסַקְתֶּן<br>הִפְסִיקוּ | הֶעֱבַרְתִּי<br>הֶעֱבַרְתָּ הֶעֱבַרְתְּ<br>הֶעֱבִיר הֶעֱבִירָה<br>הֶעֱבַרְנוּ<br>הֶעֱבַרְתֶּם הֶעֱבַרְתֶּן<br>הֶעֱבִירוּ | הֵכַנְתִּי<br>הֵכַנְתָּ הֵכַנְתְּ<br>הֵכִין הֵכִינָה<br>הֵכַנּוּ<br>הֲכַנְתֶּם הֲכַנְתֶּן<br>הֵכִינוּ | הִפַּלְתִּי<br>הִפַּלְתָּ הִפַּלְתְּ<br>הִפִּיל הִפִּילָה<br>הִפַּלְנוּ<br>הִפַּלְתֶּם הִפַּלְתֶּן<br>הִפִּילוּ |
| עָתִיד | אֲפַרְסֵם<br>תְּפַרְסֵם תְּפַרְסְמִי<br>יְפַרְסֵם תְּפַרְסֵם<br>נְפַרְסֵם<br>תְּפַרְסְמוּ תְּפַרְסֵמְנָה<br>יְפַרְסְמוּ תְּפַרְסֵמְנָה | אַפְסִיק<br>תַּפְסִיק תַּפְסִיקִי<br>יַפְסִיק תַּפְסִיק<br>נַפְסִיק<br>תַּפְסִיקוּ תַּפְסֵקְנָה<br>יַפְסִיקוּ תַּפְסֵקְנָה | אַעֲבִיר<br>תַּעֲבִיר תַּעֲבִירִי<br>יַעֲבִיר תַּעֲבִיר<br>נַעֲבִיר<br>תַּעֲבִירוּ תַּעֲבֵרְנָה<br>יַעֲבִירוּ תַּעֲבֵרְנָה | אָכִין<br>תָּכִין תָּכִינִי<br>יָכִין תָּכִין<br>נָכִין<br>תָּכִינוּ תָּכֵנָּה<br>יָכִינוּ תָּכֵנָּה | אַפִּיל<br>תַּפִּיל תַּפִּילִי<br>יַפִּיל תַּפִּיל<br>נַפִּיל<br>תַּפִּילוּ תַּפֵּלְנָה<br>יַפִּילוּ תַּפֵּלְנָה |
| צִוּוּי | פַּרְסֵם פַּרְסְמוּ<br>פַּרְסְמִי פַּרְסֵמְנָה | הַפְסֵק הַפְסִיקוּ<br>הַפְסִיקִי הַפְסֵקְנָה | הַעֲבֵר הַעֲבִירוּ<br>הַעֲבִירִי הַעֲבֵרְנָה | הָכֵן הָכִינוּ<br>הָכִינִי הָכֵנָּה | הַפֵּל הַפִּילוּ<br>הַפִּילִי הַפֵּלְנָה |

| | פֻּעַל | הֻפְעַל | | | |
|---|---|---|---|---|---|
| גִּזְרָה | מְרֻבָּעִים | שְׁלֵמִים | שְׁלֵמִים<br>"פ" גְּרוֹנִית | ע"ו — ע"י | פ"נ |
| שֵׁם הַפֹּעַל | אַיִן (פרסם) | אַיִן (פסק) | אַיִן (עבר) | אַיִן (כון) | אַיִן (נפל) |
| הֹוֶה | מְפֻרְסָם מְפֻרְסָמִים<br>מְפֻרְסֶמֶת מְפֻרְסָמוֹת | מֻפְסָק מֻפְסָקִים<br>מֻפְסֶקֶת מֻפְסָקוֹת | מָעֳבָר מָעֳבָרִים<br>מָעֳבֶרֶת מָעֳבָרוֹת | מוּכָן מוּכָנִים<br>מוּכָנָה מוּכָנוֹת | מֻפָּל מֻפָּלִים<br>מֻפֶּלֶת מֻפָּלוֹת |
| עָבָר | פֻּרְסַמְתִּי<br>פֻּרְסַמְתָּ פֻּרְסַמְתְּ<br>פֻּרְסַם פֻּרְסְמָה<br>פֻּרְסַמְנוּ<br>פֻּרְסַמְתֶּם פֻּרְסַמְתֶּן<br>פֻּרְסְמוּ | הֻפְסַקְתִּי<br>הֻפְסַקְתָּ הֻפְסַקְתְּ<br>הֻפְסַק הֻפְסְקָה<br>הֻפְסַקְנוּ<br>הֻפְסַקְתֶּם הֻפְסַקְתֶּן<br>הֻפְסְקוּ | הָעֳבַרְתִּי<br>הָעֳבַרְתָּ הָעֳבַרְתְּ<br>הָעֳבַר הָעָבְרָה<br>הָעֳבַרְנוּ<br>הָעֳבַרְתֶּם הָעֳבַרְתֶּן<br>הָעָבְרוּ | הוּכַנְתִּי<br>הוּכַנְתָּ הוּכַנְתְּ<br>הוּכַן הוּכְנָה<br>הוּכַנּוּ<br>הוּכַנְתֶּם הוּכַנְתֶּן<br>הוּכְנוּ | הֻפַּלְתִּי<br>הֻפַּלְתָּ הֻפַּלְתְּ<br>הֻפַּל הֻפְּלָה<br>הֻפַּלְנוּ<br>הֻפַּלְתֶּם הֻפַּלְתֶּן<br>הֻפְּלוּ |
| עָתִיד | אֲפֻרְסַם<br>תְּפֻרְסַם תְּפֻרְסְמִי<br>יְפֻרְסַם תְּפֻרְסַם<br>נְפֻרְסַם<br>תְּפֻרְסְמוּ תְּפֻרְסַמְנָה<br>יְפֻרְסְמוּ תְּפֻרְסַמְנָה | אֻפְסַק<br>תֻּפְסַק תֻּפְסְקִי<br>יֻפְסַק תֻּפְסַק<br>נֻפְסַק<br>תֻּפְסְקוּ תֻּפְסַקְנָה<br>יֻפְסְקוּ תֻּפְסַקְנָה | אָעֳבַר<br>תָּעֳבַר תָּעָבְרִי<br>יָעֳבַר תָּעֳבַר<br>נָעֳבַר<br>תָּעָבְרוּ תָּעֳבַרְנָה<br>יָעָבְרוּ תָּעֳבַרְנָה | אוּכַן<br>תּוּכַן תּוּכְנִי<br>יוּכַן תּוּכַן<br>נוּכַן<br>תּוּכְנוּ תּוּכַנָּה<br>יוּכְנוּ תּוּכַנָּה | אֻפַּל<br>תֻּפַּל תֻּפְּלִי<br>יֻפַּל תֻּפַּל<br>נֻפַּל<br>תֻּפְּלוּ תֻּפַּלְנָה<br>יֻפְּלוּ תֻּפַּלְנָה |
| צִוּוּי | אַיִן | אַיִן | אַיִן | אַיִן | אַיִן |

# הִפְעִיל

| גִּזְרָה | ל״ה | ל״א | פ״י | פ״י — ל״א | ע״ו — ל״א |
| --- | --- | --- | --- | --- | --- |
| שֵׁם הַפֹּעַל | **לְהַפְנוֹת** | **לְהַפְלִיא** | **לְהוֹרִיד** | **לְהוֹצִיא** | **לְהָבִיא** |
| הֹוֶה | מַפְנֶה מַפְנִים<br>מַפְנָה מַפְנוֹת | מַפְלִיא מַפְלִיאִים<br>מַפְלִיאָה מַפְלִיאוֹת | מוֹרִיד מוֹרִידִים<br>מוֹרִידָה מוֹרִידוֹת | מוֹצִיא מוֹצִיאִים<br>מוֹצִיאָה מוֹצִיאוֹת | מֵבִיא מְבִיאִים<br>מְבִיאָה מְבִיאוֹת |
| עָבָר | הִפְנֵיתִי<br>הִפְנֵיתָ הִפְנֵית<br>הִפְנָה הִפְנְתָה<br>הִפְנֵינוּ<br>הִפְנֵיתֶם הִפְנֵיתֶן<br>הִפְנוּ | הִפְלֵאתִי<br>הִפְלֵאתָ הִפְלֵאת<br>הִפְלִיא הִפְלִיאָה<br>הִפְלֵאנוּ<br>הִפְלֵאתֶם הִפְלֵאתֶן<br>הִפְלִיאוּ | הוֹרַדְתִּי<br>הוֹרַדְתָּ הוֹרַדְתְּ<br>הוֹרִיד הוֹרִידָה<br>הוֹרַדְנוּ<br>הוֹרַדְתֶּם הוֹרַדְתֶּן<br>הוֹרִידוּ | הוֹצֵאתִי<br>הוֹצֵאתָ הוֹצֵאת<br>הוֹצִיא הוֹצִיאָה<br>הוֹצֵאנוּ<br>הוֹצֵאתֶם הוֹצֵאתֶן<br>הוֹצִיאוּ | הֵבֵאתִי<br>הֵבֵאתָ הֵבֵאת<br>הֵבִיא הֵבִיאָה<br>הֵבֵאנוּ<br>הֲבֵאתֶם הֲבֵאתֶן<br>הֵבִיאוּ |
| עָתִיד | אַפְנֶה<br>תַּפְנֶה תַּפְנִי<br>יַפְנֶה תַּפְנֶה<br>נַפְנֶה<br>תַּפְנוּ תַּפְנֶינָה<br>יַפְנוּ תַּפְנֶינָה | אַפְלִיא<br>תַּפְלִיא תַּפְלִיאִי<br>יַפְלִיא תַּפְלִיא<br>נַפְלִיא<br>תַּפְלִיאוּ תַּפְלֶאנָה<br>יַפְלִיאוּ תַּפְלֶאנָה | אוֹרִיד<br>תּוֹרִיד תּוֹרִידִי<br>יוֹרִיד תּוֹרִיד<br>נוֹרִיד<br>תּוֹרִידוּ תּוֹרֵדְנָה<br>יוֹרִידוּ תּוֹרֵדְנָה | אוֹצִיא<br>תּוֹצִיא תּוֹצִיאִי<br>יוֹצִיא תּוֹצִיא<br>נוֹצִיא<br>תּוֹצִיאוּ תּוֹצֶאנָה<br>יוֹצִיאוּ תּוֹצֶאנָה | אָבִיא<br>תָּבִיא תָּבִיאִי<br>יָבִיא תָּבִיא<br>נָבִיא<br>תָּבִיאוּ תָּבֶאנָה<br>יָבִיאוּ תָּבֶאנָה |
| צִוּוּי | הַפְנֵה הַפְנוּ<br>הַפְנִי הַפְנֶינָה | הַפְלֵא הַפְלִיאוּ<br>הַפְלִיאִי הַפְלֶאנָה | הוֹרֵד הוֹרִידוּ<br>הוֹרִידִי הוֹרֵדְנָה | הוֹצֵא הוֹצִיאוּ<br>הוֹצִיאִי הוֹצֶאנָה | הָבֵא הָבִיאוּ<br>הָבִיאִי הָבֶאנָה |

# הֻפְעַל

| גִּזְרָה | ל״ה | ל״א | פ״י | פ״י — ל״א | ע״ו — ל״א |
|---|---|---|---|---|---|
| שֵׁם הַפֹּעַל | אַיִן (פנה) | אַיִן (פלא) | אַיִן (ירד) | אַיִן (יצא) | אַיִן (בוא) |
| הֹוֶה | מֻפְנֶה מֻפְנִים<br>מֻפְנָה מֻפְנוֹת | מֻפְלָא מֻפְלָאִים<br>מֻפְלֵאת מֻפְלָאוֹת | מוּרָד מוּרָדִים<br>מוּרֶדֶת מוּרָדוֹת | מוּצָא מוּצָאִים<br>מוּצֵאת מוּצָאוֹת | מוּבָא מוּבָאִים<br>מוּבֵאת מוּבָאוֹת |
| עָבָר | הֻפְנֵיתִי<br>הֻפְנֵיתָ הֻפְנֵית<br>הֻפְנָה הֻפְנְתָה<br>הֻפְנֵינוּ<br>הֻפְנֵיתֶם הֻפְנֵיתֶן<br>הֻפְנוּ | הֻפְלֵאתִי<br>הֻפְלֵאתָ הֻפְלֵאת<br>הֻפְלָא הֻפְלְאָה<br>הֻפְלֵאנוּ<br>הֻפְלֵאתֶם הֻפְלֵאתֶן<br>הֻפְלְאוּ | הוּרַדְתִּי<br>הוּרַדְתָּ הוּרַדְתְּ<br>הוּרַד הוּרְדָה<br>הוּרַדְנוּ<br>הוּרַדְתֶּם הוּרַדְתֶּן<br>הוּרְדוּ | הוּצֵאתִי<br>הוּצֵאתָ הוּצֵאת<br>הוּצָא הוּצְאָה<br>הוּצֵאנוּ<br>הוּצֵאתֶם הוּצֵאתֶן<br>הוּצְאוּ | הוּבֵאתִי<br>הוּבֵאתָ הוּבֵאת<br>הוּבָא הוּבְאָה<br>הוּבֵאנוּ<br>הוּבֵאתֶם הוּבֵאתֶן<br>הוּבְאוּ |
| עָתִיד | אֻפְנֶה<br>תֻּפְנֶה תֻּפְנִי<br>יֻפְנֶה תֻּפְנֶה<br>נֻפְנֶה<br>תֻּפְנוּ תֻּפְנֶינָה<br>יֻפְנוּ תֻּפְנֶינָה | אֻפְלָא<br>תֻּפְלָא תֻּפְלְאִי<br>יֻפְלָא תֻּפְלָא<br>נֻפְלָא<br>תֻּפְלְאוּ תֻּפְלֶאנָה<br>יֻפְלְאוּ תֻּפְלֶאנָה | אוּרַד<br>תּוּרַד תּוּרְדִי<br>יוּרַד תּוּרַד<br>נוּרַד<br>תּוּרְדוּ תּוּרַדְנָה<br>יוּרְדוּ תּוּרַדְנָה | אוּצָא<br>תּוּצָא תּוּצְאִי<br>יוּצָא תּוּצָא<br>נוּצָא<br>תּוּצְאוּ תּוּצֶאנָה<br>יוּצְאוּ תּוּצֶאנָה | אוּבָא<br>תּוּבָא תּוּבְאִי<br>יוּבָא תּוּבָא<br>נוּבָא<br>תּוּבְאוּ תּוּבֶאנָה<br>יוּבְאוּ תּוּבֶאנָה |
| צִוּוּי | אַיִן | אַיִן | אַיִן | אַיִן | אַיִן |

# הִתְפַּעֵל

| גִּזְרָה | שְׁלֵמִים | ל״ה | שְׁלֵמִים<br>״פ״ שׁ, שׂ, ס | שְׁלֵמִים<br>״פ״ ז | שְׁלֵמִים<br>״פ״ צ |
|---|---|---|---|---|---|
| שֵׁם הַפֹּעַל | לְהִתְ**רַגֵּל**(רגל) | לְהִתְ**כַּסּוֹת** (כסה) | לְהִ**שְׁתַּדֵּל** (שדל) | לְהִ**זְדַּקֵּן**(זקן) | לְהִ**צְטַעֵר** (צער) |
| הֹוֶה | מִתְרַגֵּל מִתְרַגְּלִים<br>מִתְרַגֶּלֶת מִתְרַגְּלוֹת | מִתְכַּסֶּה מִתְכַּסִּים<br>מִתְכַּסָּה מִתְכַּסּוֹת | מִשְׁתַּדֵּל מִשְׁתַּדְּלִים<br>מִשְׁתַּדֶּלֶת מִשְׁתַּדְּלוֹת | מִזְדַּקֵּן מִזְדַּקְּנִים<br>מִזְדַּקֶּנֶת מִזְדַּקְּנוֹת | מִצְטַעֵר מִצְטַעֲרִים<br>מִצְטַעֶרֶת מִצְטַעֲרוֹת |
| עָבָר | הִתְרַגַּלְתִּי<br>הִתְרַגַּלְתָּ הִתְרַגַּלְתְּ<br>הִתְרַגֵּל הִתְרַגְּלָה<br>הִתְרַגַּלְנוּ<br>הִתְרַגַּלְתֶּם הִתְרַגַּלְתֶּן<br>הִתְרַגְּלוּ | הִתְכַּסֵּיתִי<br>הִתְכַּסֵּיתָ הִתְכַּסֵּית<br>הִתְכַּסָּה הִתְכַּסְּתָה<br>הִתְכַּסֵּינוּ<br>הִתְכַּסֵּיתֶם הִתְכַּסֵּיתֶן<br>הִתְכַּסּוּ | הִשְׁתַּדַּלְתִּי<br>הִשְׁתַּדַּלְתָּ הִשְׁתַּדַּלְתְּ<br>הִשְׁתַּדֵּל הִשְׁתַּדְּלָה<br>הִשְׁתַּדַּלְנוּ<br>הִשְׁתַּדַּלְתֶּם הִשְׁתַּדַּלְתֶּן<br>הִשְׁתַּדְּלוּ | הִזְדַּקַּנְתִּי<br>הִזְדַּקַּנְתָּ הִזְדַּקַּנְתְּ<br>הִזְדַּקֵּן הִזְדַּקְּנָה<br>הִזְדַּקַּנּוּ<br>הִזְדַּקַּנְתֶּם הִזְדַּקַּנְתֶּן<br>הִזְדַּקְּנוּ | הִצְטַעַרְתִּי<br>הִצְטַעַרְתָּ הִצְטַעַרְתְּ<br>הִצְטַעֵר הִצְטַעֲרָה<br>הִצְטַעַרְנוּ<br>הִצְטַעַרְתֶּם הִצְטַעַרְתֶּן<br>הִצְטַעֲרוּ |
| עָתִיד | אֶתְרַגֵּל<br>תִּתְרַגֵּל תִּתְרַגְּלִי<br>יִתְרַגֵּל תִּתְרַגֵּל<br>נִתְרַגֵּל<br>תִּתְרַגְּלוּ תִּתְרַגֵּלְנָה<br>יִתְרַגְּלוּ תִּתְרַגֵּלְנָה | אֶתְכַּסֶּה<br>תִּתְכַּסֶּה תִּתְכַּסִּי<br>יִתְכַּסֶּה תִּתְכַּסֶּה<br>נִתְכַּסֶּה<br>תִּתְכַּסּוּ תִּתְכַּסֶּינָה<br>יִתְכַּסּוּ תִּתְכַּסֶּינָה | אֶשְׁתַּדֵּל<br>תִּשְׁתַּדֵּל תִּשְׁתַּדְּלִי<br>יִשְׁתַּדֵּל תִּשְׁתַּדֵּל<br>נִשְׁתַּדֵּל<br>תִּשְׁתַּדְּלוּ תִּשְׁתַּדֵּלְנָה<br>יִשְׁתַּדְּלוּ תִּשְׁתַּדֵּלְנָה | אֶזְדַּקֵּן<br>תִּזְדַּקֵּן תִּזְדַּקְּנִי<br>יִזְדַּקֵּן תִּזְדַּקֵּן<br>נִזְדַּקֵּן<br>תִּזְדַּקְּנוּ תִּזְדַּקֵּנָּה<br>יִזְדַּקְּנוּ תִּזְדַּקֵּנָּה | אֶצְטַעֵר<br>תִּצְטַעֵר תִּצְטַעֲרִי<br>יִצְטַעֵר תִּצְטַעֵר<br>נִצְטַעֵר<br>תִּצְטַעֲרוּ תִּצְטַעֵרְנָה<br>יִצְטַעֲרוּ תִּצְטַעֵרְנָה |
| צִוּוּי | הִתְרַגֵּל הִתְרַגְּלוּ<br>הִתְרַגְּלִי הִתְרַגֵּלְנָה | הִתְכַּסֵּה הִתְכַּסּוּ<br>הִתְכַּסִּי הִתְכַּסֶּינָה | הִשְׁתַּדֵּל הִשְׁתַּדְּלוּ<br>הִשְׁתַּדְּלִי הִשְׁתַּדֵּלְנָה | הִזְדַּקֵּן הִזְדַּקְּנוּ<br>הִזְדַּקְּנִי הִזְדַּקֵּנָּה | הִצְטַעֵר הִצְטַעֲרוּ<br>הִצְטַעֲרִי הִצְטַעֵרְנָה |

# הִתְפַּעֵל

| גִּזְרָה | ל״א | ל״ה + ״פ״ ש | ע״ו | כְּפוּלִים + ״פ״ ס | מְרֻבָּעִים |
|---|---|---|---|---|---|
| שֵׁם הַפֹּעַל | לְהִתְ**פַּלֵּא** (פלא) | לְהִ**שְׁתַּנּוֹת** (שנה) | לְהִתְ**כּוֹנֵן** (כון) | לְהִ**סְתּוֹבֵב** (סבב) | לְהִתְ**פַּרְנֵס** (פרנס) |
| הֹוֶה | מִתְפַּלֵּא מִתְפַּלְּאִים<br>מִתְפַּלֵּאת מִתְפַּלְּאוֹת | מִשְׁתַּנֶּה מִשְׁתַּנִּים<br>מִשְׁתַּנָּה מִשְׁתַּנּוֹת | מִתְכּוֹנֵן מִתְכּוֹנְנִים<br>מִתְכּוֹנֶנֶת מִתְכּוֹנְנוֹת | מִסְתּוֹבֵב מִסְתּוֹבְבִים<br>מִסְתּוֹבֶבֶת מִסְתּוֹבְבוֹת | מִתְפַּרְנֵס מִתְפַּרְנְסִים<br>מִתְפַּרְנֶסֶת מִתְפַּרְנְסוֹת |
| עָבָר | הִתְפַּלֵּאתִי<br>הִתְפַּלֵּאתָ הִתְפַּלֵּאת<br>הִתְפַּלֵּא הִתְפַּלְּאָה<br>הִתְפַּלֵּאנוּ<br>הִתְפַּלֵּאתֶם הִתְפַּלֵּאתֶן<br>הִתְפַּלְּאוּ | הִשְׁתַּנֵּיתִי<br>הִשְׁתַּנֵּיתָ הִשְׁתַּנֵּית<br>הִשְׁתַּנָּה הִשְׁתַּנְּתָה<br>הִשְׁתַּנֵּינוּ<br>הִשְׁתַּנֵּיתֶם הִשְׁתַּנֵּיתֶן<br>הִשְׁתַּנּוּ | הִתְכּוֹנַנְתִּי<br>הִתְכּוֹנַנְתָּ הִתְכּוֹנַנְתְּ<br>הִתְכּוֹנֵן הִתְכּוֹנְנָה<br>הִתְכּוֹנַנּוּ<br>הִתְכּוֹנַנְתֶּם הִתְכּוֹנַנְתֶּן<br>הִתְכּוֹנְנוּ | הִסְתּוֹבַבְתִּי<br>הִסְתּוֹבַבְתָּ הִסְתּוֹבַבְתְּ<br>הִסְתּוֹבֵב הִסְתּוֹבְבָה<br>הִסְתּוֹבַבְנוּ<br>הִסְתּוֹבַבְתֶּם הִסְתּוֹבַבְתֶּן<br>הִסְתּוֹבְבוּ | הִתְפַּרְנַסְתִּי<br>הִתְפַּרְנַסְתָּ הִתְפַּרְנַסְתְּ<br>הִתְפַּרְנֵס הִתְפַּרְנְסָה<br>הִתְפַּרְנַסְנוּ<br>הִתְפַּרְנַסְתֶּם הִתְפַּרְנַסְתֶּן<br>הִתְפַּרְנְסוּ |
| עָתִיד | אֶתְפַּלֵּא<br>תִּתְפַּלֵּא תִּתְפַּלְּאִי<br>יִתְפַּלֵּא תִּתְפַּלֵּא<br>נִתְפַּלֵּא<br>תִּתְפַּלְּאוּ תִּתְפַּלֶּאנָה<br>יִתְפַּלְּאוּ תִּתְפַּלֶּאנָה | אֶשְׁתַּנֶּה<br>תִּשְׁתַּנֶּה תִּשְׁתַּנִּי<br>יִשְׁתַּנֶּה תִּשְׁתַּנֶּה<br>נִשְׁתַּנֶּה<br>תִּשְׁתַּנּוּ תִּשְׁתַּנֶּינָה<br>יִשְׁתַּנּוּ תִּשְׁתַּנֶּינָה | אֶתְכּוֹנֵן<br>תִּתְכּוֹנֵן תִּתְכּוֹנְנִי<br>יִתְכּוֹנֵן תִּתְכּוֹנֵן<br>נִתְכּוֹנֵן<br>תִּתְכּוֹנְנוּ תִּתְכּוֹנֵנָּה<br>יִתְכּוֹנְנוּ תִּתְכּוֹנֵנָּה | אֶסְתּוֹבֵב<br>תִּסְתּוֹבֵב תִּסְתּוֹבְבִי<br>יִסְתּוֹבֵב תִּסְתּוֹבֵב<br>נִסְתּוֹבֵב<br>תִּסְתּוֹבְבוּ תִּסְתּוֹבֵבְנָה<br>יִסְתּוֹבְבוּ תִּסְתּוֹבֵבְנָה | אֶתְפַּרְנֵס<br>תִּתְפַּרְנֵס תִּתְפַּרְנְסִי<br>יִתְפַּרְנֵס תִּתְפַּרְנֵס<br>נִתְפַּרְנֵס<br>תִּתְפַּרְנְסוּ תִּתְפַּרְנֵסְנָה<br>יִתְפַּרְנְסוּ תִּתְפַּרְנֵסְנָה |
| צִוּוּי | הִתְפַּלֵּא הִתְפַּלְּאוּ<br>הִתְפַּלְּאִי הִתְפַּלֶּאנָה | הִשְׁתַּנֵּה הִשְׁתַּנּוּ<br>הִשְׁתַּנִּי הִשְׁתַּנֶּינָה | הִתְכּוֹנֵן הִתְכּוֹנְנוּ<br>הִתְכּוֹנְנִי הִתְכּוֹנֵנָּה | הִסְתּוֹבֵב הִסְתּוֹבְבוּ<br>הִסְתּוֹבְבִי הִסְתּוֹבֵבְנָה | הִתְפַּרְנֵס הִתְפַּרְנְסוּ<br>הִתְפַּרְנְסִי הִתְפַּרְנֵסְנָה |

# INDEX (Numbers refer to chapters)

# רְשִׁימַת הַמִּלִּים ( לְפִי הַשִּׁעוּרִים )

**א**

אָב 9,47
אַבָּא 9
אָבַד 73
אָבִיב 42
אֲבָל 5
אֶבֶן 17
אָדוֹן 3
אָדָם 37
אָדֹם 54
הֶאֱדִים 54
אֲדָמָה 57
אָהַב 5
אַהֲבָה 18
אָהוּב 64
אֹהֶל 28
אוֹ 6
אוֹטוֹבּוּס 32
אוֹי וַאֲבוֹי 49
אֲוִיר 23
אֲוִירָה 71
אוּלַי 13
אוֹצָר 33
אוֹר 35
אוֹרֵחַ 24

אוֹת 22
אָז 6
אֹזֶן 61
אָח 9
אֶחָד, אַחַת 16
אֲחָדִים 20
אֲחוֹרֵי, מֵאֲחוֹרֵי 72
אָחוֹת 9,46
אַחֵר 34
אַחַר 39
אַחֲרוֹן 34
אַחֲרֵי 5
אַחֲרֵי־כֵן 6
אֵיזֶה 6
אֵיךְ 8
אֵימָתַי 62
אֵין 5,37
אֵיפֹה 2
אֵירוֹפָּה 46
אִישׁ 5
אֹכֶל 9
אָכַל 12
הֶאֱכִיל 54
אִכְפַּת 65
אִכָּר 23

אֶל 2
אֵל 21
אֶלָּא 33
אֶלָּא־אִם־כֵּן 34
אֵלֶּה 6
אֱלֹהִים 28
אִלּוּ = לוּ 63
אֲלֻמָּה 74
אֶלֶף 40
אַלְפַּיִם 53
אֵם 9
אִם 4
אִם כֵּן 4
אִמָּא 9
אָמֵן 51
הֶאֱמִין 55
אָמְנָם 43
אֶמְצַע 45
אֶמְצָעִי 53
אָמַר 2
אֲמֶרִיקָנִי 8
אֱמֶת 25
אַנְגְּלִי 6
אַנְגְּלִיָּה 13
אַנְגְּלִית 10

אָנוּ = אֲנַחְנוּ 61
אַנְטִישֵׁמִיּוּת 71
אֲנִי 1
אֳנִיָּה 55
אָסוֹן 67
אָסוּר 51
אָסַף 22
אַף 51
אַף 29
אַף אֶחָד לֹא 29
אַף פַּעַם לֹא 30
אַף־עַל־פִּי שֶׁ.. 60
אֲפִילוּ 19
אֶפֶס 37
אֶפְשָׁר 24
אִי־אֶפְשָׁר 24
אִפְשֵׁר 45
אֵצֶל 17
אֶצְבַּע 73
אַרְבָּעָה 38
אַרְבָּעִים 40
אֲרוּחָה 36
אֲרוּחַת בֹּקֶר 36
אֲרוּחַת צָהֳרַיִם 36
אֲרוּחַת עֶרֶב 36

5 גָּדוֹל
27 גָּדַל
32 גִּדֵּל
64 גָּדֵר
75 גּוֹי
53 גּוּף
71 גֶּזַע
69 גְּזֵרָה
2 גִּיר
23 גַּל
9 גְּלִידָה
1 גַּם
27 גָּמָל
15 גָּמַר
46 נִגְמַר
7 גַּן
9 גַּן־יְלָדִים
66 גַּנָּב
66 גָּנַב
66 נִגְנַב
71 (גנן) הִתְגּוֹנֵן
74 גָּעַר
24 גָּר
70 גָּרַם
50 גֵּרֵשׁ
33 גֶּשֶׁם
15 גֶּשֶׁר

**ד**

18 דֹּאַר
29 דָּאַג
53 הִדְאִיג
33 דִּבּוּר
51 דְּבוֹרָה
6 דָּבָר
32 דִּבֵּר
12 דָּג
54 (דגש) הִדְגִּישׁ
30 דּוֹד
30 דּוֹדָה
71 דּוֹמֶה
43 דּוֹר
29 דָּחַף
22 דַּי
23 דַּיָּג
35 דְּיוֹ
54 דָּלַק
71 הִדְלִיק
71 הֻדְלַק
16 דֶּלֶת
46 דָּם
31 דִּמְעָה
56 דַּעַת
21 דָּפַק
57 דַּק
22 דִּקְדּוּק
36 דַּקָּה
55 דָּרוֹם
32 דְּרִישַׁת שָׁלוֹם
9 דֶּרֶךְ
35 דָּרַךְ
48 דָּרַשׁ
48 דָּת
48 דָּתִי

**ה**

38 הֶבְדֵּל
34 הֵד
1 הוּא
43 הַהוּא, הַהִיא
43 הָהֵם, הָהֵן
69 הוֹדוֹת לְ...
22 הֹוֶה
24 הוֹרִים
57,49 הַזְמָנָה
57 הַחְלָטָה
1 הִיא
17 הָיָה
8 הַכֹּל
14 הָלְאָה
3,19 הָלַךְ
55 הִלֵּל
1 הֵם, הֵן
9 הִנֵּה
28 הֵנָּה
61 הַפְתָּעָה
73 הַצְדָּקָה
56 הַצְלָחָה
11 הַר
5 הַרְבֵּה
21 הָרַג
46 נֶהֱרַג
68 הַרְגָּשָׁה
71 הִתְבּוֹלְלוּת
68 הִתְיַשְּׁבוּת
68 הִתְנַפְּלוּת
61 הִתְפַּתְּחוּת
61 הִתְקַדְּמוּת

**ו**

73 וִכּוּחַ
73 הִתְוַכֵּחַ

**ז**

52 זְאֵב
6 זֹאת
6 זֶה
14 זָהָב
19 זוֹ
25 זָז
63 זְכוּת
20 זָכַר
57 נִזְכַּר
13,22 זְמַן
57,53 (זמן) הִזְמִין

44 יָדוּעַ

31 יָדִיד

44 יְדִידוּת

58 יְדִיעָה

3 יָדַע

49 נוֹדַע

56 הוֹדִיעַ

71 יַהֲדוּת

31 יְהוּדִי

3 יוֹם

3 הַיּוֹם

30 יוֹם הֻלֶּדֶת

60 יָוָן

52 יוֹצֵא מִן הַכְּלָל

9 יוֹתֵר

38 יוֹתֵר מִדַּי

12 יַחַד

71,62 יָחִיד

60 יַחַס

62 הִתְיַחֵס

7 יַיִן

73 (יכח) הוֹכִיחַ

19 יָכֹל

7 יֶלֶד

26 יָלַד

49 נוֹלַד

7 יַלְדָּה

70 יַלְדוּת

16 יַלְקוּט

11 יָם

58 יָמִין

47 יְסוֹד

58 יְסוֹדִי

71 (יסף) הוֹסִיף

72 (יעל) הוֹעִיל

15 יַעַר

32 יְעֵר

5 יָפֶה

11 יֹפִי

63 (יפע) הוֹפִיעַ

11 יָצָא

55 הוֹצִיא

29 יְצִיאָה

47 יְצִיאַת מִצְרַיִם

73 יֵצֶר

17 יָקָר

19 יָרַד

55 הוֹרִיד

65 יָרָה

45 יְרוּשָּׁה

8 יְרוּשָׁלַיִם

41 יָרֵחַ

43 יָרֹק

54 יָרָק

5 יֵשׁ

2 יָשַׁב

56 הוֹשִׁיב

68 הִתְיַשֵּׁב

20 יְשִׁיבָה

66 יָשֵׁן

21 יָשַׁן

31 יָשָׁר

48 יֹשֶׁר

8 יִשְׂרָאֵל

8 יִשְׂרְאֵלִי

### כ

50 כְּאֵב

50 כָּאַב

23 כָּאֵלֶּה

64 כְּאִלּוּ

4 כַּאֲשֶׁר

30 כָּבֵד

33 כִּבֵּד

69 כֻּבַּד

21 כָּבָה

37 כִּבָּה

44 כָּבוֹד

48 כִּבּוּשׁ

61 כְּבִישׁ

17 כֹּבַע

8 כְּבָר

46 כָּבַשׁ

50 נִכְבַּשׁ

14 כַּד

57 כְּדַאי

34,46 כַּדּוּר

27 כְּדֵי

41 כּוֹכָב

58 (כון) הֵכִין

62 הִתְכּוֹנֵן

54 כּוֹס

22 כָּזֹאת, כָּזֶה

26 כֹּחַ

50 כָּחֹל

2,11 כִּי

63 כֵּיוָן

30 כִּיס

8 כָּךְ

2 כָּל

11 כָּל כָּךְ

64 כֶּלֶב

52 כַּלָּה

33 כְּלוּם

24 כְּלִי

69 כְּלִי חֶרֶס

52 כְּלָל

10 כַּמָּה

5 כְּמוֹ

8 כִּמְעַט

1,26 כֵּן

52 כִּנּוֹר

46 (כנס) נִכְנַס

53 הִכְנִיס

27 כְּנַעַן

50 כַּנִּרְאֶה

50 רְפוּאָה
11 רָץ
10 רָצָה
44 רָצוֹן
60 רְצִינוּת
21 רִצְפָּה
8 רַק
42 רָקַד
53 רְשׁוּת
58 רְשִׁימָה
20 רֹשֶׁם
58 רָשַׁם
73 רָשָׁע
23 רֶשֶׁת

**ש**

27 שָׁאַב
3,67 שָׁאַל
67 הִשְׁאִיל
6 שְׁאֵלָה
48 שְׁאָר
63 נִשְׁאַר
66 הִשְׁאִיר
21 שָׁב
63 הֵשִׁיב
10 שָׁבוּעַ
54 שָׁבוּר
14 שְׁבִיל
38 שִׁבְעָה
40 שִׁבְעִים
24 שָׁבַר
35 שֶׁבֶר
17 שַׁבָּת
8 שְׁגִיאָה
59 (שגע) הִשְׁתַּגֵּעַ
68 שָׁדַד
20 שָׂדֶה
59 (שדל) הִשְׁתַּדֵּל
28 שׁוּב
35 שׁוֹבָב
21 שׁוֹדֵד
45 שָׁוֶה
16 שׁוֹטֵר
60 שׁוּם
53 שׁוֹמֵר
46 שׂוֹנֵא
55 שׁוֹנֶה
63 שׁוֹפֵט
17 שׁוּק
57 שׁוֹר
22 שׁוּרָה
74 (שחה) הִשְׁתַּחֲוָה
52 שָׁחוֹר
57 שָׁחַט
34 שִׂחֵק
71 שִׁיבָה
52 שִׂיחָה
63 שַׁיָּךְ
11 שִׁיר
11 שַׂר
23 שָׁכַב
70 שִׁכּוֹר
16 שָׁכַח
58 שַׁכְחָן
64 שָׁכֵן
3 שֶׁל
40 שֶׁלֶג
1 שָׁלוֹם
18 שָׁלַח
46 נִשְׁלַח
6 שֻׁלְחָן
37 שָׁלַט
53 שָׁלִיחַ
26 שָׁלֵם
38 שִׁלֵּם
38 שְׁלֹשָׁה
40 שְׁלֹשִׁים
5 שֵׁם
11 שָׁם
12 שָׂם
16 שָׂם לֵב
58 שְׂמֹאל
38 שְׁמוֹנָה
40 שְׁמוֹנִים
30 שָׂמֵחַ
58 שָׂמַח
52 שִׂמַּח
4 שִׂמְחָה
61 שְׂמִיכָה
11 שָׁמַיִם
68 שְׁמִירָה
35 שִׂמְלָה
57 שֶׁמֶן
4 שָׁמַע
59 שָׁמַע בְּקוֹל
19 שָׁמַר
48 נִשְׁמַר
69 שִׁמֵּר
11 שֶׁמֶשׁ
69 (שמש) הִשְׁתַּמֵּשׁ
64 שֵׁן
74 שָׂנָא
8 שָׁנָה
33 שִׁנָּה
61 הִשְׁתַּנָּה
38 שְׁנַיִם
28 שָׁעָה
39 שָׁעוֹן
1 שִׁעוּר
53 שַׁעַר
52 שֵׂעָר
44,56 שָׂפָה
75 שָׁפַט
35 שָׁפַךְ
46 נִשְׁפַּךְ
70 (שפע) הִשְׁפִּיעַ

# ENGLISH—HEBREW DICTIONARY

## A

| | |
|---|---|
| abbreviation | קִצּוּר (קִצּוּרִים) |
| able | יָכוֹל, יְכוֹלָה |
| abolish | בִּטֵּל (לְבַטֵּל) |
| about | עַל |
| above | מֵעַל, לְמַעְלָה |
| absent | חָסֵר, חֲסֵרָה |
| according | לְפִי |
| accustomed | רָגִיל, רְגִילָה |
| ache, *v.* | כָּאַב (לִכְאֹב) |
| ache, *n.* | כְּאֵב (כְּאֵבִים) |
| acquainted with | הִכִּיר (לְהַכִּיר) |
| add | הוֹסִיף (לְהוֹסִיף) |
| additional | נוֹסָף, נוֹסֶפֶת |
| address, *n.* | כְּתֹבֶת (כְּתוֹבוֹת) |
| adult | מְבֻגָּר, מְבֻגֶּרֶת |
| advice | עֵצָה (עֵצוֹת) |
| after | אַחֲרֵי |
| afterwards | אַחֲרֵי־כֵן |
| again | שׁוּב |
| age, get old | הִזְדַּקֵּן (לְהִזְדַּקֵּן) |
| ago | לִפְנֵי |
| agree | הִסְכִּים (לְהַסְכִּים) |
| air | אֲוִיר |
| airplane | מָטוֹס (מְטוֹסִים) |
| alas | אוֹי וַאֲבוֹי |
| alive | חַי, חַיָּה |
| all | כָּל |
| almost | כִּמְעַט |
| already | כְּבָר |
| also | גַּם |
| although | אַף־עַל־פִּי שֶׁ... |
| always | תָּמִיד |
| American | אֲמֵרִיקָנִי |
| and | וְ (וּ, וַ, וָ, וֶ) |
| anger, *n.* | כַּעַס |
| became angry | כָּעַס (לִכְעֹס) |
| animal | חַיָּה (חַיּוֹת) |
| annoy | הִרְגִּיז (לְהַרְגִּיז) |
| became annoyed | הִתְרַגֵּז (לְהִתְרַגֵּז) |
| answer, *n.* | תְּשׁוּבָה (תְּשׁוּבוֹת) |
| answer, *v.* | עָנָה (לַעֲנוֹת) |
| antisemitism | אַנְטִישֵׁמִיּוּת |
| any | כָּל |
| any (with negative) | שׁוּם |
| apparently | כַּנִּרְאֶה |
| appear | הוֹפִיעַ (לְהוֹפִיעַ) |
| appearance | מַרְאֶה (מַרְאוֹת) |
| apple | תַּפּוּחַ (תַּפּוּחִים) |
| approach, *v.intr.* | הִתְקָרֵב (לְהִתְקָרֵב) |

| | |
|---|---|
| approximately | בְּעֵרֶךְ |
| Arab | עֲרָבִי, עֲרָבִיָּה |
| Aramaic | אֲרָמִי, אֲרָמִית |
| arise, *v.intr.* | הִתְעוֹרֵר (לְהִתְעוֹרֵר) |
| army | צָבָא (צְבָאוֹת) |
| around | סָבִיב,מִסָּבִיב |
| arouse, *v.tr.* | עוֹרֵר (לְעוֹרֵר) |
| arrange | סִדֵּר (לְסַדֵּר) |
| arrive | הִגִּיעַ (לְהַגִּיעַ) |
| artist | אָמָּן (אָמָּנִים) |
| (be) ashamed | הִתְבַּיֵּשׁ (לְהִתְבַּיֵּשׁ) |
| ask | שָׁאַל (לִשְׁאֹל) |
| ass | חֲמוֹר (חֲמוֹרִים) |
| assimilation | הִתְבּוֹלְלוּת |
| associate oneself | הִתְחַבֵּר (לְהִתְחַבֵּר) |
| assure, *v.* | הִבְטִיחַ (לְהַבְטִיחַ) |
| (be) astonished | הִתְפַּלֵּא (לְהִתְפַּלֵּא) |
| at; near | עַל־יַד |
| atmosphere (social) | אֲוִירָה |
| attack, *n.* | הִתְנַפְּלוּת (הִתְנַפְּלֻיּוֹת) |
| attack, *v.* | הִתְנַפֵּל עַל (לְהִתְנַפֵּל) |
| attitude | יַחַס (יְחָסִים) |
| aunt | דּוֹדָה (דּוֹדוֹת) |
| autobus | אוֹטוֹבּוּס |
| autumn | סְתָו |
| avail, *v.* | הוֹעִיל (לְהוֹעִיל) |
| awake, *adj.* | עֵר, עֵרָה |
| awful | נוֹרָא, נוֹרָאָה |

## B

| | |
|---|---|
| baby | תִּינוֹק |
| bachelor | רַוָּק (רַוָּקִים) |
| back, *n.* | גַּב (גַּבִּים, גַּבּוֹת) |
| bad | רַע, רָעָה |
| bag | שַׂק (שַׂקִּים) |
| ball | כַּדּוּר (כַּדּוּרִים) |
| barrel | חָבִית (חָבִיּוֹת) |
| bathhouse | בֵּית מֶרְחָץ (בָּתֵּי מֶרְחָץ) |
| beautiful | יָפֶה, יָפָה |
| beauty | יֹפִי |
| because | כִּי, מִפְּנֵי שֶׁ..., בִּגְלַל |
| bed | מִטָּה (מִטּוֹת) |
| bee | דְּבוֹרָה (דְּבוֹרִים) |
| before | לִפְנֵי |
| begin | הִתְחִיל (לְהַתְחִיל) |
| behind | מֵאֲחוֹרֵי |
| behold | הִנֵּה |
| believe | הֶאֱמִין לְ... (לְהַאֲמִין) |
| belongs | שַׁיָּךְ, שַׁיֶּכֶת |
| below | לְמַטָּה |
| bench | סַפְסָל (סַפְסָלִים) |
| between | בֵּין |
| Bible | תְּנַ"ךְ |
| big | גָּדוֹל, גְּדוֹלָה |
| bird, *n.f.* | צִפּוֹר (צִפֳּרִים) |
| birthday | יוֹם הֻלֶּדֶת |
| bitter | מַר, מָרָה |
| black | שָׁחוֹר, שְׁחוֹרָה |

| | |
|---|---|
| blackboard | לוּחַ (לוּחוֹת) |
| bless, *v.tr.* | בֵּרֵךְ (לְבָרֵךְ) |
| blessed, *part.* | מְבֹרָךְ, מְבֹרֶכֶת |
| was blessed | בֹּרַךְ |
| blessing | בְּרָכָה (בְּרָכוֹת) |
| blind | עִוֵּר (עִוְרִים) |
| blood | דָּם |
| blow, *v.* | נָשַׁב (לִנְשֹׁב) |
| blue | כָּחֹל, כְּחֻלָּה |
| body | גּוּף (גּוּפוֹת) |
| bone , *n.f.* | עֶצֶם (עֲצָמוֹת) |
| book | סֵפֶר (סְפָרִים) |
| (be) born | נוֹלַד (לְהִוָּלֵד) |
| borrow | שָׁאַל (לִשְׁאֹל) |
| bottle | בַּקְבּוּק (בַּקְבּוּקִים) |
| bow, *v.intr.* | הִשְׁתַּחֲוָה (לְהִשְׁתַּחֲווֹת) |
| boy | נַעַר; יֶלֶד |
| branch | עָנָף (עֲנָפִים) |
| bread | לֶחֶם (לְחָמִים) |
| break | שָׁבַר (לִשְׁבֹּר) |
| breakfast | אֲרוּחַת בֹּקֶר |
| bride | כַּלָּה (כַּלּוֹת) |
| bridegroom | חָתָן (חֲתָנִים) |
| bridge | גֶּשֶׁר (גְּשָׁרִים) |
| briefcase | יַלְקוּט (יַלְקוּטִים) |
| bring, *v.tr.* | הֵבִיא (לְהָבִיא) |
| broken, *part.* | שָׁבוּר, שְׁבוּרָה |
| brother | אָח (אַחִים) |
| budge, *v.intr.* | זָז (לָזוּז) |
| build, *v.tr.* | בָּנָה (לִבְנוֹת) |
| bullet | כַּדּוּר (כַּדּוּרִים) |
| burn, *v.tr.* | שָׂרַף (לִשְׂרֹף) |
| burn, *v.intr.* | נִשְׂרַף (לְהִשָּׂרֵף) |
| burst, *v.* | פָּרַץ (לִפְרֹץ) |
| busy, *part.* | עָסוּק, עֲסוּקָה |
| but | אֲבָל, אֶלָּא |
| butter | חֶמְאָה |
| buy, *v.* | קָנָה (לִקְנוֹת) |
| buyer | קוֹנֶה (קוֹנִים) |

## C

| | |
|---|---|
| cake | עוּגָה (עוּגוֹת) |
| calamity | אָסוֹן (אֲסוֹנוֹת) |
| call, *v.* | קָרָא (לִקְרֹא) |
| be called | נִקְרָא (לְהִקָּרֵא) |
| calm, *adj.* | שָׁקֵט, שְׁקֵטָה |
| camel | גָּמָל (גְּמַלִּים) |
| camp | מַחֲנֶה (מַחֲנוֹת) |
| candle | נֵר (נֵרוֹת) |
| captain | רַב חוֹבֵל |
| car | מְכוֹנִית (מְכוֹנִיּוֹת) |
| care for | טִפֵּל בְּ... (לְטַפֵּל) |
| cargo | מַשָּׂא (מַשָּׂאוֹת) |
| carry | נָשָׂא (לָשֵׂאת) |
| cause, *n.* | סִבָּה (סִבּוֹת) |
| cause, *v.* | גָּרַם (לִגְרֹם) |
| celebration | חֲגִיגָה (חֲגִיגוֹת) |
| certain (sure), *part.* | בָּטוּחַ, בְּטוּחָה |

| | |
|---|---|
| certainly | בְּוַדַּאי |
| chair | כִּסֵּא (כִּסְאוֹת) |
| chalk | גִּיר (גִּירִים) |
| change, *v.tr.* | שִׁנָּה (לְשַׁנּוֹת) |
| be changed | הִשְׁתַּנָּה (לְהִשְׁתַּנּוֹת) |
| chapter | פֶּרֶק (פְּרָקִים) |
| charity | צְדָקָה |
| charm | חֵן |
| cheese | גְּבִינָה (גְּבִינוֹת) |
| child | יֶלֶד (יְלָדִים) |
| chocolate | שׁוֹקוֹלָדָה |
| choose | בָּחַר (לִבְחֹר) |
| Christian | נוֹצְרִי |
| class; classroom | כִּתָּה (כִּתּוֹת) |
| clean | נָקִי, נְקִיָּה |
| cleanliness | נִקָּיוֹן |
| clerk | פָּקִיד (פְּקִידִים) |
| clock | שָׁעוֹן (שְׁעוֹנִים) |
| close, *v.* | סָגַר (לִסְגֹּר) |
| close (eyes) | עָצַם (לַעֲצֹם) |
| closed, *part.* | סָגוּר, סְגוּרָה |
| closet | אָרוֹן (אֲרוֹנוֹת) |
| clothing, *n.* | בֶּגֶד (בְּגָדִים) |
| cloud | עָנָן (עֲנָנִים) |
| coast | חוֹף (חוֹפִים) |
| coat | מְעִיל (מְעִילִים) |
| cold, *adj.* | קַר, קָרָה |
| colony | מוֹשָׁבָה (מוֹשָׁבוֹת) |
| color | צֶבַע (צְבָעִים) |

| | |
|---|---|
| command, *v.* | צִוָּה (לְצַוּוֹת) |
| community | צִבּוּר |
| complete, *adj.* | שָׁלֵם, שְׁלֵמָה |
| concept | מוּשָּׂג (מוּשָּׂגִים) |
| condition | תְּנַאי (תְּנָאִים) |
| confused, *adj.* | נָבוֹךְ, נְבוֹכָה |
| connection | קֶשֶׁר (קְשָׁרִים) |
| conquer | כָּבַשׁ (לִכְבֹּשׁ) |
| be conquered | נִכְבַּשׁ (לְהִכָּבֵשׁ) |
| conquest | כִּבּוּשׁ (כִּבּוּשִׁים) |
| continue, *v.tr.* | הִמְשִׁיךְ (לְהַמְשִׁיךְ) |
| conversation | שִׂיחָה (שִׂיחוֹת) |
| cook, *v.* | בִּשֵּׁל (לְבַשֵּׁל) |
| cooking, *n.* | בִּשּׁוּל |
| corner | פִּנָּה (פִּנּוֹת) |
| correct | נָכוֹן, נְכוֹנָה |
| correspondent | כַּתָּב (כַּתָּבִים) |
| count, *v.* | סָפַר (לִסְפֹּר) |
| country | אֶרֶץ (אֲרָצוֹת) |
| covenant | בְּרִית |
| cover, *v.*tr. | כִּסָּה (לְכַסּוֹת) |
| cover oneself | הִתְכַּסָּה (לְהִתְכַּסּוֹת) |
| covered, *part.* | מְכֻסֶּה, מְכֻסָּה |
| cow | פָּרָה (פָּרוֹת) |
| became crazy | הִשְׁתַּגֵּעַ (לְהִשְׁתַּגֵּעַ) |
| create | בָּרָא (לִבְרֹא) |
| cross, *v.* | עָבַר (לַעֲבֹר) |
| crowded, *part.* | צָפוּף, צְפוּפָה |
| crowdedness | צְפִיפוּת |

| | |
|---|---|
| crown, *v.tr.* | הִמְלִיךְ (לְהַמְלִיךְ) |
| cry, *v.* | בָּכָה (לִבְכּוֹת) |
| cup, *n.f.* | כּוֹס (כּוֹסוֹת) |
| custom | מִנְהָג (מִנְהָגִים) |
| cut, *v.* | חָתַךְ (לַחְתֹּךְ) |

## D

| | |
|---|---|
| daddy | אַבָּא |
| dance, *v.* | רָקַד (לִרְקֹד) |
| danger | סַכָּנָה (סַכָּנוֹת) |
| darkness | חֹשֶׁךְ |
| date | תַּאֲרִיךְ (תַּאֲרִיכִים) |
| day | יוֹם (יָמִים) |
| dear | יָקָר, יְקָרָה |
| death, *n.m.* | מָוֶת |
| debate, *n.* | וִכּוּחַ (וִכּוּחִים) |
| debate, *v.* | הִתְוַכֵּחַ (לְהִתְוַכֵּחַ) |
| decide, *v.* | הֶחְלִיט (לְהַחְלִיט) |
| decision | הַחְלָטָה (הַחְלָטוֹת) |
| decree | גְּזֵרָה (גְּזֵרוֹת) |
| deed | מַעֲשֶׂה (מַעֲשִׂים) |
| defend oneself | הִתְגּוֹנֵן (לְהִתְגּוֹנֵן) |
| demand, *v.* | דָּרַשׁ (לִדְרֹשׁ) |
| describe | תֵּאֵר (לְתָאֵר) |
| desert | מִדְבָּר (מִדְבָּרִים, מִדְבָּרוֹת) |
| destruction | חֻרְבָּן |
| detail | פְּרָט (פְּרָטִים) |
| develop oneself | הִתְפַּתֵּחַ (לְהִתְפַּתֵּחַ) |
| development | הִתְפַּתְּחוּת |

| | |
|---|---|
| dictionary | מִלּוֹן (מִלּוֹנִים) |
| die, *v.* | מֵת (לָמוּת) |
| difference | הֶבְדֵּל (הֶבְדֵּלִים) |
| different | שׁוֹנֶה, שׁוֹנָה |
| difficult | קָשֶׁה, קָשָׁה |
| difficulty | קֹשִׁי (קְשָׁיִים) |
| dig, *v.* | חָפַר (לַחְפֹּר) |
| dining room | חֲדַר אֹכֶל |
| dinner | אֲרוּחַת עֶרֶב |
| director | מְנַהֵל (מְנַהֲלִים) |
| divide, *v.* | חִלֵּק (לְחַלֵּק) |
| be divided | נֶחֱלַק (לְהֵחָלֵק) |
| donation | נְדָבָה (נְדָבוֹת) |
| draw, *v.* | צִיֵּר (לְצַיֵּר) |
| draw (water), *v.* | שָׁאַב (לִשְׁאֹב) |
| drawing | צִיּוּר |
| dream, *n.* | חֲלוֹם (חֲלוֹמוֹת) |
| dream, *v.* | חָלַם (לַחֲלֹם) |
| dress | שִׂמְלָה (שְׂמָלוֹת) |
| dress oneself | הִתְלַבֵּשׁ (לְהִתְלַבֵּשׁ) |
| drink, *v.* | שָׁתָה (לִשְׁתּוֹת) |
| drive (car), *v.* | נָהַג (לִנְהֹג) |
| driver | נֶהָג (נֶהָגִים) |
| drop, *n.* | טִפָּה (טִפּוֹת) |
| drop, *v.tr.* | הִפִּיל (לְהַפִּיל) |
| was dropped | הֻפַּל |
| drown, *v.intr.* | טָבַע (לִטְבֹּעַ) |
| drunkard | שִׁכּוֹר (שִׁכּוֹרִים) |
| dry (wipe), *v.* | נִגֵּב (לְנַגֵּב) |

dry oneself הִתְנַגֵּב (לְהִתְנַגֵּב)
during בְּמֶשֶׁךְ
dwell, *v.intr.* גָּר (לָגוּר)

## E

ear, *n.f.* אֹזֶן (אָזְנַיִם)
early מֻקְדָּם
earn a living הִתְפַּרְנֵס (לְהִתְפַּרְנֵס)
earth אֲדָמָה (אֲדָמוֹת)
East מִזְרָח
easy קַל; קַלָּה
eat, *v.* אָכַל (לֶאֱכֹל)
echo הֵד (הֵדִים)
effort מַאֲמָץ (מַאֲמַצִּים)
egg בֵּיצָה (בֵּיצִים)
Egypt מִצְרַיִם
eight שְׁמוֹנָה
eighty שְׁמוֹנִים
electricity חַשְׁמַל
empty, *adj.* רֵיק, רֵיקָה
enable, *v.* אִפְשֵׁר (לְאַפְשֵׁר)
end, *n.* סוֹף
end, *v.* גָּמַר (לִגְמֹר)
endeavor, *v.* הִשְׁתַּדֵּל (לְהִשְׁתַּדֵּל)
enemy שׂוֹנֵא (שׂוֹנְאִים)
England אַנְגְּלִיָּה
English אַנְגְּלִי, אַנְגְּלִית
enough דַּי
enter, *v.tr.* הִכְנִיס (לְהַכְנִיס)
enter, *v.intr.* נִכְנַס (לְהִכָּנֵס)
envelope, *n.* מַעֲטָפָה (מַעֲטָפוֹת)
envy, *v.* קִנֵּא (לְקַנֵּא)
equal שָׁוֶה, שָׁוָה
err, *v.* טָעָה (לִטְעוֹת)
error טָעוּת (טָעֻיּוֹת)
ethical מוּסָרִי, מוּסָרִית
ethics מוּסָר
Europe אֵירוֹפָּה
evening עֶרֶב (עֲרָבִים)
every כָּל
everything כָּל דָּבָר
evil, *n.* רַע
exactly בְּדִיּוּק
example מָשָׁל (מְשָׁלִים)
excel, *v.intr.* הִצְטַיֵּן (לְהִצְטַיֵּן)
excellent, *part.* מְצֻיָּן, מְצֻיֶּנֶת
get excited הִתְרַגֵּשׁ (לְהִתְרַגֵּשׁ)
exit, *n.* יְצִיאָה (יְצִיאוֹת)
Exodus from Egypt יְצִיאַת מִצְרַיִם
expel, *v.* גֵּרֵשׁ (לְגָרֵשׁ)
expensive יָקָר, יְקָרָה
explain, *v.tr.* הִסְבִּיר (לְהַסְבִּיר)
extinguish, *v.intr.* כָּבָה (לִכְבּוֹת)
extinguish, *v.tr.* כִּבָּה (לְכַבּוֹת)
eye, *n.f.* עַיִן (עֵינַיִם)

## F

face, *n.pl. f.&m.* — פָּנִים
factory — בֵּית חֲרֹשֶׁת (בָּתֵּי חֲרֹשֶׁת)
faithful — נֶאֱמָן, נֶאֱמָנָה
fall, *v.* — נָפַל (לִנְפֹּל)
cause to fall — הִפִּיל (לְהַפִּיל)
famous, *part.* — יָדוּעַ, יְדוּעָה
far — רָחוֹק, רְחוֹקָה
farmer — אִכָּר (אִכָּרִים)
fast, *v.* — צָם (לָצוּם)
fat, *adj.* — שָׁמֵן, שְׁמֵנָה
father — אָב (אָבוֹת), אַבָּא
favor, *n.* — טוֹבָה (טוֹבוֹת)
fear, *n.* — פַּחַד
fear, *v.intr.* — פָּחַד (לִפְחֹד)
feed, *v.tr.* — הֶאֱכִיל (לְהַאֲכִיל)
feel, *v.tr.* — הִרְגִּישׁ (לְהַרְגִּישׁ)
feeling, *n.* — הַרְגָּשָׁה (הַרְגָּשׁוֹת)
feminine — נְקֵבָה (נְקֵבוֹת)
field — שָׂדֶה (שָׂדוֹת)
fifty — חֲמִשִּׁים
fight, *v.* — נִלְחַם (לְהִלָּחֵם)
fill, *v.tr.* — מִלֵּא (לְמַלֵּא)
film, *n.* — סֶרֶט (סְרָטִים)
find, *n.* — מְצִיאָה (מְצִיאוֹת)
find, *v.* — מָצָא (לִמְצֹא)
be found — נִמְצָא (לְהִמָּצֵא)
finger, *n.f.* — אֶצְבַּע (אֶצְבָּעוֹת)
finish, *v.* — גָּמַר (לִגְמֹר)
be finished — נִגְמַר (לְהִגָּמֵר)
fire, *n.f.* — אֵשׁ
first — רִאשׁוֹן, רִאשׁוֹנָה
first of all — רֵאשִׁית כֹּל
at first — בָּרִאשׁוֹנָה
The First Temple — הַבַּיִת הָרִאשׁוֹן
fish, *n.* — דָּג (דָּגִים)
fisherman — דַּיָּג (דַּיָּגִים)
five — חֲמִשָּׁה, חָמֵשׁ
flash, *v.* — הִבְרִיק (לְהַבְרִיק)
flee, *v.* — בָּרַח (לִבְרֹחַ)
flesh — בָּשָׂר
flight (airplane) — טִיסָה (טִיסוֹת)
floor — רִצְפָּה (רְצָפוֹת)
flour — קֶמַח
flower — פֶּרַח (פְּרָחִים)
fly (by airplane), *v.* — טָס (לָטוּס)
fly, *v.* — עָף (לָעוּף)
food — אֹכֶל
fool — טִפֵּשׁ, טִפְּשָׁה
for — בִּשְׁבִיל
forbidden, *part.* — אָסוּר, אֲסוּרָה
force, *n.* — כֹּחַ (כֹּחוֹת)
force, *v.tr.* — הִכְרִיחַ (לְהַכְרִיחַ)
was forced — הֻכְרַח
forest — יַעַר (יְעָרוֹת, יְעָרִים)
foreign — זָר, זָרָה
forget, *v.* — שָׁכַח (לִשְׁכֹּחַ)
forgetful person — שַׁכְחָן, שַׁכְחָנִית

| | |
|---|---|
| forgive, *v.* | סָלַח (לִסְלֹחַ) |
| fork | מַזְלֵג (מַזְלְגוֹת) |
| forty | אַרְבָּעִים |
| foundation | יְסוֹד (יְסוֹדוֹת) |
| four | אַרְבָּעָה, אַרְבַּע |
| fowl | עוֹף (עוֹפוֹת) |
| frequently | לְעִתִּים קְרוֹבוֹת |
| Friday | יוֹם שִׁשִּׁי, יוֹם ו׳ |
| friend | חָבֵר, יָדִיד |
| friendship | יְדִידוּת |
| frighten, *v.tr.* | הִפְחִיד (לְהַפְחִיד) |
| from | מִן, מִ... מֵ... |
| from then on | מֵאָז |
| front, frontline | חֲזִית (חֲזִיתוֹת) |
| fruit | פְּרִי (פֵּרוֹת) |
| full of | מָלֵא, מְלֵאָה |
| function, *v.* | פָּעַל (לִפְעֹל) |
| fundamental | יְסוֹדִי, יְסוֹדִית |
| funny, *part.* | מַצְחִיק, מַצְחִיקָה |
| further | הָלְאָה |
| future | עָתִיד |

## G

| | |
|---|---|
| garden | גַּן (גַּנִּים) |
| gate | שַׁעַר (שְׁעָרִים) |
| gather, *v.* | אָסַף (לֶאֱסֹף) |
| generally | בְּדֶרֶךְ כְּלָל |
| generation | דּוֹר (דּוֹרוֹת) |
| get up, *v.* | קָם (לָקוּם) |
| gift | מַתָּנָה (מַתָּנוֹת) |
| girl | יַלְדָּה (יְלָדוֹת) נַעֲרָה (נְעָרוֹת) |
| give birth | יָלַד (לָלֶדֶת) |
| give, *v.* | נָתַן (לָתֵת) |
| be given | נִתַּן (לְהִנָּתֵן) |
| go | הָלַךְ (לָלֶכֶת) |
| go down | יָרַד (לָרֶדֶת) |
| goat, *n.f.* | עֵז (עִזִּים) |
| God | אֱלֹהִים, אֵל, הַשֵּׁם, ה׳ |
| gold | זָהָב |
| good, *adj.* | טוֹב, טוֹבָה |
| goodness | טוּב |
| grammar | דִּקְדּוּק |
| grandfather | סָב, סַבָּא |
| grandmother | סַבְתָּא |
| grass | עֵשֶׂב (עֲשָׂבִים) |
| Greece | יָוָן |
| green | יָרֹק, יְרֻקָּה |
| greetings | דְּרִישַׁת שָׁלוֹם |
| grow, *v.intr.* | גָּדַל (לִגְדֹּל) |
| grow, *v.tr.* | גִּדֵּל (לְגַדֵּל) |
| guard, *v.* | שָׁמַר (לִשְׁמֹר) |
| guard, *n.* | שׁוֹמֵר (שׁוֹמְרִים) |
| guest | אוֹרֵחַ (אוֹרְחִים) |
| gun | רוֹבֶה (רוֹבִים) |

## H

| | |
|---|---|
| Hagiographa | כְּתוּבִים |
| hair | שֵׂעָר |

| | |
|---|---|
| half | חֲצִי (חֲצָאִים) |
| hand, *n.f.* | יָד (יָדַיִם) |
| handshake | לְחִיצַת יָד |
| hang, *v.tr.* | תָּלָה (לִתְלוֹת) |
| happen | קָרָה (לִקְרוֹת) |
| happiness | אֹשֶׁר |
| hard | קָשֶׁה, קָשָׁה |
| harvest, *n.* | קָצִיר |
| harvest, *v.* | קָצַר (לִקְצֹר) |
| hat | כּוֹבַע (כּוֹבָעִים) |
| hate, *v.* | שָׂנֵא (לִשְׂנֹא) |
| he | הוּא |
| head | רֹאשׁ (רָאשִׁים) |
| health | בְּרִיאוּת |
| healthy | בָּרִיא, בְּרִיאָה |
| hear, *v.tr.* | שָׁמַע (לִשְׁמֹעַ) |
| be heard | נִשְׁמַע (לְהִשָּׁמַע) |
| heart | לֵב (לִבּוֹת) |
| by heart | עַל פֶּה |
| heat, *n.* | חֹם |
| heavy | כָּבֵד, כְּבֵדָה |
| Hebrew | עִבְרִי, עִבְרִית |
| Hebrew (language) | עִבְרִית |
| hello | שָׁלוֹם |
| help, *v.* | עָזַר (לַעֲזֹר) |
| help, *n.* | עֶזְרָה |
| hen | תַּרְנְגֹלֶת |
| here | פֹּה |
| hero | גִּבּוֹר (גִּבּוֹרִים) |
| hide, *v.* | הִסְתִּיר (לְהַסְתִּיר) |
| hide oneself | הִסְתַּתֵּר (לְהִסְתַּתֵּר) |
| high | גָּבוֹהַּ, גְּבוֹהָה |
| highway | כְּבִישׁ (כְּבִישִׁים) |
| hike, *v.* | טִיֵּל (לְטַיֵּל) |
| hike, *n.* | טִיּוּל (טִיּוּלִים) |
| hill | גִּבְעָה (גְּבָעוֹת) |
| hint, *n.* | רֶמֶז (רְמָזִים) |
| hither | הֵנָּה |
| hole | חוֹר (חוֹרִים) |
| holiday | חַג (חַגִּים) |
| holy | קָדוֹשׁ, קְדוֹשָׁה |
| home, *n.m.* | בַּיִת (בָּתִּים) |
| honest | יָשָׁר, יְשָׁרָה |
| honesty | יֹשֶׁר |
| honor, *n.* | כָּבוֹד |
| honor, *v.tr.* | כִּבֵּד (לְכַבֵּד) |
| was honored | כֻּבַּד |
| honored, *part.* | מְכֻבָּד, מְכֻבֶּדֶת |
| hope, *n.* | תִּקְוָה (תִּקְווֹת) |
| hope, *v.* | קִוָּה (לְקַוּוֹת) |
| hospital | בֵּית חוֹלִים (בָּתֵּי חוֹלִים) |
| hotel | מָלוֹן (מְלוֹנִים) |
| hour | שָׁעָה (שָׁעוֹת) |
| house, *n.m.* | בַּיִת (בָּתִּים) |
| how | אֵיךְ |
| how much; how many | כַּמָּה |
| human being | בֶּן אָדָם (בְּנֵי אָדָם) |
| hundred | מֵאָה (מֵאוֹת) |

hunger, *n.* רָעָב
hungry רָעֵב, רְעֵבָה
husband בַּעַל (בְּעָלִים)

I

ice cream גְּלִידָה
if אִם
if (hypothetical) לוּ
if so אִם כֵּן
illness מַחֲלָה (מַחֲלוֹת)
immediately מִיָּד
immigrant עוֹלֶה (עוֹלִים)
importance חֲשִׁיבוּת
important, *part.* חָשׁוּב, חֲשׁוּבָה
impossible אִי אֶפְשָׁר
impression רֹשֶׁם (רְשָׁמִים)
impudence חֻצְפָּה
impulse יֵצֶר (יְצָרִים)
in; in the בְּ... בַּ...
in order to כְּדֵי לְ...
incident מִקְרֶה (מִקְרִים)
indeed בֶּאֱמֶת
independence עַצְמָאוּת
individual, *n. & adj.* יָחִיד (יְחִידִים)
influence, *v.* הִשְׁפִּיעַ (לְהַשְׁפִּיעַ)
was influenced הֻשְׁפַּע
inform, *v.tr.* הוֹדִיעַ (לְהוֹדִיעַ)
inheritance יְרוּשָׁה (יְרוּשׁוֹת)
ink דְּיוֹ

inspect בָּדַק (לִבְדֹּק)
be inspected נִבְדַּק (לְהִבָּדֵק)
instantly תֵּכֶף וּמִיָּד
instead בִּמְקוֹם
instinct יֵצֶר (יְצָרִים)
intelligent חָכָם, חֲכָמָה
interesting מְעַנְיֵן, מְעַנְיֶנֶת
interrupt, *v.tr.* הִפְסִיק (לְהַפְסִיק)
was interrupted הֻפְסַק
invitation הַזְמָנָה (הַזְמָנוֹת)
invite, *v.tr.* הִזְמִין (לְהַזְמִין)
Israel יִשְׂרָאֵל
Israeli יִשְׂרְאֵלִי, יִשְׂרְאֵלִית
Israelites בְּנֵי יִשְׂרָאֵל

J

Jerusalem יְרוּשָׁלַיִם
Jew יְהוּדִי, יְהוּדִיָּה
jewel תַּכְשִׁיט (תַּכְשִׁיטִים)
jot down רָשַׁם (לִרְשֹׁם)
journalism עִתּוֹנָאוּת
journey נְסִיעָה (נְסִיעוֹת)
joy שִׂמְחָה (שְׂמָחוֹת)
joyful שָׂמֵחַ, שְׂמֵחָה
Judaism יַהֲדוּת
judge, *n.* שׁוֹפֵט (שׁוֹפְטִים)
judge, *v.* שָׁפַט (לִשְׁפֹּט)
juice מִיץ (מִיצִים)
jump, *v.* קָפַץ (לִקְפֹּץ)

jump, *n.* קְפִיצָה (קְפִיצוֹת)
jurisprudence מִשְׁפָּטִים
justice צֶדֶק
justification הַצְדָּקָה

## K

keep oneself away הִתְרַחֵק (לְהִתְרַחֵק)
kick, *v.* בָּעַט (לִבְעֹט)
kick, *n.* בְּעִיטָה (בְּעִיטוֹת)
kill, *v.* הָרַג (לַהֲרֹג)
be killed נֶהֱרַג (לְהֵהָרֵג)
kind, *n.* מִין (מִינִים)
kindergarten גַּן יְלָדִים (גַּנֵּי יְלָדִים)
kindle, *v.tr.* הִדְלִיק (לְהַדְלִיק)
was kindled הֻדְלַק
king מֶלֶךְ (מְלָכִים)
kiss, *n.* נְשִׁיקָה (נְשִׁיקוֹת)
kitchen מִטְבָּח (מִטְבָּחִים)
knife סַכִּין (סַכִּינִים)
knock, *v.* דָּפַק (לִדְפֹּק)
know יָדַע (לָדַעַת)
become known נוֹדַע (לְהִוָּדַע)
known, *part.* יָדוּעַ, יְדוּעָה
knowledge יְדִיעָה (יְדִיעוֹת)

## L

laboratory מַעְבָּדָה (מַעְבָּדוֹת)
lacking חָסֵר, חֲסֵרָה
lad נַעַר (נְעָרִים)
lamp מְנוֹרָה (מְנוֹרוֹת)
land, *n.f.* אֶרֶץ (אֲרָצוֹת)
landlord בַּעַל-בַּיִת (בַּעֲלֵי-בָתִּים)
language, *n.f.* לָשׁוֹן (לְשׁוֹנוֹת)
last אַחֲרוֹן, אַחֲרוֹנָה
late מְאֻחָר
be late אִחֵר (לְאַחֵר)
laugh, *v.* צָחַק (לִצְחֹק)
cause to laugh הִצְחִיק (לְהַצְחִיק)
laughter צְחוֹק
law חֹק (חֻקִּים)
lazy עָצֵל, עֲצֵלָה
least הַפָּחוֹת
at least לְכָל הַפָּחוֹת
leave, *v.* עָזַב (לַעֲזֹב)
left (side) שְׂמֹאל
lend, *v.tr.* הִשְׁאִיל (לְהַשְׁאִיל)
less פָּחוֹת
lesson שִׁעוּר (שִׁעוּרִים)
letter מִכְתָּב (מִכְתָּבִים)
letter (alphabet) אוֹת (אוֹתִיּוֹת)
library סִפְרִיָּה (סִפְרִיּוֹת)
lie, *v.* שִׁקֵּר (לְשַׁקֵּר)
lie, *n.* שֶׁקֶר (שְׁקָרִים)
lie down, *v.* שָׁכַב (לִשְׁכַּב)
life, *n.m.pl.* חַיִּים
lift, *v.tr.* הֵרִים (לְהָרִים)
light, *n.* אוֹר (אוֹרוֹת)
light, *adj.* קַל, קַלָּה

| | |
|---|---|
| lightning | בָּרָק (בְּרָקִים) |
| like (as) | כְּמוֹ |
| line | קַו (קַוִּים); שׁוּרָה (שׁוּרוֹת) |
| lion | אַרְיֵה (אֲרָיוֹת) |
| lip | שָׂפָה (שְׂפָתַיִם) |
| list, *n.* | רְשִׁימָה (רְשִׁימוֹת) |
| listen, *v.* | הִקְשִׁיב (לְהַקְשִׁיב) |
| literature | סִפְרוּת |
| little, *adj.* | קָטָן, קְטַנָּה |
| little, *adv.* | מְעַט |
| live | חַי (לִחְיוֹת) |
| livelihood | פַּרְנָסָה |
| load, *n.* | מַשָּׂא (מַשָּׂאוֹת) |
| lonely | בּוֹדֵד, בּוֹדֶדֶת |
| long | אָרֹךְ, אֲרֻכָּה |
| look, *v.* | הִבִּיט (לְהַבִּיט) |
| lose, *v.* | אָבַד (לֶאֱבֹד) |
| love, *v.* | אָהַב (לֶאֱהֹב) |
| love, *n.* | אַהֲבָה (אַהֲבוֹת) |
| low | נָמוּךְ , נְמוּכָה |
| lower, *v.* | הוֹרִיד (לְהוֹרִיד) |
| luck | מַזָּל |
| lunch | אֲרוּחַת צָהֳרַיִם |

## M

| | |
|---|---|
| mail, *n.* | דֹּאַר |
| mama | אִמָּא |
| man | אִישׁ, אָדָם |
| manna | מָן |

| | |
|---|---|
| many | הַרְבֵּה, רַבִּים, רַבּוֹת |
| market | שׁוּק (שְׁוָקִים) |
| masculine | זָכָר (זְכָרִים) |
| matter, *n.* | עִנְיָן (עִנְיָנִים) |
| meal | אֲרוּחָה (אֲרוּחוֹת) |
| meanwhile | בֵּינְתַיִם |
| meat | בָּשָׂר |
| medicine | רְפוּאָה |
| meet | פָּגַשׁ (לִפְגֹּשׁ) |
| meeting | פְּגִישָׁה (פְּגִישׁוֹת) |
| menu | תַּפְרִיט (תַּפְרִיטִים) |
| merchandise | סְחוֹרָה (סְחוֹרוֹת) |
| merchant | סוֹחֵר (סוֹחֲרִים) |
| merit, *n.* | זְכוּת (זְכֻיּוֹת) |
| messenger | שָׁלִיחַ (שְׁלִיחִים) |
| middle, *n.* | אֶמְצַע |
| milk, *v.* | חָלַב (לַחֲלֹב) |
| milk, *n.* | חָלָב |
| minister | שַׂר (שָׂרִים) |
| minute | דַּקָּה (דַּקּוֹת) |
| miracle | נֵס (נִסִּים) |
| mischievous | שׁוֹבָב (שׁוֹבָבִים) |
| mistake | שְׁגִיאָה (שְׁגִיאוֹת) |
| moment | רֶגַע (רְגָעִים) |
| money | כֶּסֶף (כְּסָפִים) |
| month | חֹדֶשׁ (חֳדָשִׁים) |
| moon | יָרֵחַ |
| more | יוֹתֵר |
| morning | בֹּקֶר (בְּקָרִים) |

| | |
|---|---|
| Moslem | מוּסְלְמִי, מוּסְלְמִית |
| most | הַיּוֹתֵר |
| at most | לְכָל הַיּוֹתֵר |
| mother | אֵם, אִמָּא |
| mountain | הַר (הָרִים) |
| mouth | פֶּה (פִּיּוֹת) |
| movie | קוֹלְנוֹעַ (בָּתֵּי־קוֹלְנוֹעַ) |
| Mrs.; Miss | גְּבֶרֶת (גְּבָרוֹת) |
| much | הַרְבֵּה |

N

| | |
|---|---|
| name, *n.* | שֵׁם (שֵׁמוֹת) |
| nation | עַם (עַמִּים) |
| near | עַל־יַד, קָרוֹב |
| need, *n.* | צֹרֶךְ (צְרָכִים) |
| needs (in need of) | צָרִיךְ, צְרִיכָה |
| needle, *n.f.* | מַחַט (מְחָטִים) |
| neighbor | שָׁכֵן (שְׁכֵנִים) |
| net | רֶשֶׁת (רְשָׁתוֹת) |
| never { with past | מֵעוֹלָם לֹא |
| never { with future | לְעוֹלָם לֹא |
| nevertheless | בְּכָל זֹאת |
| new | חָדָשׁ, חֲדָשָׁה |
| news, *n.f.pl.* | חֲדָשׁוֹת |
| newspaper | עִתּוֹן (עִתּוֹנִים) |
| nice | יָפֶה, יָפָה |
| night | לַיְלָה (לֵילוֹת) |
| nine | תִּשְׁעָה, תֵּשַׁע |
| ninety | תִּשְׁעִים |
| no, not | לֹא |
| nobody | אַף אֶחָד לֹא, אַף אַחַת לֹא |
| noise | רַעַשׁ |
| make noise | רָעַשׁ (לִרְעֹשׁ) |
| noon | צָהֳרַיִם |
| North | צָפוֹן |
| nose | אַף (אַפִּים) |
| notebook | מַחְבֶּרֶת (מַחְבָּרוֹת) |
| nothing | לֹא כְלוּם; אֶפֶס |
| now | עַכְשָׁו |
| number | מִסְפָּר (מִסְפָּרִים) |
| nurse, *n.* | אָחוֹת (אֲחָיוֹת) |

O

| | |
|---|---|
| obey | שָׁמַע בְּקוֹל (לִשְׁמֹעַ בְּקוֹל) |
| occupied, *part.* | תָּפוּס, תְּפוּסָה |
| of, *prep.* | שֶׁל; מִן |
| office | מִשְׂרָד (מִשְׂרָדִים) |
| often | לְעִתִּים קְרוֹבוֹת |
| old | זָקֵן, זְקֵנָה; יָשָׁן, יְשָׁנָה |
| on | עַל |
| one | אֶחָד, אַחַת |
| only | רַק |
| open, *v.tr.* | פָּתַח (לִפְתֹּחַ) |
| open, *part.* | פָּתוּחַ, פְּתוּחָה |
| opinion | דֵּעָה (דֵּעוֹת), דַּעַת |
| oppose, *v.* | הִתְנַגֵּד (לְהִתְנַגֵּד) |
| or | אוֹ |
| order (a meal, etc.) | הִזְמִין (לְהַזְמִין) |

order (arrangement) *n.* סֵדֶר (סְדָרִים)
other אַחֵר, אַחֶרֶת
outdoors, outside בַּחוּץ
overpower, *v.* הִתְגַּבֵּר עַל (לְהִתְגַּבֵּר)
ox שׁוֹר (שְׁוָרִים)

P

page עַמּוּד (עַמּוּדִים)
palace אַרְמוֹן (אַרְמוֹנוֹת)
paper נְיָר (נְיָרוֹת)
pardon, *v.* סָלַח (לִסְלֹחַ)
pardon, *n.* סְלִיחָה (סְלִיחוֹת)
parents הוֹרִים
parrot תֻּכִּי (תֻּכִּיִּים)
part, *v.intr.* נִפְרַד (לְהִפָּרֵד)
part, *n.* חֵלֶק (חֲלָקִים)
pass, *v.* עָבַר (לַעֲבֹר)
passenger נוֹסֵעַ (נוֹסְעִים)
Passover פֶּסַח
past tense עָבָר
path שְׁבִיל (שְׁבִילִים)
pay, *v.* שִׁלֵּם (לְשַׁלֵּם)
pay attention, *v.* שָׂם לֵב (לָשִׂים לֵב)
peace שָׁלוֹם
pen עֵט
pencil עִפָּרוֹן (עֶפְרוֹנוֹת)
penetrate, *v.* חָדַר (לַחֲדֹר)
Pentateuch חוּמָשׁ
people (nation) עַם (עַמִּים)
perhaps אוּלַי
permission רְשׁוּת (רְשֻׁיּוֹת)
permitted, *part.* מֻתָּר, מֻתֶּרֶת
philosopher פִּילוֹסוֹף (פִּילוֹסוֹפִים)
physician רוֹפֵא (רוֹפְאִים)
picture תְּמוּנָה (תְּמוּנוֹת)
piece, *n.* חֲתִיכָה (חֲתִיכוֹת)
pioneer חָלוּץ (חֲלוּצִים)
pious חָסִיד (חֲסִידִים)
pitcher כַּד (כַּדִּים)
pity, *v.* רִחֵם (לְרַחֵם)
pity, *n.pl.* רַחֲמִים
place (put), *v.* שָׂם (לָשִׂים)
place, *n.* מָקוֹם (מְקוֹמוֹת)
plant, *v.* נָטַע (לִנְטֹעַ)
plate צַלַּחַת (צַלָּחוֹת)
play, *v.* שִׂחֵק (לְשַׂחֵק)
play (instrument), *v.* נִגֵּן (לְנַגֵּן)
please (do...) בְּבַקָּשָׁה
pleasant נָעִים, נְעִימָה
make pleasant, *v.* הִנְעִים (לְהַנְעִים)
pocket כִּיס (כִּיסִים)
pocketbook אַרְנָק (אַרְנָקִים)
poet מְשׁוֹרֵר (מְשׁוֹרְרִים)
poison רַעַל
policeman שׁוֹטֵר (שׁוֹטְרִים)
poor עָנִי, עֲנִיָּה
portion חֵלֶק (חֲלָקִים)
position מִשְׂרָה (מִשְׂרוֹת)

possible אֶפְשָׁר
pot סִיר (סִירִים)
potato תַּפּוּחַ־אֲדָמָה (תַּפּוּחֵי־אֲדָמָה)
pound (money) לִירָה (לִירוֹת)
praise, *v.* הִלֵּל (לְהַלֵּל)
praiseworthy, *part.* מְשֻׁבָּח, מְשֻׁבַּחַת
pray, *v.* הִתְפַּלֵּל (לְהִתְפַּלֵּל)
prayer תְּפִלָּה (תְּפִלּוֹת)
prayerbook סִדּוּר (סִדּוּרִים)
prepare, *v.* הֵכִין (לְהָכִין)
prepare oneself הִתְכּוֹנֵן (לְהִתְכּוֹנֵן)
present, *v.tr.* הִגִּישׁ (לְהַגִּישׁ)
present, *n.* מַתָּנָה (מַתָּנוֹת)
press, *v.* לָחַץ (לִלְחֹץ)
pressure לְחִיצָה, לַחַץ
price מְחִיר (מְחִירִים)
prison בֵּית סֹהַר (בָּתֵּי סֹהַר)
private, *adj.* פְּרָטִי, פְּרָטִית
problem בְּעָיָה (בְּעָיוֹת)
produce, *n.* תְּבוּאָה (תְּבוּאוֹת)
progress הִתְקַדְּמוּת
promise, *v.* הִבְטִיחַ (לְהַבְטִיחַ)
prophesy נִבֵּא (לְנַבֵּא)
prophet נָבִיא (נְבִיאִים)
prove, *v.* (יכח) הוֹכִיחַ
Psalms תְּהִלִּים
punishment עֹנֶשׁ (עֳנָשִׁים)
pursue רָדַף (לִרְדֹּף)
push דָּחַף (לִדְחֹף)
put שָׂם (לָשִׂים)
put on (clothes) לָבַשׁ (לִלְבֹּשׁ)
put on (hat) חָבַשׁ (לַחֲבֹשׁ)

## Q

quarrel, *v.* רָב (לָרִיב)
quarrel, *n.* רִיב (רִיבִים)
quarter רֶבַע (רְבָעִים)
queen מַלְכָּה (מְלָכוֹת)
question, *n.* שְׁאֵלָה (שְׁאֵלוֹת)
quick, *adj.* מָהִיר, מְהִירָה
quickly מַהֵר
quiet, *n.* שֶׁקֶט
  become quiet שָׁקַט (לִשְׁקֹט)

## R

rabbi רַב (רַבָּנִים)
race, *n.* גֶּזַע (גְּזָעִים)
rage, *v.* רָעַשׁ (לִרְעֹשׁ)
rain, *n.* גֶּשֶׁם (גְּשָׁמִים)
read קָרָא (לִקְרֹא)
reap קָצַר (לִקְצֹר)
rebuke, *v.* גָּעַר (לִגְעֹר)
receive קִבֵּל (לְקַבֵּל)
red אָדֹם, אֲדֻמָּה
redden, *v.* הֶאְדִּים (לְהַאֲדִּים)
redeem גָּאַל (לִגְאֹל)
redemption גְּאוּלָּה
refuse, *v.* סֵרֵב (לְסָרֵב)

rejoice שָׂמַח (לִשְׂמֹחַ)
cause to rejoice שִׂמַּח (לְשַׂמֵּחַ)
relate oneself to הִתְיַחֵס (לְהִתְיַחֵס)
relative קָרוֹב (קְרוֹבִים)
religion דָּת (דָּתוֹת)
remain נִשְׁאַר (לְהִשָּׁאֵר)
remember זָכַר (לִזְכֹּר)
remind oneself נִזְכַּר (לְהִזָּכֵר)
remind, *v.tr.* הִזְכִּיר (לְהַזְכִּיר)
repair, *v.* תִּקֵּן (לְתַקֵּן)
repair, *n.* תִּקּוּן (תִּקּוּנִים)
request, *v.* בִּקֵּשׁ (לְבַקֵּשׁ)
request, *n.* בַּקָּשָׁה (בַּקָּשׁוֹת)
rescue, *v.* הִצִּיל (לְהַצִּיל)
be rescued נִצַּל (לְהִנָּצֵל)
respect, *v.* כִּבֵּד (לְכַבֵּד)
was respected כֻּבַּד
respect, *n.* כָּבוֹד
rest, *v.* נָח (לָנוּחַ)
rest, *n.* מְנוּחָה
restaurant מִסְעָדָה (מִסְעָדוֹת)
retire פָּרַשׁ (לִפְרֹשׁ)
return, *v.intr.* { שָׁב (לָשׁוּב) / חָזַר (לַחֲזֹר) }
return, *v.tr.* { הֵשִׁיב (לְהָשִׁיב) / הֶחֱזִיר (לְהַחֲזִיר) }
rich עָשִׁיר, עֲשִׁירָה
ride (an animal), *v.* רָכַב (לִרְכֹּב)
ride (a train, etc.), *v.* נָסַע (לִנְסֹעַ)

right (side) יָמִין
be right, *v.* צָדַק (לִצְדֹּק)
righteous man צַדִּיק (צַדִּיקִים)
rise קָם (לָקוּם)
river נָהָר (נְהָרוֹת)
road דֶּרֶךְ (דְּרָכִים)
rob, *v.* שָׁדַד (לִשְׁדֹּד)
robber שׁוֹדֵד (שׁוֹדְדִים)
roof גַּג (גַּגּוֹת)
Roman רוֹמָאִי (רוֹמָאִים)
room חֶדֶר (חֲדָרִים)
rooster תַּרְנְגֹל (תַּרְנְגֹלִים)
row, *n.* שׁוּרָה (שׁוּרוֹת)
rowboat סִירָה (סִירוֹת)
rule, *v.* שָׁלַט (לִשְׁלֹט)
rule, *n.* כְּלָל (כְּלָלִים)
run, *v.* רָץ (לָרוּץ)
running רִיצָה (רִיצוֹת)
rush, *v.* מִהֵר (לְמַהֵר)

## S

salary מַשְׂכֹּרֶת (מַשְׂכּוֹרוֹת)
sale, selling מְכִירָה (מְכִירוֹת)
salt מֶלַח (מְלָחִים)
sand חוֹל (חוֹלוֹת)
say אָמַר (לוֹמַר)
scatter פִּזֵּר (לְפַזֵּר)
scholar תַּלְמִיד חָכָם (תַּלְמִידֵי חֲכָמִים)
school בֵּית סֵפֶר (בָּתֵּי סֵפֶר)

| | |
|---|---|
| sea | יָם (יַמִּים) |
| search, *v.* | חִפֵּשׂ (לְחַפֵּשׂ) |
| search, *n.* | חִפּוּשׂ (חִפּוּשִׂים) |
| secretary | מַזְכִּיר, מַזְכִּירָה |
| sect | כַּת (כִּתּוֹת) |
| see | רָאָה (לִרְאוֹת) |
| be seen | נִרְאָה (לְהֵרָאוֹת) |
| seize | תָּפַס (לִתְפֹּס) |
| seldom | לְעִתִּים רְחוֹקוֹת |
| sell | מָכַר (לִמְכֹּר) |
| be sold | נִמְכַּר (לְהִמָּכֵר) |
| send | שָׁלַח (לִשְׁלֹחַ) |
| be sent | נִשְׁלַח (לְהִשָּׁלַח) |
| sentence | מִשְׁפָּט (מִשְׁפָּטִים) |
| seriousness | רְצִינוּת |
| serve , *v.tr.* | הִגִּישׁ (לְהַגִּישׁ) |
| settle | הִתְיַשֵּׁב (לְהִתְיַשֵּׁב) |
| settlement | הִתְיַשְּׁבוּת |
| seven | שִׁבְעָה, שֶׁבַע |
| seventy | שִׁבְעִים |
| several | אֲחָדִים, אֲחָדוֹת |
| shame | בּוּשָׁה |
| shatter, *v.* | שִׁבֵּר (לְשַׁבֵּר) |
| she | הִיא |
| sheep, *n.f.* | צֹאן |
| shepherd | רוֹעֶה (רוֹעִים) |
| shine | זָרַח (לִזְרֹחַ) |
| ship | אֳנִיָּה (אֳנִיּוֹת) |
| shirt | כֻּתֹּנֶת (כֻּתָּנוֹת) |
| shoe , *n.f.* | נַעַל (נַעֲלַיִם) |
| shoot , *v.* | יָרָה (לִירוֹת) |
| short | קָצָר, קְצָרָה |
| shout, *v.* | צָעַק (לִצְעֹק) |
| shout, *n.* | צְעָקָה (צְעָקוֹת) |
| show, *v.* | הֶרְאָה (לְהַרְאוֹת) |
| sick | חוֹלֶה (חוֹלִים) |
| side, *n.* | צַד (צְדָדִים) |
| sidewalk | מִדְרָכָה (מִדְרָכוֹת) |
| sign | סִימָן (סִימָנִים) |
| silence | שְׁתִיקָה |
| similar | דּוֹמֶה, דּוֹמָה |
| sin, *v.* | חָטָא (לַחֲטֹא) |
| sin, *n.* | חֵטְא (חֲטָאִים) |
| since, *adv.* | מֵאָז, מִן הַזְּמַן |
| since, *conj.* | כֵּיוָן |
| sing | שָׁר (לָשִׁיר) |
| sink, *v.intr.* | טָבַע (לִטְבֹּעַ) |
| sinner | חוֹטֵא (חוֹטְאִים) |
| Sir; Mr. | אָדוֹן (אֲדוֹנִים) |
| sister | אָחוֹת (אֲחָיוֹת) |
| sit, *v.intr.* | יָשַׁב (לָשֶׁבֶת) |
| sit, *v.tr.* | הוֹשִׁיב (לְהוֹשִׁיב) |
| situation | מַצָּב (מַצָּבִים) |
| six | שִׁשָּׁה, שֵׁשׁ |
| sixty | שִׁשִּׁים |
| skinny | רָזֶה, רָזָה |
| sky | שָׁמַיִם |
| slaughter, *v.* | שָׁחַט (לִשְׁחֹט) |

slave, *n.* — עֶבֶד (עֲבָדִים)
sleep, *v.* — יָשַׁן (לִישׁוֹן)
slowly — לְאַט
small — קָטָן, קְטַנָּה
smell, *n.* — רֵיחַ (רֵיחוֹת)
smile, *v.* — חִיֵּךְ (לְחַיֵּךְ)
smile, *n.* — חִיּוּךְ (חִיּוּכִים)
snow — שֶׁלֶג (שְׁלָגִים)
so — כָּךְ
so much — כָּל כָּךְ
social — חֶבְרָתִי, חֶבְרָתִית
society — חֶבְרָה (חֲבָרוֹת)
soft — רַךְ, רַכָּה
soldier — חַיָּל (חַיָּלִים)
solution — פִּתְרוֹן (פִּתְרוֹנוֹת)
solve — פָּתַר (לִפְתֹּר)
someone — מִישֶׁהוּ, מִישֶׁהִי
son — בֵּן (בָּנִים)
song — שִׁיר (שִׁירִים)
sorrow — צַעַר
  be sorry — הִצְטַעֵר (לְהִצְטַעֵר)
soul, *n.f.* — נֶפֶשׁ (נְפָשׁוֹת)
soup — מָרָק (מְרָקִים)
South — דָּרוֹם
sow, *v.* — זָרַע (לִזְרֹעַ)
Spain — סְפָרַד
speak — דִּבֵּר (לְדַבֵּר)
speech — דִּבּוּר (דִּבּוּרִים)
spend (money) — הוֹצִיא (לְהוֹצִיא)
spill — שָׁפַךְ (לִשְׁפֹּךְ)
  be spilled — נִשְׁפַּךְ (לְהִשָּׁפֵךְ)
spirit — רוּחַ (רוּחוֹת)
(get) spoiled — הִתְקַלְקֵל (לְהִתְקַלְקֵל)
spoon, *n.f.* — כַּף (כַּפּוֹת)
  tea spoon — כַּפִּית (כַּפִּיּוֹת)
spring (season) — אָבִיב
stamp, *n.* — בּוּל (בּוּלִים)
stand, *v.* — עָמַד (לַעֲמֹד)
state (country) — מְדִינָה (מְדִינוֹת)
station — תַּחֲנָה (תַּחֲנוֹת)
statue — פֶּסֶל (פְּסָלִים)
steal — גָּנַב (לִגְנֹב)
  be stolen — נִגְנַב (לְהִגָּנֵב)
still, *adv.* — עוֹד
stone, *n.f.* — אֶבֶן (אֲבָנִים)
store, *n.* — חֲנוּת (חֲנֻיּוֹת)
story — סִפּוּר (סִפּוּרִים)
stress, *v.tr.* — הִדְגִּישׁ (לְהַדְגִּישׁ)
student — תַּלְמִיד, תַּלְמִידָה
study, *v.* — לָמַד (לִלְמֹד)
studies, *n.pl.* — לִמּוּדִים
subway — תַּחְתִּית (תַּחְתִּיּוֹת)
succeed — הִצְלִיחַ (לְהַצְלִיחַ)
success — הַצְלָחָה (הַצְלָחוֹת)
successful, *part.* — מֻצְלָח, מֻצְלַחַת
such — כָּזֶה, כָּזֹאת, כָּאֵלֶּה
suddenly — פִּתְאֹם
suffer — סָבַל (לִסְבֹּל)

| | |
|---|---|
| sugar | סֻכָּר |
| summer | קַיִץ (קֵיצִים) |
| sun, *n.f. & m.* | שֶׁמֶשׁ (שְׁמָשׁוֹת) |
| supper | אֲרוּחַת עֶרֶב (אֲרוּחוֹת עֶרֶב) |
| support (provide), *v.* | פִּרְנֵס (לְפַרְנֵס) |
| surprise, *v.tr.* | הִפְתִּיעַ (לְהַפְתִּיעַ) |
| was surprised | הֻפְתַּע |
| surround | סוֹבֵב (לְסוֹבֵב) |
| swallow, *v.* | בָּלַע (לִבְלֹעַ) |
| sword, *n.f.* | חֶרֶב (חֲרָבוֹת) |
| symbol | סֵמֶל (סְמָלִים) |
| synagogue | בֵּית כְּנֶסֶת (בָּתֵּי כְּנֶסֶת) |

## T

| | |
|---|---|
| table | שֻׁלְחָן (שֻׁלְחָנוֹת) |
| table cloth | מַפָּה (מַפּוֹת) |
| tailor | חַיָּט (חַיָּטִים) |
| take | לָקַח (לָקַחַת) |
| be taken | נִלְקַח (לְהִלָּקַח) |
| take out | הוֹצִיא (לְהוֹצִיא) |
| taste, *n.* | טַעַם (טְעָמִים) |
| tasty | טָעִים, טְעִימָה |
| taxicab | מוֹנִית (מוֹנִיּוֹת) |
| teach | לִמֵּד (לְלַמֵּד) |
| teacher | מוֹרֶה, מְלַמֵּד |
| tear, *n.* | דִּמְעָה (דְּמָעוֹת) |
| tear, *v.* | קָרַע (לִקְרֹעַ) |
| tell | סִפֵּר (לְסַפֵּר) |
| was told | סֻפַּר |
| temple | מִקְדָּשׁ (מִקְדָּשִׁים) |
| The Temple | בֵּית הַמִּקְדָּשׁ |
| ten | עֲשָׂרָה, עֶשֶׂר |
| The Ten Commandments | עֲשֶׂרֶת הַדִּבְּרוֹת |
| tense (grammar) | זְמַן (זְמַנִּים) |
| tent | אֹהֶל (אֹהָלִים) |
| test, *v.* | בָּחַן (לִבְחֹן) |
| test, *n.* | מִבְחָן (מִבְחָנִים) |
| thank, *v.* | הוֹדָה (לְהוֹדוֹת) |
| thanks | תּוֹדָה (תּוֹדוֹת) |
| thanks to | הוֹדוֹת לְ... |
| that, *conj.* | אֲשֶׁר, שֶׁ..., כִּי |
| that one, *pron.* | הַהוּא, הַהִיא |
| theater | תֵּאַטְרוֹן (תֵּאַטְרוֹנִים) |
| theme | נוֹשֵׂא (נוֹשְׂאִים) |
| then | אָז |
| there | שָׁם |
| there is; there are | יֵשׁ |
| therefore | לָכֵן |
| these | אֵלֶּה |
| they | הֵם, הֵן |
| thief | גַּנָּב (גַּנָּבִים) |
| thin | דַּק, דַּקָּה |
| thing | דָּבָר (דְּבָרִים) |
| think | חָשַׁב (לַחֲשֹׁב) |
| thirsty | צָמֵא, צְמֵאָה |
| thirty | שְׁלֹשִׁים |
| this | זֶה; זֹאת |

| | |
|---|---|
| those | הָהֵם; הָהֵן |
| thousand | אֶלֶף (אֲלָפִים) |
| thread | חוּט (חוּטִים) |
| three | שְׁלֹשָׁה, שָׁלֹשׁ |
| throw, *v.* | זָרַק (לִזְרֹק) |
| thunder, *n.* | רַעַם (רְעָמִים) |
| thunder, *v.* | הִרְעִים (לְהַרְעִים) |
| thus | כָּךְ |
| ticket | כַּרְטִיס (כַּרְטִיסִים) |
| time | זְמַן (זְמַנִּים) |
| time (instance), *n.f.* | פַּעַם (פְּעָמִים) |
| tired | עָיֵף, עֲיֵפָה |
| to | אֶל, לְ... |
| today | הַיּוֹם |
| together | יַחַד |
| tomorrow | מָחָר |
| tongue, *n.f.* | לָשׁוֹן (לְשׁוֹנוֹת) |
| too bad! | חֲבָל! |
| too much | יוֹתֵר מִדַּי |
| tooth, *n.f.* | שֵׁן (שִׁנַּיִם) |
| touch, *v.* | נָגַע בְּ... (לִנְגֹּעַ) |
| tourist | תַּיָּר (תַּיָּרִים) |
| towards | לִקְרַאת |
| towel | מַגֶּבֶת (מַגָּבוֹת) |
| town, *n.f.* | עִיר (עָרִים) |
| transfer, *v.* | הֶעֱבִיר (לְהַעֲבִיר) |
| translate | תִּרְגֵּם (לְתַרְגֵּם) |
| translation | תַּרְגּוּם (תַּרְגּוּמִים) |
| travel, *v.* | נָסַע (לִנְסֹעַ) |
| traveller | נוֹסֵעַ (נוֹסְעִים) |
| treasure | אוֹצָר (אוֹצָרוֹת) |
| treat, *v.* | הִתְיַחֵס אֶל (לְהִתְיַחֵס) |
| tree | עֵץ (עֵצִים) |
| tremble, *v.* | רָעַד (לִרְעֹד) |
| trial | מִשְׁפָּט (מִשְׁפָּטִים) |
| trip | נְסִיעָה (נְסִיעוֹת) |
| triumph, *v.* | נִצַּח (לְנַצֵּחַ) |
| triumph, *n.* | נִצָּחוֹן (נִצְחוֹנוֹת) |
| trouble, *n.* | צָרָה (צָרוֹת) |
| trousers, *n.m.pl.* | מִכְנָסַיִם |
| truth | אֱמֶת |
| turn, *v.intr.* | פָּנָה (לִפְנוֹת) |
| turn, *v.tr.* | הִפְנָה (לְהַפְנוֹת) |
| twenty | עֶשְׂרִים |
| two | שְׁנַיִם, שְׁתַּיִם |

## U

| | |
|---|---|
| ugly, *part.* | מְכֹעָר, מְכֹעֶרֶת |
| uncle | דּוֹד (דּוֹדִים) |
| under | תַּחַת |
| understand | הֵבִין (לְהָבִין) |
| universal | עוֹלָמִי, עוֹלָמִית |
| unless | אֶלָּא־אִם־כֵּן |
| until | עַד |
| U.S.A. | אַרְצוֹת הַבְּרִית |
| use, make use of | הִשְׁתַּמֵּשׁ בְּ... (לְהִשְׁתַּמֵּשׁ) |
| usual | רָגִיל, רְגִילָה |

## V

vacation חֻפְשָׁה (חֻפְשׁוֹת)
vegetable יָרָק (יְרָקוֹת)
verb פֹּעַל (פְּעָלִים)
verse (in Bible) פָּסוּק (פְּסוּקִים)
very מְאֹד
victory נִצָּחוֹן (נִצְחוֹנוֹת)
village כְּפָר (כְּפָרִים)
violin כִּנּוֹר (כִּנּוֹרוֹת)
visit, *v.* בִּקֵּר (לְבַקֵּר)
visit, *n.* בִּקּוּר (בִּקּוּרִים)
voice, *n.* קוֹל (קוֹלוֹת)
volunteer, *v.* הִתְנַדֵּב (לְהִתְנַדֵּב)

## W

wagon עֲגָלָה (עֲגָלוֹת)
wait חִכָּה לְ... (לְחַכּוֹת)
waiter מֶלְצַר (מֶלְצָרִים)
walk, *v.* הָלַךְ (לָלֶכֶת)
wall קִיר (קִירוֹת)
wander, *v.* נָדַד (לִנְדֹּד)
want, *v.* רָצָה (לִרְצוֹת)
war מִלְחָמָה (מִלְחָמוֹת)
warm חַם, חַמָּה
wash, *v.tr.* רָחַץ (לִרְחֹץ)
wash oneself הִתְרַחֵץ (לְהִתְרַחֵץ)
watch (clock) שָׁעוֹן (שְׁעוֹנִים)
watch, *v.* שָׁמַר (לִשְׁמֹר)
be watched נִשְׁמַר (לְהִשָּׁמֵר)
watch, *n.* שְׁמִירָה (שְׁמִירוֹת)
watchman שׁוֹמֵר (שׁוֹמְרִים)
water, *n.m.pl.* מַיִם
way, *n.f. & m.* דֶּרֶךְ (דְּרָכִים)
we אֲנַחְנוּ
weak חַלָּשׁ, חַלָּשָׁה
weather מֶזֶג־אֲוִיר
week שָׁבוּעַ (שָׁבוּעוֹת)
welcome בָּרוּךְ הַבָּא (בְּרוּכִים הַבָּאִים)
West מַעֲרָב
The Western Wall הַכֹּתֶל הַמַּעֲרָבִי
what מַה
what for לָמָּה
when, *adv. & pron.* מָתַי
when, *conj.* כַּאֲשֶׁר
where אֵיפֹה
wherefrom מֵאַיִן
whereto לְאָן
which אֵיזֶה, אֵיזוֹ
white לָבָן, לְבָנָה
who מִי?
whole שָׁלֵם, שְׁלֵמָה
whom אֶת מִי
why מַדּוּעַ
wife אִשָּׁה (נָשִׁים)
wind, *f.&m.* רוּחַ (רוּחוֹת)
window חַלּוֹן (חַלּוֹנוֹת)
wine יַיִן (יֵינוֹת)
winter חֹרֶף

| | |
|---|---|
| wisdom | חָכְמָה (חָכְמוֹת) |
| wise | חָכָם, חֲכָמָה |
| wish, *n.* | רָצוֹן (רְצוֹנוֹת) |
| with | עִם |
| within | תּוֹךְ, בְּתוֹךְ |
| without | בְּלִי |
| wolf | זְאֵב (זְאֵבִים) |
| woman | אִשָּׁה (נָשִׁים) |
| wonder, *n.* | פֶּלֶא (פְּלָאִים) |
| wonder, *v.* | הִתְפַּלֵּא (לְהִתְפַּלֵּא) |
| wonderful | נִפְלָא, נִפְלָאָה |
| word | מִלָּה (מִלִּים) |
| work, *v.* | עָבַד (לַעֲבֹד) |
| work, *n.* | עֲבוֹדָה (עֲבוֹדוֹת) |
| worker | עוֹבֵד (עוֹבְדִים), פּוֹעֵל (פּוֹעֲלִים) |
| world | עוֹלָם (עוֹלָמוֹת) |
| worry, *v.intr.* | דָּאַג (לִדְאֹג) |
| cause worry | הִדְאִיג (לְהַדְאִיג) |
| worthwhile | כְּדַאי |
| wound, *v.tr.* | פֶּצַע (פְּצָעִים) |
| wound, *v.* | פָּצַע (לִפְצֹעַ) |
| wrap, *v.tr.* | עָטַף (לַעֲטֹף) |
| wrap oneself | הִתְעַטֵּף (לְהִתְעַטֵּף) |
| write | כָּתַב (לִכְתֹּב) |
| be written | נִכְתַּב (לְהִכָּתֵב) |

## Y

| | |
|---|---|
| yard, *n.f.* | חָצֵר (חֲצֵרוֹת) |
| year | שָׁנָה (שָׁנִים) |
| yes | כֵּן |
| yesterday | אֶתְמוֹל |
| you, *m.s.;f.s.* | אַתָּה; אַתְּ |
| you, *m.pl.;f.pl.* | אַתֶּם; אַתֶּן |
| young | צָעִיר, צְעִירָה |

## Z

| | |
|---|---|
| zealot | קַנַּאי (קַנָּאִים) |
| zero | אֶפֶס |